철학의 거장들

철학의 거장들 1

고대 · 중세편 _ 고대 철학자에서 쿠자누스까지

오트프리트 회페 엮음 | 이강서 · 한석환 · 김태경 · 신창석 옮김

한길사

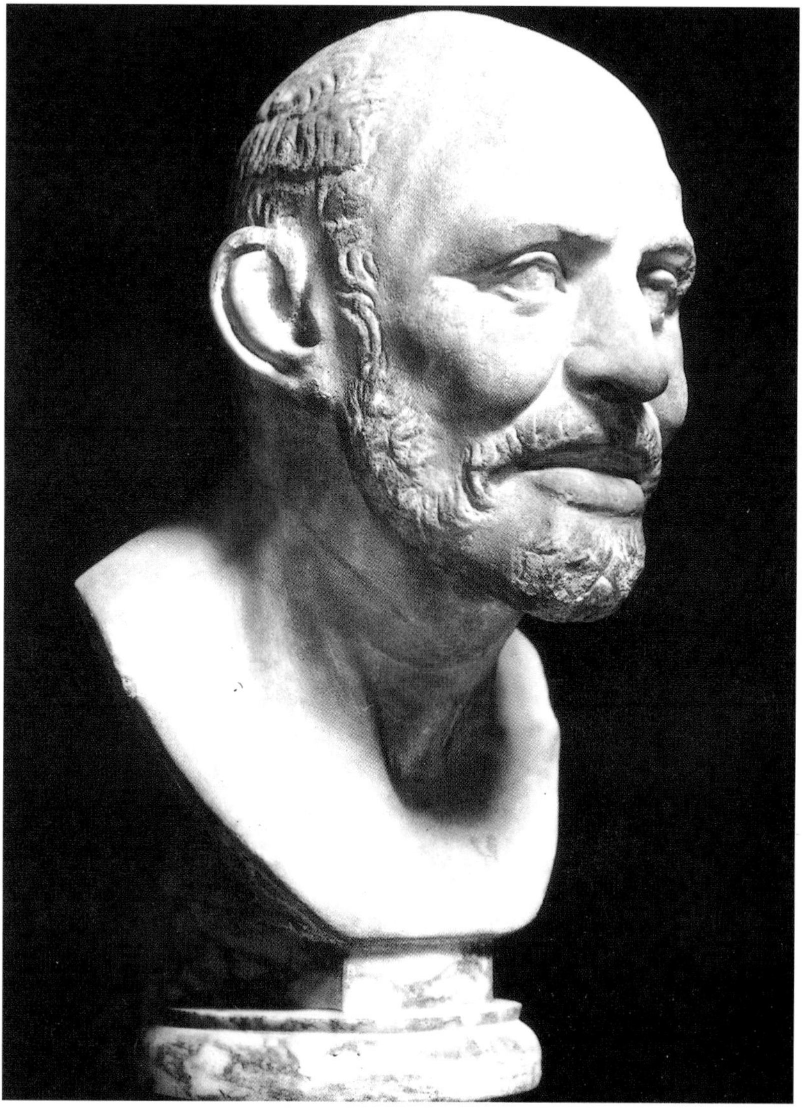

데모크리토스(460?~370 BC)**의 석상**

존재와 생성에 관한 논쟁에서 역사적으로 가장 큰 영향력을 발휘한 '원자론'을 주장한 데모크리토스. 플라톤의 저서 『티마이오스』에서의 수학적 원자론은 데모크리토스와의 대결을 반영한다.

라파엘로의 「아테네 학당」(1510~11, 로마, 바티칸)

거대한 건물의 아치 형상 밑에 위대한 고대의 사상가들이 모여 있다.
중앙의 건물 입구에 서서 자신의 우주론을 기술한 『티마이오스』를 들고 있는 플라톤(왼쪽)과
인간의 구체적 삶과 관련된 『니코마코스 윤리학』을 들고 있는 아리스토텔레스(오른쪽)가
대화를 나누고 있다. 맨 앞에 홀로 턱을 괴고 앉아 있는 헤라클레이토스는
만물의 끊임없는 변화에 대해 사색하고 있으며, 계단에 비스듬히 걸터앉은 이는 디오게네스이다.

렘브란트의 「호메로스 흉상 옆에 선 아리스토텔레스」(1653, 뉴욕, 메트로폴리탄 미술관)

아리스토텔레스(384~322 BC)의 철학은 경험, 즉 상식의 일상적 관찰과 표상들에서 출발한다. 그러나 이 경험에는 이전 사람들에 대한 철학적 반성도 반영되어 있다.

마니교도의 이원론적 교리를 논박하고 있는 아우구스티누스(354 ~430)

젊은 아우구스티누스는 수사학적 탐구 과정에서 마니교의 밀교적 요청을 접하게 된다.
마니교는 피안적 통일원리와 현상세계라는 이원론적 교리를 가지고 있었다.
마니교도였을 당시의 아우구스티누스는 경청인이었지만,
그 후 플로티노스의 영향을 받음으로써 이원론으로부터 벗어날 수 있는 출구를 찾게 된다.

오트프리트 회페 엮음 ■ 이강서 · 한석환 · 김태경 · 신창석 옮김

철학의 거장들 1

고대 · 중세편 ■ 고대 철학자에서 쿠자누스까지

한길사

철학의 거장들 1

차례

철학의 거장들 2

1 아는 것이 힘이다 · 베이컨
2 국가 법질서의 분석가 · 홉스
3 사유하는 자아의 확실성 · 데카르트
4 인간 조건의 실존론적 탐구자 · 파스칼
5 정신과 평행한 신체 · 스피노자
6 개인으로서의 인간과 권리로서의 자유 · 로크
7 합리주의의 절정 · 라이프니츠
8 철인들의 철학 · 프랑스 계몽주의자들
9 이성의 균열 · 흄

철학의 거장들 3

1 이성적 자기성찰의 여정 · 칸트
2 자아의 절대적인 자립성 · 피히테
3 절대이념의 역사와 이성의 자기 재생산 · 헤겔
4 객관적 관념론과 의지의 체계 · 셸링
5 의지의 형이상학 · 쇼펜하우어
6 쾌락주의의 배교자 · 밀
7 고독한 유혹자 · 키에르케고르
8 철학자, 마르크스 · 마르크스
9 역사적 존재로서의 인간이해 · 딜타이

철학의 거장들 4

1 논리적 사유에서 시적 사유로 · 니체
2 미국의 프래그머티스트들 · 퍼스 | 제임스 | 듀이
3 현대 논리학의 선구자 · 프레게
4 현상학의 창시자 · 후설
5 약동하는 생의 탐구자 · 베르그송
6 논리적 원자론의 철학 · 러셀
7 언어의 충격 · 비트겐슈타인
8 존재의 어둠에서 존재의 밝음으로 · 하이데거
9 논리적 실증주의의 대표자 · 카르나프
10 계몽의 비판이론 · 호르크하이머 | 아도르노
11 자유와 혁명 · 사르트르

거장의 눈으로 읽는 세계
—고대 철학의 목마를 탄 중세 철학

20세기가 남성적 정복과 경제의 시대였다면, 21세기는 여성적 안정과 문화의 시대로 전망된다. 문화를 창출하는 기초는 명실공히 철학이다. 한국은 세계적 정복의 와중에서 반쪽이나마 국가를 재건하고 경제를 개발했다. 그러나 우리는 그 뒤안길에서 철학의 부재(不在)를 인정할 수밖에 없다. 철학의 부재는 결국 부조리한 정치, 불균등의 경제, 번지 없는 문화를 양산하고 말았으며, 더구나 새 세기로 이어져 가속화될 징후조차 보이고 있다. 새로운 세기는 서양문화의 세계화를 단순히 확인하는 시대를 넘어서서 현실적으로 호흡하지 않을 수 없는 시대이다. 따라서 지구촌의 모든 민족은 저마다의 고유한 방식으로 서양문화를 극복하는 가운데 자기 동일성을 회복하도록 도전받고 있다. 그리고 우리는 이러한 역사적 도전 앞에서 기로에 서 있다.

기로에 섰다는 것은 갈 길을 잃었다는 것이다. 갈 길을 잃었다는 것은 나아갈 방향을 잃어버리기 전에 지난 배경을 잃은 결과이다. 앞으로 나아갈 길을 제시하고 싶다면 지난 시간을 되돌아봐야 할 것이다. 그것이 철학적 길이라면, 지나온 철학사의 여정을 반성해야 할 것이다. 이러한 역사적 기로에서 서양철학을 일목요연하게 정리해본다는 것은 시대적 사명이라 할 수 있다. 그럼에도 불구하고 한국 학계에서는 서양문화의 근간을 이루는 철학이 전체적이고 전문적인 관점에서, 그것도 전집의 형태로 정리된 적이 없는 것 같다. 이즈음에 『철학의 거장들』이 번역 출간된다는 것은 한국 독자들에게 큰 기쁨이 될 것이다.

오늘의 세계문화를 기획한 서양 철학은 다음과 같은 분위기로 그 전체적 면모를 드러내기 시작했다. 중세 철학이 고대의 유산을 들춰내면서 학문적 미몽에서 깨어나던 12세기에 베르나르두스는 이렇게 말했다. "우리는 거인의 어깨에 목말을 탄 난쟁이와 비슷하다. 그래서 우리는 고대인들보다 많이 보고, 더 멀리 바라본다." 그렇다! 중세 철학은 문명의 뒤안길로 사라진 고대 철학이라는 거인에게 생명을 불어넣고, 그 어깨 위에 올라감으로써 오늘의 면모를 기획할 수 있었다. 유럽인이 우리보다 먼저 학문의 대열에 들어선 것은 아니다. 그들이 약간의 철학적 필사본을 번역하며 학문과 대학을 세우기 시작했을 때, 한민족은 이미 팔만대장경을 출판하고 있었다. 그러나 우리는 저 난쟁이의 어깨를 넘어서지 않고서는 우리 자신의 문화적 동일성도 확인할 수 없는 역사적 기로에 직면하고 말았다.

그렇다면 서양 중세가 올라탔던 고대의 실체는 무엇인가? 고대의 실체와 중세의 지평은 클라시카(classica), 그야말로 철학의 고전으로 남아 있다. 고전은 거장(Klassiker)들이 탐구한 사유의 결실이다.

그리스인들이 자신의 운명을 알려고 델포이 신전으로 몰려들 때, 이미 그들의 코앞에는 "네 자신을 알라"는 경고가 새겨져 있었다. 소크라테스는 이 경고를 자각함으로써 신화와 궤변의 시대에 종지부를 찍고 이성의 시대를 열었다. 인간은 자신이 모른다는 사실을 자각하면서 비로소 이성적 사유를 시작하기 때문이다. 이어서 아리스토텔레스는 "인간은 본성적으로 알기를 원한다"는 말로 자신의 형이상학적 논문을 시작함으로써, 학문으로서의 철학을 발굴하기에 이른다. 따라서 철학이란 "알기 위해 알려는 욕구"이다. 특히 아리스토텔레스의 제일철학은

"존재자를 존재자로서" 고찰하고 사물의 원리들을 탐구하는 학문이다. 따라서 그리스 철학의 업적은 신화를 이성으로 극복하는 가운데, "존재자란 무엇인가"라는 현실적 지평을 제시한 것이다. 그렇다면 인간의 알고자 하는 욕구는 어떤 현실적 긴장에 걸쳐 있는가? 고대의 거장들은 사물의 원리에 대한 탐구를 근거로, 사물의 진정한 존재는 인간의 본성 자체에서 발견되는 것이라는 것을 인식한다. 따라서 진정한 존재의 지평은 이성으로 드러난다. 모든 인간이 보편적 이성을 통해 추구하는 것이야말로 존재와 정의 그리고 세계의 원천까지도 규정한다는 것을 인식한 것이다. 결국 고대의 거장들은 이성과 존재의 지평에서 절정을 이루었으며, 그후 이 절정은 진리에 대한 모든 인간적 욕구가 도달해야 할 근간이 되었다.

중세는 고대의 목말을 타고 무엇을 보았는가? 고대 철학을 배운 마지막 로마인이자 최초의 스콜라 철학자는 보에시우스이다. 그는 그리스도교 신앙을 개념화하기 위해 이성적 탐구를 시도한다. 여기서부터 그리스 철학적 이성과 그리스도교적 신앙은 중세 전체에 걸쳐서 갈등과 조화의 역사를 만들어 나간다. 인간은 신앙을 통해 진리에 도달하는가, 아니면 이성적 탐구를 통해 도달하는가? 이미 그리스어의 진리(aletheia)는 "숨어 있지 않음"을 의미하며, 히브리어의 진리(ʽemet)는 신앙과 같은 어원으로서 실망하지 않는 믿음을 의미한다. 이성적 진리는 숨은 것이 드러날 때마다 오류로 판명되는 것이며, 신앙의 진리는 실망하지 않는 한 검증될 수 없는 것이다. 중세는 바로 이러한 이성과 신앙의 갈등을 극복하는 가운데 수많은 거장을 낳는다. 안셀무스는 신앙의 합리화(ratio fidei)를 극단적으로 추구한다. 다른 한편 윌리엄 오컴은 하느님의 전능에 기초한 절대적 신학주의의 길을 간다. 그러나 이런 극단화에도 불구하고 알베르투스 마뉴스는 "검증학문의 대부분이 여전히 탐구대상으로 남았다"고 예감한다. 토마스 아퀴나스는 이 예감을 신앙과 이성을 조화시키려는 과업으로 삼는다. 그는 "나는 탐구하겠다"(investigabo)는 과업을, 그것도 "우리의 삶이 허락하는 한 신앙에 숨겨져 있는 것을 밝혀내겠다"고 선언한다. 결국 그가 추구한 조화란 이성적 탐구를 통해 신앙에 숨겨진 것(letheia)을 밝히는 것이다. 결국 중세의 철학적 지평은 신앙과 이성의 겨룸터였다. 이 겨룸터는 인류가 가장 향수를 느끼는 황금시대를 구가했으며, 이후의 문화를 기획하기에 이른다.

거인의 목말을 탄 난쟁이가 이제 더 큰 거인이 되어 우리 앞에 섰다. 우리는 어떻게 그의 어깨 너머 있는 지평을 되돌아볼 수 있는가? 거장의 사유를 읽는다는 것은 거장의 눈으로 세계를 보는 것이다. 이야말로 철학이 현재할 수 있는 현대철학이다. 철학한다는 것은 탁월한 인간적 행위이다. 동물은 철학할 수 없으며, 신은 철학할 필요가 없다. 철학한다는 것은 인간의 본질에 속하며, 가장 인간적 본질의 표현이다. 이 시대의 철학은 어떻게 현재하는가? 이에 대답하려는 시도가 이 시대의 철학일 것이요, 어쩌면 『철학의 거장들』이 이러한 시도의 적합한 안내자가 될 것이다.

이 책은 무엇보다도 각각의 거장에 대해 최고의 전문가들이 집필을 맡아서 일반인까지 접근할 수 있도록 저술되었다. 전문적 시야를 일반적 관점에 맞춘다는 것은 쉬운 일이 아니다. 그러나 이 책은 이런 관점을 전환시키는 데 성공했다. 집필진은 역사적 의식을 가지고 거장들을 선별하였으며, 철학적 문제를 가지고 그들의 생애, 업적, 사상을 현대적 지평에 세웠기 때문이다.

풍요 속의 가난에 허덕이는 한국학계에 의미있는 전집을 기획한 모든 분들께 감사하는 마음이다. 그들 덕택에 새 천년을 헤쳐나갈 청년들에게 되돌아볼 기회가 마련되었기 때문이다.

2001년 3월

신창석

머리말

"인간의 마음을 윤택하게 한 사람이 진정한 거장이다."

● 생트-뵈브, 1850년 10월 21일

철학의 경우 거장(Klassiker)은 전문가에게만 의미가 있는 것이 아니다. 고대 그리스에서 시작했고, 그 이래로 아주 상이한 언어들 속에서 그리스의 이름으로 명명된 모든 활동들은 인간들로 하여금 새로운 방식으로 생각하고 말하고 또 행동하게 만들었다. 신화(Mythos)의 자리에 이성(Logos)이 들어섰다. (신들의 작용, 세계의 단초, 인간 사회의 시작 등에 관한) 이야기에 의한 근거지음(Begründung)은 개념논증적이며 따라서 일반적으로 조종 가능한 근거지음으로 대체된다.

이른바 소크라테스 이전의 철학자들, 즉 이오니아 자연철학자들인 헤라클레이토스와 파르메니데스에서부터 철학의 거장들은 이런 새로운 정신— '논리적인' (logisch) 정신—을 발견했고, 시대를 형성하는 선례들을 개진했다. 그들은 인간의 근본물음을 정립했고, 이 물음에 답하기 위해 개념을 만들고 방법을 고안해냈으며, 이를 통해 해결책, 즉 그것이 갖는 근본적이고 포괄적인 의미로 인해 인간의 자기이해와 세계에서 인간의 위치를 결정적으로 규정해줄 해결책을 발전시켰다. 이렇게 해서 철학의 거장들은 제2프랑스 제국의 공식 비평가인 생트-뵈브(Sainte-Beuve)에 의해 높게 제시된 척도, 즉 "인간의 마음을 윤택하게 한 사람이 진정한 거장이다"라는 척도를 충족시킨다.

철학의 거장들은 동시에 인간 정신의 거장들이다. 어떤 것을 구성하든 해체하든 간에, 또 어떤 것을 발견하든 파악하든 혹은 비판하든 간에 그들은 주변부가 아니라 중심부에서 강하게 영향력을 행사한 사람들이다. 우리의 자연 및 사회 인식의 구조는 우리의 도덕적 · 정치적인 생활세계의 구조와 마찬가지로 철학이 없이는 생각될 수 없다. 따라서 이런 것은 마르크스 이전의 사람들 및 심지어 '그저 사변적인' 사상가들에게서도 마찬가지다. 철학의 거장들이 세계를 그저 다양하게 해석했던 것만은 아니다. 사유의 독창성, 철저함 및 일관성에 힘입어 그들은 또한 세계를 변화시켰다. 직접적인 행위가 그들의 과제가 아님은 분명하다. 그들은 통상로를 발견하지도 않았고, 경제제국을 건립하지도 않았으며, 종교를 창시하지도 않았다. 그리고 그들 대부분이 문예적인 재능을 갖지 못한 것은 아니었지만, 문학과 시의 역사에서 한자리를 차지한 사람들은 극소수에 불과했다.

철학자들의 일은 사유(Denken)이다. 그리고 그들이 이 사실을 진지하게 생각한다면, 이 또한 사유와 다름 아니다. 세계를 변화시키려고 서두르는 철학자들은 어설픈 사상가로, 또 동시에 풋내기 실천가, 정치가로 전락할 위험이 있다. 그들의 직접적인 과제는 핵심을 찌르는 질문을 제기하고, 방법적으로 모색하며, 혁신적인 해결책을 제시하는 것이다. 이런 것을 성공적으로 이루었을 때 그들은 세계를 변화시킬 힘을 갖게 된다. 철학적인 사유가 야기하는 이 변화는 물론 일반적으로 곧바로 감지될 수 있는 것도, 예견될 수 있는 것도 아니다. 그렇다고 해서 그 변화가 결코 하찮은 것은 아니다. 한 예를 들자면, 플라톤과 아리스토텔레스가 유럽 및 지중해안 국가들의 발전에 미친 영향력이 페리클레스나 알렉산드로스 대왕보다 떨어지는 것은 아니다.

뿌리까지 침투해 들어가는, 문자 그대로 철저한 사유는 피상적인 관찰자를 쉽게 혼란에 빠뜨릴 수 있는 속성을 갖고 있다. 깊숙한 질문들 및 포괄적인 문제들이 어디에 놓여 있으며, 이것들이 어떤 척도에 따라 분명하고 정확하게 정립된 것으로 또 이성적으로 해결된 것으로 간주될 수 있는지, 이와 같은 두번째 열(zweiter Ordnung)의 물음들, 이런 근본적(Grund) 또는 메타(Meta) 질문들은 철학에서 확정된 적이 한 번도 없다. 그것들은 철학의 본질적인 대상들이고, 철학의 독특한 의미와 함께 그것의 난해성을 보여준다.

게다가 우리는 철학사에서 다음과 같은 근본물음들을 발견할 수 있다. "대상이란 무엇이고, 인식은 무엇이며, 언어는 무엇이고, 이성적인 행위란 무엇인가?" 그러나 이와 같은 물음들은 문제의 고정된 규준을 형성하고 있지 않다. 공동적인 근본물음의 영역에서 질문의 의도는 변화되고, 새로운 관점들이 나타난다. 많은 것들이 보다 선명하게 보이고, 또한 보다 좁거나 다시 포괄적으로 보일 수도 있다. 철학적인 사유가 지나가는 지평은 결코 완결된 채로 있는 것이 아니다. 이 지평은 사유 속에 그저 자유롭게 놓여 있는 것이 아니다. 그것은 또한 종종 충분하게 만들어져야 한다. 그리고 정확한 질문들뿐만 아니라 그것의 해결기준들도 철학에 의해 규정되어야 한다. 정확한 정립 및 확실한 검사로 간주될 수 있는 것을 위한 척도들이 규정되어야 한다.

바로 여기에 철학과 개별과학들(Einzelwissenschaften)간의 중대한 차이가 있다. 개별과학들이 주장을 제시하고 검사, 즉 확증(bestätigen)하거나 반박(widerlegen)하는 반면, 주장이 무엇이고 또 그것이 언제 확증된 것으로 또는 반박된 것으로 간주될 수 있는지를 최초로 해명하는 작업이 철학에 속한다.

그러므로 철학은 그 계속되는 새로운 노력에도 불구하고 끝내 확실한 학문의 서열로 올라간다는 것, 그 이름의 첫번째 부분에서 벗어날 수 없다는 것이 역사의 과정에서 나타나고 있다. 사랑-지혜(*philo-sophia*)로서 철학은 소유가 아니라 지식의 독특한 형태에 대한, 그것의 근본 혹은 최고의 형태에 대한, 계속적이고 새로운 추구이다.

이 철학이라는 지식의 형태는—간과해서는 안 될 지식의 다양하고 독특한 모습을 해침이 없이—일반적인 세 특징, 즉 논증(Argumentation), 반성(Reflexion), 무전제성(Voraussetzungslosigkeit)에 의해 특징지어질 수 있다.

오류를 파괴하고 참된 지식을 정초하려는 목표를 갖고 있는 철학자는 먼저 인간에게 호소하는 것이 아니라, 질문을 제기하고 정초된 대답을 모색한다. 그는 정의(Difinition)를 제안하고, 주장을 제시하며, 확증과 반박을 모색한다. 그는 제시된 문제설정 및 근본개념들을 검토하고 이로부터 새로운 것을 형성한다.

이런 다층적인 논증작업은 모두 반성의 성질을 갖고 있다. 철학은 직접적인 인식, 일상언어적인 혹은 개별과학적인 (자연적 · 사회적 · 언어적 세계에 관한) 인식으로부터 거리를 취하며, 이로써 새로운 관점에서 이 인식을 그 요소들로 나누고 또 그것을 원리로부터 무모순적으로 파악할 수 있게 된다. 그러므로 참된 철학적 방법, 즉 논리분석적인, 해석학적 혹은 현상학적인, 선험적 혹은 변증법적인 사유방식을 통해서 자연적 · 사회적 · 언어적 사태에 대한 우리의 지식은 거의 확장되지 않는다. 이러한 과제를 수행하는 것은 자연과학, 사회과학, 언어학과 같은 개별학문들이다.

그 반면에 철학을 통해서는 이 사태적 지식(Sachverhaltswissen)을 갖고 걷는 인간의 길, 자신의 세계와 자기 자신을 추론하는 인간의 길이 두번째, 반성적 지반 위에서 계속된다. 그러나 이런 속행은 개별과학적인 인식 및 일상적 지식에 대해 중대한 결과를 초래하며, 아주 본질적으로 그 근본개념들과 방법들, 그 목표들과 기준들을 만들어낸다.

이와 동시에 철학은 방법적인 의미에서 무전제적이고자 한다. 철학의 비판적인 논의에서 원칙적으로 벗어나는 것은 아무것도 없다. 아주 일상적인 것도 문제시되어야 하고, 철학 자체도 마찬가지이다. 이러한 철학의 자기비판도 철학적 사유의 구성적인 요소에 속한다.

그러므로 이와 같은 사유의 발전에 근본적인 일익을 담당한 철학자들은 거장으로 간주될 수 있다. 웅장하고 길다란 현대철학의 '조상 기념품 진열실'(Ahnengalerie)에 관해서는 독창성과 중요성의 척도가 아주 엄격하게 해석되어야 한다. 실제로 신칸트주의, 신스콜라주의 등의 주요한 주창자들이라 하더라도 여기에는 받아들여질 수 없다. 나아가 '거장'이라는 표현은 질적인 탁월성을 함축하고 있다. 고대 로마에서 클라시키(Classici)가 최고 지배자 집단의 일원이었듯이, 철학에 고유한 사유를 가장 탁월하게 실현한 사람만이 거장에 속한다.

거장들은 철학의 과업을 선례적으로 실현했기 때문에 그들은 우리에게 철학의 임무, 가능성, 심지어 한계에 대한 정보를 가장 잘 전해줄 수 있는 사람들이다. 마찬가지로 거장들은 서구정신의 발전사상 중요한 단계를 우리에게 보여주고, 이로써—직접적으로든 간접적으로든 간에—우리 사유를 오늘날까지 적지 않게 규정한 근본개념들, 방법들 및 태도들의 기원을 현시하는 사람들이다. 끝으로 거장들은 그들의 문제를 다시-사유(Nach-Denken)함으로써 스스로 사유하도록 우리를 자극하는 사람들이다.

거장들의 주저를 강독하고 비판적으로 토론할 때 우리는 그저 철학의 실례들을 배우는 것이 아니다. 이와 더불어 우리는 스스로 철학하는 것을 배운다. 그래서 많은 현대 사상가들—해석학적 혹은 변증법적 사상의 주창자뿐만 아니라 현상학자, 선험철학자, 심지어 분석철학자 및 논리학자들—은 자기 분야의 탁월한 대변자들과 끊임없이 새로운 토론을 모색한다.

거장에 대한 이런 다층적인 의미로 말미암아 그저 개념, 문제, 학파의 역사가 아니라 특히 거장의 역사로 철학사를 기술하는 것이 적절한 것이다.

현대로 내려올수록 우리의 선별 작업은 더욱 어렵고 논란의 여지가 있다. 최소한의 객관성을 담지하기 위해 우리는 이 책에서—철학적인 질과 중요성이라는 척도 이외에—생존자는 제외한다는 기준을 적용했다. 우리는 또한 편향적인 태도를 거부하고, 아리스토텔레스 이후의 고대철학, (천 년 동안의) 중세철학 및 비독일어권이나 비영어권의 근세철학에 대한 과소평가를 교정하려고 노력했다.

이와 같은 관점들이 객관적인 선별 작업에 전적으로 충분한 것은 물론 아니다. 납득 가능성보다 더한 것이 요구되어서는 안 된다. 몇몇 경우 우리는 여러 명의 철학자들을 한 장에 묶어 기술했다. 소크라테스 이전의 철학자들과 스토아 학파, 프랑스 계몽주의, 미국 프래그머티즘, 호르크하이머 및 아도르노가 그 경우이다. 이런 방식을 통해서만 철학의 주요 흐름들이 과대 · 과소평가되지 않고 또 편향되게 기술되지 않을 것이라 생각했기 때문이다.

각각의 기고문들은 현재의 국제적인 연구 상황을 바탕으로, 또 새로운 문제제기와 방법을 고려해서 거장들에 대한 정보 및 비판적인 설명을 개진하고 있다. 전문가들뿐만 아니라 입문자들, 또 철학에 관심을 갖고 있는 비전문가들이 이 글의 독자들이다. 각 기고문들의 서두 부분에서는 거장들의 생애가 짤막하고 일목요연하게 설명되고, 그 정신사적 · 사회사적인 배경도 언급되고 있다. 저작에 대한 부분이 이 글들의 핵심을 이루고 있으며, 여기서 작품의 다양한 주제적 · 역사적 측면들뿐만 아니라 이전 및 당대의 작품들과의 상호 연관성이 제시되고 있다. 물음의 제기와 방법, 의도, 해결방안 및 근본개념에 대한 논의를 통해서 독자들은 각 사상가들의 다양하지만 잘 알려져 있지 않은 부분들을 접하게 될 것이다. 영향사가 글 마지막 부분에서 요약적으로 정리되고 있다. 부록에서 상세하게 제시되고 있는 참고문헌은 학적인 방향정립과 보다 정확한 연구에 기여할 수 있을 것인데, 우리는 최신의 연구 동향을 고려하여 작성된 이 부분에서 원전과 중요한 참고 저작들에 대한 정보를 얻을 수 있기 때문이다.

이 기획이 마침내 그 윤곽을 드러낼 수 있도록 뜻깊은 조언을 해준 동료들, 무엇보다도 이 기획이 실현될 수 있도록 원고를 보내준 동료들에게 감사드린다. 그리고 이 기획을 사려 깊게 보살펴준 출판사의 시비(Günther Schiwy) 박사, 복잡한 원고를 편집하느라고 수고한 모타스(Christian Mottas) 씨에게도 감사드린다.

1993년 10월 튀빙겐에서

오트프리트 회페

1 근원적인 것에 관한 탐구

소크라테스 이전의 철학자들

"어떤 일도 부질없이 일어나지는 않는다.
모든 것은 어떤 근거를 지니고 그리고 필연적으로 일어난다."

● 레우키포스

철학적 테제들은 결코 사소하지 않은 물음에 대한 대답들이다. 그런 테제들을 평가하자면 그 테제들이 어떤 물음에 대해서 어떤 대답을 내놓고 있는지를 분명히 해야만 한다. 그런데 소크라테스(Socrates) 이전의 철학자들[1)]의 경우에는 무엇보다도 그들로부터 완전한 저술은 물론이요 완전에 가까운 저술조차도 전승되지 않았으며, 따라서 이차적 전승에 의존할 수밖에 없기 때문에 그들의 테제를 평가하기란 대단히 어렵다. 소크라테스 이전의 사상가들을 평가하는 중요한 증언들과 보고들 가운데 많은 것들이 서로 다른 여러 철학적 경향을 띤 철학자들과 그 추종자들에 의해 생겨났기 때문에, 해석하는 이는 언어적 형태 외에도 그 증언이나 보고를 하고 있는 자가 어떤 연관성 아래에서 논의하고 있는지도 당연히 염두에 두어야만 한다.[2)]

그럼에도 초기 그리스 사상가들이 던지는 물음의 지평에는 갑자기 심사숙고의 대상으로 떠오르는 경험이라는 세계가 자리잡고 있다고 말한다면, 이는 아마도 옳게 말한 것이리라. 바로 이 경험의 세계가 대답되어야 할 어려운 문제들을 제기한다.

그래서 소크라테스 이전 철학자들의 여러 테제들은 대답으로 해석된다. 다시 말해서 이 테제들은 세계 안에서 이른바 배경을 이루는, 그렇지만 이성적으로 파악할 수 있는 구조들에 대한 정보를 우리에게 제공해준다. 이 구조들이 명백한 실재를 비로소 제대로 이해할 수 있게 만든다. 그래서 지진, 홍수, 일식이나 월식, 천둥과 번개 같은 현상들을 자연현상으로 이해하려는, 즉 비밀스런 힘이나 신화에 기대지 않고 이해하려는 시도가 행해진다. 세계는 고유한 권리를 지니는 실재로 이해되고, 이 세계의 구성과 구조에 대해 물음을 던짐으로써 생성과 소멸이라는 핵심적인 문제 자체도 사유를 통해서 포착된다.

종종 뮈토스(mythos, 신화)에서 로고스(logos)로의 이행으로 특징지어지고,[3] 어떻게 해서 생겨났는지 아직도 불분명한 이 새로운 시선(視線)은 자명한 것이 아니다. 여기에서 문제가 되는 것은 이미 현저히 이성적인 방향전환이 이루어졌다는 점이다. 왜냐하면 세계를 그 고유한 권리를 지니는 실재로 바라본다는 것, 예를 들어 자연적 힘들이 스스로를 조절하면서 어울린다는 의미로 세계를 바라본다는 것은 이미 일련의 잠재적 전제들과 추상적 생각들, 예컨대 구조와 동형성(Gleichförmigkeit), 생성과 변화라는 생각들을 포함하기 때문이다. 이러한 추상적 생각들은 개별적이요 구체적으로 감각되는 과정들에 더 이상 묶여 있는 것이 아니라 이 개인적으로 경험되는 과정들로부터 구별되어 나와서 점점 더 추상적 개념들로서의 성격을 지니게 된다. 새로운 시선과 그것으로 시작된 방향전환은 앞에서 말한 생각들을 심사숙고의 독립적인 대상으로 만들어내려는 경향을 지닌다.

이렇게 해서 아마 철학적 활동의 충분조건은 아니라고 할지라도 필요조건으로 이해할 수 있는 것, 즉 우리의 잠재적인 개념적 생각들을 주제화하고 분석하는 일에 첫걸음을 내딛는 일이 수행된다.

그리스 철학 자체의 시작은 불확실성에 싸여 있다. 그리스 철학은 아테네에서 시작된 것도 아니요 그리스 안의 어디에서 생겨난 것도 아니

탈레스는 고대 그리스의 7현제 중에서도 가장
으뜸가는 현인이라고 일컬어지는 수학자이자 철학자이다.

라, 그리스적 세계의 변방, 그리스 본토로부터 멀리 떨어진 다양한 문화들의 용광로에서 시작되었다. 전통적으로 철학자로 불리는 최초의 사상가들—탈레스(Thales), 아낙시만드로스(Anaximandros), 아낙시메네스(Anaximenes)—은 기원전 600년경 소아시아 지방의 이오니아 사람들이 세운 도시, 물자교환의 중심지로 번성하고 수많은 식민 도시들을 건설했던 밀레투스에서 살았다. 이곳 사람들은 수학, 천문학, 기상학에 대하여 대단한 지식을 갖고 있었다. 이곳에서 최초의 지도들이 나왔고, 바빌로니아 사람들에게 이미 알려져 있었던 해시계도 이곳으로부터 그리스에 전해졌다. 이곳 사람들은 동양문명이 세계를 파악했던 방식도 알고 있었다.

철학적 사유는 이 소아시아 지방으로부터 남부 이탈리아와 시칠리아로 퍼져나간 것으로 보이는데, 여기에서 밀레투스에서와는 다른, '이탈리아 학파' 라 불리는 철학적 흐름이 발전되었다. 대략 기원전 570년경에 태어난 피타고라스(Pythagoras), 파르메니데스(Parmenides), 엠페도클레스(Empedokles)가 그리스 세계의 서부에서 철학을 주도한 인물들이었는데, 이 그리스 세계의 서부는 시문학, 의학 및 역사기술의 영역에서도 이오니아(동부)로부터 결정적인 자극을 받았다.

그런데 얼마 있지 않아 소아시아와 이탈리아의 두 철학적 흐름 사이에 경쟁관계가 생겼던 것으로 보인다. 두 흐름이 철학적으로 만나는 일은 기원전 5세기에 '그리스의 학교' 가 되었던 아테네에서 비로소 이루어진다. 예를 들어서 소아시아 지방의 클라조메네 출신인 아낙사고라스(Anaxagoras)는 아테네에서 거의 30년을 살았다. 그의 사상에서는 밀레투스 학파의 자연철학에 대한 관심을 파르메니데스의 '존재의 철학' (Philosophie des Seins)이 요구하는 바와 결합시키려는 노력이 두드러지게 드러난다.

'왜' 라고 묻는 물음의 개념적 측면들

만일 아리스토텔레스가 『형이상학』 제1권에서 그려 보이는 철학적 사유의 역사적 전개에 대한 개괄에 의존한다면, 우리는 소크라테스 이전의 철학을 대체로 원인(Ursache)의 탐구, 근원(Ursprung)의 탐구로, 즉 존재하는 것의 원인과 근원에 대한 물음으로 이해해야 할 것이다. 원인과 근원이 개념적으로 근접해 있다는 사실은, 해명을 구하는 '왜라고 묻는 물음' (Warum-Frage)이 처음부터 '무엇으로부터라고 묻는 물음' (Woher-Frage)으로 이해되었을 것이라는 추측을 시사한다.

다시 말해서 어떤 사태가 무엇으로부터(woher) 나왔는지를 말하는 것은 동시에 왜(warum) 나왔는지를 말하는 것과 맞아떨어져야 하며, 왜 그런지를 말하는 것은 사실상 무엇으로부터 그렇게 되었는지에 대한 지적을 포함한다.

이런 생각만 하더라도 벌써 우리는 흥미로운 관점과 마주하게 된다. 왜냐하면 소크라테스 이전의 철학자들이 사물들이 왜 그러한지를 밝히려는 시도에서 이러저러한 요소들을 들었을 때—밀레투스의 탈레스는 '물' 을, 추측컨대 탈레스보다 두 세대 젊은 동향인이자 아낙시만드로스의 제자인 밀레투스의 아낙시메네스는 '공기' 를, 기원전 500년경에 살았던 에페소스의 헤라클레이토스(Herakleitos)는 '불' 을 각각 들었고, 아크라가스 출신의 엠페도클레스(기원전 492~432년경)는 훗날 전범(典範)이 되는 '불, 물, 흙 그리고 공기' 라는 4원소를 드는데—그들은 다른 것들의 원인이 되는 사물을 든 것이요, 따라서 원인이라는 존재론적 개념을 사용한 것이다.

그러나 그들은 어쨌든 설명이라는 단어의 현대적 의미로는 아무런 설명도 주지 않은 셈이다. 왜냐하면 설명하려고 시도한다고 할 때 우리는 근본적으로 매우 추상적인 어떤 작업을 행하기 때문이다. 즉 원래 기능적 사유 속에서 비로소 만들어지며, 실재의 기초를 이루는 것이 아니라 엄격하게 존재론적으로 객관적인 구조들로서의 관계들을 말하고 있는 것이다. 이와는 달리 초기 그리스 철학자들은—훗날의 플라톤과 아리스토텔레스도 여전히 그러한데—이 기능적 관계들 자체를 대상화하려는 경향을 보인다.

존재하는 것의 근원과 원인에 대한 소크라테스 이전의 탐구는 설명되어야 할 경험세계의 배후에 실제로 최종 기체(基體, Substrat)와 같은 다른 사물들을 요청하게 된다. 다른 한편으로는 무엇으로부터를 묻는 것이 왜를 묻는 것과 연결된다는 점과 그에 상응해서 설명되어야 할 경험세계의 배후에 있는 사물들을 찾아나선다는 점, 이 두 가지가 훗날 '현상과 실재'(Erscheinung und Wirklichkeit)[4]라는 제목으로 유명해지는 저 구별을 야기한다. 이 구별은 우선 인식론적인 윤곽을 지니며, 사물들이 실제로 우리가 그것들을 보는 그대로의 것들인지, 달리 표현하자면 우리는 사물들을 그것들이 사실 이러저러한 그대로 인식하는지 아닌지 하는 물음에 관계한다.

어쨌든 소크라테스 이전의 원인에 대한 탐구는 한편으로는 표면적인 실재성, 말하자면 인과론적으로 거슬러 올라갈 수 있는 실재성과, 다른 한편으로는 보다 배후에 있는, 근거짓는 실재성 사이의 구별을 주제로 다룬다. 사실 데모크리토스(Demokritos) 혹은 플라톤과 아리스토텔레스의 시기까지 계속된 원인에 대한 탐구의 역사는 전적으로 이런 종류의 실재 세계의 구조화가 한걸음 한걸음 복잡해졌다는 의미로 이해될 수 있다. 그에 따라 전경을 이루는(vordergründig) 실재성과 배경을 이루는(hintergründig) 실재성 사이의 구별이 체계적 면모를 갖추게 된다.

일련의 고찰을 수행하다보면 이 원인 탐구의 기초가 되는, 개념적인 종류의 전제들에 대한 보다 명확한 생각이 가능해진다. 우선 초기 그리스 철학자들은 '사물들'과 '사태들'을 분명하게 구별하지 않았다는 것이 확실하며, 그에 상응해서 '사물들'과 '속성들'도 아직 체계적으로

사색중인 헤라클레이토스.
"여기 우리는 상륙할 육지를 본다. 내가 나의 논리학에 담지 않은 것은 그 어느 것도 헤라클레이토스의 문장이 아니다"라는 헤겔의 유명한 표현은 헤라클레이토스의 사상사적 위치를 가늠하게 한다.

구별하지 않고 있다는 정황을 들 수 있다.[5] 그래서 차갑다, 뜨겁다, 습하다, 건조하다 등과 같은 속성들이 사물들 혹은 사물의 성질을 지닌 형성물들로 취급된다.

실제로 그리스어 'to kalon'(das Schöne)이라는 표현은 아름다운 사물, 어떤 사물에 부여되는 아름다움이라는 속성, 플라톤의 아름다움의 이데아에 해당되는 추상적인 것과 같은 여러 가지를 의미한다. 현대의 개념들에서는 중요한 이 차이들을 그리스 사상가들은 매우 늦게서야 알아차렸다. 비록 다른 근거들에서 보자면 문제가 많기는 하지만, 속성의 담지자로서의 개별적 종류의 사물과 속성 자체 또는 그에 상응하는 보편개념 사이의 차이를 어느 정도 정확하게 기술한 철학자는 아리스토텔레스가 처음인데, 그는 이 차이를 '실체적 존재자'와 '비실체적 존재자' 사이의 구별이라는 형태로 내보인다.

이러한 속성들의 사물화라는 경향에 상응해서 앎을 일종의 '친숙한 관계를 맺음'(Bekanntschaftsbeziehung)으로 분석하려는 성향이 뚜렷했다. 즉 '나는 안다'(ich weiß)라는 뜻으로 흔히 쓰이는 그리스어는 'oida'인데, 이 말은 원래 '나는 보았다', '나와 안면이 있다'(ich kenne) 정도를 의미한다.[6] 앎의 대상들에서 문제가 되는 것은 사태들, 곧 세계 안에서 손을 뻗어 만질 수 있는 실재의 조각들로는 나타날 수 없는 추상적인 것들인 반면에, 그리스 철학자들은 앎의 대상들을 경험세계에서 우리가 통상 마주치게 되는 사물들의 개념적인 지위에 접근시켰던 것으로 보인다.

이 점에 상응해서 '무엇으로부터라고 묻는 물음'에 대한 가능한 대답인 원인과 근원에서 문제가 되는 것은 '배후에 있는'(hintergründig) 사물들이다. 배후에 있는 것들은 경험과 직접 맞닿을 수 없다. 그렇기는 하지만 이 배후에 있는 것들은 이 세계의 실제적인 조각들에 비해서, 무엇보다도 사물들에 비해서 덜 실재하는 것이 결코 아니다. 비록 우리가 이 배후에 있는 것들을 직접적으로 관찰할 수 없다고 할지라도 그렇다.

근원에 대한 생각들의 요소들

'왜라고 묻는 물음'이 '무엇으로부터라고 묻는 물음'과 연결되어 있다는 점은 근원을 말함으로써 결국 역동적이요 힘찬 특성을 지니는 어떤 것, 변화의 연쇄가 일어나는 과정을 조정하는 그 무엇이 파악되어야만 한다는 것을 알게 해준다.

이런 사상은 여러 가지 형태를 띠고 나타난다. 예컨대 헤라클레이토스에게는 불이 원리로서 받아들여진다. 이 불은 동시에 '법칙'(nomos)이요 '의미'이며 '이법'(logos)이다.[7] 기원전 5세기의 자연철학자인 아폴로니아의 디오게네스(Diogenes)에게는 원리로서의 공기에 이성이나 앎과 같은 속성이 부여된다. 아폴로니아의 디오게네스와 친분을 맺고 있었던 아낙시메네스는 공기가 농후화의 과정에서 먼저 물이 되고 그 다음에는 흙으로 변화하며, 반면에 희박화의 과정에서는 불로 바뀐다고 생각했다.[8] 여기에서 눈에 띄는 점은, 모든 질적인 종류의 변화가 양적인 종류의 변동에 의존하며, 이때 양적인 변동은 어떤 집적체와 같은 토대에서 일어나는데, 이 토대는 질적으로 규정되지 양적으로 규정되지 않는다는 사실이다.

이 모든 견해들은 결국 아낙시만드로스와의 대결에서 생겨난다. 그는 전설같은 이야기로 둘러싸인 인물 탈레스와 함께 철학사의 첫머리에 서 있으며, 여러 사람들에 의해 사실상의 철학의 창시자로 간주되어 왔다. 아낙시만드로스는 본인이 쓴 것임에 틀림없는 글을 우리에게 전승해준 최초의 사상가이다. "존재하는 사물들의 시초와 근원은 '아페이론'(非限定者, to apeiron)이다. 아페이론으로부터 존재하는 것들이 생성되고, 이것들은 또 필연성에 따라 아페이론 안으로 소멸한다. 왜냐하면 이것들은 올바르지 못함에 대한 벌과 보상을 시간이 정한 바에 따라 서로서로에게 치르기 때문이다."[9]

아낙시만드로스는 경험세계를 과정, 즉 힘들이 얼키설키 작용을 가

하는 과정으로 본다. 또 그는 더 이상 규정되지 않는 세계질서에 대한 사상을 뚜렷이 드러내 보인다. 이 점은 그의 '코스모스'(kosmos)에 대한 이해와 잘 맞아떨어진다. 코스모스는 일차적으로는 잘 치장된 정돈이나 꾸밈 정도를 뜻한다.[10] 이 단어가 세계에 적용되면, 세계가 그것이 애초에 질서지어져 있었던 그만큼 잘 질서지어져 있다는 것을 말한다. 그런 확정은 순전히 기술적(記述的)인 성격을 넘어서서 규범성을 끌어들인다. '존재-당위'(Sein-Sollen)라는 이 규범적 계기는 정치적 · 법적 용어로 정착된다. 아낙시만드로스가 법적 · 정치적 구조들을 세계 안에 투영하고 있는 것인지, 혹은 생기 있는 자연 자체 안에서 원형에 입각한 법적 · 정치적 소여(所與)의 모형을 보고 있는 것인지는 불확실한 채로 남아 있다고 하겠다.[11]

어쨌든 세계는 자기 스스로를 규제하는 힘들의 균형으로 해석되고, 이 힘들의 작용에서는 결국 어떤 단계도 우위를 점하지 않는다. 그러나 궁극적 근거로서의 '비한정자'에 대한 생각이 어떻게 이 자연철학적이요, 아마도 은유적으로 표현된 힘들의 교체와 조정으로서의 생성과 소멸이라는 테제와 맞아떨어질 수 있겠는가?

그러한 힘들의 작용이 일어난다는 생각은—본래적인 요소들의 모든 차별화에 앞서—생산성의 어떤 형태를 통하여 질적 · 양적으로 규정된 것을 산출해내는 어떤 저수지 같은 것이 있을 때에만, 오로지 그럴 때에만 그럴 듯하게 보일 것이다. 추측컨대 아낙시만드로스는 다음과 같은 두 가지를 보여주기 위해서 '비한정자'라는 개념을 선택한 것 같다. 그 한 가지는 저수지로 이해되는 덩어리는 바깥으로도 안을 향해서도 경계지어져 있지 않다는 것이요, 다른 한 가지는 이 덩어리가 어떤 내적인 한정도 지니고 있지 않다는 것이다.

그렇게 보면, '비한정자'라는 표현은 양적 비한정성의 사실과 내적 비한정성의 상태라는 두 가지를 가리킨다고 하겠다. 아마도 아낙시만드로스는 원래는 나누어져야 하는 생각의 두 영역을 섞어놓은 것 같다

(이와 유사하게 1백 년 뒤에 살았던 멜리소스〔Melissos〕는 비한정성의 성격을 공간적일 뿐만 아니라 시간적이기도 한 것으로 이해해서 존재자가 생성되지 않았다는 것을 공간적 · 시간적으로 그 시초를 갖지 않는다는 것으로 파악한다. 멜리소스의 바로 이 점을 훗날 아리스토텔레스가 비판한다).

다른 한편 아낙시만드로스는 이 궁극적 근거에 '영원하다' 거나 '불멸하다' 혹은 '신적이다' 와 같은 속성들을 덧붙인다. 나아가 그는 한정되지 않은 궁극적 근거가 "모든 것을 포괄하고 조종한다"[12]는 견해를 표방한 것으로 보인다. 여기에서 더 이상의 사유 영역들이 연상되어 나왔던 것이 확실하다.

그런데 이 모든 것은 전적으로 합리적인 숙고를 지향한다. 왜냐하면 아낙시만드로스가 모든 사물들의 궁극적 근거는 한정되어 있지 않다고 말하고, 거꾸로 말해서 비한정자가 궁극적 근거라고 말할 때, 그는 다음과 같은 고찰을 염두에 두고 있는 것으로 보이기 때문이다. "모든 것은 그 자체가 근원이든지 아니면 근원으로부터 나온 것이다. 그러나 비한정자는 시초를 갖지 않는다. 만일 그렇지 않다면 비한정자가 한계를 가질 것이기 때문이다."[13] 이에 상응해서 멜리소스는 나중에 이렇게 논한다. "시초나 끝을 갖는 것은 어느 것도 영원하지 않으며 비한정적이지 않다."[14]

이렇게 볼 때 아낙시만드로스는 시초의 사물이 어떻게 이성적으로 구해져야만 하는가 하는 물음을 제기했던 것 같다. 이 물음에 대한 대답은 분명하다. 즉 시초의 것이요 아르케(archē)라는 이름에 합당한 것은 어떤 근원도 지녀서는 안 되며, 생각할 수 있는 모든 관점에서 보아 기초적이어야 하며, 더 이상 분석될 수도 없고 따라서 다른 어떤 것으로 소급될 수도 없는 것이어야 한다. 이 조건들을 정확히 충족시키는 것은 오로지 질적으로나 양적으로나 한정되지 않은 사물뿐이다.

이로써 아낙시만드로스가 어떤 이유로 이 시초 없는 원리는 모든 것을 포괄하고 조종한다고 주장할 수 있었는지를 이해할 수 있다. 적어도 '모든 것을 포괄한다'는 속성은 논리적으로 보아서 비한정성이라는 개념에 포함되어 있다. 아낙시만드로스 같으면 다음과 같이 논의할 수도 있었을 것이다. 즉 절대적인 의미에서 한정되지 않은 것은 그 정의상(per definitionem) 비한정적이지 않은 것들을 어떤 의미에서든 필연적으로 포괄해야만 한다. 그런데 만일 비한정자가 그것들 쪽에서 보자면 비한정적이지 않고 공간적 · 시간적인 사물들로서 어떤 규정들을 지니는 것들을 '포괄한다'면, 이 비한정자는 내적으로 볼 때(즉 질적인 관점에서는) 오로지(simpliciter) 비한정적이기만 할 수는 없다. 아낙시만드로스가 이런 문제를 알고 있었는지 그렇지 않았는지는 분명하지 않다.

비한정성이라는 개념의 두번째 특징은 근본적으로 배의 조종을 연상시킨다는 것이다. '조종한다'(kybernan, steuern)는 표현은 이후의 시기에—특히 헤라클레이토스, 파르메니데스, 아폴로니아의 디오게네스에게서—그 자체로는 무엇이라고 규정되지 않지만 자율적이고 주도면밀하게 작용하는 원리의 활동을 특징짓는 데 사용되었다. 얼핏 보아서는 '모든 것을 조종한다'는 특징은 근원에 대한 사고라는 틀과는 현저하게 다른 것 같아 보인다.

실제로 이러한 특징은, 아낙시만드로스의 '포괄한다'(periechein, umfassen)는 표현의 의미가 아낙시메네스에서와 유사하게[15] 아주 구체적인 구성요소를 갖는 경우에 그럴 법하다고 받아들여질 수 있다. 아낙시만드로스가 이 '조종한다'는 표현을 사용했을 때 그는 일종의 인격적 범주 같은 것을 염두에 두고 있었다고 할 수 있다.[16] 즉 대상적 범주들이 명백히 인격적 범주들과 겹친다는 것이다. 그렇지만 여기서 아낙시만드로스가 자신의 영원불멸하며 비한정적인 궁극적 근거를 활동하는 신으로 상정했다고 추론할 필요는 없다.

요약해서 말하자면, 근원에 관한 아낙시만드로스의 개념은 이후 계

아낙시만드로스는 탈레스와
함께 철학사의 첫머리에 서 있으며
사실상 철학의 창시자로 간주된다.
그는 최초로 지도를 만들었고 지구가
공간 속에 자리잡고 있다는
놀라운 발견을 이루어냈다.

속된 논의과정 속에서 비로소 해결되고 각각 고유한 영역으로 독립되는 일련의 생각들을 포함하고 있다. 오늘날의 관점에서 보자면 이 비한정자 개념에서 문제가 되는 것은—그 형태야 어떻든 간에 질량이나 에너지와 같은—모든 물리적 크기의 근원 같은 것이다.[17] 이렇게 볼 때 '아페이론' 이라는 개념으로 포착된 것은, 찾고자 하는 저 근원이 지닌 기능적(funktionell), 혹은 더 정확하게는 조작적(operativ) 다양성의 현대적 의미와 원칙적으로 일치한다.

이런 식의 사유는 아낙시메네스에게도 해당되는 것 같다. 그도 역시 자신의 원리를 한정되지 않은 것으로 제시하지만, 이런 맥락에서 비한정자 개념을 '공기' 라는 앞서의 질적 규정을 통해 명백히 양적 구성요소로 제한했다. 이 점은 아낙시만드로스와 견주어볼 때 후퇴로 해석될 수 있다. 동시에 전적으로 아낙시메네스의 생각은 다른 방식으로 미묘함을 드러낸다. 왜냐하면 질적 변화들이 양적 변화들의 결과로 설명될 수 있다고 사유하는 것은 새로운 것일 뿐만 아니라, 우리가 알 수 있는 모든 것을 통해서 볼 때 분명히 아낙시만드로스가 채우지 못했던 틈새를 채워주기 때문이다. 이 사유는 또한 전체 사물들이나 사태들은 유일하고 통일적인 과정의 국면들이나 기능들로 포착되어야 한다는 이른바 경제적 사유를 지향하고 있다.

이런 견해는 그 이후의 사유에도 영향을 미쳤다. 사물들이 아낙시만드로스 식으로 서로를 제거하는 것이 아니라 역동적으로 서로서로 교차한다는 생각은, 헤라클레이토스로 하여금 명백한 현실성의 기초가 되는 것은 어떤 역동성(Dynamik)이라는 흥미로운 테제를 떠올리게 한 것으로 보인다. 이 역동성이 일단 인식되고 계산에 넣어지면 사고의 전환은 불가피하다. 경험세계는 더 이상 단순히 질적으로 양극적인 사물들의 목록이 아니라 아주 복합적인 형성물들의 조화체로 간주될 수 있다. 이제 소박한 '사물들의 존재론'은 '사태들의 존재론'에 의해 대체되기에 이른다.[18]

어쨌든 이미 고대에 '어두운 자'라고 불렸으며 헤겔, 하이데거, 포퍼와 같은 여러 철학자들의 관심을 끌었던 헤라클레이토스는 모든 사물들이 끊임없는 변화를 겪는다고 확신했던 것 같다.[19] 헤라클레이토스가 실제로(de facto) 모든 사물이 모든 순간에 모든 관점에서 변화를 겪는다고 생각했는지[20]는 현대의 해석에서 더 이상 확정적인 것은 아니지만, 헤라클레이토스는—그 자신도 그렇게 생각했듯이[21]—보통의 경험과 모순을 일으키는 견해를 표방했다. 보통의 경험으로는 오히려 세계가 명백한 안정성의 계기를 드러내는 것으로 보인다.

그러나 이런 인상은 피상적이요, 철학적으로 오해를 불러일으킨다. 마치 보리 음료가 그러하듯[22] 오로지 운동의 과정 안에서 포착됨으로써만 그 항구성이나 본성을 획득하는 사물들이 있다. 다시 말해 한 사물의 동일성이라는 것도 실제로는 변화에 종속되어 있다는 것이다. 이 역설적으로 들리는 주장은 사물들의 참된 본성이 겉으로 드러나 있지 않고[23] 보편적인 구조연관과 의미연관(logos)을 통찰하는 우회로를 통해서야 비로소 그 모습을 드러낸다는 헤라클레이토스의 확신과 맞아

떨어진다.

여하튼 자신의 책 서두에서 헤라클레이토스는 본질 기술(kata physin, Wesensbeschreibung) 같은 것을 약속한다.[24] 우리에게 전승된 단편들을 통해서는 도대체 어디에서 이 약속이 이루어지는지 확실히 알 도리는 없지만, 헤라클레이토스에게는 계속해서 되풀이되는 다음과 같은 생각이 핵심을 이루는 것으로 보인다. 공간적 · 시간적인 사물들은 그 안에 대립적인 성격들을 포함하고 있으며,[25] 이 대립적 성격들 자체도 변전(變轉)한다.[26]

후세 사람들이 헤라클레이토스의 것으로 돌리는 이러한 '대립의 통일' 이라는 테제는 현대의 개념으로는 기초적인 오류추리에 근거한 것일 수 있다. 인간은 마실 수 없는 바닷물이 물고기들에게는 맛난 것일 수 있고, 이런 의미에서 더럽기도 하고 깨끗하기도 하다는 주장[27]은 헤라클레이토스가 상대적 속성들을 절대화하고 있다는 취지로 해석될 수도 있다. 마찬가지로 삶과 죽음의 경우에 전자가 변전해서 후자가 되고, 또 후자가 변전해서 전자가 되기 때문에 동일하다[28]는 헤라클레이토스의 테제는 반대되는 성격의 연속적인 속성들을 동일한 대상에 절대적으로, 다시 말해 시간적 소여성을 고려하지 않고 적용함으로써 생겨났다고 할 수 있다. 그럼에도 명백한 현실성의 기초가 되는 것은 역동성이라는 헤라클레이토스의 테제는 철학적으로 새로운 방향을 설정했다.[29]

물론 비트겐슈타인을 연상케 하는 이러한 대체, 소박한 '사물들의 존재론' 을 '사태들의 존재론' 으로 대체하는 일은 실제로는 일어나지 않았다. 헤라클레이토스에게는 제대로 된 후계자가 없었기 때문이다. 소크라테스의 연하의 동시대인으로 추정되는 크라틸로스(Kratylos)가 헤라클레이토스의 '유전이론'("만물은 유전한다")에 존재론적 성격을 부여하고자 시도했는데, 이 시도는 기괴한 결말을 낳고 말았다.

아리스토텔레스의 보고에 따르면 크라틸로스는 다음과 같이 말했다고 한다. 첫째로, 감각적 지각의 대상인 저 끊임없이 변화하는 사물들은 참된 앎의 대상이 아니다. 둘째로, 변화하는 세계의 사물들에 대해서는 어떤 참된 언명도 할 수 없다. 셋째로, 우리는 어떤 언명도 해서는 안 된다. 넷째로, 같은 강물에 두 번 발을 담글 수 없다는 헤라클레이토스의 주장과는 달리 우리는 한 번조차도 같은 강물에 발을 담글 수 없다.[30] 따라서 크라틸로스에 의하면 항구적인 성질의 존립형태란 있을 수 없다. 또 그와 함께 'be동사'를 매개로 해서 어떤 관할권 같은 것이 주장되는 일체의 언명들은 대상을 지니지 않는다.

네번째 주장을 보면 심지어 크라틸로스는 어떤 대상도 매순간 그 동일함을 확인할(identifizierbar) 수 없다고까지 생각했던 것으로 보인다. 크라틸로스는 다만(기껏해야) 감각적 지각의 대상들의 동일함을 재확인할(reidentifizierbar) 수 없다는 헤라클레이토스의 입장을 극단화했을 뿐이다.

헤라클레이토스의 테제와는 달리 크라틸로스의 테제는 당연히 기괴한 결말에 도달하고 만다. 만일 어떤 대상도 매순간 그 동일함을 확인할 수 없다면, '끊임없이 변화하는 사물들'이라고 말해서조차 안 된다. '끊임없이 변화하는 사물들'이라는 주장, 곧 어떤 특정한 속성들을 지니는 대상 X가 있다는 것을 안다는 주장은 오직 항구적인 성질의 재확인을 거쳐서만 성립될 수 있는 것이다. 또 크라틸로스가 '영원히 변화하는 사물들' 자체를 말하는 순간 그는 자신의 세번째 주장과 모순되는 일을 하는 셈이다. 그러나 분명한 것은 크라틸로스가 사물들의 존재론적 지위와 연관된 특정한 인식명제들을 외부 세계의 기초로 삼았다는 점이다. 이것이 하나의 근본 진단인 것은 사실이지만, 엄밀히 말해서 크라틸로스는 이런 근본 진단을 내릴 자격이 없다.

헤라클레이토스는 플라톤에 의해서야 비로소 체계적으로 수용되는데, 이것은 아래에서 보게 될 파르메니데스 철학의 성공과 관련이 있다.

존재론과 논리학

엘레아의 파르메니데스(Parmenides, 기원전 515년경 출생)는 서양의 존재론과 형이상학의 창시자로 간주된다. 그는 스스로 변화하는 세계라는 생각을 논리학의 법칙들과 대결시키고, 이런 생각이 모순적이요 기만적이며 생각할 수조차 없는 것이라고 비판한다. 즉 어떤 변화도 없다. 왜냐하면 어떤 변화도 있을 수 없기 때문이다. 헤라클레이토스가 직관의 방법으로 경험세계를 이 현실세계의 배후에 감추어져 있는 본(Muster)이 드러난 것으로 새롭게 해석한 반면에, 파르메니데스는 경험세계의 존재를 부인한다. 그는 경험세계를 정신 나간 환상이 만들어낸 것으로 평가절하하고, 고정적이며 변화를 겪지 않는 실재가 있다고 주장한다. 다시 말해서 오로지 하나의 존재자가 있다는 것이다. 즉 여럿(多)이나 변화는 없으며 오직 하나의 동질적인 실재가 있는데, 이 실재는 사유를 통해서만 파악된다는 것이다.

파르메니데스의 이 테제는 주목할 만한 철학적 노력의 결과이다. 파르메니데스는 '생성'이나 '소멸'과 같은 개념들이 지니는 철학적 함축에 관심을 기울였으며, 분명히 이 문제를 본격적으로 탐구한 최초의 사상가이다. 마치 아낙시만드로스가 '아르케'(archē)라는 용어를 세밀하게 검토한 것처럼, 파르메니데스는 '생성'이나 '소멸'이라는 생각의 밑바닥에 놓여 있는 전제들에 대해서 물음을 제기한다. 그의 대답은 충분히 놀랍다. 즉 '생성'이란 명백히 무엇인가가 '존재하지 않는 어떤 것'(非存在)으로부터 생겨나는 것을 말하고, '소멸'이란 존재하는 어떤 것이 존재하지 않는 어떤 것으로 되는 것을 말한다는 것이다. 우리가 '생성'이나 '소멸'에 대해서 말할 경우에 공통적으로 우리는 '존재하지 않는 어떤 것'을 전제하지 않을 수 없다는 것이다. 그러나 "이 '존재하지 않는 것'을 우리는 인식할 수도 없고 가리킬 수도 없다."[31]

파르메니데스가 무엇을 염두에 두고 있는지는 분명하지 않다.[32] 확실한 것은 다만 다음과 같은 점이다. 즉 파르메니데스는 '존재를 나타내는 be동사'와 '술어화의 기호로서의 be동사'(계사, copula)를 전혀 구별할 수 없었다는 사실이다.[33] 어쨌든 그는 다음과 같이 추론한다. '생성'이나 '소멸'과 같은 표현들은 그것들이 관계를 맺는 대상이 없을 뿐만 아니라, 실제 세계를 벗어나서 허구적인 존재론을 만들어낸다는 것이다.

파르메니데스는 오류를 범한 셈이다. 그렇지만 그의 '생성'과 '소멸'에 대한 고찰은 결코 사소한 것이 아니다. 실제로 '생성'이나 '소멸'이라는 개념들은 '존재'나 '비존재'라는 개념들을 포함한다. 이 개념적인 관계맺음의 방식은 아리스토텔레스에 의해서 비로소 만족스럽게 해명된다. 또 한 가지 생각해볼 수 있는 것은 파르메니데스가 '있다/이다'라거나 또는 '있지 않다/이지 않다'와 같은 표현들을 그 당시의 언어관이 그랬던 것처럼 주로 '이름'으로 이해했다는 점이다. 이런 언어관에 따르면 이름은 그 대상에 적중하든지 아니면 전적으로 대상을 빗나간다는 것이다.[34] 'be동사'는 명명(命名)의 기능 같은 것을 갖고 있다.[35]

분명히 파르메니데스에게서 영향을 받은 무수한 소피스테스적인 주장들 가운데 하나의 예가 이 점을 잘 말해준다. 이에 의하면 모순은 불가능하다. 왜냐하면 부정된 문장으로서의 모순은 모두 '비존재'를 포함할 것을 요구하기 때문이다. 여하튼 파르메니데스는 오로지 있는 것만 있을 수 있다고 하는 사실에 어떤 의심도 허용하지 않는다. '있는/……인 것', 다시 말해 '존재'라는 명칭을 지니기에 합당한 것에는 모든 종류의 파괴적 부정(否定)들에 대해 면역을 갖게 해주는 특정한 조건들이 부과되어야만 한다는 것을 의미한다.

이 조건들은 부분적으로 간접증명의 방식으로 기술된다. 파르메니데스는 '있는 것/……인 것'이 필연적으로 첫째, 생성된 것이 아니요, 둘째, 소멸되지 않으며, 셋째, 그 자체로 전체요 동질적이고(ganzheitlichhomogen),[36] 넷째, 운동하지 않고, 다섯째, 종말이 없으며, 여섯째, 과거와 미래가 없고, 일곱째, 하나이며, 여덟째, 지속적이어야 한다[37]는 것을 보여주려고 애썼다. '없는 것은 없다' (Nicht-Seiendes *ist* nicht)[38]거나 '있는 것만 있다' (Nur Seiendes *ist*)[39]는 근본 구별을 일단 전제하면, 증명의 내적 논리가 비로소 투명해진다.

첫번째와 두번째 테제는 각각 '생성'을 '있지 않은 것으로부터 무엇인가로 되는 것'으로, '소멸'을 '있는 것으로부터 있지 않은 것으로 되는 것'으로 분석할 때 직접적으로 도출된다. 왜냐하면 있는 것이 생성되고 소멸한다는 대립적인 두 주장은 '비존재'가 실재한다는 전제를 포함하고 있기 때문이다. '비존재'가 실재한다고 전제하는 것은 위에서 언급한 근본 구별에 위배된다. 세번째 테제와 관련해서 흥미로운 점은 파르메니데스가 동일성을 부정하는 형태의 명제를 비존재가 실재한다고 주장하는 것으로 해석하고 있다는 사실이다. 있는 것이 그 자체로 전체가 아니요 동질적이지 않다고 보는 것, 따라서 이 있는 것이 어떤 틈새를 갖고 있으며 자기 자신과 동일하지 않다고 보는 것은 모두 비존재가 실재한다는 주장을 끌어들이는 셈이라는 것이다. 이렇게 볼 때 다음과 같이 말할 수 있다. "모든 것은 있는 것으로 가득 차 있다."[40] 이러한 생각은 계속 전개되는 일련의 추론들을 낳는다.

네번째 테제는 명백히 첫번째와 두번째 테제를 결합시킨 것으로 보이며,[41] 훗날 소피스테스인 고르기아스가 파르메니데스의 제자인 엘레아의 제논을 이어받아 개진하게 될 사상을 암시적으로 포함하고 있다고 볼 수 있다. 즉 있는 것이 운동할 수 있으려면, 그 있는 것이 거기로 향해 운동할 수 있을 '있는 것과는 다른 어떤 것'(즉 비존재)이 필요하다는 것이다. 다섯번째 테제의 '종말이 없다'는 속성은 파르메니데스에게는 분명히 결점이 없으며 완전하다는 측면을 의미하는 것이다.[42] 만일 있는 것이 완결적이지 못하다면, 있는 것은 그 자체로 전체요 동질적이라는 세번째 테제에 위배된다. 다른 관점에서 보자면 안셀무스식의 존재론적 신존재증명과 유사한 생각이 여기에 나타나 있다고 할 수 있겠는데, 완전성은 비존재를 배제한다는 생각이 바로 그것이다.

철학적으로 흥미로운 것은 여섯번째 테제에 나타난 특징이다. 파르메니데스는 있는 것에 대해서 시간적으로 한정되지 않은 지속을 요청하는 것일까, 아니면 무시간성을 요청하는 것일까? 이 물음은 그리 간단하게 대답되지는 않을 것 같다. 그렇지만 여러 면에서 보아 두번째 선택이 옳을 것이다. 만일 어떤 변화도 없다면, 어떤 발생도 일어나지 않는다. 그런데 시간의 조각들이 서로서로 구별되어 획정될 수 있는 것은 바로 이 발생을 근거로 해서이다.[43] 따라서 '있다/이다' 라든가 '존재' 는 파르메니데스에게는 실제로 무시간성의 관념을 연상시킨다. 예를 들어서 수학적 명제들에서 사용되며 문법적인 외양과는 달리 시간과 아무런 상관이 없는 저 무시간적(atemporal) '있다/이다' 에 비교될 수 있다.

그리스 철학에서는 명제들의 속성들을 그 명제들에서 지칭되는 사물들에 전이시키는 경향이 지배적이었기 때문에, 파르메니데스가 발견한, 논리적으로 무시간적인 '있다/이다' 는 불가피하게 소멸하지 않는 존재자라는 개념으로 이어진다. 이 소멸하지 않는 존재자라는 개념은 플라톤의 이데아들의 세계가 생겨나는 데 결정적인 영향을 미쳤고, 아리스토텔레스의 '실체' (Substanz) 개념에서도 일정한 역할을 하고 있는 것으로 보인다.

일곱번째와 여덟번째 테제의 특징들은 세번째 테제를 확장해서 설명하고 있는 것으로 이해하는 데에 별 어려움이 없다. 만일 '하나의' 존재자가 있는 것이 아니라고 한다면, 이 '존재한다' 고 말해지는 것과는 다른 어떤 것이 있다는 것이 되고, 그렇다면 '비존재' 가 있다고 주장하는 셈이 될 것이다. 또 만일 존재자가 지속적이지 않다면, 단일성과 유일성이 부정되는 것이요 이것은 다시금 근본 구별에 위배된다.

파르메니데스의 연역들은 경험세계와 극단적으로 대립되는 실재의 그림을 그려 보인다. 그렇기 때문에 파르메니데스는 한걸음 더 나아가 경험세계를 정신 나간 환상의 소산물로 간주한다. 그렇지만 도대체 어떻게 파르메니데스는 그 자신의 전제들에 따라 어떤 것이 존재하지 않는다고 주장할 수 있는 것인가? 여기에서 파르메니데스는 자신의 근본 구별을 위배하고 있지는 않은가? 또 존재자의 단일성을 사유의 필연성으로 이해하는 파르메니데스가 오로지 하나의 존재자만 있다는 사실을 여러 사유 주체들이 있다는 부인할 수 없는 사실과 어떻게 조화시킬 수 있겠는가? 이런저런 물음들이 해결되지 않은 채로 남아 있다.

자연철학과 존재론

그럼에도 철학적 문제들에 대한 논의의 전개에서 파르메니데스만큼 강한 영향을 남긴 사상가는 없다. 기원전 485년에서 490년 사이에 태어나 어쩌면 백 세 이상을 살았던 시칠리아의 레온티노이 출신의 수사술가 고르기아스가 자신의 저서 『비존재에 대하여 혹은 자연에 대하여』[44]에서 파르메니데스의 전제들이 정반대의 추론(예컨대 '비존재는 비존재이다. 따라서 비존재는 있다' Das Nicht-Seiende *ist* Nicht-Seiendes, also *ist* es......)을 낳기도 한다는 것을 보이고자 시도하기는 했었다. 그렇지만 파르메니데스적 존재론의 추상적인 요청들을 실질적으로 고찰한 것은 특히 아낙사고라스(기원전 500년경 출생), 엠페도클레스, 그리고 압데라 출신의 데모크리토스(기원전 460년경 출생)였다.

아낙사고라스는 다음과 같이 말한다.

> 생성과 소멸에 대해서 그리스 사람들은 올바르게 생각하지 못했다. 왜냐하면 사물은 생성하거나 소멸하는 것이 아니라 이미 있었던 사물들로부터 혼합되거나 다시 분해되기 때문이다. 따라서 그들은 생성 대신에 혼합이라고, 소멸 대신에 분해라고 말했어야 옳았던 것이다.[45]

엠페도클레스도 비슷한 생각을 제시한다.

> 이 미숙한 사람들! 이들의 노력은 정말이지 깊은 생각에서 나온 게 아니다. 왜 그런고 하니 이들은 전에 존재하지 않았던 것이 생겨날 수도 있고 그렇게 생겨난 것이 전적으로 사라지고 뿌리째 소멸될 수 있다고 믿었기 때문이다. ……왜냐하면 전혀 존재하지 않는 것으로부터는 어떤 것도 생겨날 수 없으며, 존재하는 것이 완전히 소멸된다는 것도 불가능하기는 매한가지이기 때문이다. 존재하는 것은 누군가 그것을 세워놓은 거기에 언제고 서 있을 것이다.[46]

원자론의 대표적 사상가인 데모크리토스는 더 나아가 파르메니데스적인 존재자의 속성들을 자신의 원자 개념에 적용한다.

이렇게 볼 때 파르메니데스 이후의 자연철학에서 결정적인 문제는 다음과 같이 제기되었던 것으로 보인다. 즉 논리적 관점에서 고찰하면 생성과 소멸이라는 의미에서의 변화는 불가능하다. 생성과 소멸이 실제로 무엇인가가 비존재로부터(aus Nicht-Seiendem) 생겨난다거나 무엇인가가 비존재로(zu Nicht-Seiendem) 된다는 것으로 각각 파악되어야 하는 한, 이런 의미의 생성과 소멸은 불가능하다는 파르메니데스의 생각은 옳다.

그러나 변화가 존재한다는 사실은 부정될 수 없다. 비록 우리가 경험세계를 망상이나 환영으로 치부하고 싶을지라도 말이다. 이렇게 해서 파르메니데스 이후 모든 철학자들의 과제는 변화라는 부인할 수 없는 현상을 논리에 위배되지 않고 해명하는 일이 된다. 이런 의미에서 엠페도클레스, 아낙사고라스 그리고 데모크리토스의 자연철학적인 작업들은 '존재'와 '생성'을 둘러싼 엘레아 학파와 헤라클레이토스 학파의 대립된 주장 사이에서 종합을 이끌어내려는 시도인 것이다.

엠페도클레스

예언가이자 교훈가, 영적인 교사로도 등장하고, 자신의 자연철학적 전제들을 파르메니데스와 비슷하게 신적 계시의 내용으로 특징지었던[47] 엠페도클레스는 파르메니데스와 마찬가지로 생성이나 소멸과 같은 개념들은 현실세계에서 전혀 그 대응물을 갖지 못하는 것으로 간주한다.[48] 물론 그는 변화와 변동이 있다는 사실을 전적으로 부인하는 데까지 나아가지는 않는다. 오히려 엠페도클레스는 의식적으로—그의 뒤를 이어 아낙사고라스와 데모크리토스도 비슷한 방식으로 그랬던 것처럼—파르메니데스의 테제가 타당할 수 있는 범위를 절대적인 의미에서의 생성과 소멸은 불가능하다는 정도로 제한한다.

변화와 변동이 일어난다는 사실을 거스르지 않는 이 중요한 제한은 엠페도클레스의 존재론이 지니는 반일원론(反一元論)적 경향과 잘 맞아떨어진다. 즉 그의 존재론에 따르면 우리는 흙, 공기, 물, 불이라는 네 요소들, 다시 말해서 생겨난 것이 아니요 물질적인 '모든 사물들의 네 가지 뿌리들'과 관계를 맺는다.

> 왜냐하면 바로 이 네 가지 요소들만이 실재하지만(sein), 이것들이 서로 얽혀서 사람도 되고(werden) 각종의 다른 동물들도 되기(werden) 때문이다. 즉 개별적 사물들은 때로는 사랑에 의해서 하나의 정돈된 질서로 결합되고, 또 때로는 불화로 인한 미움에 의해서 분리된다. 이렇게 해서 여럿으로부터 하나가 생겨나고 다시 그 하나가 여럿으로 분리된다는 사실을 알게 되었다. 이런 방식으로 그것들은 생겨나고, 이런 점에서 삶이란 불변의 것이 아니다. 하지만 그것들이 끊임없는 교환을 결코 멈추지 않는 한, 그것들은 순환의 과정 안에서도 언제나 변함없는 것들로 있다.[49]

파르메니데스가 '존재한다'는 이름으로 부른 것을 표상하는 이 네 가지 요소들은 끊임없는 결합과 분리의 과정 안에 있다.[50] 따라서 엠페도클레스는 아낙시메네스와 비슷하게 변화와 변동을 양적으로 규정할 수 있는 상태들의 형태로 분석될 수 있는 과정으로 파악한 것으로 보인다. 이때 엠페도클레스는 결합과 분배의 비율을 생각한다. 이 점은 그가 뼈의 속성을 불, 물, 흙의 부분들이 4 : 2 : 2의 비율로 결합되어 있다고 말하는 대목에서 분명히 드러난다.[51]

질료 자체와는 구별되는 '사랑'(philia)과 '불화'(neikos)라는 두 가지 힘이 도입되는데, 이 두 가지 힘이 요소들에 영향을 미치고 변화 과정을 조종한다. 이미 아리스토텔레스는 이런 식의 실체화가 사랑과 미움을 자연에 투사한 것임을 시사했다.[52] 엠페도클레스는 이와 같이 물질적인 것 자체와는 다른 두 가지의 근본 힘을 끌어들임으로써 변화와 변동이라는 현상을 충분히 설명할 수 있다고 생각했을 뿐만 아니라, 나아가서 이 자연철학적 단초가 순환적인 세계 형성의 과정을 담고 있다고 여겼던 것으로 보인다.[53]

엠페도클레스는 이 과정을 아마도 네 시기가 반복적으로 순환되는 것으로 생각했던 것 같다. 첫번째 시기는 사랑이 지배하는 시기로서 불화는 흔적도 찾아볼 수 없다. 실재 자체는 동질적인 구체(球體, sphairos)로 묘사되는데, 이는 아마도 파르메니데스적인 존재의 스파이라(sphaira)와 비교될 수 있을 것이다.[54] 두번째 시기에는 불화가 생겨나고 사랑이 구체의 중심부로 점점 쫓겨난다. 이때 동질적인 일자(一者)는 계속적으로 다자(多者)로 된다. 즉 각각의 요소들이 분리되면서 각종 생명체와 같은 개별적인 사물들이 형성된다. 하지만 이 개별적인 사물들은 우리의 지금 세계가 그러하듯이 해체와 분해의 과정에 직면해 있다. 세번째 시기에는 사랑이 구체 밖으로 완전히 쫓겨난다. 그러다 네번째 시기에는 사랑이 힘을 얻어 차츰 미움을 가장자리로 몰아내고, 이 과정은 스파이로스의 상태에서 한 바퀴를 마쳐 완성되는데,, 이 스파이로스는 다시금 불화가 지배하는 상태로 떨어지고 만다는 것이다.

세계의 순환적 과정을 그려보이는 이러한 시적 묘사는 확실히 많은 물음을 던지게 한다. 특히 불명료한 채로 남아 있는 두 가지를 들 수 있는데 그 하나는 '질료'와 '힘'이라는 이원론이요, 다른 하나는 앞의 것과 연관된 것으로서, 변화가 있다는 상식적으로는 자명한 사실을 엘레아 학파의 반대 의견에 대항해서 실제로 효과적으로 방어할 수 있는가 하는 물음이다. 그래서 이미 아리스토텔레스는 엠페도클레스가 "변화 자체에 대해서는(다시 말해서 사랑의 지배가 불화의 지배로 전환되는 과정에 대해서는) 어떤 설명도 하지 않고 기껏해야……마치 변화가 필연적으로 일어날 수밖에 없다는 듯이 본성상 그렇다고만 말한다. 이러한 필연성의 원인이 도대체 무엇인지를 그는 열어보이지 않는다"[55] 라고 유감을 표시했다.

아낙사고라스

엠페도클레스보다 나이가 많았지만 저술이 뒤늦게 나오는 바람에 그보다 나중에야 철학의 무대에 등장하는 아낙사고라스[56]는 한 권의 책을 펴냈으며, 이 책은 당시에 많은 사람들의 입에 오르내렸던 것으로 보인다.[57] 이 책이 그것을 읽었던 모든 이에게 이해되었는가 하는 것은 별개의 문제이다. 오늘날까지 논의되고 있는 파르메니데스의 제자 제논의 역설들과 이미 대결했던 아낙사고라스는 분명히 현대의 관점에서 보았을 때 가장 어려운 사상가들 가운데 한 사람이다.

엠페도클레스가 그랬던 것처럼 아낙사고라스는 변화 일반이란 이미 존재하는 사물들이 새로 구성되거나 다시 구성되는 것이라고 파악함으로써 파르메니데스의 철학을 통해서 생겨난 생성 · 소멸과 연관된 문제를 해결하려고 시도했다. 기본적으로 아낙사고라스의 생각은 그의 뒤에 등장하는 데모크리토스와 다르지 않다. 공간적 · 시간적인 사물들의 생성과 소멸에 대한 일체의 언표들은 다른 종류의 사물들의 혼합과 분해에 대한 언표들로 번역될 수 있다. 그런데 이 다른 종류의 사물들은

어떤 변화의 연쇄도 겪지 않는다.[58)]

이제 제기될 수 있는 물음은 아낙사고라스가 '존재하는 사물들' 혹은 '현존하는 사물들' (eonta chrēmata)이라는 말을 정확히 무엇으로 이해했는가 하는 것이다.[59)] 아리스토텔레스에게로 거슬러 올라가는 해석에 따르면, 이 존재-입자들에서 문제가 되는 것은 질료이며, 질료의 각 부분들은 그것들이 속해 있는 전체와 같은 성질을 지닌다고 한다.[60)]

그렇지만 아낙사고라스는 한편으로는 엠페도클레스와는 달리, 또 다른 한편으로는 데모크리토스와는 달리 질적으로 단순해서 더 이상 나뉠 수 없는 근본 질료를 생각한 것이 아니라 살, 뼈, 골수 등과 같은 실체들의 무한히 분할 가능한 몫을 생각한 것으로 볼 수 있다는 것이다. 이때 그는 엠페도클레스 식의 '모든 사물들의 뿌리들' 이라는 방식으로 파악된 요소들이 이미 어떤 혼합, 즉 이런저런 '씨앗들' 의 혼합을 드러낸다는 견해를 표방한다고 한다.

다른 해석, 특히 아낙사고라스의 것이라고 직접적으로 전승된 자료에 의거한 해석에 따르면, 아낙사고라스는 '존재하는 사물들' 이 어떤 근본 질료라고는 결코 이해하지 않았으며, 오히려 따뜻함, 축축함, 건조함, 어두움 등과 같은 특정한 기본 성질들로 이해했다는 것이다. 이런 방향의 해석에 의하면 아낙사고라스는 공간적 · 시간적인 사물들은 질적으로 대극적인 형성물들의 혼합 과정을 통해서 구성된다는 견해를 표방한 셈이 된다.

확실한 것은 아낙사고라스가 "수에서 그리고 작음에서 비한정적(apeira)인 모든 것들이 함께 있었다"[61)]고 함으로써 어떤 시원(始原)의 상태가 존재함을 염두에 두고 있다는 사실뿐이다. '모든 것들' (alle Dinge)이라는 표현이 여기에서 문자 그대로의 '모든 것들' 을 의미하는 것은 결코 아니다. 왜냐하면 "모든 것들은 모든 것들 속에 있었다" (Alle Dinge waren in allen Dingen)와 같은 주장은 일련의 괴상한 추론들을 동반할 것이기 때문이다. 따라서 아낙사고라스는 시원적 혼합(Urgemisch)의 상태[62]에 나란히 있는 것들을 보면서 아마도 전체 대상의 각각의 몫들을 포함하고 있는 부분소(Teilchen)들을 생각했던 것으로 보인다.

> 그러나 이것이 떨어져나오기 전, 즉 모든 것이 아직 함께 있었을 때에는 어떤 색깔도 분명히 식별되지 않았다. 왜냐하면 모든 것들의 혼합, 이를테면 축축함과 건조함, 따뜻함과 차가움, 밝음과 어두움의 혼합이 그것을 막았기 때문이며, 특히 많은 흙이 혼합 속에 있었고 어떤 점에서도 닮지 않은 무수히 많은 씨앗들이 있었기 때문이다. 그 밖의 사물들 가운데 어떤 것도 같은 것이란 없다. 그렇기 때문에 모든 것들이 전체 속에 있다고 생각하지 않으면 안 된다.[63]

이러한 상태는 혼합의 과정과 같은 어떤 것이 시작되는 순간에야 변화라는 것을 비로소 겪을 수 있으며, 이 혼합의 과정은 계속해서 일련의 변화들로 이어지고, 또 이 일련의 변화들은 경험세계에서 실제로 일어난다.

엠페도클레스가 질료적인 것 자체와는 다른 사랑과 불화라는 두 가지 근본 힘을 끌어들인 것과 유사하게, 아낙사고라스는 시원적 혼합에서 계속적으로 확대되는 소용돌이 운동을 불러일으키는 어떤 운동의 원리가 있다고 상정한다.[64] 이 원리를 그는 누스(Nous, Geist)라고 부른다. 이 역동적인 원리는 아낙사고라스에 의하여 의심할 바 없이 지성적이요 질서를 부여하는 본질로 특징지어진다. 이렇게 해서 아낙사고라스는 최초로 목적론적 자연 고찰의 강한 계기를 포착한다.

그렇지만 다음과 같은 점을 간과해서는 안 된다. 즉 아낙사고라스의 '누스' 개념은, 한편으로는 플라톤의 이데아를, 다른 한편으로는 아리스토텔레스의 순수 형상으로서의 부동의 원동자인 신개념을 특히 배경으로 해서 고정화되기 시작하는 저 정신형이상학(Geist-Metaphysik)

과는 아직 멀리 떨어져 있다는 사실이다. 하물며 신플라톤주의 이론에 대해서는 전혀 언급하지 않더라도 말이다. 왜냐하면 아낙사고라스는 '누스'를 일단 전적으로 질료적인 형성물로 보기 때문이다. 즉 '누스'는 "모든 것들 가운데 가장 섬세하며 가장 순수한 것"[65]이지만 그럼에도 불구하고 물질이다.

이 지성적인 원리는 "단일하며 그 자체로"[66] 있기는 하다. 그렇지만 이런 특징은 독보적인(sui generis) 질료로서의 이 본성의 특별한 물질적 지위를 가리키는 것이지, 어떤 초월적 지위 같은 것을 가리키는 것이 아니다. 왜냐하면 아낙사고라스는 '누스'가 어느 특정한 시점에서 운동을 불러일으켰으며, 또 '누스'는 "그와 동시에 움직이게 된 모든 것으로부터 분리되어 나왔다[67]고 생각하기 때문이다.

이런 점에서 보자면 플라톤이 『티마이오스』에서 관념성으로부터 실재성으로의 신화적인 변환을 그려 보이며, 아낙사고라스의 '누스'를 연상시키는 장인(dēmiourgos)이라는 문학적 조연(助演)을 등장시키는 것은, 아낙사고라스의 '누스'가 자립적이지 못하다고 비판하는 것으로 보인다.[68] 이런 비판에 깔려 있는 것은 예컨대 플라톤[69]과 아리스토텔레스[70]에게서 찾아볼 수 있는 신의 불변성으로부터 출발하는 사상이다. 이 비판은 아낙사고라스가 목적론적 세계고찰이라는 자신의 기획에 철저하지 못했다[71]는 플라톤[72]과 아리스토텔레스[73]의 이의 제기와 마찬가지로 옳지 못하다. 아낙사고라스는 의식적으로 목적론적 세계고찰이라는 선택을 취하지 않은 것으로 보인다. 즉 그의 '누스' 개념은 오히려 역학(Dynamik)의 기초를 놓으려는 시도로서 중요하다.

이런 의미에서 아낙사고라스가 운동의 시원을 전제하는 것을 페리파토스 학파적인 반론, 그렇지만 실제로는 신파르메니데스적 색채를 띤 반론에 대항해서 방어하는 것도 가능하다.[74] 이런 반론에 따르면 아낙사고라스가 운동을 자의적으로 특정한 시점 T_1에서 시작되게 했다는 것이다.[75] 아낙사고라스 같으면 여기에서 지나간 시점 T_1은 없다고 주장할 수 있을 것이다. 시간은 변화를 함축한다. T_1 이전에 어떤 변화도 없었다면, 그 안에서 변화가 일어날 수 있는 어떤 시간도 있을 수 없다.

그러나 아마도 아낙사고라스는 인과성의 원리도 부인했을 것이고, "우주 발생이 시간 T_1에 시작되고 정신이 마침 지금 활동을 시작한다는 사실을 어떻게 설명할 수 있는가?"라는 질문에 다음과 같이 간결하게 대답했을 것이다. "어떤 이유도 없다. 나는 이것을 철학적 문제로 보지 않는다."[76)]

데모크리토스

존재와 생성을 둘러싼 엘레아 학파와 헤라클레이토스 사이의 대립적인 견해들을 종합하려는 노력들 가운데에서 레우키포스(Leukippos)와 데모크리토스의 원자론이 생겨나는데, 이 원자론이야말로 역사적으로 가장 큰 영향력을 발휘한 자연철학적 이론이라고 할 수 있다.

데모크리토스 자신의 말에 따르면 그가 젊었을 때 아낙사고라스는 이미 노인이었다고 한다.[77)] 데모크리토스는 아낙사고라스와 비슷하게 존재하는 사물들이 새로 구성되거나 다시 구성되는 것으로 변화를 파악한다. 그래서 공간적 · 시간적인 사물들의 생성과 소멸에 대한 언급들은 이 존재하는 사물들의 재구성에 대한 언급들로 번역될 수 있다. 엠페도클레스나 아낙사고라스와는 달리 그는 파르메니데스가 있는 것에 부과한 조건들을 매우 엄격하게 해석했다. 왜냐하면 변화과정들의 기초가 되는 존재하는 것들이 절대적 불변성을 갖기 때문이다. 이 절대적 불변성은 문제가 되는 사물들이 첫째, 견고하고, 둘째, 영원하며, 즉 생성되지도 않고 소멸되지도 않으며, 셋째, 변화를 겪지 않는다는 것, 혹은 수동적이지 않다는 사실을 통해서 보장된다.

이러한 속성들은 앞에서 보았던 엘레아 학파적인 조건들을 연상시킨다. 우리가 알지 못하는 것이라고는 오직, 이 속성들이 엘레아 학파적 논의들의 과정에서 나온 것인지, 또 그렇다면 어느 정도로 그런 것인지하는 것이다. 레우키포스와 데모크리토스가 허공(kenon)의 존재도 주장했으며, 그들에 의해서 설정된 물체들의 형성을 위한 공간으로서의 비존재의 존재를 전제함으로써 의심의 여지 없이 파르메니데스의 두 가지 근본 구별에 대항하는 전선을 형성한다는 사실은 앞의 물음에 조심스럽게 대답하도록 경고한다.

그렇지만 레우키포스와 데모크리토스가 말하는 견고함의 기본 특징(naston : 촘촘함, stereon : 단단함, plēres : 충만함)이 파르메니데스의 제자인 멜리소스에 의해서 표현된 것이라는 사실[78]은 부인할 수 없다. 멜리소스는 이렇게 표현함으로써 파르메니데스에게는 기껏해야 암시적이었던 사상을 명시적으로 만든 것이다.[79] 영원성(aidion)의 관점, 곧 생성되지도 않고 소멸하지도 않는다는 성질[80]에 대해서 보자면, 레우키포스도 데모크리토스도 "있는 것만 있다"는 근본 구별을 촉구하는 파르메니데스의 생각으로 거슬러 올라갈 수 없었다. 왜냐하면, 만일 비존재(빈 공간)가 존재(충만) 못지 않게 존재한다면,[81] 엄밀히 엘레아적인 논의의 모든 정당성의 근거가 허물어지기 때문이다.

나아가 시간 자체가 생겨나는 것이 아니라는 생각도 데모크리토스에게서 비롯된다.[82] 확실히 그는 이런 생각으로써 최소한 생성되지 않은 무엇인가가 있다고 주장하고자 했는데, 아마도 스스로에게는 자명한 이 사태[83]를, 시간의 존재는 사실상(ipso facto) 어떤 사물들이 주어져 있음을 포함한다는 취지로 이해했던 것 같다. 오로지 이 생각이 밝힐 수 없는 것은 문제가 되는 사물들이 실제로 생겨나지 않았다는 것뿐이다.

세번째 관점, 즉 변화를 겪지 않는다는 것과 수동적이지 않다는 것도 엘레아적 논의의 과정에서 얻어진 것은 아닌 것으로 보인다. 오히려 데모크리토스는 견고함이 변화 가능성을 배제한다고 주장한다.[84] 이것은 설득력 있는 논변인가? 어떤 사물이 견고하며, 따라서 이미 전제된 대로 사실상 허공을 분유(分有)하지 않는다는 정황[85]이 실제로 모든 종류의 변화가능성을 배제하는가? 데모크리토스는 견고함이라는 특징이, 단어의 완전한 의미에서 단일성과 분할 불가능성이라는 특징을 포함하는 것으로 본다.[86] 뚜렷한 연쇄적 변화과정의 기초가 되지만, 그 과정 자체로부터는 어떤 방식으로도 자극되지 않는 저 영원한 사물들은 집적물이 아니라 엄격히 단일하며 실체의 성격을 갖는 형성물이다.[87]

데모크리토스에 의해서 때때로 '원자'(atoma)라고 불리는 이 형성물들은 어떤 의미에서 실제로 분할될 수 없는가? 이 원자들은 물리적으로, 또 이론적으로 분할될 수 없는가? 빈틈없이 꽉 차고 엄밀한 의미로 견고한 형성물들은 아마도 물리적 필연성으로 인해 분할될 수 없을 것이다. 즉 엄격하게 단일하며 비집적적인 형성물은 기껏해야 논리적 필연성으로 인해서는 분할될 수 없다. 특히 아리스토텔레스의 보고들은 실체들로서 엄격하게 단일한 형성물들은 극히 작으며 지각되지 않는다는 점을 시사한다. 다른 보고들에 의하면 "원자들은 그 크기도, 수도 한정되어 있지 않고"[88] "몇몇 원자들은 실제로 대단히 크며"[89] "어떤 원자는 심지어 우주만 하다"[90]는 것도 가능하다. 아리스토텔레스의 반론에 대항해서 원자론을 정합적인 전제들의 체계로 재생시키고자 했던 에피쿠로스는 원자들이 어떤 크기도 가질 수 있다[91]는 견해에 명백히 반대했다.

그러므로 다음과 같은 의문이 남아 있다. 데모크리토스는 그런 전제들의 가능한 함축들을 물리적이요 이론적인, 혹은 개념적인 분할 불가능성에 대한 요구와 조화시킬 수 있는가? 이 물음에 대한 판단은 원자론의 철학적 발생이 그 본질적인 점에서 불명료한 채로 있다는 사실 때문에 대단히 어려워진다. 만일 레우키포스와 데모크리토스가 그들의 자연철학적 테제를, 아리스토텔레스가 암시하고 있는 것처럼[92] 제논의 논변에 대한 답변[93]으로 내놓은 것이라면, 그 전제는 그저 물리적인 분할 불가능성만을 전적으로 충족시킬 뿐이다. 제논의 논변은 분할될 수 없는 물체들이 실제로 있다는 사실만을 받아들이기 때문이다.

철학사에서 원자론의 형성에 기여한 데모크리토스

어쨌든 레우키포스와 데모크리토스는 무한히 많은 수의 원자들이 있고, 이 원자들은 서로서로 무한히 상이할 수 있지만, 이 상이성은 '형태', '배열', '위치'라는 요인들로 환원될 수 있다고 생각했다.[94] 아리스토텔레스에 따르면 우리는 이 점을 다음과 같이 생각해볼 수 있다고 한다. 즉 철자 A와 N은 그 형태가 다르며, NA와 AN 사이에는 배열상의 차이가 있고, Z와 N의 차이는 위치상의 차이에 기인한다는 것이다.[95] 결정적인 것은 레우키포스와 데모크리토스가 아낙사고라스와는 달리 이 작은 입자들에 어떤 질적 규정도 부여하지 않는다는 점이다. 즉 원자들은 순전히 양적으로 규정되며, 후대의 철학에서 제1성질이라는 개념으로 파악되는 것만을 지닌다. 색깔, 온도, 맛과 같은 감각적 성질들은 의식에 독립적인 대상들에 속하지 않고, 제2성질로서 지각하는 주체의 의식 안에서, 다시 말해서 감각기관들 안에서 생리적 과정들을 불러일으키는 외부 자극들의 결과로 만들어진다.

이 이론은 일종의 철학적인 전환을 예고한다. 한편으로는 특히 금세기의 철학적 논의에서 논란을 빚어온 현상론(Phänomenalismus)의 출발점이 되는 지점이 외부세계의 대상들과 관련한 물음들과 함께 여기에 포함되어 있다고 할 수 있다. 다른 한편으로는 인식론적 측면에서 볼 때 고대 원자론의 사변적, 혹은 가설적 성격이 분명해진다. 데모크리토스 자신이 이런 정황을 정확히 포착했다. 즉 데모크리토스는 "흔히 색깔, 단맛, 쓴맛이 있다고들 말한다. 그러나 사실은 '원자'와 '허공'만 있다"고 감각적 지각에 대한 불신을 나타낸 다음 감각이 지성에게 다음과 같이 말하게 한다. "가엾은 지성이여, 그대는 우리들로부터 신뢰를 얻고는 우리를 내팽개치려 하는가? 그 버림은 곧 그대의 몰락이다."[96]

이를 통해서 데모크리토스는 원자 개념이 전혀 경험적인 개념이 아니며, 원자론의 입장은 결과적으로 난점이라고는 없는 가설을 기술하는 것이 결코 아니라는 것을 이해시키고자 한다. 이 점은 "어떤 일도 부질없이 일어나지는 않는다. 모든 것은 어떤 근거를 지니고 그리고 필연적으로 일어난다"[97]는 전제에 대해서 뿐만 아니라, 세계가 빈 공간을 떠다니는 입자들이 뭉쳐져서 구성된다는 견해에 대해서도 마찬가지로 해당된다.

그럼에도 그 가설은 데모크리토스에게는 특별한 의미를 지닌다. 데모크리토스를 회의론에 근접시키는 그 자신의 일련의 입장 표명이 있는 것은 사실이지만, 거기에서 문제되고 있는 것은 외부세계의 인식

가능성과 관련된 부분적 회의론임이 명백하다. 게다가 이 부분적 회의론은 원자론을 채택함으로써 비로소 생겨난 것이다. 레우키포스와 마찬가지로[98] 데모크리토스에게서도 경험세계에 대한 일반적인 파악과 변화를 겪지 않는 존재자가 있다는 엘레아적 사상을 조화시키자면 원자론이 유일하게 남은 길이었다는 것이 분명하다.

소피스테스들의 철학

주로 자연철학적 방향에 집중된 관심들과는 별도로—자연철학적 관심들과 항상 무관한 것은 아니지만—늦어도 기원전 5세기에는 또 다른 사유 형태가 등장하는데, 이 사유 형태는 그 경향상 인간으로의 방향전환으로 특징지어질 수 있다. 즉 정치적인 것, 도덕적인 것, 법적인 것, 그리고 넓은 의미에서의 세계의 문화적 계기와 관련된 물음들이 점점 더 많은 주목을 끌게 된 것이다. 이러한 관심들은 실천철학에서 출발해서 논쟁술의 형식적 측면들을 거쳐 문법, 문체론, 수사술에 이르기까지 매우 다양한 영역에 걸쳐 있었다. 언어철학이나 인식론의 문제들로 추상적이고 이론적인 관점들이 표명되는 경우에도 역시 궁극적으로는 실천 지향적인 인식 관심이 두드러진다.

여기에는 정치적 배경이 깃들여 있다. 귀족정이 무너지고 민주정이 들어선 이래로 연설을 통해서 설득하는 기술이 정치적으로 영향력을 발휘하고 성공하는 지름길이 되었다. 고대 민주주의 체제 아래서 교양교육에 대한 광범위한 수요가 생겨나는데, 특히 설득술, 수사술, 웅변술과 같은 그 당시 정치체제에 상응하는 기술들의 훈련에 대한 수요가 눈에 띄게 늘어난다. 그래서 곧바로 '지혜로운 자들' (sophistai)[99]이라 불리는 전문가 집단이 등장하는데, 이들은 이 도시에서 저 도시로 옮겨 다니면서 환영받기도 하고 동시에 경멸받기도 하면서 대가를 받고 자신들의 능력을 제공했다.

데모크리토스보다 연하의 동시대인인 아브데라의 프로타고라스(Protagoras)는 그들 가운데 가장 유명한 사람 가운데 하나였다. 아마도 가장 큰 성공을 거둔 사람은 레온티노이의 고르기아스일 것이다. 그는 기원전 427년에 아테네로 건너와 수많은 수사술 강연을 해서 많은 재산을 모았다고 한다.

소피스테스들 가운데 많은 이들은 원래 철학에 관심을 두지 않았으며, 몇몇 이만이 철학적 사색을 배경으로 해서 논변을 폈다고 할 수 있겠는데, 이 중에서도 프로타고라스가 대표적이다. '소피스테스'라는 단어가 '말을 비비 꼬는 자', '수사술적 궤변가'라는 의미를 갖게 되고, '변증술과 수사술의 모든 기교를 동원해서 진리와 정의를 추구하는 것이 아니라 오로지 상대방을 설득하고 속여 넘기려는 자'[100]를 뜻하게 된 것은 무엇보다도 플라톤이 소피스테스들을 소크라테스의 주적으로 설정하고 자신의 고유한 교조적 철학의 진리 기준에 비추어 이들을 재단하고 비난한 데에서 기인한다.

체계적이요 재구성적으로 고찰하자면, 초기 소피스테스들은 분명히 파르메니데스와의 대결을 시도한다. 고르기아스는 파르메니데스 철학 자체가 오류임을 밝히고자 시도하고 존재의 논리라는 강령을 쓸데없고 취약하기 짝이 없는 것이라고 조롱한다. 반면에 프로타고라스는 파르메니데스의 사상 전체가 아니라 오로지 이 사상이 지니는 다음과 같은 함축, 즉 명백하게 현전하는 경험세계가 논리적 근거에 의해서 경험세계를 초월하는 존재 영역들을 위해서 뒷전으로 물러나야 한다는 함축에 대해서만 반대했던 것으로 보인다. 이미 플라톤의 '두 세계 이론'의 중요한 관점들에 관련된 이 비판으로써 프로타고라스는 이성적 상식의 입장을 옹호하는 것이다.

이성적 상식의 입장에 따르면, 사물들의 존재에 대한 물음은 우리가 어떻게 그 사물들을 경험하는가와 무관하게 대답될 수 없다. 흔히 그렇게 평가절하되듯 프로타고라스가 '단순히' 경험론적으로 논의한 것은 결코 아니라는 것은 신들에 대해 그가 하는 언급을 보면 알 수 있다.

> 신들에 대해서 나는 아무것도 알 수 없다. 신들이 존재한다는 것도, 존재하지 않는다는 것도, 신들이 어떤 형태로 있는지도 알 수 없다. 왜냐하면 내가 그런 것들을 아는 데 방해가 되는 많은 것들, 즉 신들은 감각될 수 없는 성질의 것이며 인생이 짧다는 점들이 있기 때문이다.[101]

프로타고라스가 불가지론적 견해를 내세웠다는 사실은 역사적으로 많은 영향력을 발휘한 플라톤의 주장, 즉 프로타고라스는 '참되다'(wahr), '참으로 존재한다'(seiend/wirklich), '무엇무엇으로 나타난다'(erscheinend)와 같은 개념들을 동의어로 간주했다는 주장에 반대된다. 프로타고라스의 불가지론은 오히려 그가 신들이 존재한다고 생각하지 않을 근거가 없다고 말했을 수도 있다는 것을 보여주는 것 같다. 나아가서 신들에 대한 토막글을 보면 프로타고라스가 사물들의 존재에 대한 물음의 대답을 합의에 의한 결정(Konsensus-Entscheid)에 의해서 얻으려고 한 것이 결코 아니라는 사실을 역으로 추리할 수 있다. 사물들의 존재에 대한 물음이 경험과 무관하게 대답될 수는 없기 때문에, 그는 개인을 판단 기준으로 생각한 것으로 보인다. 이것이 바로 '인간 척도 명제'(Homo-mensura-Satz)라는 이름으로 널리 알려진 다음과 같은 주장의 의미이다.

> 사람은 만물의 척도이다. 있는 것들(…인 것들)에 대해서는 있다(…이다)고, 있지 않은 것들(…이지 않은 것들)에 대해서는 있지 않다(…이지 않다)고 하는 척도이다(Der Mensch ist das Maß aller Dinge, dessen was ist, daß/wie〔hōs〕 es ist, dessen was nicht ist, daß/wie es nicht ist......).[102]

자세히 살펴보면, 이 명제를 이해하는 데에는 일련의 어려움들이 있다.[103] 첫번째 어려움은 독일어 'daß' 로도 'wie' 로도 옮겨질 수 있는 희랍어 'hōs' 의 의미가 무엇인지를 묻는 데에서 생겨난다. 또 프로타고라스가 이 'hōs' 의 두 가지 의미를 분명하게 구별하지 않았으며 둘 가운데 어느 쪽도 배제하지 않았다고 보는 견해도 있다. 말하자면 이런 견해는 절대적으로 구축되고 일차 술어로 사용된 '있다/이다' (ist)를 '극사실적으로 사용' (veritativer Gebrauch)했다고 생각해서 '…는 그러하다' (ist der Fall), '…는 사실이다' (ist wirklich), '…는 이러저러하다' (ist so und so)의 의미로 새롭고 보다 정확하게 근거지을 수 있다고 본다.

두번째 문제는 '인간 척도 명제' 가 표현하려는 철학적 입장이 무엇인지를 묻는 데서 생겨난다. 프로타고라스는 주관주의나 상대주의를 옹호하는 것인가? 회의주의자 섹스투스 엠피리쿠스(Sextus Empiricus)에게서 찾아볼 수 있는 주관주의적 해석은 '모든 현상은 참이다' 라고 말한다. 이미 플라톤에게서 나타나는 상대주의적 해석은 '모든 현상은 거기에 관계하는 주관에 대해서 참이다' 라고 말한다. 두 명제 p와 $\sim p$가 동등하게 참이라는 주관주의적 테제가 모순율에 위배되는 반면에, 상대주의적 테제는 p와 $\sim p$가 서로 다른 사람인 A와 B에게 각각 참이라고 보기 때문에 모순율에 위배된다는 비판을 피할 수 있다. 이런 해석들이 과연 옳은지는 몹시 의심스럽다. 왜냐하면 프로타고라스는 "모든 판단은 그렇게 판단하는 사람에게 참이다"라는 자신의 테제를 보편적 진리로 이해하고자 했다는 점에서, 어떤 것이 전적으로 참이라는 것, A에 대해서뿐만 아니라 B, C 등에 대해서도 참이라는 것을 사실상(de facto) 전제하고 있기 때문이다. 상대주의에 대한 옹호가 절대적 진리의 형태로 등장하며, 그렇기 때문에 이 상대주의에 대한 옹호는 그 스스로 지양(止揚)된다.

따라서 프로타고라스가 원래 의도했던 바가 무엇인지는 불분명한 채로 남아 있다. 이 점은 "모든 것에 대해서 두 가지의 상호대립적인 진술들/의견들(logoi)이 있다"[104]는 테제를 보면 타당한데, 데모크리토스가 프로타고라스는 "사물들 가운데 어떤 것도 이렇다기보다는 저렇다고 말할 수 없다"고 말함으로써 사물들의 모든 객관적 특징들을 부정한다고 주장[105]할 때, 데모크리토스는 바로 이 테제와 관련해서 말하는 것이다. 고대와 현대의 사상가들은 이 테제가 소피스테스들의 입장을 단적으로 드러내는 표현이라고 이해했으며 이 소피스테스들의 입장은 매우 자주 논쟁적으로 논의되었다.[106] 이 테제를 달리 표현하자면, "모든 것은 두 측면을 갖는다"는 것이다. 그런가 하면 여기에서의 'logoi'를 정확히 어떻게 이해해야 하는지도 불분명하다.

문제가 되는 것은 '진술들'(Aussagen)이어서 진리에 대한 물음이 작용하는가, 아니면 '근거들'(Gründe)인가? 프로타고라스는 p와 ~p라는 두 주장이 동등하게 참이라고 주장하려는 것인가, 아니면 p에 대해서도 그리고 ~p에 대해서도 똑같이 타당한 근거들이 유효하게 적용된다고 주장하려는 것인가?

조망

소크라테스 이전 철학자들의 철학은 지속적인 영향을 미쳤다. 플라톤은 부분적으로는 헤라클레이토스와 파르메니데스와의 단호한 대결을 통해서 자신의 입장을 발전시켰다. 정지된 존재와 유동적인 경험세계라는 두 개념이 그에게서 실재에 대한 이원론적이요, 이분법적인 고찰의 두 대상으로 연결된다.

이런 맥락에서 『파이돈』에서의 이데아 이론은 명백하게 아낙사고라스가 형성했던 아르케에 대한 탐구라는 전형을 정정하고자 하는 것이며, 『티마이오스』에서의 수학적 원자론의 모델은 데모크리토스와의 대결을 반영한다. 데모크리토스나 그 밖의 다른 자연철학자들의 사상이 얼마나 널리 퍼져 있었는가 하는 것을 『법률』 제10권이 잘 보여준다. 『법률』에서 플라톤은 유물론적 세계 고찰이라는 전통에 맞서 싸운다. 플라톤의 공격이 도덕적 훈계를 하는 듯한 음조를 띠는 것은 그가 소피스테스들의 사상에 보였던 적대감을 반영한다.

아리스토텔레스 및 그의 학파와 소크라테스 이전 철학자들의 철학적 대결 양상은—비록 항상 온건했던 것은 아니지만—플라톤의 경우와 비교해서는 한결 더 객관적이다. 아리스토텔레스는 헤겔처럼 자신의 고유한 사상을 역사적 맥락으로 이해하는 철학자들에 속한다. 아리스토텔레스는 자기의 철학함과 자기가 그려 보이는 완결된 철학 체계의 밑그림이 그리스 사상 일반의 총합을 드러내 보인다고 믿었다. 그는 선행 철학자들과 체계적으로 대결했다. 그는 선행 철학자들을 자기의 고유한 개념틀에 비추어서 보았고, 이 선행 철학자들의 사상이 자신의 사상과 가까운지 먼지를 밝혔다. 그에게는 소크라테스 이전의 철학자들의 사유에서 나타나는 고유한 매력이 많이 발견된다.

패러독스의 색채가 들어 있다는 점, 계몽적인 목표 설정을 하고 있다는 점, 개념적으로 거리를 둔다는 점 등을 그 예로 들 수 있는데, 이 개념적 거리 두기는 그가 이전 시대의 사상에 대항해서 관철하고 다른 종류의 단순화와 극단화라는 비싼 대가를 치르고 얻은 것이다.

물론 소크라테스 이전 철학자들의 사상이 그 본래적인 전통을 유지했다고는 결코 말할 수 없다. 아마도 어떤 생리학적 이론들은 의학 학교들에 계승되었을 것이다. 또 많은 우주론적 이론들도 활발하게 수용된 것으로 보인다. 예컨대 에피쿠로스는 원자론적으로 세계를 설명하려는 자신의 시도를 아리스토텔레스가 데모크리토스와 레우키포스의 입장에 대항해서 개진한 생각들을 배경으로 삼아 형성한다. 그렇지만 데모크리토스의 원자론이 파르메니데스로부터 출발하는 문제 제기의 테두리 안에서만 그 발생을 생각할 수 있는 일종의 존재론의 기술인 반면에, 에피쿠로스의 원자론 모델은 실존철학적 노력의 수단이다. 이 점은 헤라클레이토스의 철학이 스토아 철학에서 르네상스를 맞게 되는 데에도 마찬가지로 해당된다.

회의학파가 소크라테스 이전 철학자들의 철학을 수용하는 것도 비슷하다. 회의학파에서 무엇보다도 관심을 가졌던 물음은 소크라테스 이전 철학자들의 사유가 우리 스스로 논의할 만하다고 생각하는 문제를 어느 정도로 겨냥하고 있는가 하는 것이었다. 헤라클레이토스, 파르메니데스, 데모크리토스, 그리고 소피스테스들은 여기서 진리의 기준을 둘러싼 전형적인 헬레니즘적 논쟁과 연관해서 등장한다.

단절되지 않은 전통을 지닌 것으로는 기껏 피타고라스주의를 들 수 있다. 수와 형상, 조화와 비례, 혼과 육체에 대한 다양한 사변들은 결코 그친 적이 없었다. 특히 기원전 1세기에는 새로운 동인이 뚜렷해지는데, 이 새로운 동인이란 후기 고대의 플라톤주의와 피타고라스주의가 공존을 모색하려는 경향을 말한다. 그래서 플로티노스는 피타고라스를 '근본 존재원리의 철학'(Hypostasen-Philosophie)에 비추어서 해석한다.

피타고라스뿐 아니라 헤라클레이토스, 파르메니데스, 엠페도클레스 그리고 아낙사고라스도 정신형이상학자들, 하나와 여럿의 문제를 심사숙고한 사상가들로 기술된다. 플로티노스는 이 사상가들을—플라톤이 최초로 인식했으며 최소한 암시적인 방식으로 언급했던—진리를 향한 도상에 있는 사상가들로 본다.

최근의 철학에서도 소크라테스 이전의 철학자들은 다양한 방식으로 수용되었다. 우선 마르크스를 들지 않을 수 없는데, 1841년에 나온 그의 예나 대학 박사학위논문 「데모크리토스와 에피쿠로스의 차이」는 대체로 저자의 사상가적 발전을 증명하는 기록으로 평가된다. 그 다음으로는 라살레(Lassale)를 들 수 있는데, 거의 15년의 세월에 걸쳐 완성된 어두운 철학자 헤라클레이토스의 철학에 대한 그의 저술은 1858년 베를린에서 발간되었을 때 사람들이 걸었던 기대보다는 한결 덜 중시되는 편이다.

소크라테스 이전의 철학자들의 사상으로부터 지속적인 영향을 받았던 사상가들로는 특히 헤겔, 니체, 그리고 하이데거가 있다. 소크라테스 이전의 철학을 수용하는 데 본보기가 되는 것으로서는 이 세 사상가의 헤라클레이토스 해석만을 지적해도 충분할 것이다.

"여기 우리는 상륙할 육지를 본다. 내가 나의 논리학에 담지 않은 것은 그 어느 것도 헤라클레이토스의 문장이 아니다."[107]라는 헤겔의 유명한 표현은, 그가 그 당시에 도달했으며 종결지으려는 사유 일반의 최고 완성으로부터 역사적으로 가장 멀리 떨어져 있는 선구자로 보았던 저 헤라클레이토스에게 바치는 경외의 인사말이다. 그에 비해서 니체는 헤라클레이토스의 변화의 철학이 모든 환상적인 존재형이상학의 원조인 플라톤을 미리 앞서서 논박한 것이라고 본다.

끝으로 하이데거는 초기 그리스 철학을 전형이상학적(vormetaphysisch)이요 형이상학 바깥의(außer-metaphysisch) 사유로 해석하고, 플라톤의 진리이론을 존재망각으로의 첫걸음이자 형이상학으로의 타락이라고 본다. 이런 맥락에서 그는 앞서 니체가 그랬던 것과 유사하게 헤라클레이토스를 다른 지평의 보유자로 간주한다.[108] 하이데거에 따르면, 헤라클레이토스는 철학사상 처음이자 마지막으로 진리의 내적 선회(Gegenwendigkeit)를 비은폐성(Unverborgenheit)으로 파악한 사상가이다.[109] 하이데거의 소크라테스 이전 철학자들의 철학에 대한 해석은 강력한 반향을 불러일으켰다.

| 안드레아스 그라에저 · 이강서 옮김 |

안드레아스 그라에저(Andreas Graeser)
1942년 출생. 독일 기센 대학, 스위스 베른 대학, 독일 프랑크푸르트 대학, 미국 프린스턴 대학에서 고전문헌학과 철학을 공부했다. 1967년에 기센 대학에서 철학박사 학위를 받았고, 미국 프린스턴 대학에서 1969년에 문학석사, 1970년에 철학박사 학위를 받았다. 1974년에 The Institute of Advanced Study의 회원이 되고, 여러 대학에서 객원 교수를 지냈는데 특히 1986년에는 텍사스 대학(Austin), 1989년에는 컬럼비아 대학의 객원 교수를 지냈다. 1979년 이래 스위스 베른 대학의 철학과 정교수로 있다. 주요 저서 : *Die Philosophie der Antike* 제2권(1983, ²1993), *Kommentar zur Einleitung von Hegels Phänomenologie des Geistes*(1988), *Philosophische Erkenntnis und begriffliche Darstellung*(1989), *Interpretationen. Hauptwerke der Philosophie, Antike*(1992), *Philosophie in 'Sein und Zeit'* (1994). 그 밖에 미학, 언어철학 및 해석학 분야의 많은 논문들이 있다.

이강서
성균관대학교 철학과와 같은 학교 대학원을 졸업했다. 독일 뮌헨 대학교에서 철학박사 학위를 받았고 현재 전남대학교 철학과 교수로 있다. 저서로는 『생각하고 토론하는 서양철학 이야기 I』, 공저로는 『철학, 문화를 읽다』『철학의 전환점』 등이 있다. 역서로는 『지중해 철학기행』『플라톤 철학과 헬라스 종교』 등이 있다. 논문으로는 「플라톤의 『파이드로스』편에서의 문자비판」「'문자화되지 않은 이론'과 『필레보스』편」「플라톤의 『제7서한』에서의 문자비판」「플라톤의 언어관」 등이 있다.

주

1) 이른바 '소크라테스 이전의 철학자들'에 소크라테스와 같은 시대에 살았던 철학자들도 포함시키는 것은, 뢰트(Wolfgang Röd)도 그의 『철학사』 제1권(*Geschichte der Philosophie I—Die Philosophie der Antike*, ²1988) 16쪽에서 지적한 것처럼 앞뒤가 맞지 않는 일이다. '소크라테스 이전의 철학자들'(Vorsokratiker)이라는 개념은 키에르케고르가 만들어낸 말로서, 소크라테스를 하나의 전환점으로 보되 연대기적 관점에서가 아니라 체계적 관점에서 이해했을 때 그렇다는 것이다. 여기에는 플라톤이 그려 보이는 소크라테스의 상이 전제되어 있다. 개정판이 나올 필요가 있기는 하지만 아직도 여전히 표준적인 소크라테스 이전의 철학자들의 토막글들 모음집은 딜스-크란츠(Diels-Kranz 1972)가 편집한 것이다. 앞으로 이 모음집을 인용할 때에는 'D.K.'로 표기하기로 한다.
2) 우리에게 전승된 것들을 정확하게 기술하고 특징짓는 작업을 해낸 이로는 커크를 들 수 있다(Kirk-Raven 1957, 1~7쪽). 아리스토텔레스와 관련해서 모범적인 작업으로는 처니스(H.F. Cherniss)가 1935년에 낸 기념비적 저술을 들 수 있는데, 이 책은 아리스토텔레스가 초기 사상가들을 자신의 고유한 사유의 지반에서 해석한 결과 부분적으로는 그들의 사상을 체계적으로 왜곡하고 있음을 상세히 보여준다.
3) 이 이행을 정확히 어떻게 평가해야 옳은지, 즉 존재론의 출발인지, 자연신학의 첫걸음 혹은 학문의 발생인지, 그것도 아니라면 다른 어떤 것으로 보아야 할지는 논란이 많은 문제이다. Furley/Allen 1970의 29쪽 이하 포퍼(Popper)와 커크의 글을 참조하라.
4) Mourelatos 1965 참조.
5) Graeser 1977, 360, 361쪽 참조.
6) 명제 구성의 논리를 상응하는 동사와 하나의 직접목적어로 이루어진 구성, 다시 말해서 직접 목격해서 안다는 패러다임에 개념적으로 일치시키는 일이 갖는 일련의 흥미로운 철학적 함축들을 힌티카(J. Hintikka)가 다루고 있다. *Time and Necessity. Studies in Aristotle's Theory of Modalities*, Oxford, Clarendon Press, 1973, 72쪽.
7) D.K. 22 B1 ; B64 ; B114, 그 밖의 여러 곳.
8) D.K. 13 B2 ; A5~10.
9) D.K. 12 B1.

10) Kerschensteiner 1962, 4쪽 이하, 29~66쪽 참조.
11) 블라스토스(Vlastos)의 논의를 참조하라. Furley/Allen 1970, 73~83쪽.
12) D. K. 12 A15.
13) 같은 곳.
14) D. K. 30 B4.
15) D. K. 13 B2.
16) 아낙시만드로스에게서 이 부분 이외에는 목적론의 흔적을 어디에서도 찾아볼 수 없다는 이유로 이런 생각은 지금껏 회의적으로 받아들여져 왔다. Röd 1976, 43쪽 참조.
17) Sambursky 1965, 22쪽 참조.
18) K.R. Popper, *The Open Society and its Enemies*, Vol.1, London, Routledge & Kegan Paul, 1945, 205쪽(독일어판 : *Die offene Gesellschaft und ihre Feinde*, Bern 1957, 제1권, 273쪽) 참조. 포퍼의 생각은 무렐라토스에 의하여 주제화되었다. Lee/Mourelatos/Rorty 1973, 16~48쪽. 포퍼와 무렐라토스의 생각에 대한 이의와 그 논거는 다음 책에서 찾아볼 수 있다. Barnes 1979, I.68.
19) D.K. 22 A6 ; B12 ; B49a ; B91 ; B126.
20) 플라톤, 『테아이테토스』 179d~183b 참조.
21) 아리스토텔레스, 『자연학』 VIII 3, 253b 9~11 참조.
22) D.K. 22 B125.
23) D.K. 22 B123 : "자연(혹은 본성, physis)은 숨기를 좋아한다."
24) D.K. 22 B1.
25) D.K. 22 B61.
26) D.K. 22 B88.
27) D.K. 22 B61.
28) D.K. 22 B88.
29) 이에 대해서는 B. Russell의 다음 책을 참조하라. 『서양철학사』(*Philosophie des Abendlandes. Ihr Zusammenhang mit der politischen und sozialen Entwicklung*), Zürich 1950, 69쪽 : "헤라클레이토스가 표방하는 저 끊임없이 유전(流轉)한다는 이론은 통렬하다. 우리가 살펴보았듯이 학문은 이 이론을 논박하지 못한다."
30) 아리스토텔레스, 『형이상학』 I 6, 987a 33~34 ; IV 5, 1010a 9~10 ; IV 5, 1010a 12~13 ; IV 5, 1010a 14~15 참조. 한편으로는 플라톤의 보고를, 다른 한편으로는 아리스토텔레스의 보고를 주목했을 때 발생하는 크라틸로스 해석의 문제를 커크가 논의하고 있다. Kirk 1951, 255쪽.
31) D.K. 28 B2, 7.

32) Graeser 1977, 146쪽 이하 참조.

33) 무렐라토스(1970)가 파르메니데스에서 '동일성의 be동사'가 '술어화의 be동사'와 융합된다는 의미로 '사변적 술어화'(spekulative Prädikation)라는 개념을 쓰고 있는 데에 반대해서, 또 칸스(Kahns 1966)가 '사실적 사용'(veritativer Gebrauch)으로 보는 데에 반대해서, 펄리(Furley)가 예컨대 D.K. 28 B8, 7의 논변은 오직 be동사가 존재 개념을 포함하는 경우에만 유의미하다는 것에 주목하도록 한 것은 옳다. Lee/Mourelatos/Rorty 1973, 13~14쪽.

34) 누켈만스(Nuchelmans 1973)의 11쪽 참조. 여기에는 말하고, 생각하고, 사념하는 것을 나타내는 동사들이 자주 '성공을 나타내는 동사'(Erfolgsverben)로 취급되었다는 점이 지적되어 있다.

35) D.K. 28 B8, 40 참조.

36) D.K. 28 B8, 22.

37) D.K. 28 B8, 3~6, 6~49.

38) D.K. 28 B6, 1~2 ; B7, 1.

39) D.K. 28 B8, 2.

40) D.K. 28 B8, 24.

41) D.K. 28 B8, 27~28.

42) D.K. 28 B8, 33.

43) Owen 1966, 147쪽 참조.

44) D.K. 82 B3.

45) D.K. 59 B17.

46) D.K. 31 B11 ; 12.

47) D.K. 31 B23.

48) D.K. 31 B12.

49) D.K. 31 B26, 3~12.

50) D.K. 31 B8.

51) D.K. 31 B96.

52) 아리스토텔레스, 『자연학』 VIII 1, 252a 28~30.

53) 엠페도클레스 해석에서 바로 이 점을 둘러싸고 의견의 일치를 보지 못하고 있다(예컨대 O'Brien 1969 참조). 이하의 기술은 반스(Barnes 1979, II 8)의 견해와 같다.

54) D.K. 28 B8, 43.

55) 아리스토텔레스, 『형이상학』 III 4, 1000b 12~17.

56) 아리스토텔레스, 『형이상학』 I 3, 984a 11 참조.

57) 플라톤, 『소크라테스의 변론』 26e 참조.

58) D.K. 59 B17.
59) Röd 1976, 167쪽 참조.
60) D.K. 29 A16 ; A46.
61) D.K. 59 B1.
62) D.K. 59 B4.
63) 같은 곳.
64) D.K. 59 B12~B14.
65) D.K. 59 B12.
66) 같은 곳.
67) D.K. 59 B13.
68) 플라톤, 『티마이오스』 42e.
69) 플라톤, 『국가』 381c.
70) 아리스토텔레스, 『형이상학』 XIII 4, 1074b 25~27.
71) D.K. 59 A47.
72) 플라톤, 『파이돈』 97c.
73) 아리스토텔레스, 『형이상학』 I 4, 985a 18~19.
74) D.K. 28 B8, 9~10.
75) D.K. 59 A59.
76) Barnes 1979, II 127 참조.
77) D.K. 68 B5.
78) D.K. 28 B7.
79) D.K. 28 B8, 22~25.
80) D.K. 68 A57 ; A43.
81) D.K. 67 A6과 그 밖의 여러 곳. '조금도 못지 않게 이러저러하다'는 사변적 형식(ou mallon 원칙)은 데모크리토스에서 체계적인 비중을 갖는다(Graeser 1970 참조).
82) D.K. 68 A71.
83) 같은 곳.
84) D.K. 68 A57.
85) D.K. 67 A14.
86) D.K. 68 A42.
87) 같은 곳.
88) D.K. 68 A1.
89) D.K. 68 A43.
90) D.K. 68 A47.
91) D.K. 68 A43.

92) 아리스토텔레스, 『발생소멸론』 I 2, 316a 10~14 ; 『자연학』 I 3, 187a 1 참조.

93) D.K. 29 B1~B2.

94) D.K. 67 A6 ; D.K. 68 A37.

95) 아리스토텔레스, 『형이상학』 I 4, 985b 16 이하 참조.

96) D.K. 68 B125.

97) D.K. 67 B2.

98) D.K. 67 A7.

99) 탁월하며 잘 근거지어진 기술을(이 말의 용법과 관련해서도) 제공하는 것으로 클라센(Classen)의 책을 들 수 있다. 1976, 1~4쪽.

100) E. Metzke, *Handbuch der Philosophie*, Heidelberg 1949, 275쪽 참조. 이와는 달리 소피스테스들의 철학을 지나간 세기들의 철학을 관통하는 지적 운동으로 평가하는 다음의 책도 참조할 것. Classen 1976, 5~13쪽.

101) D.K. 80 B4 ; A12.

102) D.K. 80 B1.

103) Graeser 1983, 21~24쪽 참조.

104) D.K. 80 B6a.

105) D.K. 60 B156.

106) Graeser 1983, 26, 27쪽.

107) G.W.F. Hegel, *Vorlesungen über die Geschichte der Philosophie*, in : Sämtliche Werke, Jubiläumsausgabe, 제17권, Stuttgart 1959, 344쪽. 이 표현이 구체적으로 무엇을 의미하는지를 N. Psimenos의 *Hegels Heraklit-Verständnis*, Basel 1978이 흥미롭게 논의한다.

108) 여기에 대해서는 다음을 보라. K. Held, *Heraklit, Parmenides und der Anfang von Philosophie und Wissenschaft. Eine phänomenologische Besinnung*, Berlin 1980, 110쪽과 112쪽.

109) 이와 관련된 헤라클레이토스 토막글은 D.K. 22 B123. 특히 다음을 참조하라. M. Heidegger/E. Fink, *Heraklit. Seminar Wintersemester* 1966/67, Frankfurt 1970 ; M. Heidegger, *Vier Seminare*, Frankfurt 1977 ; *Heraklit*. Gesamtausgabe Bd. 55, Frankfurt 1979.

참고문헌

원전

●Diels, H. : *Die Fragmente der Vorsokratiker*, griech./deutsch, Nachdr. d. 6. Aufl., hrsg. v. W. Kranz, Zürich, Weidmannsche Verlagsbuchhandlung, 1972.

〈원전의 발췌〉

●Kirk, G.S., Raven, J.E. and Schofield, M. : *The Presocratic Philosophers*, Cambridge, Cambridge Univ. Press, ²1983.

〈개별 철학자의 단편과 증언을 담고 있는 책들〉

●Bollack, J. : *Empédocle*, 4 Bde., Paris, Ed. de Minuit, 1969.

●Bormann, K. : *Parmenides. Untersuchungen zu den Fragmenten*, Hamburg 1971.

●Buchheim, T. : *Gorgias von Leontinos*, Hamburg 1989.

●Conche, M. : *Héraclite. Fragments*, Paris, Presses Univ. de France, 1986.

●Heitsch, E. : *Parmenides. Die Anfänge der Ontologie, Logik und Naturwissenschaften*, München 1975(그리스 철학 전반에 대한 입문서로서 매우 적절하다).

●______ : *Xenophanes. Die Fragmente*, München 1983.

●Hölscher, U. : *Parmenides. Vom Wesen des Seienden*, Frankfurt a.M. 1969.

●Kahn, Ch.H. : *The Art and Thought of Heraclitus*, Cambridge, Cambridge Univ. Press, 1979.

●Kirk, G.S. : *Heraclitus. The Cosmic Fragments*, Cambridge, Cambridge Univ. Press, 1954.

●Lee, H.P.D. : *Zeno of Elea. Text, translation and notes*, Cambridge, Cambridge Univ. Press, 1936.

●Luria, S.J. : *Democritea*, Leningrad, Akademie Verlag, 1971.

●Mansfeld, J. : *Die Vorsokratiker*, Stuttgart 1987(뛰어난 입문적 해설과 주석이 달린 모음집).

●Marcovich, M. : *Heraclitus*, Merida 1967.

●Romano, F. : *Annassagora*, Padua, Milano, 1965.

●Snell, B. : *Heraklit*, griech./deutsch, München ^{5}1965.

●v. Steuben, H. : *Parmenides. Über das Sein,* griechisch und deutsch, Stuttgart 1981(J. Mansfeld가 번역 · 배열함).

●Stückelberger, A. : *Antike Atomphysik. Texte zur antiken Atomlehre und zu ihrer Wiederaufnahme in der Neuzeit*, München 1979(다른 곳에서 찾아보기 힘든 텍스트들을 모아놓은 매우 유용한 책).

●Wright, R. : *Empedocles. The Extant Fragments*, New Haven, Conn., Yale Univ. Press, 1981.

2차 문헌

일반적 기술

●Barnes, J. : *The Presocratic Philosophers*, London, Routledge, ^{2}1982(철학적 논의들을 독창적으로 탁월하게 분석하고 있다).

●Cherniss, H.F. : *Aristotle's Criticism of Presocratic Philosophy*, Baltimore, Johns Hopkins, 1935(비할 데 없이 빼어난 분석과 평가).

●Graeser, A. : *Die Philosophie der Antike 2. Sophistik und Sokratik, Plato und Aristoteles*, München ^{2}1993.

●Guthrie, W.K.C. : *A History of Greek Philosophy*, Cambridge, Cambridge Univ. Press, 1962, 1965, 1969(모두 여섯 권으로 되어 있으며 처음 세 권이 소크라테스 이전 사상가들을 다루고 있다. 거드리의 이 책은 거장의 솜씨로 기술되어 저자의 발군의 판단을 드러내 보인다).

●Röd, W. : *Geschichte der Philosophie I : Die Philosophie der Antike. Von Thales bis Demokrit*, München ^{2}1988(초기 그리스 철학에 대한 정확한 문제의식을 지닌 기술, 논의, 평가).

〈다소 오래된 저술 가운데 강조할 만한 것들〉

●Gigon, O. : *Der Ursprung der griechischen Philosophie*, Basel ^{2}1968(^{1}1945).

●Hölscher, U. : *Anfängliches Fragen. Studien zur frühen griechischen Philosophie*, Göttingen 1968.

●Jaeger, W. : *Die Theologie der frühen griechischen Denker*, Stuttgart 1953(*The Theology of the Early Greek Philosophers*, Oxford, Clarendon,

1947).
•Untersteiner, M. : *The Sophists*, Oxford, Blackwell, 1957.

논문 모음집

•Anton, J.P., Kustas, G.L.(Hrsg.) : *Essays in Ancient Greek Philosophy*, Albany, N.Y., University Press, 1971.
•Classen, C.J.(Hrsg.) : *Sophistik*, Darmstadt 1976.
•Flashar, H.(Hrsg.) : *Antike Medizin*, Darmstadt 1971.
•Furley, D.J., Allen, R.E.(Hrsg.) : *Studies in the Presocratic Philosophy*, 2 Bde., London, Routledge, 1970, 1975(이 두 권의 모음집에 실린 우수한 논문들은 소크라테스 이전 철학의 과거 및 최근의 탐구에 대한 훌륭한 조망을 제공한다).
•Gadamer, H.-G.(Hrsg.) : *Um die Begriffswelt der Vorsokratiker*, Darmstadt 1968.
•Kerferd, G.B.(Hrsg.) : *The Sophists and their Legacy*, Wiesbaden 1981 (Hermes Einzelschriften 44).
•Lee, E.N., Mourelatos, A.P.D., Rorty, R.(Hrsg.) : *Exegesis and Argument*, Assen, Van Gorcum, 1973.
•Mourelatos, A.P.D.(Hrsg.) : *The Presocratics*, New York, Double Day, 1974(Furley/Allen의 책에 대한 좋은 보충이 된다).
•Robb, K.(Hrsg.) : *Language and Thought in Early Greek Philosophy*, La Salle, I11., Open Court Publ., 1993.

개별 문제를 다룬 논문과 단행본들

•Aubenque, P.(Hrsg.) : *Etudes sur Parménide*, 2 Bde., Paris, Vrin, 1987.
•Austin, S. : *Parmenides. Being, Bounds and Logic*, New Haven, Conn., Yale Univ. Press, 1986.
•Bächli, A. : "Parmenides über die Meinungen der Sterblichen", in : *Freiburger Zeitschrift für Philosophie und Theologie* 30(1980) 125~166.
•Buchheim, T. : *Die Sophistik als Avantgarde normalen Lebens*, Hamburg 1986.
•Burkert, W. : *Weisheit und Wissenschaft*, Nürnberg 1962.
•Couloubaritsis, L. : *Mythe et Philosophie chez Parménide*, Brüssel, Ed. de l'Univ. de Bruxelles, 1986.

•Düsing, K. : *Hegel und die Geschichte der Philosophie*, Darmstadt 1983.
•Ferber, R. : *Zenons Paradoxien der Bewegung und die Struktur von Raum und Zeit*, München 1981(Zetemata 76).
•Fränkel, H. : *Wege und Formen frühgriechischen Denkens*, München ³1968.
•Freeman, E.(Hrsg.) : *Parmenides Studies Today*, La Salle, I 11., Open Court Publ., 1979(The Monist 62).
•v. Fritz, K. : *Grundprobleme der Geschichte der antiken Wissenschaft*, Berlin 1971.
•Furley, D.J. : *Two Studies in der Greek Atomists*, Princeton, Princeton Univ. Press, 1967.
•Gigon, O. : *Studien zur antiken Philosophie*, Berlin 1972.
•Graeser, A. : *Interpretationen. Hauptwerke der Philosophie. Antike*, Stuttgart 1992.
•______ : "Parmenides über Sagen und Denken", in : *Museum Helveticum* 34(1977) 145~155.
•Heidegger, M. : *Heraklit*, Frankfurt a.M. 1979(Gesamtausgabe Bd.55).
•Heinimann, F. : *Nomos und Physis*, Basel ²1965(¹1945).
•Heitsch, E. : *Parmenides und die Anfänge der Erkenntniskritik und Logik*, Donauwörth, Schwabe, 1979.
•Hospes, J.(Hrsg.) : *Heraclitus*, La Salle, I11., Open Court Publ., 1991(The Monist 74).
•Kahn, Ch.H. : *Anaximander and the Origin of Greek Cosmology*, New York, Columbia Press, 1960.
•______ : *The Verb 'be' in Ancient Greek*, Dordrecht, Reidel, 1973.
•Kerferd, G.B. : *The Sophistic Movement*, Cambridge, Cambridge Univ. Press, 1981.
•Kerschensteiner, J. : *Kosmos, Quellenkritische Untersuchungen zu den Vorsokratikern*, München 1962.
•Kraus, M. : *Name und Sache. Ein Problem frühgriechischen Denkens*, Amsterdam, Grüner, 1987.
•Lloyd, G.E.R. : *Analogy and Polarity*, Cambridge, Cambridge Univ. Press, 1966.
•Loenen, J.M.M. : *Parmenides, Melissus, Gorgias*, Assen, Van Gorcum, 1953.
•Mourelatos, A.P.D. : "The Real, Appearances, and Human Error in Early

Greek Philosophy", in : *Rev. of Metaphys.* 19(1965) 346~365.
●______ : *The Route of Parmenides*, New Haven, Yale Univ. Press, 1970.
●Newiger, H.-J. : *Untersuchungen zu Gorgias Schrift über das Nichtseiende*, Berlin 1973.
●Nuchelmans, G. : *Theories of the Proposition*, Amsterdam, North Holland Publ. Comp., 1973.
●O' Brien, D. : *Empedocles, Cosmic Cycle*, Cambridge, Cambridge Univ. Press, 1969.
●Owen, G.E.L. : *Logic, Science and Dialectic. Collected Papers in Greek Philosophy*, hrsg. von M. Nussbaum, London, Duckworth, 1986.
●Sambursky, S. : *Das Physikalische Weltbild der Antike*, Zürich, Artemis, 1965.
●Schmitz, H. : *Anaximander und die Anfänge der griechischen Philosophie*, Bonn 1988.
●Snell, B. : *Die Entdeckung des Geistes*, Göttingen [4]1975.
●______ : *Der Weg zum Denken und zur Wahrheit*, Göttingen 1978.
●Stokes, M. : *One and Many in Presocratic Philosophy*, Washington, Harvard Univ. Press, 1971.
●Theiler, W. : *Zur Geschichte der teleologischen Naturbetrachtung bis auf Aristoteles*, Berlin [2]1968.
●West, M.L. : *Early Greek Philosophy and the Orient*, Oxford, Clarendon, 1977.

서지 자료

●Totok, W. : *Handbuch der Geschichte der Philosophie*, Bd.1, Frankfurt 1964.
●Kerferd, G.B. : "Recent Work on Presocratic Philosophy", in : *Americ. Philos. Quart.* 2(1965) 130~140.
●W.K.C. Guthrie(1962, 1965, 1969), A.P.D. Mourelatos(1974), J. Barnes(1979), J. Mansfeld(1983)에 실린 훌륭한 문헌 목록들.

2 철학의 이데아

플라톤(기원전 428/427~348/347)

"기하학을 모르는 자 이 문을 들어서지 말라!"
● 플라톤

헤겔에 따르면 학문으로서의 철학은 플라톤(Platon)으로부터 시작되고,[1] 화이트헤드에 따르면 서양의 철학적 전통은 플라톤에 대한 일련의 주석들로 이루어졌다고 한다.[2] 이 두 사람의 진단이 옳다면 플라톤 철학은 서양 철학의 근원적이요 고전적인 패러다임이다.

생애

플라톤이 철학에서 차지하는 큰 비중과는 너무도 대조적으로 우리가 그의 생애에 대해서 알고 있는 것은 극히 보잘것없다. 이런 사실은 전승 과정상의 우연 때문만은 아니다. 플라톤의 동시대인인 수사술가 이소크라테스(Isokrates)는 자신의 연설문들과 편지들에서 플라톤이라는 이름을 단 한 차례도 언급하지 않는다. 플라톤의 위대한 제자이자 20년 이상 플라톤이 세운 아카데미아의 일원이었던 아리스토텔레스도 플라톤의 사람됨에 대해서는 철저하게 침묵을 지킨다. 소크라테스 평전을 쓴 크세노폰(Xenophon)도 플라톤을 고작 한 차례 언급할 뿐이다.

플라톤 자신이 썼는가의 여부를 놓고 여전히 논쟁 중인 편지들을 논외로 치면 플라톤 스스로가 자신에 대해서 말하고 있는 대목은 거의 없다.[3)]플라톤의 사람됨은 이미 그의 동시대인들의 눈에도 전적으로 그의 철학으로 가려져 있었다. 바로 이 점에서도 그의 '스승' 소크라테스가 플라톤에게 드리우는 철학적 그림자가 있는 것 같다. 우리가 플라톤의 삶에 대해서 알고 있는 것은 대부분 플라톤이 죽고 나서 여러 세기가 지난 뒤에 디오게네스 라에르티오스(Diogenes Laertios)와 플루타르코스(Plutarchos)에 의해 전해진 내용이며, 그것도 그리 믿음직스럽지 못한 것이다.

우리가 알고 있는 바는 다음과 같다. 플라톤은 아테네의 부유한 귀족 가문에서 태어났다. 그의 아버지 아리스톤(Ariston)의 혈통은 전설적인 임금들에게 거슬러 올라가고 심지어 포세이돈 신에게까지 닿아 있다. 어머니 페릭티오네(Periktione)는 기원전 404년에 성립된 30인 과두체제의 급진파 지도자인 크리티아스(Kritias)나 카르미데스(Charmides)와 같은 정치가들의 친척이었고 어쩌면 솔론(Solon)과도 친척이었을 가능성이 있다. 플라톤의 이런 출신 성분은 그의 성장 과정에 적지 않은 영향을 미친다. 그의 정치적 성향과 정치철학은 귀족주의적인 방향으로 기울어져 있다.

소크라테스가 죽음을 맞이하자(기원전 399년)—플라톤은 대략 기원전 407년부터 그의 '제자' 였고, 그가 사형을 선고받은 재판을 현장에서 지켜보았는데, 스승의 최후의 날에 있었던 모임에는 없었다[4)]—플라톤은 다른 소크라테스 추종자들과 함께 메가라의 에우클레이데스(Eucleides)에게로 간다. 아테네로 되돌아온 후 기원전 394년경에는 타나그라(보에티아 지방) 및 코린토스 원정에 참가한다. 디오게네스 라에르티오스가 전하는 바에 따르면 그는 수학자 테오도로스(Theodoros)를 만나러 키레네를, 피타고라스 학파 사람들인 필로라오스(Philolaos)와 에우리토스(Eurytos)를 만나러 이탈리아를 방문했으며, 이어서 이집트로 '지혜로운 자들' 을 찾아나섰다고 한다.

플라톤 철학의 영향사는 곧 철학의 역사로서 플라톤주의는 근대의 철학이요 학문적인 인식틀이 되며, 오늘날 학문의 기초를 따지는 논의에 영향을 미치고 있다.

거기에다 도합 세 차례에 걸쳐 시칠리아를 방문했음이 분명하다. 플라톤은 기원전 388/387년에 그 동기가 무엇이었는지는 정확하지 않지만 시칠리아와 타라스를 방문했다고 한다. 그는 시칠리아에서는 참주 디오니시오스(Dionysios) 1세의 처남인 디온(Dion)과, 타라스에서는 아르키타스(Archytas)와 교분을 맺는다. 전해지는 바에 의하면 플라톤은 이 방문 기간에 디오니시오스 1세와 불화에 빠지고 그 때문에 갇혀 지내다 노예로 팔렸다고 하는데, 이 보고가 사실인지는 불분명하다. 기원전 367년에 디오니시오스 1세가 죽자 디온은 디오니시오스 2세의 지도를 맡아주도록 플라톤을 초청한다. 플라톤은 이 초청에 응해서 기원전 367/366년에 두번째로 시칠리아를 방문하는데, 얼마 안 있어 정치적 상황이 복잡해지고 급기야 디온이 추방되기에 이르자 아테네로 귀환한다. 기원전 361/360년에는 디오니시오스 2세의 초청에 따라 세번째 시칠리아 방문이 이루어진다. 이 방문도 여전히 계속되는 디오니시오스 2세와 디온 사이의 불화 때문에 일찍 끝나고 만다.

플라톤은 기원전 360년에 시칠리아를 떠나 중간에 올림피아에 들러 7월에 개최되는 올림피아 경기를 관전하고 아테네로 돌아온다. 『국가』에 개진된 정치철학의 이론적 구도에 상응해서 현실 정치에 영향을 미치려던 플라톤의 시도는 이처럼 좌절되고 말았다.

일반적인 견해에 따르면 플라톤은 기원전 385년경에 아카데미아를 세웠다고 한다. 그렇지만 이 설립 연대는 의심스럽다. 많은 기록들이 증언하듯이 수학자 테아이테토스(Theaitetos) 그리고 어쩌면 천문학자이자 수학자인 에우독소스(Eudoxos)도 설립 당시부터 아카데미아의 일원이었다면, 설립 시기는 훨씬 나중의 일이었을 것이다. 경우에 따라서는 아리스토텔레스가 아카데미아에 들어왔던 기원전 367년보다 불과 몇 년 전에야 비로소 세워졌을지도 모를 일이다. 아테네의 북서쪽에 위치한 이 플라톤의 학교가 아카데미아라는 이름을 갖게 된 것은 그 근처에 영웅 아카데모스(Akademos)의 성역이 있었던 데에 기인한다.

아카데미아는 서기 529년에 유스티니아누스 황제에 의해서 폐쇄될 때까지 거의 천 년에 이르는 세월에 걸쳐 법률적으로는 무사(Mousa) 여신들을 기리는 사설 신심단체(Thiasos)의 형태를 띠었다. 학교의 강령과 구성원의 생활양식을 규정하는 수장은 국가기관에 대해 책임을 지고 있었다. 학교 생활은 극히 단순했고, 소크라테스와 플라톤이 태어난 날과 죽은 날을 기념해서 벌어지는 학문적 행사와 종교적 행사, 그리고 축제가 이 단순한 생활의 중간중간에 끼여 있었다. 강의실과 토론실, 도서관, 숙소와 정원 시설 등과 같은 건축물들은 처음에는 플라톤의 재력으로, 나중에는 기부금으로 마련되었다.

위에서 언급한 구조물들을 갖춘 학교다운 형태가 이미 설립 초기에도 확립되어 있었는지는 의심스럽다. 다음과 같은 것만이 확실하다. 가령 이소크라테스가 세운 학교와는 달리 아카데미아는 처음부터 그 강의와 토론에서 훗날 '엄밀한 학문들' (exakte Wissenschaften)이라고 불리는 학문들에 초점을 맞춘 차별화된 학제를 가지고 있었으며, 플라톤 말고도 예를 들어 테아이테토스 같은 여러 선생들이 공동으로 강의하도록 계획되어 있었다는 것이다.

그런데 우리가 플라톤의 강의와 관련해서 분명하게 알고 있는 것이라고는 그의 말년에, 그것도 어쩌면 단 한 차례 행해졌다는 '좋음에 관하여'라는 제목의 강의 단 하나뿐이라는 사실도 전승 과정에서 기이한 점의 하나이다. 예컨대 아리스토텔레스는 플라톤의 가르침과 대결할 때 기본적으로 플라톤의 강의 내용이 아니라 대화편들을 문제삼는다.

저작

대화편들

'좋음에 관하여' 라는 제목의 강의는 아리스토텔레스, 스페우시포스(Speusippos), 크세노크라테스(Xenokrates), 헤라클레이데스 폰티코스(Herakleides Pontikos) 그리고 헤스티아이오스(Hestiaios)가 부분적으로 옮겨적은 단편적 기록들로만 남아 있는 반면에, 플라톤이 '출판한' 모든 저술들, 정확하게 말해서 형식상 대화편이 아닌 『소크라테스의 변론』을 제외한 모든 대화편들은 점성술 입문서를 쓰기도 했던 멘데스의 트라실로스(Thrasyllos)가 예수 탄생 무렵에 편집한 9개의 4부작(tetralogia)에 모두 실려 있다.

이 4부작들 및 예를 들어 정의(定義)들에 대한 책처럼 4부작들 이외의 것으로 처리된 저술들 가운데 어떤 것들은 이미 고대에 위작(僞作)으로, 다시 말해서 아카데미아에서 나왔지만 직접적으로 플라톤에 의해서 씌어지지는 않은 것으로 간주되었다. 그런 저술들로는 『알키비아데스 II』, 『히파르코스』, 『에라스타이』(이 세 편은 모두 tetralogia IV), 『테아게스』(tetralogia V), 『클레이토폰』(『국가』의 서곡 격으로 tetralogia VIII), 『미노스』, 『에피노미스』(이 두 편은 tetralogia IX, 『미노스』는 『법률』의 서곡)가 있다. 나아가 『알키비아데스 I』(tetralogia IV), 『히피아스 I』, 『히피아스 II』, 『이온』, 『메넥세노스』(이 네 편은 모두 tetralogia VII) 그리고 13통의 편지(tetralogia IX)도 플라톤의 저작이 아닐지도 모른다는 의심을 사고 있다.

편지의 경우를 보자면, 『제6서한』과 중요한 내용을 담고 있는 『제7서한』만큼은 플라톤에 의해서 씌어졌음에 틀림없다고 볼 수 있는 근거들이 많고, 나머지 편지들도 플라톤의 생애에 관련된 믿을 만한 정보들을 담고 있다고 보아도 좋을 것이다.

각각의 대화편들이 정확히 언제 씌어졌느냐 하는 문제와 관련해서는 의지할 만한 정보가 극히 적어서 다음과 같은 정도가 고작이다. 소크라테스의 재판 및 죽음과 연관된 대화편들은 기원전 399년 이후, 아마도 기원전 395년보다 더 이르지 않은 시기에 씌어졌을 것이다. 『법률』은 이미 고대에 플라톤의 최후의 저술이요, 아카데미아의 일원인 오푸스의 필리포스(Philippos)에 의해 간행된 것으로 알려져 있었다. 『테아이테토스』는 기원전 369년이 지나서 얼마 되지 않은 시기에 씌어졌을 것이다. 각각의 대화편들의 편년을 매기는 일만 어려운 것이 아니라, 대화편들 사이의 선후를 정하고, 개념적 · 주제적인 발전을 고려해서 순서를 정하는 일도 문제가 많다. 특히 『크라틸로스』와 『티마이오스』를 '중기 대화편'에 넣을 것인지 아니면 '후기 대화편'에 넣을 것인지는 대단히 어려운 문제이다. 대체로 네 그룹으로 나눌 수 있겠다.

1. 이른바 '소크라테스적 대화편들' : 『라케스』(Laches), 『카르미데스』(Charmides), 『에우티프론』(Euthyphron), 『리시스』(Lysis), 『프로타고라스』(Protagoras), 『국가』(Politeia) 제1권(『트라시마코스』라고도 한다), 『소크라테스의 변론』(Apologia)은 대화편은 아니지만 이 시기에 저술한 것으로 보인다. 『크리톤』(Kriton), 『이온』(Ion) 그리고 만일 위작이 아니라면 『알키비아데스 I』(Alkibiades I)과 『알키비아데스 II』(Alkibiades II).

2. 플라톤의 소피스테스들에 대한 비판이 전면에 내세워진 대화편들 : 『고르기아스』(Gorgias), 『메논』(Menon), 『에우티데모스』(Euthydemos), 경우에 따라서는 『크라틸로스』(Kratylos), 그리고 만일 위작이 아니라면 『히피아스 I』(Hippias I), 『히피아스 II』, 『메넥세노스』(Menexenos). 여기에서는 네 그룹으로 나누고 있지만 흔히 세 그룹으로 나누기도 하는데, 그럴 경우에는 여기에서의 제1그룹과 제2그룹은 '초기 대화편들'에 속하고, 뒤에 구분한 두 그룹은 각각 '중기 대화편들'과 '후기 대화편들'에 해당한다.

3. 주로 체계적 내용을 담고 있고, 그 핵심이 이데아 이론인 대화편들 : 『심포시온』(Symposion), 『파이돈』(Phaidon), 『국가』 2~10권, 『파이드로스』(Phaidros), 경우에 따라서는, 만일 네번째 그룹에 넣지 않는다면 『티마이오스』(Timaios)와 『필레보스』(Philebos).

4. 이데아 이론을 부분적으로는 구축하고 부분적으로는 수정함으로써, 플라

톤의 체계적 사유가 후세의 전통에서 '형이상학' 이라는 명칭을 얻게 되는 저 체계들 안의 사유라는 형태를 갖는 대화편들 : 『테아이테토스』(Theaitetos), 『파르메니데스』(Parmenides), 『소피스테스』(Sophistēs), 『폴리티코스』(Politikos), 『크리티아스』(Kritias), 『법률』(Nomoi), 경우에 따라서는, 만일 세번째 그룹에 귀속시키지 않는다면 『티마이오스』와 『필레보스』. 위에서 두번째 그룹에 넣었던 『크라틸로스』도 연구자에 따라서는 이 그룹에 넣기도 한다.

대화적 사고

플라톤이 자신의 저술에 부여한 '대화의 형식' (Dialogform)은 우선 '외적 근거들' 을 갖는다. 플라톤의 저술들은 아카데미아에서의 강의를 목적으로 기획된 것이 아니라 출판하기 위한 것이었고, 이 저술들이 독자 대상으로 삼은 것은 동일한 작업에 종사하고 있는 사람들이 아니라 교양 있는 비전문가들이었다. 이런 목적을 달성하는 데는 대화가 탁월한 기술 형태이며, 이 점은 유럽 사상의 전통에서 그 이후로도 오래도록 유지된다. 즉 대화는 어떤 문제에 첫발을 내딛도록 이끌어주는 매개의 기능을 수행하며, 사상에 예술적 형태, 즉 읽고자 하는 관심을 추가적으로 북돋워주는 형태를 부여한다.

그렇지만 플라톤의 저술이 대화의 형식을 취한 데에는, 체계 자체에서 비롯되었다는 의미에서 '내적인 근거들' 도 있다. 내적 근거들로는 두 가지를 들 수 있겠는데, 이 근거들을 효과적으로 관철시키는 것이 플라톤 철학의 본(paradeigma)으로서의 성격을 규정한다.

첫번째 근거는 플라톤 철학이 갖는 논증적 형태(argumentative Form)와 연관되는데, 특히 철학의 전달 가능성이라는 측면에서 그러하다. 그래서 대화편은 첫째, 체계적인 문제제기에 대해서 만족스럽게 답변될 수 없거나 혹은 아직은 그렇게 답변될 수 없는 경우에 체계적으로 묻는 일을 일단 괄호치고, 둘째, 자신의 입장이 어떤 것인지를 명백히 밝히지 않은 채 문제되는 사안들에 대한 여러 견해들을 이야기하며, 셋째, 자신의 고유한 입장이 가령 소크라테스의 대화 상대방의 입장과 모든 점에서 일치하지 않거나 아니면 아직 확고하지 않은 경우에는 자신의 고유한 입장을 철저히 유보한다. 지금까지 든 모든 경우들에서, 전달되어서는 안 되거나 혹은 전달될 수 없는 것은 대화 상대방에 의해서 전혀 언급되지 않으며, 체계적으로 완전하게 만들어야 한다는 강박관념은 존재하지 않는다. 넷째로 대화편은 '논구의 진행 과정에서' 입장을 변경시키기도 하는데, 그것도 앞부분이 새롭게 다시 씌어져야 할 필요도 없다는 듯이 그렇게 한다.

엄격히 체계적인 기술에서는, 예를 들어 200쪽에 와서 97쪽에서 오류를 범했노라고 말할 수는 없는 노릇이다. 마지막으로 대화편은 반어적 표현(Ironie)을 논증의 형태로 집어넣기도 하고, 논의에서 벗어난 것으로 보이는 것들을 신화적인 설명의 형태로 끼워넣기도 한다. 바로 플라톤이 동원하는 놀라우리만큼 많은 신화들은 한편으로는 대화에서 문제되고 있는 사안을 보다 분명히 드러내고 보다 잘 설명하는 데에 기여하고, 그렇게 함으로써 문제에 대한 체계적 접근을 보충하며, 다른 한편으로는 체계적으로 정돈된 형태로는 아직 손에 잡히지 않는 것을 전달한다. 예컨대 『파이돈』과 『파이드로스』에서의 혼과 그 혼의 불멸성에 대한 이야기가 그런 경우이다.

대화의 형식을 택한 두번째의 체계적 근거는 플라톤적 사유 자체의 형식에 연관된다. 사유란 플라톤에 따르면 논증적 행위(argumentatives Handeln)이다. 이와 정반대되는 것 중 하나는 '독백적인 명상' 인데, 플라톤의 체험 지평에서 보자면 헤라클레이토스의 사유 같은 것이 이에 속하고 더 훗날의 데카르트의 사유가 그 전형적인 것이다. 다른 하나는 '트집잡기를 일삼는 말싸움' 인데, 플라톤의 체험 지평에서 보자면 소피스테스들의 행각이 대표적이다. 애초에 소크라테스적이요 플라톤적인 사고형태의 기준이 되는 것은 소피스테스적 논쟁에 반대하려는 의도이다.

소피스테스들이 사용한 쟁론술(Eristik)은, 출발점이 되는 지점과 그 이후의 논의를 적절히 선택함으로써 임의의 주장들이 임의의 목적에 비추어 그 정당성이 입증될 수 있는 것으로 보이게끔 만드는 논의 방식을 훈련시키는 것이다. 이런 특성이 특히 분명해지는 대목은, 이 논의 방식이 한 차례 그 '정당성이 입증된' 주장과 정반대되는 주장도 정당한 것으로 입증하기 위해 적용되는 경우이다.[5)]

만일 우리가 소크라테스와 플라톤의 견해를 받아들여 그런 종류의 기교들은 원래 대화가 의도했던 내용이 아니라고 본다면, 쟁론술이나 혹은 플라톤이 이 쟁론술로 특징지은 소피스테스술(Sophistik)은 본래적인 실천적 의도, 즉 의사 소통을 목적으로 하고 정당성의 입증을 지향하는 대화를 이론적으로 왜곡하는 것이다. 플라톤의 견해에 의하면, 이러한 '의사 소통을 목적으로 하고 정당성의 입증을 지향하는 대화' 안에서 철학이 수행되며, 이때 철학은 그저 단순히 옳다고 주장되지 않고 항상 다른 입장이나 견해를 통한 논증적 검증을 필요로 한다. 그런데 이런 과정에도 기만이나 속임수가 개입될 수 있으므로 플라톤은 특정한 사람의 의견이나 의지를 어떻게 해서든지 관철시키는 데에만 기여하는 '쟁론술적(eristisch) 요소들'을 '논박술적(elenktisch) 요소들'로 대체하는데, 이 점도 소크라테스와 플라톤이 직접적으로 연결된 대목이다.

소크라테스적 대화에서 논박술(Elenktik)이란 사람들을 '그럴듯한 앎'(doxa)으로부터 해방시키는 논증 부분을 가리키는 말이다. 논박술은 하나의 정화(katharsis) 기술이며, 이 기술은 쟁론술과는 달리 대화의 끝을 장식하는 것이 아니라 하나의 새로운 노력, 그것도 공동의 노력이 시작되도록 한다. 이 공동의 노력이 목표하는 바는 자신의 입장을 관철시키는 일이 아니라 정당한 것으로 입증된 의견의 일치(Homologie)를 끌어내는 일이다. 다시 말해서 논박술의 과정은 '말로 속이는 일'이 아니라 진리가 요청하는 바에 따르는 일이자 속이기를 거부하는 일이다.[6)]

소피스테스들에 대한 문제 많은 평가, 곧 기본적으로 기원전 5세기와

4세기 그리스 전체의 지적 운동에 대한 평가(그리스 전체의 지적 운동은 헤겔을 예외로 하면 그 이후의 철학사에서 세분화되어 다루어지지 않고 뭉뚱그려서 전통을 형성하는 것으로 여겨져 왔다)를 제외하면, 철학이라는 개념은 플라톤에 와서 제대로 된 가치를 발휘한다. 플라톤의 철학 개념은 그 정당성이 입증된 앎의 이론, 그러면서도 실천 지향적인 앎의 이론에 전적으로 맞추어져 있다. 그가 대화라는 방법을 통해서 부단히 개념들을 나누고 명료하게 개념을 규정하며 어떤 선입관에도 사로잡히지 않고 그 정당성을 입증하는 일을 집념을 가지고 추구하는 것을 보면, 그의 철학 개념이 소크라테스적이라는 것을 알 수 있다. 이 점은 논박술적 과정의 특징을 이루는 '무지의 지', '무지의 자각'이 대화편 전체에서도 여전히 유효한 것으로 나타나는 대화편들, 곧 아포리아(aporia)로 끝나는 대화편들에서 특히 그렇다.

플라톤의 생애와 그 사상의 전개 과정을 염두에 두면, 정의(定義)에 대한 관심('P란 무엇인가?', '자네는 P가 무엇이라고 생각하는가?'), 그 정당성을 입증하려는 관심('왜 이런가?'), 그리고 하나의 대화를 통한 탐구가 아포리아로 끝난다는 것이 서로 결합되어 있다는 사실이 우연이 아니라는 것을 알게 된다. 이 점은 특히 앞에서 구별했던 제1그룹과 제2그룹의 대화편들의 특징을 이루며, 그런 까닭에 이 대화편들을 '소크라테스적 대화편'이나 '소피스테스적 대화편'이라고 부르는 것이다. 플라톤의 대화편들에서 그려진 소크라테스의 행태를 보면 플라톤이 나름대로 소크라테스의 특정 성격만을 두드러지게 묘사하고 있다는 점을 분명히 인정할 수 있다.

그러나 동시에 소크라테스에게는 '과정'이 '목표'와 같은 정도의 철학적 비중을 지니고 있었다고 추론해도 좋을 것이다. 다시 말해서 탐구의 '과정'에서 이미 철학적인 노력의 본래적 '목표', 즉 철학적인 방향 설정이 대부분 실현된다.

플라톤은 나중에(제3그룹과 제4그룹에 속하는 대화편들에서) '나는 내가 아무것도 알지 못한다는 것을 안다' 는 소크라테스적 아포리아에 머무르는 데 그치지 않고 점점 더 이 아포리아를 넘어서는데, 그렇다고 철학적인 방향 설정이라는 소크라테스적 대화의 본래적인 기능을 내던져버리지는 않는다. 그런 한에서 개념화하고 그 정당성을 입증하는 데에서 추구되는 앎도 플라톤에게는 그 본질상 여전히 실천적인 앎, 곧 머릿속에 있을 뿐만 아니라 삶의 방향을 잡아주는 앎으로 남아 있다. 이때의 삶이란 개인적 삶과 공동체적 삶(사회적 삶)을 말하는데, 이는 곧 폴리스(polis)를 이루고 산다는 것을 통해 규정된 삶이다.

'좋음' 에 대한 소크라테스의 물음에 대한 플라톤의 답변은 다음과 같은 과정으로 진행된다. 즉 개별적인 탁월함(aretē, Tugend)들을 규정하는 일로 출발해서—특히 이른바 소크라테스적 대화편들에서—『고르기아스』에서 보이는 소피스테스들의 정치이론에 대한 비판과 이런 정치이론의 토대가 되는 『프로타고라스』 식의 인식이론에 대한 비판을 거쳐, 『국가』와 『법률』에서의 공동체의 구축으로 이행한다. 좋음을 그 탁월함과 관계되는 인물들에게서 현실화시킨다는 관점들보다 구축의 관점들이 더 두드러지기 시작함에 따라, 소크라테스적 대화의 형태도 점차 다른 체계적 기술 형태들의 뒷전으로 물러나는데, 물론 그렇다고 해서 소크라테스적 대화의 형태가 플라톤의 사고에서 순전히 외형적인 것이 되고 마는 일은 결코 없다.

게다가 이 점은 이른바 소크라테스적 방법을 구성하는 다른 요소인 '산파술'(Maieutik) 및 이 산파술과 밀접하게 연관되어 있는 플라톤의 상기설(Anamnesislehre)에서도 잘 알 수 있다. 플라톤이 그려 보이는 소크라테스는 자신의 철학적 방법을 산파술로 이해한다. 다시 말해서 어느 하나의 대화를 통해서 얻은 앎은 항상 스스로 만들어낸 앎이지, 다른 이로부터 물려받았다거나 다른 이에 의존해서 배운 앎이 아니라는 것이다. 소크라테스가 이런 맥락에서 주장하는 바는 오직 다음과 같은 것이다.

즉 비록 그가 대화를 이끌어서 마치 이 대화가 하나의 학습 과정인 것으로 이해될 수 있다 하더라도, 그 자신은 가르치지 않는다는 것이다. 특히 『테아이테토스』[7]에 명백히 드러나 있는 이 방법적 방향 설정은 『메논』[8]에서의—『파이돈』[9]에서 혼의 불멸성을 증명하는 과정에서 다시 문제되는데—태어나기 이전에 알고 있는 것이 있다는 주장과 결합된다. 즉 혼이 어떤 특정한 상황에서 태어나기 이전에 알고 있었던 것을 기억해내는 것을 『메논』에서는 면적이 두 배가 되는 사각형을 만든다는 기하학적 과제를 예로 삼아서 보여준다. 그래서 앎이란 상기요 산파술적 방식으로 생겨난다는 것이다.

이렇게 보면 플라톤이 기원전 369년 이후에도 '소크라테스적 방법'의 본질적인 요소, 정확하게 말해서 대화적 요소를 견지했다는 것이 분명하다. 다른 한편 이 방법은 우선은 신화적 생각을 고수하고 있는 것처럼 보이지만 반드시 그런 것은 아니다. 『메논』에서 펼쳐지는 상기의 '논증'에서 문제되고 있는 것은 세 가지다.

그 첫째는 구체적인 기하학적 문제를 푸는 일이요, 그 둘째는 스스로 알게 된다는 개념이요, 그 셋째는 모래 위에 그려진 도형과 같은 경험적인 연관관계의 도움을 받아 이론적 연관관계를 기술하는 일이다. '다른 곳'을 이야기하고, 혼이 이 다른 곳에서 '보았다'고 말하는 것은 앞서 그려 보인 문제를 해결하는 상황에서 앎으로써 생겨난 것이요, 은유로써 이론의 기능을 설명하는 것이다. 다시 말해 첫눈에 보아서는 신화적 인간학이 고수되고 있는 것같이 보이지만, 거기에는 방법적 통찰이 숨어 있다. 이 통찰이 플라톤을 이데아 이론으로 이끈다.

이데아 이론

아리스토텔레스 이래로 이데아 이론은 플라톤 철학의 본래적인 핵심이요, 단순히 소크라테스의 유산을 지켜낸다거나 소크라테스 철학의 전통을 세운 것이라고는 더 이상 기술될 수 없는 부분으로 간주되어왔다. 후자는 전적으로 옳지만, 전자는 무조건 옳은 것은 아니다. 실제로 이데아 이론은 상대적으로 적은 수의 대화편들에서만 현저한 역할을 한다. 이데아 이론은 『심포시온』과 『파이돈』에서 소개되고, 『국가』에서 포괄적인 교육이념을 세우는 것과 연관하여 다듬어지고, 『티마이오스』와 『제7서한』에서 견고해진다. 『파르메니데스』와 『소피스테스』에서 이데아 이론은 훨씬 개념이론적인 방식으로 논의되고, 『테아이테토스』와 『크라틸로스』에서는 전혀 고려되지 않고 있다.

주제와 체계로 보면 이데아 이론은 확실히 플라톤 사상에서 중요한 위치를 차지한다. 그러나 이데아 이론이 플라톤의 이론적 구상에서 타의 추종을 불허하는 압도적 위치를 차지하게 된 것은 플라톤주의 덕택이다. 플라톤은 플라톤주의에서 말하는 그의 철학의 전개라는 의미로는 플라톤주의자가 아니다. 라일(Gilbert Ryle)이 다음과 같이 말한 것은 옳다.

> 이데아 이론은 의심할 바 없이 대단히 중요하다. 그러나 우리는 이 이론이 논박술적 대화편들에는 등장하지 않으며 후기 대화편들에서는 무시되거나 비판된다는 사실뿐만 아니라 『심포시온』에서 『티마이오스』에 이르기까지, 다시 말해서 이데아 이론이 정점을 이루는 기간에도 플라톤이 이 이론에 할애하는 공간은 전체 논의 가운데 적은 부분일 따름이라는 사실도 기억해야만 한다.[10)]

여기에 덧붙여서, 우리는 이데아 이론을 낳게 되는 이론적 요구들 및 통찰들과 이데아 이론을 독립적으로 다루는 작업을 조심스럽게 구별해야만 하는데, 후자야말로 의심스러운 방식으로 플라톤의 명성을 뒷받침해왔다. 그러한 요구들과 관련해서 중요한 역할을 하는 것이 기하학이다.

기하학은 그리스의 이론 개념을 보여주는 최초의 범형이다. 그것은 부분적으로는 탈레스 시대에까지 거슬러 올라가 기하학의 연원을 찾을 수 있으며, 여기서 이론적 정리라거나 이 이론적 정리의 증명이라는 개념들, 그리고 하나의 이론을 공리적으로 구축한다는 이념이 형성되기 때문이다. 고대 바빌로니아의 기하학이 개별적인 과제들을 해결하기 위한 구성의 지침 형태로 전승된, 일종의 처방전으로서의 앎이었던 데에 반해서 그리스 기하학은 정확성을 획득하는데, 근거지어진 앎이라는 이념은 특히 플라톤에게서 바로 이 정확성을 지향한다.[11)]

물론 플라톤이 그런 연관성 안에서 오로지 확실한 앎의 범형으로서 기하학의 탁월한 지위만을 지적하는 것은 아니다. 그는 오히려 더 나아가서 이론적인(일반적인) 명제들, 다시 말해서 기하학의 경우에 구성 가능한 모든 도형들에 대해 언급하는 명제들을 다룰 때 동반되는 난점들에 주목하게 한다. 『국가』의 저 유명한 수학자 비판에 의하면, 수학자들은 '홀수와 짝수, 도형들과 세 종류의 각'을 전제하고서, 즉 '이것들을 이미 알고 있다'고 가정하고서, "자신들에게나 남들에게 더 이상 아무런 설명도 해줄 필요가 없는 것으로 간주한다"는 것이다. 수학자들은 "마치 이것들이 이미 모든 사람들에게 명백하다는 듯이" 이런 가정들에서 출발하여 "애초에 그들이 고찰을 시작하게 된 대상에 이르러 결론을 내린다"는 것이다.[12)]

가정들 혹은 가설들이란 전제하는 기능을 수행하는 명제들이라는 현대적 견해와는 달리, 불명확한 가정들에 대한 여기에서의 비난은 홀수와 짝수, 원이나 각과 같은 대상들에 대한 불분명한 언급에 관계하고 있다. 다시 말해서 플라톤은 그리스적 기하학의 이념이 기하학적 도형들의 속성들에 관계하는 이론적 명제들로 이행함으로써 구축된다고 보고, 이 이행을 통해서 기하학적 대상들 자체, 즉 기하학적 속성들에 대한 언급이 도대체 어떤 지위를 지니는가 하는 물음은 지금까지 대답되지 않은 채로 남아 있다는 사실에 주의를 환기시키는 것이다. 이 대상들은 경험적 대상들이 아니다. 그렇다면 이 대상들은 무엇이란 말인가?

플라톤의 대답은 이렇다. 기하학의 이론적 명제들이 문제삼는 기하학적 대상들은 이데아들이다. 이로써 그는 최초로, 개념적으로 정확히, 기하학적 대상들의 이념성(Idealität)에 눈길을 돌린다. 달리 표현하자면, 기하학의 기초가 되는 이데아들에 대한 언급은 구체적인 기하학적 구성 연관에서의 부정확성을 현실화 과정의 결함으로 파악할 수 있게 만든다. 나아가서 이데아들에 대한 언급은 현실화 과정을 마치 그것이 '이념적' 구성에 대한 요구를 충족시키기라도 하듯 다루는 것을 허용한다.

이렇게 해서 플라톤은 기하학의 테두리 안에서 이론적 명제라는 개념에다 지금까지 기하학에서 결여되어 있었거나 아니면 불명확했던 이론적 대상이라는 개념을 보충해 넣는다. 앞에서 언급한 수학자들에 대한 비판에 바로 이어서 플라톤은 다음과 같이 말한다.

> 자네는 이 점도 알고 있겠지. 수학자들은 눈에 보이는 도형들을 추가로 이용하며 이것들에 관해서 논의를 하되, 그들이 정작 생각하고 있는 것은 이런 도형들이 아니라 이것들이 닮아 보이는 원래의 것들에 관해서이고, 그들이 논의를 하고 있는 것은 정사각형 자체나 대각선 자체 때문이지, 결코 그들이 그리고 있는 것 때문이 아니라는 걸 말일세.[13]

플라톤에 따르면 이데아 개념이—이 이데아 개념을 범형적으로 밝혀 보여주는 것이 기하학적 연관인데—이론적 대상들에 대해 언급하는 문제를 해결해줄 수 있다고 한다. 따라서 이데아 개념은 그저 사변적인 착상에 지나지 않는 것이 아니라, '기하학이 다루는 것이 도대체 무엇인가' 라는 명료하게 제기된 물음에 대한 답변이다. 플라톤의 답변이 어떤 관점에서 보든 명료하게 내려진 것이냐 하는 것은 일단 부차적인 문제이다. 어쨌든 한 가지 점에서는 플라톤이 옳다. 즉 만일 '원' 이나 '수직' 과 같이 현대 학문이론에서 '관념화 요소들' (Ideatoren)로 불리는 기하학적 표현들이 경험적 대상들이 아니라 이론적 대상들, 바로 '이데아들' 혹은 기하학적 형태들에 요청되는 '이념적' 속성들에 관계한다면, 따라서 '이데아들' 이 개념 형성에 비교될 수 있는 의미로 관념화 요소들의 '지시체들' (Bedeutungen)로 등장한다면, 그렇다면 우리는 그 지시체들을 오로지 '심안' (Augen des Geistes)으로만 볼 수 있다.

이데아 이론의 확립을 기록하고 있는 것으로 간주되는 『파이돈』에서도 '동일함의 이데아' 라는 수학 주변의 예가 선택되고,[14] 『메논』에서 이론적 앎의 '원천' 을 문제삼는 상기설이 수학적인 예를 통해서 논증되는 것[15]은 확실히 우연이 아니다. 이데아 이론은 대부분 기하학의 정신에서 나온 것이다.

물론 이데아 이론이 기하학에 국한되지는 않는다. 즉 이론적 대상들에 대해 언급하는 문제는 다른 맥락에서도 제기된다. 이 점은 특히 윤리적 · 미적 연관성에 해당된다. 『파이돈』에서 플라톤은 이렇게 말한다.

> 우리들은 태어나기 이전에도 그리고 태어난 직후에도 동일함이나 크고 작음뿐만이 아니라, 이와 같은 것들 일체를 이미 알고 있었겠지? 왜냐하면 지금의 우리들의 논의는 특별히 동일함에 관한 것만이 아니고, 아름다움 자체라든가 좋음 자체 그리고 올바름 자체나 경건함 자체에 관한 것이기도 하니까. 말하자면 내가 지금 말하고 있듯이 우리들이 문답을 통해서 묻고 대답할 때 '……인 것 자체' (auto ho esti, Sein an sich)라는 표시를 하는 모든 것들에 관한 것이기도 하기 때문일세.[16]

이념적인 기하학적 대상들에 대한 언급과 유비적으로, 여기에서는 이념적인 도덕적 대상들과 이념적인 미적 대상들에 대한 언급이 도입된다. 도덕성의 이데아들 혹은 본들, 예컨대 올바름의 이데아 혹은 올바름의 본, 그리고 또 아름다움의 이데아들 혹은 아름다움의 본들, 예컨대 균제의 이데아나 균제의 본은, 도덕적 행위들이나 미적 관계들이 그때마다 요구되는 행위들이나 관계들에 대한 '이데아' 가 언제나 불완전하게 현실화된 것이라는 사실을 다시금 드러낸다.

따라서 도덕성의 이데아들이나 아름다움의 이데아들이 도덕적 행위들이나 미적 관계들의 척도가 된다. 다시 말해서 플라톤의 윤리학과 미학에서는 이데아들이 충족된 규범들의 역할을 한다. 올바른 행위의 척도와 규범은 올바름 자체, 올바름의 이데아요, 아름다운 모습의 척도와 규범은 아름다움 자체, 아름다움의 이데아이다.

물론 이처럼 수학, 윤리학, 미학의 영역에서 이데아들에 대해 언급했다 하더라도 이것이 우리가 플라톤 자신이나 아리스토텔레스의 이데아 이론에 대한 비판, 그리고 플라톤주의에서 마주치게 되는 저 정교하게 다듬어진 이데아 이론과 같은 엄밀한 의미에서의 이데아 이론을 드러낸 것은 아직 아니다. 이른바 이데아 이론의 성립은 실체화하고 일반화하는 과정들을 통해서 비로소 이루어지는데, 이런 과정들에서 플라톤은 이데아 개념을 도입하는 것과 관련된 일련의 사태를 시선에서 놓쳐버린 것 같다. 바로 그렇게 놓쳐버린 사태연관으로 네 가지를 들 수 있다.

첫째로, 기하학과 연관해서는 아직 문제화되지 않은 '원형'(Urbild)과 '모상'(Abbild)이라는 메타포를 실체화하여 이데아와 그 이데아가 현실화된 것 사이의 관계에 적용시킴으로써 이데아와 현상을 구별한 것이 바로 그것이다. 가시적인 세계는 여기에서 이념적 세계의 모상으로 선고된다. 즉 방법론적인 구별이 존재론적인 구별이 된 것이다.

둘째로, '원형과 모상의 관계'가 현상세계와 그에 상응하는 이념적인 것에 적용되어 인과론적으로 해석된다는 점이다. 현상들의 이데아들에의 '관여'(methexis, Teilhabe)는 여기에서 두 사물 사이의 관계로 기술됨으로써, 아리스토텔레스가 비판하는 이데아들의 사물화 경향이 드러난다.

셋째로, 수학적 이데아들의 부류와 윤리적·미적 이데아들의 부류가 앞에서 언급한 첫번째 관점의 의미에서 그밖의 모든 대상들, 예컨대 인간 자체라든가 요소들에까지 확장된다는 점이다.[17] 이에 따라 플라톤에게는 이제 머리카락이나 진흙과 같은 보잘것없고 하찮은 것들에 대해서도 그 이념적 상응물들을 전제해야만 한다는 문제가 발생한다.

넷째로, 이데아들과 현상들의 수직적 서열화를 들 수 있다. 수학적 이데아들에게는 비수학적 이데아들과 현상들 사이의 '중간' 지위가 부여된다.[18] 이러한 수직적 서열화는 현상들의 영역에서도 적용되어 구체적 사물들과 그 그림자들 사이의 질서가 도출된다. 이런 수직적 서열화를 완성시키는 것이 모든 다른 이데아들을 초월하는 '좋음의 이데아'이다.[19]

'태양의 비유'에 대한 설명에서 보자면,[20] 좋음의 이데아와 여타의 이데아들 및 이 여타의 이데아들에 대한 앎의 관계는 태양과 경험적 대상들 및 이 경험적 대상들에 대한 감각적 지각의 관계와 같다. 즉 좋음의 이데아가 여타의 이데아들을 '창출하며', 이 여타의 이데아들의 인식 가능성을 보장한다.

이데아 이론에 대한 아리스토텔레스식의 비판을 가능하게 만드는 이런 확장은 자세히 들여다보면 아주 체계적이고 비중 있는 성찰들로 소급된다. 즉 좋음의 이데아를 여타의 이데아들에 비해서 탁월한 것으로 본다는 사실 뒤에는 의심할 나위 없이 이성의 본래적인 과제란 실천적으로 되는 것, 다시 말해서 삶의 방향을 설정하는 것이라는 생각이 숨어 있다. 이러한 과제에 직면해서 모든 다른 앎은—예컨대 기하학도—'동굴의 비유'에 담긴 교육론이 가르치듯[21] 오로지 예비교육적 기능을 지닐 뿐이다. 이 앎이 수행해야 하는 일은 혼을 생성의 세계로부터 존재의 세계로 이끄는 일이며,[22] 이 존재의 세계를 지배하는 것이 좋음의 이데아이다.

나아가 정교하게 다듬어진 이데아 이론은 앞에서 언급한 의미로 핵심적인 인식론적 구별, 예컨대 '감각적이지 않은 지각'(noēsis)과 '감각적 지각'(aisthēsis) 사이의 구별, '참된 앎'(epistēmē)과 '의견'(doxa) 사이의 구별, '이론적 대상'과 '경험적 대상' 사이를 구별하는 토대가 된다. 그렇지만 이런 정황도 플라톤이 자신의 이데아 개념을 정교하게 만드는 과정에서 수학의 철학, 좋음과 아름다움의 철학 대신에 이데아 이론의 철학에 비중을 두기 시작한다는 사실을 숨길 수 없다.

이처럼 이데아 이론을 그 이데아 이론의 기초가 되는 사태연관에 비해서 압도적으로 실체화하는 데 이데아 이론의 사변적 성격이 포함되어 있으며, 이 점은 예컨대 나토르프(P. Natorp)와 스텐첼(J. Stenzel)이 플라톤의 특별한 공적으로 그릇되게 강조한, 이데아들에 대한 언급과 개념들에 대한 언급을 동일시하는 데서도 찾아볼 수 있다.

다른 한편으로 플라톤은 바로 이런—이데아 이론의 구별들을 일반화함으로써 야기된—동일시 자체가 많은 문제를 안고 있다는 점을 눈치챘던 것으로 보인다. 이 사실을 말해주는 증거로는, 『테아이테토스』의 인식론적 탐구와 『크라틸로스』의 논리적이요 언어철학적 탐구에서 이데아 이론에 대한 언급을 찾아볼 수 없으며, 『파르메니데스』와 『소피스테스』의 마찬가지로 논리적이요 언어철학적인 탐구에서는 개념이론적 관점들이 이데아 이론적 관점들을 현저하게 압도하고 있다는 점을 들 수 있겠다.

바로 그렇기 때문에 모든 곳에서가 아니라 오로지 현실 연관성이 주어지는 곳에서, 예컨대 기하학적 구성을 지시한다거나 도덕적 요청을 담고 있는 형태로 이데아를 말하는 것만이 유의미하다. 그렇지 않으면—이것이 앞에서 언급한 이데아 이론을 실체화하는 요소인데—우리는 임의의 사물들, 즉 자연적 사물들이 어떻게 존재하느냐(wie beliebige, also auch natürliche Dinge sind)라는 물음에 대해 그 임의의 사물들이 어떻게 존재해야 하는가(wie sie sein sollen)를 제시하려 애씀으로써 대답해야만 할 것이다.

모래에 그려진 원들에 '원의 이데아'가 할당되어야 할 뿐만 아니라, 그리스의 산들에도 '산의 이데아'가 할당되어야 할 터인데, 이 '산의 이데아'는 침식과 퇴적 때문에 들쭉날쭉한 그리스의 산들이 '도대체' 어떻게 존재해야 하는가를 제시해야만 할 것이다.

'이데아 이론의 철학' 이라고 불리는 플라톤의 사유는 방금 기술했던 종류의 귀결을 초래하는 것은 사실이지만, 이 철학이 플라톤 사상의 모든 부분들에서 지배적인 것은 결코 아니다. 이데아 개념이 해명하고자 하는 이론적 대상이라는 개념 안에서—이데아 이론이 핵심에 놓여 있지 않은 후기 대화편들을 염두에 둘 때에도 이렇게 말할 수 있겠는데—이데아와 개념 사이의 구별 자체가 탐구의 대상이다. 이 탐구를 사변적으로 종결해버릴 이데아와 개념의 동일시는 플라톤에 의해서 포착된 하나의 가능성에 지나지 않을 따름이요, 경쟁 상대가 없는 무적의 가능성이 아니다.

윤리학과 정치철학

도덕의 이데아들 혹은 도덕의 이념적 성격이 플라톤이 윤리학에서 오로지 인식론적 관심만을 가지고 있었다는 것을 의미하는 것은 결코 아니다. 이미 논박술적 대화편들, 즉 이데아 이론이 다듬어지기 전의 소크라테스적 대화편들 및 소피스테스적 대화편들의 대상이 개별적인 탁월함들의 규정이었으며, 서두에 강조했듯이 이 탐구들을 규정하는 것은 정의(定義)를 내리려는 시도뿐만 아니라 무엇보다도 먼저 실천적 의도였던 것이다. 여기에서 '용기' (『라케스』), '절제' (『카르미데스』), '경건함' (『에우티프론』), '우정' (『리시스』) 그리고 '올바름' (『국가』 제1권)이 논의될 때, 그것은 우리가 '알고자' (wissen) 하는 바대로 또한 '된다' (werden)는 목표 아래 논의되는 것이다.

소크라테스적 의도이기도 한 이러한 의도는 펠로폰네소스 전쟁(기원전 431~404)과 소피스테스들의 교육활동의 결과로(소피스테스들과 관련된 점은 플라톤이 보기에 그렇다는 것인데) 윤리적 전통들이 해체되어 버렸다는 사실을 배경 삼아 나타난다. 윤리적이고 인식론적인 상대주의의 위험에 맞서서 '좋음' 혹은 '좋은 삶' 에 대한 소크라테스적 물음을 '실천적 앎' 의 이론이라는 형태로 대답하려는 시도가 행해지는데, 달리 말하자면 도덕적 전통들의 영향력이 쇠퇴하는 상황을, 소피스테스들처럼 그저 '의견'(doxa)에 의존해서 권유하는 대신 신뢰할 만한 도덕적 앎을 구축함으로써 다시 균형 상태에 이르게 해야 한다는 것이다.

앞의 언급에 함축되어 있는 플라톤 윤리학의 주지주의적 성격은—짐작컨대 역사적으로 실존했던 소크라테스에게는 해당되지 않는 것으로 보이는데—탁월함은 가르쳐질 수 있다는 주장으로 표현된다. 이 주장은 『메논』에서 '탁월함은 앎이다'라는 명제, 탁월함과 앎은 등가적이라는 명제로 드러난다. 비록 『메논』에서 탁월함은 앎이라는 것을 증명해 보이는 데 최종적으로 성공하지는 못하지만(이런 점에서 『메논』도 아포리아로 끝나는 대화편들에 속한다), 플라톤은 오로지 그런 전제 아래에서만 도덕적 요청들이 구속력을 확보할 수 있다는 신념을 고수한다. 즉 무엇을 행위해야 하는가에 대한 더 나은 앎이나 더 나은 통찰에 반하여(wider) 행위하게 되지는 않는다는 것이다.

이때 다시금 문제되는 것이 일반적인 의미에서의 이론이 아니라 실천 지향적인 이론이라는 점은, 무엇보다도 먼저 탁월함이 '앎'(epistēmē, Wissen)이면서 '능력'(technē, Können : 더 정확하게는 '……을 할 줄 앎' —옮긴이)이기도 하다는 사실을 통해서 분명해진다. '앎'과 '능력' 사이의 아리스토텔레스적 구별은—최소한 아리스토텔레스가 보여주는 용어 사용상의 엄격함을 생각할 때—플라톤에게는 아직 해당되지 않는다. 반대로 플라톤의 윤리학에 대한 생각을 훗날 대변해준 사람은 칸트라고 할 수 있겠는데, 그것은 칸트가 "도덕과 관련해서 이론에서 옳은 모든 것은 실천에서도 타당해야만 한다"는 것을 증명할 것을 요구했다는 점에서 그러하다.[23]

윤리학에서의 플라톤은 분명히 초기 칸트주의자가 아니다. 초기 칸트주의자라고 하기에는 플라톤의 도덕 개념들은 소크라테스에 뒤이어 너무도 '행복'(eudaimonia) 개념, '행복한 삶'의 개념에 기울어져 있다. 플라톤에게 문제가 되는 것은 인간의 혼에 깃들여 있는 성향에 반대해서 의무 개념을 동원하여 논의하는 것이라기보다는 오히려 올바른 성향을 일깨우는 것이다. 플라톤이 여전히 실천적 통찰들을 이론적으로 근거지으려고 시도한다는 아리스토텔레스의 비판이 맞아떨어진다고 할 수 있겠다.[24] 이러한 비판의 초점은 '탁월함은 앎' 이라는 주장이 아니라 오히려 '좋음의 이데아' 를 '이데아 이론' 의 테두리 안에서 여전히 존재론적으로 특징지으려는 시도에 있다.

아리스토텔레스는 여기서 플라톤을 문자 그대로 해석하고 있는 것으로 보인다. 실제로 '이데아 이론의 철학' 의 테두리 안에서 이 '최고의' 이데아가 갖는 실천적 의미를, 이미 서술한 것과 같은 이데아 이론의 핵심적인 표현들이 보여주는 존재론적 문체의 배후에서 다시 끄집어내기란 어려운 일이다. 이런 실천적 의미가 있다는 사실, 또 이런 실천적 의미가 플라톤의 윤리학 및 인간학 전체에서 핵심적이라는 사실이 플라톤의 정치철학, 특히 『국가』에서의 '철인왕' 이라는 널리 알려진 개념[25]을 분명하게 만든다.

플라톤의 저술 가운데 정치철학과 관련된 것으로는 『폴리티코스』와 『고르기아스』, 국가에 대한 소크라테스적 논의를 담고 있는 『소크라테스의 변론』과 『크리톤』을 들 수 있는데, 무엇보다도 중요한 것은 가장 방대한 두 대화편 『국가』와 『법률』이다. 『국가』에서는 플라톤이 생각하는 최선의 국가를 구성하는 데서 논박술적 대화편들에서 문제시되는 도덕적인 삶의 이념들이 그리스의 폴리스를 본으로 하는 공동체를 사회적으로 조직화하는 일과 연결된다. 이때 이 공동체를 실현하고 이끌어가는 역할은 이른바 철인왕들의 손에 달려 있고, 또 이 철인왕들의 앎의 기초는 '좋음의 이데아' 에 대한 통찰이다.[26]

철학자들이 나라들의 군왕들로서 다스리거나, 아니면 현재 이른바 군왕 또는 최고 권력자들로 불리는 이들이 진실로 그리고 충분히 철학을 하게 되지 않는 한, 즉 정치권력과 철학이 한데 합쳐지지 않고 지금처럼 다양한 성향들이 그 둘 중의 어느 한쪽으로 따로따로 향해 가는 상태가 강제적으로나마 저지되지 않는 한, 여보게나 글라우콘, 나라들에, 아니 내 생각으로는, 인류에게도 나쁜 것들의 종식은 없다네.[27]

훗날 자주 웃음거리가 되곤 했던 이 희망은, 우리가 이런 정치철학의 귀족주의적 요소들을 일단 도외시한다면 당연한 귀결이다. 즉 만일 어느 누구도 그 자신이 실제로 필요로 하는 것(이것은 플라톤이 물려받은 '소크라테스적 통찰'을 말하는 것인데)이 무엇인지 '원래부터' 모른다면, 또 만일 그 결과로 욕망을 충족시키는 사회적 조직이 자연발생적인 의견의 일치에 지속적으로 의지할 수 없다면, 달리 말해서 강제적으로 이끌어내진 의견 일치에 의지할 수밖에 없다면, 윤리학에서 탁월함과 앎의 일치로 정의된 우월감에 사로잡힌 통찰, 다시 말해서 이성의 지배로의 회귀만 남는다.

이런 생각에서 불가피하게 떠오르는 소박하다는 느낌은—물론 플라톤은 이러한 전체 구상이 가설의 성격을 갖는다는 점을 지적함으로써 스스로를 방어하고는 있지만—철학자들에게 거는 희망 때문이 아니라 역사적 연관관계 안에서 이성의 능력에 거는 희망 때문이다. 물론 플라톤은 현실적 사태 이해가 갖는 것으로 보이는 우월성이 이 희망을 불필요한 것으로 만들지는 않는다는 점을 이미 알고 있었다. 이런 점에서 사람들은 훗날 플라톤을 이상주의자(Idealist)라고 불렀던 것이다.

『국가』의 국가 구성 작업을 보면 국가는 마치 하나의 '큰 개인'과 같다. 플라톤이 구별한 혼의 세 부분—다시 말해서 그 훌륭한 상태가 '지혜'인 '헤아리는 부분', 그 훌륭한 상태가 '용기'인 '격정적인 부분', 그 훌륭한 상태가 '절제'인 '욕구적인 부분'—에 세 가지 계층, 즉 통치자 계층, 수호자 계층, 생산자 계층(농민과 수공업자들)이 대응된다. 이처럼 사회적으로 현실화된 세 가지 기본 덕목의 질서에, 세 계층 모두에 관계되며 이 세 덕목들을 조화시키는 '올바름'(正義, dikaiosynē)이라는 훌륭함이 덧붙여진다. 이렇게 해서 플라톤 이래 전범이 된 네 가지 기본 덕목의 조화는 윤리학에서 개인에게 적용되는 조화 사상을 '행복한 나라'[28]에 옮겨놓는다.

이 국가가 정치철학의 역사상 기초된 대부분의 이상적인 국가와 마찬가지로 매우 극단적인 형태로 조직되어 있다는 점에 플라톤이 별다른 구애를 받지 않았음은 분명하다. 플라톤은 상위 두 계층에 대해서는 완전한 융화라는 목적을 실현하기 위해 부인, 재화 및 자식의 공유를 선호한다. 국가는 결혼과 생식의 시기라든가 어떤 아이들이 수호자로 양육되어야 한다는 것 같은 것도 결정한다. 서사시와 비극은 훌륭함의 이상을 실현하는 데 직접적으로 기여하지 못한다는 이유로 금지된다.

스무 살에서 서른 살까지 상위 두 계층의 교육에서는 이제까지의 체육과 시가 교육에 이어서 정확한 교과들 혹은 수학적 교과들이라고 할 수론, 기하학, 천문학 그리고 화성학이 중심을 이룬다. 이 교과들은 '동굴의 비유'에 담긴 교육학적 의미가 분명히 하고 있듯이—한갓된 의견(doxa)으로부터 해방되는 일과 참된 철학자의 특징인 '좋음의 이데아'를 통찰하는 일—혼을 '위로' 끌어올리는, 다시 말해 혼을 이성적인 부분으로 방향짓는 역할을 수행한다(플라톤은 혼을 세 부분으로 나누지만, 가끔은 이성적 부분과 비이성적 부분이라는 두 부분으로 나누기도 한다). 장차 정치적 엘리트가 될 가장 분별 있는 이들에게는 네 가지 교과들 이상의 교육이 필요하며, 이들은 '좋음의 이데아'에 직접적으로 종사하는 변증술로 인도된다. 쉰 살에 이르러서야 비로소 현실정치에 참여하도록 되어 있다.

『국가』는 이성을 지향하는 질서를 정초하고 있다는 점에 주목해서 민주주의의 교과서라 불리기도 하고[29] 그런가 하면 이 체제가 엘리트적 시각에서 자유를 철저하게 말살하고 있다는 점에 주목해서 전체주의적 지배체제의 교과서라고도 불리기도 한다.[30] 플라톤은 자신이 생각하는 바람직한 국가를 참주국가에 마주 세우고, 이 철학자의 국가인 바람직한 국가를 장차 생겨날 국가를 포함한 모든 국가 형태로부터 구별하려고 시도했다. 플라톤은 철학자들에 의해 지배될 장차의 '최선자 정체' (aristokratia)를 위협하는 타락한 정체들을 승리와 명예에 대한 욕구가 강한 이들이 지배하는 '명예지상정체' (timokratia), 재산이 많은 이들이 지배하는 '과두정체' (oligarchia), 평등한 다수가 지배하는 '민주정체' (demokratia)라는 형태들로 기술한다. 민주정체를 몸소 자신의 시대에 체험했던 플라톤의 견해에 따르면 민주정체는 무정부 상태, 곧 '참주정체' (tyrannis)에 이르고 만다. 참주국가는 이미 『고르기아스』에서 철학자들에 의해 지배되는 국가의 반대축으로 등장하는 것으로, 이 체제에는 노예만 있을 따름이다.

따라서 플라톤의 정치적 구상을 오늘날의 민주주의 체제나 전체주의적 지배체제로 간주하는 것은 둘다 충분하지 않다. 플라톤이 그려 보이는 정치체제에 대한 평가는 그가 살던 시대의 정치적 현실을 배경으로 해서 이루어져야 할 것이다. 이 체제는 몇 가지 특징에 비추어 보아서 스파르타의 정체와 가장 닮았다고 할 수 있다.

더욱이 플라톤 자신이, 이러한 정치체제의 구상을 그 실제적인 실현 가능성에 비추어 보다 현실적으로 평가하기 위해 이 철인국가의 이념과 거리를 둔다. 어쩌면 디오니시오스 2세를 위한 정강일지도 모를 『법률』에 '차선의 국가' (zweitbester Staat)라는 개념이 등장하는데, 여기에서는 『국가』에서 정치적 이념들에 주어졌던 강조점이 상세한 법적 규정의 확립으로 이동한다. '최선의 국가' 를 목표로 한 극단적인 규정들도 약화된다. 가족 관계가 복구되며, 『국가』에서 남성들과 명백히 동일하게 취급된 여성들은 더 이상 병역의 의무를 요구받지 않는다. 상위 계층들에게도 재산 소유가 허용되며, 하위 계층도 어느 정도의 권리를 갖는다. 그러나 다른 한편으로는 『국가』에서의 구상에서는 언급되지 않은 노예제도가 승인된다. 정치체제에서도 비록 '야간 회의' 의 철학자들이 입법과 국가 운영에서 현저한 영향력을 지니기는 하지만 더 이상 필연적으

델피의 아폴론 신전에 새겨져 있는 격언 "너 자신을 알라."
플라톤은 "나는 내가 아무것도 알지 못한다는 것을 안다"는 소크라테스적 아포리아에
머무는 데 그치지 않고 이 아포리아를 넘어서 실천적인 앎으로 나아간다.

로 철학자들을 우선시하지는 않는다. 『법률』에 와서는 아테네가 처한 현실이 지나치게 엄격하게 규정된 '최선의 국가' 라는 스파르타적 이상을 완화시켰던 것으로 보인다.

위대한 입법가와 좋은 참주(디오니시오스 2세를 염두에 둔 것은 아닐까?)의 결합이 『법률』이 그리는 국가를 실현 가능하게 만든다는 생각도 『국가』에 비하면 상당히 타협적이다. '일인 지배 정체' (monarchia), '최선자 정체' 그리고 '민주정체' (긍정적인 의미의 다수 지배 정체－옮긴이)는 모두 가능한 지배 형태로 등장하며, 이것들이 타락한 형태들인 '참주정체', '과두정체' 및 '무정부 상태의 민주정체' (부정적인 의미의 민주정체－옮긴이) 가운데 세번째 것이 그 중 가장 견딜 만한 형태이다. 『법률』에서 이런 생각들을 전개하는 세 노인들을 뒤따라가보면 플라톤의 희망은 이제 법에 의한 지배요, 물론 이 지배 체제 아래에서도 『국가』

의 교육이론에서 강조되었던 철학적 통찰의 권위는 여전히 관철되어야 한다. 다만 플라톤의 '차선의 국가'는 이 통찰이 결여되어 있거나 심지어 철학자가 타락한 경우에도 돌아간다.

이상주의자 플라톤은 여기에서—『국가』에서 펼쳐 보이는 정치적 · 사회적 구성에서보다 덜 이상주의적이라고 할 수는 없지만—정치적이며 제도적으로 가능한 것에 초점을 맞춤으로써 현실주의자가 된다.

> 국민의 삶에 방향을 제시하고 국민의 지속적인 요구에 부응하기에 충분한 지혜롭고 강력한 정부, 그러면서도 정부 자신과 국민을 부지불식간에 혹은 사리사욕으로 인해 파멸시킬 수 있을 정도로 강력하지는 않은 진정한 정부를 구축하는 문제, 이것은 정치적 능력의 문제인데, 플라톤이야말로 이 문제의 중요성과 민감함을 깨달은 최초의 사상가인 듯하다.[31)]

『파이돈』과 『심포시온』에 이르기까지 기조를 이루고, 『국가』와 『파이드로스』에서마저도 아직 남아 있는 논박술적 대화편들의 특징인 열정은 이 문제가 점점 지배적인 위치를 차지함에 따라 플라톤의 저술들에서 거의 현학적인 모습을 띠기까지 하는 분석과 박식함에 자리를 내주고 사그라진다. 다른 대화편들에서 흔히 만나게 되는 혈기방장한 소크라테스 대신 크레타 사람, 스파르타 사람 그리고 아테네에서 온 손님이라는 세 노인들이 『법률』에 등장하는 것도 우연이 아니다. 플라톤의 문체는 한결 단순해지며, 철학적 탐구는 보다 아리스텔레스적인 성격을 띤다.

우주론

플라톤의 학문적 관심은 일차적으로 수학과 천문학에 있었다. 수학과 천문학의 분과에서 많은 예들이 동원된다는 사실과 『국가』에서의 교육에서 수론, (평면)기하학, 천문학 그리고 화성학(추가적으로 입체기하학도 언급되는데)이 중요하게 다루어진다는 사실이 이 점을 뒷받침해준다. 기이한 것은 자연학에 대한 언급이 전혀 없다는 사실이다. 자연학은 플라톤이 앎의 이론을 조직화할 때 고려의 대상이 아니었다. 그렇게 된 것은 그 당시의 자연 탐구 수준을 플라톤이 몰라서도 아니요, 학문적인 무관심 때문도 아니었다. 플라톤의 앎에 대한 이론적 테두리에서 자연학이 빠진 것은 오히려 이데아 이론의 귀결이요, 더 정확하게 말해서 '이데아 이론의 철학' (Philosophie der Ideenlehre)의 귀결이다.

『파이돈』과 『국가』에서의 고전적인 형태의 이데아 이론은 학문적인 탐구를 '이념적인' (ideal) 관계들로 제한하고, '현상들' 의 학문, 다시 말해서 물리적 세계에 대한 학문은 명백히 제외한다.

천문학의 등장은 이 맥락에서 하나의 예외로 생각된다. 천문학이 플라톤의 관심을 끌었던 것은 오로지 그 수학적 성격 때문이었으며, 천문학적 현상들, 특히 천체운동 같은 것을 설명하는 일은 전혀 관심 밖이었다. 『국가』에서 글라우콘은 천문학적 앎의 형성을 설명하면서 하늘을 바라보았다가 꾸지람을 듣는다. 하늘을 바라본다는 것은 이데아 이론의 용어로 말하자면 바로 현상들의 영역, 학적으로 설명될 수 없는 것의 영역에 속하는 것이요, 현상들의 영역과 대립되는 천문학자들의 하늘이란 오로지 '지성의 눈' 으로만 포착된다.

『국가』에서 천체운동은 '아낭케(Anankē) 여신의 무릎'[32]에서 벌어지는 방추와 돌림추에 의한 회전운동으로 기술된다. 『티마이오스』에서는 천문학적 관계가 세계혼을 형성하고,[33] 『파이드로스』에서는 혼의 편력이 천구의 운동과 통일된다.[34] 『파이돈』에는 '진실된' 땅에 대한 언급이 나오는데, 이 진실된 땅은 하늘에 있으며 신들도 여기에 거주한다고 한다.[35]

물론 플라톤은 이러한 천문학적 대상들의 초월성에 머물러 있지만은 않는데, 그 점은 그의 자연학적 견해들에도 마찬가지로 적용된다. 『법률』에서 플라톤은 '새로운' 통찰들을 지적하는데, 이 통찰들에 따르면 이미 『국가』와 『티마이오스』에서 만난 천문학적 모델들은 현상을 '구제' 하는 데, 다시 말해서 확실히 경험적으로는 불규칙적인 것들을 기하학적으로 포착할 수 있는 규칙성이 관찰자와 그 관찰자가 천문학적 체계 안에서 차지하는 위치와 연관되어 나타남을 설명하는 데 적합하다고 한다. 플라톤은 여기에서 분명히 에우독소스(Eudoxos)의 천문학을 가리키고 있는 것이다.

그렇게 해서 『국가』에서 순진하다고 평가되었던 글라우콘이 복권되고, 현상들의 세계도 이론의 대상이 된다. 물론 글라우콘과 현상세계의 복권은 이데아 이론의 특징이자 그 토대를 이루는 구별들을 여전히 고수한다는 제한 안에서 이루어진다. 즉 세계는 두 부분으로 나뉜다. 그 하나는 달 위의 세계인데 여기에서는 학적인 이념적 관계가 지배하며, 다른 하나는 달 아래의 세계로 여기에서는 현상세계에 대한 이전의 평가가 유지된다. 이데아들의 세계와 현상들의 세계 사이의 구별이 어떤 의미로는 그 스스로 분명해진 것이다.

그렇지만 천문학 이외의 자연 탐구 영역들에서도 플라톤이 의미하는 사물들은 운동으로 빠져든다. 『티마이오스』의 대상은 천문학과 철학적 신론일 뿐만 아니라 생리학, 해부학, 병리학, 화학, 지각이론 그리고 무엇보다도 인식론이기도 하다(플라톤의 혼에 대한 이론에 상응해서 예컨대 생리학에서는, 혼의 헤아리는 부분에는 머리의 어떤 곳이, 혼의 격정적인 부분에는 목과 횡격막 사이의 심장 근처에 있는 어떤 곳이, 혼의 욕구하는 부분에는 횡격막과 배꼽 사이로 간의 제어 아래에 있는 어떤 곳이 각각 할당된다).

이렇게 해서 플라톤은 우주론적 테두리 안에서 자기 시대의 자연 탐구, 특히 시칠리아와 남부 이탈리아의 자연 탐구에 대한 야심찬 요약 정리를 제시한다. '티마이오스' 라는 이름 뒤에 숨어 있는 인물은 다름아닌 타라스의 아르키타스(Archytas)인 것으로 보인다. 이데아 이론의 학문적 · 체계적 귀결들을 배경으로 한 이 요약 정리는 매우 특이하며—그렇기 때문에 『티마이오스』를 '중기' 대화편으로 볼 것이냐 후기 대화편으로 볼 것이냐 하는 문제가 여전히 논란의 대상이 되는 것인데—원소이론에 대한 플라톤 자신의 구상은 심지어 혁명적이기까지 하다.

이렇게 말할 수 있는 것은 플라톤이 엠페도클레스 및 데모크리토스 이래로 그리스 자연 탐구의 고전적 주제인 원소이론의 문제들을 기하학적 문제들로 보아서 논의하고 입체기하학의 도움을 받아 해결할 것을 제안하기 때문이다. 즉 원소들에 정다면체들(이른바 '플라톤의 입체들')이 각각 할당되는데, 특히 원소들 서로서로 사이의 이행을 설명하는 이 정다면체들의 구성 요소들은 30도와 60도의 각을 지닌 등변삼각형과 부등변삼각형이라는 불변의 '요소삼각형들'(Urdreiecke)이다.

이렇게 해서 어떤 방식으로는 수학적 물리학이라는 착상이 생겨난 것이다. 『국가』의 '최고의 학과목들'의 목록에 물리학을 포함시키는 것은 『티마이오스』의 시각에서는 아무런 문제점도 없다.

이 점에 대한 플라톤 자신의 견해가 무엇인지는 분명하지 않으며 여러 면에서 『국가』에서의 천문학에 대한 평가와 닮아 있다. 전체 기술의 사변적 성격만 보더라도 그렇다고 할 수 있다. 수학적 귀결로서 두 개의 입방수 a^3과 b^3 사이에 중간적 비례항 a^2b와 ab^2이 끼워넣어질 수 있다는 정황으로부터 원소가 여럿이라는 사실이 도출된다. 우주를 만질 수 있고 볼 수 있게 하는 원소들인 '흙'과 '불'의 존재 외에도 '중간적' 원소들인 '물'과 '공기'도 존재한다는 것은 이렇게 해서 설명된다. 나아가 세계들에 대한 사유 실험이 진행되는데, 각각의 세계들에서 오직 단 하나의 정다면체의 기하학이 적용된다.[36] 플라톤은 이런 사유로써 '위험하지 않은 유희'를 했다고 생각한다.[37] 이 사유의 형태는 의식적으로 신화적인 채로 남아 있으며, 그 출발점을 이루는 것은 『국가』의 요점을 개괄하는 일과 (고전적인) 이데아 이론을 되떠올리는 일이다.

다른 한편으로 이것은 바로 우주의 발생론적 틀에 대한 특별한 선택인데, 이 선택이 이데아 이론과 물리학적 자연 탐구 사이에 다리를 놓는다. 플라톤에 의하면 우주는 데미우르고스(dēmiourgos)의 작품으로서, 데미우르고스는 '이념적인'(ideal) 관계들에 방향을 맞춘다. 이것은 우주가 하나의 인공물(Artefakt)로 고찰된다는 것, 그리스적 의미를 포함한 통상적인 '자연'으로서, 즉 제작의 대상들에 대한 대립물로서 고찰되지 않는다는 것을 의미한다. 이 인공물에 대해서, 구체적 관계들과 본의 성격을 갖는('이념적인') 관계들이 연관되어 있다는 이데아 이론의 근본 구상이 적용된다. 그렇다면 개념을 자연적 사물들에 사변적으로 확장하는 것도 플라톤의 근본 생각에 비추어 볼 때 최소한 그럴 듯한 해명을 찾은 셈이다.

그럼에도 천문학적 부분과 물리학적 부분으로 되어 있는 플라톤의 우주론을 '어떻게 자연과학이 가능한가'라는 물음에 대한 대답으로 파악하기는 어렵다. 학적인 이론 형성은 『국가』의 교육학적 구도에 맞추어 방향짓는 경향이 여전히 지배적이다. 『티마이오스』에서 제기된 우주론적인 사유들이 현실적인 탐구에 봉사해야 하는지, 혹은 학적인 상상에 의한 구상들로서 남아 있을 수 있는지를 결정하는 일은 절박하지 않은 것 같다. 『국가』에서의 교육학적 혹은 예비교육적 생각들은 천문학적 탐구와 연관해서 『티마이오스』에서도 되풀이된다.

> 신이 우리를 위해 시력을 만들어 선물한 이유는 우리가 하늘에서 지성의 순환운동을 관찰하고 이를 우리 자신의 사유의 순환운동으로 옮겨갈 수 있게끔 하기 위해서다. 이러한 우리 자신의 사유의 순환운동은 실로 하늘에서의 지성의 순환운동과 유사하다. 그때 물론 하늘에서의 순환운동은 그 질서에서 흔들림이 없는 반면에 우리 자신의 사유의 순환운동은 뒤죽박죽이다.[38]

다른 한편으로 『티마이오스』가 씌어진 시기에—이 시기를 플라톤의 제2차 시칠리아 방문으로 잡든 아니면 그보다 뒤로 잡든 간에—자연과학적 탐구가 아카데미아에서 대단한 비중을 차지했을 것이라는 점에는 전혀 의심의 여지가 없다. 자연과학적 탐구의 비중이 커지게 된 데에는 비단 아리스토텔레스뿐만 아니라 플라톤 자신의 기여도 컸다고 보아야 할 것이다. 물론 플라톤은 스스로 좁은 의미에서의 수학적 작업을 하지는 않으면서도 수학적 탐구를 지원한 것이다.

어쨌든 『티마이오스』는 아리스토텔레스가 플라톤 철학과 대결하는 데서 중요한, 다르게는 전혀 설명될 수 없는 결정점(Kristallisationspunkt)을 보여 준다. 아카데미아에서의 논의에서 이 대화편은 자연 탐구의 교과서 역할을 수행했음에 틀림없다.

인식론, 언어철학, 논리학

플라톤은 『메논』 이래로 인식론적 문제들을 논의한다. 인식론적 문제들은 우선 이데아 개념을 구축하는 일과 밀접하게 연관되어 있다. 그래서 나중에 이데아 이론과 결합되는 상기설이 『메논』에서, 우리가 알지 못하는 것을 탐구할 수 있는가에 대한 대답을 내놓는다. '참된 앎'(epistēmē)과 '의견'(doxa) 사이의 구별은 '이데아'와 '현상' 사이의 구별에 대응된다. 윤리학과의 긴밀한 연관 아래에서 구축된 플라톤 미학의 대부분은—'좋음의 이데아'의 두 본질적 요소인 '아름다움의 이데아'와 '올바름의 이데아'를 생각해보면 분명한데—인식론적 성향을 지닌다. 『심포시온』에서 디오티마(Diotima)의 연설이 그려보이고 있듯이, '아름다움의 이데아'로의 상승은 사물들의 자연적인 아름다움에서 출발하여 정신적인 아름다움에 이르는 아름다운 대상들의 위계 질서를 넘어섬으로써 이루어진다. 이 위계 질서는 '혼'에서와 마찬가지로 '이론'에서도 유효하다. 여기에서도 미학적 아름다움은 다시금 윤리적 아름다움과 일치하며, 플라톤적 사유에서 미학은 윤리학이나 앎의 이론과 분리되지 않는다. 결국 『파이돈』에서 강조되는 목적론적 설명 방식의 우위성은 이데아 이론의 인식론적 요소들 가운데 하나인 것이다.

플라톤은 보편적인 이데아 이론, 즉 근원적인 이데아 개념을 실체화하고 확장하는 이데아 이론으로부터 거리를 둠으로써 넓은 의미에서의 언어철학적이요 논리적인 분석을 포함하는 인식론적 노력을 새롭게 방향짓는 길을 연다. 이러한 전환점이 되는 대화편들이 『파르메니데스』와 『소피스테스』이다.

『파르메니데스』에서는 이데아 이론을 옹호하는 소크라테스의 논변, 곧 플라톤의 논변과 이데아 이론에 반대하는 파르메니데스의 논변을 고찰하는데 명백히 파르메니데스의 논변이 우세하다는 판정이 난다. 다시 말해서 소크라테스는 여기에서 그 자신의 것이 아니라 이 대화편의 저자인 플라톤에 의해서 그에게 부여된 개념을 옹호하기 위해 이 개념에 쏟아지는 비판을 감수해야만 하는 것이다.

『소피스테스』에서는 현상('운동'과 '운동을 겪는 것')의 인식론적 지위에 대한 '이데아의 친구들'의 견해가 비판된다. 철학사를 통틀어서 최초의 포괄적인 인식론적 연구를 담고 있는 『테아이테토스』에서 이데아 이론은 더 이상 등장하지 않는다. 부분적으로 『프로타고라스』의 분석을 이어받은 이 대화편에서는 두 가지 근본적인 주장이 반박된다. 그 두 가지란 '참된 앎'이 '감각적 지각'이라는 감각주의적(sensualistisch) 주장과 '참된 앎'이 '의견'이라는 심리주의적(mentalistisch) 주장이다.

더 자세히 말해서 감각주의적 주장은 '내가 보기에 노랗다'라는 형태의 감각적 술어들 혹은 감각적 주장들의 분석에 교묘하게 머무름으로써 모든 감각적 지각은 어떤 특정한 방식에서, 즉 감각하는 자에 관계하는 방식에서 참이라고 말하는 것이요, 심리주의적 주장은 모든 의견이 어떤 특정한 방식에서, 즉 의견을 갖는 자에 관계하는 방식에서 참이라고 말하는 것이다. 이렇게 해서 인식론에서 경험주의냐 이성주의냐 하는 극단적인 양자택일의 상황이 만들어진다. 물론 이 양자택일은 잘못 설정된 것임이 증명된다.

여기에서 플라톤 자신은 『테아이테토스』에서 다루고 있는 '감각적 지각' 과 관련된 빈술(賓述, Prädikation)과 '사유' (noēsis)와 관련된 빈술이 특수한 경우들에 해당한다고 언급한다. 그 까닭은 '감각적 지각'에서 행해지는 구별들과 '사유' 에서 행해지는 구별들은 주관적인 것인데, 지금 문제가 되고 있는 것은 본래적인 인식론적 문제 제기에 상응해서 상호주관적이요 객관적인 앎이기 때문이다. 이 대화편이 아포리아로 끝나는 것도 무의미한 것이 아니다. 플라톤은 『테아이테토스』를 통해서 철학으로 하여금 본래적인 인식론적 문제를 제기하게 했고, 그와 동시에 부적절한 양자택일을 해명함으로써 철학적 전통이 앞으로도 여전히 범할지도 모르는 오류들을 피한 셈이다.

플라톤은 '논리학 서설' (Prolegomena zur Logik)이라고 부를 수 있는 언어분석 분야에서도 비슷한 업적을 남겼다. 『크라틸로스』에서—여기에서도 고전적 이데아 이론은 발견되지 않는데—사유의 언어적 토대에 대한 물음이 던져지고, 이 과정에서 또 하나의 양자택일이 형성된다. 훗날 이른바 '보편논쟁' 에서 벌어지는 실재론(實在論, Realismus)과 유명론(唯名論, Nominalismus)의 대립은 이 양자택일을 개념적으로 재구성했다고 할 수 있다. '올바른 이름' (술어적 규정을 포함한 고유명사를 의미하는)을 둘러싼 논구에서 대상들과 그 대상들의 명명(命名)들을 '자연주의적으로' 할당하는 가능성은 '그 자체로' 나누어진 세계와 언표 혹은 문장이 명백하게 상응한다는 '실재론적' 주장에 대응되고, 대상들과 그 대상들의 명명들을 '협약주의적' 으로 할당하는 가능성은 '유명론적' 주장에 대응된다.

이 두 가지 대립항들, 즉 '실재론적(자연주의적) 주장' 과 '유명론적(협약주의적) 주장' 은 마치 『테아이테토스』에서의 인식론적 양자택일에서 그랬던 것처럼 비판되고 논박된다. '실재론적' 주장에 대한 비판은 '올바른 이름' 과 '올바르지 않은 이름' 사이의 구별이 실재론적 전제에 반해서도 가능하다는 증명에 기초해 있고, '유명론적' 주장에 대한 비판은 어떤 대상에 대한 모든 언표는 이 대상이 이미 어떤 개념 아래에 놓이는 것으로서 파악될 수 있음을 전제한다는 증명에 기초해 있다.

보통 플라톤 형이상학의 괴상한 부분, 혹은 이항 대립의 형태로 구축된 언어철학적 성찰이 미결정 상태로 시작되는 것이라고 간주되는 『크라틸로스』의 이 논변을 해명하고 정교하게 만든 것은 훗날의 전통의 공적이다. 보다 자세하게 고찰하면 이 논변은 논리에 정통한 빈술이론의 출발이기도 하다. 다시 말해서 어떤 한 이름이 '올바르다'는 것은 플라톤의 견해에 따르면 그 이름에 할당된 요소 문장이 참이라는 뜻이다. 이 요소 문장은 다시금 다름 아닌 언어적 행위를 표현하는데, 이 언어적 행위로 말미암아 어떤 하나의 대상이 개념화된다. 이와 동시에 어떤 대상이 개념화된다는 사실은 플라톤에 의해 이 대상의 본질로 규정된다. 이렇게 해서 그리스 형이상학의 근본 개념의 하나인 '본질'(ousia)이 정확한 논리적 재구성을 겪는 것이다.[39]

소크라테스적 대화편들에 나타나는 정의 내리려는 노력을 문제삼으며 이 대화편들에 논리적 토대를 마련해 주는 이러한 '개념이론적' 분석에 플라톤은 머물러 있지 않는다. 『소피스테스』에서는 참과 거짓을 인식론적으로 가릴 수 없다는 소피스테스들의 주장에 맞서서 문장들의 진리와 허위에 대한 이론이 개진되는데, 이 이론은 논리학의 정초라고 부를 만하다. 예를 들어서 '존재론적인' 비존재(Nichtseiendes)가 '논리적으로' 허위임이 알려지고 그렇게 해서 논리적으로 해명된 의미를 획득하게 되는 과정을 상세하게 그려보이는 논구를 통해서, 플라톤은 기초적인 논리적 사태를 최초로 해명하는 데 성공한다.[40] 이런 작업의 조명 아래 이미 플라톤 자신은 그 이전 철학의 테제들을(플라톤은 여기에서 특히 엘레아 학파를 염두에 두고 있는 것인데) 단순한 이야기들이나 무비판적 독백으로 이루어진 것으로 여기고 있다.[41]

소크라테스가 설정한 방향의 연속선상에 있으면서 플라톤 철학을 구성하는 대화적 사고는, 인식론적 테두리 안에서 언어철학적이요 논리적인 사태들을 주제화함으로써, 명백히 방법적 사고(methodisches Denken)

에 고정된다. 이데아 이론을 핵심으로 삼는 철학, 다시 말해서 보편적 형태의 이데아 개념도 이 고정(Festlegung)의 대상이 되는 것으로 보인다. 『크라틸로스』와 『소피스테스』의 논구들은 개념이론적인 종류의 것이다. 여기에서도 플라톤은 용어상 '이데아'와 '개념'을 구별하지 않지만 이 점은 명백하다. 플라톤은 중도에 멈춰서지 않는다.

플라톤 자신에 의해서 결코 바닥날 수 없는 지혜에 대한 사랑으로 규정된 철학[42]은 이성적 통찰을 얻기 위한 노력이요, 이 이성적 통찰을 둘러싼 지칠 줄 모르는 작업이다. 이 점이 이데아 이론이 어느 특정한 완결된 형태를 띠는 것과 관련해서 '이데아의 친구들'을 겨냥하는 플라톤의 경고를 담고 있다. 철학에서 독단적인 모습을 보이는 것은 보통 스승이 아니라 제자이다. 플라톤주의는 이 점을 웅변으로 증언하는 예라고 할 것이다.

문자화되지 않은 이론

플라톤 자신과 그의 이론의 몇몇 부분들을 공유하는 플라톤주의의 한 예는 플라톤의 '문자화되지 않은 이론'이라고 일컬어진다. 이 이론을 재구성하는 데서 사람들의 관심은 특히 단편적으로만 전해지는 '좋음에 관하여'라는 제목의 강의에 집중되어 있다. 이 강의의 핵심은 '이데아-수 이론'(Ideenzahlenlehre), 곧 이데아와 수(數)를 동일시하는 이론이었던 것으로 보인다. 이처럼 이데아와 수를 동일시하는 이론의 기초가 되는 것은 산술평균의 방식으로 2배를 곱하거나 반으로 나누어 모든 수들을 만들어낼 수 있다는 도식이다.

또한 이 이론은 모든 생성이 '일자'(一者, 일원성, hen)와 '규정되지 않은 이자'(二者, 이원성, aoristos dyas)라는 한 쌍의 원리로 환원될 수 있다는 주장의 기초가 된다. 이것이 목적하는 바는, 두 원리들의 상호작용으로부터 산출되며 전체 존재자들이 거기로부터 나오는 하나의 개념 체계를 구성하는 것이다.

특히 아리스토텔레스가 잘 증언하고 있는[43] 이 이론은 재구성된 다른

플라톤의 동굴. 『국가론』에서 플라톤은 자신의 인식론을 비유적으로 요약해놓고 있다. 플라톤에 따르면 모든 앎은 '동굴의 비유'에 담긴 교육론이 가르치듯 오로지 예비교육적 기능을 지닐 뿐이다. 이 앎이 수행해야 하는 일은 혼을 생성의 세계로부터 좋음의 이데아가 지배하는 존재의 세계로 이끄는 일이다.

가르침들과 함께 아카데미아 내부의 플라톤주의, 특히 플라톤에 이어서 이 학원의 학통을 물려받은 스페우시포스(Speusippos)와 크세노크라테스(Xenokrates)가 발전시킨 플라톤주의의 핵심을 이루며, 나중에는 신플라톤주의와 신피타고라스주의의 전개에 영향을 미친다.

한쪽에서는 특히 '좋음에 관하여'라는 제목의 강의에 초점을 맞추어 이 이론을 재구성하려는 노력을 통해서 대화편들을 해석하는 일에 가려 소홀히 다루어졌던 플라톤의 철학과 교육활동의 또다른 측면을 밝혀내고, 그로부터 개별적인 대화편들에서 제대로 이해되지 못한 부분들을 설명하는 작업이 진행되었는가 하면(J. Stenzel, P. Wilpert, C.J. de Vogel, Ph. Merlan), 최근에는 플라톤에게는 문자화되지 않았을 뿐만 아니라 비교적(秘敎的)인 이론이 있었고, 바로 이 이론이 플라톤 철학의 본래적인 핵심을 이룬다는 주장이 제기되었다(H.J. Krämer, K. Gaiser).

이런 주장과 전통적인 견해가 대립되고 있는데, 전통적인 견해란 대화편들에 나타나는 이른바 '대외적'(exoterisch) 이론에 대비되는 '대내적 혹은 비교적'(esoterisch) 이론은 결코 존재하지 않는다는 것이다.[44]

플라톤의 '문자화되지 않은 이론'과 동일시되는 이 '비교적 이론'이 플라톤 철학의 본래적인 핵심이라는 전제를 뒷받침하기 위해 제시된 단편적인 전승의 체계화 작업은 '이데아-수 이론'의 재구성을 제외하고는 극히 가설적이며 나아가 고도로 사변적인 성격을 지닌다.[45] 이러한 작업은 그 체계적 완결성이라는 점에서 대화편들이 포함하고 있는 모든 것들을 능가하지만, 이 완결성은 대화편들에 나타나는 이론이 지니는 방법론적 투명성과는 반대로 사변적인 불투명성을 통해서 얻어진 것이다. 철학적으로 보자면, 다시 말해 플라톤의 고유한 대화적이요 방법적인 사유의 기준에 비추어 보자면 이 체계는 대화편들에 담긴 이론에 한결 뒤처진다.

이 체계화가 의존하고 있는 단편적인 전승이 아카데미아 내부에 그 근원을 두고 있다는 사실은 특히 스페우시포스와 크세노크라테스가 체계의 기초를 마련했다는 점을 볼 때 의심의 여지가 없다. 그렇지만 이런 사실이 플라톤 자신도 모든 점에서 이 체계화의 장본인이라고 보는 견해를 아직 정당화하지는 못한다. 오히려 아카데미아가 아리스토텔레스의 영향을 받아 훨씬 강화된 자연과학적 경향을 띠게 된 것과 마찬가지로, 이 경우에는 다른 사람들, 특히 스페우시포스와 크세노크라테스의 영향을 받아 훨씬 두드러진 사변적 경향을 띠게 되었다고 추측하는 것이 옳을 것이다.

이 두 경우에 플라톤 자신이 전혀 관계하지 않았다고는 결코 말할 수 없지만, 그렇다고 해서 '문자화된' 이론에 대한 철학적 신뢰성이 손상된다거나 심지어는 이 이론이 순전히 문학의 영역으로 추방되어야 한다고 믿을 어떤 실제적인 동기도 없다. 오히려, 플라톤의 문자화된 이론을 희생시키고 플라톤주의에서 승승장구한 아카데미아 내부의 체계 이론을 저술한 이들은 마치 플라톤이 아닌 다른 사람의 강의를 들은 것처럼 여겨진다.

어쨌든 이런 역사적 전개는 플라톤이 생존하고 있었던 시기에 아카데미아가 소크라테스적인 철학적 경향들의 통일을 넘어서 있었다는 사실을 가르쳐 준다(하나의 체계적 사고로부터 여러 체계로 된 사고로의 이행은 최근 철학의 전개에만 해당되는 것이 아니다). 플라톤 자신이 이런 흐름의 시작을 유도했다. 라일이 플라톤의 후기 대화편들에 나타나는 새로운 스타일과 철학적 탐구에 대한 새로운 방향 설정에 주목해서 언급한 내용도 이 점을 분명히 한다.

> 아리스토텔레스의 강의들과 유사하게 플라톤의 후기 대화편들이 지니는 비개인성은 고유한 동기, 고유한 방법 그리고 심지어는 고유한 교과 과정을 지닌 탐구로서의 철학이 성립했음을 반영한다. 플라톤은 이제 전문적인 철학적 산문을 창조하는 데 진력한다. '이기기 위한 쟁론'이 '발견하기 위한 논의'에 자리를 비워주듯이, 논박술적 격돌을 담은 글이 공동의 철학적 탐구를 담은 글에 밀려나게 되었다. 대학이 생겨난 것이다.[46)]

영향

플라톤 철학의 영향사는 곧 철학의 역사나 마찬가지다. 아리스토텔레스의 영향사에 대해서도 이와 똑같이 말할 수 있다는 사실은 플라톤의 중요성을 축소하는 것이 아니라 오히려 강조하는 것이다. 아리스토텔레스는 플라톤의 가장 뛰어난 제자이자 비판자이고, 플라톤은 유럽 철학과 학문의 역사에서 가장 대표적인 아리스토텔레스의 반대축이자 비판자이다. 플라톤주의와 아리스토텔레스주의는 오늘날에 이르기까지 철학의 학문적 전개와 학문의 철학적 전개를 규정해 왔다. 아리스토텔레스가 활동했던 플라톤의 대학은 여전히 우리의 대학이기도 하다.

철학에서 플라톤적 전통의 무대가 된 기관은 우선 아카데미아이며, 거의 천 년에 걸친 역사에서 아카데미아를 대표하는 가장 중요한 인물들은 종종 아테네 밖에서 활동했다. 게다가 좁은 의미에서의 플라톤 이론은 기원후 5세기 잠깐 동안의 부흥을 제외하면 오로지 기원전 1세기까지만 유효했다. 아카데미아의 시설들은 기원전 87년에 제1차 미트라다테스(Mithradates) 전쟁의 와중에 아테네가 포위되었을 때 술라(Sulla)에 의해서 초토화되었고, 얼마 안 있어 재건되었다.

사람들은 '고(古)아카데미아', '중(中)아카데미아' 및 '신(新)아카데미아'를 구분하는데, 그 경계선은 흔히 매우 상이하게 설정된다. '고아카데미아'는 플라톤의 가르침을 체계화한다는 점(스페우시포스, 크세노크라테스)과 점점 더 개별 학문의 탐구에 힘쓴다는 점이 특징이다(헤라클레이데스 폰티코스, 에우독소스, 솔로이의 크란토르). 체계를 형성하는 사변적인 면모와 강화된 숭배의식을 보면, 이 시기에 피타고라스가 아카데미아의 또다른 시조가 되는 것도 우연이 아니다. 피타네의 아르케실라오스(Arkesilaos)를 창시자로 하는 '중아카데미아'에서는 다시금 소크라테스의 아포리아적 앎을 추구함으로써 '고아카데미아'의 사변적 확신과 첨예한 대조를 이룬다. 즉 이 시기에는 회의론적 전개가 점차 우세해진다(여기에서 '아카데미아적 회의'라는 말이 생겨났다).

키레네의 카르네아데스(Karneades)를 창시자로 하는 '신아카데미아'는 특히 스토아 학파의 철학을 매개하려는 노력으로 특징지어진다. 서기 2세기까지 지속되며, 무엇보다도 이른바 신피타고라스주의의 강한 영향을 포함해서 절충적인 경향이 그 특징인 '중플라톤주의'의 시기가 지나고, 서기 3세기에서 6세기에 걸쳐 일어나는 '신플라톤주의'(플로티노스, 포르피리오스, 이암블리코스, 프로클로스)는 '고아카데미아'의 가르침을 사변적으로 갱신하기에 이른다.

신플라톤주의의 입장에서 보자면 스페우시포스와 크세노크라테스는 아카데미아의 본래적인 거장이다. 이른바 '기독교적 플라톤주의'(필론, 알렉산드리아의 클레멘스, 아우구스티누스)도 신플라톤주의와 그 방향을 같이하는데, 기독교 신학은 그 고유한 이론적 틀을 이 기독교적 플라톤주의에서 얻었다.

플라톤의 저술들 가운데 전통적으로 가장 강력한 영향력을 행사한 것은 단연 『티마이오스』이다. 키케로(Cicero)가 이 대화편의 앞부분을 라틴어로 번역했으며, 프로클로스는 자신에 앞서 이루어진 작업들을 하나의 주석으로 통일시켰다. 칼키디우스(Calcidius, 서기 400년경)에 의해 마련된 주석이 딸린 부분 번역(53c까지)은 특히 스미르나의 테온(Theon)과 포르피리오스의 선행 작업에 크게 힘입은 것인데, 중세 사람들에게 플라톤의 우주론을 제공하는 가장 중요한 전거가 되었다. 다른 대화편들—그 가운데에서도 중요했던 것은 『국가』, 『고르기아스』, 『파이돈』 그리고 『심포시온』인데—은 전통을 형성하는 영향력으로는 『티마이오스』에 비하면 한참 뒤처져 있었다. 『메논』과 『파이돈』은 12세기 후반에 번역되었고(헨리쿠스, 아리스티푸스), 소크라테스적 대화편들은 기본적으로 근세에 와서야 비로소 주목받았다.

아리스토텔레스 철학이 지배적이었던 12세기 이래로 플라톤주의가 중세 철학에서 차지하는 위상이 낮아졌다고는 하지만, 플라톤주의는 여전히 중요했으며 특히 자연철학의 영역에서 그러했다. 대표적으로 그로스테스트(R. Grosseteste), 베이컨(R. Bacon), 샤르트르(Chartres) 학파, 나아가 아리스토텔레스주의가 중세 사회를 풍미하는 데 일조를 한 알베르투스 마그누스(Albertus Magnus), 그리고 디트리히 폰 프라이베르크(Dietrich von Freiberg) 등을 들 수 있다. 플라톤주의의 르네상스가 결정적으로 이루어진 계기는 메디치 가의 코지모(Cosimo de' Medici)가 피렌체에 '플라톤 아카데미아'를 세운 일이다(1459).

피코 델라 미란돌라(Pico della Mirandola)와 함께 이 아카데미아의 대표적 인물이었던 피치노(M. Ficino)는 플라톤 전집과 플로티노스 전집을 라틴어로 번역했는데, 그 중에서 『티마이오스』에 대한 주석이 딸린 번역은 18세기에 이르기까지 큰 영향력을 지니고 있었으며, 갈릴레이도 이 번역을 이용했다. 그런데 피치노의 『티마이오스』 번역은 앞서 언급한 칼키디우스의 작업의 토대 위에서 이루어진 것이다. 피렌체의 아카데미아를 무대로 한 르네상스 시기의 플라톤주의는 무엇보다도 먼저 케임브리지 플라톤주의(H. 모어, R. 커드워스)의 전개에 영향을 미쳤고, 새로운 물리학(갈릴레이)과 새로운 천문학(케플러)의 철학적이요 방법론적인 배경이 되었다.

결국 플라톤은 근세 자연과학이 태동하는 과정에서 다시금 아리스토텔레스를 따라잡게 된다. 플라톤주의는 근대의 철학적이요 학문적인 인식틀이 되며, 오늘날에도 학문이론적 플라톤주의는 정확한 학문들에서 그 기초를 따지는 논의에 영향을 미치고 있다.

19세기에 들어서야 비로소(F. 슐라이어마허, H.v. 아르님 등) 플라톤 연구는 이미 17세기에 개진된 단초들(라이프니츠)에 따라 '플라톤의 철학'과 '플라톤주의의 철학'을 구별하기 시작했다. 그러나 '문자화되지 않은 이론'을 체계적으로 정당화하는 일을 둘러싼 논쟁이 보여주듯이, 플라톤 연구는 여전히 '플라톤주의의 철학'에 종사하고 있다.

그래서 지금도 때때로 플라톤의 플라톤주의에 대한 역사적 · 문헌학적인 극히 전문적인 작업에 의해, 플라톤주의의 플라톤 철학 위에 드리워져 있던 사변적인 장막이 새로운 장막, 즉 문헌학적 장막으로 대체될 위험이 도사리고 있다. 그러나 플라톤의 철학은 역사적이거나 문헌학적 과제가 아니라 철학적인 과제이다. 플라톤주의도 최소한 이 점을 가르쳐 주고 있다.

| 위르겐 미텔슈트라스 · 이강서 옮김 |

위르겐 미텔슈트라스(Jürgen Mittelstraß)

1936년 출생. 독일 본 대학, 에를랑겐 대학, 함부르크 대학, 영국 옥스퍼드 대학에서 철학, 독문학 및 신학을 공부했다. 에를랑겐 대학에서 1961년에 철학 박사 학위를, 1968년에 교수 자격을 취득하고 1970년에 미국 필라델피아의 템플 대학 객원 교수를 지냈다. 1970년 9월 이래로 콘스탄츠 대학의 철학 및 학문이론 정교수로 있다. Academia Europaea와 Berlin-Brandenburgische Akademie der Wissenschaften의 회원이다. 주요 저술 : *Die Rettung der Phänomene. Ursprung und Geschichte eines antiken Forschungsprinzips*(1962), *Neuzeit und Aufklärung. Studien zur Entstehung der neuzeitlichen Wissenschaft und Philosophie*(1970), *Die Möglichkeit von Wissenschaft*(1974, P. Janich 및 F. Kambartel과 공저), *Wissenschaftstheorie als Wissenschaftskritik*(1974, M. Carrier와 공저), *Geist, Gehirn, Verhalten. Das Leib-Seele-Problem und die Philosophie der Psychologie*(1989, 영어판 1991), *Der Flug der Eile. Von der Vernunft der Wissenschaft und der Aufgabe der Philosophie*(1989), *Leonardo-Welt. Über Wissenschaft, Forschung und Verantwortung*(1992).

편집한 책들 : *Methodologische Probleme einer normativ-kritischen Gesellschaftstheorie*(1975), *Vernünftiges Denken. Studien zur praktischen Philosophie und Wissenschaftstheorie*(1978, M. Riedel과 공동 편집), *Methodenprobleme der Wissenschaften vom gesellschaftlichen Handeln*(1979), *An Intimate Relation. Studies in the History and Philosophy of Science*(1989, J.R. Brown과 공동 편집), *Zukunft des Alterns und gesellschaftliche Entwicklung*(1992, P.B. Baltes와 공동 편집), *Enzyklopädie Philosophie und Wissenschaftstheorie I~III*(1980 이후 계속).

주

1) Hegel, *Vorlesungen über die Geschichte der Philosophie*, in : Sämtliche Werke. Jubiläumsausgabe in 20 Bänden, hrsg. v. H. Glockner, Stuttgart 1927~1939, 제18권, 169쪽.
2) Whitehead, *Process and Reality. An Essay in Cosmology*, New York/London, Macmillan, 1929(무수정 재판 : 1941), 63쪽.
3) 플라톤, 『소크라테스의 변론』 34a, 38b ; 『파이돈』 59b.
4) 플라톤, 『파이돈』 59b 10 : "플라톤은 아파서 그 자리에 없었다."
5) 플라톤, 『에우티데모스』 371c~372a 참조.
6) 플라톤, 『테아이테토스』 167e 이하 참조.
7) 같은 책, 149d~151a.
8) 플라톤, 『메논』, 86a~88a.
9) 플라톤, 『파이돈』, 72e~77b.
10) G. Ryle, 1967, 321쪽.
11) J. Mittelstraß, *Neuzeit und Aufklärung. Studien zur Entstehung der neuzeitlichen Wissenschaft und Philosophie*, Berlin/New York 1970, 18쪽 이하 참조.
12) 플라톤, 『국가』 510c~d.
13) 같은 책, 510d : 플라톤 원전 인용은 다음 책에 따랐다. *Jubiläumsausgabe sämtlicher Werke*(이하 '전집' 으로 표기), 제4권, 350쪽.
14) 플라톤, 『파이돈』 74a~e.
15) 플라톤, 『메논』 82b~85b.
16) 플라톤, 『파이돈』 75c~d : 전집 제3권, 33쪽.
17) 플라톤, 『파르메니데스』 130b~c ; 『제7서한』 342c~d.
18) 고전적 전거는 플라톤, 『국가』 509d~510b의 '선분의 비유.'
19) 플라톤, 『국가』 508c~509b.
20) 같은 책, 508a~c.
21) 같은 책, 514a~522d.
22) 같은 책, 521d.
23) 통상적인 격언에 대해 칸트는 다음과 같이 말한다. "그것은 이론상으로는 옳을지도 모르지만 실제로는 쓸모가 없다"(1793), in : I. Kant, *Werke*, hrsg. v. W. Weischedel, Frankfurt/Darmstadt 1956~1964, 제6권, 143쪽.

24) 아리스토텔레스, 『니코마코스 윤리학』 A6, 1096a11~1097a14 참조.
25) 플라톤, 『국가』, 473c~d.
26) 같은 책, 502d~505b.
27) 같은 책, 473c~d : 전집 제4권, 294쪽.
28) 같은 책, 420b.
29) R.W. Hall, 1963 참조.
30) K.R. Popper, [3]1957 참조.
31) G. Morrow, 1960, 528쪽.
32) 플라톤, 『국가』 617b.
33) 플라톤, 『티마이오스』 34 이하.
34) 플라톤, 『파이드로스』 247c.
35) 플라톤, 『파이돈』 108 이하.
36) 플라톤, 『티마이오스』 55c~d.
37) 같은 책, 59d.
38) 같은 책, 47b : 전집 제6권, 233쪽 이하.
39) 『크라틸로스』에서의 빈술이론의 재구성에 대해서는 다음을 참조할 것. K. Lorenz/J. Mittelstraß, "On Rational Philosophy of Language. The Programme in Plato's Cratylus Reconsidered", in : *Mind* 76(1967) 1~20쪽.
40) 여기에 대해서는 다음을 참조할 것. K. Lorenz/J. Mittelstraß, "Theaitetos fliegt. Zur Theorie wahrer und falscher Sätze bei Platon", in: *Archiv f. Gesch. d. Philos.* 48(1966) 113~152쪽.
41) 플라톤, 『소피스테스』 241 이하.
42) 플라톤, 『파이드로스』 278d ; 『심포시온』 203c.
43) 아리스토텔레스, 『형이상학』 A6, 987b 33~35 ; M7, 1082a 23~35 등.
44) H.F. Cherniss, 1945.
45) K. Gaiser의 1963년 책에 대한 K.H. Ilting의 서평, in : *Gnomon* 37 (1965), 131~144쪽과 Mittelstraß의 서평 "Ontologia more geometrico demonstrata", in : *Philos. Rundschau* 14(1966), 27~40쪽 참조.
46) G. Ryle, 1967, 333쪽.

참고문헌

원전

전집

〈그리스어 원전 교정본〉

• *Platonis Opera*, Bde. I~V, hrsg. v. J. Burnet, Oxford, Clarendon, 1899~1906(다수의 새 판본이 나와 있다).

〈영어 번역이 딸린 그리스어 수정본〉

• *Plato*, with an English Translation, Bde. I~XII, London, Heinemann/New York, Macmillan, 1914~1955(The Loeb Classical Library. Greek Authors, 번역자 : H.N. Fowler, W.R.M. Lamb, R.G. Bury, P. Shorey).

〈프랑스어 번역이 딸린 그리스어 판본〉

• *Platon. Œuvres complètes*, Bde. I~XIII, Paris, Les Belles Lettres, 1949~1958.

〈플라톤 인용은 스테파누스판에 따른다〉

• *Opera quae extant omnia*, Bde. I~III, Paris, Stephanus, 1578.

〈독일어 번역〉

• *Platons Werke*, übers. v. F. Schleiermacher, Bde. I, 1~2, Bde. II, 1~3, Berlin 1804~1809, Bde. I, 1~III, 1, ^{2}1817~1828, Bde. I~VI, 슐라이어마허판과 그밖의 다른 판본들을 사용하여 W.F. Otto, E. Grassi, G. Plamböck에 의해 발간됨, Hamburg 1958~1960.

• *Sämtliche Dialoge*, Bde. I~VII, hrsg. v. O. Apelt, Leipzig 1916~1926. 이 전집 가운데 단일 대화편들이 부분적으로 수정되어, 함부르크의 마이너(Meiner) 출판사 Philosophische Bibliothek 총서의 일환으로 간행되었다. Nr. 80(Der Staat), 81(Gastmahl), 145(Philebos), 175(Protagoras), 265(Der Sophist), 278(Menon) ; 같은 총서에서 다른 이의 번역으로 나온 대화편들 ;

269(Euthyphron), 270(Laches), 279(Parmenides).
●*Jubiläumsausgabe sämtlicher Werke zum 2400. Geburtstag*, Bde. I~VII, übers. v. R. Rufener, hrsg. v. O. Gigon, Zürich/München 1974.

〈영어 번역〉

●The Dialogues of Plato, Bde. I~IV, übers. u. hrsg. v. B. Jowett, Oxford, Clarendon, ^{4}1964.

전집이 아닌 독일어 판본

●*Die Werke des Aufstiegs : Euthyphron, Apologie, Kriton, Gorgias, Menon*, übers. v. R. Rufener, hrsg. v. G. Krüger, Zürich/Stuttgart 1948.
●*Meisterdialoge : Phaidon, Symposion, Phaidros*, übers. v. R. Rufener, hrsg. v. O. Gigon, Zürich/Stuttgart 1958.
●*Frühdialoge : Laches, Charmides, Lysis, Der größere Hippias, Der kleinere Hippias, Protagoras, Euthydemos, Menexenos*, übers. v. R. Rufener, hrsg. v. O. Gigon, Zürich/Stuttgart 1960.
●*Spätdialoge : Theaitetos, Der Sophist, Der Staatsmann, Kratylos*, übers. v. R. Rufener, hrsg. v. O. Gigon, Zürich/Stuttgart 1965.
●*Spätdialoge : Philebos, Parmenides, Timaios, Kritias*, übers. v. R. Rufener, hrsg. v. O. Gigon, Zürich/Stuttgart 1969.

2차 문헌

보조 자료

〈플라톤에 대한 방대한 문헌들은 다음과 같은 여러 서지 목록에 수록되어 있다〉

●Cherniss, H.F. : "Plato(1950~1957)", *Lustrum 4*(1959) 5~308, 5(1960) 321~648.
●Gigon, O. : *Platon*, Bern 1950(bibliographische Einführungen in das Studium der Philosophie 12).
●Manasse, E. : *Bücher über Platon, Philosophische Rundschau*, 별책 1(1957) : *Werke in deutscher Sprache*, 별책 2(1961) : *Werke in englischer Sprache*, 별책 7(1976) : *Werke in französischer Sprache*(세 권 모두 자세한 서평을 싣고 있다).

●McKirahan jr., R.D. : *Plato and Socrates. A Comprehensive Bibliography, 1958~1973*, New York/London, Garland, 1978.
●Sciacca, M.F. : *Platone*, I~II, Mailand, Marzorati, 1967.
●Skemp, J.B. : *Plato*, Oxford, Clarendon, 1976.
●Souilhé, J. : "Chronique bibliographique sur Platon", *Archives de Philosophie* 8(1931) 522~572.
●Totok, W. : *Handbuch der Geschichte der Philosophie* I, Frankfurt 1964, 146~210.

〈사전류〉

●Ast, F. : *Lexicon Platonicum, sive vocum Platonicarum index*, Bde. I~III, Leipzig 1835~1838(무수정 재판 : New York, Franklin, 1969).
●Brandwood, L. : *A Word Index to Plato*, Leeds, Maney and Son, 1976.
●Gigon, O., Zimmermann, L. : *Platon. Begriffslexikon*, Zürich/München 1974(Jubiläumsausgabe 1974의 Bd. VIII). 새로운 제목으로 재판이 나왔다. *Von Abbild bis Zeuxis. Ein Begriffs- und Namenslexikon zu Platon*, ^{2}1987.
●Perls, H. : *Lexikon der platonischen Begriffe*, Bern/München 1973.
●Stockhammer, M.(Hrsg.) : *Plato Dictionary*, London, Vision Press, 1963.

〈간결한 입문서로 적합한 것〉

●Allan, D.J. : "Plato", in : C.C. Gillispie(Hrsg.), *Dictionary of Scientific Biography* XI, New York, Scribner, 1975, 22~31(플라톤 전집 가운데 좁은 의미로 학문적인 부분에 관심을 집중시킨다).
●Gigon, O. : "Platon", in : *Lexikon der alten Welt*, Zürich/Stuttgart 1965, 2365~2371.
●Kuhn, H. : "Plato", in : *Klassiker des politischen Denkens* I(Von Plato bis Hobbes), hrsg. v. H. Maier, H. Ransch u. H. Denser, München ^{4}1972, 1~35.
●Ryle, G. : "Plato", in : Edwards, P.(Hrsg.) : *The Encyclopedia of Philosophy* VI, London/New York, Macmillan, 1967, 314~333.

사람됨과 생애

●Bluck, R.S.H. : *Plato's Life and Thought, with a Translation of the Seventh Letter*, London, Routledge, 1949.
●Breitenbach, H. : *Platon und Dion. Skizze eines ideal-politischen*

Reformversuches im Altertum, Zürich 1961.
●Cresson, A. : *Platon, sa vie, son œuvre, avec un exposé de sa philosophie*, Paris, Alcan, 1939, Presses Univ. de France, ^{5}1956.
●Field, G.C. : *Plato and His Contemporaries. A Study in Fourth-Century Life and Thought*, London, Methuen, 1930.
●v. Fritz, K. : *Platon in Sizilien und das Problem der Philosophenherrschaft*, Berlin 1968.
●Herter, H. : *Platons Akademie*, Bonn 1946, ^{2}1952.
●Martin, G. : *Platon in Selbstzeugnissen und Bilddokumenten*, Reinbek 1969.
●Taylor, A.E. : *Plato, the Man and His Work*, London, Methuen, 1926, ^{7}1960.
●v. Wilamowitz-Moellendorf, U. : *Platon. Sein Leben und seine Werke*, hrsg. v. B. Snell, Bd. I : Berlin ^{5}1959, Bd. II : Berlin ^{3}1962.

주석본

〈플라톤의 대화편들에 대한 탁월한 영어권 주석본들〉

●Bluck, R.S.H. : *Plato's Sophist. A Commentary*, Manchester, University Press/New York, Harper & Row, 1975.
●Cornford, F.M. : *Plato's Theory of Knowledge. The Theaetetus and the Sophist of Plato*, transl. with a Running Commentary, London, Paul, Trench, Trubner & Co., 1935.
●_______ : *Plato's Cosmology. The Timaeus of Plato*, transl. with a Running Commentary, London, K. Paul, Trench, Trubner ; New York, Harcourt, Brace, 1937, London, Routledge ; New York, Humanities Press, 1971.
●_______ : *The Republic of Plato*, transl. with Introduction and Notes, Oxford, Clarendon, 1942, 1966.
●_______ : *Plato and Parmenides. Parmenides' Way of Truth and Plato's Parmenides*, transl. with an Introduction and a Running Commentary, London, Paul, Trench, Trubner & Co., 1939.
●Cross, R.C., Woozley, A.D. : *Plato's Republic. A Philosophical Commentary*, New York, St. Martin's Press/London, Macmillan, 1964.
●Hackforth, R. : *Plato, Phaedo, transl. with Introduction and Commentary*, Cambridge, Cambridge Univ. Press, 1955.

• Morrow, G.R. : *Plato's Cretan City. A Historical Interpretation of the "Laws"*, Princeton, N.J., Princeton Univ. Press, 1960.
• Murphy, N.R. : *The Interpretation of Plato's Republic*, Oxford, Clarendon, 1951(무수정 재판 : 1960).
• Taylor, A.E. : *A Commentary on Plato's Timaeus*, Oxford, Clarendon, 1928.

〈독일어권의 주석본〉
• Gauß, H. : *Philosophischer Handkommentar zu den Dialogen Platos*, 제I권 1～제III권 2 u. Register, Bern 1952～1967.

〈개별 대화편들에 대한 해석 사례들〉
• Bostock, D. : *Plato's Phaedo*, Oxford, Clarendon, 1986.
• ——— : *Plato's "Theaetetus"*, Oxford, Clarendon, 1988.
• Gadamer, H.-G. : *Idee und Wirklichkeit in Platos Timaios*, Heidelberg 1974.
• Gigon, O : *Gegenwärtigkeit und Utopie. Eine Interpretation von Platons Staat"*, Bde. I 이하, Zürich/München 1976 이후(Bd. I : Buch I～IV).
• Hägler, R.-P. : *Platons "Parmenides". Probleme der Interpretation*, Berlin/New York 1983.
• Heitsch, E. : *Überlegungen Platons im Theaetet*, Stuttgart 1988.
• Meinwald, C.C. : *Plato's "Parmenides"*, Oxford, Oxford Univ. Press, 1991.
• Rosen, St. : *Plato's Sophist. The Drama of Original and Image*, New Haven, Yale Univ. Press, 1983.
• Speiser, A. : *Ein Parmenides-Kommentar. Studien zur platonischen Dialektik*, Leipzig 1937, Stuttgart ^{2}1959.
• Thurnher, R. : *Der siebte Platonbrief. Versuch einer umfassenden philosophischen Interpretation*, Meisenheim 1975.

단행본과 모음집

〈전체 대화편들에 대한 상세한 분석〉
• Bröcker, W. : *Platos Gespräche*, Frankfurt 1964, ^{4}1990(특히 입문에 적합).
• Crombie, I.M. : *An Examination of Plato's Doctrines*, Bde. I～II, London, Routledge, 1962/1963.

- Friedländer, P. : *Platon*, Bde. I~II, Berlin 1928~1930, Bde. I~III, Berlin ^{2}1954~1960.
- Guthrie, W.K.C. : *A History of Greek Philosophy*, Bd. IV(Plato. The Man and His Dialogues. Earlier Period), Bd. V(The Later Plato and the Academy), Cambridge, Cambridge Univ. Press, 1975/1978(현대에 나온 총괄적 저술로는 가장 훌륭하다).
- Zeller, E. : *Die Philosophie der Griechen in ihrer geschichtlichen Entwicklung*, Bd. II, Abt. 1(Sokrates und die Sokratiker. Plato und die alte Akademie), Leipzig ^{5}1922(무수정 재판 : Hildesheim 1963 ; 아직도 여전히 없어서는 안 될 저술).

〈보다 간략하지만 전체 대화편들을 다루고 있는 기술〉
- Field, G.C. : *The Philosophy of Plato*, London, Oxford Univ. Press, 1949, ^{2}1969(독일어판 : *Die Philosophie Platons*, Stuttgart 1952).
- Gosling, J.C.B. : *Plato*, London/Boston, Routledge, 1973.
- Hoffmann, E. : *Platon. Eine Einführung in sein Philosophieren*, Hamburg 1961, Reinbek ^{2}1967.
- Randall, J.H. : *Plato. Dramatist of the Life of Reason*, New York/London, Columbia Univ. Press, 1970(플라톤 철학의 외형적, '예술적' 특성을 부각시키는 독특한 기술).
- Ryle, G. : *Plato's Progress*, Cambridge, Cambridge Univ. Press, 1966(특히 편년을 매기는 문제에서 많은 논란을 불러일으킨 책으로서, 최근의 저술들 가운데 가장 독창적이고 중요한 기술 가운데 하나).
- Schilling, K. : *Platon. Einführung in seine Philosophie*, Wurzach 1948.
- Stefanini, L. : *Platone*, I~II, Padua, Milani, 1932/1935, Padua, CEDAM, ^{2}1949.
- Windelband, W. : *Platon*, Stuttgart ^{7}1923.

〈이데아 이론에 대한 분석〉
- Graeser, A. : *Platons Ideenlehre. Sprache, Logik und Metaphysik. Eine Einführung*, Bern/Stuttgart 1975.
- Marten, R. : *Platons Theorie der Ideen*, Freiburg/München 1975.
- Martin, G. : *Platons Ideenlehre*, Berlin/New York 1973.
- Natorp, P. : *Platos Ideenlehre. Eine Einführung in den Idealismus*, Leipzig 1903, ^{2}1922(무수정 재판 : Darmstadt 1975 ; 신칸트학파적 성격의 저술로서 강력한 영향을 끼침).

•Ross, W.D. : *Plato's Theory of Ideas*, Oxford, Clarendon, 1951(무수정 재판 1966 ; 플라톤 해석의 고전).

〈보다 특수한 측면들을 다루는 연구〉

•Allen, R.E.(Hrsg.) : *Studies in Plato's Metaphysics*, New York, Humanities Press/London, Routledge, 1965.

•Bambrough, R.(Hrsg.) : *New Essays on Plato and Aristotle*, London, Routledge/New York, Humanities Press, 1965.

•Brandwood, L. : *The Chronology of Plato's Dialogues*, Cambridge, Cambridge Univ. Press, 1990.

•Brumbaugh, R.S.(Hrsg.) : *Plato on the One. The Hypotheses in the Parmenides and their Interpretation*, New Haven, Yale Univ. Press, 1961.

•Burkert, W. : *Weisheit und Wissenschaft. Studien zu Pythagoras, Philolaos und Platon*, Nürnberg 1962.

•Cherniss, H.F. : *Aristotle's Criticism of Plato and the Academy*, Baltimore, Johns Hopkins Press, 1944.

•_______ : *The Riddle of the Early Academy*, Berkeley/Los Angeles, Univ. of Calif. Press, 1945(무수정 재판 : New York, Russell & Russell, 1962 ; 독일어판 : *Die ältere Akademie. Ein historisches Rätsel und seine Lösung*, Heidelberg 1962).

•Detel, W. : *Platons Beschreibung des falschen Satzes im Theätet und Sophistes*, Göttingen 1972.

•Ebert, T. : *Meinung und Wissen in der Philosophie Platons. Untersuchungen zum Charmides, Menon und Staat*, Berlin/New York 1974.

•Erler, M. : *Der Sinn der Aporien in den Dialogen Platons. Übungsstücke zur Anleitung im philosophischen Denken*, Berlin/New York 1987.

•Frank, E. : *Platon und die sogenannten Pythagoreer. Ein Kapitel aus der Geschichte des griechischen Geistes*, Halle 1923.

•Gadamer, H.-G. : *Dialektik und Sophistik im siebenten platonischen Brief*, Heidelberg 1964.

•_______ : *Platos dialektische Ethik und andere Studien zur platonischen Philosophie*, Hamburg 1968.

•Gadamer, H.-G., Schadewaldt, W.(Hrsg.) : *Idee und Zahl. Studien zur platonischen Philosophie*, Heidelberg 1968.

•Goldschmidt, V. : *Les dialogues de Platon. Structure et méthode*

dialectique, Paris, Presses Univ. de France, 1947, ³1971.
•Gould, J. : *The Development of Plato's Ethics*, Cambridge, Cambridge Univ. Press, 1955.
•Hall, R.W. : *Plato and the Individual*, Den Haag, Nijhoff, 1963.
•Heidegger, M. : *Platons Lehre von der Wahrheit. Mit einem Brief über den "Humanismus"*, Bern 1947.
•Jäger, W. : *Paideia. Die Formung des griechischen Menschen*. Bde. I~III, Berlin 1934~1947.
•Kamlah, W. : *Platons Selbstkritik im Sophistes*, München 1963 (Zetemata 33).
•Krüger, G. : *Einsicht und Leidenschaft. Das Wesen des platonischen Denkens*, Frankfurt ²1948, ⁵1983.
•Malcolm, J. : *Plato on the Self-Predication of Forms. Early and Middle Dialogues*, Oxford, Clarendon, 1991.
•Popper, K.R. : *The Open Society and Its Enemies*, Bd. I : The Age of Plato, London, Routledge, ³1957(독일어판 : *Die offene Gesellschaft und ihre Feinde*, Bd. I : Der Zauber Platons, Bern 1957).
•Prauss, G. : *Platon und der logische Eleatismus*, Berlin 1966.
•Robinson, R. : *Plato's Earlier Dialectic*, Ithaca, N.Y., Cornell Univ. Press, 1941, Oxford, Clarendon, ²1953.
•Runciman, W.G. : *Plato's Later Epistemology*, Cambridge, Cambridge Univ. Press, 1962.
•Stemmer, P. : *Platons Dialektik. Die frühen und mittleren Dialoge*, Berlin/New York 1992.
•Stenzel, J. : *Studien zur Entwicklung der Platonischen Dialektik von Sokrates zu Aristoteles*, Leipzig/Berlin ²1931(무수정 재판 : Darmstadt 1961).
•Szlezák, Th.A. : *Platon und die Schriftlichkeit der Philosophie. Interpretationen zu den frühen und mittleren Dialogen*, Berlin/New York 1985.
•Vlastos, G.(Hrsg.) : *Plato. Collection of Critical Essays*, Bde. I~II, Garden City, N.Y., Doubleday, 1971.
•――――― : *Platonic Studies*, Princeton(N.J.), Princeton Univ. Press, 1973.
•――――― : *Plato's Universe*, Seattle, Univ. of Washington Press, 1975.
•Wieland, W. : *Platon und die Formen des Wissens*, Göttingen 1982.

〈수학과 자연과학〉
●Brumbaugh, R.S. : *Plato's Mathematical Imagination. The Mathematical Passages in the Dialogues and Their Interpretation*, Bloomington, Indiana Univ. Press, 1954(무수정 재판 : New York, Kraus, 1968).
●Fowler, D.H. : *The Mathematics of Plato's Academy. A New Reconstruction*, Oxford, Clarendon, 1987.
●Lasserre, F. : *The Birth of Mathematics in the Age of Plato*, London, Hutchinson, 1964.
●Mittelstraß, J. : *Die Rettung der Phänomene. Ursprung und Geschichte eines antiken Forschungsprinzips*, Berlin 1962.
●Mugler, C. : *Platon et la recherche mathémathique de son époque*, Straßburg, Heitz, 1948(무수정 재판 : Naarden, Bekhoven, 1969).
●_______ : *La physique de Platon*, Paris, Klincksieck, 1960.
●Wedberg, A.E.C. : *Plato's Philosophy of Mathematics*, Stockholm, Almqvist & Wiksell, 1955.

〈문자화되지 않은 이론〉
●Cornford, F.M. : *The Unwritten Philosophy and other Essays*, Cambridge, Cambridge Univ. Press, 1950, ²1967.
●Findlay, J.N. : *Plato. The Written and Unwritten Doctrines*, London, Routledge/New York, Humanities Press, 1974.
●Gaiser, K. : *Platons ungeschriebene Lehre. Studien zur systematischen und geschichtlichen Begründung der Wissenschaften in der Platonischen Schule*, Stuttgart 1963, ²1968.
●Krämer, H.J. : *Arete bei Platon und Aristoteles. Zum Wesen und zur Geschichte der Platonischen Ontologie*, Heidelberg 1959.
●Stenzel, J. : *Zahl und Gestalt bei Platon und Aristoteles*, Leipzig ²1933, Darmstadt ³1959.
●Wippern, J.(Hrsg.) : *Das Problem der ungeschriebenen Lehre Platons. Beiträge zum Verständnis der Platonischen Prinzipienphilosophie*, Darmstadt 1972.

〈영향사〉
●Beierwaltes, W.(Hrsg.) : *Platonismus in der Philosophie des Mittelalters*, Darmstadt 1969.
●Bredow, G.v. : *Platonismus im Mittelalter. Eine Einführung*, Freiburg

1972.
●Cassirer, E. : *Die Platonische Renaissance in England und die Schule von Cambridge*, Leipzig/Berlin 1932.
●Descombes, V. : *Le platonisme*, Paris, Presses Univ. de France, 1971.
●Dillon, J.M. : *The Middle Platonists. A Study of Platonism, 80 B.C. to A.D. 220*, London, Duckworth/Ithaca, N.Y., Cornell Univ. Press, 1977.
●Dörrie, H. : *Platonica minora*, München 1976.
●Düring, I., Owen, G.E.L.(Hrsg.) : *Aristotle and Plato in the Mid-Fourth Century*, Göteborg, Almquist & Wiksell, 1960.
●Klibansky, R. : *The Continuity of the Platonic Tradition During the Middle Ages. Outlines of a Corpus platonicum medii aevi*, London, The Warburg Institute, 1939, 1950.
●Krämer, H.J. : *Der Ursprung der Geistmetaphysik. Untersuchungen zur Geschichte des Platonismus zwischen Platon und Plotin*, Amsterdam, Schippers, 1964.
●_______ : *Platonismus und hellenistische Philosophie*, Berlin 1972.
●Merlan, P. : *From Platonism to Neoplatonism*, Den Haag, Nijhoff, 1953, [3]1975.
●Theiler, W. : *Die Vorbereitung des Neuplatonismus*, Berlin 1930.
●Tigerstedt, E.N. : *The Decline and Fall of the Neoplatonic Interpretation of Plato. An Outline and some Observations*, Helsinki, Societas Scientiarum Fennica, 1974.
●Wallis, R.T. : *Neoplatonism*, London, Duckworth/New York, Scribner, 1972.

3 학문을 분야별로 정초한 최초의 철학자

아리스토텔레스(기원전 384~322)

"문제가 되고 있는 대상의 본성이 허용하는 만큼의
정밀성만 요구하는 것이 학식 있는 사람의 징표이다."
● 아리스토텔레스

아리스토텔레스(Aristoteles)는 경험과 개념의 엄밀성, 사변적 사고가 결합되어 있어 인간 정신의 역사상 유례를 찾기가 어려운 철학적·개별과학적 탐구의 보편적 작품을 후세에 남겨놓았다. 논리학과 논증이론, 자연철학, 존재론과 철학적 신학, 윤리학, 정치학, 시학과 수사학에 대한 그의 논저들은 오늘날까지도 철학적 저술들의 전형이다.

아리스토텔레스의 저작들은 근본적으로 고대에서만 작용한 것이 아니라, 중세와 근대 초기의 사유에도 본질적인 영향을 미쳤다. 그것들의 범례적 성격말고도 개념 연구와 구조 연구, 방법 연구들 중 적지않은 것들이 오늘날까지도 여전히 타당성을 유지하고 있다.

그럼에도 그 참된 의의는 아리스토텔레스의 사유에서 숱한 스콜라 철학적 덧게비들을 걷어낼 때에만 제대로 알려진다. 아리스토텔레스는 여러 모로 시도되었던 것처럼 정의·구분·삼단논식들로 요약되지 않으며, 교과서들과 철학적 요점문답집들로 요약되지 않는다. 그와는 정반대로 그의 철학은 철두철미 비독단적이다. 현상들과 그것들의 문제들을 공평하게 다루기 위해, 그의 철학은 그 단서들이 매우 다양하며,

개념 형성은 아주 유연하고, 입론 과정은 냉정하며, 결론 도출은 일반적으로 매우 신중하다. 좀더 검토되어야 한다고 명시적으로 말하고 지나가는 문제도 많다. 언어적 적확성과 개념적 명료성을 확보하기 위해 아리스토텔레스는 사실적 난점들을 은유적 표현을 통해 처리하려는 시도에 대해서도 반대한다. 역설들, 즉 실제로는 지금까지 모든 사람들이 생각해왔던 것과는 모든 것이 전적으로 판이하다는 주장들을 그가 비판하듯이 말이다.

아리스토텔레스에 이르러 일상적 오성의 실재론적 사상가가 관념론자 플라톤의 뒤를 잇게 되었다는 생각 역시 적절하지 않다. 물론 아리스토텔레스가 철학하는 방식이 플라톤의 그것과 다르긴 하지만 실제로는 공통점이 많다. 그리고 두 사상가가 서로 구별되는 곳에서도 그 차이점들은 관념론과 실재론의 밋밋한 대조를 통해 파악될 수 있는 것보다 훨씬 더 섬세하다. 아리스토텔레스는 늘 경험에서, 상식(common sense)의 일상적 관찰과 표상들에서 출발한다. 하지만 경험에는 이전 사람들에 대한 철학적 반성도 속한다. 훗날 헤겔이 그랬던 것처럼 아리스토텔레스는 자신의 사유를 역사적으로 이해한다.

그러나 무엇보다도 경험은 출발점일 뿐, 인식의 유일한 척도는 아니다. 경험이란, 훨씬 더 비중 있게 말하면, 다양하며 부분적으로는 겹치기도 하는 개념 연구와 구조 연구, 설명과 해석들을 통해 우선 지성적으로 가공되어야 할 자료를 뜻한다.

아리스토텔레스는 당시로서는 놀라울 정도로 많은 대상 영역들로부터 풍부한 경험자료를 수집했다. 그 가운데는 인간이 그 개인적 행동에서, 가정에서, 친구들 사이에서, 그리고 국가 안에서 겪는 경험들뿐 아니라 천체들, 날씨, 동식물들에 대한 관찰들도 있으며, 아울러 언어형식들, 입론 기술, 말하는 기술에 대한 관찰들도 들어 있다. 자연적 세계와 정치 · 사회적 및 언어 · 논리적 세계의 다양한 현상들에 대한 이러한 경험적 관심에는, 다양한 영역들과 국면들을 단독으로 혹은 상관관

아리스토텔레스의 저작들은 중세와 근대 초기의 사유에도 본질적인
영향을 미쳤으며 오늘날까지도 여전히 타당성을 유지하고 있다.

계 속에서 명료하게 규정하려는 분석적 의도가 결합되어 있다. 또 자연 · 언어 · 사회적 세계를 단적으로 제일 가는 원인들, 원리들에 이르기까지 원인들로 환원시킴으로써 온전한 의미로 인식하게 만든다는 과학적 · 사변적 과제가 결합되어 있다.

아리스토텔레스는 철학적 분과들과 개별과학적 분과들의 초석을 놓은 사람이다. 오늘에 이르기까지 유효한 이론철학과 실천철학의 구분은 그에게서 유래한다. 전자가 수학, 자연철학(이론적 심리학을 포함하여), 제일철학(존재론과 철학적 신학으로서의 형이상학)으로 세분되고 후자가 윤리학과 정치학(경제학을 포함하여)으로 세분되는 것도 아리스토텔레스로 거슬러 올라간다. 그 외에도 그는 사물들의 제작원리들을 다루는 제작적(기술적) 철학도 알고 있었다.

아리스토텔레스는 플라톤의 아카데미아에서 기술적으로 진행된 토론의 형식적 구조도 논구하며, 그러는 가운데 과학적 입론의 근본구조와 만난다. 동시에 그는—그 내용과는 완전히 독립적으로—그 형식에 근거해서만 타당성이 결정될 수 있는 입론 형식들이 있음을 발견한다. 그리하여 그는 형식 논리학의 창시자가 되었다. 그는 그 한 부분인 삼단논식의 이론을 오늘날에 이르기까지 명료성과 엄밀성에서 모범적인, 게다가 어느 때든 타당한 형식으로 논술하였다.[1]

자연적 · 사회적 경험을 지성적으로 가공하는 중요한 수단은 소박한 실재론의 물화(物化)에 맞서는 반성 개념들이다. 그 완성과 엄밀화에 아리스토텔레스의 철학적 작업의 큰 부분이 바쳐졌다. 이를테면 여기에는 자립적으로 존재할 수 있는 사물들, 실체들과 자립적 사물들(속)에만 등장하는 사물들, 우연성들의 구별이 속한다. 아울러 질료와 형상의 구별, 잠재태와 활성태의 구별도 그 일부분이다. 이러한 구별들은 이론, 실천, 제작의 구별과 마찬가지로 오늘날에 이르기까지 우리가 세계를 이해하는 준거를 마련하는 본질적인 수단이다.

그러나 이 모든 경우들에서 문제가 되는 것이 벌써 오래 전부터 보편적 교양으로 편입된 개념들이기 때문에, 우리는 일반적으로 그것들이 아리스토텔레스 덕택이며 그의 사유가 일구어낸 매우 비범한 노력의 귀결임을 분명하게 알고 있지 못하다.

생애와 전승된 저작들

생애

아리스토텔레스의 인물과 그 인생 행로에 대해 우리는 그 대강만을 알고 있다. 증빙 자료들—(전적으로 사적인 문제에 치우쳐 있는) 유언장, 몇몇 명예 수여 결정들(예컨대 스타게이라와 아테네의), 여러 서한들과 시편들—이 결정적으로 빈약하기 때문이다. 그리고 고대로부터 전해오는 전기적 기술들, 이를테면 기원후 220년경의 디오게네스 라에르티오스의 기술들[2]에는 사실과 (늘 호의적인 것만은 아닌) 허구들이 뒤섞여 있다.

아리스토텔레스의 삶은 그리스인들의 고전적인 정치적 삶의 형식, 즉 자립적인 도시국가들이 몰락해가던 시기에 속한다. 아리스토텔레스는 카이로네이아에서의 그리스인들의 패배(기원전 338), 알렉산드로스 대왕의 원정, 그리고 세계주의적 경향을 띤 헬레니즘적 국가형성의 단초들을 경험했다. 아테네의 정치적 우세와 문화적 전성기, 이른바 페리클레스 시대(기원전 443~429)는 이미 오래 전 일이다.

아리스토텔레스는 기원전 384년에 그리스 북동부의 소도시 스타게이라에서 태어났다. 마케도니아 왕실의 시의(侍醫) 니코마코스의 아들로서 그는 유복한 가정에서 성장했으며, 지적으로 자극적인 분위기 속에서 수준 높은 교육을 받았다.

아리스토텔레스는 아버지를 일찍 여읜 후 후견인에 의해 양육된다. 이 사람은 그를 수사가 이소크라테스, 그리고 특히 플라톤 밑에서 공부시키기 위해—어쩌면 왕실 내의 긴장 때문이었을지도 모른다—기원전 367년에 아테네로 보낸다. 플라톤의 아카데미아는 그저 공개적인 강의와 토론의 광장에 불과한 것이 아니라, 당시 과학자들과 철학자들의 유일한 국제적 만남의 장소였다. 아리스토텔레스는 이 예외적인 지적 분위기 속에서 스무 해를 보낸다. 아리스토텔레스가 도착했을 때, 그보다 40세 이상이나 연상이었던 플라톤은 마침 시라쿠사에 머물고 있었다. 아리스토텔레스와 그의 스승, 벌써 오래 전부터 추앙을 받아온 '대가' 사이의 관계에 대한 믿을 만한 정보는 없다.

아리스토텔레스는 거류 외국인, 곧 시민권이 없는 외국인이었기 때문에 국사(國事)에 종사하지는 않았지만, 정치학이라는 독립과학의 창시자가 되었다. 나중에 그는 마케도니아와 그리스의 여러 도시들 간의 중재 역할을 맡아 스타게이라와 아테네에 닥쳐온 많은 재앙을 (함께) 막기도 했다. 하지만 아리스토텔레스는 우선 전적으로 그의 학업과 독자적인 연구에 몰두했다. 특히 그는 젊은 나이에 벌써 독자적인 강의 위촉을 받았다. 부지런한 독서가로서 박식하지만 세상 물정에도 어둡지 않은 교수의 전형인 아리스토텔레스는 플라톤과 그 제자들의 사유만이 아니라 소피스트들과 소크라테스 이전 철학자들과 의술인들의 저작들도 알고 있었으며, 고대 그리스의 서정시와 서사시, 극들에도 정통했다.

기원전 347년 플라톤이 죽은 다음, 당시 시행되고 있던 상속법에 따라 아리스토텔레스가 아니라 플라톤의 조카 스페우시포스(기원전 405~334)가 아카데미아의 원장이 된다. 모르긴 몰라도 정치적 위험 때문에—아리스토텔레스는 그리스의 독립을 위협하는 마케도니아에 우호적인 인물로 간주되었다—철학자는 아테네를 떠났다. 그 뒤 열두 해에 걸친 편력기가 시작된다. 그는 먼저, 크세노크라테스와 플라톤의 아카데미아의 다른 동문들과 함께, 그의 친구이자 왕년에 동문수학했던 아소스의 통치자 헤르메이아스(Hermeias)에게 가서 지낸다.

그곳에서 그는 나중에 제자이자 동료이며 친구가 되는 에레소스 출신의 테오프라스토스(Theophrastos)와 사귀게 된다. 그는 헤르메이아스의 양녀 피티아스(Pythias)와 결혼, 그녀와 같은 이름의 딸을 둔다. 나중에 두번째 부인 헤르필리스(Herpyllis)로부터는 아들 니코마코스(Nikomachos)를 얻는다. 기원전 345년 헤르메이아스가 죽은 뒤 아리스토텔레스는 레스보스의 미틸레네로 옮기는데, 아마도 그곳 출신인 테오프라스토스가 부추겼을 것이다.

기원전 343/342년 그는 마케도니아 왕 필리포스의 부탁으로 열세 살 난 왕자 알렉산드로스의 교육을 몇 년 동안 맡았다. 이것은 대철학자 중 한 사람이 장래의 거물 정치가 중 한 사람을 책임졌던, 세계 역사상 유례를 찾아보기 어려운 예이다. 훨씬 더 놀라운 것은 아리스토텔레스가 그의 저작 어디에서도 그 별난 제자를 언급하고 있지 않다는 것이다.

알렉산드로스가 아시아 원정 준비에 들어가자 기원전 335년 아리스토텔레스는 아테네로 돌아온다. 그보다 3년 전 아카데미아 원장으로 크세노크라테스가 선출된 일은 아마도 그로 하여금 모교와 결별하게 했을 것이다. 지식과 통찰력, 정신적 유연성에서 신임 아카데미아 원장을 훨씬 능가했던 아리스토텔레스는 페리파토스(Peripatos : 지붕이 있는 회랑, 걷기에 좋은 낭하, 또는 토론실)라 불리기도 했던 리케이온(Lykeion : 근처에 아폴론 리케이오스 신전이 있었던 데서 유래한 이름인데, '빛의 시여자〔施與者〕' 라는 의미의 '리케이오스' 는 아폴론 신의 별칭—옮긴이)을 세워 학생들과 동료들을 불러모았으며, 유명한 알렉산드리아와 페르가몬 도서관의 모범이 되는 도서관과 자연사 박물관을 세웠다. 그러나 아리스토텔레스가 법적인 의미에서 학교를 설립한 것은 아니다. 그는 외국인으로서 부동산을 취득할 수 없어 그런 길은 막혀 있었다.

알렉산드로스가 죽은 다음 아리스토텔레스는 다시 아테네를 떠난다. 모르긴 몰라도 그는 반(反)마케도니아 음모의 제물이 되고 싶지 않았을 것이다. 어쨌거나 그는 일찍이 소크라테스를 희생시켰던 불경죄로 고발되었다. 이 '당시 살아 있던 사람들 가운데 가장 훌륭하고 가장 지혜롭고 가장 정의로웠던 사람'[3]의 운명을 암시하면서, 그는 아테네인들로 하여금 철학자들에 대해 두 번씩 죄를 짓게 하지 않겠다는 말로 자신이 그 도시를 떠나는 것을 정당화했다고 한다. 아리스토텔레스는 어머니의 출생지인 에우보이아의 칼키스로 퇴거했는데, 그곳에서 일 년도 채 못 되어(기원전 322) 62세를 일기로 세상을 떠났다.

그의 유언장은 우리에게 친절하고 경건하며 자녀들의 행복을 염려하는 한 인간의 모습을 보여준다. 유언의 집행자로는 마케도니아의 장수 안티파트로스를, 리케이온의 후계자로는 테오프라스토스를 지정하고 있다. 플라톤이 이미 살아 생전에 세계적으로 이름 있는 학원장이었으며 죽어서는 더욱이 역사적 인물이었던 데 비해, 아리스토텔레스는 민족적 성향이 강한 아테네에서는 항상 이방인이었으며 아카데미아에서는 여럿 가운데 한 명의 외국인 학자일 뿐이었다.

철학적 유산

아리스토텔레스의 저작은 아주 다른 두 부분으로 나뉜다. 한편에는 문체상으로나 내용상으로 잘 다듬어진, 학원 외부의 교양 있는 다수의 일반 독자들을 염두에 둔 대외적인 저술들이 있다. 여기에는 철학을 권유하는 글 『프로트렙티코스』(*Protreptikos*)를 비롯 이데아와 선(善)에 관한 강의와 『정치가』(*Politikos*)나 『에우데모스』(*Eudemos*) 등의 대화편들이 속한다.[4]

다른 한편에는 학원 내부의 학생들과 동료들을 상대로 한 논설들, 비교적(秘教的)인 저술들이 있다. 자연과학적인 연구자료집과 도덕적 · 정치학적 연구자료집, 이를테면 그리스 도시국가들의 158가지 정체(政體)들──그 가운데서 남아 있는 것은 『아테네의 정체』

(*Verfassung Athens*)뿐이다——의 모음이 그것이다.

아리스토텔레스는 죽었을 때 이름 있는 학원장이 아니었기 때문에, 그의 저작은 플라톤의 그것처럼 세심하게 간수되지 않았다. 통틀어서 4분의 1도 안 되는 분량만이 보존된 것 같다. 아리스토텔레스의 전승된 저술들을 플라톤의 저술들과 비교할 때 간과해서는 안 될 것은 아리스토텔레스의 경우 문학적으로 특별한 지위를 점하는 모든 저작들이 소수의 토막글들을 제외하고는 이미 고대 후기에 소실된 데 비해, 플라톤에 대해서는 우리가 그의 언어예술 작품들, 즉 대화편들을 알고 있다는 점이다.

우리에게 전승된 저술들 대부분은 교안(敎案)이나 강의록이지 출간할 목적으로 쓴 과학적 논저들이 아니다. 이들 이른바 교안들은 초고 뒤에 여러 차례 추고되었다. 주로 아리스토텔레스 자신에 의해서, 부분적으로는 테오프라스토스와 다른 제자들에 의해서 추고되었기 때문에 우리는 대부분의 저술들에서 여러 층들을 발견하게 된다. 재편성과 주해 · 참조의 표시들이 있는데, 이것들은 풍부한 연대 추정과 원전 가설 및 발전 가설들을 통해 문헌학이 세워놓은 것들이다. 본래적인 철학적 내용을 놓치는 위험을 안고서 말이다. 그밖에 일부 저술, 예컨대 『변증론』(*Topik*)과 『니코마코스 윤리학』(*Nikomachische Ethik*)은 확실히 아리스토텔레스 자신에 의해 교정되었을 것이다.

일반적으로 아리스토텔레스는 명료 · 간결하며 핵심을 짚어 다양하게, 그러면서도 아주 빠듯하게 글을 쓰는데, 이것은 해석을 고되게 한다. 그의 저작은 한 일류 문필가의 모습을 여실히 드러내 보인다. 뿐만 아니라 그 전례가 나타나지 않는 한 아리스토텔레스는 넓은 의미의 과학적 산문의 창시자이자 대개는 일상언어에 의지하여 만들어낸 수많은 전문 용어들의 원조이다.

저작들의 전승과 구분에 대하여

전체 고대세계에서 기원후 529년까지 지속된 확고한 학원 전통 덕택에 플라톤의 작품에 대한 접근이 가능했던 데 비해, 아리스토텔레스는 헬레니즘 시대에 무엇보다도 그의 대중적인 저술들을 통해 알려지게 된다. 겨우 기원전 1세기가 되어서야 아리스토텔레스가 세운 학원의 11대 원장이었던 로도스 출신의 안드로니코스(Andronikos)는 로마에서 일어난 아리스토텔레스 르네상스의 와중에서 신중에 신중을 기한 아리스토텔레스 저작집 제1판을 발행한다. 그때 그는 소아시아와 로도스에서 나온 몇몇 사본을 비롯하여 모험적인 과정을 거쳐 로마에 전해졌던 수고(手稿) 원본[5)]에 의지할 수 있었다.

아리스토텔레스는 신속하게 전파되었으며—특히 기원후 2세기 이래—여러 사람에 의해 주석되었다. 어쨌든 이로써 아리스토텔레스의 비교적인 작품이 전체적으로 접근할 수 있게 되기까지 그의 사후 거의 300년이 흘렀다. 플라톤과는 달리 아리스토텔레스에 대해서는 지속적인 해석 작업이 없었다. 최초의 주석들은 고대 후기에 등장한다.

『아리스토텔레스 저작집』(*Corpus Aristotelicum*)의 전승사를 보면 그 체계적인 배열은 아리스토텔레스 자신이 아니라 그 편집자 안드로니코스에 의해 이루어졌다. 수미일관되게 구성되고 통일성을 갖는 철학적 체계의 이념에 따라 논리적이고 과학이론적인 글들은 예비적인 지식으로서 맨 앞자리에 놓였다. 이어서 자연철학적인(심리학적인 글들을 포함하여) 글들이 배치된다. 그 뒤를 잇는 것은 제1철학(그래서 'Meta-Physik'〔형이상학〕—Physik〔자연학〕 다음에 오는 것이자 그것을 넘어서는 것—이라는 이름이 나오게 되었다)이다.

마지막을 장식하는 것은 윤리학과 정치학, 수사학과 시학이다. 이러한 체계의 이념—이따금 완고한 아리스토텔레스주의의 출발점이 되기도 하는—은 금세기 초까지 해석을 결정하였다. 그것은 근거가 없는 것은 아니나 아리스토텔레스 자신에게서 유래하는 것이 아니므로 결정적인 구속력을 갖는 것은 아니다.

아리스토텔레스 자신은 오히려 다양한 관점들과 가능성들을 논의하면서도 매번 결정적인 해결책을 주장하지는 않는, 실험적인 문제 중심의 사상가인 편이다. 그래서 그는 주로 세 단계를 밟아나간다. 즉 통용되는 견해들의 실상을 살펴본 다음, 그것들의 난점들을 펼쳐 보이고, 끝으로 가능한 해결방안들을 제안한다.

아리스토텔레스는 조직화된 개별연구들의 창시자이기도 하지만, 한편으로는 여러 영역들 간의 사실적이고 방법적인 연결재(連結材)들을 다양하게 시사함으로써 참된 철학적 이론의 지도 목적을 고수했다.

철학적 작품

논리학과 과학이론

전승된 배열 순서상 맨 앞에는 『오르가논』(*Organon* : 도구, 연장 : 모든 과학에 대한)이라 불리는 일단의 작품들, (1) 『범주론』(*Kategorien*), (2) 『명제론』(*Lehre vom Satz*), (3) (4) 『분석론』(*Analytiken*) 전후서, (5) 『변증론』이 놓여 있는데, 『변증론』의 마지막 제9권은 (6) 『소피스트류의 논박들』(*Sophistische Widerlegungen*)이라 불리기도 한다. 전통적으로 문제시되는 것은 연역논리(1~4), 귀납논리(4), 변증법적 논리(5) 및 오류들(6)이라고 하는, 체계적으로 구성되어 있으며 여러 부분으로 된 과정(課程)이다.

하지만 『변증론』의 분량이 그 밖의 다른 저술들을 모두 한데 묶은 것과 거의 비슷하다는 것, 그리고 그 여러 저술들이 서로에 근거를 두거나 서로를 참조하지 않는다는 것은 이에 반하는 논거가 된다. 아리스토텔레스 역시 이 저술들을 결코 하나의 통일체로 언급하지 않으며, 논리학이 본래적인 철학에 속하는 것이 아니라 그저 그것의 도구에 불과할 뿐이라고 단정하지도 않는다. 오히려 논리학(과학이론)에서는 독자적인 위엄을 갖춘 하나의 철학적 탐구영역이 엿보인다. 끝으로 『범주론』과 『명제론』[6]은 아리스토텔레스의 존재론과 언어이론에 속한다고 하는 편이 더 낫다.

『분석론 전서』(*Erste Analytik*)에서는 입론적 언설(言說)의 기본도식들, 추론들(삼단논식들)이 그 타당성을 보증하는 그것들의 순수논리적 형식으로 환원된다. 문제가 되는 것은—현대 논리학의 언어로 말하자면—특수한 한 영역, 역사상 최초로 논리적 인공언어가 도입되었던 이항(二項)관계논리학의 이론이다.

아리스토텔레스의 추론 형식이 갖는 논리적 구조는 각별히 투명하다. 문제가 되는 것은 전건(前件)은 두 전제의 결합으로 구성되고 후건(後件)은 결론으로 구성되는 단 하나의 가언명제이다.[7] 예를 들어 보자. 만일 필멸성(必滅性)(A)이 모든(a) 인간(B)에 속하고 인간임(B)이 모든(a) 아테네인(C)에 속한다면, 필멸성은 모든 아테네인에게 반드시 속한다(AaB & BaC → AaC). 이런 명제에서 두 개념(A, C)의 관련성은 그 두 개념을 결합시키는 매개념(B)의 제시를 통해 단순한 의견이나 주장의 차원에서 확실성을 확보한 지식의 차원으로 고양된다. A가 모든 B에 속하고 B가 모든 C에 속하기 때문에, A는 모든 C에 반드시 속한다.

아리스토텔레스는 양상에서는 실연적(實然的, 定言的) 언명, 필연적(의심할 여지가 없는) 언명, 개연적(蓋然的, 의심스러운) 언명으로 구분하고, 성질에서는 긍정적(적극적) 언명과 부정적(소극적) 언명으로, 분량에서는 전칭언명과 특칭언명 및 (전칭과 특칭에 대립하는) 무한언명으로 구분한다. 특히 정언적 삼단논법은 아리스토텔레스에 의해 그 식(式)과 격(格)의 세세한 부분까지 논구되었다.[8] 가능한 모든 전제 결합들의 검토를 바탕으로 아리스토텔레스는 타당한 결론에 이르게 하는 모든 결합들을 골라냈다.

그 밖에도 그는 환위(換位), 귀류법(歸謬法 : 반대되는 가정 아래서 모순을 입증하기) 및 에크테시스(ekthesis : 하위개념으로 연산하기)를 통해 그것들의 타당성이 어떻게 증명되는지를 나타내 보였다. 아리스토텔레스는 타당성의 명증도에 따라, 전제들만으로써 명증적인 완전한 추론들과 명증적이기 위해서는 완전한 추론들로 환원되어야 하는 불완전한 추론들을 언급한다.

양상논리학도 아리스토텔레스에 의해 선도적으로 논구되었다. 그래서 그는 실연적 언명들로부터는 필연적 언명들이 도출되지 않음과, 필연적 언명들은 필연적 언명들로부터만이 아니라 필연적 언명과 실연적 언명의 결합으로부터도 연역됨을 드러내 보였다. 이것은 근대 경험과학에 비추어 말하면 실연적(우연적인 경험적) 언명들로부터는 필연적 법칙이 도출되지 않음을 의미한다. 경험적 언명들은 다른 경험적 언명들로부터만 연역될 따름이다. 그러나 최소한 하나의 법칙이 이미 주어져 있다면 법칙들로부터는 경험적 언명들의 도움을 받아 새로운 법칙들이 추론된다.

『분석론 후서』(*Zweite Analytik*)는 과학(epistēmē)이란 무엇이며 그것은 어떻게 가능한 것인가라는 물음에 대한 하나의 체계적 연구이다. 과학이라 할 때 아리스토텔레스가 염두에 두고 있는 것은 인식을 향한 인간의 자연적 욕구[9]가 그것과 더불어 그 최고의 목표에 도달하게 되는 '완전한 앎' (epistasthai haplos)이다. 그저 사실 수집에 불과한 것이 아니라, 참되며 그 참됨이 원리들로부터 정초된, 그리하여 필연적이며 보편타당한 인식 말이다.

이렇게 규정된 과학은 서로 보완하는 두 부분으로 구성된다. 하나는 참되며 단적으로 제일가는, 다시 말해서 논증 없이도 명백한 명제들로부터 언명들을 추론하는 것이다. 근대철학의 합리론적 체계들에 이르기까지 엄밀한 과학의 총괄 개념으로 간주되었던 연역적 논증(apodeixis)이 그것이다. 다른 하나는 제일가는 명제들에 대한 고찰 끝에 획득된 이해, 즉 원리들의 인식이다.

뉴욕의 메트로폴리탄 미술관에 소장되어 있는 렘브란트가 그린
「호메로스 흉상 옆에 선 아리스토텔레스」.

논증은 선행하는 인식을 전제한다. 첫째, (모순율이나 배중률 같은) 보편적인 사유의 원리들의 타당성, 둘째, 과학적 대상들과 그 성질들의 정의들 및 셋째, 대상들의 존재에 관한 언명들. 아리스토텔레스는 이것들을 토대로 해서 플라톤의 상기설과는 반대로 실질적인 인식의 진보, 다시 말해서 어떤 한 성질이 한 대상에 속한다는 사실과 왜 속하는가에 대한 이해가 가능하게 된다고 말한다.

과학이 최종적인 원리들에 기초해 있다는 표상, 즉 최종적 정초(定礎)의 이념은 현대에 와서 여러 각도에서 비판되었다. 흥미롭게도 아리스토텔레스는 현대에 와서 제기된 반론들을 이미 알고 있었다. 그 역시 무한소급, 논리적 순환, 정초 작업의 자의적 단절을 배척한다. 그럼에도 그는 연역적 과학의 이념을 견지할 수 있다. 왜냐하면 그의 경우 원리들의 인식은 단적으로가 아니라 논증과의 관계에서만 직접적이기 때문이다. 원리들의 인식은 본래적인, 현대적 개념과는 다른 형식의 귀납(epagōgē : 직역하면 일정한 방향으로 인도한다는 뜻. 『분석론 후서』 II 19) 속에서 이루어진다. 그로써 아리스토텔레스는 일반화하는 개괄이 아니라 지성의 힘에 의하여 지각과 기억, 그리고 경험에서 출발하여 총괄과 추상을 통해 특수자에 현전해 있는 보편자, 즉 다자(多者)에 공통적인 것을 끄집어내는 인식을 염두에 두고 있다.

이러한 귀납의 개념 속에 시사되어 있는 인식이론과 더불어 경험론과 합리론의 일반적인 대립이 튀어나온다. 아리스토텔레스는 이를테면 칸트가 상정했던 것처럼[10] 원리들의 인식을 경험으로부터만 연역한다는 의미에서의 경험론자는 아니다. 지성(nous)은—현대적으로 말해서—수용성(nous pathētikos)과 자발성(nous poiētikos)의 이중성 속에서 원리들의 인식을 실현한다.[11] 그러나 아리스토텔레스는 원리들의 인식이 경험과 독립해서 순전히 자발적으로 가능하다고 보는 합리론자도 아니다. 왜냐하면 원리들의 인식의 현실화는 수용성을 필요로 하기 때문이다. 그것은 지각으로부터 출발하지 않을 수 없으며 기억과 경험의 단계를 필요로 하기 때문이다.

아리스토텔레스는 형식논리학의 창시자이며 정초자이자 필연적 과학의 이념의 원조이다. 하지만 근대 초기의 합리론 철학자들과는 달리(스피노자의 『윤리학』을 보라) 그는 논리적 방법 또는 기하학적 방법으로 일관되게 구성된 체계를 구하지 않는다. 그렇기 때문에 최종적 정초의 과학이론적 이념을 포기하지 않고서도 그의 자연철학적 · 형이상학적 · 윤리학적 사유는 다양한 원리들에 의해 규정되는데, 이로써 성급하게 확립된 모든 통일성의 원리는 암묵리에 배척된다.

『분석론 후서』가 논증의 방법으로 대상영역의 과학적 서술을 다룬다면, 『변증론』은 과학적 담론의 조건들에 천착한다. 그것은 양(兩) 『분석론』 이전에 성립된 것이기 때문에 아리스토텔레스 논리학의 역사적 기원을 밝혀줄 수도 있다.[12] 그것은 구조들 · 조건들 · 규칙들에 관한 플라톤의 아카데미아의 논쟁작업을 해명하려고 힘쓴다. 동시에 그것은 하나의 독자적인 방법, 변증법을 발전시킨다. 과학적 논증이 참되고 필연적인 전제들에서 출발하는 데 비하여, 변증법적 추론은 일반적으로 승인된 전제들, 엔독사(endoxa)를 끌어들인다. 모든 이들이나 대부분의 사람들 또는 현명한 사람들이 참된 것으로 보는 명제들이 바로 그것이다.[13] 그것들은 토포이(topoi : 장소들, 상투적인 말들, 논증의 근거들)라고도 불리는데, 아리스토텔레스는 『변증론』에 그것들을 다량 수집해 놓았다. 삼단논식들의 보편적인 (과학적 추론과 변증법적 추론 모두에 타당한) 형식적 구조(『분석론 전서』)와 연관하여 『변증론』은 모순 없이 입론하는 법을 가르친다. 논쟁적 담론에서건 교육을 받지 못한 사람들과의 토론에서건 과학적 진리추구에서건 간에 말이다.

변증법적(토포스적) 추론들은 아리스토텔레스의 여러 저작들에 들어 있다. 그것들은 엄밀한 철학, 이론철학이 연역적 논리학에 의지하는 데 반하여 덜 엄밀한 분과들, 윤리학과 정치학에 적용되는 독자적인 (영역의) 논리학에 속하지 않는다. 진리의 충분한 기준을 제시할 수 없음에도 불구하고 변증법적 추론들은 (일상과 과학에서) 유력한 의견들과의 일치를 확인하는 일과 문제들의 무게와 어려움을 명시하는 일—철학의 모든 영역에서 충족되어야 할 과제—을 수행한다.

『분석론 후서』는 과학이론에 대해 유일하게 독립적으로 전승된 저술이다. 그럼에도 그것은 아리스토텔레스의 완전한 이론을 담고 있지는 않다. 과학의 방법과 의미에 대한 다수의 고찰들이 그 작품 전체에 산재해 있다. 여기에는 부분적으로 아리스토텔레스가 죽은 후에서야 비로소 보다 더 큰 저작에 편입되었으며 보다 더 일반적인 방법문제들을 다루는, 원래는 독립적이었던 소규모의 저술들도 속한다. 이를테면 『형이상학』(*Metaphysik*) 제1권, 『동물의 부분들에 관하여』(*Über die Teile der Tiere*) 제1권, 즉 전체 동물학의 입문에 해당하는 방법의 논저 같은 것 말이다.

아리스토텔레스의 과학이론에는 개별적 저술들에 들어 있는 보다 긴 논구들도 속한다. 이를테면 과학적 인식의 이중구조(원리들에 이르는 길과 원리들로부터의 길)에 대한 『자연학』(*Physik*) 제1권 제1장, 통찰력과 진리의 다섯 가지 형식들—정신(nous) · 과학(epistēmē) · 지혜(sophia) · 슬기(phronēsis) 및 기술(technē)—을 다루는 『니코마코스 윤리학』 제6권 같은 것들이다. 끝으로 일반적인 과학이론적 확신들과의 연계 속에서 각각의 대상 영역에 특유한 방법을 정초하는 방법의 보론(補論)들을 간과해서는 안 된다.[14)]

자연철학

근대에 와서 아리스토텔레스의 자연철학은 사변적인 편견들로 말미암아 과학의 진보를 2천 년 동안이나 방해했다고 자주 비난받았다. 하지만 그동안 사람들은 종종 완고한 아리스토텔레스주의를 아리스토텔레스 자신과 구별할 줄 알게 되었으며 아리스토텔레스의 자연철학을 새롭게 평가할 줄 알게 되었다. 물론 아리스토텔레스는 근대적 의미에서의 실험을 알지 못했다. 그는 또 자연이라는 책은 수학의 언어로 씌어졌다는 갈릴레이의 정립과 멀리 떨어져 있었다.

그러나 그는 근대의 자연과학자들과 마찬가지로 가능한 한 풍부한 관찰 자료를 수집하려고 하며, 그것을 공통적인 구조들의 인식을 통해 합리적으로 투시할 수 있도록 하려고 한다. 이에 아리스토텔레스는 플라톤주의자들의 부분적으로 과도한 사변에 맞서 제일 먼저 과학적 자연탐구에서의 확고한 자리를 경험적 탐색에 할당하지 않으면 안 되었다.

베이컨 이래로 자연까지도 지배하려고 했던 근대와는 달리 아리스토텔레스의 인식적 관심은 순수하게 이론적인 것이었다. 문제는 오로지 항상 동일하게 머물러 있는 우주를 인식하는 것뿐이었다. 왜냐하면 그것을 변화시키는 것은 인간의 능력—과 관심—밖에 있기 때문이다. 또한 아리스토텔레스에게는 아직 철학적 탐구와 개별과학적 탐구의 근대적 분리가 통용되지 않았다. 그의 자연철학은 양자를 포함한다. 대략 전승된 저작의 절반을 차지하는 해당 저술들은 다음의 네 가지 영역으로 구분될 수 있다.

첫째, 『자연학』(압축된 형식이긴 하지만 『형이상학』 XI 8~12, XII 1~5 역시)[15]은 각 자연 경험의 선험적 전제들을 논구한다. 그것의 원리들과 원인들의 분석은 무엇보다도 운동 · 공간 · 시간 · 연속성과 같은 보편적인 근본개념들을 명료하게 함으로써 행해진다. 그 내용의 많은 부분들은 오늘날까지도 시대에 뒤지지 않는데, 제6권의 연속(synechēs)에 대한 논구들이 그렇다. 왜냐하면 여기에는 연속과 미적분의 현대 수학적 · 물리학적 문제들에 대한 개념분석적 전제들이 이미 개진되어 있기 때문이다.[16]

둘째, 『천구(天球)에 관하여』(*Über den Himmel*), 『생성과 소멸에 관하여』(*Über Entstehen und Vergehen*), 그리고 『기상학』(*Meteorologie*)의 저술들은 우주의 물리학적 토대들에 관해 묻는다(이후에 중대한 영향을 미쳤던 에테르 이론이 여기에 제시된다). 그것들은 질료적 요소들과 지진 · 화산작용 · 바람 · 날씨와 같은 자연현상들을 논구한다. 무엇보다도 아리스토텔레스는 그의 학파와 함께 광물학과 수리학(水理學) 분야에서 전(全) 고대에 걸쳐 결정적인 저작들을 제공하였다.

셋째, 『영혼에 관하여』(*Über die Seele*)라는 저술은 양분 섭취 능력 · 지각 능력 · 사고 능력 및 운동 능력을 다룬다.[17] 『자연과학적 소론집』(*Kleinere naturwissenschaftliche Schriften*)[18]과 함께 그것은 인간과 동물을 심리학적 측면에서—특히 심리적 · 물리적 측면에서도—논한다. 『자연학의 문제들』(*Problemata Physica*)의 38개 권도 여기에 속한다.

넷째, 마지막이자 가장 범위가 넓은 그룹의 저술들에서는 동물과 인간이 분류학적 · 생리학적 측면에서 탐구된다. 『동물지』(*Tiergeschichte*), 『동물의 부분들에 관하여』(*Über die Teile der Tiere*), 『동물의 운동에 관하여』(*Über die Bewegung der Tiere*), 그리고 『동물의 생성에 관하여』(*Über die Entstehung der Tiere*)가 그것이다. 여기에 수집된 다량의 사실적 자료와 그것의 분화된 개념적 관철 때문에 그것들은 수백 년 동안 아리스토텔레스의 명성을 뒷받침한, 유례가 없는 업적으로 손꼽힌다. 이들 저술들에 따르면 인간은 육지에 사는 폐를 가진 동물이고 태생이며 무혈(無血)이 아닌 것들 가운데서 가장 몸집이 큰 무리에 속하는 것으로 간주된다. 인간은 늘 온순한, 더 정확히 말해서 이따금씩만 호전적인 존재로 여겨진다. 그는 기억을 소유할 뿐 아니라 수집할 줄도 아는 유일한 감각적 존재로 간주된다. 무엇보다도 인간만이 직립보행하고 숙고하며 상의할 수 있다.

근대의 자연연구가 자주 새롭게 획득했던 (이를테면 고래는 어류가 아니라는 사실과 같은) 풍부한 관찰들을 고려한다면 아리스토텔레스는 18세기에 이르기까지 최대의 생물학자로 간주될 수 있다. "린네(Carl von Linné〔1707 ~ 78〕: 스웨덴의 식물학자. 처음으로 생물의 종〔種〕과 속〔屬〕을 정의하는 원리를 만들었으며, 생물들의 이름을 붙일 때 필요한 체계를 세움—옮긴이)와 퀴비에(Baron Cuvier〔1769~1832〕: 프랑스의 동물학자. 비교해부학과 고생물학을 확립함—옮긴이)는 나에게 두 분의 신(神)이었지만, 저 옛날의 아리스토텔레스와 비교한다면 그들은 정말 초등학생에 불과했다"[19]는 감격적인 언명은 다윈에게서 나왔다.

자연철학적 근본범주들에 대한 논구들의 한복판에 서 있는 것은 운동(kinēsis) 또는 변화(metabolē)의 개념이다. 아리스토텔레스 철학 일반의 근본범주인 운동의 개념[20]은 모든 것을 포괄한다는 식으로 파악되었다. 공간상의 운동에서 시작하여 양적 변화(아무개가 더 작아진다거나 더 커진다)와 질적 변화(아무개가 더 영리해진다)를 거쳐 본질 변화(한 인간이 생겨난다거나 소멸한다)에 이르기까지 말이다.

그 근본 구조를 이해시키기 위해 아리스토텔레스는 『자연학』 제1권 제6~7장과 『형이상학』 제12권 제1~2장에서 모든 변화는 결성(缺性, sterēsis : 예컨대 질병)과 형태, 형상(eidos, morphē : 예컨대 건강) 간의 대립적인 짝 사이에서 이루어지며 제3의 원리로서 그 변화를 겪는 대상(기체〔基体〕, hypokeimenon)을 전제한다고 지적한다. 무엇보다도 아리스토텔레스는 그 이래로 서양의 사고를 결정해온 가능성, 능력 또는 잠재태(dynamis)의 범주와 현실화 및 활성태(energeia)의 범주를 도입한다.[21] 왜냐하면 한낱 비존재일 뿐인 것으로부터는 아무것도 생성되지 않기 때문이라는 것이다.

이로써 존재는 이중의 의미를 얻게 된다. 다듬어지지 않은 돌은 가능태상의 석상 '이고' (ist) 씨앗은 가능태상의 나무 '인' (ist) 데 비하여, 완성된 작품과 다 자란 식물은 현실태상으로 '존재한다' (sind). 아리스토텔레스는 한 쌍의 개념을 더 도입한다. 잠재태의 개념은 물질, 질료(hylē)[22]의 개념과 밀접하게 관련되어 있고, 활성태의 개념은 모양, 형상 내지 개념(eidos, morphē, logos)의 개념과 밀접하게 관련되어 있다. 이를테면 목재는 그것에서 목수가 탁자의 개념이라는 치수에 따라 가구를 제작해내는 물질이다. 이런 경우 어떤 것은 한 측면에서는 물질

(집을 위한 기왓장)이고 또 한 측면에서는 형상(점토와 대비되는 기왓장)일 수 있다.

기원이 무엇인가에 따라 아리스토텔레스는 두 차례에 걸쳐 두 가지 부류의 운동을 구별한다.[23] 한편으로는 운동과 정지의 기원을 자기 자신 안에 갖고 있는 자연이 있다.[24] 그 결성태(缺性態)는 그 경과를 설명할 수는 없지만 자기 자신에 의해 일어나는 것(automatos)이다. 다른 한편으로는 그 기원을 다른 것 안에 갖고 있는 기술(technē)이 있다. 이를테면 건강의 회복이 의사와 그의 앎 덕택인 경우이다. 그 결성태는 선행하는 앎, 계획이 빠져 있는 우연(tychē)이다. 예컨대 시장에서 채무자를 만났을 때와 같은 경우이다.

『자연학』 제2권 제3, 7~8장[25]에서 아리스토텔레스는 소크라테스 이전의 철학자들과 플라톤에 견주어 새롭고 포괄적이고 차별화된 자연 탐구의 이해, 이른바 4원인론을 도입한다. 하나의 현상을 완전히 파악하기 위해서는 다음에 대한 앎이 필요하다. (1) 그것으로 어떤 것이 이루어지는 것(to ex hou gignetai), 물질(hylē, 후대의 causa materialis), (2) 형태, 형상 또는 본질적 개념(eidos, morphē, paradeigma, logos : causa formalis), (3) 변화 내지 운동의 원천(hothen hē arche tēs metabolēs/kineseos), 운동인(causa efficiens)과 (4) 변화가 겨냥하는 것(to hou heneka), 목표 또는 목적(telos : causa finalis). 정확히 말해서 문제가 되는 것은 네 가지 원인들이 아니라 과학적인 '왜?' 라는 물음의 개념에서 그것을 통해 차별화가 행해지는 네 가지 종류의 인과관계이다. 문제는 논구의 대상으로 서 있는 현상의 구조를 비로소 그 전체성 속에서 완전히 투명하게 하는 과학적 탐구의 여러 방향 또는 부류이다.

무엇보다도 목적인은 목적설 또는 목적론으로서 대단한 영향력을 지닌, 그러나 근대에 와서는 아주 맹렬하게 비판 받은 이론들 가운데 하나가 되었다. 여러 모로 잘못 이해된 아리스토텔레스의 목적론은 특히 자연철학, 그 가운데서도 생물학이다. 목적론적 언명의 대다수는 『동물의 부분들에 관하여』라는 글의 제2~4권에 있다. 그것들은 동물들은 완전히 정해진 형태를 향해 발전하며 완전히 성장한 동물들에는 보다 더 완전한 형태들과 보다 덜 완전한 형태들이 있다는 경험적 사실로부터 출발한다.

설득력 있는 비판이라면 다음에 대해서도 고려해야 할 것이다. 목적인은 다른 세 가지 '원인들' 외의 한 원인일 뿐이므로 경험적 탐구를 방해하는 범주가 문제가 되는 것은 아니다. 도전받는 것은 반대로 경험적 탐구이다. 감춰진, 그러나 목표를 향해 작용하는 힘들은 아리스토텔레스의 경우 기껏해야 은유적 의미를 가질 따름이다. 또 플라톤의 『티마이오스』에 있는 만물을 포괄하는 목적론—과 신학—에 의식적으로 대조시켜 보더라도 전(全) 자연은 계획을 세우는 단계에 의해 정돈되어야 하는 위계적 질서로 이해되지 않는다.

철학적 신학으로서, 그리고 존재론으로서의 제1철학(형이상학)

아리스토텔레스의 철학적 근본학인 제1철학(prōtē philosophia)은 『형이상학』이라는 책에 들어 있다. 그 간결한 제목은 그것이 하나의 완결된 작품이라는 인상을 준다. 그러나 사실 이 책은 다양한 관점에서 근본적으로 철학적인 물음들을 논구하는 비교적 독립적인 개별 논고들을 모아놓은 것이다. 많은 부분을 차지하는 것은 지배적인 견해들(특히 플라톤과 아카데미아와 소크라테스 이전의 철학자들의 견해들 : 예컨대 제1권 제3~10장)이 비판적으로 논의되며 제1철학의 물음들과 난점들이 전개되는, 또는 철학적 근본개념들의 다양한 의미들이 해설되는 예비적 논설들이다.

이를테면 제3권(제11권 제1~2장도)은 14가지 핵심적인 문제들의 체계적 개진과 논의를 내놓는다. 그리고 제5권은 원리 · 원인 · 자연 · 필연적 · 존재자 · 본질 · 반대와 같은 근본개념들을 다루는 일종의 철학용어 사전이다.

제1철학 자체는 삼중의 과제를 안고 있다. 그것은 첫째로—제1원인과 근거들에 대한 과학으로서의 철학의 규정[26]에 따라서—(모순율과 배중률처럼) 『분석론 후서』에서 전제되긴 하지만 그 타당성이 제시되지는 않는 가장 보편적인 사고의 원리들의 논구이다. 이것은 제4권 제3~8장에서 수행되는데, 제11권 제5~6장에도 나온다. 둘째로 제1철학은—존재자로서의 존재자(on hē on)의 과학으로서의 철학의 규정[27]에 따라서—개별적 분과과학들과는 달리 존재자 전체와 존재자 일반의 공통적 구조와 원리들을 논구하는 보편적 대상이론(존재론)이다. 이 일은 이미 『범주론』과 『자연학』의 몇몇 부분에서 수행되었지만, 특히 『형이상학』 제4권과 제6권 및 제11권에서 이루어진다.

끝으로 제1철학은—가장 높은 등급의 것으로 영원하고(aei) 부동이고(akinēton) 자립적인(chōriston) 것에 대한 과학으로서의 철학의 규정[28]에 따라—신적인 것에 대한 과학, 철학적(자연적) 신학이다. 제12권은 자연학(Physik) 다음에(meta), 달리 말하면 지각 가능한 존재자(to aisthēton)의 분석 다음에 가지적(可知的) 존재자(to noēton)를 논구하며 그런 한에서 유일하게 제1철학에 대해 메타-피직(Meta-Physik, 형이상학)이라는 표제를 정당화시키는, 실체(ousia)에 관한 완결된 강의록이다.

철학적 신학

아리스토텔레스의 자연철학은 철학적 신학에서 그 정점에 달한다. 그는 지각 가능한 자연적 운동의 분석을 통해 지각 가능한 존재와는 다른 또 하나의 존재가 있어야 하며, 이 다른 것에 존재의 최고 지위가 속한다는 통찰에 이른다. 이로써 아리스토텔레스는 하나의 새로운 요소, 엄격하게 사변적인 요소를 그의 사유에 도입한다. 그는 자연현상의 영역을 이해 가능한 것으로 만들기 위해 바로 이 영역을 벗어난다.

그는 움직이지 않으며 세계를 움직이게 하는 자로서의 신 안에서 모든 운동의 원천과 더불어 모든 자연현상의 통일성을 사유하는 일을 시도한다.

『형이상학』 제12권 제6~10장[29)]의 아주 간결한 시사에서 아리스토텔레스는 우선 다양한 운동들을 영원한 원운동으로 환원시킨다. 두번째 단계에서 그는 영원히 움직이는 실체, 즉 제1천구(天球)가 존재하지 않는다면 영원한 운동은 존재할 수 없다는 것을 드러내보인다. 영원히 움직이는 실체는 스스로 야기되어야 하는 것이다. 그 결과 아리스토텔레스는 세번째 단계에서 움직이지 않음으로 말미암아 질료가 없으며 순수 활성태(actus purus)의 특색을 갖는, 움직이지 않으며 움직이게 하는 자(akinēton kinoun)에 이르게 된다.

끝으로 엄격하게 지성적인 이러한 존재는 신(ho theos)과 동일시된다. 이 동일시로써 아리스토텔레스는—소피스트적 계몽의 요점적 계승과 전환 속에서—신에 대한 하나의 새로운 해석을 내놓는데, 그것은 동시에 무수히 많은 신과 반신 · 수호령들을 동반하는 통속적인 미신을 비판하는 것이다.

그 전체적 논변은 이미 극도로 압축되고 개략적인 서술로 인하여 엄밀한 연역의 특색보다는 사유 모델의 특색을 더 많이 갖고 있다. 따라서 이 논변에 국한시키자면 신의 (존재) 증명이 문제가 되고 있는 것이 아니다. 동시에 우리는 여기서 하나의 근본적 유형, 철학적 신학의 우주론적 형식을 발견한다. 신은 경험세계를 합리적으로 고찰해 나감으로써 알려지는 것이지, 그것을 단순히 등짐으로 말미암아 알려지는 것이 아니다. 그럼에도 신은 경험에서 지각할 수 있는 것이 아니요, 오히려 경험세계를 통일성으로 사유하기 위한 가능성의 조건이다. 신은 움직이는 모든 것을 맨 처음 움직이는 자로서—모든 욕구의 최고의 목적이 되는 방식으로[30)]—전체 자연의 견고한 근거이다.

서양 사유의 역사에서 아리스토텔레스의 신학적 언명들은 경시할 수 없는 의의를 갖는다. 신적 존재에 관해 제출된 규정들, 곧 살아 있음과 순수한 활성태—이것은 동시에 순수하고 행복에 넘치는 정신성, 정신의 자기 자신에 대한 사유(noēsis noēseos)이다—는 크리스트교적 중세의 신학적 사유를 폭넓게 이끌었던 한편 아리스토텔레스를 걸고 넘어지는 격렬한 논쟁에 빌미를 제공하기도 했다. 그럼에도 신에 대한 진정으로 크리스트교적 표상들을 아리스토텔레스 속에 집어넣어 투사해서는 안 된다. 인격신의 표상도 그렇고, 세계의 영원성에 대한 아리스토텔레스의 주장과 배치되는 창조의 표상도 그렇다.

존재론

아리스토텔레스는 그의 기초적 철학 속에서 사유의 보편적 원리들과 신적 존재에 대해서만 다루는 것이 아니다. 그는 실재 일반의 공통적 원리들과 구조들도 훨씬 더 상세하게 논구한다. 존재자는 그 자체로, 그리고 그런 것인 한에서 무엇인가 하는 물음은 철학의 발생 이래로 중심적인 물음이다. 아리스토텔레스는 보다 이른 시기의 이론들과 그에 연결된 어려움들을 알고 있었다. 그의 존재론은 그의 선행자들인 소크라테스 이전의 철학자들, 특히 플라톤과 그의 아카데미아와의 비판적 대결 덕택에 이루어진 것이다.

그의 존재론에 이르는 첫번째 관문을 우리는 그의 『범주론』에서 발견한다. 우리가 열 가지 범주로 알고 있는 것(실체 · 분량 · 성질 · 관계 · 장소 · 시간 · 상태 · 소유 · 능동 · 피동[31])을 그는 보다 정확히 범주들의 유(類) 또는 형식들이라 부른다. 그는 한 개별적 대상, 예컨대 소크라테스에서 출발하여 어떤 형식의 유의미한 진술들을 내놓을 수 있는가를 묻는다. 예를 들면 그는 인간이다, 얼마만큼 크다, 교양 있다, 플라톤보다 나이가 많다 등이다. 범주 형식들(줄여서 범주들)은 서로 다른 것으로 환원될 수도 없고 다른 더 높은 부류로 환원될 수도 없는 진술(서술)의 최고 부류들을 나타낸다. 아리스토텔레스는 관찰 가능한 언어행태들을 추상함으로써 그것들을 얻는다. 그는 범주들을 어떤 원리에서 연역하는 것이 아니다.

게다가 복수인 한에서 그 정확한 수효가 그렇게 중요한 것은 아니다. 말하자면 그에게는—몇몇 플라톤주의자들과는 반대로—유일한 최고의 물음 유형(Fragetyp)이 있는 것이 아니다. 범주들은 동시에 언어논리적 의미와 존재론적 의미를 가지고 있다. 그것들은 진술들과 존재자 자체에 대해 진술되는 것들의 각기 상이한 의미를 나타내기 때문이다.

이미 『범주론』은 여러 가지 측면에서 복합적인 존재론을 내비친다. 왜냐하면 아리스토텔레스는 개별자들만이 아니라, 종(種)과 유(類), 나아가서는 그 성질들(우유성들, symbebeko)에까지도 존재를 인정하고 있기 때문이다. 그 밖에 그는 존재의 지위에서도 차이를 두고 있다.

실재와 그 개념성에 대한 아리스토텔레스의 탐사는, 존재자가 여러 가지 방식으로 이야기된다(pollachōs legomenon)는 관찰과 더불어 시작한다. 파르메니데스나 플라톤과는 달리 존재자의 다의성 역시 인정된다. 그럼에도 불구하고 아리스토텔레스는 단순히 이름이 같을 뿐임을, 즉 동명이의(同名異意)를 주장하는 것이 아니다. 말하자면 여러 의미들은 하나의 것을 향해(pros hen) 있으며 하나의 자연을 향해(mian tina physin)[32] 있다는 것이다. 동시에 아리스토텔레스는 그것들이 하나의 최고류 아래 포섭됨을 부정한다. 왜냐하면 그는 실체와 우유성(偶有性)들 사이에서 더 이상 아무런 실질적 공통성도 찾지 못하기 때문이다. 그것과 관련하여 모든 것이 존재하는 것으로 간주되는 그 하나의 것이 무엇인가 하는 물음에 대해 아리스토텔레스는 세 단계의 대답을 내놓는다.

첫째, 실체(ousia)가 일차적으로 존재하는 것으로 이야기된다.[33] 왜냐하면 실체는 독립적으로(chōriston) 존재하는 (그것이 다른 어떤 것임으로써 그런 것이 아닌) 데에 반하여, 성질들은 그 현존과 진술을 위해 실체를 전제하기 때문이다. 그것들은 파생적인 (의미의) 존재를 가질 뿐이지만, 실체는 본래적인 (의미의) 존재를 갖는다. 실체는 또한, 우유성들에 대해서는 그런 것이 없지만 그것에 대해서는 고유한 과학이 있기 때문에 우월한 지위를 갖는다. 그 밖에도 우리는 한 사물의 분량, 성질 등을 알 수 있기 위해서는 그에 앞서 그 사물이 무엇인지를 먼저 알아야만 한다. 우리는 한 사물의 실체를 알 때 그것을 제일 잘 아는 것이다. 그러므로 실체는 시간상 · 인식상 · 개념상 제일인 것이다.[34)]

'실체'를 설명하는 데 도움을 주는 개념들 가운데에는 각각의 경우에 속하는 존재(to ti en einai)[35)]라고 하는 난해하고 논의가 분분한 표현이 들어 있다. 그로써 아리스토텔레스는 한 사물이 그 본성을 통해 실로 그것인 바로 그것, 그 사물에 동일성을 부여하고 사물로 하여금 그것이게 하는 바로 그것을 염두에 두고 있다. 나아가 실체는 위에서 언급된 4원인론을 통해 설명된다.

둘째, 아리스토텔레스는 존재론적 독립성의 두 가지 방식을 구별한다. 왜냐하면 실체는 이중의 의미를 갖고 있기 때문이다. 그것은 한편으로는 구체적인 개체, 개별적 사물(『범주론』 5에서 제1실체로 언급된 것)을 의미하고, 다른 한편으로는 종과 유(제2실체)를 의미한다. 그러나 완전한 의미에서의 독립성, 무제한적인 현전(現前)의 의미에서 존재는—『범주론』에 따르면—개별적 사물들에만 속하는데, 이로써 아리스토텔레스와 플라톤의 본질적인 차이가 드러난다.

물론 아리스토텔레스는, 과학은 존재자의 형상(eidos, 이데아) 또는 개념을 인식해야 한다는 데서, 나아가 우유성들과 대조했을 때 개별적 사물의 개념에 우월한 지위가 주어져야 한다는 데서 플라톤과 일치한다. 하지만 보편개념들(종 또는 유들)로 해석된 플라톤의 이데아들은 개별적 사물들에 견주어 이차적 실재성의 특색을 띠며, 아리스토텔레스는 이를 나중에[36)] 상대화한다.

그 밖에도 아리스토텔레스에 따르면 형상을 인식하는 것만이 아니라 세 가지 다른 원인들, 즉 질료 · 목적 · 운동을 인식하는 것과 다른 원리들 중 두 가지, 즉 결성(缺性)과 기체(基體)를 인식하는 것도 중요하다.

이뿐만 아니라 아리스토텔레스의 비판[37)]은 더욱 강화된다. 보편자(종과 유들)는 개별적으로 존재하는 이데아들이라는 플라톤의 표상은 잡종의 군더더기 구성이라 하여 배척된다. 왜냐하면 첫째, 보편적 대상들은 칸트의 존재론적 논변과 비교하여 사유 필연적이긴 하지만, 사유 필연성으로부터 그 현존이 귀결되지 않기 때문이다. 둘째,—이데아들이 과학의 가능성의 조건이어야 하는 한—그것에 대해 과학이 성립하는 각 대상에 대해서도 이데아들이 있어야 하기 때문이다. 그러나 그것은 기술적 과학들에 대해서는 이데아들이 아니라 현실세계 속의 원형들을 상정하는 후기 이데아 이론의 대표자들과는 배치된다는 것이다. 더 나아가 과학에는 긍정판단들 외에도 부정판단들이 있다는 것이다.

따라서 부정적 이데아들도 있어야 한다는 것인데, 이것은 아카데미아의 대표자들에 의해 불합리한 것으로 거부된다는 점이다. 과거의 이데아들 또한 불합리한 것으로 간주되는데, 그것들은 과거에 관한 판단들이 있으므로 상정해야만 하는 것들이다. 끝으로 '제3의 인간'의 문제가 제기된다. 개별적 인간을 인간 일반의 이데아 아래 포섭할 수 있기 위해서는 그 두 공통적 인간 존재를 매개할 수 있는 어떤 개념이 필요하다는 것이다.

셋째로 아리스토텔레스에 의하면 실체들에는 지위의 차이도 있다. 존재자의 개념이 비교개념이 되는 것이다. 잠재태와 활성태의 개념[38)]의 척도에 따르면 활성적인 존재자가 잠재태상의 존재자보다 지위가 더 높은 것으로 간주된다. 때문에 인간은 그 지성으로 인하여 식물과 동물들보다 우월하다. 그러나 그에게는 가변적 존재가 속하지만 항성(恒星)들에게는 영원하고 또 그러기에 활성적인 존재가 속하므로 인간은 존재의 서열에서 그것들 아래에 놓인다. 가장 높은 지위를 차지하는 것은 순수 활성태인 존재자이다. 본래적인 의미에서, 그리고 진실로 존재하는 것은 오직 움직이지 않으며 움직이게 하는 자, 신뿐이다. 그런 한에서 아리스토텔레스의 자연철학뿐 아니라 그의 일반적 대상이론도 철학적 신학에서 그 정점에 달한다.[39)]

동시에 여기에서 플라톤과의 일치가 나타난다. 즉 정신적 존재는 감각적 존재에 비해 절대적 우위를 갖는다는 것이다. 지각가능한 세계는 자신의 통일성과 지속적 실재성을 위해 그 자체 지각이 가능하지 않으며 순수하게 지성적인 실재성에 의존하는 파생적인 세계이다. 플라톤과 조금도 다를 바 없이 아리스토텔레스에게도, 어쩌면 피히테나 셸링 또는 헤겔의 독일 관념론에서보다 훨씬 더 근본적으로, 가지적(可知的)인 것이 존재자의 전형이다. 그렇기 때문에 아리스토텔레스의 존재론을 플라톤적 관념론과 반대로 실재론적이라고 특징짓는 것은 거짓이다. 마찬가지로 초월적 주체성의 근대 존재론으로부터, 칸트와 독일 관념론으로부터 또는 후설과 하이데거의 초월적 현상학으로부터 아리스토텔레스의 존재론을 객관주의적으로 해석하는 것 역시 옳지 않다.

물론 존재자가 초월적 주체성의 상세한 이론으로부터 정초되지는 않는다. 또 아리스토텔레스의 존재론은 현대 분석철학의 언어적 전회(linguistic turn)에도 앞서 있었다. 물론 이로부터 소박한 객관주의나 언어와 실재의 차이에 대한 간과가 따라나오지는 않는다. 수용적 지성(nous pathētikos)과 산출적 지성(nous poiētikos)으로서의 정신에 대한 그의 정리(定理)[40)]로써 아리스토텔레스는 정신의 수용성과 자발성을 인정한다. 더욱이 정신의 자기사유에 대한 그의 언급은 단순한 실재론에 대한 반론이다.

아리스토텔레스는 존재자를 처음부터 로고스와 관련하여 고려하는데, 로고스는 이성, 그것의 분절(分節), 언어와 그것의 의미, 실재의 근본구조의 해명을 동등한 비중으로 뜻한다. 아주 일반적으로 말하자면 로고스는 존재자를 그것인 무엇이라고 말할 수 있는 것이며, 왜 그것인가를 논구할 수 있는 것이다. 그것의 과제는 진리를 밝히는 데, 즉 존재자와 그것의 근거들을 적절히 나타나게 하는(alētheuein)[41] 데 있다. 로고스가 존재자의 개시(開示)를 행하듯이, 거꾸로 존재자는 처음부터 진리와 그것의 과학적 탐구를 향하고 있다.[42] 오직 이러한 관련에서만――소박한 실재론의 관련에서가 아니라――진리의 대응설(일치설)이 진리는 사유와 사상(事象)의 일치라는 그것의 주장과 함께 소급되는 문맥을 바르게 이해할 수 있다. 참이란 존재자에 대해서는 존재한다고 말하고 비존재자에 대해서는 존재하지 않는다고 말하는 것이다.[43]

아리스토텔레스의 철학이 우리의 언어행위의 관찰에서 출발하여 사물들의 실재적 구조에 관한 진상에 이를 수 있는 것은 실재와 언어의 가정된 대응 때문이다. 로고스가 존재를 개시하는 특성을 갖고 있기 때문에 아리스토텔레스의 존재론은 실재와 그것을 드러내는 언어에 동시에 관계한다. 그것이 개별적으로 어떻게 생각될 수 있는가는 물론 언제나 충분히 명료한 것은 아니다.

실천철학 : 윤리학과 정치학

그 근본범주들(예컨대 제작과 행동)과 더불어 아리스토텔레스의 실천철학은 신기원을 이루었다. 동시에 그것은 인간적 행동의 한 모형, 칸트류의 의지의 윤리학을 통해서 비로소 상대화되며 그런 다음에도 완전히 해체되지 않는 욕구의 모형을 발전시켰다. 또한 실천철학의 이념, 나아가 인간적 책임과 쾌락(hēdonē)의 개념들에 대한 행동이론적 분석, 다양한 덕들과 우애에 대한 논설, 본성상 정치적 존재로서의 인간에 대한 규정 또는 다양한 국가 형식들에 대한 논의는 오늘날에 이르기까지 체계적 철학함의 불변의 거점이다.

서로 긴밀히 연결된 두 부분, 윤리학과 정치학은 여러 가지 의미에서 실천철학이다. 그것의 대상뿐만 아니라 그 지향도 인간적 실천이다. 과학적 엄밀성의 주장을 포기하지 않은 채 인간적 행동의 그저 단순한 인식이 아니라 (도덕적) 개선이 추구된다.[44] 실천적인 선도적 관심을 지닌 아리스토텔레스의 윤리학은 도덕적 선이라는 최고의 원리와 기준에 대한 논의에 국한되어 있지 않다. 인간적 행동의 다양한 영역과 국면들에 대한 숱하게 많은 현상 관찰들과 현상학적 논구들, 방법과 개념, 원리의 분석들은 삶에 대단히 근접한 것으로 보인다. 그의 윤리학은 나중에 사상(事象)을 손상시켜가면서까지 서로 분리되어 각자 제 영역을 차지하게 되는 아주 다양한 분과들, 규범윤리학과 메타 윤리학, 행동이론과 철학적 인간학을 결합시킨다. 이와 비슷하게 정치학의 논제들과 방법의 스펙트럼 또한 풍부하다.

비록 철학이 도덕적 · 정치적 실천에 봉사하는 것이라 할지라도 원천적으로 그것을 산출할 수는 없다. 철학은 이미 현전하는 개인적이고 정치적인 도덕만 반성적으로 해명할 수 있고 그것의 원리와 구조, 근본적 국면들을 명료하게 함으로써 도덕의 개선에 기여할 수 있다. 윤리학과 정치학은 이렇게 (1) 실천에 대한 그것의 논구가 (2) 실천을 위해서 (3) 기존의 본질적으로 도덕적인 생활세계로서의 바로 이 실천으로부터 출발한다는 세 가지 의미에서 하나의 실천적 분과이다.[45]

아리스토텔레스의 실천철학은 추상적 규범들을 구성하는 것이 아니라 행해지고 이야기되는 것을 사유의 실마리로 삼기 때문에, 그것은 또한 해석학적 철학이라고 불리기도 한다.[46] 그것은 물론 아리스토텔레스가 그리스적 상식선의 철학자이고 인간들의 사실적 행동과 선에 대한 그들의 표상들만을 기술하고 해석한다는 것을 뜻하지는 않는다. 왜냐하면 한편으로 아리스토텔레스의 이론철학 또한 이야기되는 것을 논의의 실마리로 삼기 때문이다.

한편 윤리학과 정치학은 사실적 삶의 실행들과 헌법들을 비롯한 통용되는 의견들 가운데서 명백한 모순들을 발견한다. 따라서 인간에게 무엇이 좋은 것(to anthrōpinon agathon)인가를 규정하는 과제는 그저 주어진 것에 대한 해석과 잘 알려진 삶의 표상들을 논점적으로 비교함으로써 풀릴 수 있는 문제가 아니다. 이론철학의 경우에서와 마찬가지로 실천철학도 엄밀한 사태분석, 개념분석과 원리분석을 지향한다.

윤리학

아리스토텔레스의 윤리학은 세 권의 논술 속에 전승된다. 『에우데모스 윤리학』(*Eudemische Ethik*)과 이른바 『대윤리학』(*Magna moralia*)에 비해 『니코마코스 윤리학』의 논설들은 일반적으로 가장 내용이 풍부하고 상세하다. 자연철학이 그러하듯 윤리학도 운동의 범주에서 출발한다. 인간적인 운동에서 특별한 것은 구조의 복잡성뿐이다. 인간보다 열등한 존재들과는 달리 인간은 의식적이고 자발적으로 행동할 수 있다. 그의 행동은 근본구조상 어떤 한 목표 또는 목적(telos)을 얻으려는 노력이다. 그것은—실제로 또는 추정상으로—좋은(agathon) 어떤 것을 향한 욕구(orexis)인 것이다.[47]

서구 사유에서 근본적인 것이 되어버린 한 구별 속에서 아리스토텔레스는 욕구와 그 목표간의 관계에 따라 인간행동의 두 가지 근본형식들이 생각될 수 있음을 드러내 보인다.[48] 제작 또는 만듦(poiēsis)은 하나의 독립적인 대상, 하나의 제작물을 산출한다. 그 본보기는 수공업 활동이다. 그에 반해서 좁은 의미에서의 행동 · 실천은 예컨대 보는 일이나 생각하는 일 또는 음악 활동의 경우가 그러하듯 행동 자체의 완수에 그 목표가 있다. 여기서 하나의 태도가—관점에 따라서—한편으로는 제작으로, 다른 한편으로는 행동으로 기술될 수 있는 가능성이 있다.

그런데 각기 고유한 목표를 갖는 활동들이 숱하게 많이 있다. 의술이 건강에 봉사하고 경제학이 치부에, 전쟁술이 승리에 봉사하는 것이 바로 그런 예들이다. 인간적 목표들 중 최소한 일부는 위계질서가 잡혀 있어 심지어 그것 때문에 다른 모든 목표들을 추구하게 되는 어떤 공통적인 목표가 있는 것이 아니냐는 물음도 나온다. 우리의 일상적인 표상들에 의지하여 아리스토텔레스는 최고의 목표를 행복(eudaimonia)이라고 부른다. 쾌락주의적인 또는 공리주의적인 입장들에서와는 달리 행복은 한층 포괄적인 목표로 규정되지 그저 지배적일 뿐인 목표로 규정되지 않는다. 그것을 능가하는 다른 목표는 생각될 수 없다는 단적인 의미에서 최고의 목표로서 그것은 모든 인간적 욕구의 완전한 실현이다. 그것은 자기현실화의 특성, 자족적인(autarkeia)[49] 특성을 갖는다.

인간은 종국에는 자신의 행복을 구하기 때문에, 성공과 실패의 척도를 어떤 대상의 산출이 아니라 삶의 내재적 완성에 두고 있다. 전체로서의 삶은 실천의 특성을 갖고 있다. 그러나 과연 완전한 의미에서 행복하고 성공적인 현존을 목표로 하고 있다고 할 수 있는 삶은 어떤 삶(bios)인가? 아리스토텔레스는 삶의 네 가지 전략들을 논의하는데,[50] 그 중에서 둘은 일언지하에 배척된다.

그의 현존을 단순히 향락에만 맞추고 있는(bios apolaustikos) 사람은 지배적인 충동과 정욕에 예속되어 있으며, 따라서 완전히 노예같은 삶을 산다. 그리고 삶을 오로지 돈벌이에만 맞추고 있는(chrēmatistēs bios) 사람은 의미를 부여한다고 해봐야 고작 (안전하고 쾌적한 삶에 이르는) 수단에 불과한 재산을 목적으로 전도시킬 뿐이다.

남는 것은 두 가지 삶의 형식들인데, 아리스토텔레스는 그것들 사이에서 단순하게 양자택일하는 일이 더 이상 가능하다고 보지 않는다.[51] 왜냐하면 그 양자 모두에서 행복한 삶이 실현되기 때문이다. 물론 그 중 한쪽에서 보다 더 높은 정도로 그렇기는 하지만 말이다. 그것 자체 때문에 수행되는 모든 실재의 원리와 근거들을 탐구하는 삶, 즉 이론적 현존(bios theoretikos)은 외적 사정에 의존하지도 않고 다른 목표들을 위해 상대화되지도 않기 때문에 최고의 지위를 차지한다. 마지막으로 이론은 실행, 곧 사유가 그 목표와 완전히 일치하는 실천의 뛰어난 경우이기 때문에 최고의 지위를 차지한다.

동시에 여기서는 이론철학과 실천철학의 변증법적 교직(交織)이 일어난다. 즉 제1철학에서는 이성과 언어능력이 완전하게 현실화되는 데 비하여, 윤리학은 인간적 현존의 최고 형식인 제1철학의 실행을 정초한다. 물론 신이 지속적으로 행하는 것은 인간에게는 짧은 시간 동안만 허락되는 정신의 자기사유이다. 인간은 순수지성이 아니요 동물이기도 하므로 근본적으로 삶의 필연성들을 향해, 그리고 폴리스에서 그와 동등한 이들과 공존하도록 정해져 있다. 그래서 독자적인 위엄을 갖는 두 번째 삶의 형식, 도덕적 · 정치적인 삶(bios politikos)이 있다.

이 두번째 삶의 형식에 대한 논구는 아리스토텔레스 윤리학의 주된 부분을 이룬다. 도덕적 · 정치적 현존은 자연적인 정욕에 의해 지배되는 삶(kata pathos zēn)과 대립한다. 그것은 두 가지 근본적 태도, 도덕적인 덕과 지적인 덕의 합동작업의 결과로 생기는 이성에 따르는 삶(kata logon zēn)이다. 도덕적인 덕(aretē ēthikē), 즉 용기 · 관대 · 신중 · 정의 등에 의거하여 다양하기 이를 데 없는 삶의 경우들 가운데서 사람들은 도덕적으로 바른 목표들을 발견하며 실제로 그것들을 추구한다.

도덕적인 덕은 개념적으로는 정욕의 과소와 과다 사이에서 이성에 따르는 중용으로 규정된다. 그것을 갖고 있는 사람은 위험한 상황에서 맹목적으로 돌진하거나(과다) 겁에 질려 뒷걸음질치지(과소) 않고 오히려 대담하게, 즉 용감하게 대응한다. 그는 재산을 낭비하거나 인색하게 굴지 않고 관대하게 행동한다. 그런 한편 슬기(phronēsis, 도덕적 통찰력)의 힘에 의하여 사람들은 도덕적 근본방향을 상황에 맞게 구체화하는 능력과 준비를 갖추고 있다.[52] 도덕적 덕과 슬기를 통해 구체화된 도덕적 · 정치적 삶은 탁월한 인간(spoudaios, phronimos anēr), 즉 시민의 살아 있는 본보기에서 전형적으로 나타난다.

정치학

도덕적인 덕이나 슬기의 숙고는 자연적 산물이 아니다. 태도(hexeis)는 인간이 칭찬과 비난, 본보기와 모방, 교육과 습관을 통해 획득하는 것이다. 이러한 학습과정은 바르게 정돈된 제도적 환경, 즉 좋은 법과 도덕을 갖춘 정치적 · 사회적 공동체에 달려 있다. 이처럼 윤리학은 그 자체로부터 정치학을 겨냥하고 있다. 거꾸로 정치학은 윤리학에 연결되어 있다. 왜냐하면 정치적 공동체는 그 구성원들의 성공적이고 행복한 삶에 기여하기 때문이다. 법률은 제도로서 공동체에 적절하고 지속적인 형식을 부여한다.

또 법률은 개별적 행동의 규범으로서 개별자들을 이끌어 성실한 시민이 되게 하고, 나아가 (좋은 법률의 경우) 덕 있는 인간이 되게 한다. 이러한 윤리학과 정치학의 상호 교섭에 의거하여 아리스토텔레스는 양 분과를 하나의 공통적 표제, 정치철학(hē politikē)의 표제 아래 총괄할 수 있다. 윤리학은 정치적 삶을 행동하는 인간의 시각에서 논구하는 데 비해서 정치학은 국가형식과 제도들의 관점에서 탐구한다.

윤리학과 정치학은 또한 가장 중요한 도덕적인 덕들, 즉 우애와 정의가 정치적인 덕들이기 때문에 서로 결부되어 있다. 유용성 때문이든 쾌락 때문이든 아니면 좋음 때문이든 우애는 인간들 사이에서 협력을 수립하고, 정의는 인간들의 다양하기 이를 데 없는 관계들을 정돈한다. 항상 공정성(epieikeia)을 통해 보완됨으로써 정의는 공적에 따라 명예 · 금전 · 영지를 분할하고, 사람의 차별 없이 계약 관계의 전 영역을 통제하고, 법이 침해받으면 훼손된 법질서를 복구한다.

『정치학』(*Politik*)의 첫머리[53]는 바로 인간의 자기이해의 표준적 공식이 되어버린 인간에 관한 두 가지 근본명제를 담고 있다. 본성상 정치적 동물(physei politikon zoon)로서의 인간과, 이성과 언어능력을 갖춘 동물(zoon logon echōn)로서의 인간이 그것이다. 첫번째 규정으로써 아리스토텔레스가 주장하는 것은 인간은 태어나면서부터 정치적 동물이라거나 순전히 생물학적 발전과정으로 인하여 그렇게 된다는 것이 아니다. 그가 염두에 두고 있는 것은 국가가—근대의 홉스 철학에서처럼—일종의 위급한 사태, 만인의 만인에 대한 투쟁 경향을 개선하기 위해 필요하다는 것(만)이 아니다. 오히려 그는 인간이 정치적 공동체 속에서야 비로소 그의 완전한 본질형식—그의 근본적인 지향 · 능력 · 기회—을 현실화한다고 믿는다.

아주 압축된 상태로 제시된 발생에서 아리스토텔레스는 (1) 세 가지 기본관계—남편과 부인의 성적 관계, 주인과 노예의 노동관계(중립적이며 아리스토텔레스에 대해 비판적으로 표현하자면 노동관계 일반의 관계), 그리고 아버지(양친)와 도움을 필요로 하는 자식들 간의 관계—를 바탕으로 인간이 이미 생명 유지를 위해 공생하도록 정해져 있음을 드러내 보인다. 세 가지 기본 관계의 제도화는 경제적 과제를 포함하는 대가족, 즉 집(oikos, 이로부터 가사의 관리와 이론으로서의 경제학[Ökonomie]이 유래함)을 구성한다.

(2) 아이들은 성장하고 또 그들 자신의 가정을 이루기 때문에 집은 가지를 뻗어 씨족으로서의 마을을 구성하기에 이른다. 영토나 주민의 측면에서 보다 더 큰 단위인 마을은 경제와 안보 기능의 분화를 통해 기본적인 목적들(자기 자신과 종의 유지)의 조달상황을 개선할 수 있으며 그것을 능가하는 목적들을 추구할 수 있다.

(3) 다수의 마을이 결합하여 폴리스를 구성함으로써 임무와 사명은 훨씬 더 넓게 분류되고 그 기능들은 조정된 처리 능력으로 만들어지며 또 그 임무와 사명과 부분 집단들은 정치적 제도들(시당국, 민회, 법원)의 차별화된 체계를 통해 조정될 수 있다. 이처럼 폴리스는 공간적 공동체이다. 그것은 시민의 보호와 내부분쟁의 조정을 비롯하여 매매를 성사시키고 안전에 기여한다. 그러나 폴리스는 무엇보다도 동등한 이들이 더불어 사는 공동체에서 개별자들의 삶의 실현에 좋고 정의로운 방식으로 현실성을 부여하기 위해 존재하는 것이다.[54]

인간의 정치적 본성을 정초하기 위해 아리스토텔레스는 다른 인간학적 근본정식에도 의지한다. 인간은—동물들처럼—그저 고통과 괴로움의 순간적 느낌만 나타내는 것이 아닌 언어와 이성능력(logos)을 갖고 있기 때문에 정치적 동물이다. 로고스의 힘에 의하여 개개의 이익과 손해를 알 수 있다. 또 통상조약과 군사동맹 같은 이익공동체를 구성할 수도 있다. 그 밖에도 공통적인 관심, 선과 정의에 대한 표상을 형성할 수 있다. 따라서 자유롭고 평등한 사람들이 폴리스에서 공생함으로써 행복하고 정의롭게 살 수 있는 국가의 수준에 도달하는 것이 인간의 지향이자 과제이다.

정치적 본성—이를 아리스토텔레스는 노예는 물론이거니와 여자와 관련해서도 인정하지 않는다—이 의미하는 것은, 인간에게 궁극적으로 문제되는 것이 자기 주장과 팽창, 억압과 지배가 아니라 자기와 동등한 이들과의 의사 소통이라는 것이다.

이성과 언어능력으로 말미암아 인간은 이해와 진리에 참여할 수 있는 동물이다. 그러나 이해와 진리는 (기초적) 철학의 인식에서 완성된다. 이렇듯 언어와 이성 능력은 윤리학과 마찬가지로 정치학도 뛰어넘는다.

아리스토텔레스의 『정치학』은 단지 국가의 기원과 목적만 논했던들 아주 중요한 국가철학적 · 정치과학적인 저작들 축에 들지 못했을 것이다. 『정치학』에서 아리스토텔레스는 때로는 기술적(記述的)이기도 하고 때로는 규범적 · 실천적 · 기술적(技術的)이기도 한 여타의 물음들도 다수 제기하고 있다. 제1권 제3~13장은 노예이론을 포함한 경제학('가정 살림살이 이론')의 요강을 포함하고 있다.

또한 아리스토텔레스는 널리 알려진 정체들도 논하는데, 플라톤의 이론들과 스파르타 · 크레타 · 카르타고의 경우들이 그러한 것들이다.[55] 정치적 형식과 요소들의 분석,[56] 정체의 변탈(變脫)과 안정의 조건들에 대한 물음[57]이 여기서 큰 부분을 차지한다. 끝으로 제7~8권에서는 지리적 · 사회적 삶의 형편을 비롯하여 이상국가의 정체원리들이 논의된다.

영향사적으로 중요한 것은 무엇보다도 세 가지 좋은 국가형식들과 세 가지 변질된 국가형식들의 이론이다.[58] 좋은 것으로 간주되는 것은 공익(to koinē sympheron)에 기여하는 정체이고, 나쁜 것으로 간주되는 것은 지배자들 자신의 이익만 추구하는 정체이다. 국사에 참여하는 사람이 하나인가, 소수인가, 아니면 국민 모두인가에 따라 긍정적인 정체로는 왕정, 귀족정, 입헌국(politeia)이 있다. 부정적인 쪽에는 지배자 한 사람의 이익만 돌보는 참주정, 부유한 사람들의 이익에 집중되어 있는 과두정, 가난한 사람들의 이익에 집중되어 있는 민주정이 있다. 아리스토텔레스에게 '데모스'(dēmos)는 비천하며 법에 구속되지 않은 대중을 나타내기 때문에 현대의 법치국가적 정체들은 아리스토텔레스가 민주정이라 부르는 것보다는 그가 입헌국—여기서는 실수할 수 있는 인간이 아니라 이성적 법이 지배한다—이라 부르는 것과 보다 많이 일치한다.

아리스토텔레스의 정치학은 여러 가지 면에서 시대제약적이다. 이 점은 노예이론에 대해서만이 아니라 소규모의, 대내 · 대외적으로 법적 행위능력이 있는 시민들의 공동체—그것에 종속하는 시골 영토까지 포함하여—로서 도시국가의 지중해적 유형에 방향을 맞추고 있는 것에도 해당된다. 이상적인 폴리스로 간주되는 것은 그 시민들이 서로 아는 사이이고, 전령사에 의해 소집될 수 있으며, 몇몇 사람에 의해 통솔될 수 있는 비교적 소규모의 폐합적(閉合的)인 공동체이다.

물론 비슷한 표상들이 근대 민주주의의 아주 중요한 이론가들 중 한 사람인 루소에게서 발견되기도 한다. 하지만 산업혁명, 관료주의적 혁명, 과학혁명이 지나간 뒤, 한편으로 생산수단과 의사소통 수단의 개선을 고려하고 다른 한편으로 다양한 경제적 · 군사적 · 정치적 종속 관계를 고려하면 그러한 표상은 우리에게 더 이상 자명한 것으로 보이지 않는다.

또 시민사회와 국가의 불충분한 분리, 그와 결부된 좋은 삶(eu zēn)에 대한 정치학의 간접적일 뿐만 아니라 직접적인 의무, 끝으로 좋고 정의로운 삶이 겨우 실마리 수준에서 자유의 개념들로 정의된다는 사실은 근대적 관점에서 볼 때 아리스토텔레스 정치학의 한계를 드러내 보인다.

그러나 자기 실현의 삶, 인간의 좋음을 완전히 현실화하는 삶은 적절한 제도적 틀 안에서만 영위할 수 있으며 이에는 영토 확장, 경제적 번영, 정치 · 사회적 분화의 정도가 속한다는 주장은 오늘날에 이르기까지 유효한 기준으로 남아 있다. 그 못지 않게 설득력 있는 것은 좋고 정의로운 삶에서 국가적 근본질서의 공익에 대한 의무와 자유롭고 평등한 사람들의 정치적 의사소통이 절대적인 가치를 갖고 있다는 논제이다.

수사학과 시학

아리스토텔레스는 흔히 철학자들에 의해 소홀히 다루어지고 아리스토텔레스 해석자들에 의해서도 자주 간과되는 두 가지 분과인 수사학과 시학에도 전력을 기울인다. 수사학과 시학의 대상이 되는 공적인 연설과 시문(詩文, 특히 아티카의 비극)이 공적인 삶의 현상들이므로, 그것들의 연구는 정치철학이라는 더 넓은 틀에 속한다.

수사학

플라톤은 고전기의 아테네에서 전성기를 누렸던 수사술에 대해 크게 불신하는 입장을 보였다. 그가 인정했던 것은 단지 진리와 철학에 신세를 지는 수사학뿐이었다.[59] 아리스토텔레스는—많은 소피스트들처럼—수사학에서 사태와 무관한 논변을 통해, 그리고 단순히 감정에 냉소적으로 호소함으로써 상대방의 판단능력을 뒤흔들어놓는 설득(to peithein)의 순수한 기술을 발견하는 데 대해 반대 입장을 취한다. 그럼에도 그는 시민 개개인이 배울 수 있고 각각의 경우에서 가능하고 믿을 만한 것(ta hyparchonta pithana)을 인식한다는 과제를 갖는 고유한, 과학적 철학과는 구별되는 능력과 방법을 수사술에서 찾아낸다.[60)]

수사학에 관한 그의 논고는 그것들의 도움을 받아 판단능력이 환기될 수 있고 사태에 대한 청중의 동의를 얻어낼 수 있는 논리적 · 윤리학적 · 심리학적 · 미학적인 토대들에 대한 포괄적인 논구이다. 그것은 성품(Ethos)과 정념(Pathos)과 연설(Logos)을 한데 아우름으로써 칼케돈 출신의 트라시마코스 같은 단순한 실무자의 실용적 충고들을 크게 넘어선다. 후대의 유명한 키케로의 『수사학』(*Ars rhetorica*) 역시 그것과 겨룰 수가 없다.

아리스토텔레스는 그 주관적 구성요소들과 객관적 구성요소들을 논하면서 연설의 사회적 관련도 고려하고, 정조와 감정, 문체와 언어, 심지어 문학적 산문에 관해서까지 언급한다. 따라서 그의 『수사학』(*Rhetorik*)은 현대 언어이론과 의사소통이론에 대해 새로운 시사점을 부여할 수 있었다는 것이며, 화용론, 심리적 언어학, 사회적 언어학에 대해서도 마찬가지다.

아리스토텔레스에 따르면 훌륭한 연설가는 이미 그의 성품(ethos)을 통해 믿을 만해야 한다. 덧붙여 그는 인간의 정념들(pathē)에 대해 잘 알고 있어야 하며 수사학적 연설(logos), 점층(漸層)과 점강(漸降)의 기술들, 암시적인 상징과 비유들, 신화적 또는 역사적 예화들, 동물 우화들, 격언들, 속담들에 정통해야 한다.[61)] 특히 그는 정곡을 찌르고 직접적으로 해명하기 위해 수사학적 삼단논식(enthymēma), 즉 개별적이고 구체적인, 종종 전제들 중 하나나 둘이 생략된 추론에 숙달해 있어야 한다. 그밖에도 연설가는 다량의 증명 근거들(topoi)을 지니고 있어야 한다.

아리스토텔레스는 세 가지 연설의 유형을 구별한다. 심의(審議)연설(symbouleutikos logos)[62]은 우리의 능력 안에 있는 상황의 이익과 손해를 언급하고, 보편적인 삶의 목표, 행복, 또는 사태나 상황의 특수한 장점들을 지적함으로써 청중들에게 특정 결의를 납득시키고자 한다. 찬사나 축사(epideiktikos logos)[63]는 한 인물이나 행동, 경우에 따라서는 한 인간의 전 생애까지도 이상적인 것 또는 가련한 것으로 내세운다.

끝으로 법정 연설(dikanikos logos)[64]은 고소 또는 변호로서 정의와 불의를 제시할 과제를 갖는다. 여기에는 고의적이고 자발적인 행동들의 구별에 관한 언급들과 부정을 행하는 일의 동기유형들과 심리학(형사심리학)에 관한 적확한 언급들이 속한다.

논리적 논변과 윤리적 · 심리학적 통찰의 결합으로서 수사술은 필연적으로 분노와 온순, 친애와 적의, 명예, 동정과 시기 같은 정조와 감정을 논구한다.[65] 아리스토텔레스는 청중심리학에서도 이와 비슷한 정확성과 풍부한 관찰력을 보여준다.[66] 왜냐하면 연설가는 그의 연설이 연령과 사회적 계층에 따라 상이한 청중에 대해 어떻게 작용하는지를 알고 있어야 하기 때문이다. 끝으로 『수사학』 제3권은 연설의 문체와 언어에 관해 논하는가 하면 문학적 산문(산문시)에 대해서도 논한다. 아리스토텔레스는 구두묘사와 기록묘사 간의 차이를 강조한다. 그는 명료성 · 친절함 · 독창성을 요구하며 중요한 문체 수단인 은유에 대해 상론한다.

시학

플라톤은 운문에 대한 더할 나위 없는 사랑과 호메로스에 대한 경모(敬慕)에도 불구하고 도덕적인 이유에서 시문을 배척했다.[67] 시는 신들에 관해서, 그리고 정의와 불의에 관해서 거짓 표상을 낳기 때문이요, 그에 더하여 우리의 욕망과 정욕을 고양시키기 때문이라는 것이다. 그에 반해 아리스토텔레스에게 시인은 그리스의 전통에 걸맞게 민중의 가장 좋은 교사들에 속한다. 강력한 정감적 영향을 유발하는 것이야말로 그들의 과제이다.

공적인 연설과 마찬가지로 시문도 도덕적 · 철학적 진리의 일차원적 척도로 측정되기보다는 오히려 그 고유한 개념과 판단기준들로 측정된다. 그리고 『수사학』과 유사하게 『시학』(*Poetik*, 작시술)에 관한 아리스토텔레스의 논고는 오늘날까지도 지대한 영향력을 지닌 저작들에 속한다.

그 구성은 단순하다. 서언에 해당하는 다섯 장 다음에 제6~22장은 비극을, 제23~24장은 서사시를, 그리고 제25~26장은 그 두 유형과 관련된 물음들을 논의한다. 비극의 논구는 그 언어 형식에도 관여해야 하므로 아리스토텔레스는 기초적 문법의 대강을 전개한다(제20~22장은 철자 · 음절 · 접속사 · 관사 · 명사 · 동사 · 격 · 문장에 관한 것이다). 서정시와 합창용 서정시, 그리고 애가(Elegie)는 철저할 정도로 도외시된다.

『시학』의 근본범주는 미메시스(mimēsis)라는 영향력이 큰 개념이다. '모방'은 부정확한 번역이다. 왜냐하면 희극에 자주 나오는 완전히 허구적인 행동들의 창작도 미메시스에 포함되기 때문이다. 이것은 훗날 호라티우스에서 그랬던 것처럼 고전적인 이상형의 모방만을 의미하는 것이 아니요, 자연의 모방만을 의미하는 것도 아니다. '미메시스'는 예술가가 단순히 무로부터 창작해내는 것이 아니라는 것을 의미한다. 작시술은 참조 지시의 특징을 갖고 있다. 몸짓과 흉내, 음성을 통한 사물들의 감각적으로 지각 가능한 표현과 상연은, 주장의 제시에 대해 대안적인 대상화의 다른 한 가능성이다.

아리스토텔레스는 두 가지 자연적인 동인(動因), 즉 한편으로는 모방의 능력과 기쁨을 비롯한 선율과 리듬에 대한 우리의 감각, 다른 한편으로는 인식의 획득이라는 인간의 숙명을 바탕으로 시문을 정초한다. 따라서 시문은 미메시스 개념을 통해 결코 독단적인 모종의 실재론으로 확립되지 않는다. 오히려 그것은 인간의 인식능력과 과제에 관여한다는 것이다. 이런 경우 시인은 그의 재료를 세 가지 원천에서 얻을 수 있다. 실제 삶에서, 구두 또는 문자로 된 전승에서, 아니면 소포클레스가 그랬듯이 사물들의 마땅한 존재방식에 대한 나름대로의 확신에서. 어떤 경우에서든 문제는 인간들의, 그들의 실제적 또는 가능한 행동과 고통의 표현이다. 자연은 무대에 불과하다.

세계를 손끝 하나 대지 않고 내버려두는 이론의 무관심한 관조(觀照) 외에 고대문화에서 나타나는 두번째 특징은 비극적 고통을 세계에서 몰아내고자 하는 것이 아니라 고통에 대해 새로운 관계를 수립하고자 하는 비극의 '치료적으로 관계하는' 관조이다.

아리스토텔레스의 모든 저술들 가운데 르네상스 이래로 『시학』의 근본 개념, 비극적 쾌락의 개념에 대한 논구만큼 엄청나게 많은 2차 문헌을 쏟아낸 것도 없다. 아리스토텔레스는 예술도 인간적 삶의 지도 목표에 종속시킨다. 예술 경험의 의미는 행복을 얻는 데 있다. 아주 일반적으로 미적 향수(hēdonē)는 지각된 연극이 관객이 지닌 삶의 경험과 관련을 맺음으로써 생겨난다. 아리스토텔레스는 비극의 특수한 과제가 연민과 공포의 도움을 받아(di' eleou kai phobou), 더 정확히는──보통의 감정들의 점층이 문제이므로──비탄과 경악의 도움을 받아 바로 그런 감정들의 정화(katharsis)를 꾀하는 것이라고 본다.

이 두 감정에서 문제가 되는 것은 병적인 느낌이 아니라 오히려 실질적인 느낌이다. 비극은 단지 특별한 날카로움을 가지고 모든 사람이 자신의 삶에서 경험할 수 있는 것을 보여주는 것이다. 오이디푸스의 비극적 운명은 비록 인간이 모르고서 행한 것이라 할지라도 중대한 결과를 낳는 잘못에 대해 책임을 질 수 있음을 명백히 해준다. 그처럼 자신의 운명에 대한 깊은 무력(無力)이 인간의 한 부분이다. 자신의 잘못이 없음에도 불구하고 아주 심각한 고통에 빠질 수도 있고 실패한 것으로 '유죄판정'을 받을 수도 있기 때문이다. 여기에 비극의 치료적 기능이 작용하게 된다.

비극은 관객들을 공동의 고통으로 끌어내며, 일상의 감정들, 이를테면 아주 선한 의도에도 불구하고 실패하지 않을까 두려워하는 마음을 고양시켜 신체적 질병과 같은 흥분이 반출되도록, 즉 폭발하도록 한 다음 사라져 없어지게 만든다는 것이다. 그 결과 얻어진 내적 균형은 향수(享受)로 지각된다.

영향

아리스토텔레스가 미친 영향의 역사는 거의 유일무이하다시피한 현상이다. 17세기에서 18세기로 넘어가는 경계에 이르기까지 유럽과 비(非)유럽 지중해 국가들에서의 철학과 과학의 역사는 대부분 아리스토텔레스적 사상의 수용, 전개 및 비판을 읽는 것 같다. 근대의 진행에서 '아리스토텔레스의 권위 상실' 이후에조차 그의 사유는 계속해서 체계적 철학활동의 중요한 실마리가 되었다.

아리스토텔레스의 동시대인들은 무엇보다도 그의 논리학 강의, 박식하고 통찰력 있으며 동시에 사변적인 자연철학, 그리고 현상학적으로 내용이 충실한 윤리학 때문에 그를 높이 평가했던 듯하다. 그리스적 사유세계에서 아리스토텔레스의 영향은 우리의 시간계산법으로 기원후 3세기까지 유지되었던 아테네의 학당으로부터 출발한다. 제1대 교장 테오프라스토스(기원전 372~287)는 형이상학에 관한 논고와 식물학적 저술들, 『성격들』(*Charaktere*)에 관한 저작을 통해 유명해졌다. 학당은 전반적 이론을 계속해서 전개하려고 시도했으나 얼마 못 가서 순전히 철학적인 영역에 빠지고 말았다. 이것은 아마도 그 초창기 교장들의 경험적인 경향에 보다 제약되어 있었을 것이다.

로도스 출신의 안드로니코스(기원전 1세기)에 이르러서야 철학 수업을 강화하는 일에 다시 노력을 기울이게 되었다. 이를 위해 그는 대화편들과 통속적인 저술들에 비해 오랫동안 잊혀졌던 과학적 논고들, 그 이래로 우리에게 익히 잘 알려진 『아리스토텔레스 저작집』을 공적으로 접근 가능하게 만들었다.

아리스토텔레스의 저작들에 대해서는 수많은 주석들이 나왔는데, 그 가운데서 수작은 아프로디시아스 출신의 알렉산드로스(서기 200년경)의 주석이다. 논리학적 저술들은 수사학 수업의 교재로 채택되었다. 자연철학(특히 『천구에 관하여』), 제일철학, 그리고 윤리학 역시 다각도로 논의되었지만, 그 밖의 다른 저술들은 등한히 다루어졌다. 알렉산드리아와 로마의 위대한 과학자들은 아리스토텔레스의 저술과 그 엄밀하게 과학적인 문체에 의해 크게 영향을 받았다. 이를테면 수학자이자 천문학자이며 지리학자인 프톨레마이오스, 문법과 구문론의 창시자인 아폴로니오스 디스콜로스, 그의 아들로서 운율학과 작시법의 체계를 세운 헤로디안, 끝으로 유명한 의사이자 박식한 사람 갈레노스가 그들이다.

뒤에 가서 아리스토텔레스의 학원은 스토아주의와 에피쿠로스주의에 의해 배후로 밀려났으며 신플라톤주의에 흡수되었으나 신플라톤주의는 아리스토텔레스를 주석하는 작업을 계속해 나갔다. 유명한 것은 아리스토텔레스의 『범주론』에 대한 포르피리오스의 입문(Isagoge)과 주석이다. 신플라톤주의적 주석가들을 넘어 아리스토텔레스는 지적으로 지도적인 아랍의 문화적 공간에 도달했으며 페르시아의 철학자이자 의사인 아비센나(Avicenna, 980~1037)와 (그보다 훨씬 더한 정도로) 코르도바 출신의 아베로에스(Averroes von Córdoba, 1126~1198)에 의해서 대단히 숭배되었다.

하지만 아리스토텔레스적 사유는 아베로에스의 경우를 제외하면 대체로 신플라톤주의와 결부되어 나타났는데, 9세기에 이스라엘리(Isaak Israeli)와 더불어 시작하는 유태 철학에서도 마찬가지였다. 보다 순수한 정통적 연구자는 서양의 스콜라 철학에 아리스토텔레스를 중개했던 위대한 동방 사람들 가운데 최후의 인물인 마이모니데스(Moses Maimonides, 1135~1204)였는데, 그로 말미암아 아리스토텔레스의 철학은 에스파냐 · 프랑스 · 이탈리아의 유대적 사유에서 오랫동안 영향력을 행사했다.

아리스토텔레스의 이론들은 신플라톤주의의 길을 통해 그리스의 교부철학에도 흘러들었는데, 이를테면 오리게네스(Origenes)의 경우가 그렇다. 그에 반해서 라틴의 교부철학—테르툴리아누스(Tertullian)와 히에로니무스(Hieronymus) 같은 크리스트교적 플라톤주의자들—은 아리스토텔레스가 이데아론을 붕괴시키고 나아가 영혼의 불멸성과 창조사상 및 섭리에 대한 믿음에 이의를 제기한 것을 용서할 수 없었다. 12세기 초까지만 하더라도 라틴 세계에서 수준급의 아리스토텔레스 중개자로는 한 사람만이 알려져 있었다. 서양의 교사라고도 일컬어지는 보에티우스(Boethius, 480~524/5)가 바로 그다.

플라톤과 아리스토텔레스의 작품들의 번역을 통해 그들의 조화를 드러내려는 보에티우스의 계획(천 년 뒤에 피코 델라 미란돌라 같은 르네상스 사상가들도 이 일을 시도한다)은 아리스토텔레스와 관련해서는 『범주론』(그리스 · 라틴 · 아라비아의 고대와 중세에 가장 많이 논의된 아리스토텔레스의 저작)과 『명제론』 및 포르피리오스의 『입문』에 대해서만 실현되었다.

뒷날 『오르가논』의 다른 부분들도 번역되었을 때, 새로 번역된 부분들은 새로운 기술(ars nova) 또는 새로운 논리학(logica nova)으로 간주되었으나, 다른 것들은 민족이동 이후 유럽의 지적 발전에 본질적으로 영향을 준 옛 기술(옛 논리학, ars 〔logica〕 vetus)로 간주되었다. 카롤루스 대제 치하에 다음 세기를 위해 칙명으로 재가된 교육기관의 교육

프로그램인 7가지 인문학들(3과와 4과의 두 부분으로 이루어졌는데, 전자에는 문법 · 수사학 · 변증법이, 그리고 후자에는 산술 · 기하 · 천문학 · 음악이 속했다—옮긴이) 가운데에는 유일한 철학적 분과로서 옛 기술에 바탕을 둔 변증법 또는 논리학이 포함되어 있었다. 보에티우스는 그의 논리학에 대한 저술들로써 스콜라 철학적 방법의 교육을 준비했다. 아울러 『입문』에 대한 주석에서 그가 제기했던 보편자 문제로써 다음 세기의 인식론적이고 형이상학적인 논쟁들의 서막을 장식했다.

11세기와 12세기에는 논리학에 대한 연구들이 축적되었으며, 아랍 문화를 통해 중개됨으로써 인식론에 대한 아리스토텔레스의 영향이 커갔다. 12세기에는 양(兩) 『분석론』의 새로운 논리학이 지적 공공재(公共財)가 되었다. 아벨라르두스(Peter Abaelard, 1079~1142)와 더불어 인식론적 논의에서는 아리스토텔레스의 시론(試論)이 승리를 거두었다. 특히 아리스토텔레스적 논리학(변증법)에 의해 영향을 받은 저작 『긍정과 부정』(*Sic et Non*)에서는 사변적 신학과 연역적 과학들의 발전과 유럽 언어들의 형성에 본질적으로 영향을 미쳤던 '방법', 스콜라 철학적 사유가 절정에 달했다.

아랍어에서 라틴어로, 나중에 가서는 그리스어에서 라틴어로의 수많은 번역들 덕택에 아리스토텔레스는 12세기에 아랍인들의 자연과학적 지식과 함께 점점 더 큰 규모로 서양의 교육과정에 밀려 들어왔다. 콘스탄티노플의 정복(1204) 이후 수많은 수고(手稿)들 중에서 한 질의 『형이상학』도 유럽에 도달했는데, 그것은 즉시 번역되었다. 13세기에는 크리스트교 세계에서 아주 강력한 아리스토텔레스 르네상스가 일어났다. 물론 커다란 저항이 있고 나서의 일이었다. 예컨대 파리 대학에서는 아리스토텔레스의 사상이 번번이 유죄 판결을 받고 금지되었다. 그러나 그의 저작들은 금세 인문학부를 지배했는데, 그것은 사실상 아리스토텔레스적 정신에서 철학학부가 되었다. 동시에 철학은 신학에 대한 단순한 복무(신학의 시녀) 기능에서 풀려날 수 있었으며, 논리학적 예비교실의 좁은 경계를 넘어서 그 고유한 물음들의 다양성에 응할 수 있게 되었다.

신학부 역시 아리스토텔레스에 의해 강하게 규정되었다. 그러나 그 당시만 해도 아직 아리스토텔레스는 다른 종교적 또는 철학적인, 특히 신플라톤주의적인 영향 없이는 수용되지 않았다. 오직 아베로에스주의만이 반론에 아랑곳하지 않은 채 크리스트교적 신앙에 맞서 본래적인 아리스토텔레스를 가르치고자 했다. 동시에 아리스토텔레스주의는 여러 운동들로 가지를 뻗어나갔다. 13세기의 철학과 신학에서 커다란 논전은 대부분 아리스토텔레스주의의 다양한 형태들간의 논쟁이었는데, 그 거물급 '기수'는 로저 베이컨과 알베르투스 마그누스이다.

아퀴나스가 크리스트교적 사상과 아리스토텔레스적 사상 및 다른 철학사상에서 만들어낸 종합은 결코 아무런 저항 없이 관철되지는 않았다. 보나벤투라(Bonaventura)는 아리스토텔레스주의에 더 강한 아우구스티누스적 특징을 부여했으며, 브라방의 시제루스(Siger von Brabant)는—전형적으로 아베로에스적으로—크리스트교와 일치하지 않는 것으로 보이는 이론들도 수용했다.

14세기 프라하와 빈, 쾰른과 하이델베르크의 새로운 대학들은 전적으로 아리스토텔레스의 간판 아래 설립되었다. 동시에 주로 파리와 옥스퍼드에서 아리스토텔레스의 자연철학과 존재론 · 인식론에 대한 반대운동이 꿈틀거렸는데, 그것은 이탈리아의 인문주의자 페트라르카에게서처럼 반크리스트교적 요소 때문이 아니었다. 스콜라 철학은 아리스토텔레스에 비하여 권위적 신앙에 빠졌기 때문에 철학적 · 과학적 · 신학적으로 신용을 잃게 되었던 것이다. 많은 인문주의자들이 날카로운 비판가들 축에 속했으며, 뒤에 가서는 종교개혁자 루터나 수학자이자 철학자로서 데카르트의 적수였던 가상디(Pierre Gassendi)가 아리스토텔레스를 비판했다. 쿠자누스(Nikolaus von Kues)는 모순율—스콜라 철학적 아리스토텔레스주의의 토대—을 사변적 사고라 하여 배척했다.

사상적으로 천박해지면서 대신 교의적으로 경직된 아리스토텔레스주의는 가면 갈수록 창조적 탐구의 장애로 나타났다. 그러니 이를테면 프랜시스 베이컨의 과학들의 『새로운 논리학』(*Novum Organum*, 1620)이나 갈릴레오 갈릴레이의 『두 개의 세계체계에 관한 대화』(*Dialog über die zwei Weltsysteme*, 1632)에서 행해지는 정면공격에 놀랄 필요가 없다. 하지만 종교재판은 아리스토텔레스주의와 아리스토텔레스를 아주 잘 구별할 줄 알았던 갈릴레이에게 무릎을 꿇고 '오류'를 버리는 맹세를 하도록 강요할 수 있었다.

갈릴레이가 죽은 후 몇 년이 지나 옥스퍼드에서는 아리스토텔레스주의에 반대하여 왕립학회(Royal Society)가 창립되었다. 옥스퍼드도 말브랑슈(Malebranche)가 파리 대학에 대해 확인했던 것과 동일한 상황이었기 때문이다. "어떤 진리를 인식한 사람은 오늘날까지도 여전히 아리스토텔레스가 이미 그것을 알았었음을 증명해야 한다. 그리고 아리스토텔레스가 그것과 대립한다면, 그 발견은 거짓이 되어버린다."[68] 따라서 근대 초기의 철학 · 과학의 많은 부분에서 우리는 아리스토텔레스의 권위 상실을 읽는 듯하다. 라이프니츠 같은 독립적인 사상가만이 스콜라 철학을 배척하는 동시에 아리스토텔레스의 참된 사상을 인정할 수 있었던 것이다.

그러나 학계로부터의 날카로운 비판과 부분적으로는 신랄한 풍자에도 불구하고 수많은 대학들과 교회 부속기관들, 특히 도미니쿠스 수도회—카예타누스(Cajetan)—와 예수회—수아레즈(Suarez)—부속 학교들, 그리고 신교도들 사이에서도 아리스토텔레스 · 토마스 철학은 구체제(ancien régime)가 끝날 때까지 구속력 있는 이론으로 간주되었다. 특별히 고유한 영향력을 행사한 것은 아리스토텔레스의 『시학』이다. 르네상스 이래 그것에 대해 씌어진 수없이 많은 주석들은 유럽의 고전에 지속적인 영향을 주었으며 브레히트의 시학은—비록 반대되는 기획이긴 하지만—아리스토텔레스에서 출발해야만 이해될 수 있다.

19세기와 20세기는 역사적 · 문헌학적이고 체계적인 연구의 주목할 만한 혁신만 가져온 것이 아니다. 아리스토텔레스의 저작이 다시금 직접적으로 체계적 의의를 갖게 되었는데, 특히 그 저작을 원전으로 연구한 헤겔의 철학에서 그랬다. 후설의 선구자인 브렌타노, 하이데거 또는 니콜라이 하르트만에게도 아리스토텔레스는 큰 영향을 미쳤다.

최근에는 아리스토텔레스와 관련하여 두 가지 크게 다른 경향이 나타나고 있다. 그 하나는 해석학적 사유(가다머)와 그 주위에 있는, 정치학과 법학의 이른바 특수 방법론으로서의 논점학(論點學, Topik)과 더불어 정치철학(리터, 슈트라우스, 푀겔린)의 혁신이다. 다른 한편으로는 언어분석철학이 있다. 오스틴의 일상언어에서의 출발과 철학적 물음, 대안적 해결 가능성에 대한 날카로운 논의는 통념들(endoxa)에서 출발하는 『변증론』과 '문제 중심의 사상가' 아리스토텔레스의 빈번히 난관에 봉착하곤 하는 논의에 힘입고 있다. 저 스타게이라 사람의 사유에 신세지기로는 범주오류(category mistakes)에 대한 라일(G. Ryle)의 언급과 함께 실천적 삼단논식과 행동이론의 근본개념들을 둘러싼 논의(안스컴, 케니 등)도 마찬가지다.

| **오트프리트 회페 · 한석환 옮김** |

오트프리트 회페(Otfried Höfe)
1943년 출생. 1964~1970년 뮌스터, 튀빙겐, 자르브뤼켄(Saarbrücken) 및 뮌헨 대학교에서 철학, 역사학, 신학, 사회학을 전공했다. 뉴욕 컬럼비아 대학교에 객

원 연구원으로 있었고(1970~1971) 뮌헨 대학교에서 철학교수자격을 취득했다(1974~1975). 1976년 뒤스부르크 대학교 철학 부교수, 1977년 정교수, 1978~1992년 스위스 프라이부르크 대학교 윤리학·사회철학 교수 겸 사회과학 및 정치학 국제 연구소 소장을 거쳐 1992년 이래 튀빙겐 대학교 철학과 정교수로 있다. 저서 : *Praktische Philosophie—Das Model des Aristoteles*(1971), *Strategien der Humanität*(1975, 에스파냐어판 1979, 문고판 1985), *Ethik und Politik*([2]1984), *Sittlich-Politische Diskurse*(1981), *Immanuel Kant*([3]1992), *Introduction à la philosophie pratique de Kant*(1985), *Politische Gerechtigkeit*(1987), *Kategorische Rechtsprinzipien*(1990), *Moral als Preis der Moderne* (1993). 편집 : *Lexikon der Ethik*(1977, [4]1992, 프랑스어판 1980), *Große Denker*(1980ff.), *Zeitschrift für philosophische Forschung*.

한석환
서울교대와 숭실대학교 철학과를 졸업했다. 같은 학교 대학원 석사과정을 마치고 독일 함부르크 대학 박사과정을 수료했으며 숭실대학교 대학원에서 철학 박사학위를 받았다. 강릉대학교 철학과 교수를 지냈으며 현재 숭실대학교 철학과 교수로 있다. 저서로는 『존재와 언어』『지금, 철학할 시간』, 공저로는 『문제를 찾아서』『철학의 명저 20』『서양고대철학의 세계』, 역서로는 『철학자 아리스토텔레스』『하일라스와 필로누스가 나눈 대화 세 마당』『철학자 플라톤』『형이상학』 등이 있다. 그 밖에 서양 고대철학과 수사학에 관한 다수의 논문이 있다.

주

1) Łukasiewicz, Patzig 참조.
2) 『저명한 철학자들의 삶과 생각들』, I, V, 1.
3) 플라톤, 『파이돈』 118a.
4) Moraux, 1975 참조.
5) 고대 전승에 의하면, 논저들의 수고 원본은 테오프라스토스로부터 그것들을 상속받았던 넬레우스(Neleus)에 의해 소아시아의 스켑시스로 옮겨졌다. 그곳에서 그것들은 유산 상속자들의 주목을 거의 받지 못하다가 200년 뒤에 몰래 빼돌려져 아펠리콘(Apellikon)의 수중으로 팔려갔으며, 아테네에서 그것들은 특별히 신뢰할 수 없는 '판'(版)으로 접근 가능하게 되었다는 것이다. 기원전 86년에는 술라(Sulla)가 아테네를 정복, 아펠리콘의 장서도 로마로 옮겨졌다.
6) Hermeneutika라는 표제로도 전승되는 이 저술은 현대적 의미에서의 해석학—공표, 이해 또는 해석의 기술 내지 이론—을 의미하지 않는다. 여기서 논구되는 것은 오히려 참이거나 거짓일 수 있는 가장 작은 언설의 단위로서의 언명(명제 · 판단)이다. 아리스토텔레스는 그것의 요소들, 주어, 동사를 비롯하여 낱말들 일반을 논하며, 언명(주장)으로서의 그것의 성격을 논한다. 그는 긍정언명과 부정언명, 그것들의 모순과 '가능' · '우연' · '필연'과 같은 양상들 및 관계를 논구한다.
7) 여기서 계사(繫辭)는 나오지 않는다. 아리스토텔레스는 그 대신 '~에 속한다'(zukommen)를 말한다. 개념 변항(A, B, C, …)이 들어 있는 추론들이 구체적인 개념들이 들어 있는 추론들을 압도한다. 단독개념들(고유명사들) 역시 범주들과 마찬가지로 등장하지 않는다.
8) 매개념의 위치에 따라 격이 달라진다. 제1격 : A×B & B×C → A×C, 제2격 : B×A & B×C → A×C, 제3격 : A×B & C×B → A×C. '×'는 다양한 식들—전칭긍정 언명, 전칭부정 언명, 특칭긍정 언명 및 특칭부정 언명—을 나타낸다.
9) 아리스토텔레스, 『형이상학』 I 1 참조. 전거 제시에서 로마 숫자는 권(卷)을 가리키고, 아라비아 숫자는 장(章)을, 콤마 뒤의 숫자들은 벡커(Becker)판(참고문헌 참조)의 쪽수와 행(行)을 가리킨다.
10) 칸트, 『순수이성비판』, B 882.
11) 아리스토텔레스, 『영혼에 관하여』 Ⅲ 4~8도 참조.

12) Kapp 참조.
13) 아리스토텔레스, 『변증론』 I 1.
14) 예컨대 아리스토텔레스, 『니코마코스 윤리학』 I 1, 2, 7 ; II 2 ; 그밖에도 Höffe 1971과 [2]1984, 제2장.
15) 물론 제11권의 진정성(眞正性)에 논쟁의 여지가 없는 것은 아니다.
16) Wieland, § 17 참조.
17) 아리스토텔레스, 『니코마코스 윤리학』 I 13도 참조.
18) 「지각에 관하여」(Über die Wahrnehmung), 「기억과 상기에 관하여」(Über Gedächtnis und Erinnerung), 「수면과 깨어 있음에 관하여」(Über Schlaf und Wachen), 「꿈에 관하여」(Über Träume), 「꿈을 통한 예언에 관하여」(Über Weissagung durch Träume), 「장수와 단명에 관하여」(Über Lang- und Kurzlebigkeit), 「젊음과 노년에 관하여」(Über Jugend und Alter).
19) Seeck(편), 235쪽.
20) Bröcker 참조.
21) 아리스토텔레스, 『자연학』 III 1~3 ; 『형이상학』 IX, XI 9.
22) 너무 좁은 '물질적인' 해석에 대한 반론에 대해서는 Happ 참조.
23) 아리스토텔레스, 『자연학』 II 1, 4~6 ; 『형이상학』 XII 3.
24) 아리스토텔레스, 『자연학』 II 1, 192b 13f.
25) 아리스토텔레스, 『분석론 후서』 II 10 ; 『형이상학』 I 3, 7 ; V 2도 참조.
26) 아리스토텔레스, 『형이상학』 I 2, 아울러 XI 4.
27) 같은 책, IV 1 ; VI 1 ; XI 3.
28) 같은 책 VI 1.
29) 아리스토텔레스, 『자연학』 VIII 참조.
30) 아리스토텔레스, 『형이상학』 XII 7.
31) 아리스토텔레스, 『범주론』 4.
32) 아리스토텔레스, 『형이상학』 IV 2, 1003a 33f.
33) 아리스토텔레스, 『범주론』 5 ; 『형이상학』 VII 1.
34) 아리스토텔레스, 『형이상학』 VII 1, 1028a 31~b2.
35) 같은 책, VII 4~6, 17.
36) 같은 책, VII.
37) 같은 책, I 9, VII 14, XIII, XIV 참조 ; 『니코마코스 윤리학』 I 4도 참조.
38) 아리스토텔레스, 『형이상학』 IX 1~9.
39) 같은 책, VI 1, 1026a 19 참조.
40) 아리스토텔레스, 『영혼론』 III 5.
41) 아리스토텔레스, 『니코마코스 윤리학』 VI 3, 1193b 15.
42) 아리스토텔레스, 『형이상학』 IX 10 참조. 여기서 존재는 또 한 의미에서 인

식가능하다는 의미에서 참된 것으로 규정된다.
43) 같은 책, VI 7, 1011b 27.
44) 아리스토텔레스, 『니코마코스 윤리학』 I 1, 1095a 5~6.
45) Höffe 1971 참조.
46) J. Ritter, H.-G. Gadamer 참조.
47) 아리스토텔레스, 『니코마코스 윤리학』 I 1, 1094a 1~3.
48) 같은 책, I 1, 1094a 3~6 ; VI 4~5.
49) 같은 책, I 5.
50) 같은 책, I 3.
51) 같은 책, X 6~9.
52) 같은 책, VI 5, 8~9, 11~13.
53) 아리스토텔레스, 『정치학』 I 2.
54) 같은 책, III 9.
55) 같은 책, II.
56) 같은 책, III, IV, VI.
57) 같은 책, V.
58) 같은 책, III 6~8과 여러 곳.
59) 플라톤, 『고르기아스』, 『파이드로스』 참조.
60) 아리스토텔레스, 『수사학』 I 1, 1355b 10f.
61) 같은 책, II 20~26, III.
62) 같은 책, I 4~8.
63) 같은 책, I 9.
64) 같은 책, I 10~15.
65) 같은 책, II 2~11.
66) 같은 책, II 12~17.
67) 플라톤, 『국가』 III, X ; 『소피스테스』 235e ff. ; 『법률』 II.
68) 말브랑슈, 『진리 탐구에 대하여』, 1674, IV3, § 3.

참고문헌

그리스어 전집과 단행본

〈오늘날 그 쪽수와 행수에 따라 인용되는 전집의 고전적 판본은 왕립 프로이센 과학원의 위임에 의해 기획된 다음 책이다〉

•Becker, I. (Hrsg.) : *Aristotelis Opera*, 5 Bde., Berlin 1831~1870(제1, 2권 : griech. Text, 제3권 : lat. Renaissance-Übersetzung, 제4권 : Scholia, 제5권 : Fragmente u. H. Bonitz, Index Aristotelicus), Neuausgabe besorgt von O. Gigon, Berlin 1960 ; Einzelausgabe des Index Aristotelicus : Graz ²1955(더할 나위 없이 좋은 참고서).

〈보존된 단편들의 폭넓은 편찬서〉

•Rose, V. : *Aristotelis qui ferebrantur Librorum Fragmenta*, Leipzig ³1886, Nachdruck Stuttgart 1967.

〈신뢰할 수 있는 염가의 단행본들〉

•Scriptorum Classicorum Bibliotheca Oxoniensis(Oxford Classical Texts), Clarendon, 1894ff.에 있는 책들.

〈훌륭한 해제와 주석이 첨부되어 있는 원전들(부분적으로 개정된 수많은 증쇄들이 있음)〉

•Ross, W.D., Oxford, Clarendon : —*Prior and Posterior Analytics*, 1949, Nachdruck 1965.—*De Anima*, 1961.—*Physics*, 1936, Nachdruck 1966.—*Metaphysics*, 2 Bde., 1924, Nachdruck 1966.—*Parva Naturalia*, 1955, Nachdruck 1970.

〈비슷한 방식으로 간행된 단행본들〉

•Burnet, J. : *The Ethics of Aristotle*, London, Methuen, 1900.

•Düring, I. : *Aristotle's Chemical Treatise. Meterologica IV*, Göteborg, Almquist & Wiksell, 1944.

•Grant, A. : *The Ethics of Aristotle*, 2 Bde., London, Parker & Son, 1857.

•Hicks, R.D. : *De Anima*, Cambridge, Cambridge Univ. Press, 1907,

Nachdruck 1976.
●Joachim, H.H. : *De Generatione et Corruptione*, Oxford, Clarendon, 1922, Nachdruck 1962.
●Newman, W.L. : *The Politics of Aristotle*, 4 Bde., Oxford, Clarendon, 1887~1902.

독일어 번역과 주석서

●Aristoteles : 독일어 번역판(학구적이고 때로는 고도로 역사적 · 문헌학적인 주석이 첨부되어 있음). E. Grumach에 의해 기획되고 H. Flashar에 의해 편집됨, Berlin, 지금까지 간행된 번역 : —*Kategorien*, übersetzt und erläutert von K. Oehler, ^{2}1986.—*Nikomachische Ethik*(F. Dirlmeier), ^{9}1991.—*Eudemische Ethik*(F. Dirlmeier), ^{4}1984.—*Magna Moralia*(F. Dirlmeier), ^{5}1983.—*Politik, Buch I*(E. Schütrumpf) und *Politik, Buch II und III*(E. Schütrumpf), 1991.—*Der Staat der Athener*(M. Chambers), 1990.—*Physikvorlesung*(H. Wagner), ^{5}1989.—*Meterologie. Über die Welt*(H. Strohm), ^{3}1984.—*Über die Seele*(W. Theiler), ^{7}1986.—*Zoologische Schriften II*(J. Kollesch), 1985.—*Opuscula I : Über die Tugend*(E.A. Schmidt), ^{3}1986.—*Opuscula II und III : Mirabilia*(H. Flashar) und *De audibilibus*(U. Klein), ^{3}1990.—*Problemata Physica*(H. Flashar), ^{4}1991.
●Bibliothek der Alten Welt 가운데 O. Gigon의 해설과 주석이 곁들여진 번역이 있음. Deutscher Taschenbuchverlag, München에서 문고판으로 간행됨 : *Einführungsschriften*, 1982(Zürich 1961).—*Vom Himmel. Von der Seele. Von der Dichtkunst*, 1983(Zürich 1950).—*Die Nikomachische Ethik*, 1991(Zürich 1951).—*Politik*, 1978(Zürich 1955).
●Philosophische Bibliothek Meiner, Hamburg에서는 구판이 부분적으로 개정됨 : *Nikomachische Ethik*(E. Rolfes ; hrsg. v. G. Bien), ^{4}1985.—*Politik*(E. Rolfes ; neu eingeleitet v. G. Bien), ^{4}1981.—*Kategorien. Lehre vom Satz*(E. Rolfes), 9. Nachdr. 1974.—*Lehre vom Schluß oder Erste Analytik*(E. Rolfes ; neu eingeleitet von H.G. Zekl), 1992.—*Lehre vom Beweis oder Zweite Analytik*(E. Rolfes ; neu eingeleitet m. Bibliogr. v. O. Höffe), 11. verbesserte Neuauflage 1990.—*Topik*(E. Rolfes ; neu eingeleitet von H.G. Zekl), 1992.—*Sophistische Widerlegungen*(E. Rolfes), 13. Nachdr. 1968.—*Metaphysik*(H. Seidl), 2 Bde. ^{3}1989 und ^{3}1991.—*Physik*(H.G. Zekl), 2 Bde. 1987 und 1988.
●Reclams Universalbibliothek, Stuttgart에 들어 있는 번역과 원전 :

Metaphysik(F.F. Schwarz), 1970.—*Nikomachische Ethik*(F. Dirlmeier ; Anmerkungen von E.A. Schmidt), 1969.—*Poetik*(M. Fuhrmann), zweispr., 1982.—*Der Staat der Athener*(P. Dams), 1975.—*Über die Welt*(O. Schönberger), 1991.

〈몇 종의 단행본〉

● —*Protreptikos*, hrsg. von I. Düring, Frankfurt a. M. ³1993.

● —*Metaphysik XII*, hrsg. von H.-G. Gadamer, Frankfurt a. M. ⁴1984.

● —*Metaphysik Z*, Übersetzt u. kommentiert von M. Frede/G. Patzig, München 1988.

● —*Rhetorik*, Übersetzt u. erläutert von F.G. Sieveke, München ³1989.

외국어 주석서

〈1항에 언급된 주석이 딸린 원전들 외에 훌륭한 체계적 · 비판적 주석이 곁들여진 원전에 충실한 번역들〉

●Clarendon Aristotle Series, hrsg. von J.L. Ackrill, Oxford, Oxford Univ. Press : —Ackrill, J.L. : *Categories and De Interpretatione*, 1963.—Balme, D.M. : *De Partibus Animalium I—De Generatione Animalium I*, 1972.—Barnes, J. : *Posterior Analytics*, 1975.—Charlton, W.: *Physics I, II*, 1970.—Hamlyn, D.W. : *De Anima*, 1975.—Kirwan, C. : *Metaphysics IV, VI*, 1971.—Robinson, R. : *Politics III, IV*, 1973.—Woods, M. : *Eudemian Ethics*, Books I, II and VIII, 1982.—Williams, C.J.F. : *De Generatione et Corruptione*, 1982.—Annas, J. : *Metaphysics Books M and N*, 1976.—Hussey, E. : *Physics III, IV*, 1983.

〈개별 저작에 대한 몇몇 중요한 주석〉

●Apostle, H.G. : *Aristotle's Metaphysics*, Indiana, University Press, 1966.

●Barker, E. : *The Politics of Aristotle*, Oxford, Oxford Univ. Press, 1970.

●Bonitz, H. : *Aristotle's Metaphysica* 2 Bde., Bonn 1849(Neudruck : Hildesheim 1960).

●Cassin, B./Narcy, M. : *La décision du sens. Le livre Gamma de la Métaphysique, introduction, texte, traduction et commentaire*, Paris, Vrin, 1989.

●Elders, L. : *Aristotle's Theology. A Commentary on Book 1 of the Metaphysics*, Assen, Van Gorcum, 1972.

•Else, G.: *Aristotle's Poetics. The Argument*, Leiden, Brill, 1957.
•Gauthier, R.A., Jolif, J.Y. : *L'Ethique à Nicomaque*(mit Übersetzung) 4 Bde., Löwen, Publications Univ., ²1970.
•Joachim, H.H. : *Aristotle. The Nicomachean Ethics*, Oxford, Clarendon, ²1962.
•Lucas, D.W. : *Aristotle. Poetics*, Oxford, Clarendon, 1968.
•Reale, G. : *Aristotele. La Metafisica*(mit Übersetzung), 2 Bde., Neapel, Loffredo, 1968.

보조 자료

•Index Aristotelicus(앞의 그리스어 전집과 단행본 참조).
•Kiernan, Th.P. : *Aristotle Dictionary*, New York, Philosophical Library, 1961.
•잡지 *Gnomen*이 부록으로 제공하는 연구물 목록 참조.

〈생애, 저작, 전승, 학설 및 연구에 관한 상세하고 체계적인 개관〉

•Flashar, H. : *Aristoteles*, in : H. Flashar(Hrsg.), *Grundriß der Geschichte der Philosophie*, begr. von F. Überweg, *Die Philosophie der Antike*, Bd. 3, Basel/Stuttgart 1983.

〈아리스토텔레스 연구 현황에 관한 상세한, 그러나 얼마간 시대에 뒤진 보고〉

•Berti, E. : *La filosofia del primo Aristotele*, Padua, Milani, 1962, 1~122쪽.

〈후속 연구에 관해 아주 훌륭한 정보를 제공하는 것은 1957년 이래로 3년마다 한번씩 개최되는 Symposium Aristotelicum이다〉

•Aubenque, P.(Hrsg.) : *Etudes sur la métaphysique d'Aristote*, Paris, Presses Univ. de France, 1979.
•Berti, E.(ed.) : *Aristotle on Science : The 'Posterior Analytics'*, Padua, Atenore, 1981.
•Düring, I., Owen, G.E.L.(eds.) : *Aristotle and Plato in the Mid-fourth Century*, Göteborg, Almquist & Wiksell, 1960.
•Düring, I.(Hrsg.) : *Naturphilosophie bei Aristoteles und Theophrast*, Heidelberg 1969.
•Graeser, A.(ed.) : *Mathematics and Metaphysics in Aristotle*, Bern/Stuttgart 1987.

•Lloyd, G.E.R., Owen, G.E.L.(eds.) : *Aristotle on Mind and Senses*, Cambridge, Cambridge Univ. Press, 1978.
•Mansion, S.(Hrsg.) : *Aristote et les problèmes de méthode*, Löwen, Publications Univ., 1961.
•Moraux, P., Harlfinger, D.(Hrsg.) : *Untersuchungen zur Eudemischen Ethik*, Berlin 1971.
•Owen, G.E.L.(ed.) : *Aristotle on Dialectics*, Oxford, Oxford Univ. Press, 1968.
•Patzig, G.(Hrsg.) : *Aristoteles' "Politik"*, Göttingen 1990.

개론서와 논문집

•Ackrill, J.L. : *Aristotle— The Philosopher*, Oxford, Clarendon, 1981(dt. : *Aristoteles. Eine Einführung in sein Philosophieren*, Berlin/New York 1985).
•Allan, D.J. : *The Philosophy of Aristotle*, Oxford, Oxford Univ. Press, ^{2}1970 (dt. : *Die Philosophie des Aristoteles*, Hamburg 1955).
•Barnes, J.(Hrsg.) : *Articles on Aristotle*, Bd. 1 : Science, London, Duckworth, 1975 ; Bd. 2 : Ethics and Politics, New York 1978.
•_______ : *Aristotle*, Oxford, Oxford Univ. Press, 1982(dt. : *Aristoteles. Eine Einführung*, Stuttgart 1991).
•Bröcker, W. : *Aristoteles*, Frankfurt a. M. ^{4}1974.
•Chroust, A.-H. : *Aristotle*, London, Routledge, 1973.
•Düring, I. : *Aristoteles. Darstellung und Interpretation seines Denkens*, Heidelberg 1966.
•Jaeger, W. : *Aristoteles. Grundlegung einer Geschichte seiner Entwicklung*, Berlin ^{2}1955.
•Moraux, P. : *Aristote et son école*, Paris, Presses Univ. de France, 1962.
•_______(Hrsg.) : *Aristoteles in der neueren Forschung*, Darmstadt 1968.
•_______(Hrsg.) : *Die Frühschriften des Aristoteles*, Darmstadt 1975.
•Moravcsik, J.M.E.(Hrsg.) : *Aristotle. A Collection of Critical Essays*, London, Duckworth, 1968.
•O'Meara, D.J.(Hrsg.) : *Studies in Aristotle*, Washington, The Catholic Univ. of America Press, 1981.
•Randall, J.H. : *Aristotle. Nature and Historical Experience*, New York, Columbia Univ. Press, 1960.

•Rorty, A.O. : *Essays on Aristotle's Ethics*, London, Berkeley 1980.
•Ross, W.D. : *Aristotle*, London, Methuen, 1971.

논리학, 언어, 자연철학 및 형이상학 참고서지

•Aubenque, P. : *Le problème de l'être chez Aristote*, Paris, Presses Univ. de France, [4]1991.
•Craemer-Ruegenberg, I. : *Die Naturphilosophie des Aristoteles*, Freiburg/München 1980.
•Fritz, K.v. : *Philosophie und sprachlicher Ausdruck bei Demokrit, Plato und Aristoteles*, Darmstadt [2]1963.
•Gill, M.L. : *Aristotle on Substance*, Princeton, N.J., Princeton Univ. Press, 1989.
•Granger, G.G. : *La théorie aristotélicienne de la science*, Paris, Aubier-Montaigne, 1976.
•Hager, F.-P.(Hrsg.) : *Logik und Erkenntnislehre des Aristoteles*, Darmstadt 1972.
•______(Hrsg.) : *Metaphysik und Theologie des Aristoteles*, Darmstadt 1975.
Happ, H. : *Hyle. Studien zum aristotelischen Materie-Begriff*, Berlin 1971.
•Hartmann, E. : *Sunstance, Body, and Soul*, Princeton, N.J., Princeton Univ. Press, 1977.
•Hintikka, J. : *Time and Necessity. Studies in Aristotle's Theory of Modality*, Oxford, Clarendon, 1973.
•Kapp, E. : *Der Ursprung der Logik bei den Griechen*, Göttingen 1965.
•Kullmann, W. : *Wissenschaft Und Methode. Interpretation zur aristotelischen Theorie der Naturwissenschaft*, Berlin/New York 1974.
•Larkin, T. : *Language in the Philosophy of Aristotle*, Den Haag, Mouton, 1971.
•Leszl, W. : *Logic and Metaphysics in Aristotle. Aristotle's treatment of types of equivocity and its relevance to his metaphysical theories*, Padua, Ed. Antenore, 1970.
•______ : *Aristotle's Conception of Ontology*, Padua, Ed. Antenore, 1975.
• Łukasiewicz, J. : *Aristotle's Syllogistic. From the Standpoint of Modern Formal Logic*, Oxford, Oxford Univ. Press, [3]1958.
•Nuyens, F. : *L'évolution de la psychologie d'Aristote*, Paris, Vrin, [2]1973.

•Owens, J. : *The Doctrine of Being in the Aristotelian Metaphysics. A study in the Greek background of mediaeval thought*, Toronto, Pont. Inst. of Mediaeval Studies, 3 1978.
•Patzig, G. : *Die aristotelische Syllogistik. Logisch-philologische Untersuchungen über das Buch A der "Ersten Analytiken"*, Göttingen 3 1969.
•Seeck, G.A.(Hrsg.) : *Die Naturphilosophie des Aristoteles*, Darmstadt 1975.
•Tugenthat, E. : *TI KATA TINOS. Eine Untersuchung zu Struktur und Ursprung aristotelischer Grundbegriffe*, Freiburg i. Br. 4 1988.
•Welsch, W. : *Aisthesis. Grundzüge und Perspektiven der Aristotelischen Sinneslehre*, Stuttgart 1987.
•Wieland, W. : *Die aristotelische Physik. Untersuchungen über die Grundlagen der Naturwissenschaften und der sprachlichen Bedingungen der Prinzipienforschungen bei Aristoteles*, Göttingen 3 1992.
•Witt, Ch. : *Substance and Essence*, Ithaca/London, Cornell Univ. Press, 1989.

윤리학, 정치학, 시학 참고서지

•Aubenque, P. : *La Prudence chez Aristote*, Paris, Presses Univ. de France, 1963.
•Bien, G. : *Die Grundlegung der politischen Philosophie bei Aristoteles*, Freiburg i. Br./München 2 1980.
•Hager, F.-P.(Hrsg.) : *Ethik und Politik des Aristoteles*, Darmstadt 1972.
•Hardie, W.F. : *Aristotle's Ethical Theory*, Oxford, Oxford Univ. Press, 1980.
•Höffe, O. : *Praktische Philosophie—Das Modell des Aristoteles*, München/ Salzburg 1971.
•_______ : *Ethik und Politik*, Frankfurt a. M. 2 1984, Kap. 1~2.
•Kenny, A. : *Aristotle on the Perfect Life*, Oxford, Clarendon, 1992.
•Reverdin, O. : *La Politique d'Aristote*, Genf 1965.
•Ritter, J. : *Metaphysik und Politik. Studien zu Aristoteles und Hegel*, Frankfurt a. M. 1969(Taschenbuch : ebd. 1977).
•Strauss, L. : *The City and Man*, Chicago, Univ. of Chicago Press, 1964.
•Urmson, J. : *Aristotle's Ethics*, Oxford, Blackwell, 1988.
•Wilamowitz-Moellendorf, U.v. : *Aristoteles und Athen*, 2 Bde., Berlin 1863, Neudruck 1966.

4 쾌락의 정원

에피쿠로스(기원전 341~271)

"정직한 자는 고통으로부터 자유롭지만 부정직한 자는 고통으로 가득하다."
●에피쿠로스

오늘날의 독자에게 에피쿠로스(Epicouros)는 아마도 하나의 철학이론의 대표자로서보다는 올바른 세속적 삶의 태도를 나타내는 이름으로서 파악될 것이다.

고전기의 위대한 그리스 철학자들과 비교해서 헬레니즘의 학파들은 벌써 오래 전부터 뒷전으로 밀려나 있었는데, 이는 무엇보다도 그 학파의 가장 위대한 대표자들의 저작들이 단편들로만 보존되어 있기 때문이다. 그리고 크리스트교의 전통은 에피쿠로스를 이교도적이며 반도덕적인 철학자의 전형으로서 연구되게 하기보다는 오히려 싸잡아 비난받게 하는 데 기여했다.

에피쿠로스는 확실히 플라톤도 아리스토텔레스도 아니었다. 그러나 그는 단순히 한 종파의 지도자나 대중적 철학자라기보다는, 오히려 이성적 논증과 선입견 없는 철학적 반성을 통해서 그와 동시대인들을 회의주의적인 체념뿐 아니라 미신과 불합리에서도 벗어날 수 있도록 애썼던 계몽주의자였다.

생애

에피쿠로스는 기원전 341년에 사모스 섬에서 아테네 이민의 아들로 태어났다. 그 자신의 말로는 아주 일찍부터 철학에 관심을 두었다고 한다. 사모스에서 그는 잘 알려지지 않은 플라톤주의자인 팜필로스 곁에서 공부했는데, 나중에는 자신의 모든 철학적 스승들에 대해 그랬던 것처럼 팜필로스에 대해서도 적극적으로 거리를 두었다. 아마도 사모스에 있을 때 그는 후에 그의 고유한 이론을 발전시키는 데 토대가 되었던 이오니아의 자연철학도 이미 알고 있었던 것 같다.

18세 때 에피쿠로스는 2년 동안의 병역 의무를 마치기 위해서 아테네로 갔다. 그가 거기에 도착했을 때, 아리스토텔레스는 알렉산드로스 대왕 사후 정치적 혼란의 기류 속에서 곧장 아테네를 떠나 칼키스로 돌아가서 얼마 안 있어 죽음을 맞이했다. 그의 후계자인 테오프라스토스는 소요학파의 주도권을 넘겨받아 그 도시의 가장 인기 있는 철학교사들 가운데 한 사람이 되었으며, 플라톤의 아카데미아는 크세노크라테스에 의해서 지도되었다.

하지만 에피쿠로스는 그의 강의를 들으려 하지 않았다. 어쨌든 우리는 이때부터 에피쿠로스가 당시의 유력한 철학자들의 학교들을 알기 시작했다는 사실을 인정할 수 있을 것이다. 에피쿠로스가 아테네에 머무르는 동안 그의 가족은 사모스를 떠나 소아시아 본토에 위치한 콜로폰으로 이주하게 되었는데, 에피쿠로스도 그리로 가족을 뒤따라갔다.

이어지는 몇 해 동안 에피쿠로스는 테오스 출신의 데모크리토스의 제자 나우시파네스 곁에서 연구기간을 보냈던 것 같다. 그는 나우시파네스를 통해서 피론에 대해서도 들었는데, 피론은 후에 철학사상 회의적 경향의 창시자로서 여겨졌거니와 에피쿠로스는 그의 삶의 태도를 경탄해 마지않았다. 그 자신의 철학의 인식론적 토대를 세우려는 노력과 모든 불필요한 교양의 산물들에 대한 거부도 피론의 영향으로 환원

에피쿠로스는 한 종파의 지도자나 대중적 철학자라기보다는,
이성적 논증과 선입견 없는 철학적 반성을 통해서 동시대인들을 회의주의적
체념과 불합리에서 벗어날 수 있도록 애썼던 계몽주의자였다.

되는 것 같다.

에피쿠로스는 31세부터 독자적으로 철학을 가르치기 시작했다. 처음에는 짧은 시간 동안 레스보스 섬의 미틸레네에서, 그후에는 그가 약간 명의 충실한 추종자들을 모았던 헬레스폰트의 람프사코스에서 가르쳤다. 기원전 306년에 그는 몇몇 제자들과 함께 그 당시 모든 철학적 활동들의 중심지이자 상이한 경향의 대표자들 사이에 활발한 토론이 벌어진 무대이기도 했던 아테네로 갔다.

에피쿠로스는 교외에 정원을 샀는데, 그 정원을 따라 훗날 그의 학원은 '에피쿠로스의 정원'이라고도 불렸다. 에피쿠로스는 그의 가장 중요한 동료들, 즉 에피쿠로스와 함께 학원을 이끌었던 메트로도로스와 에피쿠로스가 죽은 후 학원의 주도권을 넘겨받았던 미틸레네 출신의 헤르마르코스를 람프사코스에서 데리고 왔다. 제자들 가운데에는 메트로도로스의 형인 티모크라테스도 있었는데, 그는 후에 학원을 떠났으며 적대적인 소책자를 통해서 학원을 비방하려 하기도 했다. 짐작컨대 에피쿠로스 학파 사람들의 무절제한 대식이나 자신의 철학적 선행자들과 동시대인들에 대한 에피쿠로스의 교활하며 상스러운 공격에 관한 정보들도 그 책자에 기인하는 것 같다.

에피쿠로스는 기원전 271년에 죽을 때까지 아테네에서 그의 친구들과 제자들에만 국한된 공동체 안에서 생활하고 연구했다. '에피쿠로스의 정원'은 분명히 철학자들의 학원과는 매우 거리가 먼 것이었다. 에피쿠로스 학파 사람들의 공동생활은 구성원들 상호간의 우정과 스승에 대한 공동의 존경에 기초한 것으로서, 스승은 자신의 추종자들을 미신과 죽음의 공포에서 자유롭게 해주었거니와, 추종자들도 행복한 삶에 대한 스승의 지시들을 그들의 공동체에 실현코자 했다.

원칙적으로 누구든 행복한 삶에 다가갈 수 있어야만 했기 때문에, 그 공동체에는 여자들과 노예들도 속해 있었다. 에피쿠로스와 그의 제자들의 편지에 담겨진 단편들은 학원의 모든 구성원들의 개인적 운명에 대한 그들의 생생한 관심을 보여주며, 그들이 재정적 · 정치적인 어려움 속에서 서로서로 도움을 줄 준비가 되어 있었음도 확인시켜준다.

에피쿠로스 학원이 갖고 있는 매력의 큰 부분은 외국인과 에피쿠로스철학의 비판자들도 존경하고 칭찬해 마지않는 조화로우며 자족적인 공동생활의 모델에서 유래한 것 같다. 그들의 '구제자' 인 에피쿠로스에 대한 제자들의 거의 종교적인 존경은 에피쿠로스주의를 철학적인 경향이라기보다는 종교적인 교파로서 이해하게 할 수도 있다. 그러나 설사 에피쿠로스가 그의 철학을 행복한 삶에 대한 봉사에 두려 했었음이 분명하다 하더라도, 그는 설득과 개인적인 영향이 아닌 논증을 통해서 자신의 추종자들을 납득시키려 했던 철학자였다.

저작

에피쿠로스의 저작들은 다른 헬레니즘 철학자들의 경우와 마찬가지로 대부분 소실되었다. 그러나 철학사가인 디오게네스 라에르티오스(기원후 3세기)는 『유명한 철학자들의 생애와 의견들』의 제10권에 에피쿠로스의 전기와 저작목록 외에도 그의 유언장과 스스로 자신의 학설의 중요한 부분들을 집약해놓은 세 편지들을 담았다. 「헤로도토스에게」라는 첫번째 편지는 자연철학에 대한 간략한 진술들을 포함하고 있다. 두번째 편지인 「피토클레스에게」는 천계의 현상들, 즉 천문학과 기상학을 다루고 있다.

고대 이래로 이 편지의 진위 여부는 의문시되고 있다. 그렇지만 우리는 그것이 비록 에피쿠로스 자신에 의해서 씌어지지는 않았다 하더라도 그의 고유한 저작들로부터 편성된 것이라는 사실에 대해서 의견일치를 보고 있다. 「메노이케우스에게」라는 세번째 편지는 완전하지는 않지만 윤리학의 가장 중요한 주제들을 간략하게 논급하고 있는 에피쿠로스 철학에로의 초대장이다.

디오게네스 라에르티오스에게서는 격언들의 모음집, 즉 에피쿠로스 자신의 것일 가능성이 높거니와 에피쿠로스 학파 사람들이 늘 외우곤 했던 일종의 교리문답을 기술한 이른바 『중요한 가르침들』도 발견된다. 첫번째 제자들 세대의 격언들도 포함한 유사한 모음집이 지난 세기말에 교황청의 필사본들 가운데에서 발견되었다. 『자연에 관하여』(*peri physeōs*)라는 제목으로 된 37권의 책에서 그의 철학을 포괄적으로 진술한 에피쿠로스의 주저 단편들은 헤르클라네움 도서관의 파피루스에 남아 있다가 빛을 보게 된다. 거기서 우리는 또한 부분적으로 그 이후의 에피쿠로스 학파 사람의, 무엇보다도 가다라의 필로데모스(기원전 1세기)의 더 긴 문장들도 발견했다. 그 밖에도 우리는 다른 저자들의 짧은 인용과 보고들에 의지하고 있다.

로마의 시인 루크레티우스(기원전 1세기)는 『사물의 본성에 관하여』(*De rerum natura*)라는 그의 시에서 주로 에피쿠로스의 본래의 저작들에 의거해 있는 에피쿠로스 학파의 자연철학을 상세히 진술했다. 서기 200년경 디오게네스라는 에피쿠로스 학파 사람은 소아시아 남서부에 위치한 그의 모국 오니오안다에서 그의 동료 시민들의 행복(안녕)을 위해서 에피쿠로스 철학의 개요와 『주요학설들』의 발췌문을 거대한 벽에 새겼는데, 그 파편들은 지금도 보존되어 있다. 그밖의 전거들은 대개 비판적이거나 적의가 있는 보고들이다. 무엇보다도 키케로(기원전 1세기), 플루타르코스, 세네카(둘 다 서기 1세기) 그리고 섹스투스 엠피리쿠스(서기 200년경)가 중요하다.

이런 전승상의 단편성을 고려할 때, 에피쿠로스 철학에 대한 모든 진술들은 기껏해야 개연성은 있더라도, 역사적인 확실성이나 하나하나로서의 완전성을 결여한 재구성의 시도에 지나지 않는다.

에피쿠로스의 가장 중요한 책들은 소실되었고 그 구조도 완전히 재구성될 수 없다는 점에서, 디오게네스 라에르티오스도 그의 발췌문에서 따랐던 4세기 말 이래로 널리 퍼진 철학의 세 영역 구분을 따르는 것이 가장 적절한 것 같다. 그 영역들은 '규준학' (이 분야는 다른 학파들에서는 '논리학' 으로 불리며 증명론, 인식론 그리고 언어철학을 포함한다), 자연학(자연철학, 형이상학, 신학) 그리고 윤리학(국가철학도 포함하여)이다.

규준학[1)]

규준학(Kanonik)은 에피쿠로스가 그의 인식론과 학문이론의 토대들을 다루었던 *Kanon*(수평기 혹은 척도)이라는 제목의 책에서 그 명칭을 얻었다. 그것은 "사물에 대한 과학적 고찰의 통로를 열어야만 한다."[2)] 디오게네스 라에르티오스는 세 가지 교서들(규준학, 자연학, 윤리학)을 제기하기에 앞서 미리 인식론에 관한 간략한 조망을 한다. 이에 따르면 에피쿠로스는 *Kanon*에서 세 가지 '진리의 기준들' 로서, 지각들(aisthēsis), (지성의 틀로서의) 선개념(prolēpsis) 그리고 감정상태들(pathē)을 들었다. 세번째 기준은 윤리학에 속하는데, 여기서는 일단 고려에서 제외될 수 있다.

에피쿠로스가 무엇을 기준(문자 그대로는 판단의 수단)으로 이해했는가 하는 것은 그의 학문이론 내에서 기준들이 행하는 역할에서 추측할 수밖에 없다. 그의 책명이 암시하듯, 그는 기준들을 우리가 그로써 생각들의 참이나 거짓을 점검할 수 있는 도구들로서 생각했다. 수평기가 곧은 것이어야만 하듯, 기준들도 참이어야만 한다. 그리고 우리가 가령 어떤 벽의 곧음이나 굽음을 수평기를 갖다댐으로써 확인할 수 있듯, 우리는 생각들의 참이나 거짓도 그것들이 기준들과 일치하는가 일치하지 않는가를 확인함으로써 점검할 수 있어야만 한다. 어떤 것이 진리의 기준이라는 사실을 보이기 위해서, 우리는 먼저 그것 자체가 참임을 증명해야만 한다.

우리는 참된 지각들과 그릇된 지각들에 대한 표현방법을 모든 지각이 하나의 명제로 진술될 수 있다는 사실에서 출발할 경우에 가장 잘 이해할 수 있다. 이를테면 우리는 "비가 내린다"거나 "어떤 것이 좋다"라는 사실을 지각한다. 그런 언표들의 참이나 거짓과 관련해서 참된 지각이나 그릇된 지각에 대해서 말하는 것은 고대에는 흔한 일이었다. 에피쿠로스는 하나의 탁월한 부류만이 아니라 모든 지각들이 참이며 또한 기준들로서 기능할 수 있다는 것을 보여주려 했다. 지각들 모두를 참으로 간주해야만 한다는 것에 대한 그의 논거는 모든 지각들이 갖고 있는 동일한 권리였다. 즉 어떤 감관의 지각을 다른 감관의 지각을 통해서 부정하는 것은 가능하지 않은데, 이는 그것들이 동일한 영역에 관련되지 않기 때문이다. 또한 더 이른 지각을 더 늦은 지각을 통해서 반박하는 것도 가능하지 않다. 왜냐하면 그것들은 동일한 비중을 갖기 때문이다. 한 관찰자의 지각에 대비되는 다른 관찰자의 지각에 대해서도 같은 것이 적용된다. 지성도 지각을 부정할 수 없다. 왜냐하면 지성이야말로 그것의 개념을 지각에서 가져와야만 하기 때문이다.

그리하여 지각을 통한 인식의 가능성을 포기하는 것도—그리고 그와 함께 인식 일반을 포기하는 것도—또는 모든 지각들을 참이라고 인정하는 것도 쓸데없는 일일 뿐이다. 에피쿠로스가 이런 논증을 이어받았던 회의주의자들은 첫번째 선택지를 잡았다. 에피쿠로스는 두번째 것을 선택했다.

자신의 주장을 옹호하기 위해서 그는 우리가 보통 착각이나 그릇된 지각으로 간주하는 것이 본래는 전혀 지각이 아니라는 것과, 상이한 지각들 사이의 명백한 모순들도 표면상의 모순들로서 입증되어야만 한다는 것을 보여주려 했다.

바람이 어떤 사람에게는 차게 다른 사람에게는 따뜻하게 느껴지는 것처럼, 지각들이 서로 모순되어 보인다면, 우리는 따뜻한 느낌이나 찬 느낌의 발생이 그것을 불러일으키는 대상뿐만 아니라 개인의 상태에 의존한다는 것을 설명함으로써 그 모순을 해결할 수 있다. 따뜻함과 차가움은 이런 의미에서 상대적이며, 그 때문에 "그 바람은 A에게

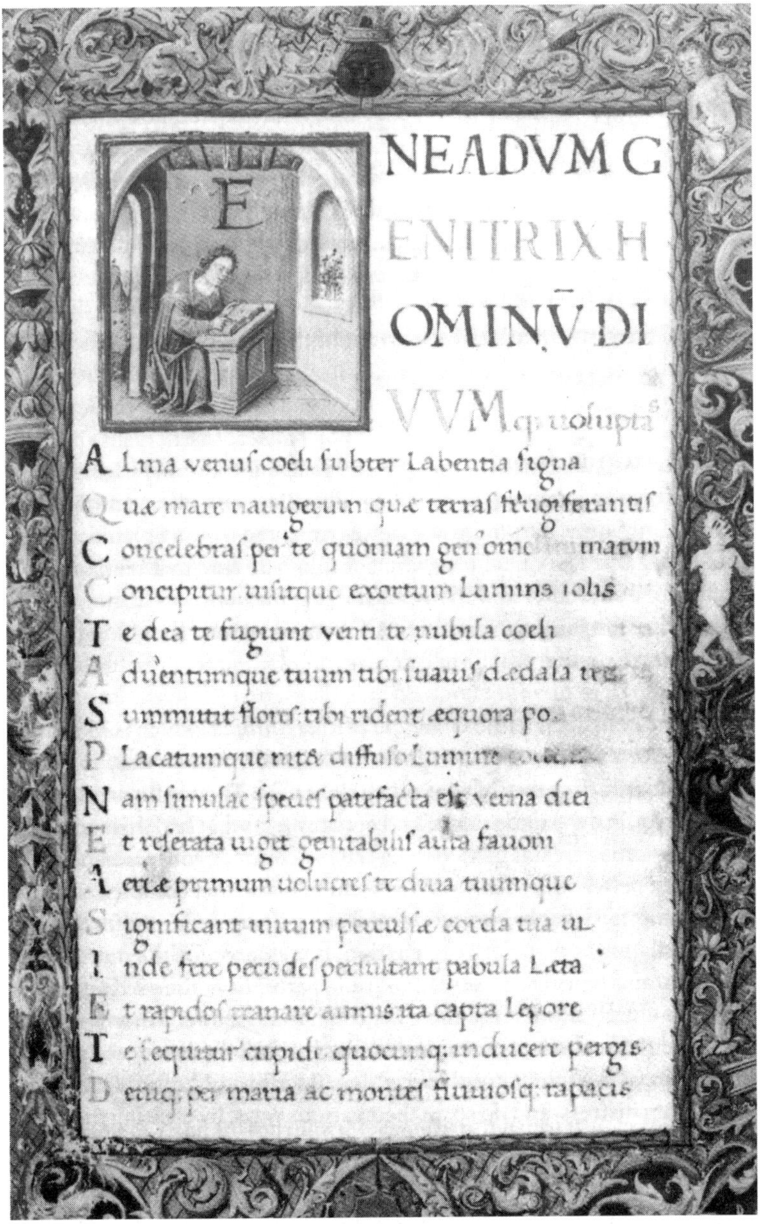

루크레티우스가 쓴 「사물의 본성에 관하여」(De Rerum Natura)의 채색사본.
바티칸 도서관 소장. 에피쿠로스가 죽은 뒤 이 학파는 약 600년간 계속되었지만,
스승의 학설을 변경하거나 발전시킨 사람으로는 루크레티우스가 독보적이다.

차다"와 "그 바람은 B에게 따뜻하다"라는 완전한 지각의 언표들 사이에는 "A는 B보다 크다"와 "A는 C보다 작다" 사이에서와 마찬가지로 모순은 존재하지 않는다.

지각에서 오류들이 발생하는 것은 지성이 덧붙임이나 뺌을 통해서 지각내용을 변경하는 경우이다. 그래서 우리는 멀리서 보고 모난 탑을 둥글다고 여길 수 있는데, 이는 우리가 얻은 모습이 불완전하다는 것을 주의하지 않기 때문이다. 만일 우리가 엄격하게 지각을 통해서 주어진 것에만 매달린다면, 둥근 탑을 본다고 하기보다는 탑이 멀리로부터 둥글게 보인다고 말할 것이다. 이는 우리가 더 가까이 와서 그 탑이 모나다는 것을 확인할 경우에도 여전히 참이다. 따라서 한편으로 특정한 언표들의 상대성을 주의하면서, 다른 한편으로 현실적으로 주어진 것만을 지각된 것으로서 인정하는 한, 우리는 모순에 빠지지도 않고 또는 착각을 불가능한 것으로서 설명하지도 않고서 모든 지각들의 진리를 주장할 수 있다.

순수한 지각내용을 지성의 덧붙임으로부터 분리시키려는 에피쿠로스의 시도는 그때그때 '주어진 것'을 이론의 보완들에서 분리하려 했던 근대 경험론의 전조이다. 최근에 와서야 비로소 이런 시도는 '이론 중립적인' 관찰어가 구성되어서는 안 된다는 반론에 직면해서 포기된다.

에피쿠로스의 두번째 기준인 선개념(Vorbegriff)들은 디오게네스 라에르티오스[3)]에 의해서 한편으로는 '개념', '우리 안에 있는 일반적 통찰', '종종 밖으로부터 나타난 것의 상기'로서 기술되는가 하면, 다른 한편에선 '인식' 또는 '바른 의견'으로 기술된다. 그것들은 '단어들의 기초가 되는 것'이며 우리가 하나의 단어를 이해할 때 파악하는 것이다. 즉 "'인간'이라는 단어가 언급되자마자, 우리는 즉시 정신 안에 있는 선개념에 따라서 그것의 형태를 자신 앞에, 지각들의 안내를 받아 떠올린다." 이에 따라서 우리는 선개념을 보편개념이나 보편화된 표상들로서 또는 올바른 언어사용에 기초가 되는 정의들이라는 의미에서 참된 명제들로 파악할 수 있다.

양자는 모순되는 것이 아니며 어쩌면 에피쿠로스에 있어서도 구별되는 것이 아니다. 만일 누군가가 '인간' 이라는 단어를 올바르게 사용한다면, 우리는 이것을 그가 인간에 대한 올바른 개념이나 정확한 표상을 갖고 있다고 말하거나 그가 인간이 무엇인가를 안다는 확증을 통해서 기술할 수 있다.

단어들의 의미로서의 선개념들은 무엇보다도 기준들로서의 역할들에서 구별되어야만 하는 언어적 기능을 갖고 있다. 만일 우리가 어떤 대상을 기술한다면, 우리는 그 기술이 참이건 거짓이건 상관없이 개념들을 사용한다. 그리고 설사 그 기술이 거짓일지라도, 그 개념은 우리가 무슨 뜻인지를 안다는 의미에서 올바르게 사용될 수 있다. 개념들의 언어적 사용은 그러므로 여전히 기준들의 적용은 아니다. 이것이 비로소 문제가 되는 것은 사용된 개념이 대상에 적합한지 아닌지—디오게네스의 좀 통속적인 예를 들자면 가령 멀리 보이는 어떤 대상이 소인지 말인지—를 묻는 경우에서이다. 선개념들이 참인 한에서, 그것들을 정의들로서 이해하는 것은 물론 한층 더 진전된 것이다.

에피쿠로스는 선개념들이 참이어야만 한다는 사실을 지각들의 경우에서처럼 다음과 같은 간접적인 주장을 통해서 증명한다. 즉 단어들의 원뜻은 직관적으로 인식되어야만 하며 증명을 필요로 해서는 안 된다. 만일 그렇지 않다면 우리는 무한소급에 빠져들 것이기 때문에 철학적 물음을 결정할 수도 의견들의 정당성에 관한 판단을 형성할 수도 없다. 이를테면 특정한 행위가 올바른지 아닌지를 결정하려 한다면, 우리는 문제가 되는 행위가 올바름에 상응하는지 않는지를 확정하기 위해서 올바름의 선개념에 관련될 수밖에 없다. 이때 선개념의 진리를 다시금 증명해야만 한다면 우리는 후퇴에 빠지는데, 이는 우리가 물론 증명의 전제들에 대해서도 재차 증명을 필요로 할 것이며 계속해서 그럴 것이기 때문이다. 인식의 가능성을 보증하기 위해서 지각들의 진리가 전제되어야만 했듯이, 철학적 물음에 대한 대답을 결정할 수 있기 위해서 선개념들의 진리도 전제되어야만 한다.

따라서 에피쿠로스에 의하면 지각들과 선개념들은 우리가 직접 관찰될 수 없거나 원리적으로 관찰에 열려 있지 않은 사태들에 관한 의견들을 판단하려 할 경우 직접적으로 그것에서 출발할 수밖에 없는 명증적 진리들을 제공한다. 가령 앞에서 인용한 디오게네스의 예에서처럼 관찰 가능한 사태들이 문제가 될 경우, 참과 거짓은 확인(epimartyrēsis) 내지 확인할 수 없음을 통해서 확립된다. 어떤 것이 말(馬)이라는 생각은 말이 문제가 되고 있다는 지각을 통해서 확인된다(여기에는 이미 우리가 말이라는 개념을 올바르게 사용할 수 있다는 것이 전제되어 있다). 그것은 말이 아니라 이를테면 소가 문제된다는 지각에 의해서는 확인되지 않는다. 관찰 불가능한 사태들에서 이런 단순한 절차는 물론 적용될 수 없다.

이런 경우 우리가 진리를 확정할 수 있는 것은 반대의 가정이 자명한 진리와 모순된다는 사실이 밝혀질 경우이다. 그리하여 에피쿠로스는 이를테면 공간이 없다고 가정하면 운동이 없다는 결론이 나온다는 사실에 의해서 텅 빈 공간의 존재를 증명할 수 있다고 믿었다. 그러므로 일반적으로 말해서 어떤 관찰 불가능한 사태에 관한 생각은, 그것이 지각의 언표나 정의로부터 이미 기술된 방식에서 연역될 수 있을 경우에 참으로 여겨진다. 명백한 진리들 가운데 하나와 모순되는 어떤 것이 그것에서 추론될 수 있다면 그것은 거짓으로 여겨진다.

따라서 서로 일치하지 않는 더 많은 생각들이 어떤 자명한 진리들에서 나오지도 않고 그것들 가운데 하나와 모순관계에 있지도 않다고 생각된다. 그런 경우에는 어떤 결정도 허용되지 않는다. 우리는 오히려 기준들과 일치하는 모든 생각들을 가능한 한 참으로서 승인해야만 한다. 이것은 피토클레스에게 쓴 편지에서 볼 수 있듯이 직접적인 관찰에서 벗어나 있는 천계현상들의 설명에도 적용된다.

에피쿠로스의 생각에 의하면, 우리가 가능한 설명들 가운데서 하나만을 확정하려 한다면 이는 비과학적인 것이리라는 것이다. 주어진 경우에 적합한 것도 파악했다는 것을 확실하게 하기 위해서 우리는 현상과 일치하는 모든 설명들을 열거해야만 한다. 어떤 것이 가능하거나 불가능한 것으로 여겨지는 것은 부분적으로는 특정한 설명유형들이 일반적으로 그릇된 것으로서 증명될 수도 있기 때문에 그것들은 본래부터 제거되어 있다는 사실을 통해서 확정된다. 이를테면 신적인 영향에 의해서 사건들을 설명하는 것이 그렇다. 그런 가정은 신적인 본질의 올바른 정의와 일치하지 않을 것이다. 우리는 올바른 설명들을 발견하기 위해서 관찰 가능한 사태들과 관찰 불가능한 사태들 사이의 유비에서 출발할 수 있다. 게다가 우리는 비슷한 결과들은 비슷한 원인들을 갖는다고 가정하고 관찰된 현상들에 대한 관찰에 열려 있지 않은 원인들을 우리가 관찰로부터 알고 있는 사건들의 모델에 따라서 기술한다.

유비 추론의 적용은 물론 이미 증명된 이론적 가정들이 유비를 배제할 가능성에 의해서 제한된다. 그래서 우리는 서로 다른 지각 가능한 물체들이 빠른 속도로 운동한다는 관찰로부터 원자들도 상이한 속도를 갖는다고 결론지으려 할 수도 있다. 그러나 다른 근거를 통해 원자들 모두는 빈 공간 속에서 같은 속도로 운동한다는 것이 증명되어야만 하며, 이런 점에서 그 유비는 견지될 수 없다.

기준들로 쓰이는 명백한 진리들에 의한 추측들 및 이론적 언표들의 확증이나 또는 반박의 이론은 에피쿠로스가 자연학을 그 위에 구성하려했던 방법론적 토대를 형성한다. 그는 원자론에 대해서 그것만이 유일하게 현상들과 일치할 것을, 다시 말해서 그것의 진리가 기준들의 도움으로 증명될 것을 요구했다.

자연학[4)]

아는 바와 같이 에피쿠로스는 원자론을 창안했다기보다는 레우키포스와 데모크리토스에게서 그것을 물려받았다. 그런데도 나중에 그가 자신은 결코 철학적 스승을 갖지 않았다고 스스로 주장했던 사실을 우리는 그가 데모크리토스의 정신적 재산만을 따로이 이용했다는 의미가 아니라, 오히려 그가 물려받은 이론에 대한 그 자신의 보완들과 수정들을 데모크리토스의 학원에서 이론의 토대를 알게 되었던 사정보다도 더 중요하게 여겼다는 의미로 이해해야만 할 것이다.

원자론자들의 자연철학은 한편으론 엘레아 학파 사람들인 파르메니데스, 멜리소스 그리고 제논, 다른 한편으로 이오니아 철학자들인 아낙사고라스와 엠페도클레스와의 대결에서 생겨났다. 이런 대결의 흔적들은 물론 에피쿠로스에 그 근원을 둔 루크레티우스의 이오니아 철학자들에 대한 비판에서 발견된다. 그러나 에피쿠로스의 가장 중요한 경쟁자들은 플라톤과 아리스토텔레스였다. 이미 데모크리토스의 저작에 나타났던 회의주의적 경향들도 피론에 의해서 더 큰 영향력을 얻었다. 그 때문에 원자론적 자연철학의 발전에 대한 에피쿠로스의 기여는 한편으로는 인식론적 토대를 확고히 하려는 시도에, 다른 한편으로는 무엇보다도 초기 원자론자들에 대한 아리스토텔레스의 반론들을 논박하려 했던 수정들과 해석들에 있다.

여기서는 본래의 원자론의 철학적 전제들을 하나하나 다룰 수는 없다. 무엇보다도 에피쿠로스의 한층 더 발전된 모습을 다루기 위해 가장 중요한 원칙들을 간략히 상기하는 것으로 족할 것이다. 에피쿠로스의 지각이론, 혼에 관한 이론 및 신학과 같은 원자론의 몇 가지 중요하며 흥미로운 적용들 또한 지면상 논외로 될 수밖에 없다.

헤로도토스에게 쓴 편지에 나타나 있는 에피쿠로스 자신의 요약에 의존해서 우리는 원자론적 자연학의 원칙들을 대략 다음과 같이 진술할 수 있다. 즉 어느 것 하나 '없는 것' 에서 발생하는 것은 없으며 또한 어느 것도 없는 것으로 소멸하지 않는다는 것이 출발점이 되어야만 한다. 만일 그렇지 않았다면, 우리가 익히 알고 있는 모든 사물들은 특정한 질료들에서 발생하지 않았을 것이며 게다가 세계도 이미 오래 전부터 없는 것으로 해소되었을 것이다. 만유가 영원하며 변화하지 않는 까닭은 변화될 수 있거나 밖에 있으면서 변화를 야기할 수 있는 다른 어떤 것이 없기 때문이다.

우주는 물체들과 허공으로 되어 있다. 지각은 물체들이 존재한다는 사실을 입증한다. 허공이 존재해야만 한다는 것을 우리는 빈 공간을 가정하지 않는다면 가능하지 않을 운동이 있다는 사실에서 알 수 있다. 더 나아가 무(없는 것)도 존재하는데, 우리는 그것이 자립적으로 존재하는 대상이라고 해도 그로부터 다만 하나의 개념만을 형성할 수 있을 뿐이다. 따라서 존재하는 모든 것은 물체로서나 허공으로서 또는 물체들의 성질이나 빈 공간의 성질로서 파악될 수 있다. 물체들은 결합체들이거나 또는 그것들에서 어느 것도 없는 것으로 해소되어서는 안 되는 한 나누어질 수도(Atome) 변화될 수도 없는 결합체들의 요소들이다.

우주는 그것의 공간적 연장 및 그것 안에 펼쳐져 있는 물체들의 집합과 관련해서도 무한하다. 만일 우주가 유한하다면, 그것은 다른 어떤 것에서 분리될 때 하나의 경계를 가졌을 것이기 때문이다. 그러나 우주밖에는 아무것도 없기 때문에 그것은 경계도 없고 무한한 것임에 틀림없다. 만일 물체들의 집합이 무한하지 않다면, 우리는 그것들이 무한한 공간에 넓게 흩어져 있어서 어떤 결합체도 생겨날 수 없다고 가정했어야만 했을 것이다.

원자들은 무한하지는 않지만 생각이 미칠 수 없을 만큼의 상이한 형태들을 보여준다. 다수의 상이한 종류의 지각 가능한 대상들은 이런 방식으로만 설명되어야 한다. 원자들은 끊임없는 운동 가운데 있다. 그들 가운데 일부는 서로 멀리 떨어져 있고, 일부는 충돌해서 엮어짐으로써 결합된다. 그것들이 부단히 빈 공간 안에서 운동하는 까닭은 어떤 저항도 그것들을 저지하지 않기 때문이다. 결합된 형성물들에서 그것들은 불침투성 때문에 서로 되튀며 진동하는 운동을 낳는다. 이런 운동들에

루크레티우스의 초상화(상상도)

는 출발점이 없다. 왜냐하면 원자들과 허공은 영원하기 때문이다.

에피쿠로스는 이 정도를 자연철학의 충분한 토대로서 여긴다. 이 논증을 완성하기 위해서 우리는 원자들이 색, 향기, 맛 등의 감각성질들 가운데 어떤 것도 가져서는 안 되고, 다만 양, 형태—여하간 에피쿠로스에게서는—무게를 가져야만 한다고 덧붙여야 했다. 결합된 형성물들의 감각성질들은 원자들의 상이한 형태들과 운동의 본보기로 환원되어야만 한다.

에피쿠로스는 이 점에 이를 때까지 앞선 원자론자들의 이론을 따른다. 그러나 주목을 끄는 것은 방금 설명된 부분에서 각각의 주장에 대해 방법적으로 확실한 증명을 하려는 노력이다. 논증들의 형식은 일반적으로 규준학에 의해서 계획된 것이다. 즉 각각의 주장에서 반대(역)의 승인이 관찰되고 지각을 통해서 증명된 사실과 모순되거나 또는 사고가 불가능하게 된다는 것이 보여져야만 할 것이다. 어느 것도 없는 것에서 발생하지 않으며 또한 없는 것으로 소멸하지도 않는다. 상이한 형태들로 된 수많은 원자들이 존재해야만 한다와 같은 대부분의 명제들은 지각과 관련해서 근거지어진다. 우주의 불변성과 무한성에 대한 증명은 정의상 그것들밖에는 더 이상의 것이 있을 수 없는 모든 대상들의 총체로서의 우주개념에 근거한다. 존재하는 모든 것은 물체나 허공으로서 또는 양자의 성질로서 파악되어야만 한다는 존재론적 주장은 어떤 다른 종류의 대상도 생각할 수 없다는 사실에서 밝혀져야만 한다.

이와 함께 에피쿠로스는 모든 우리의 개념들은 지각에서 유래한다는 그의 인식론을 끌어낸다. 새로운 개념들은 주어진 요소들로부터만 형성될 수 있다. 가령 유비를 통해서 원자의 개념이나 빈 공간의 개념과 같은 것들도 형성될 수 있다. 지각의 영역에서—루크레티우스가 이를 증명에 대한 상세한 파악에서 명백히 확립했듯—자립적으로 존재하는 모든 것은 연장을 가져야만 하며, 그런 것이 물체이거나 또는 빈 공간이라는 사실은 이제 타당해 보인다. 둘 중 어느 것도 아니며 동시에 물체들과 빈 공간으로부터 독립해 있을 수 있는 대상들은 따라서 표상될 수도 인식될 수도 없는 것이어야만 할 것이다.

사유 불가능성을 통한 증명은 흄이 개념들과 실재의 연관성을 점검하려 했던 다음과 같은 절차와 닮았다. 즉 그로부터 개념이 발생할 수 있는 감각인상이 전혀 제시되지 않는다면, 우리는 그 개념 아래에 속하는 것은 아무것도 없다고 추론할 수 있다.

우리는 에피쿠로스가 여기서 개관된 논증을 갖고서 그의 자연철학의 토대를 그의 고유한 증명이론의 틀 안에서만 확립했다고 주장하려 하지는 않을 것이다. 운동이 빈 공간을 전제한다는 것은 이를테면 아리스토텔레스와 스토아 철학자들에 의해 반대되었는데, 참으로 놀랄 만한 일은 에피쿠로스가 확신을 갖고서 이런 전래의 주장을 고집했다는 것이다. 지각 가능한 세계의 존속이 원자가 존재한다는 가정을 통해서만 설명되어야 한다는 주장 역시 그러하다. 물론 헤로도토스에게 쓴 편지

안에 포함되어 있는 주장들은 완전하지는 않지만, 그것을 루크레티우스의 상세한 도움으로 보완한다면, 우리는 원자론이 에피쿠로스의 기준들의 요구에 맞는 방식으로 증명되어서는 안 된다고 말해야 할 것이다. 만일 에피쿠로스가 오직 이 이론만이 현상과 일치한다고 믿었다면, 이는 추측컨대 그가 모든 다른 이론들을 그릇된 것으로서 증명할 수 있다고 믿었기 때문에 그런 것 같기도 하다.

그러나 그는 의당 자신의 이론이 모든 현상들과 일치하며 또한 모든 것을 설명하기에 충분하다는 것을 보여주어야만 했다. 또 우리는 에피쿠로스가 반론들에 대해서 자신의 이론을 변호하기 위해서 앞선 원자론에 가했던 변경에 이르게 된다. 두 가지 중요한 보완들은 원자의 운동과 그것의 최소 부분들의 이론에 관계한다.

데모크리토스는 원자들이 끊임없이 충돌하고 되튀며 이로써 다시금 다른 원자들을 운동하게 한다는 사실로써 원자의 운동을 설명했다. 에피쿠로스는 원자운동의 두 가지 가능한 원인들을 들었다. 즉 원자들은 그것의 본래의 무게에 근거해서 또는 그것들이 다른 것들과 충돌하기 때문에 운동하게 된다. 데모크리토스 이론에 대한 이런 수정은 아마도 충돌에 근거한 운동이 그것의 편에서 자연스런 운동을 전제하는 강요된 것이라고 주장했던 아리스토텔레스의 반론에 근거한다.

빈 공간 안에 있는 물체는 아리스토텔레스에 의하면 결코 운동하게 되지 않을 것인데, 왜냐하면 어떤 것도 그것을 특정한 방향으로 나아가도록 규정할 수 없을 것이기 때문이다. 에피쿠로스는 이제 원자들이 무한한 공간에서 '위에'와 '아래에'가 이런 운동과 독립적으로 확정될 수 있다고 가정하지 않고서도 우리가 '아래로'라고 부를 수 있는 특정한 방향으로 그것의 무게 때문에 운동하게 된다고 설명했다. 이로써 원자들의 자연스런 운동과 그것들의 방향에 관한 물음이 대답된다.

에피쿠로스는 그러나 이렇게 설명함으로써 새로운 문제를 끌어들였다. 만일 원자들이 빈 공간에서 모두가 같은 속도로 동일한 방향으로 움직인다고 가정한다면, 어떻게 결합된 물체들의 발생을 유발시키는 충돌이 일어날 수 있었는가는 더 이상 설명될 수 없다. 결합들의 발생을 설명하기 위해서, 에피쿠로스는 원자들이 때에 따라 저절로 그것들의 궤도로부터—물론 대략 최소, 즉 에피쿠로스가 부언했듯 이론적으로 생각할 수 있는 최소의 거리만을—벗어난다고 가정했다. 더 심한 일탈들을 가정한다면, 관찰된 현상들과 더 이상 일치하지 않을 수도 있는 결과들이 초래될 수밖에 없을 것이기 때문이다. 에피쿠로스는 또한 철저하게 기계론적으로 규정된 체계 안에서의 자유의지에 의한 행위들의 가능성을 설명하기 위해서도 분명히 동일한 자발적 일탈의 가능성을 증거로 내세웠다.

이미 고대에 이런 주장은 불가피한 반론들에 대해서 원자론을 방어하려는 무모한 시도로서 조롱되었다. 우리는 원자들의 일탈들에 관한 루크레티우스의 간결한 언명에서는 자유의지에 의한 행위들의 가능성에 대한 만족스런 설명을 구성할 수 없다고 인정해야만 할 것이다. 아마도 이 주목할 만한 주장을 하나의 공준으로서 고려하는 것이 가장 적절한 일일 것이다. 이는 문제를 해결하는 것이라기보다는 그것을 지적하는 것이다. 세계는 어느 때든 한번은 발생된다. 따라서 적어도 어느 땐가 원자가 궤도를 일탈한 적도 있었음에 틀림없다. 의지의 자유라는 현상도 명백히 나타난다.

따라서 우리는 고유한 무게나 충돌을 통해서 결정되지 않는 원자의 운동들이 있다고 가정해야만 한다. 그것이 어떻게 일어날 수 있는가를 에피쿠로스는 설명하려 하지 않았다. 그러나 그는 이 주장과 함께 원자의 무게 및 충돌과 동일한 지평에 있을 수 있으며 자연적 사건들의 합법칙적인 경과를 방해할 수도 있는 새로운 운동원리를 그의 자연학에 도입하려 하지 않았다.

우리가 자연에서 인식할 수 있는 것과 관찰을 통해서 추론할 수 있는 것은, 바로 에피쿠로스가 강조하듯, 일반적으로 말해서 기계적으로 결정된 합법칙성들이다. 오직 이 두 가지 정확히 진술할 수 있는 유형의 경우들에서만 현상들을 설명하기 위해서 일탈들이 전제되어야만 한다. 그러나 현상들로부터 그런 일탈들이 존재한다는 것 이상의 것이 추론되어서는 안된다. 무엇보다도 에피쿠로스에게 중요했던 것은 자유의지와 같은 현상들도 원인들로서의 원자의 운동들로 소급해야만 하며 다른 목적론적인 설명유형을 도입해서는 안 된다는 점이었다.

에피쿠로스의 두번째 중요한 보완은 원자 자체의 본성에 관한 것이다. 고대의 원자론자들이 원자들을 단지 물리적으로 나눌 수 없는 요소들로서만 고려했는지, 아니면 원자의 고리들이나 부분을 언급하는 것이 별 의미가 없을 것이라고 생각해서 원자들을 이론적으로 나눌 수 없는 것으로 여겼는지는 논란거리다. 아리스토텔레스는 원자들이 이론적으로도 나눌 수 없는 것이어야만 한다고 가정한 것 같으나, 그렇다고 해도 그가 이론적 불가분성과 물리적 불가분성을 개념적으로 구별했는지는 확실치 않다. 이에 반해서 에피쿠로스는 물리적으로 나눌 수 없는 원자들과 이론적으로도 더 이상 나눌 수 없는 그것들의 '최소 부분들'을 명백하게 구별했다. 그가 원자 자체가 아닌 원자의 부분들을 이론상 최소 단위들로서 고려했다는 것은 추측컨대 원자들이 상이한 형태들을 가지며 따라서 구별할 수 있는 부분들을 갖는다는 것과 연관이 있는 것 같다.

원자들의 물리적 불가분성에 관한 에피쿠로스의 주장은 위에서 이미 인용한 것으로서, 모든 물체들이 무한정 분할 가능하다면 모든 것이 무로 해소된다는 결론으로 나아갈 수밖에 없을 것이라는 주장이다. 이론적인 최소의 것들의 가정에 대해서 그는 무한정의 분할 가능성에 대한 가정은 어리석은 결론으로 나아갈 것이라는, 그리고 아무리 작은 크기라도 무한히 많은 부분들로부터 성립할 것이며 그래서 그것은 무한히 크기를 가져야 할 것이라는, 이미 그의 선행자들이 내세웠던 주장을 피력한다. 아리스토텔레스는 이런 어려움을, 유한하고 연속적인 크기들이 현실적으로 무한한 수의 부분들로부터 성립하지 않더라도 가능적으로 무한히 분할 가능하다고 설명함으로써 해소하려 했다. 이를테면 주어진 선을 각각의 임의의 점에서 나눌 수 있다는 것은 그것들이 모든 점들에서 동시에 나누어질 수 있다는 것을 의미하지는 않는다. 분명히 에피쿠로스는 이 대답을 불충분하다고 생각했으며 이론적 최소 단위들의 존재에 대한 주장을 고집했다.

에피쿠로스가 아리스토텔레스에게서 배웠음이 틀림없는, 이론적으로 분할 불가능한 크기들이라는 개념은 연속적인 크기들을 전제했던 그 당시의 기하학과 갈등을 일으켰다. 즉 최소의 것들이 홀수 개가 모여 성립하는 직선은 두 개의 동일한 부분들로 나누어질 수 없다. 게다가 비교할 수 없는 크기들은 전혀 있을 수 없는데, 이는 가정에 따르면 모든 크기가 최소의 부분들로부터 결합되어 있어야만 하며 그래서 그런 단위들의 모든 수로부터 성립하기 때문이다.

에피쿠로스는 무한한 분할 가능성의 개념을 견지될 수 없는 것으로 증명했다고 생각했기 때문에, 연속적인 크기를 가정하는 기하학은 자연을 인식하는 데 사용할 수 없는 망상이므로 불필요한 것이라고 설명했다. 그는 자연학에서 아리스토텔레스가 고대 원자론자들이 불합리하다는 것을 보일 의도로 상론했던 주장의 결과들을 인정했다.

여기에는 다음과 같은 가정들이 속한다. 즉 원자들은 연속적으로 운동하지 않으며, 그래서 그것들이 운동 중에 있다기보다는 다만—최소의 공간단위 주위를—운동했으리라고만 말할 수 있다. 그리고 모든 원자들은 동일한 속도로 운동해야만 한다. 진공 속에서 물체의 낙하속도는 그 무게와 독립적이라는 갈릴레이의 정리를 선취함으로써 찬사를 받았던 에피쿠로스의 논증은 아마도 그의 자연주의적 통찰력보다는 아리스토텔레스의 주장들에 더 관계한다. 그러나 문제가 되는 통찰력은 역설적인 결과들이 그 이론을 결코 논박하지 못했다는 것, 다시 말해서 관찰 가능한 현상들과의 모순으로 이끌지 못했다는 것을 보여주는 데에 필요했다. 에피쿠로스의 주장 하나하나에 더 이상 동의할 수 없다.

이론적으로 분할 불가능한 크기들의 존재에 관한 토론에서 에피쿠로스가 모든 반론들을 무시한 채 인간을 미신과 죽음의 공포에서 자유롭게 하는 데 가장 적합해 보이는 자연철학보다도 오히려 원자론에 매달렸다고 치부해 버려서는 안 된다. 다른 한편 만일 에피쿠로스와 그의 선행자들이 근대 물리학의 선구자들로서 칭송된다면, 이 또한 정당한 일이 아니다. 형이상학적 가정들을 포함하고 있는 그의 이론은 결코 근대적 의미에서의 과학적 가정들이 아니기 때문이다. 에피쿠로스의 학문이론이 보여주는 몇몇의 원칙들은 근대적 이해에 근접해 있는 것처럼 보인다. 그러나 예를 들어 빈 공간의 존재에 대한 그의 증명은 그가 관찰을 통한 반박을 실험을 통한 반증이라는 의미에서 생각하고 있지 않다는 것을 보여준다. 게다가 근대 물리학의 기계론적 세계 모델이라는 과제와 함께 이에 견줄 수 있는 사고 모델로서의 고대 원자론이 갖는 현실성도 사라졌다.

원자운동들의 역학이 관찰 가능한 세계에서의 모든 현상들의 설명에 충분할 것이라는 그의 확신은 옳지 않다. 이를테면 근대 생물학의 선구자는 바로 에피쿠로스의 격렬한 반론에 부딪혔던 목적론자 아리스토텔레스인 것 같다. 우리는 그러나 아리스토텔레스도 에피쿠로스 자신에 못지 않게 그의 자연철학을 사변적으로 만들었다고 덧붙여야만 할 것이다. 아리스토텔레스의 시대 이후에 자연과학적인 진보는 아마도 철학자들의 학제 밖에서 나타났던 것 같다. 행복한 삶을 '사물의 본성'에 관한 통찰로써 근거지으려 했던 한에서, 에피쿠로스는 자신의 이론의 난점들을 비켜갈 수 없었으며 그렇게 하려고 하지도 않았다.

윤리학[5)]

에피쿠로스의 윤리학은 그의 위대한 선구자들인 플라톤과 아리스토텔레스같이 "도대체 우리가 어떻게 처신해야만 도덕적으로 올바른

가?" 라는 근본물음에 대한 도덕 이론이라기보다는 인간의 행복에 관한 이론이다. 고대 윤리학자들은 모든 사람들이 본성적으로 열망하고 그 때문에 우리가 '인간에게 좋은 것(선)' 또는 '인생의 목적'으로서 기술할 수 있는 어떤 것이야말로 행복(eudaimonia)으로 불린다는 사실에서 출발한다. 그런 이론들의 가정들을 아리스토텔레스는 『니코마코스 윤리학』의 처음 장들에서 가장 분명하게 진술한다.

따라서 에피쿠로스가 쾌락주의자였다는 사실이 특별히 의미하는 것은 그가 가능한 한 가장 많은 즐거움이나 기쁨을 구하는 행동이 도덕적으로 올바르다는 견해를 주장했다는 것이 아니라 인간의 행복은 최대한의 기쁨에 있다고 생각했다는 사실이다(고대 그리스어 hēdonē는 번역하기 어려운 말이다. 오늘날 '쾌락'〔Lust〕이라는 전통적인 번역은 시대에 뒤떨어지고 지나치게 특수하다는 인상을 준다. '기쁨'〔Freude〕은 좀 지나치게 정신적으로, '만족'(Vergnügen)은 지나치게 통속적으로 들린다. hēdonē 아래에는 우리가 유쾌하거나 기쁘게 느끼는 모든 체험이 속할 수 있다. 이하에서 사용된 서로 다른 표현들은 이런 의미에서 모두가 hēdonē의 동의어로서 고려될 수 있을 것이다).

물론 에피쿠로스는 최초의 쾌락주의자도 그 당시의 유일한 쾌락주의자도 아니었다. 플라톤이 보기에 쾌락주의는 그때그때 노상에 있는 사람의 매우 건전치 못한 견해지만, 어쨌든 그는 바로 아카데미아에 소속된 수학자 에우독소스를 진지하게 여길 만한 철학적 대표자로서 발견했다. 그러므로 플라톤도 아리스토텔레스도 쾌락주의의 입장과 대결하거니와, 이 입장에 대한 에피쿠로스의 옹호도 의심할 여지 없이 부분적으로는 그의 선행자들의 주장에 대한 반작용으로서 이해할 수 있다.

에피쿠로스 학파의 것과 구별되는 쾌락주의의 견해는 대략 같은 시기에 소크라테스의 제자인 아리스티포스를 창시자로 이른바 키레네 학파에 의해서 발전되었다. 윤리학에 대한 에피쿠로스 원전들 대부분이 보여주는 변명조나 적대적인 어조는 에피쿠로스 학파 사람들이 비도덕적이라는 비난에 대해서 스스로를 끊임없이 변호하려는 동시에 쾌락주의의 다른 형태들을 제거하려 했다는 사실로 설명된다.

모든 인간적 노력이 본래 기쁨을 목표로 한다는 주장에 대한 에피쿠로스의 논거는 키케로에 의해서 가장 상세하게 우리들에게 전해진다. 그에 따르면 에피쿠로스는 두 단계를 주장했다. 첫째로 우리는 모든 생물이 출생과 동시에 기쁨을 가치 있는 것으로서, 고통을 피해야 할 어떤 것으로서 느낀다. 자연상태에서의 생물의 이런 느낌은 다른 것에 의한 모든 영향에 앞서서 가령 불이 뜨겁다거나 눈이 희다 같은 지각들과 똑같이 자명하거니와 더 이상의 근거도 필요로 하지 않는다. 이와 함께 기쁨은 어떤 좋은 것(선)이요, 고통은 어떤 나쁜 것(악)이다.

그것들이 또한 현실적으로 유일한 선이거나 악이기도 하다는 것을 두번째 단계는 보여줄 것이다. 즉 에피쿠로스에 의하면 자연은 우리의 행위결정을 위한 유일한 방향설정 수단으로 기쁨과 고통의 느낌들을 우리에게 부여했다. 그에 따르면 선의 개념은 쾌적함의 경험에서, 악의 개념은 고통의 경험에서 유래하며 그리하여 가능한 한 최선의 삶은 가능한 한 가장 유쾌한 것이어야만 한다.

기쁨과 고통이 행위 결정을 위한 기준이라는 사실은 물론 모든 즐거움이 선택되고 모든 고통이 회피되어야만 한다는 것을 의미하지는 않는다. 우리는 가능한 행위들의 결과들도 함께 고려에 넣고 그때그때 결국 최대한의 유쾌함에 이르도록 행동함으로써 느낌들이라는 척도를 따르고 있는 것이다. 그래서 우리는 불쾌한 결과들을 피하기 위해서 즐거움을 포기할 수도 있고, 또는 만일 우리가 어떤 방식이 결국에는 더 유쾌하게 사는 방식이라고 고려할 수 있다면 거꾸로 고통을 떠맡는 일이 분명히 생길 수 있다. 이런 쾌락주의적 계산을 사용할 수 있기 위해서, 우리는 기쁨이나 고통이 어디에 있으며 우리가 어떻게 그것들을 양적으로 비교할 수 있는가에 관한 적절한 표상을 필요로 한다.

쾌락주의의 근본주장에서 오히려 금욕적인 삶의 이상으로 나아간 에피쿠로스의 사고의 궤적은 어디에서도 명백히 보이지는 않지만, 이것은 여러 가지가 덧붙여진 에피쿠로스의 정리들에 의거해서 재구성되어야만 한다. 에피쿠로스에 의하면 우리는 두 가지 종류의 기쁨들, 즉 이른바 동적인(운동과 결합된) 기쁨과, 상태와 관련된(katastematish) 또는 과정과 대립되는 상태들과 함께 나타나는—아마도 우리는 이렇게 말할 수 있을 것이다—정지적인 기쁨을 구별해야만 한다. 첫번째 종류에다 에피쿠로스는 분명히 다른 철학자들에 의해 기쁨으로 인정되었던 모든 것, 즉 결핍을 제거함으로써 성립하는 먹고 마시는 것과 같은 유쾌한 육체적인 과정들과 산책이나 환담 같은 유쾌한 활동들을 귀속시켰다. 이것 외에도 에피쿠로스가 강조했듯 식사 후의 포만 혹은 위험을 견디어낸 후의 안심과 같은 특정한 사건에 매이지 않은 기쁨도 있다.

이 점에 이르기까지 에피쿠로스는 앞선 이론들에 대한 납득할 만한 보완만을 제시하는 것 같다. 그의 이론이 논쟁거리가 되었던 것은 그가 정지적인 기쁨들을 고통 없음의 상태와 동일시했으며 그리하여 기쁨과 고통 사이의 중성적인 상태가 없다는 견해를 대변했기 때문이다. 그는 자신의 본래의 상태를 아는 사람은 누구든 이것을 즐거운 것이거나 즐겁지 않은 것으로서 느낀다는 사실을 증거로 내세웠던 것 같다. 안심이나 만족의 기쁨들은 짐작컨대 이전에 있던 고통이 제거되거나 불안이 사라지고 우리가 다시금 진정될 때 나타나기 때문에, 에피쿠로스는 고통 없음이나 불안 없음의 상태가 모든 경우에 즐거운 것으로서 느껴져야만 하며 그래서 기쁨으로서 고려될 수 있다고 가정했던 것 같다.

우리는 이에 반해 포만, 안심이나 만족과 같은 확실한 기쁨들은 언제나 특정한 원인에 매여 있으며 단순히 장애가 없는 상태에 있는 것이 아니라고 반대할 것이다. 마찬가지로 좋은 기분이나 언짢은 기분도 일시적인 현상들이다. 대다수의 사람들은 보통 어느 쪽의 기분 상태에도 있지 않다. 나아가 만일 우리가 언제나 어떤 사람이 잘 지내고 있는가 그렇지 못한가라는 물음에 대답해야 할 상황에 있다고 하더라도, 이것은 무사함이 일종의 기분이나 즐거움이라는 것을 의미하지는 않는다. 그러나 짐작컨대 에피쿠로스가 했던 것처럼 만일 우리가 인간의 그때그때의 육체적인 상태나 심적인 상태를 고찰한다면, 방금 도달한 평안의 상태와 이미 오래 전부터 방해받지 않은 평안의 상태 사이에 아무런 차이도 존재하지 않는 것 같다.

아마도 결함들의 제거나 소망의 충족에서 성립하는 기쁨들은 충족이나 포만과 함께 그 절정에 이를 것이다. 그리고 기쁨의 과정들—동적인 기쁨들—은 원자들의 본래의 운동모형의 회복 또는 결합된 형성물의 평형을 방해하지 않는 원자운동들의 마찰 없는 진행에서 성립한다는, 감정상태들에 대한 원자론적 설명이 주어진다. 따라서 이제 에피쿠로스는 육체적이거나 심적인 평안의 상태가 모두 가장 큰 안락의 상태라고 생각했다. 게다가 이제는 심적인 기쁨들이 비단 현재만이 아니라 과거와 미래에도 관련될 수 있다.

그것들은 일반적으로 육체적인 기쁨들보다도 크다고 인정되기 때문에, 마음의 평안(ataraxia)은 육체적인 무사함보다도 인간의 행복에 한층 더 기여한다. 그래서 우리는 이전의 기쁨들에 대한 상기나 다가올 개선에 대한 희망에 의해서 자신의 심적인 안정을 유지함으로써 육체적인 고통들을 조절할 수 있어야만 한다. "만일 고통이 강하다면, 그것은 짧게 지속한다. 만일 그것이 길게 지속한다면, 그것은 가볍다"는 에피쿠로스 학파 사람들이 많이 인용하는 인생의 지혜이다.[6)]

우리는 이것을 키케로처럼 전적인(적나라한) 냉소주의로 여길 수도 있다. 그러나 우리는 또한 이 점에서 우리의 감정에 대해 우리의 사상이 미치는 영향의 과대평가도 알아볼 수 있다. 뒤엣것에 적합한 것은 우리가 마음의 평안과 함께 심적인 기쁨을 무엇보다도 '사물의 본성'에 관한 통찰을 통해서 얻을 수 있다는 것이다. 이 통찰은 복되고 불멸하는 존재로서의 신들이 인간의 운명에 전혀 관여하지 않는다는 것을 가르친다. 왜냐하면 운명은 약함의 표시일 수도 있기 때문이다. 그 통찰은 원자구조의 해체일 뿐인 죽음이—우리는 육체가 존속하는 한에서만 감각을 갖기 때문에—우리에게 아무런 해도 끼칠 수 없다고 가르친다. 즉 "죽음은 우리에게 아무런 의미도 없다. 왜냐하면 해체된 것은 아무런 감각도 갖지 않지만, 감각이 없는 것은 우리에게 아무런 의미도 없기 때문이다."[7)]

나아가 우리는 기쁨과 고통의 경계들을 명백히 해야만 한다. 여기에는 자기만족성(autarkeia)의 이상을 지지하는 중요한 명제가 속한다. 요컨대 모든 심적인 기쁨들이나 고통들은 육체적인 것들로 환원될 수 있다는 것이다. 이에 따르면 심적인 기쁨들은 과거나 미래의 육체적 무사함에 대한 현재의 생각에 있으며, 심적인 괴로움은 과거나 미래의 육체적인 고통들에 대한 현재의 불안이나 근심이다. 이를테면 에피쿠로스 학파 사람들이 큰 가치를 두었던 우정의 기쁨들은 육체적인 무사함에 대한 우리의 관심으로 설명되었다. 즉 만일 우리가 많은 기쁨들을 갖는다면, 우리는 그것들이 궁지에 처한 우리를 돕고 다른 것의 공격에 대항해서 우리를 지킬 것이라는 사실을 고려에 넣을 수 있다.

에피쿠로스는 죽음에 앞선 공포를 육체적 고통에 앞선 불안으로서 해석한 것 같다. 그 때문에 우리는 우리가 죽은 후에 더 이상 존재하지 않고 그래서 어떤 고통도 느낄 수 없다는 것을 명백히 함으로써 죽음으로부터 자유롭게 될 수 있다. 이것이 효과적인 위안인지를 우리는 의심할 수도 있겠으나, 에피쿠로스 학파 사람들은 그것을 받아들였던 것 같다.

물론 심적인 느낌들을 육체적인 느낌들로 환원시키는 것은 전혀 타당성을 갖지 못하며 반례들을 찾기도 쉬워 보인다. 가령 과학적 발견들에 대한 기쁨들이나 다른 사람들의 운명에 대한 근심을 어떻게 자신의 육체적인 무사함에 연관시킬 수 있을까? 에피쿠로스는 그런 분명히 빗나간 경우들에 있어서 그것들의 충족을 기뻐하는 소망들이나 이에 상응하는 근심들을 공허하거나 근거 없는 것으로서 설명함으로써 그런 반론들을 피하려 했다. 그런 소망들의 기초가 되어 있는 '공허한 생각'은 분명히 우리가 행복을 위해서 현실적으로 전혀 필요치 않은 어떤 것을 필요로 한다는 것이다. 예를 들어 정치적인 영향력을 얻으려고 노력하는 사람이 있다. 그는 이런 방식으로 적의에 찬 행동들로부터 그의 동포들을 지킬 수 있다는 희망에서 이를 행한다. 그러나 이런 목적은 큰 낭비 없이도 은둔생활을 통해서 도달될 수 있으며 따라서 정치적인 성과에 대한 기쁨은 본래 근거가 없는 것이다. 이런 방식으로 에피쿠로스는 생각할 수 있는 모든 반례들을 제거할 수 있었다.

만일 우리가 그의 환원주의를 용인한다면, 최대의 행복에는 육체적인 무사함, 그리고 미래에도 고통보다는 기쁨을 경험하리라는 희망만이 속한다는 사실이 밝혀진다. 우리는 (플라톤에게서 물려받은) 욕구와 소망들(epithymiai)의 분류에 근거해서 육체적인 무사함과 마음의 평안에 필요한 것에 관한 하나의 조망을 얻을 수 있다. 이에 따르면 우리는 자연적인 욕구와 공허한 욕구, 다시 말해서 상상적인 욕구를 구별해야만 하며, 더 나아가 자연적인 욕구에서도 필연적인 욕구와 필연적이지 않은 욕구를 구별해야만 한다.

이때 필연적 욕구들은 분명히 그것의 충족이 육체적인 무사함과 마음의 평안을 이루는 데 필요한 것들을 두고 하는 말이다. 필연적인 것으로서 여겨지는 것들은 이를테면 음식, 의복과 거처에 대한 욕구들이다. 필연적이지 않은 것들은 특히 맛좋은 음식이나 아름다운 옷에 관한 소망들, 그리고 놀랍게도 성적인 욕구들이다. 공허한 소망들은 이를테면 명성이나 공공연한 존경에 관한 것들이다.

필연적인 욕구들에서도 우리는 다시금 그것의 충족이 한갓 삶을 연장하는 데 필요한 것들, 다시 말해서 그것의 육체적인 무사함에 봉사하는 것들과 그것의 충족이 행복한 삶에 필요한 것들을 구별할 수 있다. 여기에는 또한 우리를 근거 없는 불안들과 불필요한 소망들로부터 자유롭게 하는 철학적 통찰도 속한다. 따라서 우리가 현실적으로 행복한 삶을 위해서 필요로 하는 것은 음식과 의복, 약간의 친구들과 철학이다. 그리고 알다시피, 이것들은 모두가 많은 노력 없이도 얻을 수 있는 것들이다. 따라서 누구든 행복해질 수 있다. "본성(자연)에 맞는 모든 것은 얻기 쉽지만, 지나친 것은 얻기 어렵다."[8)]

겸손한 행복에 대한 이런 안내는 에피쿠로스의 학설이 왜 그렇게 열렬한 추종자들을 가졌는지를 아마도 우리에게 설명해줄 수 있는 일종의 단순성과 폐쇄성을 소유하고 있다. 에피쿠로스는 누구든 큰 노력 없이도 만족스러운 삶을 살 수 있는 방법을 설파한다. 설사 전혀 다른 근거들로부터 스토아 철학자들이 훌륭한 삶, 다시 말해서 덕 있는 삶을 영위하는 일이 저마다에게 위임되어 있다고 강조했더라도, 많은 사람들은 스토아 철학자들의 엄격한 덕의 이상보다는 오히려 즐거운 삶에 대한 다소간의 희망을 택했을 것이다. 한편으로는 플루타르코스가 말했듯이 금욕의 생활이—에피쿠로스 학파 사람들이 그것을 칭찬하듯—특별히 즐거운 것이라고 할 수도 없거니와, 더구나 우리가 생각할 수 있는 가장 즐거운 것도 아니라고 한다면, 우리는 그에 동의하지 않을 수 없을 것 같다.

참된 기쁨들은—플루타르코스도 그렇듯—필연적인 욕구들이 이미 충족된 곳에서 비로소 시작한다. 그리고 가장 크고 가장 관심을 끄는 기쁨들, 이를테면 도덕적이나 정치적인 야망의 충족과 같은 것들이 우리가 개인적인 안전과 근심 없음을 위해서 필요로 하는 것과 같다는 잘못된 생각으로 환원되어서는 안 된다.

우리는 에피쿠로스의 주장과 관련해서 그가 자연적이지만 필연적이지는 않은 모든 소망들을 여분의 것으로서 설명함으로써 잘못을 범했다고 말할 수도 있을 것이다. 모든 개별적인 소망을 충족시키지 않고도 살아갈 수 있다는 것은 타당하다. 그러나 이것은, 비록 이런 소망들 가운데 어느 하나 충족되지 않았는데도 우리가 자신의 삶을 즐길 수 있다는 것까지 의미하지는 않는다. 에피쿠로스의 이론은 인간의 행복에 있어서 만족의 의미를 명백히 부각시킨다는 장점을 갖고 있다. 추측컨대 우리가 검소한 환경에서도 만족스런 삶을 영위할 수 있다는 것은 옳다. 그렇다고 해도 이런 통찰을 바로 쾌락주의의 결과로서 진술하는 것은 역설적인 것 같다.

에피쿠로스의 삶의 이상과 관련해서 에피쿠로스가 의당 전통적인 지혜, 용기, 절제 그리고 올바름(정의)이 행복한 삶에 필요하며 더욱이 충분한 전제들이라고 주장할 수 있었다는 사실을 간파하기란 쉽다. 우리는 이유 없는 불안과 공허한 소망들로부터 자유로워지기 위해서 분명히 지혜를 필요로 한다. 용기와 절제도 우리가 행동할 때 철학적 통찰을 따를 수 있기 위해서 필요하며, 올바름도 우리의 동포들과 갈등을 일으키지 않도록 하기 위해서 필요하다.

그러나 에피쿠로스의 학설에 의하면 만일 우리가 이런 모든 선한 속성들을 소유한다면, 더 이상 불행할 수도 없다. 왜냐하면 우리는 그럭저럭 살아가는 것과 즐거운 생각을 통해서 삶의 손해를 보상하는 법을 배웠기 때문이다. 나아가서 에피쿠로스 학파 사람들은 그러나 또한 도덕적인 덕들의 가치는 그것들이 행복한 삶에 필요하다는 점에서 성립하며, 그래서 우리가 도덕적으로 올바른 행동을 행복한 삶으로 귀결되는 행동으로서 설명할 수 있다는 것을 보여주려 했다. 그들의 주장이 보여주는 것은 물론 우리가 덕들이 행복에 기여하기 때문에 그것을 존중하거나 존중할 수 있다는 것뿐이지, 그것들이 오직 이런 이유에서만 존중받을 만한 것으로 여겨진다는 것은 아니다.

그리고 뒤엣것은 이미 키케로에 의해 반례가 제시되고 논박된 주장으로서, 그 반례들은 최근에는 공리주의에 반대해서 늘 제시되곤 하는 것들이다. 즉 개인적인 행복의 추구와 일치하지 않는, 또는 그로 인해 우리에게 불이익들이 생기는 경우들에서도 가령 다른 사람을 위한 자신의 삶의 희생이라든가 남몰래 깰 수도 있는 약속을 엄수한다든가 하는 것과 같이 자신의 제한을 요구하는, 그러면서도 도덕적으로는 올바른 행동방식들이 있다.

유용성의 원리나 더욱이 자신의 안녕에 대한 관심도 도덕을 기초하는 데 충분치 않다는 사실은 오늘날 어느 정도 자명하게 확립된 것으로서 여겨질 수도 있다. 그러나 에피쿠로스의 이론은 그와 동시대의 경쟁자들과 비교해서 인간의 기능에 관한 목적론적인 요청으로 후퇴하지 않아도 지장이 없다는 장점을 갖거니와, 인간의 행복에 관한 정해진 이론의 틀에서도 그것은 행복과 덕이 동일하다는 스토아 철학자들의 역설적인 주장보다도 더 설득력 있어 보인다.

영향

17세기에 에피쿠로스는 무엇보다도 피에르 가상디의 논문들에 의해 인식론과 근대과학의 선구자로서 재발견되었다. 쾌락주의 윤리학도 가상디의 친구인 토마스 홉스의 저작과 관련해서 다시금 논의되었다. 그러나 에피쿠로스주의라는 명칭은 가상디 자신의 경우를 제외하고서는 자칭 추종자들 및 그 반대자들에 의해서, 대개는 에피쿠로스의 것이건 루크레티우스의 것이건 조금밖에 보존되어 있지 않은 그들의 저술에 대한 정확한 지식 없이 사용되었다. 에피쿠로스와 루크레티우스는 유물론, 무신론 및 이기주의를 설파했던 고대의 대표자들로서 여겨졌다. 그리고 신의 섭리와 혼의 불멸을 부정했던 한 철학자에 대한 분노가 일반적으로 우세했다.

어쨌든 18세기에 와서도 당시의 자유사상가들에 미친 에피쿠로스 철학자 루크레티우스의 영향은 대단했다. 추기경 메키오르 드 폴리냑(Mekhior de Polignac)은 루크레티우스에게 『반-루크레티우스, 또는 신과 자연에 관하여』(1747)라는 9권으로 된 라틴어 시를 바쳤고, 이 책은 수많은 언어로 번역되어 널리 유포되었다.

물론 시대마다 복권의 시도들은 있었다. 이는 「데모크리토스와 에피쿠로스의 자연철학의 차이」(1841)라는 젊은 마르크스의 학위논문에서 끝난 것은 아니었다. 그러나 특이한 것은 바로 최초로 기초가 다져진 단편모음집의 박식한 발행인 우즈너(Herman Usener)가 1887년 그의 책의 머리말에서 그의 관심은 본래 철학자 에피쿠로스보다는 오히려 매우 이해하기 어렵고, 전승상의 많은 결함 때문에 왜곡되어 있는 한 고대 그리스인 저자의 원전에 있었다고 설명했다는 사실이다.

그렇다고 해도 지금 에피쿠로스가 일련의 철학의 대가들 사이에서 하나의 위치를 점해야 한다면, 우리는 이것을 무엇보다도 단적으로 그의 역사적인 영향에 의해서 근거지을 수 있다. 즉 에피쿠로스 학파 사람들은 스토아 철학자들 및 아카데미아의 회의주의자들과 나란히 신플라톤주의와 크리스트교의 출현에 이르기까지 철학적 논의를 주도했던 주지의 세 중요한 학파들 가운데 하나를 형성했다.

에피쿠로스가 아리스토텔레스의 반론에 대해서 원자론을 방어하려 하지 않았더라면, 원자론이 아리스토텔레스의 자연철학 및 스토아 학파의 자연철학과 나란히 주장될 수 있었을지는 매우 의심스럽다. 에피쿠로스의 인식론은 추측컨대 무엇보다도 의술에서 여러 경향들의 대표자들이 행했던 헬레니즘 시대의 학문이론적 논의에—우리의 원전에서 대뜸 알아볼 수 있듯—한층 더 강한 영향을 끼쳤다.

끝으로 그의 윤리학의 일부는 이후 스토아의 대표자들에 의해서 계승되었으며, 그의 영향은 곧바로 그의 공식적인 철학적 반대자들에게서도 명백히 나타나 있다.

| 기젤라 슈트라이커 · 김태경 옮김 |

기젤라 슈트라이커(Gisela Striker)

1930년 출생. 튀빙겐과 함부르크, 괴팅겐, 옥스퍼드 대학에서 철학과 고전 문헌학을 공부했다. 1969년 괴팅겐에서 박사학위를, 1978년에 교수자격을 취득했다. 1989년부터 하버드 대학에서 철학과 고전 문헌학 교수로 있다. 주요 저서 : *Peras und Apeiron. Das Problem der Formen in Platons Philebos*(1970), *Kriterion tes aletheias*(zur hellenistischen Erkenntnistheorie, 1974).

김태경

성균관대학교에서 철학 박사학위를 받았으며, 성균관대학교 인문학연구원 연구교수를 거쳐 현재 경희대학교 후마니타스 칼리지 교수로 있다. 서양고대 철학과 인문교양 분야를 강의하고 있으며, 주요 관심사는 서양고대 철학, 플라톤 철학, 아리스토텔레스 철학 등과 관련된 주제이다. 저서로는 『플라톤의 후기 인식론』 『플라톤의 정치가』, 공저로는 『플라톤 철학과 그 영향』 『세계 존재의 이해』 등이 있다. 역서로는 『소피스테스』 『정치가』 『아리스토텔레스』 등이 있다. 논문으로는 「플라톤의 『소피스테스』편에서 변증술과 존재론」 「플라톤의 『정치가』에서 측정술」 「플라톤의 『정치가』에서 정치체제와 법률」 「플라톤의 『국가』에 나타난 미메시스 개념」 「플라톤 『크리톤』의 '의인화된 법률 연설' 분석」 등이 있다.

주

1) 출전 : 디오게네스 라에르티오스 X 31~34(규준학의 개요) ; 「헤로도토스에게」 37~38(선 개념의 진리), 51(오류의 설명), 62(유비의 제한), 79~80(몇몇의 가능한 설명들) ; 「피토클레스에게」 86, 87, 93, 94~95, 97~98, 102(몇몇의 가능한 설명들, 유비의 적용) ; 『중요한 가르침들』 37~38(올바른 사람의 개념), 루크레티우스 V 526~533, VI 703~711(몇몇의 가능한 설명들). 플루타르코스, 『콜로테스에 대해서』 1109B-1110E(Usener〔=Us.〕에서 몇몇의 단편들에 관해서 구분된) (지각들 사이에서 볼 수 있는 모순들의 설명), 1121C(Us., Epicurea, Fragmente〔=fr.〕 252)(볼 수 있는 감관의 기만들의 다룸) ; 섹스투스 엠피리쿠스, 『과학자에 관하여』, XII 210~216(Us. fr. 247)(의견들의 증명이나 논박의 이론)
2) 디오네게스 라에르티오스 X 30.
3) 같은 책, 33.
4) 출전 : 「헤토도토스에게」 38~45(자연학의 토대), 54(원자의 성질), 56~59(원자의 최소 부분들), 60(운동의 방향들), 61(원자들의 동일한 속도). 모든 이런 점들에 대해서 우리는 루크레티우스의 I, II 권의 상세한 진술을 참조한다. 루크레티우스 I 430~439(물체들과 허공 외부에 자립적으로 존재하는 것은 없다), II 216~293(원자들의 빗나감). 아리스토텔레스의 주장들: 『자연학』 IV 8, 214b 28~215a 13(허공에서의 원자들의 운동)—Us. fr. 275, 281 참조 ; 『자연학』 III 6, 206a 9~b 16, VIII 8, 263b 3~9(무한의 개념) ; 『자연학』 IV 8, 216a 11~21(동일한 속도)—Us. fr. 278 참조 ; 『천계론』 I 5, 271b 9~11, III 4, 303a 20~24(기하학과의 충돌)—Us. fr. 277, 229a 참조.
5) 키케로, 『최고선과 가장 큰 악에 관하여』, II 95.
6) 『주요 학설들』 2.
7) 「메노이케오스에게」 130.
8) 출전 : 「메노이케오스에의 편지」, 여러 곳 ; 『중요한 가르침들』 1~7, 9, 12, 14, 15, 18~21, 25, 26, 29 ; 디오네게스 라에르티오스 X118, 120b ; 136~138(즐거움의 이론, 키레네 학파 사람들에 대한 논박) ; 키케로, 『최고선과 가장 큰 악에 관하여』 I 권(에피쿠로스의 윤리학에 대한 진술), 특히 §§ 30~33, 37~38, 42~54, 55~57, 62, 66~68. 다음도 참조. Us. fr. 409, 429, 430(환원주의), Us. fr. 423, 434(즐거움의 양). 키케로의 공리주의에

대한 비판 : 『최고선과 가장 큰 악에 관하여』 II §§57~61 ; 플루타르코스의 반론들 : 『에피쿠로스의 행복에 대하여』 1091D~F, 1092D~1094D.

참고문헌

원전

전집

• *Epicuro. Opera a cura di G. Arribetti*, Turin, Einaudi, [2]1973(학문적인 표준판으로서 파피루스의 단편들도 포함하고 있다).

• Usener, H. : *Epicurea*, Leipzig 1887(재판 : Stuttgart 1966 ; 가장 좋은 원전 모음집)

• *Epicurus. The Extant Remains*, C. Bailey의 참고자료, 번역 및 주석, Oxford 1926(재판 : Hildesheim 1989).

단행본

• *Epicuri epistulae tres et ratae sententiae*......accedit Gnomologium Vaticanum, ed. P. von der Mühill, Leipzig 1922(재판 : 디오게네스-텍스트의 가장 중요한 비판본).

• Boer, E. : *Epikur. Brief an Pythokles*, Berlin 1954(번역 포함).

• Bollack, J. : *La pensée du plaisir. Epicure : textes moraux, commentaires*, Paris, Minuit의 편집, 1975.

• ______, M., Wisman, H. : *La lettre d' Epicure*, Paris, Minuit의 편집, 1975.

• ______, Laks, A. : *Epicure à Pythoclès*, Cahiers de Philologie 3, Lille 1978(Bollack의 방법적 원리들은 논란거리지만, 그의 판본과 주석은 언제나 적어도 교훈적이다).

• Conche, M. : *Épicure, Lettres et maximes*, texte établi et trad., Paris, Presses Univ. de France, 1987.

• Diano, C. : *Epicuri Ethica et Epistulae*(1946) (재판 : Florenz, Sansoni, 1974).

• Laks, A. : *Edition critique et commentée de la "Vie d' Epicure" dans Diogène Laërce*(X, 1~34), in : Cahiers de Philologie 1, Lille 1976, 1~118.

• 일련의 헤르쿨라네움 파피루스의 새로운 비판적 출간은 1971년 이래로 *Cronache Ercolanesi*라는 잡지에 나타난다.

독일어 번역서들

●Apelt, O. : *Diogenes Laertios : Leben und Meinungen berühmter Philosophen*, K. Reich와 H.G. Zekl의 서문과 주석 포함. Hamburg [3]1990.
●Gigon, O. : *Von der Überwindung der Furcht. Katechismus, Lehrbriefe, Spruchsammlung, Fragmente*, Zürich [3]1983(재판 München 1986).
●Jürss, F, Müller, R., Schmidt, E. G. : *Griechische Atomisten*, Leipzig [2]1977(편지들, 주요학설들, 바티칸의 격언모음집, 단편들, 키케로와 루크레티우스의 발췌문들 그리고 다른 에피쿠로스 철학자들의 단편들).
●Krautz, H.W. : *Epikur, Briefe. Sprüche. Werkfragmente*, 그리스어/독일어, Stuttgart [2]1985.
●Mewaldt, J. : *Epikur. Philosophie der Freude. Eine Auswahl aus seinen Schriften*, Stuttgart [5]1985.

2차 문헌

보조 자료

●Mette, H. J. : Forschungsbericht "Epikuros 1963~1978", *Lustrum* 1978, 제21권, 45~114.
●______ : *Lustrum* 제21권, 45~114에 대한 부록, *Lustrum* 1979~80, 제22권, 109~114.
●______ : Forschungsbericht "Epikuros 1980~1983", *Lustrum* 1984, 제26권, 5~6.
●Usener, H. : *Glossarium Epicureum*, M. Gigante/W. Schmid의 편집, Rom, Ateneo & Bizarri, 1977.
●Widmann, H. : *Beiträge zur Syntax Epikurs*, Stuttgart 1935(재판 : Hildesheim 1974).

주석서

●Arrighetti, Bailey, Bollack, Laks의 저서들 참조.
●Bignone, H. : *Epicuro. Opere Frammenti Testimonianze sulla sua vita*, Bari 1920(재판 : Rom, Bretschneider, 1964).

일반서

•Bailey, C. : *The Greek Atomists and Epicurus*, Oxford 1928(재판 : New York 1964).
•Clay, D. : *Lucretius and Epicurus*, Ithaca, N. Y., Cornell Univ. Press, 1983.
Hossenfelder, M. : *Epikur*, München 1991.
•______ : *Die Philosophie der Antike 3. Stoa, Epikureismus und Skepsis* (*Geschichte der Philosophie*, W. Röd의 편집, 제3권), München 1985.
•Rist, J. M. : *Epicurus. An Introduction*, Cambridge, Cambridge Univ. Press, 1972(상세한 참고도서 목록).
•Schmid, W. : "Epicur" 항목, *Reallexikon für Antike und Christentum*, 제5권, Stuttgart 1962, 681~819.
•Steckel, H. : "Epicur" 항목, *Paulys Realencyclopaedie der classischen Altertumswissenschaft*, 별책 제11권, Stuttgart 1968, Sp. 579~652.
•Strozier, R. M. : *Epicurus and Hellenistic Philosophy*, Washington D. C., Univ. Press of America, 1985.

개별 주제영역에 관한 참고문헌

〈에피쿠로스의 선행자들과 동시대인들에 대한 관계〉
•Bignone, E. : *L'Aristotele perduto e la formazione filosofica di Epicuro*(1936), Florenz, La Nuova Italia, ^{2}1973(여전히 기초적이지만 종종 일면적으로 여겨지는 까닭은 에피쿠로스가 아리스토텔레스의 '공개적인' 저술들만 알았다는 사실에 근거한다).
•Sedley, D. : "Epicurus and his Professional Rivals", *Cahiers de Philologie 1*, Lille 1976, 119~159.

〈규준학에 관한 문헌〉
•Asmis, E. : *Epicurus' Scientific Method*(Cornell Studies in Classical Philology 42), Ithaca, N. Y., Cornell Univ. Press, 1984.
•Furley, D. : "Knowledge of Atoms and Void in Epicureanism", *Essays in Ancient Greek Philosophy*, J.P. Anton/G.L. Kustas 편집, Albany, N. Y., State Univ. of New York, 1971, 607~619.
•Glidden, D.K. : *The Epicurean Theory of Knowledge*, Diss. Princeton University, Princeton, 1971.

•Long, A.A. : "Aisthesis, Prolepsis and Linguistic Theory in Epicurus", *Bulletin of the Institude of Classical Studies 18*, 1971, 114~133.
•Manuwald, A. : *Die Prolepsislehre Epikurs*, Bonn 1972.
•Sedley, D. : "Epicurus, On Nature Book XXVIII", *Cronache Ercolanesi 3*, 1973, 5~83.
•Striker, G. : "Kriterion tes aletheias", *Nachrichten der Akademie der Wissenschaften in Göttingen*, I. Philol.-hist. Klasse 1974, 2, 59~82.
•_______ : "Epicurus on the Truth of Sense Impressions", *Archiv f. Gesch. d. Philosophie 59*, 1977, 125~142.

〈자연학에 관한 문헌〉
•Furley, D. : *Two Studies in the Greek Atomists*, Princeton, Princeton Univ. Press, 1967, Study I : Indivisible Magnitude, 7~158.
•Long, A. A. : "Chance and Natural Law in Epicureanism", *Phronesis* 22, 1977, 63~88.
•Luria, S. : "Die Infinitesimaltheorie der antiken Atomisten", *Quellen u. Studien z. Gesch. d. Math.*, Abt. B, 2, 1933, 106~185.
•Mau, J. : *Zum Problem des Infinitesimalen bei den antiken Atomisten*, Berlin 1957.

〈신학에 관한 문헌〉
•Festugiere, A. J. : *Epicure et ses dieux*(1946), Paris, Presses Univ. de France, 1968.
•Kleve, K. : *Gnosis Theon. Die Lehre von der natürlichen Gotteserkenntnis in der epikureischen Theologie*, Symbolae Osloenses, 별책 19권, Oslo 1963.
•Lemke, D. : *Die Theologie Epikurs*, München 1973.

〈윤리학에 관한 문헌〉
•다음을 비교해 보라 : Bignone, *L'Aristotele perduto*(앞의 책), 여러 곳 ; Furley, *Two Studies*(앞의 책), Second Study : "Aristotle and Epicurus on Voluntary Action", 161~237.
•Brochard, V. : "La théorie du plaisir selon Epicure"(1904), in : ders., *Etudes de philosophie ancienne et de philosophie moderne*, Paris, Vrin, [4]1974, 252~293.
•Capasso, M. : *Communità senza rivolta. Quattro saggi sull' epicureismo*, M. Gigante의 머리말 포함, Napoli, Bibliopolis, 1987.

•Diano, C. : "La Psicologia di Epicuro e la teoria delle passioni", in : ders., *Scritti Epicurei*, Frorenz, Olschki, 1974, 129~280.
•Goldschmidt, V. : *La doctrine d' Epicure et le droit*, Paris, Vrin, 1977.
•Hibler, R.W. : *Happiness Through Tranquility. The School of Epicurus*, Washington D.C., Univ. Press of America, 1984.
•Merlan, P. : "Hedone in Epicurus and Aristotle", in : ders., *Studies in Epicurus and Aristotle*, Wiesbaden 1960, 1~37.
•Mitsis, P. : *Epicurus' Ethical Theory. The Pleasures of Invulnerability*, The Pleasures of Invulnerability, Ithaca/London Cornell Univ. Press, 1988.
•Müller, R. : *Die epikureische Gesellschaftstheorie*, Berlin ^{2}1974.
•Steckel, R. : *Epikurs Prinzip der Einheit von Schmerzlosigkeit und Lust*, Diss. Göttingen, 1960.

5 | 자연의 이치에 따른 삶

스토아 학파

"덕이란 완전한 선이며 행복한 삶과 같은 말이다."
●세네카

스토아(Stoa) 학파는 아리스토텔레스의 소요학파, 플라톤의 아카데미아, 그리고 에피쿠로스의 정원학파와 함께 고대의 지적 생활에서 특별한 역할을 했던 아테네의 네 고전적인 철학자들의 학파에 속한다. '스토아'라는 명칭은 키프로스에 있는 키티온 출신의 제논(기원전 332~262/261)이 강의했던 저 다채로운 강당에서 유래했다.

거의 동년배로서 그의 학생이자 친구였던 아소스의 클레안테스(Kleanthes, 기원전 331/330~233/231)와 그보다 한층 더 그의 후계자였던 솔로이의 크리시포스(Chrysippos, 기원전 281/277~208/204)는 이 학파에 고유한 성격을 부여했다.

스토아 학파 내에서도 우리는 초기, 중기 그리고 후기 스토아를 구분한다. 제논, 클레안테스 그리고 크리시포스는 초기 스토아 학파에 속한다. 특히 클레안테스는 빈민 출신이다. 본래 스토아 철학은 특정 민족에만 영향을 미쳤던 것 같다. 그에 반해서 로도스 출신의 파나이티오스(Panaitios, 대략 기원전 185~110)와 시리아의 아파메아 출신의 포세이도니오스(Poseidonios, 기원전 135~51)로 대표되는 중기 스토아 학파는 분명히 교양과 개방의 성향을 갖고 있었다. 파나이티오스는 옛 귀족 출신이다. 그와 더불어 특히 포세이도니오스는 로마의 귀족정치와 깊은 관련을 맺고 있었다. 그리하여 스토아 학파는 당시 로마에서도 금방 널리 확산되었다. 기원후 스토아적 사유는 보편적인 교양에 속한다.

후기 스토아 학파는 무엇보다도 정치인이자 시인인 세네카(서기 65년 사망)의 저작과 로마 황제인 마르쿠스 아우렐리우스(121~180)의 자기성찰을 통해서 꽃을 피운다. 여기서 우리는 철학이 분명하게 윤리적 물음으로 축소됨을 알 수 있다. 도덕철학적 관심에 대한 강조는 후기 스토아 학파의 실제적인 대변자로 여겨지는 저 사상가들, 1세기에 살았던 로마의 기사 무소니우스 루푸스(Musonius Rufus), 그리고 노예 출신으로 로마에 와서 자유의 몸이 된 후에 무소니우스의 제자가 되었고 129년에 죽은 에픽테토스(Epiktetos)에서도 나타난다.

에피쿠로스주의 및 정치적 파탄과 법적 불확실성의 시대에 삶의 도움을 주려고 하였던 헬레니즘 시대의 다른 철학 학파들과 마찬가지로 스토아 학파에서도 무엇보다 실존적 의무가 특징이었다. 개인적 실존을 철학적으로 확고하게 하려는, 특히 소크라테스적인 열망의 실현이 문제였다.

그러나 이론과 실천에서, 에피쿠로스주의의 정신치료적인 철학이해는 인간적 실존을 종교적 · 형이상학적 · 우주론적으로 정위된 모든 속박과 강제로부터 자유롭게 하려는 사상이었던 반면, 500년 가량 발전했던 스토아 학파는 발전 초기부터 전체로서의 세계는 이성적으로 구성되며 불변의 법칙에 따라 질서지어져 있고 이런 질서의 부분인 인간이 전체 계획에 순응하는 것은 좋은 일이라는 사상을 중시했다.

따라서 삶을 포괄적이고 세계시민적인 관점에 따라 질서짓고 필요에 따라서는 그 당시 통용되던 가치관에 반하는 방향으로 단호히 나아가는 스토아적 삶의 방식의 이상과 함께, 종종 이에 대한 풍자적인 초상까지도 생겨났다.[1)]

제논, 클레안테스와 함께 초기 스토아 학파를 대표하는 크리시포스.

그럼에도 스토아적 사유가 철학적으로 기여한 바는 바르게 살고자 하는 열망만으로는 결코 충분히 설명되지 않는다. 왜냐하면 스토아 철학자들은 철학적 중심문제를 다양한 관점에서 풍부하게 했기 때문이다. 자연학의 영역에서 스토아 철학자들은 힘의 장이라는 근대적 개념을 선취하고 있었던 것으로 보인다. 의미론의 영역에서 스토아 철학자들이 표지(標識)와 의미를 구분한 것은 밀, 프레게 또는 카르나프의 사상에 비교될 수 있으며, 이로써 그 당시의 견해들을 훨씬 능가하는 하나의 입장을 형성했다.

그들이 또한 논리학의 영역에 기여한 바도 마찬가지로 높이 평가할 만하다. 금세기에 들어서야 비로소 스토아 학파의 논리학은 근대의 판단논리학의 고대 선구자로 인식되었으며 그만큼 중요시되기도 했다. 윤리학의 영역에서 스토아 철학자들의 철학적 기여는 도덕철학에서 규범의 역할이 갖는 의미가 인식되었을 때 중요한 것으로 판명된다. 법철학에서는 오늘날까지 늘 되풀이해서 새롭게 정식화되기만 할 뿐 결코 명쾌해지지 않는 자연법의 기초가 최초로 그 모습을 나타냈다.

특히 논리학과 언어철학에 대한 스토아 학파의 성찰이 가장 최근에 역사적으로 그리고 체계적으로 새롭게 중요시된다는 사실은, 이전의 전통적 성향의 철학에서도 '후기 고전주의적'(Nachklassische)이라는 비판이 그 무게를 잃고 있다는 사실과 더불어, 이 분야들에 대한 동시대 사상가들의 증가하는 관심과 함께 현안으로 남아 있다.

인식론적 기초와 존재론적 기초

제논, 클레안테스 그리고 크리시포스와 같은 사상가들에 의해 대표되는 이른바 전기 스토아 학파의 어떤 글도—제우스에 대한 클레안테스의 송가를 제외하면—우리에게 전승된 것은 없다.[2] 전기 스토아 학자들과 파나이티오스, 포세이도니오스 같은 그후의 스토아 철학자들에 의해서 우리에게 남겨진 것은 고대의 텍스트 모음집에 대한 단편적 정보와 주로 반(反)스토아적인 작가들에 대한 그밖의 언급들에 제한되어 있다. 따라서 우리는 이제부터 언어적 형식 이외에 소크라테스 이전의 철학자들의 경우에서보다도 한층 더 보고자들 사이에서 논란이 되고 있는 연관도 신중히 고려해야 한다.

철학의 분과들

스토아 철학자들은 철학의 영역을 세 부문, 즉 논리학, 자연학 그리고 윤리학으로 나눈다.[3] 이런 분류에서 두 가지 점이 눈에 띈다. 첫째, 스토아 철학자들은 논리학을 한갓 예비학 또는 도구(organon)로 여기지 않고 완전한 철학의 분야로 여겼다. 이런 관점에서 그들은 분명히 아리스토텔레스주의자들에 반대하고 논리학이 존재의 객관적 계기를 탐구하는 데 기초가 된다고 보는 플라톤주의자들의 입장에 동의한다. 그리고 스토아 철학자들도 보편적 로고스(의미, 이성, 구조)에 의해 표현된, 비록 초월적이지는 않지만 객관적인 존재구조들을 가정함으로써 논리학을 의당 철학적 고찰의 진정한 부분으로 이해했지, 결코 예비학적 도구로만 이해하지는 않았다.[4]

이와 함께 철학의 세 분야의 관계에 대해 다음과 같은 결과도 나온다. 즉 하나인 보편적 로고스가 기본적인 질서원리이자 기초적 질서구조로 파악됨으로써, 논리학, 자연학 그리고 윤리학은 구별되면서도 서로 보완적인 철학의 부분들로 입증된다. 이때 철학은 스토아 철학자들에 의해 '본성상 모든 인간에게 주어진 이성의 올바른 사용'[5]으로 정의되었다. 윤리학은 로고스의 규범적 측면, 즉 로고스가 행하도록 명하는 것을 탐구한다. 자연학은 인간마저도 속해 있는 실재 자체에서 로고스의 소여 방식을 탐구한다. 끝으로 논리학은 언어, 사유 그리고 현실 사이의 관계를 구성하는 저 연관들을 탐구한다.

이렇게 철학의 분야들이 공통적으로 로고스와 그것의 다양한 차원들로 집중되는 것을 스토아 철학자들은 또한 비유적인 방식으로 나타내려고 했다. 특히 철학을 열매가 열린 정원으로 여겼는데, 이때 논리학은 울타리에, 자연학은 나무에, 그리고 윤리학은 열매에 비유되었다.[6] 이런 비유는, 이성과 자연에 따른 올바른 삶을 살려는 노력에 근거하여 윤리학이 스토아 학파의 철학이해의 목표를 나타낸다는 것을 보여준다. 물론 여기에서 스토아 철학자는 자연 파악의 특정한 방식에서 출발한다. 이런 자연 파악의 기초는 유물론적 존재론이다.

존재론적 기본전제

스토아 철학자들은 에피쿠로스 학파 사람들과 마찬가지로, 그러나 플라톤과 아리스토텔레스와는 달리, 세계와 그것의 일련의 변화에 대한 모든 언표들이 충분히 그리고 남김없이 물질적 상태들과 관련된 언표들로 번역될 수 있다는 견해를 주장하였다. 따라서 세계와 그것의 일련의 변화를 설명하기 위해서는 스토아 철학자들이 정신적 사물로 해석했던[7] 플라톤의 이데아와 같은 종류의 초월적 존재들이 존재한다는 가정을 필요로 하지도 않았고, 아리스토텔레스적인 기원을 갖는 어떤 개념적 형상들을 가정할 필요도 없었다. 그래서 여러 가지의 어느 정도 위계지어진 존재의 재현들을 가정하는 모든 근거도 또한 스토아 철학자들의 몫이 되었다.

반대로 스토아 철학자들은 모호하지 않고 가능한 한 가장 분명하게 기술될 수 있는 존재의 의미를 꾀하였고, 이것을 주로 작용함(Wirken)과 겪음(Leiden)이라는 표상[8]을 모범으로 삼았던 현실성이라는 개념을 통하여 설명한 듯하다.[9] 이런 의미에서 스토아 철학자들에게 언급가능한 세계는 현실적인 것과 비현실적인 것으로 나누어졌다. 물체만이 현실성과 함께 본래적인 의미에서의 존재를 소유한다. 왜냐하면 다만 물체만이 작용을 하고 겪는 능력을 소유하기 때문이다.[10] 작용을 하고 겪는 능력은 3차원적이며 입체적인 성질들로 결합되어 있다.[11]

스토아 철학의 이해에 따르면 비현실적인 사물의 부류에는 일반적으로 언어적 표지의 의미들, 특히 시간 · 공간 · 허공과 같은 개념들이 속한다.[12] 이 개념들은 세계를 사유할 수 있게 하지만 자연에서 발견되지는 않는다. 즉 그것들에 상응하는 어떤 대상도 없다. 게다가 스토아 철학자들이 대상이란 개념을 얼마나 엄격하게 파악했는가는, "누군가 앉아 있다"라든가 "소크라테스는 앉아 있다"라는 언표는 분명한 지시체를 소유하고 있을 때만, 다시 말해 상응하는 지시체를 갖는 형식의 언표("여기 이 사람은 앉아 있다")로 바뀔 때만 참인 것으로 여겨져야만 한다는 사실을 통해서 분명해질 것이다. 그와 같은 완고한 지시 개념이 아무리 산뜻하고 정확한 인상을 준다고 하더라도, 스토아적 철학함의 실천과 이론에 그것들을 사용하는 것은 문제가 있는 듯하다.

현실성의 원리들

스토아 철학자들이 그들이 말하는 현실성 개념을 구성하는 능동성과 수동성이라는 표상들에 **사실적 기초**(fundamentum in re)와 같은 어떤 것을 부여한다면, 그들은 한편으론 **질료**(hylē)가 실재한다고, 다른 한편으로는 **구조**(logos) 또는 신이 실재한다고 가정함으로써 현실성 자체를 구성하는 두 종류의 원리들이 존재한다는 주장을 하는 듯하다. 그 원리들은 대상화될 수 있는가?

추측컨대 이 물음은 간단하게 결정될 것이 아니다. 중기 스토아 학파에 속하는 아파메아의 포세이도니오스는, 수동성의 원리로 간주되는 질료가 실제로는 **현실의 전체적인 존립**(ousia)과 동일하고 다만 반성적 숙고를 거친 후에야 이런 전체적인 존립과 구분된다는 입장을 옹호하는 것 같다. 분명히 신에 대해서도 마찬가지이다. 신은 본래 자신의 고유한 모습을 갖지는 않으나, 다양한 모습들을 취할 능력을 갖고 있는 불의 호흡으로 여겨진다.[13] 어쨌든 전체적 존립과 물질 사이의 구분과 관련해서 분명해지는 것은 '질료'라는 표현은 고유한 지시체를 결코 갖지 않으며, 실제로는 기능적인 사유작용으로 하여금 현실의 특정한 소여 방식을 고려에 넣게 하는 하나의 개념만을 나타낸다는 것이다.

이런 종류의 고찰 방법은 이미 초기 스토아 철학자들에게도 중요했을 것이다. 왜냐하면 형태를 갖고 있는 요소들과는 반대로 형태가 없는 원리들은 물체가 아니라 비물체적인 것이라고 할 때,[14] 이는 본래 원리들은 그 자체로 고유한 대상적 존재를 갖지 않는다는 것을 의미할 수 있을 뿐이기 때문이다. 즉 실제로 주어져 있는 것은 그때마다 하나의 전체적 존립이다. 질료와 구조는 그것 자체로서는 나타나지 않는다. 오히려 형태가 없는 그런 두 원리를 떼어낸 것이 우리 사유의 공헌이다.

이런 의미에서 '물체가 없는' 이라는 특징은 충분히 사변적으로 요청된 상황으로서 '아직 물체성을 부여받지 못한' 을 의미하지는 않을 것이다. 왜냐하면 원리들로서 질료와 구조도 또한 겪고 작용하는 능력을 갖고 있어야만 하고 그와 함께 3차원성과 저항력이라는 의미에서 물체성의 성질들도 가져야만 할 것이기 때문이다. '물체가 없는' 이라는 특징은 오히려 그 표현들에 의해 지시되는 것을 통해 우리가 하나의 현실을 고려하고 분류하는 견해들이 문제가 된다는 사실과 관련이 있을 것이다.

현실성의 인식

그렇지만 이와 함께 현실성의 철학적 표현이 한갓 주관성의 시도가 되어버리는 것은 아닌가?[15] 스토아 철학자들은 이를 부정했을 것이다. 왜냐하면 그들은 현실의 전체적 존립에서 작용하는 로고스가 우리의 사유를 규정하며 본성적으로(physei) 존재하는 언어 자체에서 그것에 상응하는 것을 발견한다고 생각했기 때문이다. 그리고 스토아 철학자들로서 우리는 결코 표상에 대해서뿐만 아니라 언제나 현실성 자체에 대해서도 언급하기 때문에, 언어, 사고 그리고 현실성 사이에는 본성적인 상응이 있을 수밖에 없다.

'스토아' 라는 명칭은 키프로스에 있는 키티온 출신의 제논이 강의했던 강당에서 유래했다.
제논은 일반적으로 스토아 학파의 창시자로 여겨진다.

이때 결정적으로 중요한 것은 우리가 현실성을 사실 자체로 지각할 수 있다는, 그것도 부분적으로는 적어도 확실하고 적합한 모상에서 지각할 수 있다는 가정이다. 이런 주장으로써 스토아 철학자들은 플라톤 학파의 회의주의적 경향과는 반대의 성향을 띠며 의식독립적인 외부세계를 자신의 고유한 권리를 갖고 있는 현실적인 것으로서 내세운다. 그래서 이른바 파악된 표상들(phantasiai kataleptikai)은 특유의 명증성을 지니며 다음과 같은 세 조건들을 충족시킨다. 즉 그 표상들은 실재적으로 존재하는 어떤 것에서 시작한다. 그 표상들은 외부세계의 대상에 상응한다. 표상들은 대상을 정확하게 모사하므로, 그것들이 다른 어떤 것 아닌 이 대상에서 유래한다는 데에 전혀 의심이 있을 수 없다.[16)]

외부세계의 인식은 인장과 일치하는 각인들로서 혼의 중추기관에서 파악되었고[17)] 때에 따라서는 진리의 기준으로까지 불렸던[18)] 이런 표상들에 근거한다. 그리고 이 표상들은 정신 안에 인상을 남기기 때문에, 동일한 사물 또는 동일한 유형의 사물이 반복해서 각인됨으로써 혼은 보편적 개념들을 형성하게 된다.

물론 스토아 학파의 견해에 따르면 본래 지각의 직접적인 산물들이 아닌 추상적 개념들도 있다. 이때에 '일부는 유사성에 따라서, 일부는 유비에 따라서, 일부는 결합에 따라서 그리고 일부는 대비에 따라서' 성립하는 개념들과 사고들이 문제가 된다.[19)] 특정한 지각들의 판정으로부터 출발한 그런 정신적 과정의 도정에서 이를테면 "신들은 존재하며 그들은 섭리를 사용한다"와 같은 인식에 다다른다. 따라서 스토아 학파의 이해에 따르면 인간은 추상적인 개념들을 형성하고 그 개념들을 취급할 수 있는 본성적 능력을 소유한다.[20)] 그래서 현실성을 표현하려는 시도에서 한갓 주관성만의 시도가 문제될 수는 없다.

현실성의 범주들

이런 의미에서 스토아 철학자들은 그들의 존재론적 수단이 실제로 사실적 기초를 지니며 현실을 기술하는 개념들이 현실의 객관적 특징들을 반영한다는 것에서 출발한다. 이것은 비단 아리스토텔레스[21)]를 본받아 질료를 모든 수동성의 원리로, 그리고 형식 또는 구조를 모든 능동성의 원리로 정식화해서 보는 것에만 해당되는 것은 아니다. 이는 또한 기체(Substrat), 능력, 성향 그리고 관계라는 개념들의 형태에서 표현을 찾는 것과 같은 훨씬 더 넓은 구성분석들에 대해서도 해당된다.[22)]

이때 스토아 철학자들은 시 · 공간적 좌표에 놓인 모든 것들이 기체의 질료적 상태들로서 기술될 수 있다는 가정에서 출발했던 것 같다. 기체라는 범주는 질료로서도 언급되며 실재성 자체에서는 언제나 이미 특정한 능력을 드러내고 있다. 프네우마(pneuma)-흐름(다음 절 참조)에 의해서 생긴 이 능력을 통해서 질료 조각은 개별화되고 진정한 개별사물이 된다. 이런 의미에서 모든 개별사물(idios poion)은 '소크라테스' 등과 같이 개별화하는 질(poiotēs)을 지니고 있다.[23)]

세번째 범주들은 개별사물이 드러내 보이고 있는 상태들에 관련되어 있다. 그리고 이 상태들은 일반적으로 프네우마의 성향들이다. 그래서 "카토가 산보한다"라는 명제는 스토아 철학자들에게 중요한 의미를 지닌다. 카토의 산보함은 질료 조각을 현재 존재하는 것, 요컨대 카토로 만드는 바로 저 프네우마-흐름의 성향으로 이해될 수 있다. 분명히 성향 자체는 대상과 분리될 수 없다.

네번째 범주는 한 사물을 다른 사물과 관련해서 지시하는 그 사물의 속성들에 관계한다. '밝다' 또는 '산책한다'와 같은 속성들과 대조적으로 '아버지이다'나 '왼쪽에 서 있다'와 같은 속성들은, 스토아 철학자들이 말했듯이, "실재성을 갖기 위해서 다른 사물"을 필요로 한다.[24)] 체계에서만 보면 이 네번째 범주는 현실성에 대한 스토아 학파의 분석과 해석에서 가장 중요한 역할을 하고 있다. 교감을 일으키는 섭리에서 모든 사물이 이성의 충분한 작용에 의해서 연관되고 결합된다는 사상(다음 절 참조)과 개별자를 총체적 자연의 부분으로 보는 우주론적 입장은 연관의 개념에 대한 각별한 평가를 전제하고 실제로 이 네번째 범주에 체계상의 중요한 위치를 부여하기 때문이다.

게다가 중요한 것은 스토아 철학의 범주들이 곧바로 아리스토텔레스의 범주들에 상응하는 것으로 고찰될 수 없다는 것이다. 아리스토텔레스의 범주들이 실재론적 지시론의 의미에서 실체들이나 우연적인 것들처럼 그 자체로 다양한 사물들(onta)의 본성적인 분류를 가리키는 반면에, 스토아 철학의 범주들은 지시관계의 등급을 매겨준다. 그리고 고찰방식에 따라서 어떤 때는 기체(hypokeimenon)로서, 다른 때는 개별적 피규정자(idios poion)로서, 그러그러한 상태에 있는 것(pōs echon)으로서 그리고 마지막으로 그러그러한 관계에 있는 것(pros ti pōs echon)으로서 계획될 수 있고 상응해서 그런 것으로서 기술될 수 있는 동일한 사물이 있다.[25]

우주적 힘으로서의 프네우마 이론

전체적 존립이라는 형태에서 모든 사물들이 결합되고 연관되어 있다는 파악은 비록 그것이 자연에 관한 다른 이론들보다도 한층 더 경제성과 단순성이라는 방법론적 요구를 따르긴 하지만, 상세히 보면 실은 복잡한 자연에 관한 고찰방식을 필요로 한다.

프네우마

실재성을 전체적 존립이라고 보는 스토아 철학의 고찰에서 결정적인 표상은 질료와 구조라는 두 원리가 어떤 방식으로 관계를 맺는가에 관한 것이다. 이런 연관을 스토아 철학자들은 혼화(混和)로 생각하였다. "신은 질료와 섞이고, 질료 전체에 배어들어서 그것을 형성한다."[26] 처음에는 이 능동적 원리 즉 로고스는 아마도 헤라클레이토스를 본으로 한 듯, 정교한 불, 더 정확히 말해 '기술적 불' (pyr technikon)[27]로서 여겨졌다. 그 다음에 크리시포스는 제논과 클레안테스의 이론과 달리 로고스를 프네우마로 주장했던 것 같다.

본래 '프네우마'는 호흡을 뜻한다. 당시의 의술은 프네우마를 동맥을 통해서 전해지는 생명의 요소로서 이해했다. 크리시포스는 그것을 공기와 불의 혼화[28]로서, 따라서 네 가지 원소들 가운데 능동적인 두 원소들의 혼화로서 이해한다.

프네우마를 공기와 불의 혼화로서 보는 이런 파악은 스토아 학파의 자연학에 있어서 중요한 능동적 원리의 기능들을 설명한다. 불의 성분은 그 능동적 원리에다 모든 것을 관통하는 정교한 부분을 부여한다. 그러나 불의 성분은 또한 프네우마의 확장력도 산출한다. 공기의 성분은 다시금 프네우마가 집결시키는 힘을 갖도록, 즉 프네우마가 배어들어 형성한 것을 결합하는 능력을 프네우마에게 부여하는 힘[29]을 갖도록 작용한다.[30] 실제로 스토아 철학자들은 프네우마가 전 우주에 배어듦으로써 중심과 둘레가 결합되고 그래서 세계가 추락—헬레니즘 시대의 사람들이 실제로 갖고 있던 두려움—에서 보호된다는 견해를 옹호한 듯하다.

어쨌든 프네우마는 자세의 긴장(tonos)을, 게다가 추측컨대 스토아 철학자들이 '뒤로 당기는 섭리'[31]라는 헤라클레이토스의 언급에서 읽어낸 표상을 일으킨다. 그리고 사물들의 동일성이 여러 가지라는 것을 보장해주는[32] 이런 긴장은 스토아 철학자들에 의해서 장소운동과는 전적으로 다른 특이한 종류의 운동으로 이해되었던 것 같다. 프네우마는 자기 자신으로 들어가는 동시에 자기 자신으로부터 나오기도 하며[33] 물체들에서 밖으로 향해 당기는 운동은 양들과 질들을 초래하지만, 안으로 향하는 운동은 실재성(ousia)을 산출한다[34]고들 하기 때문이다.

이런 의미에서 나중에 크리시포스는 현실적으로 존재할 가능성을 규정하는 능동성의 조건을 이런 식으로, 즉 "존재자(즉 존재하는 모든 것)는 스스로 운동하는, 그것도 더욱이 그것 자신으로 그리고 그것 자신으로부터 운동하는 프네우마, 또는 그 스스로 앞으로 그리고 뒤로 운동하는 프네우마이다"[35]라고 규정했던 것 같다.

이렇게 존재자를 규정하는 것은 그 당시에는 혁명적인 생각이었다. 왜냐하면 존재의 개념은 비단 파르메니데스와 플라톤에서뿐만 아니라 아리스토텔레스에서도 여전히 무엇보다도 안정성, 무변화성 그리고 특히 무시간성이라는 특징을 지니고 있었기 때문이다. 존재에 관한 스토아 철학의 규정은 또한 운동에 관한 언급이 있는 곳에서만 존재자 일반에 관한 언급이 있을 수 있다는 사실로 곧장 나아간 듯하다.

긴장의 장으로서의 우주?

프네우마를 현실적인 것의 총괄개념으로 본 크리시포스의 규정은 근대의 학문적인 표상들과 흥미롭게 일치한다. 여기서 우리는 17세기 이래로 언제나 에테르를 항상 존재하는 실재로서 간주했던 이론보다는 오히려 근본적으로 모든 것이 에너지, 즉 스토아 철학자들의 의미로 프네우마와 같은 힘이라는 고찰을 살펴볼 것이다.

자세히 보면 흥미로운 물음은 프네우마가 결합을 일으킨다는 이런 표상이 정확히 어떻게 파악되며 이로부터 스토아 학파의 세계고찰에서 어떤 추론들이 나타나는가 하는 것이다. 근대 물리학이 운동의 두 형식을 구별해서 한편으론 입자운동을 다른 한편으론 파동운동을 언급할 때, 스토아 철학자들의 당기는 운동(tonikē kinēsis)이라는 개념은 오히려 후자의 형식을 염두에 두었던 것 같다.[36] 스토아 철학자들이 질료는 무한히 분할 가능하다(다음 절 참조)고 믿었던 점은 원리적으로 이와 어울린다. 소리들을 파동운동으로 본 스토아 학파의 이론[37]과 이와 관련된 겹쳐진 파동들에 관한 표상은, 대상 일반은 바로 겹쳐진 파동들의 복합체에 지나지 않는다는 결론으로 나아갈 수 있었던 것 같다. 그래서 스토아 학파의 우주(Kosmos)도 때에 따라서는[38] 다름 아닌 상이한 부분적 장(場)들을 가진 하나의 긴장의 장으로서 해석되었다.

그렇지만 이런 견해는 조금 더 나아간다. 스토아 철학자들이 보여주려고 했던 것은 물리적인 물체들로서의 대상들이 당기는 운동들과 같은 어떤 것을 지닌다는 것이지, 그것들이 바로 당기는 운동들이라는 것은 아니다. 통일성과 프네우마-흐름의 결합을 일으키는 힘에 관한 이론에서 스토아 철학자들은 프네우마가 질료적 기체에 당기는 운동을 부여해서 그것을 개체화 · 현재화한다는 생각을 갖고 있다. 그렇게 보면 실제로 프네우마는 그 자체로서는 단지 파동 형태의 운동들의 담지자로서만 간주되지 이것과 동일시되지는 않으며, 우주는 전체적으로 긴장의 장이라기보다는 긴장의 장들이 스며들어 있는 수동적 질료로서 표상될 수 있는 것 같다.[39)]

물론 스토아 철학자들은 긴장 자체(tonos)를 하나의 물체로서 말하기도 한다. 그것은 프네우마가 배어들고 형성한 기체의 상태를 뜻했다. 그러나 이런 상태가 프네우마 자체나 프네우마에 의해서 규정된 대상과 똑같이 물체(Körper)로 간주된다고 하더라도, 긴장은 그럴 경우 실제로 프네우마에 의해서 지배되는 기체와 동일하지 않은가, 그리고 어떻게 이런 종류의 배어듦 일반이 표상되었을까라는 물음이 생긴다.

혼화의 문제

스토아 학파의 이론은 사실 난해하다. 왜냐하면 스토아 철학자들은 둘이나 그 이상의 물체들이 서로 섞이거나 함께 한다고 주장함으로써 두 물체는 동일한 시간에 동일한 장소에서 발견될 수 없다는 원리를 깨뜨리기 때문이다. 스토아 철학자들은 결합에 관한 다양한 형식의 이론을 통해서 이 문제를 해결할 수 있다고 믿었다. 이와 관련해서 그들은 '병렬' (parathesis), '혼화' (mixis), '배어듦' (krasis), 그리고 '혼합' (synchysis)을 구별했다.

'병렬' 이라는 표현은 사실상 아리스토텔레스가 가능한 혼화관계들[40)]을 설명하면서 '합성' (synthesis)이라고 이름 붙였던 것에 상응한다. 이를테면 보리알들과 밀알들이 뒤죽박죽으로 섞여 있는 상태 같은 것이다. 이런 경우 모든 대상은 '그것의 본질'과 '그것의 성질'을 보존한다.[41] '혼화'에서는 사정이 다르다. 이것은 둘이나 그 이상의 물체들이 서로 완전히 배어들어 있는 경우인데, 이때 자연적인(symphysis) 속성들은 혼화 자체에 포함되어 있는데, 이를테면 불에 빨갛게 달구어진 쇠의 경우 또는 혼이 흘러들어온 신체의 경우가 그렇다.[42] 또한 '배어듦'은 결합 후에도 개별적인 속성을 견지하고 있는 물체들에 관련되어 있다. 다만 배어듦의 경우에는 언제나 흐르는 물체들만이 문제이다.[43] 마지막으로 '혼합'은 물체들이 그것의 특성들을 상실하고 서로 배어드는 대상들 자체와는 구별되는 새로운 어떤 것이 발생하는 전체적인 배어듦의 경우를 의미한다. 약제와 향수에 관한 언급은 아마도 스토아 철학자들이 이때 화학적 결합을 생각했을 것이라는 추측을 가능케 한다.[44]

둘이나 그 이상의 물체들도 완전히 배어들 수 있다는 주장은 질료는 배어들 수 없다는 가정의 부정을 전제한다. 이런 입장은 따라서 무엇보다도 원자론의 가정[45]을 부정한다. 실제로 크리시포스는 질료는 계속해서 나누어질 수 있다는 견해를 폈다.[46] 그렇기 때문에 당기는 운동이라는 스토아 학파의 표상이 이미 역장(力場)들이 존재한다는 근대의 가정에 근접해 있는가 하는 물음과는 독립적으로, 우리가 확정해야 할 일은 혼화들(Mixeis)의 형태에서 상호 배어듦의 이론이 스토아 철학자들에게 체계적인 영향력을 갖는다는 사실이다.

즉 그 이론은 형성하고 응집력을 야기하는 프네우마-흐름이 언제나 존재한다는 가정을 할 수 있게 한다.[47] 그리고 이로써 비단 일원론을 가정할 수 있을 뿐만 아니라 이런 자연 모델의 표상들 속에 이미 언제나 실제적으로 함축되어 있는 세계관적 계기, 요컨대 우주의 유기적 통일, 다시 말해서 모든 사물들이 연관되어 있다는 생각을 조망할 수도 있다.

동감의 사상

오래 전부터 그리스 철학자들에게 세계 모델 구성의 본으로 쓰였고 특히 헤라클레이토스의 조화 사상과 노년의 플라톤의 우주 사변을 이끌었던, 모든 사물들이 연관되어 있다는 표상은 스토아 철학자들에게 분명히 철학적 해명의 대상이 되었다. 추상적으로 보면 이때 스토아 학파의 문제의식은 확실히 다음과 같은, 상당히 체계적인 중요성을 지닌 물음이었다. 즉 우주를 프네우마가 규정한 연속적인 단일성으로서 파악한다면 이것이 어떻게 프네우마가 규정한 불연속적인 대상들이 존재한다는 가정과 일치할 수 있을까? 명확히 보면 불연속적인 단일성들 사이에서 어떻게 일반적으로 유기적 관계와 같은 것이 성립할 수 있는가라는 물음이 문제였다. 이런 물음은 특히 직접적으로 접촉하는 두 대상들을 예로 쉽게 들 수 없는 연관들과 상호작용들에 해당된다.

그와 같이 직접적으로 접촉할 수 없는 예들에서 어떻게 일반적으로 '연관성'과 '유기적 단일성'에 관한 의미있는 언급이 이루어질 수 있을까? 이 물음을 스토아 철학자들은 동감(Sympathie)이라는 개념을 매개로 해결하고자 했다. 때로는 본래 이런 생각의 창시자로 일컬어지고[48] 더욱이 동감의 사상에 신학적 차원을 부여하여 고대 말기 플라톤주의의 표상 세계로의 진입을 가능하게 했던 포세이도니오스는 썰물의 현상을 동감의 계기로서, 다시 말해 달의 공간적인 원격작용으로서 파악했다.[49] 이는 동감 개념의 배후에 전적으로 다른 형식의 인과적 연관의 이해 같은 것이 숨겨져 있다는 것을 암시한다.

그렇지만 이런 특별한 종류의 인과성에 관계하는 것은 무엇인가? 여기서 의미하는 것은, 스토아 학파의 파악에 따르면 각 부분들이 서로 직접적 연관 속에 있을 수밖에 없는 일상적인 인과관계는 아니다.[50] 다른 한편 공간적으로 얼마간 멀리 떨어져 있는 사물들의 이른바 동감적 연관에서 마법적인 접촉과 같은 것은 문제가 되지 않는다. 왜냐하면 사실 공간은 프네우마로 충만해 있기 때문이다. 또한 공간적으로 분리되어 서로 인접해 있지 않은 사물들 사이에도 모든 경우 물체적 접촉과 같은 것은 있다. 그밖에 키케로는 동감 개념에 관한 자신의 해명과 관련해 '접촉' 또는 더 정확히 말해 사물의 본성에서의 어떤 접촉(aliuqua in natura rerum contagio)에 관해서 말한다.[51]

이런 접촉은 그 자체로서는 프네우마-흐름의 당기는 운동으로서, 즉 A라는 물체가 그 A에 의해 직접적으로 자극받지 않는 B라는 다른 물체에 작용하는 방식의 전달로서 표상될 수 있다. 이 표상은 '함께-느낌'이라는 단어에 적합하며 가령 어떤 신체적 유기체의 지체 사이의 연관[52] 또는 일반적으로 전체의 부분들 사이의 연관[53]을 명확히 하는 데 아주 적합해 보인다. 왜냐하면 여러 곳에서 그 사상은 전체의 분리된 부분들로서의 모든 사물들이, 설사 거꾸로 전체의 상태가 직접적인 접촉에 의해서 명백히 언급될 수 없는 경우에 그것의 부분들 자체를 손상시킨다 하더라도, 전체의 상태에 참여하는 데까지 나아가기 때문이다.

인과성과 결정론

스토아 철학자들의 자연적 사변의 측면에서 유기적 단일성으로서의 우주에 대한 이런 세계관적 파악에는 완벽한 결정론이 상응한다. 발생하는 모든 것은 하나의 원인을 갖는다. 스토아 철학자들은 여기서 대개 '연쇄'(heimarmenē)에 관해서 언급했고, 그와 함께 끊임없는 연속적 인과관계를 지시하거나 운명(fatum)이라는 고대의 신화적 개념을 뜻하기도 하는 표현을 사용하였다. 크리시포스는 '연쇄' 개념을 우주의 로고스, 또는 예견(pronoia, providentia)에 의해 지배되는 사물들의 로고스, 또는 그것에 의해 과거의 일이 일어났고 미래의 일이 일어나게 될[54] 로고스로서 정의했다. 그래서 운명은 단적으로 우주의 법칙이며 이런 의미에서 더욱이 전체적 존립의 구조로서 이해되는 신과 동일하다.[55]

물론 이런 입장은 많은 문제를 은폐하고 있다. 만일 인간이 그 자체로서 인과적 구조를 갖고 있는 이런 전체적 존립의 부분이며 인간의 모든 기능들도 스토아 학파의 견해에 따라 프네우마의 응집 상태로 설명될 수밖에 없다면, 결국 모든 의지작용들조차도 결정되어 있고 정확히 말하면 예견될 수 있는 것이기 때문이다. 그렇다고 해도 이로써 비단 도덕적 책임이라는 개념만이 무의미하게 되는 것은 아니다. 윤리학은 그것 자체로 가장 불확실한 모험이 될 것이다.

한층 더 놀라운 것은 스토아 철학자들이 바로 그들의 도덕철학의 형성에 큰 의미를 부여하고 도덕적으로 올바른 태도와 그릇된 태도 사이를 매우 잘 구분한다는 사실이다. 철저한 결정론의 가정은 일반적으로 윤리학의 여지를 여전히 허용하는가?

분명히 스토아 철학자들은 실제로 그럴 수 있다고 믿었다. 물론 그들은 다양한 근거들을 제공했던 것 같다. 가령 클레안테스는 더욱이 운명은 모든 인간에게 확고하게 결정되어 있으며 사물들은 그것들이 받아들여야만 하는 진로를 취해서 나아간다는 견해를 주장했다. 그렇지만 그는 인간의 실존적 상황은 인간이 자신의 운명을 기꺼이 받아들이거나 거부할 수 있는 가능성, 즉 사물들의 진행에 순응하거나 또는 반발해서 함께 이끌 수 있는 가능성을 가지고 있다는 사실에 의해서 규정된다고 믿었다.[56) 『명상록』에서 후기 스토아 학파의 사상세계를 표현했던 마르쿠스 아우렐리우스는 인간이 자신의 삶을 전체의 계획에 기여하는 것으로 가정한다는 사실에서 인간의 자유의 여지를 보았다.[57)]

이런 의미에서 스토아 철학자들에게는 운명의 길들이 지시된다. 그러나 이런 견해는 결국 모순적이지 않은가? 도대체 어떻게 모든 국면과 상황에서 자신의 길이 철저히 결정되어 있는 인간에게 자신의 운명을 받아들이거나 거부할 가능성이 허용될 수 있는가? 이런 결정들까지도 결정되어 있지 않은가?

도덕 철학

크리시포스는 이런 어려움들을 알았던 것 같다. 어쨌든 그는 비록 사소하긴 하더라도 인간의 자율성의 영역을 가정하기 위해서 언급되어야 하는 모든 것이 클레안테스의 입장에서는 언급되지 않았다고 생각했다. 이는 행위들의 설명을 위한 그의 진술로부터 밝혀진다.

자유와 행위

크리시포스는 내적 원인들과 외적 원인들 사이의 구분을 가정함으로써 시작했다. 가령 원통은 적절한 형태를 지니기 때문에 구를 수 있다. 그러나 만일 그것이 실제로 구른다면, 그 까닭은 단지 원통에 상응하는 운동의 충격이 매개되었기 때문이다.[58] 따라서 그에게 원통의 구름은 두 가지 요소들, 즉 대상의 성질과 외적인 충격의 결과로서 설명된다. 첫번째 요소를 크리시포스는 원리적인 또는 충분한 원인으로서 특징지었고, 두번째 것을 보조원인 또는 선행원인으로서 특징지었다.[59] 그리고 이에 상응해서 크리시포스는 일반적으로, 모든 운동의 진행은 명백히 외적인 운동의 충격을 필요로 하지만, 대상이 운동의 충격에 반응하는 방식은 전적으로 그리고 필연적으로 내적인 요소들에 의해서 규정된다는 견해를 주장한 듯하다.[60]

인간 활동들에 적용시켜 본다면, 이 고찰방식은 외적인 자극들은 우리의 힘 안에 있지 않지만 우리가 이 자극을 받아들이고 반응하는 방식은 우리 힘 안에 있다는 것을 의미한다. 외적인 자극들이 마치 자연에서의 운동의 충격과 마찬가지로 인과관계의 객관적 계기이며 연쇄의 표현이라 하더라도, 그것들은 우리의 행위들을 결정하기에 충분치 않다. 이를테면 외적인 대상이, 크리시포스가 말했던 것처럼, "그것의 상을 혼에 각인시킨다 하더라도", "우리의 동의는 우리의 힘 안에 있을 것이다."[61] 확실히 크리시포스의 이런 논증은 많은 것을 미해결인 채로 둔다.

한편으로는 사실적인 반작용들을 불러일으키는 모든 정신적 상들이 실제로 '외부로부터' 오는지가 불분명하다.[62] 다른 한편으로는 "우리의 힘 안에"(eph' hēmin)라는 표현이 의미하는 것이 우리가 반응하는 것처럼 그렇게 반응하는 것은 우리라는 사실 이상인지가 분명치 않다.

원통의 예는 적어도 매우 성공적인 비유는 아닌 듯하다. 정확히 말하자면 원통과 그것의 구를 수 있음의 비유는 인간들이 자신들 특유의 방식에 맞게 반응한다는 결론만을 허용하기 때문이다. 크리시포스는 어쨌든 인간은 그가 행했던 순간에 그가 행했던 것과 다르게 행할 수도 있었다는 암시가 전혀 없다는 것을 본래 말하려 했던 것 같다. 반대로 이때 크리시포스에게는 전혀 본질적인 문제가 생기지 않은 것 같다. 왜냐하면 우리가 정신적으로 외부 자극에 반응하는 방식은 이른바 혼의 중추기관(hēgemonikon)에 있는 프네우마-구조에 의존하기 때문이다.[63] 이것은 느슨하고 무른 것일 수 있으며(바보들의 경우에 그렇다) 이에 따라 존재 및 당위와 관련해서 지적으로 그릇된 평가들이 나온다.

그렇지만 또한 그것은 팽팽하고 단단할 수 있으며[64](지혜로운 자의 경우에 그렇다) 이에 따라 존재 및 당위와 관련해서 바른 평가들이 나온다. 모든 경우에 모든 사람은 실제로 그가 행하는 대로 그렇게 행하는 성향을 갖는다. 그리고 이런 의미에서 우리의 반응들과 그에 상응하는 행위들은 스토아 철학자들이 볼 때 우리가 전혀 어떻게 할 수 없는 내적 요소들에 의해서 결정된다.

판단과 격정

스토아 철학은 소크라테스적인 열망에 상응해서 덕 있는 삶을 추구한다.[65] 인간은 자기 자신의 주인이 되어야 하기 때문에, 인간이 자신의 성향들을 교정할 수 있는지, 있다면 어느 정도까지인지, 따라서 "우리의 힘 안에"라는 표현이 단지 우리가 반응하는 것처럼 그렇게 반응

마르쿠스 아우렐리우스의 『명상록』을 통해 우리는 아우렐리우스가 꽃을 피운
후기 스토아 학파의 사상세계를 엿볼 수 있다.

하는 것이 우리라는 것 이상을 의미하지는 않는가라는 물음이 남는다.

스토아 철학자들은 도덕이란 본래 지성의 문제라고 생각했다. 이 점에서도 그들은 소크라테스의 견해를 옹호했다. 다만 그들은 이런 입장을 정식화할 때 우리가 일반적으로 소크라테스의 '앎의 윤리학'이라는 표현과 연관시키는 정도를 훨씬 넘어선다. 왜냐하면 소크라테스는 원리적으로 인간은 자신의 감정들과 격정들의 노예라는 입론에 반대하는 주장만을 했기 때문이다.

특히 에우리피데스의 극에 표현되는 이런 견해에 반대해서 소크라테스는 실제로 좋은 것이 무엇인가를 아는 사람은 좋은 것으로 인식된 것을 또한 행한다고 주장했다. 따라서 "누구든 옳지 않은 것을 자발적으로 행하지 않는다"라는 역설적인 인상을 주는 명제는 오성이 모든 비합리적 충동에 철저히 대항할 수 있다는 사실만을 말하려 한 것 같다.

이와는 다르게 초기 스토아 철학자들은 모든 충동들—그것들이 지금 합리적이건 그렇지 않건 간에—은 그 자체로 완전히 고유하다거나 이성과는 무관한 기원을 갖지 않고[66] 오히려 그것들이 존재 및 당위와 관련해서 지적인 평가들의 결과들이라는 견해를 주장했다. 제논은 존재와 당위에 관한 지적으로 그릇된 판단들(kriseis)이 혼의 격정적 상태를 일으키거나 초래한다고 주장했던 반면,[67] 크리시포스는 이른바 격정들(pathē)을 의미상 지적으로 그릇된 판단들과 동일시했던 것 같다.[68] 이를테면 금전욕의 경우 "금은 아름다운(다시 말해 추구할 가치가 있는) 물건이라는 가정"이 중요하다.[69]

플라톤과 아리스토텔레스와는 달리 정통적인 스토아 철학자들은 어쨌든 모든 충동은 이성에 의해서 조종된다는 견해를 주장하였다. 혼에 각인되는 것은 판단(p)으로서 주어지는 상이다. 찬성("그렇다, 그것은 P인 경우다.")은 이미 하나의 충동이나[70] 행동으로 몰아가고 언어적으로는 규정적 문장의 형식을 갖는 충동(hormē)으로 귀결된다.[71] 이런 의미에서 격정들도 완전히 인식적으로 구성되며,[72] 존재 및 당위와 관련해서 잘못된 평가들로 분석된다. 그리고 그것들은 주로 격정의 생리적 특징과 관련하여 비논리성에 의한 비이성적 동요들(alogoi kinēseis)로서[73] 언급되는데, 이때 비논리성은 인식적 수행 자체에 결함이 많다는 견해와 관련되어 있다.

따라서 스토아 철학자들은 습관적으로 도덕적 잘못을 행하는 사람도 근본적으로 지적인 방향전환을 거쳐서 외부의 자극에 대한 자신의 반응들에 영향을 미칠 수 있다고 믿었다. 그런 한 크리시포스의 결정론의 입장은 인간은 그가 행했던 순간에 달리 행할 수 없었으리라는 것을 의미한다. 물론 그것은 또한 원칙적으로 인간들이 실제로 행하는 것과 달리 행할 수 없으리라는 것도 의미한다.

올바른 삶

인식에서 비롯된 이런 방향전환은 인간 자신이 그것의 부분인 총체적 자연으로 향한다.[74] 이 자연은 인간들에게 삶의 시작부터 이미 자기보존을 위한 영향력 있는 충동을 부여한다. 모든 존재는 이들에게 모든 해롭고 위협적인 것을 멀리하고 거꾸로 모든 유익하고 필요한 것을 추구하도록 가르친다. 그래서 인간의 목적은 '자연에 따른 삶을 사는 것' 이거나 '자연적인(physei) 사건의 경험에 따라 사는 것' 이다. 그러나 이것은 스토아 철학자들에게는 '덕에 따른 삶을 사는 것' 과 같은 뜻이다.[75]

따라서 스토아 철학자들에게는 도덕과 자연적 소여들 사이에 밀접한(정의상의) 연관이 있다. 그래서 선(좋은 것)이란 개념은 스토아 철학자들에게 유용성의 요소들을 포함하며,[76] 이때 행복(Eudaimonia)에 필요한 것이 유용한 것으로 파악된다. 이런 의미에서 유용한 것은 무엇보다도 덕들이다.[77] 우선 여기에는 문제가 있는 듯하다.[78] 왜냐하면 스토아 학파의 파악에 따르면 덕들은 그것들 자체 때문에 선택되기 때문이다.[79] 그렇다면 덕들은 그것 자체의 고유한 권리에서 선(좋은 것)들로서 있음에 틀림없고, 다만 그것들이 행복에 필요하기 때문에 '선한'(좋은) 것들로서 있는 것은 아니다. 그렇지만 스토아 철학자들은 여기에서 분명히 아무런 문제점도 발견하지 못했다. 그들에게 행복은 본질적으로 덕들과 구별되지 않았다.[80]

오히려 덕들은 행복의 부분들로서 이해되었다. 그리고 "덕들이 행복을 생기게 하는 한 그것들은 제작적(poiētika) 선들이고, 그것들이 행복을 완성하여 행복의 부분들이 되는 한, 완성적(telika) 선들이다."[81] 따라서 분명한 것은 덕의 소유가 삶을 잘 꾸려나가기 위한 필요조건인 동시에 충분조건이라는 점이다.

선하거나 유용한 것들과 악하거나 유해한 것들 사이에 해롭지도 유익하지도 않은 부류가 있다.[82] 이것들은 차이가 없는 것(adiaphora)이라고 불렸다. 그것들은 도덕적으로 중요하지 않은 것들로서, 삶, 건강, 아름다움, 그리고 그 반대쌍들이다.[83] 그것들은 누군가의 것이 되고 사람들은 그것들을 받아들이지만 선택하지는 않는다. 헤아리는 것은 덕의 소유이다. 그리고 덕은 앎이다.[84]

올바른 행위

스토아 철학자들은 도덕적으로 올바른 행위는 오직 도덕적 앎의 문제라고 생각했다. 따라서 정확히 말하면 도덕적으로 올바른 행위는 행위자가 도덕적 원리들에 관해 확실히 알고 있을 경우에만 언급될 수 있다. 우리는 일반적으로 행위들이 어떻게 성취되고, 어떤 동기에 의해 행위자가 규정되는지 또는 배후에 어떤 의향이 있는지 하는 것을 알아차리지 못한다. 그리고 행위자 자신이 이런 원리들을 기준으로 삼지 않고서도 행위가 정의의 원칙들에 상응하는 경우를 우리는 전적으로 생각할 수 있다. 그래서 칸트는 거래관계에서 올바르다는 평판을 받기 위해 자신의 고객들에게 언제나 거스름돈을 옳게 내주었던 상인의 예를 언급한다.

이 사람은 '의무에 따라서' 행한 것이지 '의무로부터' 행한 것은 아니다. 그의 행위들은 '합법적'인 것이지 '도덕적'인 것은 아니다. 스토아 철학자들은, 그들이 '훌륭한 행위들'(katorthomata)에 비교하여 '의무에 부합되는 행위들'(kathēkonta)이라 불렀던 유형의 행위들을 구분했을 때, 이와 유사한 것을 생각했을 것이다.[85]

이 '의무에 부합되는 행위들'은 그것들이 '덕으로부터' 발생하지 않을 경우에만 '올바른 행위들'과 분명히 구별된다.[86] 스토아 학파의 도덕철학의 시야에서는 아무런 이의도 제기되지 않는 이런 종류의 행위들은 행위자의 의지가 '옳지' 않았다는 것을 제외하고는[87] 무엇보다도 올바른 삶을 향한 도정에 있는 유형의 사람에게 특징적이다. 그의 혼은 그에 상응해서 올바른 의지규정들을 보증하는 확고한 성향을 여전히 갖고 있지 못하다.[88] 결국 그가 언젠가 한 번 도덕적으로 올바른 방식으로 의무에 부합되는 행위를 수행한다면,[89] 그 의무에 부합되는 행위로부터 하나의 올바른 행위가 나온다.

이런 구분은 스토아 철학자들에게 때에 따라서 다음과 같이 제시되기도 했던 것 같다. 즉 올바른 행위들은 원리들(decreta, dogmata)에 의해서 규정되는 반면, 의무에 부합되는 행위들은 규칙이나 규정들(praecepata)에 지나치게 종속되어 있다. 스토아 철학자는 이 원리들을 현실의 인식에서 이끌어냈다. 그는 그것들을 무엇을 행하여야 하고 무엇을 행하지 말아야 할 것인가를 우리에게 지시해 주는 보편적 로고스의 의지적 선언들로 이해했다.[90]

영향

늦어도 서기 3세기에 스토아 학파는 그 의미를 상실했다. 그렇다고 해도 스토아 사상의 영향은 여전히 지속되고 있다. 왜냐하면 오래 전부터 스토아 학파는 비단 철학의 영역에서뿐만 아니라 오히려 철학 외적인 영역에서도 흔적을 남겼기 때문이다.

정신사적으로 가장 의미가 있는 순간들에 속하는 것은 스토아 학파가 자연 자체에서 지극히 긍정적인 정의의 원리들 및 법규범들을 기초지은 것과, 법과 도덕 사이의 밀접한 결합을 가정한 것이다.[91] 이런 사상들은 특히 키케로에 의해 수용되었다. 그것들은 『공동체에 관하여』와 『규칙에 관하여』라는 그의 저술들에 표현되었으며 로마의 국가사유와 법사유뿐만 아니라 아우구스티누스의 법론과 함께 크리스트교적 전통을 낳았다. 대체로 스토아 학파는 유물론적인 기본입장에도 불구하고 여러 가지 점에서 늘 되풀이하여 크리스트교와 동류로서 느껴졌다.

이는 비단 만인의 아버지로서의 신에 대한 표상이나 우애라는 사상에 대해서만 아니라 윤리적 요구들에 대한 강조 및 내적 자유의 사상에도 해당되는 것이었다.

기원전후의 분기점에 살았던 유태인 작가인 알렉산드리아의 필론 이외에 수많은 크리스트교의 작가들[92]도 스토아 학파의 우주-표상들과 특히 로고스-이론을 수용했었다. 특별한 관심을 끌었던 것은 스토아 학파의 변신론, 다시 말해 모든 창조물에 미치는 신적인 이성의 영향을 증명함으로써 악을 정당화하는 것이었다.

이런 사상의 많은 부분이 신플라톤주의 사상가들에 의해서도 받아들여져 변형되었다. 비록 다름 아닌 신플라톤주의자들이 스토아 학파의 유물론을 때때로 도덕적으로 비난하기도 했지만, 그들에게 스토아 학파의 많은 표상들은 시 · 공간적 세계의 본질에 관한 이론들의 형성 문제에서 특히 중요한 것으로 보여졌다. 힘과 동감에 관한 스토아 학파의 표상들은 지각 가능한 우주의 해석만을 열었던 것은 아니다. 그것들은 확장되어 정신적 세계의 진술에도 영향을 미쳤다. 그래서 플라톤의 이데아계가 확장되고 신학화한 것을 스토아적 지성의 가능성의 발현으로 여기는 것은 정당해 보인다.

특히 3세기에 최초의 신플라톤주의 철학자로서 플라톤의 사상을 아주 포괄적으로 해석하고 해설하려 했던 플로티노스는 많은 스토아 학파의 표상들을 차용했다. 무엇보다도 플라톤과 아리스토텔레스의 사상을 수용했던 포세이도니오스는 그에게 같은 기질의 정신으로 보였을 것이다.

스토아 학파의 언어이론도 각별히 중요했다. 본래 문법학자들만이 스토아 학파의 구분들, 이를테면 다양한 단어 종류들과 그 밖의 언어학적 현상들의 구분들을 받아들였던 것은 아니다. 아우구스티누스와 같은 철학적 작가들도 스토아 학파의 개념들에 익숙했다. 아리스토텔레스의 의미론으로부터 확실히 지배적인 영향을 받았다는 점 외에도 스토아 학파의 작업들은 중세에 와서도 여기저기, 가령 '(고유명사를 통한) 명칭'(appellatio)과 '(의미표현을 통한) 지칭'(significatio) 사이를 구분한 모습에서 주목을 끌었다. 그렇지만 중세는 무엇보다도 키케로, 세네카 그리고 라틴 교부들의 저작에 의해 알려졌던 스토아 학파의 도덕철학에 관심을 두었던 것 같다.

그리하여 12세기에 콩슈의 빌헬름(Wilhelm von Conches)은 『의무에 관하여』라는 키케로의 저작과 세네카에 근거하여 도덕철학적 견해들에 관한 소책자를 저술했다. 키케로와 세네카는 어쩌면 로저 베이컨을 포함하여 다른 중세 사상가들의 마음에 든 작가였을 것이다.

르네상스 초기에는 에픽테토스, 플루타르코스, 그리고 철학자들의 전기작가인 디오게네스 라에르티오스 및 마르쿠스 아우렐리우스가 유명했다.[93] 그 당시에 사람들은 대체로 도덕적인 교훈을 위해서 고대 작가들을 읽었다. 특히 세네카가 커다란 존경을 받았고 칼뱅에 의해 윤리학의 스승으로 여겨졌다 하더라도, 스토아 사상이 실제적으로 수용되었는지는 잘 알려져 있지 않다. 스토아적 사유의 요소들이 르네상스의 작가들에서 강하게 느껴지는 때는 토마스 모어의 작품에 나타나는 유토피아와 같은 것이 이성의 힘과 자연에 따른 삶에 근거할 때이다.

그 밖에도 가령 벨기에의 인문주의자인 유스투스 립시우스(Justus Lipsius)는 스토아 학파의 철학을 크리스트교의 신앙을 위한 쓸모 있는 보완으로 간주했는데, 물론 이때 립시우스 자신은 오히려 크리스트교를 합리주의적으로 이해할 것을 암시했던 것 같다. 스토아 학파의 윤리학은 프랑스의 동시대인인 기욤 뒤 베르(Guillaume du Vair)의 작품에서도 유사하게 나타난다. 그는 세 권의 책을 썼는데, 거기서 그는 스토아주의의 고유성을 삶의 철학으로서 증명하고자 했다.

더욱이 뒤 베르는 크리스트교의 신앙은 스토아 학파의 합리주의로부터 한 걸음 비켜나야 한다고 생각했다. 그럼에도 그는 거짓 판단들을 도덕적 잘못의 원천으로 간주했고 혼을 감정과 격정으로부터 풀어줄 필요성을 강조했다. 분명히 스토아주의는 그 어느 때보다도 1590년과 1640년 사이에 이탈리아, 프랑스 그리고 독일에서 인기를 끌었다.

스토아의 정신으로부터 가장 강한 감동을 받았던 근대의 철학자들 가운데는 누구보다도 스피노자와 칸트가 두드러진다. 스피노자의 사유가 특히 스토아 학파의 표상들과 친족관계임을 보여주는 때는 그가 완고한 결정론의 타당성을 주장하거나("사물의 본성에 우연적인 것이란 전혀 없고, 오히려 모든 것은 어떤 방식으로 존재하며 작용을 미치는 신적 본성의 필연성에 의해 규정된다."[94]) 또는 행복은 전적으로 자연과 그 안에 있는 인간의 위치를 이해하는 것에 결부되어 있다는 주장을 할 때이다. 칸트[95]와 관련해서 보자면, 그에 의해 이따금 언급되고 비판되기도 했던 스토아 철학자들은 일찍이 윤리학에서 코페르니쿠스적 전회의 선구자이며 개척자로 여겨졌다. 실제적인 관련성은 물론 찾아보기 힘들다. 그와 반대로 칸트 윤리학의 원칙적인 가정들(윤리학을 바로 '세계의 상황'에 결부시키지 않으려는 공공연한 소망)은 스토아 윤리학의 자연주의적 태도와의 일치를 계속해서 배제한다.

그렇지만 자세히 보면 유사한 생각들도 있다. 스토아 철학자와 칸트는 이성에 결정적인 역할을 부여한다. 양자는 행위의 도덕성을 의지가 도덕적으로 규정된다는 사실과 무관한 것으로 본다. 칸트도 스토아 철학자들도 실천적 법칙이 의지라는 주관적 원리에 실천적 원리로서 종속된다는 점을 강조했다. 그리고 양자 모두는 도덕원리가 도덕법칙에 의해 규정되는 의지의 자율성에 근거한다고 주장한다. 이에 상응해서 칸트와 스토아 철학자들은 또한 도덕적 선이 대상의 측면이나 행위의 결과의 측면이 아니라 의지 자체의 원리에 있다는 점에서도 일치한다.

| 안드레아스 그라에저 · 김태경 옮김 |

주

1) 이런 방관자적 태도는 무엇보다 초기 스토아 학파가 견유주의의 강한 영향을 받았다는 사실에 의해 설명된다. 특히 명확한 것은 「안티스테네스, 견유주의와 스토아 학파」(『그리스적 사유의 주요 유파』, 취리히 1964)의 F. Wehrli의 진술이다. 그리고 R.D. Dudley의 『견유주의의 역사』(런던 1937)도 참조하라.
2) 초기 스토아 철학자들은 아르님의 단편모음집인 *Stoicorum Veterum Fragmenta*에 따라 인용되었고(앞으로는 S.V.F. 권수와 번호수로 표시함), 반 스트라텐(1952)이나 에델슈타인-키드(1972)의 단편모음들에 따르면 이른바 중기 스토아 학파를 대표한 사상가들은 로도스의 파나이티오스와 아파메아의 포세이도니오스이다.
3) S.V.F. 제1권 45, 46번 등등.
4) 단연코 이런 주장은, 여러 가지 관심에서 메가라 철학자들의 논리학을 기초로 해서 구성된 스토아 학파의 논리학이 실제적으로 크리시포스의 작품인 한에서(K. Döring, 『메가라 철학자들』, 증언들의 주석서, 암스테르담 1972을 보라), 일정한 제한을 필요로 한다. 많은 스토아 학파의 사상가들은 스스로 크리시포스의 면밀함보다 더 진척하지 않았다고 느꼈다. 그리고 스토아 학파에서도 논리학 연구의 '가치'가 종종 의심되었다(Frede 1974를 보라). 이것은 이미 여러 가지 관점에서 독자적인 길을 갔던 제논과 동시대 사람인 키오스의 아리스톤으로부터 시작된다. 이에 대해서는 J. Moreau, 「아리스톤과 스토아 철학자들」(*Rev. Et. Anc. 50*, 1940, 27~40)을 보라.
5) S.V.F. 제2권 131번.
6) 같은 책, 제2권 49a번.
7) 같은 책, 제1권 65번.
8) 플라톤, 『소피스테스』 247d~e 참조.
9) Hahm 1977, 28~56쪽 참조.
10) S.V.F. 제1권 90쪽 참조.
11) 아폴로도로스, 「단편 6」; S.V.F. 제3권 259쪽, Z. 24~29.
12) S.V.F. 제2권 331번.
13) 에델슈타인-키드 판의 단편 92.
14) S.V.F. 제2권 229번. 원전에는 '물체'라는 표현이 전해진다. 아르님을 포함하여 여러 해석자들은 이른바 주다-사전(Suidas,〔archē 항목〕 I, 라이프치

히 1928, 367, 14~16 참조)에서 발견되는 "물체가 없는, 비물체적인"(asomata)이라는 해독을, 더 어려운 표현(lectio difficilior)을 채택한다는 원칙에 따라 채택한다. '물체'로 읽어야 할지 아니면 '물체가 없는'으로 읽어야 할지는 어려운 문제이다. Todd는 체계적인 근거들을 들어서 '물체가 없는'이라는 해독을 정당한 것으로 간주하고(Rist 1978, 139쪽), 반면에 Hahm(49쪽, 주 12)은 '물체'를 유지하는 입장을 지지한다.

15) 특히 이런 주관주의적 경향은 와트슨(1966)에 의해서 강하게 주장되었다. 오히려 온건한 것은 이에 반하여 Lloyd가 *Long*(1971, 58~74쪽)에서 한 해석이다. 물론 이런저런 경향 중 어느 쪽을 선택할 것인가는 우리가 스토아 철학자들에 의해 요청된 의미들을 어떻게 해석하는가에 광범위하게 의존하고 있다(Graeser, Rist 1978, 77~100쪽을 보라). 이때 문제가 되는 것은 객관적인 본질들인가, 아니면 오히려 표상과 같은 형성물들인가(Nuchelmans 1973, 86~87쪽) 하는 것이다.

16) S.V.F. 제2권, 97번.

17) 같은 책, 제1권, 56, 59번.

18) 같은 책, 제2권, 105번.

19) 같은 책, 제2권, 87번.

20) 같은 책, 같은 곳 참조.

21) 아리스토텔레스, 『동물의 생식에 관하여』 724b6 등.

22) S.V.F. 제2권, 369~404번.

23) 같은 책, 제2권, 395번.

24) 같은 책, 제2권, 403번.

25) Graeser, Brunschwig 1978, 199~221쪽 ; Krämer 1972, 75~107쪽 참조.

26) S.V.F. 제2권, 310번.

27) 같은 책, 제1권, 120번.

28) 같은 책, 제2권, 310, 841번.

29) 같은 책, 제2권, 449번.

30) 같은 책, 제2권, 439번.

31) Diels/Kranz 31 B51.

32) S.V.F. 제2권, 716번.

33) 같은 책, 제2권, 442번.

34) 같은 책, 제2권, 451번.

35) 같은 책, 제2권, 471번.

36) Sambursky 1959, 22쪽 참조.

37) S.V.F. 제2권, 425번.

38) Christensen 1962, 33쪽 참조.

39) Bloos 1973, 71쪽 참조.
40) 아리스토텔레스, 『발생 · 소멸론』 I 10 참조.
41) S.V.F. 제2권, 473번.
42) 같은 책, 제2권, 471번.
43) 같은 책, 제2권, 471, 472번.
44) 같은 책, 제2권, 473번.
45) 같은 책, 제2권, 489번.
46) 같은 책, 제2권, 482번.
47) 같은 책, 제2권, 477번.
48) 라인하르트(1926)에 의해, 그리고 그의 후계자들 가운데 누구보다 W. Theiler(『신플라톤주의의 준비』, 베를린 1931, 66~153쪽)에 의해 주장된 이런 견해는 특히 폴렌즈(1964)에 의해서 의문시되었다. 초기 스토아 학파도 동감 개념을 갖고 있었다는 것은 의심할 여지가 없다(Graeser 1972, 69~72쪽). 추측컨대 블루스(90~105쪽)의 평가는 옳은 듯하다. 그는 '동감' 개념이 초기 스토아 학파에서 여전히 설명을 필요로 하는 것으로 여겨졌다는 견해를 옹호하지만, 반면 그 개념은 포세이도니오스에서는 원인을 규명하는 원리(99쪽)로서 기능한다.
49) 에델슈타인-키드 판의 단편 217.
50) S.V.F. 제2권, 473번.
51) 키케로, 『예언에 관하여』, II 33~35 참조.
52) S.V.F. 제2권, 411번.
53) 같은 책, 같은 곳.
54) 같은 책, 제2권, 913, 915번.
55) 같은 책, 제2권, 937번.
56) 같은 책, 제1권, 527번.
57) 아우렐리우스, 『명상록』 IV, 23 ; X 6 등.
58) S.V.F. 제2권, 974번.
59) 같은 책, 같은 곳.
60) 같은 책, 제2권, 979번.
61) 같은 책, 제2권, 974번.
62) *Long* 1974, 167쪽 ; S.V.F. 제2권, 55, 61쪽 참조.
63) S.V.F. 제2권, 844번.
64) 스토아 철학자들은 원리적으로 상태의 두 가지 형식들 사이를 구분한다. 즉 결코 고정적이지 않고 오히려 더함과 덜함을 허용하는 것을 그들은 Hexis(습관, Habitus)라 일컫었다. 전혀 더함이나 덜함을 허용치 않고 극단적인 긴장을 나타내는 다른 것을 Diathesis라 불렀다(S.V.F. 제2권, 393번).

이때 주의를 끄는 것은 그들이 아리스토텔레스의 용어들(『범주론』 15, 15b17 이하)을 반대의 의미로 사용한다는 사실이다. 어쨌든 Diathesis로서의 덕들은 부동의 확고한 혼의 상태들로서 이해된다.

65) S.V.F. 제1권, 179번 등.

66) 심리학적 일원론의 이런 견해는 중기 스토아 학파에 이르러서야 비로소 다시금 포기되었으며 그것도 더욱이 혼의 이분법적 구조에 관한 플라톤-아리스토텔레스의 가정을 위해서 그랬다. 이를테면 R. Philippson, 「스토아 학파의 심리학」 in : *Rhein. Mus. f. Philol. 86*, 1937, 140~179쪽을 보라.

67) S.V.F. 제1권, 208번.

68) 아마도 이 점에서 제논과 크리시포스의 입장들 사이에 근본적인 차이가 있었던 것 같다. Pohlenz 1964, 제1권, 88~89쪽 ; 제2권, 52쪽과 특히 그의 논문인 「제논과 크리시포스」 in : *Nachr Ges. Wiss. Gött. II 9*, 1938, 194쪽을 보라. Rist 1969, 31쪽도 보라. Lloyd(Rist 1978, 233~246쪽)는 결정론에 대한 상세한 분석을 제공한다.

69) S.V.F. 제3권, 456번.

70) 같은 책, 제3권, 171번.

71) 같은 책, 제3권, 175번.

72) Watson 1966, 61쪽 참조.

73) S.V.F. 제3권, 378번 등.

74) 같은 책, 제3권, 3번.

75) 같은 책, 제1권, 179번 ; 제3권, 12번.

76) 같은 책, 제3권, 74~76번.

77) 같은 책, 제3권, 39~40번.

78) 일련의 난점들은 Graeser, 「스토아 학파의 윤리학에서 '선' 개념의 기능에 관하여」, in : *Zeitsch. f. philos. Forsch. 26*, 1972, 417~425쪽에서 논의되었다.

79) S.V.F. 제3권, 39, 40번.

80) 같은 책, 제3권, 56번.

81) 같은 책, 제3권, 107번.

82) 같은 책, 제3권, 119, 122번.

83) 같은 책, 제3권, 177번.

84) 같은 책, 제3권, 262번.

85) 같은 책, 제1권, 230번 ; 제3권, 490번 이하. '의무에 부합되는' (kathekon)이라는 표현은 스토아 학파에서 하나의 전문적인 용어가 된다. 제논은 분명히 이 말로써 요컨대 이러저러하게 행하는 것이 특정한 사람들에게 적합하다는 생각을 연상시켰다. F.H. Sandbach, 『스토아 학파』, London, 1975,

45쪽 참조.

86) S.V.F. 제3권, 516번.

87) 같은 책, 제3권, 517번.

88) 같은 책, 같은 곳.

89) 이런 의미에서 키케로는 할부금을 상환하는 것과 올바른 의향에서 그것을 상환하는 것(juste reddere)은 각기 다른 문제라고 주장한다. '올바른' 이라는 첨가어는 이에 따라서 한갓 의무에 부합될 뿐인 행위들로부터 도덕적으로 올바른 행위를 만드는 도덕적 요소를 나타낸다(S.V.F. 제3권, 498번).

90) S.V.F. 제3권, 314번.

91) R. Zippelius, 『법의 본질, 법철학 입문』, München, [2]1973, 73쪽 참조 ; A. Verdross, 『외국의 법철학』, Wien, 1958, 46쪽 참조.

92) M. Spanneut, 『교회 시조의 스토아주의』, Paris, [2]1969 참조.

93) J. Eymard d'Angers, 「15, 16세기 스토아주의의 부활」 in : *Bull. de 1 Åssoc. G. Budé 8*, 1964, 122~155쪽 참조.

94) 스피노자, 『윤리학』, 제1부, 정리 29.

95) W. Schinck, 「칸트와 스토아 학파의 윤리학」, 『칸트연구』 18(1913) 419~479쪽과 비교해서, S. Zac, 「칸트, 스토아주의자이며 크리스트교인」, *Rev. de Métahph. et de Mor.* 77(1972) 137~165쪽을 보라.

참고문헌

원전

•Arnim, H. von : *Stoicorum Veterum Fragmenta*, 전4권(M. Adler의 색인), Stuttgart 1964(1903~1924년의 1판의 재인쇄. 주석을 붙인 이탈리아어 번역은 N. Festa가 내놓았다 : *I frammenti degli stoici antichi*, 전2권, Bari 1932~1935).

•Capelle, W. : *Marc Aurel. Selbstbetrachtungen*, Stuttgart 1973.

•Cherniss, H. F. : *Plutarch's Moralia* 제8권, 제2부, Cambridge(Mass.)/London, Harvard Univ. Press, 1976(명쾌한 주석들로 가득찬 플루타르코스의 스토아 철학자들에 대한 저술들의 탁월한 출판과 번역).

•Edelstein, L., Kidd, I.G. : *Poseidonius* 제1권, 단편들, Cambridge, Cambridge Univ. Press, 1972(원전 선택은 명확히 확인된 부분에 제한되어 있다).

•Farquharson, A.S.L. : *The Meditations of the Emperor Marcus Aurelius*, 전2권, Oxford, Oxford Univ. Press, 1944(영어 번역과 주석 포함).

•Hense, O. : *Musonius Rufus*, Leipzig 1905.

•Hülser, K. : *Die Fragmente zur Dialektik der Stoiker. Neue Sammlung der Texte mit dt. Übersetzung u. Kommentar*, 전4권, Stuttgart-Bad Cannstadt 1987~1988(편집인은 여기서 지금까지 연구에서 주목받지 못한 풍부한 원전들을 제시한다. 또한 번역도 최상이다).

•Kidd, I. : *Poseidonius vol. II. The Commentary*, 전2권, Cambridge, Cambridge Univ. Press, 1988.

•Long, A.A., Sedley, D.N. : *The Hellenistic Philosophers*, 전2권, Cambridge, Cambridge Univ. Press, 1987(연구에 꼭 필요한 획기적인 저작)

•Nickel, R. : *Marc Aurel. Wege zu sich selbst*, München/Zürich 1990.

•Pearson, A.C. : *The Fragments of Zeno and Cleanthes*, London, Clay, 1891(무엇보다도 언어적인 주석들 때문에 유용하다).

•Pohlenz, M. : *Stoa und Stoiker. Die Gründer, Panaitios, Poseidonios*, Zürich ^{2}1964(서문을 포함한 발췌된 원전의 번역).

•Reynolds, L.D. : *Seneca. Epistulae morales*, 전2권, Oxford, Oxford Univ. Press, 1965.

•Schenkl, H. : *Epicteti Dissertationes*, Leipzig [2]1916.
•Schmidt, H. : *Epiktet. Handbüchlein der Moral*, Stuttgart [10]1978.
•______ : *Vom glückseligen Leben*, Stuttgart 1974(J. Kroymann의 서문 포함).
•Sharples, R,W. : *Cicero : On Fate and Boethius : The Consolation of Philosophy*, Warminster, Aris & Phillips, 1991.
•Theiler, W. : *Poseidonius, Die Fragmente*, I. 원전, II. 해석들, Berlin 1982(또한 분명하게 확인된 자료는 포함하고 있지 않다. 전문가들에게는 귀중한 보고이다).
•______ : *Marc Aurel. Wege zu sich selbst*, Zürich, Artemis 1951(주석과 서문을 포함한 탁월한 재판).
•Van Straaten, M. : *Panaetii Rhodii Fragmenta*, Leiden, Brill, 1952.
•Wittstock, A. : *Marc Aurel. Selbstbetrachtungen*, Stuttgart 1974(주석과 서문 포함).

〈고대 스토아 철학자들의 원전의 프랑스어 번역〉

•Bréhier, E. : *Les stoiciens*, P.-M Schuhl의 책임편집. Paris, Bibliothéque de la Pléiade, 1962.

2차 문헌

서지목록

•De Lacy, Ph. : "Some Recent Publications on Hellenistic Philosophy (1937~1957)," in : *Classical World 52*(1958) 8~5, 25~27, 37~39, 57.
•Schuhl, P.-M. : "L'état des études stoïciennes," in : *Bull. de l'Assoc. G. Budé 8*(1964) 263~276.
•참고문헌에 관한 유익한 언급들은 Völke 1973, 205~208, Rist 1978, 291~296, Brunschwig 1978과 무엇보다도 Egli, in : Schmidt, 1979, 182~213에서 발견된다.

단일 연구서

•Arnold, E. V. : *Roman Stoicism*, Cambridge, Cambridge Univ. Press, 1911.
•Edelstein, L. : *The Meaning of Stoicism*, Cambridge, Mass., Harvard Univ.

Press, 1966.
•Long, A. A. : *Hellenistic Philosophy*, Berkeley, Cal., Univ. of California Press, ²1986.
•Pohlenz, M. : *Die Stoa. Geschichte einer geistigen Entwicklung*, Göttingen ³1964.
•Rist, J. M. : *Stoic Philosophy*, Cambridge, Cambridge Univ. Press, 1969.
•Scofield, M., Burnyeat, M. F., Barnes, J.(Hrsg.) : *Doubt and Dogmatism. Studies in Hellenistic Epistemology*, Oxford, Oxford Univ. Press, 1980.
•______, Striker, G.(Hrsg.) : *The Norms of Nature. Studies in Hellenistic Ethics*, Cambridge, Cambridge Univ. Press, 1986.

여러 저자의 모음집

•Brunschwig, J.(Hrsg.) : *Les stoiciens et leur logique*, Paris, Vrin, 1978.
•Epp, R. H.(Hrsg.) : *Recovering the Stoics*, Memphis, Tenn., 1985.
•Flashar, H., Gigon, O.(Hrsg.) : *Aspects de la philosophie hellénistique*, Vandoeuvres/Genf, Fondation Hardt, 1986.
•Fortenbaugh, W. W.(Hrsg.) : *On Stoic and Peripatetic Ethics*, New Brunswick, N. Y., Transaction Books, 1983.
•Griffith, M., Barnes, J.(Hrsg.) : *Philosophia Tooata. Essays on Philosophy and Roman Society*, Oxford, Clarendon, 1989.
•Hospers, J.(Hrsg.) : *Hellenistic Ethics*, La Salle, I 11., Open Court Publ., 1990.
•Long, A. A.(Hrsg.) : *Problems in Stoicism*, London, Athlone, 1971.
•Rist, J.M.(Hrsg.) : *The Stoics*, Berkeley/Los Angeles, Univ. of California Press, 1978.
•Stemmelz, P.(Hrsg.) : *Beiträge zur hellenistischen Philosophie und ihrer Rezeption in Rom*, Stuttgart 1990.
•Voelke, A. -J.(Hrsg.) : *Le Stoicisme*, Brussel/Paris 1991.

개별적인 문제들에 대한 논문과 연구서

•Annas, J. : *Hellenistic Theory of Mind*, Berkeley, Cal., Univ. of California Press, 1992.
•Bloos, L. : *Probleme der stoischen Physik*, Hamburg 1973.
•Bobzien, S. : *Die stoische Modallogik*, Würzburg 1986.

•Christensen, J. : *An Essay on the Unity of Stoic Philosophy*, Kopenhagen, Univ. Press, 1962.
•Corcoran, J.(Hrsg.) : *Ancient Logic and its Modern Interpretations*, Dordrecht, Reidel, 1974.
• Daphnos, P. : *Stoische Elemente bei Descartes und Spinoza*, München/Athen 1976.
•Egli, U. : *Zur stoischen Dialektik*, Diss., Bern 1967(디오클레스 단편들의 훌륭한 번역을 포함).
•______ : *Das Dioklesfragment bei Diogenes Laertios*, Konstanz 1981(특수한 탐구분야인 '언어학').
•Erskine, A. : *The Hellenistic Stoa. Political Thought and Action*, Ithaca, Cornell Univ. Press, 1990.
•Forschner, M. : *Die stoische Ethik*, Stuttgart 1981.
•Fortenbaugh, W. M.(Hrsg.) : *On Stoic and Peripatetic Ethics*, New Brunswick, N. J./London, Transaction Books, 1983.
•Frede, M. : *Die stoische Logik*, Göttingen 1974.
•______ : *Essays in Ancient Philosophy*, Minneapolis, Univ. of Minnesota Press, 1987.
•Gould, J. B. : *The Philosophy of Chrysippus*, Leiden, Brill, 1971.
•Griffin, M. : *Seneca. A Philosopher in Politics*, Oxford, Clarendon, [2]1992.
•Hahm, D. E. : *The Origins of Stoic Cosmology*, Columbus, Ohio State Univ. Press, 1977.
•Hunt, H.A.K. : *A Physical Interpretation of the Universe, The Doctrines of Zeno the Stoic*, Melbourne, Univ. Press, 1976.
•Inwood, B. : *Ethics and Human Action in Early Stoicism*, Oxford, Clarendon, 1985.
•Ioppolo, A. M. : "Aristone di Chio e lo stoicismo autico," *Bibliopolis 1980* (=Elenchos 1).
•Krämer, H. J. : *Platonismus und Hellenistische Philosophie*, Berlin 1972.
•Laffranque, M. : *Poseidonios d'Apamée*, Paris, Presses Univ. de France, 1964.
•Lapidge, M. : "Archai and Stoicheia : A Problem in Stoic Philosophy," in : *Phronesis 18*(1973) 240~278.
•Lévy, C. : *Cicero Academicus. Recherches sur les Académiques et sur la philosophie cicéronienne*, Rom, Ecole Française de Rome, 1992.
•Löbl, R. : *Die Relation in der Philosophie der Stoiker*, Würzburg 1986.

•Longrigg, J. : "Elementary Physics in the Lyceum and Stoa," in : *Isis 66*(1975) 211~229.

•Mates, B. : *Stoic Logic*, Berkeley/Los Angeles, Univ. California Press, [2]1962.

•Neuenschwander, M. : *Marc Aurels Beziehungen zu Seneca und Poseidonius*, Bern 1951.

•Nuchelmans, G. : *Theories of the proposition*, Amsterdam, North-Holland Publishing Company, 1973.

•Pederson-Egnberg, T. : *The Stoic Theory of Oikeiosis*, Aarhus, Aarhus Univ. Press, 1990.

•Pinborg, J. : "Das Sprachdenken der Stoa und Augustins Dialektik," in : *Class. et Mediev. 23*(1962) 148~177.

•Puhle, A. : *Persona. Zur Ethik des Panaitios*, Bern/Frankfurt a. M. 1986.

•Reeser, M. : *The Nature of Man in Early Stoicism*, New York, St. Martin's Press, 1989.

•Reinhardt, K. : *Kosmos und Sympathie*, München 1926.

•Rutherford, R. B. : *The Meditations of Marcus Aurelius. A Study*, Oxford, Clarendon, 1989.

•Sambursky, S. : *Physics of the Stoics*, London, Methuen, 1959.

•_______ : *Das Physikalische Weltbild der Antike*, Zürich, Artemis, 1965.

•Schmidt, R. T. : *Die Grammatik der Stoiker*(U. Egli의 주석이 달린 도서목록을 포함한 K. Hülser의 소개, 번역 그리고 편집), Braunschweig/Wiesbaden 1979.

•Scofield, M. : *The Stoa Idea of the City*, Cambridge, Cambridge Univ. Press, 1991.

•Striker, G. : *Kriterion tes aletheias*, Göttingen 1974.

•_______ : "Following Nature : A Study in Stoic Ethics," in : *Oxford Studies in Ancient Philosophy 9*(1991), 1~74.

•Todd, R. W. : *Alexander of Aphrodisias on Stoic Physics*, Leiden, Brill, 1976.

•Tsekourakis, D. : *Studies in the Terminology of Early Stoic Ethics*, Wiesbaden 1974.

•Van Straaten, M. : *Panétius, sa vie, ses écrits et sa doctrine*, Amsterdam, H. Paris, 1946.

•Verbeke, G. : "Le Stoicisme, une philosophie sans frontières," in : Temporini, H.(Hrsg.) : *Aufstieg und Niedergang der römischen Welt*, 제1권, Berlin 1973, 3~43.

•Watson, G. : *The Stoic Theory of Knowledge*, Belfast, Univ. Libr., 1966.

6 일자와의 합일

플로티노스(204/205~269/270)

"일자는 근원적인 힘으로서 자기가 자기를 사유하는 자기 사유를 통하여 만물을 유출하는 능력을 갖고 있다. 이 일자에서 마치 태양으로부터 광선이 나오고 불에서 열이 나오는 것처럼 유한한 모든 존재가 흘러나온다."

●플로티노스

오늘날 우리는 3세기에서 6세기 혹은 7세기에 이르는, 고대 철학사의 맨 나중 시기의 철학을 '신플라톤주의'라는 이름으로 부른다. 플로티노스(Plotinos)에 의해서 창시된 이 사유 방식은, 고대의 철학자 학교와 그 학교의 교육 및 연구 활동의 형태로 전개된 것에 국한해서 보자면, 아테네에서는 유스티니아누스가 529년에 플라톤의 아카데미아를 폐쇄하는 사건으로, 그리고 알렉산드리아에서는 642년에 아랍인들이 이 도시를 정복하는 사건으로 끝난다.

그렇지만 플로티노스와 신플라톤주의의 정신적 영향력은 중요한 고대 그리스 교부(敎父, Kirchenvater)들, 그 다음에는 라틴 교부들에게 미치고, 나아가 중세 크리스트교에까지도 이른다. 중세의 아랍 철학과 유태 철학도 아리스토텔레스 철학뿐만 아니라 신플라톤주의 철학의 영향을 받았다.

근세에도 플로티노스의 신플라톤주의는, 베이컨과 데카르트가 다른 방향으로 향하는 사유 방식을 창안했음에도 불구하고, 여전히 대단한 영향력을 발휘했다. 굳이 열거하자면 피렌체의 '메디치 아카데미아'에서 전개된 이탈리아 르네상스로부터 시작해서 케임브리지의 플라톤주의를 거쳐 독일 관념론에 이르기까지 그러하다. 20세기의 철학에서조차 베르그송이나 야스퍼스와 같이 신플라톤주의 사유 방식과 깊은 친화성을 보이는 철학자들을 들 수 있다.

플로티노스와 신플라톤주의의 고전적인 의미는 그 역사적 영향력이 크다는 사실 외에도, 실재 세계의 전체 연관 안에서 인간 존재를 형이상학적으로 고찰하는 방식이 매우 대담하며 결과적으로 많은 파장을 몰고 온다는 점으로 나타난다. 모든 존재의 궁극적인 근거와 목표를 근원적으로 묻는다는 것, 또한 인간의 현실성과 모든 현상 세계 일반을 이 근거로부터 파악한다는 것이 플로티노스와 플라톤주의가 철학 일반에 대해 갖는 근본적인 의미이다. 철학적 사유 안에서 삶을 가치 있게 만드는 방식이 무엇인지를 묻는 형이상학적 근본 물음들이 제기되는 곳에서 우리는 언제나 플로티노스와 신플라톤주의 가까이에 있는 셈이다.

신플라톤주의 철학은 플로티노스의 철학체계에 비추어 보아야 가장 잘 기술된다. 플로티노스는 철학적 근본 물음들을 던졌으며, 그의 체계는 신플라톤주의 이후의 모든 전개에서 출발점이 된다. 훗날의 신플라톤주의자들이 세운 체계들이 플로티노스의 단초와 비교해서 얼마나 달라지고 복잡해졌건 간에, 고대 신플라톤주의의 철학적으로 중요한 추종자들은 플로티노스가 정초한 형이상학에 의존하고 있다.

생애와 저작들

플로티노스의 생애와 관련해서 우리가 갖고 있는 유일한 전거(典據)는 그의 제자 포르피리오스(Porphyrios)가 쓴 일대기이다. 이 일대기는 포르피리오스가 플로티노스의 저술들을 체계적인 관점에서 편집한 전집의 맨 앞에 실려 있다. 플로티노스의 저술들 자체로부터는 그의 생

고대 철학사의 맨 나중 시기를 장식한 신플라톤주의의 창시자 플로티노스.

애에 대해 아무 것도 알 수 없다.

생애

플로티노스는 서기 204/205년에 그리스 문화권의 일원이었던 이집트에서 태어나 알렉산드리아에서 공부했다. 알렉산드리아는 알렉산드로스 대왕이 그리스 문화의 거점으로 세운 도시로서 이집트의 수도이자 중요한 교역도시이며, 무엇보다도 문화의 중심지였다. 특히 문학, 문헌학, 역사학, 수학, 자연과학의 중심무대였다. 프톨레마이오스 학파의 사람들이 알렉산드리아에 박물관을 세워 연구를 했었는데, 이것이 서기 3세기에는 학문적인 교육활동으로 발전되고, 나중에는 철학 교육을 수행하는 기관도 그 일부로 생겨났음에 틀림없어 보인다. 어쨌든 포르피리오스에 의하면 플로티노스는 28세에야 비로소 철학의 길로 접어들었다. 그는 오래도록 여러 스승들에게서 자신의 철학적 물음들에 대한 답을 얻으려 했고, 결국 이 답을 암모니오스 사카스(Ammonios Sakkas)에게서 찾았다고 한다. 그는 암모니오스의 지도 아래 11년간 공부했다.[1)]

오늘날의 연구에서도 여전히 다음과 같은 물음들이 제기된다. 플로티노스의 철학이 사실은 암모니오스의 철학이 아닐까? 소크라테스처럼 단 한 줄의 글도 쓰지 않은 암모니오스의 철학은 도대체 어느 정도까지 재구성될 수 있는가? 암모니오스의 제자들 사이에 피타고라스 교단 식으로 스승의 깊은 가르침을 발설해서는 안 된다는 금기가 있었는가?[2)] 그러나 우리에게 전승된 자료들을 보건대, 플로티노스가 아닌 다른 어떤 사람을 신플라톤주의 철학의 창시자로 볼 수는 없다.

플로티노스는 39세 때 암모니오스 곁을 떠나 잠시 학업을 중단하는데, 그 이유는 243년경 당시 로마 황제 고르디아누스(Gordianus) 3세가 일으킨 페르시아 원정에 참가했기 때문이다. 포르피리오스는 플로티노스가 이 원정에 참가한 동기가 페르시아 철학과 인도철학과 같은 동방의 철학을 알고자 한 데에 있다고 분명하게 밝히고 있다.

244년에 고르디아누스 3세가 피살되자 플로티노스는 처음에는 안티오케이아로 피했다가 같은 해에 로마에 도착한다.[3] 거기에서 그는 학교를 세워 학생들을 가르치기 시작한다. 점차 지체 높은 인사들이 그의 청중이 되는데, 이 가운데에는 아멜리오스(Amelios)와 포르피리오스 같은 제자들 외에도 많은 원로원 의원들과 갈리에누스(Gallienus) 황제 내외도 끼여 있었다.[4] 로마에서 26년간 강의한 플로티노스는 병이 들어 이탈리아 캄파니아 지방으로 가서, 먼저 죽은 친구이자 제자인 제토스(Zethos)의 장원에서 지내다가 269/270년에 66세의 나이로 사망했다.[5]

포르피리오스가 쓴 일대기에는 플로티노스가 종교적 · 신비적 문제들에 관심을 기울인 후기 고대의 인간으로 그려져 있다. 플로티노스는 플라톤을 숭배했지만, 플라톤이 가졌던 정치적 관심만은 없었다. 폴리스(polis)라는 낡은 질서가 이미 오래 전에 붕괴되고 로마 제국의 통치 형태로 대체된 상황에서 그는 고독한 탐구자로서 영원한 진리에 가까이 다가갔으며, 인간은 오로지 이 영원한 진리 안에서만 자신의 참된 고향을 찾도록 되어 있다고 생각했다.

저작

플로티노스는 로마에서 40세의 나이로 교수 활동을 시작했지만, 강의를 시작한 지 약 10년이 지난 뒤인 253년에야 비로소 자신이 학생들에게 가르치고 토론하면서 강의했던 내용들을 글로 쓰기 시작했다.[6] 그의 저술들은 아리스토텔레스의 저술들과 잘 비교되지만, 정교하게 다듬어진 예술 작품이라고 할 수 있는 플라톤의 대화편들과는 거리가 멀다. 각각 하나의 체계적인 주제를 다루고 있는 플로티노스의 논문들은 처음에는 오직 제자들과 수강생들이라는 친밀한 소수만을 위한 것이었다.

훨씬 나중에야 이 논문들은 포르피리오스에 의해서 정식으로 출판되었다. 포르피리오스는 자신이 쓴 전기에서 플로티노스의 저술들의 문체라든가 가르칠 때의 말의 표현방식에 대해서까지도 상세하게 보고하고 있다. 플로티노스는 어떤 주제에 대해서 자신의 견해를 밝히기 전에 세베루스(Severus), 크로니오스(Kronios), 누메니오스(Numenios), 가이오스(Gaios) 그리고 아티코스(Attikos) 등의 플라톤주의자들과 아스파이오스(Aspaios), 아프로디시아스의 알렉산드로스(Alexandros) 및 아드라스토스(Adrastos) 등의 아리스토텔레스주의자들이 플라톤과 아리스토텔레스에 대하여 쓴 주석서들, 또 무엇보다도 현안이 되는 체계적인 주제들에 대하여 쓴 주석서들을 먼저 제자들과 함께 읽었다고 한다.[7)]

이 사실은 플로티노스의 저술들에 많은 스토아 학파적, 페리파토스 학파적 교설(敎說)들이 삽입되어 있으며, 특히 아리스토텔레스의 『형이상학』이 자주 이용되었다는 포르피리오스의 보고와 잘 맞아떨어진다.[8)] 포르피리오스의 이러한 언급들은 플로티노스 사상의 원천에 대한 물음을 몹시 자극해왔다.

포르피리오스는 플로티노스 전기에서 그의 저술들 각각이 언제 씌어졌는지에 대해 상세하게 보고하고 있다. 포르피리오스는 원래 씌어진 순서로만 구분되어 있던 글들을 주제에 따라 각각 아홉 편씩 여섯 그룹으로 체계적인 질서를 부여하여 출판했다(『엔네아데스』〔*Enneades*〕). 플로티노스의 각각의 글들이 씌어진 시점에 대한 포르피리오스의 기록은 플로티노스 사상이 과연 어떤 전개 과정을 밟았는가 하는 문제를 제기해 왔다. 플로티노스의 글들이 대략 15년이라는 상대적으로 짧은 기간에 씌어졌다는 점으로 볼 때, 플로티노스의 견해가 시간의 흐름에 따라 근본적인 변화를 겪은 것 같지는 않고, 그의 저술들에 담긴 내용에서도 근본적인 변화를 입증해줄 만한 점은 발견되지 않는다.[9)]

포르피리오스가 자기 나름의 철학을 분류하는 방식과 그 자신의 수신비주의(數神秘主義, Zahlenmystik)적 사변에 입각해서 플로티노스의 저술들에 부여한 체계적 질서는 이 저술들 자체에 담긴 생동하는 내용과는 대조적으로 매우 작위적이다. 이 분류 방식에 따르면 첫번째 엔네아데스는 '윤리학', 두번째와 세번째는 '자연철학 및 우주론', 네번째는 '혼에 관한 이론', 다섯번째는 '이성에 관한 이론'이요, 끝으로 여섯번째는 '일자(一者)에 관한 이론'으로 되어 있다. 그러나 플로티노스의 가장 중요한 저술들에는 그의 철학, 특히 그의 형이상학적 체계가 하나의 '전체'로 등장하며, 개별적인 '근본 존재원리'(hypostasis)들이나 관점들에 따라 나뉘어져 취급되지 않는다.

플로티노스 형이상학의 체계

플로티노스 철학의 중심을 이루는 것은 그 자신이 몇 번이고 되풀이해서 강조했듯이 '일자'(to hen), '이성'(nous. 플로티노스의 'nous' 개념은 독일어로 'Intelligenz', 'Geist', 'Vernunft', 'Verstand' 등 여러 가지로 번역된다. 우리 말로도 어느 한 가지로 번역하기 어렵다. 역자는 여러 사정을 고려해서 '일자' 및 '혼'과 함께 hypostasis의 하나로 언급될 경우에는 일관되게 '이성'으로 옮기되, 그 밖의 경우에는 그때그때 문맥에 따라 '정신'이라는 역어를 택하기도 했다—옮긴이) 및 '혼'(psychē)이라는 세 가지의 '근본 존재원리' 혹은 '근원적인 정신적 본질'(hypostasis)들의 이론이다. 플로티노스는 이 이론을 모든 지혜와 철학의 핵심이요, 무엇보다도 그 자신이 충실한 해석가이고자 한 플라톤 철학의 핵심으로 간주한다.[10)]

그런 까닭에 플로티노스가 이 근원적 존재원리들로 이끌어가는 지적인 방식, 이 존재원리들의 도입을 정당화하는 방식, 그밖의 다른 것들, 특히 가시적(可視的) 세계와 물질이 정신적 본질들, 궁극적으로는 최고 원리로서의 '일자-좋음'으로부터 생겨나는 방식을 문제삼기 전에, 플로티노스의 가장 중요한 저술들이 집중적으로 거론하는 이 세 가지 중심적 존재원리들을 먼저 기술해야만 한다.

이때 플로티노스에게는 다른 모든 철학의 분과들이 서열상으로 '형이상학'에 종속된다는 사실, 또 전체 존재세계를 존재론적으로 분석할 때에도 정신적 세계를 분석하고 그 구조를 해명하는 일이 가시적 세계(자연, 사물, 물질)를 해명하는 것보다 무조건적인 우선성을 갖는다는 점을 염두에 두어야 한다.

세 가지의 근원적 존재원리들과 전체 존재세계의 구축

플로티노스가 새롭게 하려는 플라톤 철학은 퇴락한 폴리스와 그 문화를 다시 일으켜세우는 문제, 그리고 인식론, 윤리학 및 자연철학의 근본 문제들로부터 출발해서, 이 모든 문제들을 '이데아들의 형이상학'에 의거해서 해결하려는 포괄적인 철학적 시도를 감행했다. 감각적 지각의 대상이 아니요 순수하게 사유의 대상이기만 한 이데아들의 영역은 가시적 세계와는 본질적으로 구별되며, 이 이데아들의 영역에서는 모든 사물들이 그렇게 존재해야만 하는 바의 참된 본질이 직관되며, 바로 여기로부터 모든 정치적, 철학적 문제들도 답해질 수 있다.

플라톤에게 이데아들은 '영원히 자기 자신과 동일한 것', '한결같은 상태로 있는 것', '초시간적인 것', '초공간적인 것'이다. 그에 반해 감각에 의해 지각될 수 있는 물질적 사물들은 '항상 변화를 겪는 것', '시간과 공간 안에서 생성되고 소멸하는 것'이다.[11)]

플로티노스는 존재 세계를 한편으로는 순수하게 사유의 대상인 영역, 다른 한편으로는 감각적 지각의 대상인 영역으로 근본적으로 구별하는 방식을 받아들인다.[12)] 그렇지만 플로티노스에게는 더 이상 이데아들이 형이상학적 탐구에서 모든 것을 지배하는 대상이 아니다. 오히려 한편으로는 이데아들의 궁극적인 원리와 근거에 대한 물음이 중심적 위치를 차지한다. 다른 한편으로는 형이상학적으로 근거지워진 '혼(魂) 이론'이 정신적 세계를 문제삼는 분과들의 체계 안으로 통합됨으로써 중요성을 갖게 된다.

이미 플라톤에 의해서 모든 이데아들의 궁극적인 근거에 대한 전망, 모든 존재자들의 최고원리에 대한 전망이 이루어졌다. 즉 존재, 본질, 진리의 절대적으로 초월적인 원인이자, 다른 모든 이데아들 및 이 이데아들과 결합된 인식의 절대적으로 초월적인 원인으로서의 최고의 이데아, 곧 '좋음의 이데아'에 대한 전망이 그것이다.[13] 플라톤이 실제로 이데아들을 존재론적이요 인식론적으로 뛰어넘는 하나의 최고원리로 생각한 것인지, 아니면 서로 대립된 두 개의 원리로 생각한 것인지에 대해서는 물론 연구자들 사이에 논란이 벌어지고 있다. 게다가 특기할 만한 것은 플라톤이 '완전한 좋음'을 여전히 이데아라고 부르며, 플라톤에게는 이데아들의 내적 구조와 본질에 대한 물음이 이데아들의 궁극적인 근거와 원리에 대한 물음보다도 우선성을 갖는다는 사실이다.

플라톤도 이미 인간의 지평 및 우주의 지평에서 혼적인 것(das Seelische)의 실재성을 상세하게 기술했다. 혼적인 것, 다시 말해서 '세계혼'(Weltseele)과 모든 종류의 '개체혼'(Einzelseele)들은 그에게는 참으로 존재하는 이데아들의 가지적 영역과 감각적으로 지각되는 구체적 사물들의 영역 사이의 중간 단계였다.[14] 이제 플로티노스는 플라톤보다 훨씬 분명하게 본래적으로 혼적인 것, 혼의 정신적 근거를 전적으로 가지적 영역으로 돌린다. 혼적인 것의 실재성은 플로티노스에게 정신적 영역, 초감각적 세계를 구성하는 없어서는 안 될 요소요, 이런 사실이 무엇보다도 플로티노스가 '혼적인 것'과 '사물들의 세계' 사이에 이 '사물들의 세계에 내재해 있는 혼적인 것'으로서의 '자연'이라는 존재층을 위계질서상의 중간항으로 끼워넣어야만 하는 결과를 낳는다.

이렇게 해서 '혼'이 '이데아들' 및 '좋음'과 함께 세 가지 근원적인 정신적 본질들에 속하게 되며, 플로티노스는 이 본질들을 엄격히 철학적 · 개념적으로 분석한다. 물론 이 분석은 모든 연관들을 근원적으로 '본질직관'하는 데에 의존한다. 이에 반해서 플라톤은 혼이 사물들의 세계와 맺는 관계에서 혼을 신비적으로 해석하는 데에 더 큰 논의의 공

간을 할애한다.[15)]

최고 원리로서의 '일자-좋음'

플로티노스는 모든 것 가운데 최고의 원리, 절대적으로 완전한 최종적인 근원을 '좋음'(to agathon, das Gute)과 '일자'(to hen, das Eine)라는 두 근본개념으로 규정한다.[16)] 물론 비유적 의미로만 최고의 원리에 적용하는 이 두 개념으로, 그는 최고원리를 규정하려는 플라톤의 의도에도 가장 가까이 접근한다고 생각한다. 이미 플라톤은 전적으로 존재론적·형이상학적 의미에서 '좋음의 이데아'가 다른 모든 이데아들에 대해 초월적이며 그 여타의 이데아들의 존재원인임을 전제했다. 그러나 이 '완전한 좋음'도 여전히 이데아라고 불렸다. 반면에 플로티노스는 이 '완전한 좋음'이 다른 모든 이데아적 존재보다도 탁월하다는 것을 분명히 고수한다.[17)] 물론 플라톤이 말하는 '좋음의 이데아'가 형이상학적·존재론적으로 무엇을 의미하는지의 문제, 이 '좋음의 이데아'가 '신의 정신'인지, '데미우르고스'(dēmiourgos)인지, 그것도 아니면 '일자-좋음'인지의 문제는 연구자들 사이에서 논란중이다.

'완전한 좋음'이라는 규정보다 훨씬 중요한 것은 플로티노스에게 최고원리가 '완전한 일자', '절대적 단일성'으로 규정된다는 사실이다. 어떤 해석가들은 플로티노스의 이 개념도 플라톤에게 그 기원을 두고 있다고 본다. 이런 견해에 따르면, 최고원리는 이미 플라톤에게도 '완전한 좋음'일 뿐만 아니라(『국가』) '완전한 일자'였다는 것이다. 예컨대 신플라톤주의적 해석이 그렇게 보듯 플라톤은 이 '완전한 일자'를 『파르메니데스』의 이데아 변증술에 나오는 첫번째 가설을 통해, 혹은 현대의 일부 해석가들이 그렇게 보듯 '비교적(秘教的) 원리이론'을 통해 아카데미아에서 가르쳤음에 틀림없다는 것이다.[18)]

이에 반해 다른 해석가들은 플라톤에서 플로티노스에 이르는 형이상학적 신학의 전체 전통—아리스토텔레스에서 시작하여 알렉산드리아의 필론(Philon), 신피타고라스주의, 특히 알비노스(Albinos)를 들 수 있는 중플라톤주의를 거쳐 아파메이아의 누메니오스(Numenios)에 이르는 전통——을 '일자-좋음'으로서의 최고원리 개념의 정신사적 기원에 비추어 설명하려는 노력을 기울여왔다.[19]

플로티노스는 수많은 곳에서 다음과 같이 지적한다. 존재 및 존재자의 다양한 단계와 층을 구성하는 '일자'와 '좋음'의 여러 등급들 모두가 모든 존재의 단 하나의 최고근거, 곧 최고원리로서의 '완전한 일자와 좋음'을 향해 주의를 환기시킨다는 것이다.[20]

이와 같이 최고원리를 '좋음과 일자'로 규정하는 것은 최고원리의 본질을 해명하는 데 지속적인 영향을 미친다. 최고원리의 절대적 단일성(Einfachheit)으로부터, '이 최고원리에 따라 생겨나는 모든 것', 즉 최고원리 자체보다 존재와 인식에 비추어 보아 나중인 모든 것, 끊임없이 커나가는 다수성(Vielheit)에 의해서 특징지어지는 모든 것에 마주서 있는 '근본적인 초월성'이 나온다. 특히 '일자-좋음'은 그 다음으로 깊은 존재 단계의 이데아들과 비교해서도 보다 근본적인 '존재초월성'(Seinstranszendenz)을 드러낸다. 다시 말해서 '완전한 일자'는 이데아들의 다수성 '저편에'(jenseits) 있다. 따라서 '완전한 일자'는 참된 존재와 완전한 본질에 대해서도 '저편에' 있는데, 참된 존재와 완전한 본질이란 곧 이데아들이기 때문이요, 또 최고의 인식가능성에 대해서도 마찬가지로 '저편에' 있는데, 바로 이데아들이 참되게 인식될 수 있는 것이기 때문이다.

'완전한 일자'는 최고의 정신성과 사유에 대해서도, 심지어는 신의 정신과 이 신의 정신을 완전하게 인식하는 일에 대해서도 '저편에' 있다. 왜냐하면 정신과 사유는 다수성 및 이 다수성을 지니는 정신적 구조와 항상 연관되기 때문이다. 다시 말해 신의 정신도 여전히 이데아들의 다수성에 관계하며, 사유된 것으로서 이데아들과 동일한 것이다. 그렇기 때문에 신의 정신은 완전히 단일하지 않고, 또 그렇기 때문에 '완

전한 일자' 아래에 놓인다.[21]

플로티노스는 이렇게 최고원리로서의 '일자-좋음'의 근본적인 존재초월성과 인식초월성을 강조함으로써 신적인 근원을 지성적으로 파악하는 방식을 발전시키는데, 이것은 훗날 '부정신학'(否定神學, negative Theologie)이라는 개념으로 불렸다. 내가 보기에는, 최고원리에 지성적으로 접근하는 이런 방식의 단초는 그 성질상 이미 플라톤에게 있었다. 부정신학의 성격을 갖는 표현방식들은 해석하기에 따라서는 예컨대 알비노스 같은 중플라톤주의에서 벌써 발견되며, 더 거슬러 올라가 플라톤 자신에게서도 이미 찾을 수 있다.

그러나 플로티노스야말로 부정신학을 철저하게 전개시킨 장본인이다. 즉 '최고원리', '절대적으로 완전한 최고의 신성'은 오로지 모든 구체적인 본질적 특성들이 이 '최고원리' 혹은 '최고신성'으로부터 박탈되고 부정됨으로써만 지성적으로 파악될 수 있다는 것이다. 그러나 존재, 형상이라는 성질(Formhaftigkeit), 정신, 사유 그리고 그밖의 모든 속성들을 부정하는 것은, 비록 '부정적' 내용을 지니고 있기는 하지만 한편으로는 '일자'에 대한 긍정적인 주장을 하는 것이다. 따라서 '일자'의 모든 속성을 부정하는 행위도 직접적으로, 제한 없이, 반성 없이 이루어져서는 안 된다. 오히려 일자의 본질적 특성들에 대한 긍정적 언급뿐만 아니라 그 부정까지도 다시 부정되어야만 한다.[22]

따라서 '일자-좋음'은 정신도, 이데아도, 존재자도 아니요, 사유하지도 않는다. 어떤 본질적 특성도 '일자-좋음'에 직접적으로 적용되지 않는다. 오직 비유적 의미로만, 극도의 단일성을 통해서만 플로티노스와 훗날 신플라톤주의를 이어받은 프로클로스와 다마스키오스는 이 '일자-좋음'에 신의 정신과 신적 존재의 모든 완전성을 다시금 부여할 수 있었다. 이렇게 '일자-좋음'은 동시에 '최고의 사유대상'이며, 동시에 '정신'이요, 동시에 일종의 '사유에 대한 사유'(hypernoēsis)이자 '최고의 깨어있음'(egrēgorsis)이요, 동시에 자유로운 자기 창조에서의 '최고의 지각' (hoion synaisthēsis)이다.[23] 최고원리로서의 '일자-좋음'은 그 절대적인 단일성과 좋음으로 인하여 모든 유한적이요 제한적인 존재자들의 '무제약적인 궁극원인'이기도 하며, 비록 비유적 의미이기는 하지만 '최고의 힘이자 막강함'이기도 하다.[24]

플로티노스에 따르면 넘쳐나는 창조적 힘이 절대적으로 완전한 '일자-좋음'으로부터 다른 덜 완전한 본질들과 존재자들이 생겨나는 근거이다. 최종적인 궁극 원인이자 최고의 힘의 원천으로서의 '일자-좋음'은 '신의 정신'에서 시작해서 '세계혼'을 거쳐 '자연', '사물'의 세계 그리고 사물의 세계 맨 아래의 잔여인 '물질'에 이르는 존재단계들과 존재자들의 전체 위계질서를 산출해낸다.

'신의 정신'과 이데아들

최고원리의 최초이자 최상의 외현(外現, Manifestation)이며 동시에 세 가지 근원적 존재원리들 가운데 두번째의 것은 플로티노스에 따르면 참되고 본래적인 존재자, 곧 '완전하게 인식하는 신의 정신'과 동일시되는 이데아들이다. 이 '신의 정신' (göttlicher Geist)은 참되게 인식될 수 있는 이데아들을 인식함과 동시에 자기 자신도 인식하는 것이다. 이데아들의 완전한 존재와 참된 본질, 신의 정신 자체, 그리고 자기 자신을 통해서 그밖의 모든 것들을 완전하게 인식하는 신의 정신은 플로티노스에 따르면 '신의 정신으로서의 존재' (göttlicher Geist-Sein)라는 자기동일적 존재원리와 같은 것이다.

아리스토텔레스의 '자기 자신을 사유하는 신의 정신에 관한 이론'에서 그러한 것과 꼭 마찬가지로, 플로티노스에서도 완전한 인식은 그 완전한 인식을 통해 인식된 대상으로부터, 곧 단적인 진리로부터 구별될 수 있는 것이 아니라, 그 대상과 일치해야 한다는 생각이 지배적이다. 전적으로 자기 자신에 의존하는 사유의 본질은, 사유대상으로서 자기 자신과 전적으로 관계함으로써 최선의 삶을 이끌어 나가기도 해야 한다.

그러나 플로티노스는 아리스토텔레스와는 달리, 자기 자신을 사유하는 신의 정신이 이데아들의 완전한 존재, 즉 전체 '가지적(可知的, intelligibel) 우주' (kosmos noētos)를 사유를 통해 자기 자신 안에 포괄한다고 생각한다. 플로티노스에 따르면 바로 그런 점에서, '신의 정신' 이라는 두번째 근본원리가 '가시적(可視的, sichtbar) 세계' 와 인간들에게 미치는 영향력, 그리고 여러 가지 관점에서 원형적이며(urbildlich) 모범적인(vorbildlich) 영향력이 설명된다.[25)]

연구자들 사이에서 논란을 빚고 있는 것은, 플라톤도 정신과 이데아들의 동일성을 알고 있었는가, 혹은 '완전하게 인식하는 신의 정신' 과 '참되게 존재하며 인식될 수 있는 이데아들' 을 동일시하는 플로티노스의 이론이 오히려 플라톤에서 플로티노스에 이르는, 특히 기원전 1세기 이래의 장구한 플라톤주의의 전통을 통해서 중개된 것은 아닌가 하는 점이다.[26)]

'신의 정신' 이라는 플로티노스의 개념에서 의미가 깊은 것은, 오로지 가시적 세계에만 적용되는 아리스토텔레스의 범주들과는 달리 가지적 세계의 범주들로서의 '존재', '동일성', '차이성', '정지' 및 '운동' 이라는 범주들로 정신의 영역을 분석하려는 시도이다.[27)] 더 나아가서 또 의미있는 것으로는 이데아를 수(數)로 파악하는 것,[28)] 이데아를 역동적으로 작용하는 힘으로 파악하는 것,[29)] 가지적인 형상충족에 존재의 장소를 제공하는 가지적 물질(intelligible Materie)을 받아들인다는 점,[30)] 가시적 세계와는 달리 통일성, 조화 및 완성된 질서를 특징으로 하는 가지적 우주를 '좋음' 으로서의 '일자' 와는 달리 '단적인 아름다움' 으로서, 모든 아름다운 것들 일반의 본으로서 분석한다는 점을 들 수 있다.[31)]

'세계혼' 과 '개체혼' 들

이데아들과 감각적 사물들 사이를 매개하는 단계로서의 '혼적인 것' 은 이미 플라톤 철학에서도 우주론적 지평에서는 '세계혼' 으로서, 인간학적 지평에서는 '개체혼'으로서 중요한 역할을 수행했다. 플로티노스는 플라톤의 여러 대화편들에 흩어져 있고 종종 신화적 형태로 발견되는 대담하고 독창적인 단초들을 체계화하고 통일시킨다.

플로티노스의 견해에 따르면 '혼적인 것'은 한편으로 이성 및 이데아들과 다른 편으로 감각적으로 지각될 수 있는 사물들의 세계 '사이에'(zwischen) 있다. 플로티노스가 플라톤보다 훨씬 분명하게 혼적인 것을 본래적으로 이성적인 것으로부터 개념적으로 엄격하게 구별하는 것과 꼭 마찬가지로, 비록 혼적인 것이 사물의 세계에 영향을 미친다고는 해도, 혼이라는 근본 원리가 여전히 신적인 것, 불멸의 것, 영원한 것의 영역에 속한다는 점이 강조된다.[32] 혼은 이데아처럼 형상이며 수이고[33] 이성처럼 운동이며 삶인데[34] 오직 이성에 비해서 약화되고 덜 완전한 방식으로 그러하다.

신의 정신에서는 이데아들과 수들의 다양한 구조가 완전한 조화의 통일성에 의해서 안정되고 불가분적으로 결속되며, 다양성에 비해서 통일성이, 차이성에 비해서 동일성이, 운동에 비해서 정지가 우월성을 갖는 반면에, 혼은 보다 더 가분적이요 주로 다수성을 갖는 사물들의 세계에서 스스로를 내보인다. 혼은 그 가지적 근거에서 볼 때 영원하며 초시간적이지만 그와 동시에 시간을 산출해낸다. 이성은 단적으로 불가분적이다. 반면에 혼에는 그 본질상 불가분성뿐만 아니라 가분성도 해당된다. 물론 혼의 가분성은 사물의 가분성, 즉 구성요소들로의 해체와 혼동되어서는 안 된다. 혼은 오로지 가분적인 사물존재에 대해서만 열려 있다.

다시 말해서 혼은 이성에 의해서 파악된 모든 사물들의 본질을 현상계의 영역에서 실현시킬 준비가 되어 있다. 다르게 표현하자면 혼은 사물적인 것들 안에 흩어져 있지 않으면서, 그 사물적인 것들 안에 현존하고 영향력을 미친다. 혼이 이성의 모상(模像, Abbild)이요 이성과 사물 사이에 있다는 사실은 혼이 이성과 비교했을 때 덜 완전한 파악방식이요 사유방식이라는 점에서도 드러난다. 이성의 영역은 직관적이요 통일적인 포괄적 관조(Zusammenschau)의 영역인 데에 반해서, 혼의 영역은 추론적 반성(diskursive Reflexion)의 영역이며, 이 추론적 반성이 사유 가능한 연관의 개별적 부분들을 관통한다.[35)]

플로티노스는 플라톤과 마찬가지로 세계혼과 개체혼들 사이를 구별했는데, 오로지 세계혼만이 신의 정신으로부터 직접적으로 생겨나는 반면에 개체혼들은 모두 세계혼으로부터 산출된다. 개체혼들은 원칙적으로는 세계혼과 그 본질을 같이하지만, 개별자들로서 세계혼이 지니는 근원적으로 생생한 내용들의 개별적 측면들만을 반영한다. 개체혼들은 이데아들이 신의 정신과 동일하다는 것과 같은 방식으로 세계혼과 하나를 이루지는 않지만, 결국에는 세계혼과 함께 전체를 구성한다.[36)]

가시계와 물질

세계혼, 곧 '절대적으로 혼적인 것'이 플로티노스에 의해서 여전히 이성적인 세계에 할당됨에 따라, 플로티노스는 현상계에서 직접적으로 형상을 부여하는 역할을 수행하는 혼의 힘에 대해 고유한 존재 단계를 설정할 필요가 있다고 보았다. 엄밀히 말하자면 단 하나의 세계혼이 있는 것이 아니라 두 개의 세계혼이 있다는 것이다. 그 하나는 보다 고차적이요 이성적이며 전적으로 참된 존재자를 향해 있는 세계혼이요, 다른 하나는 현상계로 하강함과 동시에 이 현상계와 결합되고 이 현상계를 형성하는 세계혼이다. 마치 인간의 혼이 육체와 결합되어 있듯이 세계의 사물과 결합되어 있는 이 근본적인 힘, 다시 말해서 사물세계에 내재하는 혼적인 근본 힘을 플로티노스는 '자연'이라고 부른다.[37)]

직접적으로 사물 세계에서 작용하는 혼적인 힘에 대한 플로티노스의 생각이 아리스토텔레스의 '자연' 개념을 연상시키는 것과 꼭 마찬가지로, 자연세계를 형성하는 개별적인 작용형식들에 대한 플로티노스의 이론은 스토아 학파의 견해를 연상시킨다.[38)]

이성적 세계가 다수성 안의 통일성, 모든 부분들의 조화와 해체될 수 없는 결합을 통해서 특징지어지는 반면에, 사물세계는 순수히 그 자체로는 통일성에 대한 다수성의 우위를 드러내고, 각 부분들이 와해되어 버릴 위험을 항상 안고 있다. 사물세계에서는 조화 대신에 대립되는 것들의 다툼과 불화가 지배적이다. 여기에서는 이성 이외에도 물질적 필연성이 있어 이성을 저해하는 역할을 수행한다. 사물세계의 특징은 '영원성'이 아니라 '시간성'과 '소멸성'이요, '참된 존재'(wahres Sein)가 아니라 '한갓된 가상'(bloßer Schein)이다. 그칠 줄 모르는 생성의 흐름, 현상들의 질주가 만연하며, 사물세계를 참된 실재의 왜곡된 상으로 만든다.[39)]

이성적 세계가 가시계에 영향을 미친 결과—비록 한갓된 반사(Abglanz)라는 의미에서이지만—아름다움의 광채(Glanz)가 이 지상의 세계로 떨어지는가 하면, 부조화, 무(Nichtigkeit) 그리고 분열은 이 세계로 하여금 물질(Materie)에 대해 주의를 돌리도록 한다. 플로티노스는 물질을 현상계의 가장 아랫단계의 그림자로, 그와 동시에 이 세상의 모든 나쁨과 악의 원인으로 규정한다. 플로티노스적인 물질 개념에서는 대부분 부정적인 여러 성질들이 합류하는데, 이 부정적인 성질들은 플라톤과 아리스토텔레스 이래 물질 개념의 역사에서 여태껏 항상 구별되어 있었다.

다시 말해서 물질은 감각적으로 지각되는 사물세계의 가장 낮은 단계의 기체(Substrat)이나 그 스스로는 더 이상 사물적이지 않다. 달리 표현하면 물질은 모든 형상성과 모든 좋음의 절대적인 부존(不存)이며 절대적인 결여요, 순수 결핍이며 근본악이요, 가시계의 가장 낮은 단계의 어두운 근거이다. 플로티노스에서 존재자의 위계질서 도식은 '일자-좋음'에 절대적 무의 방식으로 대립되는 이 물질에서 끝난다.[40)]

인간의 지위

인간의 지위는 플로티노스의 존재단계라는 형이상학적 개념과 플라톤의 인간학적 기본 전제들을 신플라톤주의적으로 변환시키는 데서 나온다. 인간은 그 본성상 하나의 개체혼으로서 순수하게 이성적인 영역으로부터 유래하는데, 실재의 일반적인 유출 과정에 상응해서 육체를 부여받고, 지상적이며 육체와 결합된 존재자의 형태를 지닌 채 근원으로 되돌아가는 길, 이데아의 관조로 되돌아가는 길, 좋음과의 합일(Einung)로 되돌아가는 길을 찾으려고 애쓴다.

신플라톤주의적 인간학의 관심과 문제는 다음과 같은 것들의 형이상학적 연관에서 생겨난다.

(1) 혼이 육체의 세계로 하강(Abstieg)하는 데 대한 설명.

(2) 혼이 육체와 결합되면서도 순수하게 이성적인 핵심을 유지한다는 것.

(3) 인간의 이성-혼(Geist-Seele)이 이성적 세계(플로티노스에게는 세 가지 근원적인 존재원리)와 구조상 유사하다는 사실을 보여주는 것.

(4) 지상의 상태에서의 인간 존재를 기술하고 분석하는 것, 다시 말해서 혼의 층들(Schichten) 혹은 부분들에 대한 이론, 혼과 혼 또는 혼과 육체 사이의 관계에 대한 이론, 의식(Bewußtsein)이 초의식(Überbewußtsein) 및 잠재의식(Unterbewußtsein)에 대해 갖는 관계, 의지의 자유와 부자유에 대한 이론.

(5) 혼의 불멸성과 혼의 편력(Seelenwanderung)에 대한 이론.[41)]

요약하자면 플로티노스의 인간학은 다음과 같은 세 측면을 드러낸다. 첫째, 인간 존재의 형이상학적 토대에 대한 이론, 둘째, 인간의 지상에서의 상태에 대한 이론, 셋째, 인간에 대한 영원한 규정에 대한 이론이 그것이다.

이성적 세계의 존재를 옹호하는 논변들과 인간의 근원으로의 상승

인간은 육체를 지닌 존재로부터 내적인 정신적 본질로 귀환하고 그로부터 자신의 근원인 '일자-좋음' 으로의 지적 '상승' (Aufstieg)을 감행할 때에만 비로소 자신의 영원한 규정을 실현할 수 있다.

플로티노스는 형이상학적 실재, 다시 말해 인간에게 직접적인 내적 확실성을 부가하는 세 가지 근원적 존재원리들을 꼭 그 본성에서만 규명하는 것이 아니다. 플로티노스는 '일자', '이성' 그리고 '혼'이라는 세 가지 존재원리들을 '존재를 규정하는 원인들'(bestimmende Seinsursachen)로 보는 것을 정당화하는 근거는 도대체 무엇인지도 지적한다. 플로티노스에 따르면 실재의 상이한 단계들(자연-혼-이성)에서 존재를 구성하는 형상성과 창조하는 관조(theōria, Betrachtung)의 상이한 등급들은, 이데아들의 완결된 형상성으로, 그리고 본(Urbild)이자 모범(Vorbild)인 신의 정신에서 완결되는 관조로 환원될 수 있다.[42]

인공적인 것들에서 출발하여 자연적 사물들을 거쳐 혼과 이성에 이르는 실재의 상이한 단계들에서, 존재를 근거짓는 통일성이 상이한 등급을 갖는 결과의 원천은 결국 최고근원인 '완전한 일자'이다. 모든 존재자는 그때그때마다 자신의 통일성을 통해서 존재한다. 다시 말하면 통일성이 덜한 존재단계들은 더 많은 통일성을 지닌 존재영역으로 존재론적으로 환원될 수 있다. 달리 표현하면 모든 존재자들의 존재는 결국 절대적 단일성이라는 형태의 '완전한 일자-좋음'에 의해서 초래된다.[43]

그런데 플로티노스는 어떻게 삶을 영위하고 내적으로 정신활동을 해야 인간이 자기규정을 궁극적인 근원과의 합일, '일자와의 합일' 안에서 실현할 수 있을지에 대해서도 망설이지 않고 기술한다.

혼이 상승하는 시초에는 모든 육체적이요 감각적인 것들로부터의 해방이라는 과제가 있다. 시민으로서의 덕이나 습관적인 덕이 욕망을 절제하고 그릇된 생각에서 벗어나게 함으로써 인간이 서서히 이 해방에 이르도록 도와준다. 그러나 본래적인 정화(katharsis, Reinigung)와 육체로부터의 완전한 해방은 인간에게는 순수하게 이론적인 지평에서야 비로소 성취되는데, 이 지평에서는 모든 행위와의 관련성, 모든 외부세계와의 관련성이 단계적으로 사라진다.[44] 그렇게 인간은 인식의 최하단계인 감각적 지각으로부터[45] 개념적 인식으로, 이데아들의 변증술(Ideendialektik)의 구별과 비교로 육박해 들어가야 하며[46] 거기로부터 초감각적인 것에 대한 순수직관적인, 더 이상 논증적이지 않은 이성적 관조(Schau)로 고양되어야 하는데, 이 초감각적인 것의 관조를 통해서 인간은 신의 정신의 본질을 파악한다.[47]

그러나 이 관조를 넘어서는 것이 '엑스타시스' (ekstasis, Ekstase)이다. '엑스타시스'란 절대적 근원으로서의 '일자-좋음'과의 신비적 '합일' (henosis, Einung, Vereinigung)을 말한다. '일자와의 합일'에 이르러서야 비로소 인간은 최고규정의 실현에 도달한다.[48]

모든 사물들이 최고원리로부터 유출되는 방식

플로티노스 철학과 신플라톤주의 철학을 특히 유명하게 만든 것은 이 철학이 모든 실재가 최고원리로부터 이끌려 나오는 과정을 특징짓는 방식, 곧 '유출'(流出, Emanation)이다. 플로티노스는 종종 다음과 같이 말한다. 최고원리의 무한하고도 넘쳐 흘려보내는 힘으로 인해서 실재의 다음 단계들과 모든 여타의 존재자들이 동시에 '일자'로부터 흘러나오고, 유출된다는 것이다.[49]

사물들이 '최초의 것' (to prōton, das Erste)으로부터 이끌려나오는 것을 표현하고 있는 플로티노스의 비유들이, 시간 속에서 이루어지는 과정이나 일종의 진화, 미완성의 것이 완성에 이르는 전개 같은 것을 나타내고자 했던 것이 아니라는 점에는 의심의 여지가 없다. 그가 의도했던 것은 오히려 모든 존재자들이 전적이요 근본적으로 일자에 의존한다는 사실, 모든 존재단계들이 일자를 통해서 근본적으로 초래된다는 사실을 상징적으로 묘사하는 일이다.

유출에 대한 플로티노스의 근본적인 규정은 다음과 같다. 한 단계

낮은 존재원리가 그보다 한 단계 높은 존재원리로부터 '생겨날' 때, 보다 높은 단계의 존재원리의 존재와 힘은 전혀 줄어들지 않으며, 그때그때마다의 보다 높은 존재단계들, 급기야 일자는 자기충만으로 자기 자신 안에서 안정되어 있는 반면에, 이끌어져 나온 존재원리나 존재단계는 보다 적은 힘과 보다 낮은 존재의 완성도를 지닌다.[50] 가장 멋진 은유로 말하는 대목에 따르면, '일자-좋음'은 최고의 광원(光源)이요, '신의 정신'은 '좋음'으로부터 맨 처음 방사(放射)되어 나오는 광선이며, '혼'에서부터 시작해서 맨 아래의 어두운 토대인 '물질'로 내려감에 따라 계속적으로 그 빛이 희미해진다. 이 물질이 근본적인 어두움이다.[51]

영향

고대의 신플라톤주의

플로티노스의 형이상학은 고대 철학사의 마지막 단계의 앞머리에 위치하고 있다. 그를 기점으로 해서 이후의 신플라톤주의는 형이상학적 · 사변적 방향, 종교적 · 신비적 주술(theourgia)의 방향, 주로 학술적인 방향 등 여러 방향으로 갈라진다.[52] 우리의 맥락에서는 형이상학적 · 사변적 관심이 전면(前面)에 서 있다.

철학에서 플로티노스가 미친 영향사를 보면 중요한 인물로는 플로티노스의 제자인 포르피리오스를 필두로 해서 시리아 학파의 수장인 칼키스의 이암블리코스(Iamblichos, 330년경 사망), 아테네 학파의 거장인 프로클로스 디아도코스(Proklos Diadochos, 410~485)를 들 수 있다. 이암블리코스와 프로클로스는 비록 플로티노스의 체계를 이어받고 있기는 하지만, 이 체계를 보다 체계적으로 발전시켰다. 이성적 세계는 정신적 본질들이 훨씬 더 정교하게 확대 · 발전되고 세분화된 위계질서로 파악된다.

예컨대 이암블리코스는 플로티노스의 '일자' 위에 '최초의 일자'를 설정함으로써 세 가지 근원적인 정신적 본질들로 이루어진 위계질서를 훨씬 확장시킨다. 이 '최초의 일자'는 모든 대립을 넘어서 있어 '좋음'도 아니요, 속성도 지니지 않으며 언어로 표현할 수도 없는 '근원적 존재'(Urwesen)이다.

플로티노스가 참된 존재와 신의 정신의 영역을 '사유', '사유하는 자' 및 '사유되는 것'이라는 삼중성(Dreiheit) 안에서의 통일(Einheit)로 파악한 데 비해서, 이암블리코스는 이 영역을 훨씬 더 나누어서 '가지적 세계'(kosmos noētos, intelligible Welt), '지성적 세계'(kosmos noēros, intellektuelle Welt) 그리고 혼의 중개역할을 수행하는 '이성'을 든다. 사유의 대상들, 곧 이데아들을 포함하는 '가지적 세계'뿐만 아니라, 사유하는 여러 본질들, 곧 정신들을 자신 안에 포괄하는 '지성적 세계'도 계속되는 삼분법적 분할을 겪는다.

마찬가지의 삼분법이 혼적인 것의 단계에서도 적용된다. 이암블리코스에게는 가시적 세계의 영역조차 수많은 신들로 가득 차 있는데, 그들 사이에서는 오로지 수학적 사변으로만 어떤 질서가 마련될 수 있다는 것이다.[53)]

프로클로스의 철학은 최고원리라는 관점에서 볼 때 플로티노스에게 보다 가까이 다가간다. 그는 '완전한 일자'일 뿐만 아니라 '근원적 좋음'(das Urgute)이요 '절대적 근원'이기도 한 최고원리를 모든 것의 앞에 놓는다. 그렇지만 프로클로스는 비감각적인 본질들의 위계질서를 구성하는 점에서는 플로티노스를 현저하게 넘어선다. 그는 '일자'와 '이성'의 영역 사이에 제한된 수의 '하나인 것들'(henades), 즉 '완전한 일자'와 '이성' 사이를 매개할, 개념화될 수 없으며 인식될 수 없는 '단일성들'(Einheiten)을 끼워 넣는다. 그리고 이성의 영역 자체는 다시금 '가지적 본질들'(intelligible Wesenheiten), '가지적 · 지성적 본질들'(intelligibelintellektuelle Wesenheiten) 및 '지성적 본질들'

플로티노스의 초상화. 플로티노스는 후대의 철학사에서 형이상학적 관심이 확고한 지위를 차지하고 발전하는 데 큰 영향을 끼쳤다.

(intellektuelle Wesenheiten)로 나뉜다.

삼분법적 분할의 원리는 모든 개별항들에도 일관되게 적용되며, 여러 조합들에 응용된다. 그런 사례로는 특히 이미 플로티노스에 의해서 확인할 수 있는 '존재-삶-사유' 라는 삼중성과 포르피리오스 이래로 핵심적인 삼중성인 '신-신의 힘-이성' 을 들 수 있다. 혼적인 것의 영역과 가지적 세계의 영역도 최소단위까지 계속해서 분할된다. 이암블리코스에 비해서는 덜하지만 포르피리오스와 프로클로스에서도 형이상학적 · 사변적 관심 이외에 고대 다신론을 이성적으로 설명해내고자 하는 단호한 신학적 관심이 보인다.[54]

고대 신플라톤주의의 후반기에 들어서는 철학적 사색에 대한 방법론적 의식이 강렬해지는데, 무엇보다도 특히 최고원리로부터 존재단계들이 유출되는 방식을 둘러싼 고찰에서 그러하다. '그 자신 안에 머물러 있음' (Insichverharren), '유출되어 나옴' (Hervorgang) 그리고 '근원으로 되돌아감' (Zurückwendung)이라는 삼단계 행보(Dreischritt)가 유명한데, 이것은 그 내용상 이미 플로티노스에 의해 시작되었고, 프로클로스에 의해서 존재단계들의 전체체계와 그 존재단계들을 이루고 있는 층들의 전체체계에 적용되었다.

크리스트교, 근대 그리고 20세기

플로티노스가 미친 영향의 역사에서 첫번째 중요한 단계는 고대 말기에 교부들이 신플라톤주의적 사유를 나름대로 소화하는 데로부터 시작된다. 클레멘스(Clemens)와 오리게네스(Origenes)라는 탁월한 두 사상가를 필두로 한 알렉산드리아의 교리 학교가 이미 중플라톤주의적 사유와 접촉을 가졌으며, 바실리우스, 니사의 그레고리우스, 나치안츠의 그레고리우스 같은 위대한 카파도키아 사상가들은 벌써 플로티노스 철학과 직접적인 논쟁을 벌였다.

플로티노스와 그의 제자 포르피리오스의 철학사적 영향은 크리스트교 신앙을 가진 수사술가 마리우스 빅토리누스(Marius Victorinus)가 플로티노스의 『엔네아데스』를 라틴어로 번역해냄으로써 획기적인 전환을 맞는다. 플로티노스의 신플라톤주의는 바로 이 번역을 통해서 암브로시우스에게 알려지고, 암브로시우스의 중개를 통해 아우구스티누스에게 전해진다. 아우구스티누스의 철학은 그의 '신(神) 이론'(Gotteslehre)에 이르기까지 신플라톤주의(포르피리오스도 포함해서)의 영향을 받았다.

신플라톤주의가 서양 철학사에 현저한 영향을 미치게 된 것은 초기 및 전성기 중세의 핵심적인 신학적 권위자 가운데 한 사람이었던 바로 이 아우구스티누스로부터 비롯된다. 서양에 신플라톤주의를 중개했다는 점에서 아우구스티누스에 버금가게 중요한 사상가는 보에티우스(Boethius)인데, 그것은 비단 그의 대표적 저술인 『철학의 위안』(*Consolatio philosophiae*)을 통해서만 그런 것이 아니다.[55)]

이른바 위(僞) 디오니시오스 아레오파기타(Pseudo-Dionysios Areopagita)는—그의 가장 중요한 저술들은 서기 500년경에 생겨난 것이 분명해 보이는데—특히 이암블리코스와 프로클로스의 후기 신플라톤주의와 크리스트교 신학적 사유를 종합했다. 그 결과 신플라톤주의는 비잔틴 지역에 전파되었고, 또 위 디오니시우스 아레오파기타의 저술이 9세기에 에리우게나(Johannes Scotus Eriugena)에 의해 라틴어로 번역된 이래로는 서구 크리스트교 세계, 특히 토마스 아퀴나스에게 전달되었다. 토마스 아퀴나스는 아우구스티누스, 보에티우스 그리고 위 디오니시우스 아레오파기타, 간접적으로는 아비첸나(Avicenna) 같은 플라톤주의적 아랍 철학자들의 사유를 신학적 · 철학적으로 검토했기에, 그의 철학에는 아리스토텔레스적 사유뿐만 아니라 신플라톤주의적 사유도 깃들여 있다.[56)]

플로티노스의 철학은 피렌체에 메디치 가(家)가 세운 아카데미아의 르네상스-인문주의에서 활짝 꽃을 피운다. 마르실리오 피치노

(Marsilio Ficino)는 플라톤의 대화편들 외에도 플로티노스의 『엔네아데스』를 라틴어로 번역했다. 그는 또한 독창적인 철학자로서 신플라톤주의를 당대의 요구들에 부합하도록 만들고 크리스트교적 진리와 화해시키려고 애썼다. 신플라톤주의는 예컨대 피코 델라 미란돌라(Pico della Mirandola)와 같은 르네상스-인문주의의 한 조류의 정신적 효소가 되었는데, 이 흐름은 나중에 프랑스와 영국에서—예를 들어 콜레(Colet)와 에라스무스(Erasmus)에게—그리고 스페인에서도 영향력을 발휘한다.[57)]

신플라톤주의는 체계적인 철학적 사유라는 점에서 경험주의와 데카르트주의라는 그 당시의 새로운 사상적 조류와 대결했던 케임브리지의 플라톤주의자들에게 깊은 영향을 미친다. 특히 자주 플로티노스의 『엔네아데스』를 전거로 드는 커드워스(Ralph Cudworth)와 모어(Henry More)의 저서들은 이 철학자들이 신플라톤주의 철학을 심도 있게 이해하고 있음을 여실히 보여준다.[58)]

독일어권에서는 라이프니츠가 자신의 철학이 가능하도록 자극한 위대한 사상가들 가운데 한 사람으로 플로티노스를 분명하게 밝히고 있고, 라이프니츠의 반대축인 스피노자는 레오 헤브로이스(Leo Hebräus)를 거쳐서 신플라톤주의의 영향을 받았다. 괴테와 실러가 부분적으로 신플라톤주의와 관계를 맺고 있다는 점, 하만(Hamann)과 야코비(Jacobi)가 종종 플로티노스를 언급한다는 점을 제외한다면, 보다 폭넓은 대중들에게 플로티노스와 신플라톤주의에 대한 관심을 다시금 불러일으킨 것은 바로 독일 낭만주의의 공헌이다. 노발리스와 셸링이 플로티노스에게 열광해 있었다는 것은 잘 알려진 사실이다.

가장 중요한 것은 헤겔의 경우다. 그는 티데만(Tiedemann)이나 텐네만(Tennemann) 같은 이들의 다양한 역사적 작업들과 크로이처(Creuzer) 등의 문헌학적 작업들을 선행연구로 삼아 플로티노스 및 신플라톤주의에 몰두했다. 『철학사 강의』에서 헤겔은 신플라톤주의를 특정한 체계적 특징들을 지니는 후기 고대 특유의 철학 단계로 인정하고 명확하게 분석한다. 더욱이 헤겔의 철학체계 자체는 프로클로스에게 가장 분명하게 반영되어 있는 저 신플라톤주의적 사유형태들과 사유구조들로부터 전적으로 영감을 받은 것이다.[59)]

19세기와 20세기에 들어 실증주의적이요, 비판주의적이며, 유물론적인 철학 사조들에서는 신플라톤주의적 사유방식이 규제적 영향을 미친다거나 하물며 부활하기 힘들었다. 그렇지만 예를 들어서 베르그송, 화이트헤드, 야스퍼스 같은 여러 사상가들이라든가 센느(R. Le. Senne)와 라벨(Louis Lavelle)의 '정신의 철학'(Philosophie de l'esprit)에서처럼, 철학에서 형이상학적 관심이 확고한 지위를 차지하고 발전할 수 있었던 것은 바로 이 플로티노스의 신플라톤주의가 현대 사상가들의 사유를 자극하고 풍부하게 하는 데 중대한 영향을 미쳤기 때문이다.[60)]

| 프리츠-페터 하거 · 이강서 옮김 |

프리츠-페터 하거(Fritz-Peter Hager)
1939년 출생. 스위스 베른 대학, 독일 쾰른 대학, 미국 프린스턴 대학, 영국 케임브리지 대학에서 철학, 고전문헌학 및 교육학을 공부했다. 1961년에 철학박사 학위를 취득하고, 1969년 사강사, 1968년부터 대학 조교, 1972년부터 수석조교로 있었다. 1978년 스위스 취리히 대학 교수가 되었고 1986년 이래 정교수로 있으며, 1988년에서 1992년 사이에 철학과 과장을 역임했다. 저서 : *Die Vernunft und das Problem des Bösen im Rahmen der platonischen Ethik und Metaphysik*(²1970), *Der Geist und das Eine*(1970), *Pestalozzi und Rousseau*(1975), *Plato Paedagogus*(1981), *Gott und das Böse im antiken Platonismus*(1987), *Wesen, Freiheit und Bildung des Menschen*(1989), *Aufklärung, Platonismus und Bildung bei Shaftesbury*(1993). 편집한 책 :

Metaphysik und Theologie des Aristoteles(1969), *Logik und Erkenntnistheorie des Aristoteles*(1972), *Ethik und Politik des Aristoteles*(1972).

주

1) 포르피리오스, Vita 3, 6 이하. 포르피리오스의 플로티노스 전기(Vita)와 플로티노스의 저술들은 Henry-Schwyzer판(editio maior)에 따라 인용된다. 전기의 경우에는 장과 줄을 표기한다. 저술들의 경우에는 로마 숫자로 『엔네아데스』 번호를, 아라비아 숫자로 논문 번호를 표기하고, 이 두 번호 뒤에 쌍점(:)을 찍는다. 쌍점 뒤에는 장과 줄을 표기하되, 장과 줄 사이에 쉼표를 찍는다.
2) '암모니오스 문제'에 대해서는 다음을 보라. E.R. Dodds, in : Les sources de Plotin, 1960, 3쪽 이하 ; Theiler, 1966, 1쪽 이하 ; Dörrie, 1976, 324쪽 이하.
3) Vita 3, 17 이하.
4) Vita 7, 1 이하 ; 9, 1 이하.
5) Vita 2, 15 이하.
6) Vita 4, 9 이하.
7) Vita 14, 10~18.
8) Vita 14, 4~7.
9) Vita 4, 9~6, 37 ; Schwyzer 1951, Sp. 547 이하 참조.
10) 『엔네아데스』(*Enneades*) V 1 : 8, 10~14.
11) 예를 들어 플라톤, 『파이돈』 78b 이하 ; 『티마이오스』 27d 이하.
12) 『엔네아데스』 V 6 : 6, 15 이하.
13) 플라톤, 『국가』 VI, 508e 1~509b 10 ; VII, 517b 7~c 6.
14) 플라톤, 『티마이오스』 35a 이하.
15) 예를 들어 플라톤의 대화편 『고르기아스』, 『파이돈』, 『국가』, 『파이드로스』 및 『법률』에 나오는 인간 혼의 본질, 전생과 사후의 모습에 관한 유명한 신화들을 참조하라.
16) 최고원리는 도처에서 '일자-좋음'으로 표현되는데, 물론 직접적인 특성이라는 의미로 그런 것은 아니다(『엔네아데스』 V 3 : 11, 23~25 ; V 5 : 6, 26~37 ; VI 9 : 6, 55~57 ; VI 7 : 38, 1~3).
17) 『엔네아데스』 VI 7 : 17, 16~18 ; 17, 40 ; 32, 6 ; 34, 1~2.
18) 플라톤, 『파르메니데스』, 137c 4~142a 8 ; 아리스토텔레스, 『형이상학』 I 6과 XIV 4, 1091b 13~15. 이에 대해 Hager 1970, 102쪽 이하, 130쪽 이하 ; Krämer 1964, 357쪽 이하 참조.

19) 예를 들어 Dodds 1928, 129쪽 이하 ; Armstrong 1940, 1쪽 이하, 14쪽 이하.

20) 예를 들어서 『엔네아데스』 VI 9 : 1 이하 참조.

21) '일자'의 인식초월성(Erkenntnistranszendenz), 존재초월성(Seinstranszendenz) 그리고 정신초월성(Geisttranszendenz)에 대해서는 다음의 책이 그 출처를 제시하며 논의하고 있다. Hager 1970, 244쪽 이하, 255쪽 이하, 271쪽 이하.

22) 플로티노스의 '부정신학' 자체에 대해서는 Hager 1970, 246쪽 이하를, 플라톤에서의 단초에 대해서는 같은 책 130쪽 이하를 보라. 고(古)아카데미아와 중플라톤주의에서 찾아볼 수 있는 단초에 대해서는 예컨대 Krämer 1964, 118쪽 이하, 124쪽 이하를 참조하라. 기원전 1세기에서 서기 2세기에 걸쳐 플라톤을 지향하는 철학을 되살리려는 흐름을 가리켜 플로티노스와 그 후계자들의 신플라톤주의와 구별해서 중플라톤주의라 부른다.

23) 『엔네아데스』 V 4 : 2, 12~26 ; VI 8 ; Hager 1970, 294쪽 이하.

24) 같은 책, V 1 : 7, 12, 38 ; V 5 : 12, 39.

25) 예를 들어 『엔네아데스』 V 1 : 4와 V 5 : 1~2를 보라. 여기에 대해서는 Hager 1970, 309쪽 이하, 326쪽 이하, 357쪽 이하 ; 아리스토텔레스, 『형이상학』 XII 7과 9 참조.

26) Les sources de Plotin, 1960, 391쪽 이하 참조 ; Krämer 1964, 193쪽 이하.

27) 『엔네아데스』 VI 2.

28) 같은 책, VI 6.

29) 같은 책, VI 6 : 9.

30) 같은 책, II 4 : 1~5.

31) 같은 책, III 8 ; V 8.

32) 같은 책, IV 8 : 7 ; IV 1 ; IV 2 : 1 ; V 1 : 7~8 ; V 8 : 12.

33) 같은 책, V 1 : 5 ; III 6 : 18 ; IV 4 : 16.

34) 같은 책, IV 7 : 9 이하, 특히 IV 7 : 11 ; II 5 : 3.

35) 같은 책, V 1 : 7, 36 이하, 특히 42~43 ; V 3 : 1~9.

36) 같은 책, IV 8 ; IV 9 ; III 9 : 1 참조.

37) 같은 책, II 3 : 9 ; 17 ; 18 ; III 8 : 1~4, 특히 4 ; III 5 : 2 ; 6 ; II 1 : 5.

38) 같은 책, V 3 : 8 ; V 1 : 5; VI 2 : 5 ; 21 ; VI 7 : 5 ; III 2 : 18 ; III 3 : 1.

39) 같은 책, III 2 : 2 ; 16 ; III 7 ; VI 5 : 11.

40) 같은 책, I 8 ; II 4 : 6~16 ; II 5 : 5 ; III 6 : 7.

41) (1)에 대해서는 예컨대 『엔네아데스』 IV 8을, 혼이 전생에 어떠했는가 하는 것과 혼의 육체 없는 상태에 대해서는 예를 들어 VI 4 : 14 ; IV 8 : 4 ; IV 4 : 1과 2를, (2)와 (3)에 대해서는 예컨대 V 1 : 10, 5 이하를, (4)에 대해서

는 VI 7 : 1 이하, 특히 VI 7 : 4~5를(특히 I 1을 참조), (5)에 대해서는 예를 들어 IV 7(혼의 불멸성)과 III 4 : 2 이하(혼의 편력과 의지 자유)를 보라.

42) 『엔네아데스』 III 8 ; V 8.

43) 같은 책, VI 9 : 1 이하 ; 여기에 대해서는 Hager 1970, 242쪽 이하.

44) 『엔네아데스』 I 2 참조.

45) 같은 책, I 1 : 7 ; V 3 : 9 ; VI 7 : 7.

46) 같은 책, I 3 : 특히 4 이하.

47) 같은 책, IV 4 : 2 ; V 3 : 4 ; VI 7 : 35.

48) 같은 책, VI 7 : 35 ; VI 9 : 10 ; 포르피리오스 Vita 23, 7 이하 참조.

49) 『엔네아데스』 V 1 : 6, 7 ; V 2 : 1, 9, 14 ; V 3 : 12, 39.

50) 같은 책, VI 9 : 9, 3 ; III 4 : 3, 26.

51) 같은 책, V 1 : 6 ; I 1 : 8 ; VI 7 : 5.

52) Praechter 1973, 165쪽 이하 ; [13]1960, 590쪽 이하.

53) 이암블리코스 형이상학의 전거가 되는 텍스트는 그 자신의 저서 *De mysteriis Aegyptiorum*(E. des Places에 의한 그리스어-프랑스어 대역판, Paris 1966)과 프로클로스, 다마스키오스 및 스토바이오스(Stobaios)의 보고들이다.

54) 프로클로스 형이상학의 전거가 되는 텍스트는 무엇보다도 먼저 *Institutio theologica*이고, 그 다음으로는 *Theologia Platonica*이며, 더 나아가 플라톤의 『국가』, 『파르메니데스』 및 『티마이오스』에 대한 방대한 주석서들이다(판본은 Zintzen 1977, 503쪽 이하를 볼 것).

55) (신)플라톤주의와 크리스트교(특히 교부철학) 사이의 연관성에 대한 중요한 문헌은 다음 책을 볼 것. Dörrie 1976, 538쪽 이하. E. von Ivánka의 논문 모음집도 참조할 것. *Plato Christianus*, Einsiedeln 1964.

56) 신플라톤주의가 중세에 미친 영향에 대한 중요한 글들을 W. Beierwaltes가 모아놓았다. *Platonismus in der Philosophie des Mittelalters*, Darmstadt 1969. 신플라톤주의가 토마스 아퀴나스에게서 갖는 의미는 Kremer 1966이 잘 보여준다.

57) 피치노의 플로티노스 번역과 『엔네아데스』에 대한 주석은 1492년에, 그의 가장 중요한 체계적 저술 *Theologia platonica*는 1482년에, 피코 델라 미란돌라의 *De dignitate hominis*는 1496년에 나온다.

58) R. Cudworth, *The True intellectual system of the universe*, 1678, [2]1743 ; Henry More, Enchiridium Metaphysicum, 1671, Psychathanasia Platonica, 1642.

59) 라이프니츠 이래의 독일 문화계에 미친 플로티노스의 영향에 대해서는 다음의 책과 그 책의 참고 문헌 목록을 참조하라. H.R. Schwyzer, 1951, 589쪽

이하. G.W.F. Hegel, *Vorlesungen über die Geschichte der Philosophie*, in : Werke, Bd.19, Frankfurt a.M. 1971, 403 이하. 아울러 H. J. Krämer, 1964, 419쪽 이하, 434쪽 이하 참조.

60) K. Jaspers, *Philosophie*, III : Metaphysik, 1932 ; *Die großen Philosophen*, Bd. I : Aus dem Ursprung denkende Metaphysiker, 1957, 48쪽 이하 ; *Einführung in die Philosophie*, 1953, 151쪽 참조. 화이트헤드에 대해서는 *Process and Reality*, 1929의 플라톤과 연관된 부분들을 보라. 이 부분들은 한결같이 강한 신플라톤주의적 플라톤 해석 경향을 보인다. 베르그송에 대해서는 Moreau 1970, 8쪽과 주7을 참조하라. Philosophie de l'esprit에 대해서는 무엇보다도 Louis Lavelle, *La Dialectique de l'Eternel présent*(4 Bde., 1951)을 보고, 다음도 참조하라. René Le Senne, *La Découverte de Dieu*, 1955.

참고문헌

원전

그리스어 전집

•*Plotini Opera*, hrsg. v. P. Henry u. H.R. Schwyzer, 3 Bde., Paris-Brüssel, Desclée de Brouwer bzw. L'Edition Universelle S.A., 1951~1973(그리스어 원문을 싣고 있으며 오늘날 표준이 되는 교정본으로서, 이전에 나온 모든 판본을 능가하는 책).

•*Plotini Opera*, hrsg. v. P. Henry u. H.R. Schwyzer(editio minor), Oxford, Oxford Univ. Press, Bd. I : 1964, Bd. II : 1977.

번역본

•Plotin : *Ennéades*, texte établi et traduit par E. Bréhier, 6 Bde., in 7 Teilen(Bd.VI, 1 u. VI, 2), 그리스어-프랑스어, Paris, Société d'Edition "Les Belles Lettres", 1924~1938(포르피리오스의 플로티노스 전기와 『엔네아데스』 I~VI을 담고 있으며 매우 유용한 입문적 해설이 딸려 있다. 초판 이후 여러 판이 나왔다).

•*Plotins Schriften*, R. Harder의 독일어 번역에다 R. Beutler와 W. Theiler가 그리스어 텍스트와 주석을 달아 펴냄, 6 Bde., in 12 Teilen, Hamburg 1956~1971(Bd. VI은 색인이며, G. O'Daly와의 공동 작업을 통해서 마련된 플로티노스 철학 및 교육 방식에 대한 조망이 딸려 있다).

•*Plotini Opera*, hrsg. v. A. H. Armstrong, 그리스어-영어, 6 Bde., Cambridge(Mass.)/London, Loeb Classical Library, 1966 이후.

2차 문헌

서지 목록, 연구사에 대한 보고

〈이암블리코스, 포르피리오스, 프로클로스 디아도코스 및 그밖의 신플라톤주의자들의 중요한 원전 판본들이 다음 책에서 언급된다〉

●Zintzen, C.(Hrsg.) : *Die Philosophie des Neuplatonismus*, Darmstadt 1977, 499 이하.

〈신플라톤주의 일반에 대한 중요한 서지 목록〉
●Courcelle, P. : *Travaux néo-platoniciens*, rapport présenté par Pierre Courcelle, Congrès de Tours et Poitiers 1953, Paris 1954, 227~254(1953년까지의 최근 문헌 목록).
●Dörrie, H. : "Bibliographischer Bericht über den Stand der Forschung zum Mittleren und Neueren Platonismus", in : Dörrie, H. : *Platonica Minora*, München 1976, 524~548(1974년까지의 최근 문헌을 선별해서 싣고 있다).

〈1949년에 나왔지만 여전히 가장 방대한 플로티노스 서지 목록〉
●Marien, B. : "Bibliografia critica degli Studi Plotiniani." 비판적 주석이 딸린 이탈리아어 번역인 V. Cilento의 *Plotini : Enneadi*의 부록이다. Bd. III, Teil 2, Bari, Editori Laterza, 1949, 389 이하.
●1953년 혹은 1974년 말까지의 최근 문헌 목록은 플로티노스의 경우에도 앞에서 언급한 P. Courcelle와 H. Dörrie의 작업에서 구할 수 있다. 새로운 플로티노스 서지 목록은 없다.

단행본 및 연구논문

〈플로티노스의 생애에 대한 가장 중요한 글〉
●Harder, R. : "Zur Biographie Plotins", in : *Kleine Schriften*, München 1960, 275 이하.

〈플로티노스의 생애에 대한 더 많은 문헌들을 알려면 다음을 참조〉
●Schwyzer, H. R., in : *RE*, Bd. XXI, 1, Sp.472 이하.

〈플로티노스의 저술과 이론에 대하여〉
●Armstrong, A.H. : *The Architecture of the Intelligible Universe in the Philosophy of Plotinus*, Cambridge, Cambridge Univ. Press, 1940(플로티노스의 전거에 대한 연구).
●Arnou, R. : *Le désir de Dieu dans la philosophie de Plotin*, Paris, Alcan, 1921 ; Rom, Presses de L'Université Grégorienne, ²1967.
●Beierwaltes, W. : *Denken des Einen. Studien zur neuplatonischen*

Philosophie und ihrer Wirkungsgeschichte, Frankfurt a.M. 1985.
•Bréhier, E. : *La philosophie de Plotin*, Paris, Boivin, [1]1928, Vrin, [3]1961(플로티노스 해석사상 상당한 기간 동안 표준이 되었던 연구서).
•Dodds, E.R. : "The Parmenides of Plato and the Origin of the Neoplatonic 'One'", in : *Classical Quarterly 22*(1928) 129~143(신플라톤주의의 '일자' 개념을 역사적으로 중플라톤주의 및 신피타고라스 학파적 전통으로부터 끌어낸다).
•Fischer, H. : *Die Aktualität Plotins*, München 1956.
•Gandillac, M. de : *La Sagesse de Plotin*, Paris, Vrin, [2]1966.
•Hager, F.-P. : *Der Geist und das Eine*, Bern/Stuttgart 1970(플라톤, 아리스토텔레스 및 플로티노스에서 최고원리의 본질 규정의 문제에 대한 연구).
• ________ : *Gott und das Böse im antiken Platonismus*, Würzburg/Amsterdam 1987.
•Halfwassen, J. : *Der Aufstieg zum Einen. Untersuchungen zu Platon und Plotin*, Stuttgart 1992.
•Heinemann, F. : *Plotin. Forschungen über die plotinische Frage(I), Plotins Entwicklung und sein System*(II), Leipzig 1921(특히 플로티노스 체계의 성립과 발전에 대한 테제를 담고 있는데, 이 유명한 테제는 오늘날에는 거의 받아들여지지 않는다).
•Henry, P. : *Etudes Plotiniennes. Les états du texte de Plotin*(I), Paris/Brüssel 1938. *Les manuscrits des Ennéades*(II), Paris/Brüssel, Desclée de Brouwer bzw. Edition Universelle S.A., [1]1941, [2]1948(플로티노스 대[大] 교정본에 대한 필요불가결한 보충적 주석을 담고 있다).
•Inge, W.R. : *The Philosophy of Plotinus*, 2 Bde., London, Longmans, Green and Co., [1]1918, [4]1948.
•Krämer, H.J. : *Der Ursprung der Geistmetaphysik. Untersuchungen zur Geschichte des Platonismus zwischen Platon und Plotin*, Amsterdam, Schippers, 1964(플로티노스의 신플라톤주의적 입장을 플라톤의 아카데미아의 비교적 교육 전통으로부터 끌어낸다).
•Kremer, K. : *Die Neuplatonische Seinsphilosophie und ihre Wirkung auf Thomas von Aquin*, Leiden, Brill, 1966(플로티노스, 프로클로스, 위 디오니시오스 및 토마스 아퀴나스에 대한 문제사적 연구).
•Merlan, Ph. : *From Platonism to Neoplatonism*, Den Haag, Nijhoff, [2]1960.
•________ : *Monopsychism, Mysticism, Metaconsciousness*, Den Haag, Nijhoff, 1963.
•Moreau, J. : *Plotin ou la gloire de la philosophie antique*, Paris, Vrin,

1970.
•*Le Néoplatonisme*. Colloques Internationaux du C.N.R.S., Royaumont 1969, 출판은 Paris 1971(플로티노스를 포함한 신플라톤주의의 여러 문제들에 대한 수많은 국제적 연구자들의 기고들).
•Praechter, K. : "Richtungen und Schulen im Neuplatonismus", in : *Kleine Schriften*, Hildesheim/New York 1973, 165 이하.
•_______ : "Die Philosophie des Altertums", in : Überweg, F. : *Grundriß der Geschichte der Philosophie*, Bd. I, Basel/Stuttgart [13]1960, 590 이하(77절에서 84절까지 신플라톤주의에 대해 기술).
•Rist, J. M. : *Plotinus, The Road to Reality*, Cambridge, Cambridge Univ. Press, 1967(핵심적인 개별 문제들을 새롭게 논의).
•Schwyzer, H.R. : "Plotinos" 항목, in : *Realencyclopädie der class. Altertumswissenschaft*, hrsg. von Pauly-Wissowa-Kroll-Mittelhaus-Ziegler, 41. Halbband(XXI, 1), 1951, Sp.471~592(반드시 읽어야 할 입문적인 글).
•Les sources de Plotin, in : *Entretiens sur l'Antiquité Classique*, Tome V, Vandoeuvres Genève, Fondation Hardt, 1960(저명한 플로티노스 연구가들의 기고문들 외에도 토론들의 요약이 실려 있다).
•Szlezák, Th. A. : *Platon und Aristoteles in der Nuslehre Plotins*, Basel 1979.
•Theiler, W. : *Forschungen zum Neuplatonismus*, Berlin 1966.
•_______ : *Die Vorbereitung des Neuplatonismus*, Berlin [1]1934, Zürich/Berlin [2]1964(플로티노스의 전거 문제에서 표준적인 책).
•Trouillard, J. : *La purification Plotinienne*, thèse Paris, Presses Univ. de France, 1955.
•_______ : *La procession Plotinienne*, thèse comp. Paris, Presses Univ. de France, 1955.
•de Vogel, C.J. : "The monism of Plotinus", in : *Philosophia I*, Assen, Van Gorcum, 1970, 399 이하.
•Volkmann-Schluck, K.H. : *Plotin als Interpret der Ontologie Platos*, Frankfurt a.M. [2]1957.
•Zeller, E. : *Die Philosophie der Griechen*, III, 2, Leipzig [4]1903, [5]1923(신플라톤주의에 대해서는 468~931).

7 지상의 나라와 신의 나라

아우구스티누스(354~430)

"나는 나를 인식하시는 당신을 인식하고 싶습니다.
당신에게 인식되어 있는 그대로를 인식하고 싶습니다."
● 아우구스티누스

아우구스티누스(Augustinus)의 사유는 인간적 자아인식에 대한 근본적 방법 가운데 하나를 표출하기 때문에, 역사 전체에 걸쳐 특별한 의미를 갖는다. 그의 사유는 고대세계의 붕괴에 따른 인간상황을 반영하고 있으며, 중세 초기의 세계를 열어가는 자아인식의 기초를 마련한다. 아우구스티누스는 생애의 중반에 이르러 이러한 자아인식을 고백(confessio)의 형식으로 서술해냈다. 구아르디니(Guardini)나 질송(Gilson)의 연구에서 늘 드러나는 바와 같이, 우리도 바로 이 『고백록』(*Confessiones*)에서 아우구스티누스의 인격과 작품에 대한 열쇠를 찾아야 할 것이다.

고대 및 근세의 사유와는 다른 오직 아우구스티누스에 의해 제시된 특별한 방법들은 어디에서 비롯되는가? 아우구스티누스의 철학함의 근본전제는 과연 어떤 것인가? "나는 나를 인식하시는 당신(神)을 인식하고 싶습니다, 당신에게 인식되어 있는 그대로를 인식하고 싶습니다(Cognoscam te, cognitor meus, cognoscam, sicut et cognitus sum)."[1)]

"너 자신을 알라"는 고대 델포이 신전의 격언은 소크라테스 및 플라톤의 철학에서 다음과 같이 이해되었다. 즉 인간은 자기 인식의 감각적 내용이 가지는 이면을 되물어야 하며, 스스로 이데아의 전제(hypothesis ton eidon)를, 그 중에서도 선(das Gute)의 이데아를 특별히 의식하지 않으면 안 된다는 것이다. 인식에 대한 이러한 전환이야말로 비로소 인간에게 자기 자신에 대한 진리를 추구하도록 허락하였다. 즉 감각적 세계와 이성적 세계의 중간 존재(metaxy)로서 인간은 오직 이데아의 빛 속에서만 자신의 감각성을 숨김없이(alēthēs) 파악할 수 있다.[2)]

아리스토텔레스의 철학에서도 인간은 역시 자신에 대한 정당한 평가를 받을 수 있었다. 여기서도 인간은 동물보다는 높고 신보다는 낮지만 동물과 신성의 중간자로서 자신을 파악하기 때문이다.[3)] 인간은 자신의 감각성을 통하여 동물과 결합되어 있으며, 자신의 정신성(nous)을 통하여 피안에 있는 신성(神性)에 속한다. 이러한 중간적 지위에 대한 인식이야말로 고대인을 우주의 질서 속에 세웠던 것이다.

이와는 달리 아우구스티누스에서 인간의 자아인식은 하느님을 향한 온전한 전향을 내포하고 있다. 아우구스티누스는 오직 진리(veritas)를 통하여 인간이란 무엇인가를 경험한다. 이것이야말로 크리스트교 신앙에서 인격신(Deus persona)으로 드러났던 것이다. 그러므로 자아인식의 의미는 오직 인격적으로 말을 걸어오는 하느님, 즉 '당신(神)을 인식하는' 데서 비롯된다. 이와 동시에 인식하는 자는 이러한 자기인식의 목적이 바로 자신의 창조주(Creator)라는 것을 의식한다. 인간은 창조주를 인식하기 이전에 이미 그 자신이 창조주에 의해 인식되지 않으면 안 된다. 이것이 바로 성서적 의미로 창조된다는 뜻이다. 그러므로 인간에 대한 진리는 그가 '무(無)로부터 창조'(creatio ex nihil)되었다는 사실이다.

크리스트교 창조설에서 보면 인간의 감성적, 정신적 현실성은 근본

아우구스티누스의 사상은 교회, 정치, 영성적 공간뿐만 아니라
신학적 · 철학적인 대결에서도 현대에 이르기까지 영향을 미치고 있다.

적으로 새로운 가치를 지니게 된다. 감성적 동물로서의 인간은 거의 무에 가까우며(paene nihilo), 시간 속에 도피중이다. 이성적 동물로서의 인간은 무궁하고 진정한 이데아들의 존재에 한몫을 하고 있다. 플라톤적 해석과는 달리 아우구스티누스의 이데아들은 바로 하느님의 사유 안에 고유한 장소를 가지고 있다. 따라서 이런 이데아들은 감각적 차안의 세계와는 달리 진정한 피안의 세계를 구성한다. 크리스트교 사상에 근거하는 이러한 차안과 피안의 구분은 중세 세계를 특징짓는다.[4]

이와는 달리 자아인식에 대한 근대적 방법은 예외 없이 신 중심적 정향으로부터 인간을 분리시키고, 인간 자신의 당위성과 독립성을 보장하려고 한다. 칸트도 똑같이 인간을 감성과 이성의 중간자로, 즉 유한한 이성적 동물로 규정하고, 인간 자신의 고유한 인식과 행위 자체를 바로 이성 속에서 파악하고 설정할 수 있는 가능성을 본다. 이러한 창조적 행위는 자연인식에서는 감성의 재료를 통하여, 그리고 윤리적 행위에서는 '도덕법의 준칙'(Factum des Sittengesetzes)을 통하여 한정된다.[5]

그러나 특정 측면에서 보면 인간의 인식과 행위는 독립적이요, 자율적이다. 이와는 반대로 아우구스티누스의 자아인식은 자신의 고유한 인식조건과 행위조건을 설정하거나 기획하는 것이 아니라, 오히려 하느님에 의해 창조된 이성적 원형들을 직관하는 것이요, 발견하는 것이다.

생애

아우구스티누스의 자아인식은 우선적으로 자신의 고유한 삶을 상기해내는 기억(memoria)으로 파고들고 또 인간의 '존재역사적' 관점에서 자신의 신(神)을 파악한다는 구체적 의미를 가지고 있다. 그의 자아인식은 인간적 삶 속의 자유로운 행위와 은총의 증거를 자전적으로 추적하고자 한다.

아우구스티누스의 '고백'은 인간적 운명에 대한 일종의 고고학을 피력한다. 또 그의 고백은 이전에 걸어온 길을 통하여 과거를 벗겨내는 과거의 기억(memoria praeteritorum)을 전개한다. 그의 고백은 현재적이고 미래지향적인 기억(memoria praesentium et futurorum)도 활성화시킨다. 그리고 이런 기억의 의식은 신과의 관계 가능성을 현재 속에서 반성하는 것을 모범으로 삼아 미래의 약속을 성찰한다. 따라서 우리는 먼저 아우구스티누스 자신의 생애에 대한 고고학적 추적을 따라갈 것이다. 시간의 역사와 밀착되어 있는 삶의 역사는 철학한다는 것의 아우구스티누스적 의미를 뚜렷이 드러낼 것이기 때문이다.

여기서 우리는 그의 삶이 처한 상황들을 단지 그의 자아인식과 진리탐구의 길에 결정적인 역할을 했던 시대적 흐름이나 사상과 직결되는 한에서만 다룰 것이다. 그 당시 북아프리카 지방에는 누미디아라는 후기 로마 제국의 세계가 있었다. 아우구스티누스는 354년 11월 13일, 현재의 알제리에 위치하는 로마령의 자치도시 타가스테에서 태어났다. 그의 아버지 파트리치우스(Patricius)는 제법 부유했으며, 이 지방도시의 시의원이었다. 그는 오랫동안 후기 로마의 다신교를 따랐지만, 아내의 종용으로 크리스트교 예비신자가 되었으며 죽기 직전에 세례를 받았다.

아우구스티누스의 어머니 모니카(Monica)는 독실한 크리스트교 신자로서, 자기 자식을 신자로 만들기 위해 끊임없이 노력했다. 그녀는 아우구스티누스 인생의 중요한 시점마다 함께 하며, 자기 남편의 열성적인 교육계획에 맞추어 아우구스티누스의 개인적인 삶을 정리해 주었다. 즉 그녀는 아우구스티누스의 정식 혼인생활을 위해 그가 몇 년 동안 동거하던 여자를 단념하도록 했다. 모니카는 아우구스티누스가 크리스트교로 개종하는 과정에도 관여하며, 밀라노의 주교 암브로시우스의 설교를 함께 듣기도 하고, 카시키아쿰(Cassiciacum)에서 정신적 혁신의 시기를 함께 보내기도 한다. 그녀는 피안의 삶을 갈망하면서 둘의 영혼이 일치하는 기념할 만한 경험을 한 다음, 오스티아(Ostia)에서 죽음으로써 비로소 아우구스티누스를 떠났다.

아우구스티누스의 청년기는 라틴어를 모국어로 쓰는 로마 색채가 짙은 도시들인 타가스테와 마다우라 그리고 카르타고를 전전하는 가운데 결정되었다. 아우구스티누스는 이곳의 교육기관을 두루 거쳤다. 즉 조그만 타가스테에서 초등교육을, 가까운 지방 도시 마다우라에서 문법교육을, 그리고 수도 카르타고에서 고등교육을 마쳤다. 그는 언어를 중심으로 하는 교육체계로서 그의 재능과 문학적 취미를 길러낸 키케로, 베르길리우스, 호라티우스, 오비디우스, 카툴루스의 고전문학과 살루스티우스와 리비우스의 역사를 섭렵했다. 그는 재정적 어려움으로 학업을 중단하기도 했다. 한편 카르타고에서의 현란한 삶은 이 청년을 로마 후기의 성전예식과 자유분방한 생활태도의 혼란 속으로 몰아넣었으며, 가톨릭과 크리스트교적 이단 도나투스교 사이의 정신적 대결 및 마니교의 밀교적 요청이라는 혼란 속으로 던져넣었다.

아우구스티누스는 이렇게 불안한 시기에 수사학을 공부하고, 그에게 처음으로 철학의 본질적 내용을 소개한 키케로의 사상에 결정적 영향을 받았다. 무엇보다도 그는, 지금은 유실되었지만 고대 권유서 전통에 확고히 서 있는 저술 『호르텐시우스』(*Hortensius*)에 솔깃해지면서 철학에 전념하게 되었고, 지혜에 대한 사랑에 사로잡혔다.6) 그러나 키케로는 아우구스티누스의 미학적 외형을 만족시켰을 뿐, 그의 철학적 이념을 만족시킬 수는 없었다. 크리스트교 교리를 배우고자 한 아우구스티누스의 첫번째 시도는 실패한다. 성서는 천박한 언어적 포장으로 그의 문학적 취미를 상하게 했기 때문이다. 그는 실망해서 성서를 던져버린다.

훗날 아우구스티누스의 자책에 의하면 그는 수사학을 공부하던 시기에도 성적(性的)으로 문란했다고 한다. 그러나 후대의 연구는 이런 상상을 바로잡았다. 그의 성적인 경험은 당대의 일반적 선을 넘어서지 않

보티첼리가 15세기에 그린 아우구스티누스.
자아인식에 대한 근대의 방법은 신 중심적 정향으로부터 인간을 분리시키는 것이다.
그러나 아우구스티누스의 자아인식은 하느님에 의해 창조된
이성적 원형들을 직관하고 발견하는 것이다.

았다. 로마적 의미에서 한 '가정'(familia)의 생활방식은 아직 그를 판단의 대상으로 삼지 않았다. 로마 후기 문화에서 가정이란 대체로 직업적 경력에 따라 고정되고, 사회적 지위를 결정하는 것이기 때문이다. 따라서 아우구스티누스도 관습대로 17세의 나이에 평생의 동거녀를 선택했으며, 그녀는 2년 뒤에 아데오다투스(Adeodatus)라는 아들을 낳았다.

젊은 아우구스티누스는 수사학 선생으로서 타가스테로 갔다가 다시 카르타고로 돌아온다. 탐구의 과정에서 그는 마니교의 밀교적 요청에 접하게 된다. 그는 우아한 복장을 하고 걸어나와 『호르텐시우스』를 통하여 자각한 진리의 사랑을 만족시키고자 서약한다. 마니교는 그노시스(gnosis)파의 일종으로서 3세기까지 이어오던 모든 흐름을 결합한 것이다. 마니교를 반대하는 아우구스티누스의 저술은 마니교에 대한 가장 중요한 증거가 되고 있다.

마니교는 페르시아 예언자 마니(Mani, 216~276)에 의해서 창설되었다. 마니는 영혼을 보다 높은 인식으로 승화시킨다는 자신의 교리에 불교뿐만 아니라 바빌로니아의 밀교적 요소까지도 통일시켰다.

마니는 피안적 통일원리와 현상세계라는 이원론적 교리를 펴나갔다. 악(惡)의 원리는 물질에, 선(善)의 원리는 영혼에 안착되어 있을 것이다. 정확하게 말하자면 악은 조잡하고 어두운 물질에 뿌리박은 반면에, 선은 물질을 광명으로 순화하고 정화하는 것이면서도 대체로 물질적으로 간주되고 있다. 육체 속에 자리잡은 영혼은 이러한 원리들 사이에서 끊임없는 해방의 투쟁에 휘말려 있다. 광명의 나라에서 유출된 것들이 이 투쟁에서 영혼을 돕는다. 빛나는 지도자와 구원자로는 플라톤과 예수를 포함하여 마니 자신에 이르는 수많은 예언자들이 있다.

여기서 마니는 자신을 성령으로, 예언자들의 반열에 종지부를 찍는 '예언자의 봉인'으로 본다. 마니교 공동체는 3단계로 분류된다. 즉 아직도 물질에 갇혀 있는 물성인(Hyliker), 경청인(auditores)이라고도 불리는 심성인(Psychiker) 그리고 선민층(electi) 또는 정의로운 사람이라고도 불리는 영성인(Pneumatiker)이 그것이다. 내부적 핵심에 속하는 선민층은 또다시 4단계의 위계질서로 나누어진다.[7)]

마니교도로 있을 당시의 아우구스티누스는 경청인에 속했다. 물론 아우구스티누스가 끌렸던 것은 이 교리의 크리스트교적 요소임에 틀림없다. 그러나 무엇보다도 그를 매료시킨 것은 악의 문제에 대한 마니교의 해결이었다. 마니교는 아우구스티누스 스스로 느끼고 있던 윤리적 분열성을 우주적 투쟁으로 설명했던 것이다.[8)] 아우구스티누스가 이 종파를 떠나게 된 것은 깊이 신뢰하던 친구의 죽음과 마니교 교주 파우스투스(Faustus)와의 대화 때문이다. 그의 친구는 크리스트교의 세례를 받았으며, 파우스투스와의 대화는 이원론적 세계관과 물질적 영혼관에 대한 아우구스티누스의 의심을 강화시켰다. 게다가 아우구스티누스는 카르타고의 학내분규로 인해 로마로 이사하기로 결정한다. 또 열병이 아우구스티누스를 죽음의 문턱까지 끌고 갔다. 그렇지만 회의(懷疑)는 점점 커져서 모든 확실성을 무너뜨리기 시작했다.

마니교의 설득력이 무너지고 로마의 학교도 똑같이 분규에 휩싸이자, 아우구스티누스는 잠정적으로나마 극단적 회의에 빠진다. 그리고 그는 이 극단성을 예의 키케로와 스스로 중재해오던 회의에 연결시킬 수 있게 된다. 회의주의의 원천은 한편으로는 엘리스의 피론(Pyrrhon)까지 거슬러 올라가며, 피론의 가르침은 키케로 시대의 아이네시데모스(Ainesidemos)에 의해 쇄신되었다. 다른 한편으로 회의주의의 원천은 아카데미아 학파의 절정기로 소급된다. 이때 아르케실라오스(Arkesilaos)와 카르네아데스(Karneades)는 소크라테스의 '무지(無智)의 지(智)'를 불러와 토론술을 회의주의적으로 극단화한다.[9)]

마니교의 영혼론이 버텨내지 못한다면, 아마도 인식 가능성은 일반적으로 의심받을 수밖에 없을 것이다. 꿈, 환상 그리고 정신착란 현상은 감성적 인식을 문제삼도록 하며, 오류 결론과 연쇄 추론은 정신적

인식을 문제삼게 한다. 그런데 어떤 인식도 획득될 수 없다면, 오직 끊임없는 추구만이 남게 된다. 그러나 이는 회의적인 철학자란 어떤 통찰에도 완전히 동의해서는 안 된다는 뜻이다. 숙련된 고대 회의주의의 정교성을 따르자면 회의적 사고방법 자체까지도 의심과 판단의 범위에서 배제되어서는 안된다. 남는 것은 주관적 개연성에 따른 인식과 행위이다. 아우구스티누스가 당시 로마의 수도 밀라노에서 변론술 분야에서 황제와도 같은 연설가 · 교사의 지위를 차지했을 때, 키케로를 가르치는 수사학자 · 회의주의자로서의 찬란한 경력도 절정에 이르게 된다.

동시에 아우구스티누스의 삶에 결정적 전환기를 가져온 것은 도시의 정신적 분위기였다. 즉 신플라톤주의에서 크리스트교로 전환되던 밀라노의 분위기이다. 아우구스티누스의 정신적 여정은 후일 교회에 수용되어 크리스트교적 요소가 첨가된 신플라톤주의에 귀의함으로써 본질적으로 비롯되었는가?[10] 아니면 '플라톤적으로 채색되었을 뿐만 아니라 생명을 물려받은 크리스트교'와의 만남에서 비롯되었는가?[11]

코르셀(P. Courcelle)의 원전 비교에 따르면 두번째 해석이 설득력을 얻고 있다. 그는 아우구스티노스가 밀라노에서 암브로시우스의 설교를 통해 이미 플로티노스를 받아들여 크리스트교 신앙을 플라톤적으로 해석했던 하나의 사상을 만나게 되었다는 것을 증명하고 있다. 그리하여 아우구스티누스에게 밀라노로 간다는 것은 "암브로시우스 주교에게 간다"[12]는 것과 같은 뜻이라는 『고백록』의 서술이 증명되는 셈이다.

물론 아우구스티누스에게는 무엇보다도 암브로시우스라는 연설가의 능변이 거역할 수 없을 만큼 매혹적이었음에 틀림없다. 그러나 그 형식 전체를 통하여 내용도 아우구스티누스에게 전달되었다. 아우구스티누스는 성서의 어두운 언어들이 정신적 관찰을 통해 어떻게 조명되는가를 알아차린다. 그는 전적으로 플라톤적인 이원론의 의미로 감각적 현상과 정신적 이념 사이의 구분을 배웠다. 이러한 통찰은 마니교도들의 비난을 무력하게 했으며, 회의주의적 반론과 상반되는 지식에 새로운 내용을 제공하였다. 설교가 암브로시우스와의 만남은 결코 개인적인 것은 아니었지만, 아우구스티누스에게 플라톤적으로 해석된 크리스트교 내지는 크리스트교적 플라톤주의를 열어주었다.

비로소 직관적으로 파악된 진리를 향해 이론적 · 실천적으로 접근하려는 오랜 고심의 과정이 시작된다. "그러나 결국 나는 저 플라톤주의자의 책을 읽게 되었다."[13] 오히려 오늘의 우리는 플라톤주의자들의 광범위하게 세분된 경향들에 대해 논하게 될 것이다. 아우구스티누스는 플로티노스의 강의를 기초로 삼는가,[14] 아니면 척도가 되던 포르피리오스의 영향을 기초로 삼는가?[15] 아우구스티누스는 마리우스 빅토리누스(M. Victorinus)의 라틴어 번역 강의를 통해, 이 위대한 연설가이자 신플라톤주의적으로 정향된 크리스트교 신자와의 개인적 만남을 통해 플로티노스를 받아들이는데, 이것은 어떤 기준에서인가?

실체론과 더불어 플로티노스의 영향이 그의 철학 전반에 걸쳐 뚜렷이 내포되어 있다는 것은 확실하다. 현실의 다양성을 일자(一者)로 보는 것과 인식론적 · 심리적인 측면은 아우구스티누스의 신, 이데아, 인간의 영혼 개념에 스며들어 있다. 감각적 재료를 무에 가까운 것, 순전히 비규정적인 어떤 것으로 이해하는 것도 플로티노스에게서 차용한 것이다. 이러한 이해는 악을 규정성의 결핍으로, 존재의 결루(缺漏)로 해석하는 가능성을 열었으며, 바로 여기서 아우구스티누스는 마니교적 이원론의 혼돈으로부터 벗어날 수 있는 출구를 찾게 된다. 나아가 플로티노스의 유출론은 인간의 영혼에 미치는 진리의 영향을 일종의 조명(illuminatio)으로 생각하게 하는 이정표이자 저항을 의미하기도 한다.

마지막으로 일자(一者)로 되돌아가는 영혼과 탈혼적 접촉에 대한 플로티노스의 이해는 아우구스티누스의 상승사상과 신비주의의 완성에 영향을 미친다. 또한 크리스트교의 적이라는 이유로 거의 언급되지 않았던 포르피리오스의 영향이 점점 더 많은 주의를 끌게 된다. 포르피리우스는 아우구스티누스적 사상을 아리스토텔레스적 요소와 접목시키고 있기 때문이다. 그러나 무엇보다도 마리우스 빅토리누스의 사유방식은 크리스트교적 진리를 신플라톤주의적 수단으로 관철시키려는 방향으로 나아간다. 인식을 일자로부터 크리스트교적 삼위일체로 이끌어 내려는 데 플라톤적 사변을 적용하는 방식은 이미 빅토리아누스가 언급했던 정신의 삼위일체적 구조에서 나타난다.

결국 아우구스티누스는 이 구조를 인간의 영혼에 내재한 신적 삼위일체성의 모형으로 제시한다. 그렇지만 아우구스티누스는 암브로시우스의 설교를 통해 접근했던 성서에 플라톤주의자들의 책을 연구할 때와 같은 열정으로 몰두한다. 그 중에서도 『바울 서신』과 『요한복음』은 아우구스티누스에게 특별한 감명을 불러일킨다.

그렇지만 이성적 어려움을 해결했다고 해서 곧장 실천적이고 윤리적인 변화가 따르는 것은 아니다. 고대 말기의 현실도피적인 경향은 결국 감각적 세계의 유혹에 대한 결별과 이상적 현실성을 향한 내적 전향을 의미했다. 특히 성적인 절제에 대한 물음은 늘 새로운 삶의 형식을 위한 고투의 시험대가 되어갔다. 성적 절제는 시대적 경향이던 그노시스파와 플라톤주의, 그리고 크리스트교의 금욕주의적 세계관에 자극을 받았다. 아우구스티누스는 이미 새로운 삶을 희망하면서도 자신의 고유한 의지행위가 여전히 그 결정을 원하지 않는다는 의지의 본래적 분열에 의해 자신의 회심이 방해당하는 경험을 했다. 이러한 내적 모순은 눈덩이처럼 불어났다.

위기의 절정에 이어 아우구스티누스 회심사(史)의 마지막 과정, 즉 격변의 국면이 찾아온다. 그것이 바로 밀라노 정원에서의 체험이다.[16] 아우구스티누스는 결단하고자 하는 분명한 소원을 가지고 있었으면서도, 자기모순적 의식에서 벗어나지 못한 채 밀라노의 정원을 걷고 있었다. 그때 그에게 말을 거는 듯한 어떤 아이의 목소리가 들렸다. "집어서 읽어라." 아우구스티누스는 이 소리를 예언이라는 의미로 자신과 연관시켜서, 가까이 있는 성서를 집어들어 아무데나 폈다.

첫눈에 다음과 같은 구절이 보였다. "폭식과 폭음과 음탕과 방종과 쟁론과 질투에 (나아가지 말고), 오직 주 예수 그리스도를 입을지어다. 또한 정욕을 위하여 육체를 섬기지 말지어다."(『고백록』 VIII 12, 28, 최민순 역, 바오로 딸, 1965, 219쪽—옮긴이) 내적인 흥분은 눈물로 쏟아져내렸고, 결단이 내려졌다. 비통한 마음이 솟아올라 아우구스티누스는 연설가로서의 직무를 그만두기로 결심했다. 그는 전혀 새로운 크리스트교적 삶에 자신을 바치려는 것이었다.

말할 것도 없이 이 정원의 장면은 종종 역사적 · 심리학적 · 종교철학적 연구대상이 되어왔다. 성인전에 나오는 그림과는 별도로 실역사적 관점에서 상징적이고 은유적인 관점에 이르기까지 이 사건에 대한 학술적 해석은 오락가락한다. 코르셀의 비판적 반성에 따르면[17] 이 정원 일화의 개별적 과정들은 통상적인 문학양식으로 서술되고 있다. 이 장면의 설정은 트리어(Trier)에서 있었던 회심에 대한 이야기를 떠올리게 하는데, 황실관리였던 폰티키아누스(Ponticianus)가 아우구스티누스에게 이야기를 들려주었던 것이다. "집어서 읽어라"(Tolle lege)와 책을 통한 예언은 흔히 있던 이야기였다. 코르셀은 이런 종류의 모든 회심 이야기가 성 안토니우스(St. Antonius)의 삶에 대한 아타나시우스의 저술에 기대고 있다고 믿는다. 이 회심 이야기는 안토니우스의 트리어 망명 시절에 라틴어 번역으로 퍼져나갔으며, 수도자적이고 금욕적인 삶에 대한 열정을 불러일으켰다는 것이다.

반대로 볼자니(Bolgiani)는 아우구스티누스가 정확하게 386년의 아우구스트 주일에 이 정원 장면을 기록했기 때문에, 이에 대한 해석도 문학적 계기로 돌려서는 안 된다는 것을 보여준다. 그는 실제적이고 역사적인 해석을 추천했다. 이와는 달리 안드레센(Andresen)은 이 역사적인 회심 사건이 다양하게 형성되어 전해내려오던 종교적 모델에 따라서 문학적 양식을 얻게 되었다는 결론을 암시한다.[18]

아우구스티누스 인생의 다음 단계는 크리스트교적이고 금욕주의적이며 철학적인 삶의 양상을 취하려는 열정으로 가득차 있다. 이 시기의 가장 중요한 여정은 남부 알프스 자락에 있는 카시키아쿰에서의 세례 준비, 387년 부활절 밤 밀라노에서의 세례, 오스티아에서 어머니의 죽음으로 인해 북아프리카로 돌아가던 길을 중단한 시기와 로마 체류, 마지막으로 타가스테와 카르타고로의 귀향, 아버지의 유산을 파기하고 동료들과 함께 기도하고 시편을 낭송하고 성서를 강독하며 철학적 대화로 일관하는 공동체적 삶을 시작한 시기이다. 이는 아우구스티누스가 저술가로서 첫 결실을 맺었던 기간과 차례로 이어진다.

이 시기에 그가 남긴 플라톤적 분위기의 대화록, 영혼과 자유에 대한 해석뿐만 아니라 '질서'와 '음악'에 관한 저술에서 7가지 자유기예학(septem artes liberales)의 신해석을 통한 크리스트교적 교육계획에 대한 증거들이 발견되어 우리에게 전해진다. 마니교를 반대하는 저술에서는 아우구스티누스가 일시적으로 몰두했던 그노시스파와의 대결이 전개된다.

작은 공동체에서 뜻을 같이하는 이들과 크리스트교적이고 내적인 삶을 영위하려던 생각은 어긋나고 만다. 아우구스티누스가 주교좌 도시 히포 레기우스(Hippo Regius)를 방문했을 때, 의결을 통해 늙어가는 발레리우스 주교의 후계자로 결정되었기 때문이다. 아우구스티누스는 주교좌(episcopales sacrina)의 직무를 떠맡는다.[19)]

당시에는 전례의 집행뿐만 아니라 크리스트교적 지도교육, 즉 설교, 종교교육, 그리고 교리교육도 주교의 직무에 속했다. 또한 사회적 직무도 주교가 할 일이었다. 로마 제국 후기에 부패했던 법률 집행까지도 콘스탄티누스 대제 이후로는 주교에게 맡겨졌다. 무엇보다도 교회의 행정적 직무 때문에 아우구스티누스는 종교적 적수들과 흥정도 해야 하고 논쟁도 이끌어야 하는 시노드(종교회의)로 길고 긴 여행을 해야 했다.

중세로 넘어가던 교회의 여정에서 매우 큰 의미를 띠는 것은 로마 교회에 대한 불복종 운동의 일파인 도나티스트(Donatist)들과의 대결이었다. 북아프리카에서 일어난 이들은 이미 디오클레티아누스(아우렐리우스 발레리우스) 황제의 박해가 끝난 뒤에 형성되었다. 도나티즘 운동은 교회의 성화라는 엄격한 이상을 믿었으며, 이러한 이상은 순교로 완성되었다. 오직 박해에 강력히 맞서는 자만이 참으로 도나티스트에 속한다고 말할 수 있다. 반대로 박해에 약한 자들은 심지어 다시 한 번 세례를 받지 않으면 안되었다. 순수한 교회에 대한 도나티스트들의 이상은 어떤 국가와의 관계도 허용하지 않았다.

카사 니그라(Casa nigra)의 도나투스(Donatus)와 그 추종자들은 많은 수의 누미디아 주교들을 포섭하는 데 성공했다. 콘스탄티누스 황제에 의한 정치적 압박은 정치적 · 사회적 불만을 가진 자들을 도나티스트의 진영으로 몰아댔다. 그래서 나라를 떠돌아다니면서 소요를 일으키던, 이른바 '떠도는 자들' (Circumcelliones)이라는 혁명적이고 밀교적인 단체가 형성되었다.

아우구스티누스는 주교로서 신학적으로 온건하고, 로마에 충실하고, 정치적으로 보수적인 방향을 대변했다. 그는 우선 정신적 수단으로써 도나티스트들을 설득하고자 했다. 아우구스티누스는 인간이 자신의 고유한 업적에 의해 선택되는 것이 아니라 하느님의 은총에 의해 선택되고, 또 교회의 일원이 되는 것도 예정되는 것이라고 가르쳤다. 그는 카르타고 논쟁(411)에서 도나티스트의 가르침을 이기게 된다.

그런데 이 승리도 교회에 정치적 성공을 가져다주지는 못했기 때문에, 아우구스티누스는 상대편을 강제로 올바른 교리로 되돌리기 위해 국가의 원조를 요청하는 데 주저하지 않았다.[20] 그럼으로써 아우구스티누스는 저서 『신국론』(*De civitate Dei*)에서 이론적으로 피하고자 했던 중세적 제정일치를 자신의 실천을 통해 촉진시켰다. 즉 교회적 폭력과 국가적 폭력, 구원의 역사와 정치적 역사를 하나로 묶으려는 제정일치를 촉진시켰다.

또한 아우구스티누스는 브리타니아에서 온 크리스트교 수도자 펠라기우스(Pelagius)에 의해 새로운 저항을 받게 된다. 펠라기우스는 반달족을 피해 로마를 거쳐서 북아프리카까지 왔다. 펠라기우스는 무엇보다도 하느님의 정의에 대한 자신의 가르침을 강조했다. 하느님은 원죄에도 억눌리지 않는 자유로운 의지로 인간을 무장시켰으며, 인간 자신의 고유한 결정으로 선(善)을 행하도록 허락했다는 것이다. 이러한 윤리적 낭만주의에 반대하여 아우구스티누스는 무엇보다도 예정설의 관점, 즉 죄와 은총의 관점을 내세운다. 그는 이런 관점에서 하느님의 은총에 의한 선택과 인간의 타락성을 날카롭게 강조하였다. 이들의 대결은 카르타고 공의회(419)에서 절정에 달한 후 막을 내린다.[21)]

아우구스티누스가 주교로 재직하던 시기는 그의 삶 가운데서도 위대하고 문학적이며 창조적인 시기에 속한다. 이때에 『고백록』, 『삼위일체론』, 『신국론』과 같은 저명한 작품들과 수많은 성서에 대한 주석서, 특히 창세기에 대한 수많은 해설, 시편에 대한 해석, 요한복음에 대한 논문, 설교집, 편지글이 나왔다. 『수정판』(*Retractationes*)은 아우구스티누스 자신의 작품에 대한 결정적이고도 비판적인 검증을 보여준다.

아우구스티누스가 중세 초기로의 길을 열어가던 후기 고대 세계의 붕괴는 그의 삶이 끝나는 시점에서 직접적으로 드러났다. 독일계 반달족이 그의 주교좌 도시 히포 레기우스를 포위한 것이다. 포위된 지 3개월째 되던 430년 8월 28일, 아우구스티누스는 죽음을 맞이한다. 그리고 반 년 뒤에 히포 레기우스는 정복되어 파괴된다.

저작

아우구스티누스의 철학적 전제

『고백록』에서 아우구스티누스는 자신의 삶을 진리를 향한 휴식 없는 정진으로 이해하며, 오직 진리 속에서만 안식이 있을 수 있다고 한다.

진리를 찾으려면 일단 망각의 세계로 들어가서 기억을 통해 밝혀내는 것이 필수적이다.[22] 그러나 철학적으로 볼 때, 인간으로서 자기 자신에 대한 진리를 경험하고 자아인식 속에서 인간의 구성적 조건을 파악하는 여건은 무엇인가? 아우구스티누스의 인간적 조건(conditio humana)에 대한 진리표현으로서의 고백(confessio)은 이중적 구조를 드러낸다. '고백'은 하느님 앞에서의 고백이요, 같은 인간 앞에서의 고백이다. 고백의 바탕에는 인식하는 자가 신적 진리와 맺는 관계가 깔려 있으며, 인식하는 자는 이 관계를 통하여 이미 결정되어 있다.

두번째 관점에서의 자기고백은 인간과 인간의 상호관계를 겨냥한다. 여기서 다른 사람들은 고백하는 자가 진리를 말하는지에 대한 증인의 위치에 서게 된다. 그러나 사람들은 고백하는 말의 진리성을 어떻게 판단할 수 있는가? 오직 사람들이 자신의 통찰 속에서 스스로 진리와 관계를 맺을 때에만, "밖에서 듣는 사람을 통찰 속에 있는 진리와 일치시킬 수 있다."[23] 인식하는 자가 하느님의 진리와 맺는 관계는 인간과 인간의 상호이해를 위한 조건이다. 사람들의 상호신뢰성이야말로 무언가를 추구하는 사람이 올바른 길에 서 있다는 부가적인 확증을 의미한다. 진리가 하느님과 맺는 형이상학적 관계는 무엇보다도 사회적 차원에 의미를 부여한다.

그러나 "이 세계의 그림은 건전한 감각을 가진 모든 이들에게 무엇인가를 전하고 있지 않은가?"[24] 모든 사람들은 밖에서 울려오는 단어를 내적인 진리와 연결시킬 수 있지 않은가? "그들은 하느님에 대해서 보이지 않는 것을, 피조물에 대해서 사유함으로써 파악할 수 있는가?" 그럴 수 없음에 틀림없다. 자아인식과 진리탐구를 향한 아우구스티누스의 길은 중세 초기 제1대전제와 결부되어 있다. 즉 진리는 오직 크리스트교 신앙이 성립되는 사람들에게만 개별적 하느님으로 드러난다는 것이다. 인간은 신앙하면서 자신의 인식 가능성을 전개할 수 있으며, 그의 인식은 신앙 속에서 그 자신을 강화한다. "알기 위하여 믿고, 믿기 위해서 알아라(crede ut intelligas; intellige ut credas)."[25]

아우구스티누스는 자신의 지식에 대한 욕구를 신앙과 함께 출발시키는 것이 비이성적인 태도가 아니라는 것을 철학적으로 증명하고자 한다. 철학하는 모든 사람들은 어떤 설득이든 학문 이전의 설득으로부터 나아가야 한다는 것이다. 크리스트교의 하느님에서 출발하는 것은 왜 안 된다는 것인가? 하느님 자신이야말로 스스로 "진리요, 생명"이라는 것을 증명하지 않는가? 이런 종류의 지식욕은 아우구스티누스에게 쓸데없는 호기심(curiositas)이라기보다는 오히려 진리를 위해 연구(studium)하는 것이다. 지식을 얻는 것이 문제라면 호기심은 모든 견해를 동등하게 간주하기 때문이다.[26]

이렇게 아우구스티누스는 인식과 철학을 크리스트교 신앙이라는 지평에 묶어버린다.[27] 앞으로 철학과 신학은 더 이상 분리되지 않고, 서로의 조건이 된다. 그럼으로써 믿는 이들의 공동체, 즉 교회(ecclesia)는 진리 탐구의 영예를 경험한다. 즉 "밖에서 오는 것도 아니요, 낯선 아이들로부터 오는 것도 아닌, 참으로 형제적인 저 의미"[28]의 지체들을 묶을지어다. 교회가 선포하는 크리스트교 교리의 정신적 내용은 진리 탐구의 실마리가 된다.

진리의 하느님을 지향하면서 인식과 신앙이 서로 맞물려 간다면, 인식작용은 결국 감성적이고 의지적인 신앙의 대답과 어떤 관계를 맺는가? 하느님을 향한 상승(ascensus)의 질서에서는 무엇이 우선인가? 인식이 우선인가, 사랑이 우선인가? 아우구스티누스의 변증법적 증명 방식은 여기서 분명해진다. 내적인 동의와 판단이 없는 인식이란 도대체 어떤 것이겠는가! 그런 만큼 진리 탐구에서는 사랑에 우선성이 있는 것처럼 보인다. 스스로 쏠리고 있는 대상을 모르는 사랑이란 도대체 어떤 것이겠는가!

이런 관점에서는 사랑보다는 인식에 우선성이 주어지지 않으면 안 된다. 또한 인식과 사랑은 진리 탐구에도 상호교환적으로 맞물려 있다.

상승의 단계마다 하나의 계기가 다른 계기를 가능하게 하지 않으면 안 된다. 상승이란 인식하면서 사랑하는 온전한 인격의 변천이다. 바로 이것이 중세 사상의 두번째 대전제가 된다. 즉 크리스트교 철학에서 진리 탐구의 이론과 실천은 서로 분열되어서는 안 된다. 그렇지 않으면 목적을 달성할 수 없을 것이다.

그렇다면 크리스트교 교리(doctrina christiana)의 수호자는 도대체 어떤 기준과 척도로 진리를 이끌어나가야 하겠는가? 그는 초시간적 진리의 유효성을 가지고 이끌어나가야 한다. 그는 진리를 탐구하면서 변화 속에 던져진 세계의 유동적 현상에 안주해서는 안 된다. 감각적 현실은 끊임없는 변천가능성(mutabilitas)에 의해 침범된다. 지금 여기서 유효한 것은 온전하고 확고한 진리가 될 수 없다. 진리는 시간 속에서의 방랑을 초월해야 하며, 어디든 항상 있으면서 절대불변적으로 유효해야 한다. 우리의 인식대상은 감각적 현상과는 달리 시간에 종속되지 않는 어떤 진리에 호소한다. 여기서 우리의 인식을 확고부동한 기초에 세우는 진리의 불변가능성(immutabilitas)이 드러난다.

중세 사유의 세번째 대전제는 다음과 같다. 진리는 시간에 속하지 않는 것이요, 우리 통찰에 대한 이상적이고 필연적인 인정이다. 이러한 철학적 근본전제는 현실세계보다 이상(idea)세계에 우선성을 부여한다.[29)]

진리 탐구의 길

우리는 진리를 탐구하면서 진리의 타당성 요구를 충족시키기 위해 어떤 현실성의 영역을 우선적으로 적용해야 하는가? 감각적 대상이나 개인의 고유한 내면이 이러한 요구를 충족시킬 수 있는가? 진리 그 자체를 현재화하기 위해서는 어쩌면 자신의 고유한 내면도 넘어서야 하지 않겠는가? 이러한 현실성의 영역은 우리의 인식에 어느 정도로 통용되는가? 그들은 얼마만큼 망각(oblivio)의 어둠(occultum) 속에 싸여 있으며, 얼마만큼 기억(memoria)으로 들어오는가?

우리는 무엇보다도 살아 있고(vis vivificans) 감각하는(vis sensificans) 기능에 의하여 감각적 사물(sensibilia)과 결합되어 있다. 감각적 사물은 육체에 속하는 우리의 실존을 결정한다. 여기서는 우리도 식물이나 동물과 구분되지 않는다. 감성에 한해서 아우구스티누스는 인간과 우주의 결합을 강조하는 아리스토텔레스 심리학을 따른다. 그러나 과연 우리의 감성이 불러일으키는 것에 대하여 무엇을 아느냐고 묻는다면, 결국 우리는 단지 그 흔적(vestigium)을 초상(imago)으로 기억에 남도록 하는 순간에 지각하는 바로 그런 감각적 인상만이 실재로 현존한다는 것을 눈치챈다. 단지 내부에 저장했던 초상들을 통하여 감각적 사물 이상의 것을 경험할 수 있을 뿐이다.

감각적 인식이 내포하고 있는 것을 경험하려면, 그 '넓은 기억의 창고'[30]에 들어서야 하고 심리적 표현기능으로 되돌아가야 한다. 게다가 우리는 기억에 들어가는 순서대로 초상들을 수집하며, 마지막으로 종류와 차이에 따라 비교 · 정리한다. 여기서 우리는 새로운 어떤 환기(reminisci)를 통해 불러내지 않는 한 뒤쳐진 초상들은 망각의 어둠 속으로 가라앉는다는 것을 경험한다.

그리하여 메모리아(기억)에는 '초상적 존재'라는 의미의 감각적 경험과 감각적 인식에 대한 가장 중요한 과제가 주어진다. 단순한 감각적 인상마저도 앞서나오거나 뒤따라나오는 초상들과 비교되지 않는다면, 공통적인 것들이 종합되고 상이한 것들이 분리되지 않는다면, 결국 지금 여기의 것으로 인식될 수 없을 것이다. 이렇게 볼 때 메모리아야말로 덧없는(mutabilis) 감각적 대상에 대한 진리를 가능케 한다.[31]

이를 넘어서서 필연적이고 확실한 진리를 인식해야 한다면, 우리는 기억하면서 감각적 초상의 영역을 뛰어넘어야 하며, 인식의 대상으로, 즉 수(數)와 양(量), 이성적 대상(intelligibilia)으로 되돌아가지 않으면 안 된다. 이러한 인식은 밖에서 감각을 통해 획득하는 것이 아니다. 삼각형이 개념적으로 나타내는 것을 현실적 삼각형과 맞출 수는 없다.

즉 그것은 외적 현실성의 초상에 직결되는 것이 아니라 사물 그 자체(res ipsae)에 직결된다.

그런데 우리의 메모리아는 어떻게 이러한 사물 그 자체를 불러낼 수 있는가? 사물 그 자체는 물론 알려지지는 않았지만 이미 내면에 현전한다는 것만은 확실하다. 그러므로 망각의 개념은 이성적 대상에 대한 무지로까지 확장되며, 기억의 개념은 이에 비례하여 내면의 것을 불러내는(das Ins-Innere-Rufen) 기능으로, 그리고 인식할 수 있는 것에 존재하는(das Sein-bei-den-Intelligibilia) 기능으로 확장된다.

아우구스티누스는 'cogitare' (생각하다)라는 단어를 'cogere' (결합시키다)와 'colligere' (수집하다)로 보는 상상의 의미론을 실마리로 삼아 기억의 역할을 규정한다. 이 영역에서 진리로 인식되는 것은 명백히 감각적 인식에서 지양된 것이다. 여기에 회의적 의심의 시험이 남게 된다. 이성적 통찰은 필연적이기 때문이다. A는 A이면서 동시에 A가 아닌 것이 될 수 없다는 모순율은 어떤 의심 앞에서도 확실하고(certum) 부동적이다(inconcussum).

모순율은 모든 의심의 조건을 나타내기 때문이다.[32] 회의주의와의 대결은 바로 여기서 아우구스티누스로 하여금 통찰을 가능케 하며,[33] 이 통찰은 후에 데카르트에 의해 근대적 합리주의의 종합으로 새로이 등장한다.[34] 이성적 통찰은 무시간적으로 타당하며 불변적이다(immutabilis). 시간적 인간은 바로 이러한 통찰 속에서 무시간적으로 타당한 진리를 건드려 본다.

그런데 어떻게 무시간적이고 이상적인 진리가 인간의 시간적 인식 과정에서 발견될 수 있단 말인가? 이러한 진리의 원천 그 자체도 기억될 수 있단 말인가? 이는 기억이 망각을 극복한다는 것을 전제로 하는 것이 아닌가? 기억이 자기 자신의 원천을 파악하고자 한다면, 결국 기억 그 자체를 극복해야 하지 않겠는가? 그런데 기억을 초월하는 것이 어떻게 가능할 수 있겠는가? 기억을 초월하는 일도 오직 기억해내면서 일어날 것이 아닌가. 아우구스티누스는 이러한 형이상학의 원천적 문제에 집중한다. 첫째로, 출발의 조건이 해명되어야 한다. 무엇보다도 메모리아는 회상과 동시에 망각으로 구성되어 있다는 것을 확고히 하지 않으면 안된다. 메모리아는 자신이 기억해 낼 수 있는 것 그 이상이다. 둘째로, 메모리아는 자체 내에서 무시간적으로 타당한 인식의 내용을 발견할 능력이 있다는 것이다. 그렇다면 이러한 내용이 어디서 나오느냐는 물음을 피할 수 없다.

『고백록』에서 아우구스티누스는 인간에게 근본적이라고 주장하는 복된 삶(vita beata)에 대한 희망으로부터 시작하여 이 물음을 추적한다.[35] 한편으로는 인간의 삼중적 자기서술, 즉 나는 존재한다(sum), 나는 인식한다(scio) 그리고 나는 의욕한다(volo)의 무시간적 타당성에서 출발한다. 정신(mens), 인식(notitia) 그리고 사랑(amor)은 기억(memoria), 통찰(intellectus) 그리고 의지(voluntas)와 마찬가지로 정신의 유비적 삼중구조에 해당된다. 그는 『삼위일체론』에서 이러한 삼중구조를 인간의 영혼 속에 있는 신적 삼위일체의 모상(imago)으로 설명한다.[36]

진리 탐구는 다음과 같아야 한다. 우리가 잊어버리지 않은 부분을 가지고 잊어버린 다른 부분을 기억해냄으로써 우리의 망각을 극복한다는 것이 사실이라면, 이는 형이상학적 근본문제에서는 메모리아 속에서 발견되는 모든 무시간적인 진리의 부분이 그 원천인 진리 자체(ipsa veritas)로 우리를 인도한다는 의미이다. 나는 특정의 진리를 회상하면서 정신의 절정(acies mentis)에 이르러 진리 전체를 그 원천과 근거로서 접촉(attingere)할 수 있다. 정신의 절정이 가지는 초상은 이 행위의 구조를 드러낸다. 이 구조는 항존적 초월(transcensus)에서 비롯된다. 발견될 수 있는 모든 부분적 진리는 나로 하여금 진리 전체를 한꺼번에 회상하도록 강요한다. 나는 진리 전체를 온전히 회상할 수는 없다.

나는 진리 속에서 내 자신의 고유한 회상을 초월했어야만 하기 때문이다. 그러므로 아우구스티누스에게서 형이상학적 원천에 대한 인식은 논리적으로 보았을 때 단지 모순적으로 구성될 수밖에 없는 회상의 비결정적이고 필연적인 행위 속에서 완결된다. 즉 '회상할 수 있는 것' 과 '회상할 수 없는 것' 을 회상하지 않으면 안 되면서도 회상할 수 없다는 모순 속에서 완결된다.

그러나 내적으로 발견될 수 있으면서도 개념적인 진리의 사태는 어떻게 해명되는가? 아우구스티누스는 플라톤적 해결과 씨름한다. 플라톤에 의하면 이데아는 영혼이 탄생하기 이전의 실존 속에서 직관되기 때문에 회상될 수도 있다는 것이다. 그렇지만 시간적 시초와 인간적 실존의 유한성은 상기설(Anamnesis)이나 영혼의 선재성(Präexistenz)과 융합될 수 없다. 아우구스티누스가 겨냥하는 해결은 조명설이다.[37] 아우구스티누스는 『독백록』(*soliloquia*)에서 진리가 인식자에게 미치는 영향을 빛이 시각작용에서 가지는 의미와 비교한다.[38] 여기서 눈(目)은 정신의 직관력에 해당되고, 밝혀지는 대상은 이데아적 내용에 해당되며, 태양의 빛은 이데아를 인식 가능하도록 만드는 진리에 해당된다.

그러나 전통적 빛의 형이상학에 의한 이러한 도식은 하나의 비유에 지나지 않는다. 실제로 아우구스티누스는 이 문제를 언어철학적으로도 서술하고자 시도한다. 우리는 단어를 가지고 대상을 지칭한다. 그런 단어의 도움에 의한 감각적 대상의 인식행위는 내적 언어(verba interna)를 통하여 표현되는 모범적이고 개념적인 대상들의 인식을 전제로 한다. 그런데 누가 우리에게 이러한 내적 언어를 가르치는가? "우리가 묻고 있는 그 가르치는 자야말로 내적 인간 안에 거주하고 있다고 일컬어지는, 하느님의 불변적 힘이요, 영원한 지혜이다."[39] 진리 그 자체야말로 내적인 스승이요, 하느님의 말씀이기 때문에, 하느님에 대한 하느님의 말씀(verbum deum apud deum)일 수 있으며, 바로 그 말씀 안에서 창조를 선포하는 원초적 또는 영원한 말씀이다.[40]

사랑의 길

내적 언어를 들으면서 이루어지는 진리 탐구의 길은 사랑의 길에 비례한다. 그렇지만 사랑의 길은 인식의 길 없이는 나아갈 수 없으며, 인식은 사랑에 대한 욕구를 통하여 추진된다. 아우구스티누스는 사랑(amor)을 의지(voluntas)와 구분되어 있지 않은 인간의 근본적 힘으로 이해한다.[41] 나는 내가 근본적으로 원하는 것을 사랑하고, 내가 근본적으로 사랑하는 것을 원한다. 동물의 본능이 자기보존에 필요한 대상으로만 쏠리는 것과 달리, 인간적 욕구는 온전하고 진정한 행복(vita beata)을 지향하여 가능한 모든 만족을 추구한다.

아우구스티누스는 모든 인간이 복된 삶을 원한다는 것을 확신한다.[42] 불확실한 것은 단지 어디서 이런 행복이 나오느냐는 것이다. 그래서 모든 사람들은 자신의 삶을 통하여 이를 찾고 있는 중이다. 사랑의 질서(ordo amoris)는 우리로 하여금 우선 외부에(foris) 있는 감각적 대상을 생각케 하며, 거기서 만족을 찾도록 한다.[43] 그러나 사물의 아름다움은 "시간에 빼앗기고, 바람에 날려가며, 식상으로 희석되고, 권태로 흩어진다."[44] 만족의 도피성과 변천성은 감각적 영역의 사랑을 가만히 두지 않는다.

우리의 내적(intus) 영역에서도 만족을 사유나 의지, 행위의 능력에서 찾는다면 마찬가지가 된다. 우리의 정신적 활동이 가지는 아름다움은 우리를 호기심(curiositas)과 긍지(superbia)로 이끌어간다. 여기서도 사랑은 우리가 높이 평가하는 대상들이 실제로 유한하고 소멸하며 불만족스럽다는 경험을 하게 한다.

바로 이 분기점에서 탐구자를 위한 근본적인 결단의 가능성이 열린다. 탐구자는 자신의 내·외적인 사랑이 목적에 도달하지 않는다는 것을 파악할 수 있게 된다. 왜냐하면 탐구자는 바로 거기서 늘 자기 자신만을 바라보고, 감각적이고 정신적인 대상 속에서 자기 자신을 즐기면서(amor sui) 사물들을 단지 수단으로만 사용(uti)하고자 했기 때문이다. 탐구자는 또한 사랑이야말로 자기 자신을 밖으로 드러내고, 진리를 향해 초극하는 것이라는 사실을 파악한다. 오직 진리 그 자체를 통해서만 진정한 행복이 발견될 것이다. 하느님 안에서 진리를 찾는 사람은 하느님을 사랑(amor Dei)하는 가운데 소망하는 목적을 발견하며, "빛과 소리, 향기와 양식 그리고 내적 자아에 대한 포옹을 찾을 것이다."[45] 그는 무한하고 변하지도 않으며, 오직 그 자신을 위하여 즐길(frui) 수 있는 사랑의 대상을 찾을 것이다.[46] 그러면 사랑은 그 자신의 평정에 도달할 것이다.

그렇지만 이렇게 사랑으로 결단하는 전환은 도대체 어떻게 가능한가? 사람은 바라고 사랑하면서 자신에 대한 사랑을 떠나 참된 사랑을 선택하지 않으면 안 된다. 앞에서 말한 내적 결단의 정점에서는 자기 자신에 대한 사랑과 진리로 기울어지는 사랑 사이에 투쟁이 일어난다. 이 투쟁은 3단계로 나누어진다. 사랑의 행위는 첫번째로 유한하고 소멸하는 대상들에 빠지며, 두번째로 이러한 사랑에 대한 불만에서 떠나며, 세번째로 자신의 참된 사랑을 잡게 되고 자신의 고유한 의지행위이고자 한다. "왜냐하면 우리가 원하지 않았다면, 결국 원하지 않을 것이기 때문이다."[47]

아우구스티누스는 이러한 사랑의 내적 격변에 대한 분석을 인간의 내적 가능성으로서의 자유의지(liberum arbitrium)에 대한 철학적 발견으로 이끌어간다. 즉 인간이 존재의 결핍을 선택하느냐 존재의 충만을 선택하느냐, 또는 대상은 인간의 욕구를 늘 불만스럽게 남겨두므로 (concupiscentia) 자신의 욕구를 얽매고 있는 대상을 선택하느냐 선택하지 않느냐, 또는 진정한 만족의 대상을 택함으로써 자신의 자유(libertas)를 선택하느냐 마느냐 하는 것은 인간의 자유로운 가능성에 던져져 있다는 것이다. 이렇게 볼 때, 인간의 의지와 사랑의 행위는 선한 것과 악한 것 사이의 양자택일에 직면해 있다.

그러나 아우구스티누스에게 악한 존재란 고대에서와 같이 단순히 보잘것없는 존재에 대한 욕구도 아니요, 그저 악의 결핍으로 정의될 수 있는 것도 아니다. 그가 말하는 악한 존재란 오히려 인간이 자신의 의지행위와 사랑의 행위를 선택하고 내적 질서를 확립하는 어떤 결단에 함께 붙어 있는 것이다. 자신에 대한 사랑은 변질된 하느님의 모방(perversa imitatio dei)을 나타내며,[48] 악으로의 결단을 의미한다. 진리에 대한 사랑은 신적 질서와 일치하며 선으로의 결단을 내포한다.

그러나 왜 인간은 역사에서 거듭하여 자신에 대한 사랑을 결단하는가? 왜 그들은 욕망의 대상에 굴복하는 사랑에 빠지는가? 아우구스티누스는 이렇게 악으로 기우는 내적 성향을 인류가 시작될 때부터 죄를 반복하고 있는 원죄(culpa)를 가지고 설명하고자 한다. 인간의 역사적 상태에 의하면 인간은 진리와 대립되어 죄를 짓는 존재이다. 죄의 고해와 진리의 찬미로서의 고백은 자신의 실존에 적합하게 자기 자신에 대하여 말하는 방식이다. 인간은 스스로 자기만족에 대한 욕망과 진리에 대한 욕구 사이의 분열로 이러한 욕망에 빠지고자 하는 죄를 느끼고 있다. 따라서 "인간은 죄짓지 않을 능력도 없으며, 바르게 행위할 능력도 없다(non posse non peccare, non posse recte agere)."[49] 인간은 자유로운 결단의 가능성을 자신을 위해 사용할 수 없다.

이러한 무능력에 대한 통찰이야말로 하느님의 자비를 가리키는 분기점이다. 아우구스티누스가 말하는 인간의 자유론은 은총론에 포함되어 있다. 단지 우선적인 하느님의 사랑에 대한 사상만이, 은총에 의한 예정(praedestinatio) 개념만이 자유와 죄의 문제를 해결할 수 있다.[50] 은총의 선물(donum gratiae)은 원조 인간의 천상적 자유, 즉 죄짓지 않을 수 있는 능력(posse non peccare)뿐만 아니라, 죄로부터의 역사적 구원, 즉 범죄불능(non posse peccare)의 근거를 마련한다.

파악할 수 없는 선택은 진정한 자유와 사랑을 위한 마지막 철학적 · 신학적 실현 가능성이다. 이러한 자유와 사랑에 대해서만 다음과 같은 말이 타당하다. 즉 "네가 원하는 대로 사랑하고 행위하라(delige et quod vis fac)."[51] 아우구스티누스에게 인간은 하느님의 사랑과 은총의 선택에 극단적으로 매달려 있는 존재이다.

인간존재의 위상

사랑하는 인식행위와 인식하는 사랑의 행위라는 이중구조 속에 있는 진리 탐구의 길은 그 깊은 차원과 동시에 진리 앞에 서 있는 인간존재의 위상에 대한 서술을 내포하고 있다. 아우구스티누스에 의하면 그것은 항상 진리의 불변성을 향해 스스로를 초월하도록 하는 인간적 실존이 가지고 있는 유한성과 가변성이다.[52] 그런데 불변적이고 영원해야 하는 진리에 비해 오직 시간적 방식으로 경험할 수밖에 없는 것에 대해 도대체 어떤 존재방식을 인정할 수 있겠는가? 이는 다음 물음에 대한 대답에 달려 있다.

"시간이란 무엇인가?"[53] 그럼으로써 아우구스티누스는 인간존재에 대한 물음을 시간경험의 실마리로 삼는다. 시간경험을 외적이고 대상적인 존재의 일종으로 생각하고자 한다면, 시간경험은 달아나는 현재의 순간으로 수축된다는 사실이 드러난다. 왜냐하면, 엄격히 보면 과거도 미래도 존재하지 않는다는 것이 타당하기 때문이다. 과거는 더 이상 있지 않으며, 미래는 아직도 없다. 그러므로 오직 현재만이 존재의 근거로 남을 뿐이다.

그렇지만 현재의 존재는 다름 아닌 그 현재가 '아직도 존재하지 않음'으로부터 '존재'를 통하여 '더 이상 존재하지 않음'으로 넘어가는 통관절차를 나타낸다는 사실을 통해 결정된다. 따라서 아우구스티누스는 현재를 비존재를 지향하는(tendere non esse) 존재로 규정한다.

이러한 통관절차의 기간을 추적해 나가서 한 해로부터 과거 또는 미래의 순간에 이르기까지의 모든 달을 계산에 넣음으로써 결국 이들을 비존재로 간주하지 않으면 안된다는 사실이 드러나며, 또한 달로부터 현재에 이르기까지 모든 날을 추론해낼 수 있다는 사실이 드러난다(아우구스티누스에 의하면 과거는 이미 존재하지 않고 미래는 아직 존재하지 않으므로 현재만이 존재한다. 여기서 존재하지 않는 과거와 미래를 최대한 확장한다면, 결국 존재한다고들 말하는 극히 짧은 현재는 거의 없는 것이나 다름없는 '순간'이라는 의미이다—옮긴이). 이는 결국 시간과 분, 그리고 초에도 유비적으로 해당된다. 존재를 통한 현재의 통관절차 기간으로 남아 있는 것은 생각될 수 있는 '가장 짧은 순간'(minutissima pars momenti)[54]이요, 달아나는 시간의 파편이다.

고대에서와 같이 시간을 우주의 변화에만 묶어버리거나 아리스토텔레스[55]와 같이 변화의 수(arithmos tēs kinēseos)로 규정한다면,[56] 행성이나 시간의 외적 변화가 다소 빠르거나 느리게 흐른다든지, 아니면 완전히 멈춰버릴 경우, 결국 시간을 재는 사람이 지각하는 시간 또한 잘못 돌아간다는 모순에 빠지게 된다. 이렇게 아우구스티누스는 고대의 우주관으로부터 시간을 해방시키면서 주관적 시간경험의 차원을 연다. 외적 시간 내지는 세계시간은 달아나는 현재의 순간에 대한 체험을 위해 재생되며, 우리는 이 현재의 순간 속에서 우주의 생성과 소멸을 지각한다.

그런데 인간은 하나하나의 순간으로 파괴되는 시간을 어떻게 경험하고 잴 수 있는가? 감각적 현실에 대한 흔적(vestigia)은 심리적인 그림(초상)으로 체험되며 확정된다. 현재적인 것에 대한 모든 지각에서 나는 과거의 초상을 소급해내며, 미래의 초상을 선취한다. 이렇게 볼 때, 현재적 지각은 현재적 사태를 바라보는 데서뿐만 아니라 과거의 사태를 되돌아보는 데서도 생성된다. 따라서 아우구스티누스는 '영혼 속에 있는 일종의 삼중성'에 대해 언급할 수 있었다. 즉 영혼에는 "과거가 현재하는 것으로서의 기억(Erinnerung), 현재적인 것이 현재하는 직관(Augenschein), 그리고 미래의 것이 현재하는 기대(Erwartung)가 있다."[57]

그렇다면 시간은 영혼의 분열(distentio animae)이요, 내적 시간 또는 인간적 시간의 경험이다. 의식은 이 내적 시간 속에서 초상들을 뽈

뿔이 흩어져 있는 다양성으로 분열시키면서도 하나의 현재적 체험으로 종합해낸다. 이러한 확장은 모든 순간에 걸쳐 늘 새로이 이루어지지 않으면 안 된다. 모든 현재적 체험들은 과거로 전환되어야 하고, 미래적인 것들은 현재로 전환되지 않으면 안 되기 때문이다. 이러한 전환(traicere) 작업은 인간의 전생애를 통해 이루어진다.

따라서 이를 위해 다음과 같은 사실이 성립된다. "보라, 이러한 분열성이 나의 삶이다(ecce distentio est vita mea)."[58] 초상들이 시간상으로 크게 앞서거나 따라나올수록 그것을 의식(conscientia)할 수 있는 능력은 망각의 어둠 속으로 상실된다. 의식은 그 저변으로 무뎌지며 무의식으로 사라진다.[59] 따라서 인간의 존재는 단지 이렇게 규정될 뿐이다. 즉 인간 존재는 매순간마다 비존재로부터 부상되면서 심리적으로 보존되지만, 실은 비존재로 가라앉고 있다. 인간은 존재하면서도 존재하지 않는 존재이며, 자신의 소멸성을 인식하는 존재이다. 왜냐하면 인간 존재는 살아왔고 살아가야 할 순간들의 초상들이라는 다양성으로 분열되어 있기 때문이다.

아우구스티누스에 의하면 인간의 고유한 소멸성에 대한 인식은 불변적이고 영원한 것에 대한 인식을 전제로 하며, 이 인식에 비추어 스스로를 소멸적인 것으로 경험한다. 불변적이고 이데아적인 진리들에 대한 인식에 직결되는 영원하고 유일한 진리를 향한 집합과 전환은 시간 속으로의 분열(distentio)에 비례한다.[60]

존재하면서도 존재하지 않는 인간과는 달리 영원한 진리는, 어떤 비존재에도 포함되지 않는다는 단어의 의미 그대로 충분한 존재이다. 따라서 모든 존재자가 비존재를 떠나 존재로 나오는 것은 바로 이 존재 자체의 덕택이다. 이것이야말로 "나는 존재하는 바로 그다(Ego sum qui sum)"라는 방식으로 서술되는 것이다. 자기 존재를 다른 존재자에게로 표출하는 것이야말로 무로부터의 창조(creatio ex nihilo)이다. 크리스트교의 창조론은 시간과 영원 그리고 존재에 대한 철학적 고찰이 집중되어 있는 본래적 내용이다. 아우구스티누스의 존재론은 동시에 창조신학이다.

인간이 도대체 어떻게 이런 존재의 이해를 말할 수 있는가? 이는 오직 죄의 고백과 찬미라는 이중적 파악을 통해서만 이루진다는 것이 명백하다.[61] 죄의 고백은 자기 자신을 하느님으로부터 떼어놓는 무한한 거리와 관련되고, 찬미는 하느님이 고백하는 자를 자신의 진리에 참여하도록 하는 자비와 관련된다. 그러므로 유한한 인간이 행하는 모든 시간적 행위는, 하느님을 향한 자기 존재와 직결되는 자신의 자유에 대한 입장을 나타낸다. 인간은 이러한 하나하나의 행위를 통하여 점점 더 하느님과 닮아가거나 판이하게 되고, 존재에 한몫을 차지하거나 없어지게 된다.

그러나 이러한 모든 시간적 행위에는 하느님의 자비가 은총으로서 전제되며, 이 자비는 인간을 무게중심(pondus animi)처럼 사랑하면서 끌어당긴다. 따라서 저 유명한 아우구스티누스의 격언은 다음과 같이 선언한다. "당신(하느님) 안에 휴식할 때까지, 우리의 마음은 편할 날이 없습니다."[62]

역사관

시간 속에 있는 인간의 존재위상이 오직 영원 속에 있는 시간의 원천으로부터만 이해될 수 있다면, 이는 인류 역사의 전체적 고찰에 대해서도 유효하다. 역사적 고찰의 의미는 단지 영원의 관점에서만 결정될 수 있다. 영원의 관점은 역사 속에 있는 존재로서의 인간 자신으로부터 취할 수 없기 때문에, 오직 하느님의 자유로운 자기전달과 성서에서 드러나는 계시에서 취할 수밖에 없다.

따라서 아우구스티누스의 역사는 두 가지 관점에서 서술된다. 하나는 역사 속에 던져져 있는 인간에게 가능한 표면적 관점이며, 이는 정치적 · 사회적 · 경제적 사태의 다양성을 서술한다(세계역사). 또 하나는 오직 계시로부터 취할 수 있는 심층적 관점이며, 이는 역사의 신학적 의미를 내용으로 한다(구원역사).[63] 구원사(救援史)는 천사의 원천적 선택으로 구성되어 있다. 이의 양자택일은 사랑의 두 가지 방식에서 비롯된다. 즉 자신에 대한 사랑이거나 진리에 대한 사랑이다. 이로부터 두 가지 시민성(civitates)이 형성된다. "따라서 두 가지 사랑을 통하여 두 가지의 국가가 성립된다. 즉 신에 대한 경멸에 이르는 자기 사랑에 의한 지상의 국가와, 자기경멸에 이르기까지 지양되는 신에 대한 사랑에 의한 신의 나라(神國)가 그것이다."[64] 신국(civitas dei)과 세계국가(civitas terrena) 사이의 대결은 역사의 심층적 사태를 이룬다.

이러한 두 가지 시민성에 대한 종속성은 현세적 역사와 어떻게 관계하는가? 이런 종속성은 교회(ecclesia)와 국가(res publica)라는 제도에 상응하는가? 우리는 이 문제의 연구에 대한 다양한 대답들을 검토하기 위하여,[65] 우선 국가의 발생사에 깊이 들어가지 않으면 안 된다. 의심의 여지 없이 인간은 본성적으로 사회적 동물이라는 고대적 이해는 아우구스티누스 사상에도 유효하다.

물론 아리스토텔레스와는 달리 (정치적 동물로서의) 인간의 본질은 더 이상 그리스적 의미로 폴리스의 형성에서 실현되는 것도 아니며, 키케로와도 달리 더 이상 로마 제국(res publica)의 법률에서 실현되는 것도 아니다. 공동체성의 본래적 의미는 오히려 신의 나라에서 채워지며, 공동체성은 바로 이 신국에서 신에 대한 사랑과 이웃 사랑을 통하여 정신적 피안에서 완전하게 실현된다.

세계역사의 시초는 아담의 타락이며, 이 원죄를 통해 인간 본성이 파괴된다. 사회와 국가의 형성능력도 원죄와 함께 한다. 정치사에서 인간은 항상 자기 사랑이 이기주의와 폭력의 형태로 침해될 수 있다는 가능성을 염두에 두지 않으면 안 된다. 국가의 형성이란 오직 파괴된 본성을 배려하는 데서만 생각될 수 있다. 그렇다면 배려의 의미는 무엇인가? 아우구스티누스는 시민개념과 국가개념에 대한 첫 규정에서 키케로의 『국가론』(*De republica*)에 나오는 견해에 의존한다.

이 견해에 따르면 임의로 사람들을 모아놓았다고 해서 모두 국가가 되는 것은 아니다. 오직 법률의 합의(consensu juris)와 사회성의 적용(utilitatis communione)을 통한 공동의 결정만이 국가를 성립시킨다.[66] 아우구스티누스에 의하면 물론 로마 제국에는 현실적 정당성에 기초하는 법률과 진정한 사회성이 단 한 번도 존재한 적이 없었다. 이런 것들은 신의 나라로 미루어졌으며, 그 신국에서 크리스트교를 통해 성립된 하느님 앞에서의 모든 인간의 평등이야말로 완전한 사회성 속에서 실현될 것이다.

그렇다면 인간의 국가적 실존에는 어떤 의미가 남게 되는가? 인간의 국가적 실존이란 단지 "그런 실존이 평가하는 것들의 관점에서 평화적 공동성을 통해 결합되어 있는 대중의 이해할 만한 합의(rerum quas diligit concordi communione sociatus)"[67]에 지나지 않는가? 그렇다면 공익은 사회계약(pactum societatis)의 결합체에 지나지 않을 것이며, 권리사상은 등한시될 것이다. 실제로 국가들은 이따금 권리관이나 사회관을 통념적인 명예의 규칙으로 타락시키는 도적떼와 비교된다.[68] 그렇지만 이러한 합일체에는 본질적으로 법률의 흔적이 남아 있다. 그렇지 않으면 그 합일은 분열될 것이다.[69]

사회적 합일(societas)의 사상은 권리와 평등에 대한 최소한의 척도를 요구한다. 그렇지 않으면 공생공존이 불가능할 것이기 때문이다. 이런 한에서 국가개념은 고삐 풀린 자기 사랑에 대한 치료제(remedium)로서, 신이 원하는 바이기도 하다. 그러나 파괴된 본성이 행하는 유한한 행위로서 법률과 사회의 실현은 다소 성공할 수는 있겠지만 결코 완전히 실현되지는 않는다.

여기서 패망의 길로 빠져들면서도 동시에 점점 더 크리스트교화하던 로마에 대한 아우구스티누스의 상대적 거리감이 명백히 드러난다. 아우구스티누스는 교회와 국가에 대한 정의를 다음과 같이 내린다. 즉 교회는 피안의 목적을 설정하며, 신의 나라와 신의 사랑을 세속적 조직의 형식을 통해 실현하고자 한다. 국가는 지상의 국가와 자기 사랑을 아무런 저지 없이 혼란에 빠지도록 두는 것이 아니라, 법률을 통하여 일정한 틀 속에 유지하면서 실현하고자 한다. 교회와 국가는 정신적 실현에 대한 친화력을 가진다. 즉 교회는 신의 나라에, 국가는 세계국가에 대해 친화력을 가진다. 그러나 교회와 국가가 신국이나 세계국가와 일치하는 것은 아니다. "이 세계시간 속에 있는 두 개의 나라는 마지막 법정에서 분리되기까지는 서로 대립하면서 서로 혼합되어 있기 때문이다." 세계역사와 구원사도 서로 일치하지 않는다. "신국의 확실한 적들 가운데 미리 예정된 친구들은 숨겨져 있기 때문이요",[70] 교회의 세속적 형태도 '자기 사랑' 으로부터 보호되지는 않기 때문이다.

따라서 아우구스티누스는 교회와 국가의 관계에 대한 문제에서 도나티스트와 신정주의적 견해 사이의 중립적 태도를 취한다. 도나티스트는 순수한 순교자 교회라는 개념을 보전하기 위하여 국가에 대해 혁명적 야당의 입장에 서며 엄격한 분리를 주장한다. 반면 신정주의적 견해는 교회의 직무를 점점 더 강력하게 크리스트교화되는 국가와 일치시킨다. 그러나 중립적 위치라 해도 아우구스티누스는 이론적으로는 신국에 서 있다. 그래도 도나티스트와 대결하는 아우구스티누스의 입장은 실천으로 기울어진다.

아우구스티누스는 대결의 전반부에서 이단을 척결하고 교회를 재정비하는 수단으로써 국가적 폭력을 교회 내에 사용하는 것을 거부하고 스스로를 진정한 교리의 위대한 권위에 근거하는 설득의 수단이라고 고백한다. 국가적 개입은 오직 정당한 평화의 보전을 위해서만 성립될 뿐, 어떤 종파의 탄압을 위해서는 성립될 수 없다.[71]

그러나 그의 태도는 외적 압박을 근거로 변하게 된다. 즉 아우구스티누스는 크리스트교적인 로마 제국의 권력이 이단을 거짓되고 해로운 종교라는 것을 이유로 처벌하는 것을 시인한다.[72] 또한 도나티스트에 대한 태도에서도 점차적으로 교회의 목적을 위하여 국가권력의 도움을 받을 수 있다고 생각하게 된다. 국가의 압력을 옹호하는 정치적 결론은 그의 이론적 위치를 불확실하게 한다. 아우구스티누스는 강압 그 자체는 좋지도 나쁘지도 않다고 늘어놓는다. 단지 누군가가 강압받는다면 그 이유가 좋은지 나쁜지가 고찰되지 않으면 안된다는 것이다.

그는 바로 이 지점에서 진리를 위한 교리의 강압을 정당화하기 시작하면서, 교회는 올바르고 진정한 어머니와 같다는 비유를 든다. 올바른 어머니는 자식을 엄격하게 다루며 쓰디쓴 약도 준다는 것이다.[73] 그럼으로써 교회 정책에 따라 "입교하도록 강요하라(compellite intrare)"는 가르침으로 한 걸음 나아가게 되었으며,[74] 교회에 의해 선포되는 피안의 진리와 교회를 동일시하고, 국가를 교회의 정치적 관철에 복속하도록 했다. 아우구스티누스는 이런 관점에서도 중세 특유의 문제의식을 개척한 사람이었다.

역사적 영향

아우구스티누스의 사상은 교회, 정치, 영성적 공간에서뿐만 아니라 신학적 · 철학적인 대결에서도 현대에 이르기까지 영향을 미치고 있다. 철학적으로 볼 때 라틴 교부학은 아우구스티누스의 계승자이며, 특히 서양의 네 교부 가운데 마지막 교부인 교황 그레고리우스 마뉴스(Gregorius Magnus)는 그의 후계자에 속한다. 무엇보다도 펠라기우스 논쟁에서 핵심적 역할을 하던 자유의지와 은총에 의한 선택의 관계에 대한 문제는 후대에 이르러서도 그 분위기가 수그러들지 않았다. 또한 교회와 국가의 관계에 대한 아우구스티누스의 서술과 함께 『신국론』의 근본문제도 뜨거운 관심의 초점이 되고 있다.

중세 초기에 미친 아우구스티누스의 영향은 로마 교회를 성립시킨 그의 교리와 밀접한 연관성을 통해 결정된다. 로마 제국이 독일 민족에 의해 멸망한 이후로 아우구스티누스주의는 논쟁의 여지 없이 카롤링거 시대부터 12세기에 이르는 정신적 발전을 좌우한다. 이 가운데 캔터베리의 안셀무스(Anselmus)나 아벨라르두스(Abaelardus)와 마찬가지로 스코투스 에리우게나(Eriugena)를 거명할 수 있다. 아우구스티누스에 반대하는 페트루스 다미아니(Petrus Damiani)와 클레르보의 베른하르트(Bernhard)까지도 그로부터 영감을 받고 있다.

중세 황금기에 이르자 아리스토텔레스의 수용 및 스콜라 철학에 의한 철학적 사유방법과 토론 기술은 명백한 전환기를 몰고 온다. 그렇지만 어떤 경우든 스콜라 철학의 아버지인 토마스 아퀴나스를 신플라톤주의적이고 아우구스티누스적인 전통의 반대편에 세울 수는 없다. 오히려 토마스는 크리스트교적이고 아우구스티누스적인 사상의 빛으로 아리스토텔레스를 해석한다. 같은 맥락에서 아우구스티누스적 전통도 자체의 고유한 방식으로 혁신된다. 중세에서 아우구스티누스적 전통의 번성은 항상 수도원 운동에 의해 이어져왔다.[75)]

이는 아우구스티누스 주변으로부터 유래하는 '성 아우구스티누스 규범'(Regulae Sancti Augustini)을 받아들이는 수도회 규범들과 함께 시작된다. 그리고 프레몽트레(Prémontré)회(성 노르베르트〔Norbert〕가 1121년에 아우구스티누스 규범의 정신을 이어받아 설립하여 1126년에 로마 교황청의 인준을 받은 성가 수도원—옮긴이)와 아우구스티누스회 성가대로 이어진다. 여기에는 파리의 생 빅토르 수도원, 샹포의 빌헬름(Wilhelm) 그리고 생 빅토르의 후고(Hugo) 등을 거명할 수 있다. 그리고 후에 토마스 아퀴나스의 원칙을 받아들인 도미니코 회원들도 아우구스티누스의 규범에서 출발한다.

마지막으로 프란체스코회 운동도 아우구스티누스적이다. 보나벤투라의 주저 『정신의 서열』(*Itinerarium mentis*)은 전적으로 아우구스티누스의 상승사상으로부터 생명을 받는다. 에크하르트의 신비주의도 마찬가지로 아우구스티누스의 조명설(照明說)을 내포하고 있으며, 쿠자누스의 사상 역시 아우구스티누스의 신학적 사변을 기초로 한다.

종교개혁과 함께 아우구스티누스의 은총신학을 둘러싼 논쟁이 다시 불붙는다. 루터는 스콜라 철학적 이해를 반대하는 변론에서 아우구스티누스를 불러온다. 르네상스 시대의 인본주의자들도 아우구스티누스가 고전 라틴어의 대가라는 것을 알아차리고 후대에 첨가된 부분과 가짜 아우구스티누스 저술로부터 아우구스티누스 자신의 진본을 정리해낸다. 무엇보다도 데카르트는 자신의 시대에 아우구스티누스주의의 실마리를 다시 받아들여 합리주의의 절정에 이르렀고, 파스칼은 신비적 · 종교적 방법을 찾아낸다.

아놀드(Arnauld)는 데카르트의 『성찰』(*Meditationes*)의 네번째 반론에서 데카르트의 논증 방법이 아우구스티누스와 일치한다는 것을 지적한다. 또한 파스칼이 데카르트주의에 반대하여 내놓은 '마음의 철학' 역시 아우구스티누스 사상에서 나온 것이다. 말브랑슈의 철학도 아우구스티누스 합창단의 기도문에 내재한 정신적 분위기에서 비롯된다.

아우구스티누스의 은총신학을 둘러싼 논쟁에서도 은총에 의한 선택에 우위성을 두는 아우구스티누스적 노선은 도미니코 회원들에 의해 대변된다. 이들은 예수회 회원 몰리나(Molina)파가 강조하는 자유의지를 공격한다. 얀센주의(Jansenismus)는 무엇보다도 아우구스티누스의 예정설에 나오는 극단적 표현을 그들의 신학적 방향으로 삼는다. 이로써 로마 교회는 아우구스티누스의 특정 사상을 날카롭게 분리시켜 단죄하게 되었던 것이다. 그렇지만 포르-루아얄(Port-Royal)의 기도문은 데카르트 반대자인 아놀드와 함께 오랫동안 이러한 정신적 전통과 결합되어 있었다.

가톨릭 사상의 신토마스주의적 문예부흥에서 아우구스티누스는 토마스 아퀴나스에 의해 다시 수용된다. 무엇보다도 현상학과 실존주의 사상이 아우구스티누스와 결합한다. 후설은 자신의 현상학적 환원에 이 내밀성의 사상가를 불러오며, 시간 탐구에서는 아우구스티누스의 『고백록』에 있는 분석을 불러온다. 하이데거는 시간경험에 대한 아우구스티누스적 노선을 인간의 존재규정을 위한 출발점으로 발견하며, 삶의 관점을 '죽음을 향한 경주'(currus ad mortem)라는 전망에서 발견한다.

내밀성의 철학에 반대하는 행동주의자들과 논리실증주의자들은 플라톤주의와 아우구스티누스주의에 반대하여 논란을 불러일으킨다. 가다머의 해석학적 언어학은 '내적 언어'에 대한 아우구스티누스의 가르침을 되살린다. 이러한 찬성과 반대 속에서도 아우구스티누스 자신은 사상적으로 자극적인 모습을 남기고 있다. 아우구스티누스의 독특한 표현들은 자주 등장하고 있으며, 그런 표현으로부터 늘 거듭하여 사상적 논란이 불붙고 있다.

| 알프레드 쇠프 · 신창석 옮김 |

알프레드 쇠프(Alfred Schöpf)

1938년 출생. 뷔르츠부르크 대학 철학과 정교수로 있다. 주요 저서 : *Wahrheit und Wissen, Die Begründung der Erkenntnis bei Augustin*(1965), *Augustinus. Einführung in sein Philsophieren*(1970), *Sigmund Freud*(1982), *Das anthropologisch Problem der Phantasie*(Hrsg., 1981), *Bedürfnis, Wunsch, Begehren*(1987).

신창석

독일 프라이부르크 대학에서 중세철학을 전공하고 박사학위를 받았다. 교육부 브레인 풀 초빙교수, 한국중세철학회 회장을 지냈으며, 현재 대구가톨릭대학교 철학

전공 교수로 있다.

저서로는 『*Imago Dei und Natura hominis*』과 『예술에 대한 철학적 담론』 등이 있고, 역서로는 『토마스 아퀴나스』 『스콜라 철학의 기본개념』 『중세철학이야기』 등이 있다.

주

1) 아우구스티누스, 『고백록』 X, 1, 1. 앞으로 인용되는 아우구스티누스 저서는 다음과 같이 표기한다. 『고백록』; *De docter. christ.* = *De doctrina Christiana*(크리스트교 교리론); *De civ. dei* = *De civitate Dei*(신국론); *Ep.* = *Epistola*(서간).
2) 플라톤, 『국가』, 508e.
3) 아리스토텔레스, 『정치학』, 1253a 29.
4) 헤겔, 『정신현상학』, VI B I b.
5) 칸트, 『실천이성비판』, §7.
6) Marrou 1949, 161쪽 이하 참조.
7) A. Adam, "Manichäismus," in : *Lexikon der Alten Welt*, Zürich/Stuttgart 1965, Sp. 1840f.
8) Jolivet 1936 참조.
9) O. Gigon, "Akademiker," in : *Lexikon der Alten Welt*, Sp. 89.
10) A. Harnack ; P. Alfaric 참조.
11) Ch. Boyer ; W. Timme 참조.
12) 『고백록』, V, 13, 23.
13) 같은 책, VI, 20, 26.
14) P. Henry 참조.
15) W. Theiler 참조
16) 『고백록』, VIII, 12, 28.
17) Courcelle 1950, 175~202쪽.
18) Bolgiani und Andresen 1959, 350~357쪽.
19) *Ep.* LXXXVI, Sermo 2, 1~4 그리고 van der Meer 참조.
20) A. Adam, "Donatisten," in : *Lexikon der Alten Welt*, Sp. 769.
21) P. Langlois, "Pelagius," in : *Lexikon der Alten Welt*, Sp. 2241.
22) Söhngen und Schöpf 1970, 39쪽 이하.
23) 『고백록』, X, 6, 10.
24) 같은 책, 같은 곳.
25) Sermo 43, 7, 9와 118, 1.
26) Blumenberg 참조.
27) Jaspers, 118쪽 이하 참조.

28) 『고백록』, X, 4, 5.
29) Ritter 참조.
30) 『고백록』, X, 8, 12.
31) Kälin und Schöpf 1965 참조.
32) *Contr. Acad.* I, 7, 9.
33) *De ver. rel.* 39, 73 ; *De Trin.* X, 10, 14 ; *De civ.* dei XI, 26.
34) R. Descartes, *Meditationen* I ; Löwith 1965.
35) 『고백록』, X, 20, 29.
36) *De Trin.* X, 9, 14 ; Schumaus 참조.
37) Cayré 1947 ; Gilson 250쪽 ; Jolivet 1934.
38) *Sol.* I, 6, 12.
39) *De mag.* 11, 38.
40) Berlinger 1962 ; Duchrow, 122쪽 이하 참조.
41) Burnaby와 Arendt 참조.
42) *De civ.* dei XI, 26.
43) 『고백록』, X, 6, 10.
44) 같은 책, X, 6, 8.
45) 같은 책, 같은 곳.
46) *De doctr. christ.* I, 4, 4.
47) *De civ.* dei V, 10.
48) 『고백록』, II, 6, 14.
49) *Op. impf. c. Jul.* 6, 12.
50) Rondet ; Nörregaard 1923 참조.
51) In *Ep. Joann.* VII, 8.
52) Schneider와 Anderson 참조.
53) 『고백록』, XI, 14, 17.
54) 같은 책, XI, 15, 20.
55) 아리스토텔레스, 『자연학』, 219a 22 이하.
56) Conen 30쪽 이하와 Brunner 20쪽 이하 참조.
57) 『고백록』, XI, 20, 26.
58) 같은 책, XI, 29, 39.
59) Pongratz, 112쪽 참조.
60) Lechner와 Berliger 1992, 216쪽 이하 참조.
61) Ratzinger 참조.
62) 『고백록』, I 1, 1.
63) Kamlah와 Löwith 1953, 148~174쪽 참조.

64) *De civ*. dei. XIV, 28.

65) Hoffman과 Maier 참조.

66) *De civ*. dei. II, 21.

67) 같은 책, dei. XIX, 24.

68) 같은 책, IV, 4.

69) Dean과 Figgis 참조.

70) *De civ*. dei. I 35.

71) *Ep*. LXXXVII, 8.

72) 같은 책, LXXXIX, 1~2.

73) 같은 책, XCIII, II, 6.

74) 같은 책, XCIII, II, 5.

75) Marrou 1958, 137쪽 이하.

참고문헌

원전

라틴어 원전

- *Augustini Sancti Aurelii opera omnia. Studio monachorum ordinis S. Benedictini*, 11 Bde., Paris 1679~1700(이른바 '마우리너판').
- *Augustini Sancti Aurelii opera omnia*, in Migne, J.-V. : Patrologiae cursus completus. Series latina. Bde. 32~47, Paris 1841~1849(이른바 '미녜판').
- *Bibliothèque Augustinienne. Œuvres de Saint Augustin*. lat.-franz., 2. Ausgabe, Paris 1949ff.(이른바 '파리판').

독일어 번역본

- *Bibliothek der Kirchenväter*(=BKV), hrsg. v. O. Bardenhewer, Th. Scherman, K. Weyman, J. Zellinger, J. Martin, Kempten und München, Bde. I~III : Zweiundzwanzig Bücher über den Gottesstaat, übers. v. A. Schröder 1911~22. IV~VI : Vorträge über das Evangelium des hl. Johannes, übers. v. Th. Specht, 1913~14. VII : Bekenntnisse, übers. v. A. Hoffmann, 1914. VIII : Ausgewählte. praktische Schriften : De doctrina christina ; de catechizandis rudibus ; de fide et operibus ; Enchiridon ad Laurentium sive de fide, spe et caritate ; übers. v. S. Mitterer, 1925. IX~X : Ausgewählte Briefe, übers. v. A. Hoffmann, 1917. XI~XII : Fünfzehn Bücher über die Dreieinigkeit, übers. v. M. Schmaus, 1935.
- *Aurelius Augustinus. Werke in deutscher Sprache*(=DA), Paderborn 1940ff. : (a) Die frühen Werke, übers. v. C. Perl : Die Ordnung, 1952 ; Der freie Wille, [4]1972 ; Die wahre Religion, 1957 ; Die Grösse der Seele, 1960 : Die Musik 1962. (b) Die philosophieschen Werke, übers. v. C. Perl u. a. : Bekenntnisse, 1955 ; Das Handbüchlein, übers. v. P. Simon, 1948 ; Die Auslegung der Psalmen, ausgew. und übers. v. H. Weber, 1955 ; Der Lehrer,[3] 1974 ; Über den Wortlaut der Genesis I, Bücher I~VI, 1961 ; Bücher VI~XII, 1964 ; Der Nutzen des Glaubens, Die zwei Seelen, 1966 ;

Drei Bücher über den Glauben, Dreiundachtzig verschiedene Fragen, 1972 ; Retractationes, 1976(in 2 Büchern). Deutsche Gesamtausgabe der antipelagianischen Schriften : Gegen die Pelagianer, Strafe und Vergebung der Sünden, Geist und Buchstabe, 1971 ; Ehe und Begehrlichkeit, Natur und Ursprung der Seele, 1977.

● *Die Bibliothek der Alten Welt. Antike und Christentum*(=BaW), hrsg. v. K. Hœnn und W. Rugg, Zürich 1950 ff : Bekenntnisse, eingeleitet und übers. v. W. Thimme, 1950 ; Selbstgespräche über Gott und die Unsterblickeit der Seele, übers. v. H. Müller, 1954 ; Vom Gottesstaat, 2 Bde., übers. v. W. Thimme, [2]1978(Taschenbuchausgabe : dtv 1978) ; Vom freien Willen, Von der wahren Religion, übers. v. W. Thimme, 1962 ; Philosophische Frühdialoge, übers. v. B. Voss, J. Schwarz-Kirchenbauer, E. Mühlenberg u. a., 1972 ; Philosophische Spätdialoge, über. v. G. Weigel, K. H. Lütcke u. a., 1973.

2차 문헌

입문서

●Andresen, C. : "Bibliographia Augustiniana," in : *Zum Augustin-Gespräch der Gegenwart*, Darmstadt 1962.

●Bardy, G. : *Saint Augustin. L'homme et l'oeuvre*, Paris, Desclée de Brouwer, [7]1954.

●Berlinger, R. : *Augustins dialogische Metaphysik*, Frankfurt a. M. 1962.

●Cayré, F. : *Initiation à la philosophie de S. Augustin*, Paris, Desclée de Brouwer, 1947.

●_______ : *La philosophie de Saint Augustin*, I : Dieu présent à la vie de l'esprit, Paris. Desclée de Brouwer, 1951.

●Flasch, K. : *Augustin, Einführen in sein Denken*, Sttuttgart 1980.

●_______ : *Das philosophische Denken im Mittelalter. Von Augustin zu Machiavelli*, Stuttgart 1896.

●Gilson, E. : *Introduction à l'Etude de S. Augustin*, Paris. Vrin, [3]1949(deutsch : Der hl. Augustin, Hellerau 1930).

●Jaspers, K. : *Plato, Augustin, Kant. Drei Gründer des Philosophierens*, München 1961.

●Marrou, H. I. : *Augustinus in Selbstzeugnissen und Bilddokumenten*,

Reinbek 1958.
•Schöpf, A. : *Augustinus. Eine Einführung in sein Philosophieren*, Freiburg/ München 1970.
•Sciacca, M. F. : *Sant' Agostino*, I. : La vita e l'opera ; Il pensiero, Teil I : L' Itinerario della mente, Brescia, Morcelliana, 1949, Teil II : L' Itinerario della volontà, Brescia, Morcelliana, 1954.

성장과 회심의 역사

•Alfaric, P. : *L'évolution intellectuelle de S. Augustin*, I, Paris, E. Noury, 1918.
•Andresen, C. : "Rezension zu Bolgiani," in : *Gnomon 31*(1959) 350~357.
•Bolgiani, F. : *La conversione de S. Agostino e l' VIII libro delle Confessioni*, Turin 1956.
•Boyer, Ch. : *Christianisme et Néoplatonisme dans la formation de S. Augustin*, Paris, Beauchesne, 1920.
•Courcelle, P. : *Recherches sur les Confessions de S. Augustin*, Paris, de Boccard, 1950.
•______ : *Les Confessions de Saint Augustin dans la Tradition Littéraire*, Paris, Etudes augustiniennes, 1963.
•Guardini, R. : *Die Bekehrung des Aurelius Augustinus. Der innere Vorgang in seinen Bekenntnissen*, Freiburg 1959.
•Harnack, A. : *Augustins Confessionen*, Gießen 1895.
•Henry, P. : "Plotin et l' Occident," *Spicilegium Sacrum Lovaniense 15*, Löwen 1954.
•Jolivet, R. : S. *Augustin et le Néoplatonisme chrétien*, Paris, Beauchesne, 1932.
•Marrou, H. I. : *Saint Augustin et la fin de la culture antique*, Paris, de Boccard, ²1949.
•Van der Meer, Fr. : *Augustin der Seelsorger*, Köln 1951.
•Nörregaard, J. : *Augustins Bekehrung*, Tübingen 1923.
•O' Meara, J. : *The Young Augustine. The Growth of St. Augustine's Mind up to his Conversion*, London, New York und Toronto, Longmans/Green, 1954.
•Ratzinger, J. : "Originalitität und Überlieferung in Augustins Begriff der Confessio," in : *Revue des Études Augustiniennes(REA) 3*, S. 375~392.
•Testard, M. : *Saint Augustin et Cicéron*, I : Cicéron dans la formation et

dans l'oeuvre de S. Augustin, II : Répertoire des textes, 2 Bde., Paris, Imp. de l'Est, 1958.
●Theiler, W. : "Porphyrios und Augustin," in : *Schriften der Königsberger Gelehrtengesellschaft 10*, Halle 1933/34.
●Thimme, W. : *Augustin. Ein Lebens- und Charakterbild auf Grund seiner Briefe*, Göttingen 1910.
●_______ : *Augustins Selbstbildnis in den Konfessionen. Eine religions-psychologische Studie*, Gütersloh 1923.

인식론

●Blumenberg, H. : "Augustins Anteil an der Geschichte des Begriffs der theoretischen Neugierde," in : *Revue des Études Augustiniennes(=REA) 7*, Paris 1961, 35~70.
●Boyer, Ch. : *L'idée de vérité dans la philosophie de S. Augustin*, Paris, Beauchesne, 1921.
●Duchrow, U. : *Sprachverständnis und Biblisches Hören bei Augustin*, Tübingen 1965.
●Grabmann, M. : *Die Grundgedanken des hl. Augustinus über Seele und Gott*, Köln 1929.
●Hessen, J. : *Die Philosophie des hl. Augustinus*, Görres-Bibliothek 55, Nürnberg 1947.
●_______ : *Augustins Metaphysik der Erkenntnis*, Berlin und Bonn 1931.
Ivánka, E. v. : *Plato Christianus*, Einsiedeln 1964.
●Jolivet, R. : *Dieu soleil des Esprits ou la doctrine augustinienne de l'illumination*, Paris, Desclée de Brouwer, 1934.
●Kälin, B. : *Die Erkenntnislehre des hl. Augustins*, Sarnen 1920.
●Körner, F. : "Die Entwicklung Augustins von der Anamnesis-zur Illuminationslehre im Lichte seines Innerlichkeitsprinzips," in : *Theologische Quartalschrift*, Tübingen 134(1954) 397~447.
●Löwith, K. : "Wissen und Glauben," in : *Augustinus Magister 1*, S. 403~410.
●_______ : *Wissen, Glauben, Skepsis*, Göttingen 1965.
●Pongratz, L. : *Problemgeschichte der Psychologie*, Bern 1967.
●Schmaus, M. : *Die psychologische Trinitätslehre des hl. Augustinus*, Münster 1927.

•Schöpf, A. : *Wahrheit und Wissen. Die Begründung der Erkenntnis bei Augustin*, München 1965.
•______ : "Die Verinnerlichung des Wahrheitsproblems bei Augustin," in : *REA* 13, S. 85~96.
•Söhngen, G. : "Der Aufbau der augustinischen Gedächtnislehre," in : ders. : Die Einheit der Theologie, München 1952.

시간개념

•Berlinger, R. : "Zeit und Zeitlichkeit bei Aurelius Augustinus," in : *Zeitschrift für philosophische Forschung* 7(1953) 493~510.
•Brunner, P. : "Zeit- und Geschichtsauffassung bei Augustin," in : *Zeitschrift für Theologie und Kirche 14*(1933) 20f.
•Chaix-Ruy, J. : *Saint Augustin. Temps et histoire*, Paris, Études augustiniennes, 1956.
•Conen, P. : *Die Zeittheorie des Aristoteles*, München 1964.
•Dinkler, E. : "Die Anthropologie Augustins," in : *Forschungen zur Kirchen- und Geistesgeschichte*, Stuttgart [4]1934.

윤리학

•Arendt, H. : "Der Liebesbegriff bei Augustin. Versuch einer Philosophischen Interpretation," in : *Philosophische Forschungen IX*, Berlin 1929.
•Barth, K. : "Die Bedeutung der Freiheit bei Epiktet und Augustin," in : *Das Menschenbild im Lichte des Evangeliums, Festschrift für E. Brunner*, Zürich 1950, 49~64.
•Burnady, J. : *Amor dei*, London, Hodder & Stoughton, 1947.
•Combès, G. : *La charité d'après Saint Augustin*, Paris, Desclée de Brouwer, 1934.
•Jolivet, R. : *Le problème du mal d'après S. Augustin*, Paris, Desclée de Brouwer, 1936.
•Mausbach, J. : *Die Ethik des hl. Augustinus*, 2 Bde., Freiburg 1909.
•Nörregaard, J. : *The doctrine of Grace*, London 1932.
•Nygren, A. : *Eros und Agape. Gestaltwandlung der christlichen Liebe*, 2 Bde., Gütersloh 1930 u. 1937.

●Rondet, H. : *Gratia Christi. Essai de l'histoire du dogme et de théologie dogmatique*, Paris, Beauchesne, 1948.

존재론과 창조신학

●Anderson, J. F. : *St. Augustine and Being*, Den Haag, Nijhoff, 1965.
●Guitton, J. : *Le temps et l'éternité chez Plotin et S. Augustin*, Paris, Boivin, 1933.
●Körner, F. : *Das Sein und der Mensch. Die existentielle Seinsentdeckung des jungen Augustin*, Symposion V, Freiburg u. Müchen 1959.
●Lechner, O. : *Idee und Zeit in der Metaphysik Augustins*, München 1964.
●Ritter, J. : *Mundus Intelligibilis. Eine Untersuchung zur Aufnahme und Umwandlung der neuplatonischen Ontologie bei Augustinus*, Frankfurt a. M. 1937.
●Schneider, R. : *Das wandelbare Sein. Die Hauptthemen der Ontologie Augustins*, Frankfurt a. M. 1938.
●Thonnard, F.J. : "Ontologie augustinienne : L'être et ses divisions les plus générales," in : *L'Année Théologique Augustinienne(=ATA) 14*(1954) 41~53.

역사신학

●Combès, G. : *La doctrine politique de Saint Augustin*, Paris, Desclée de Brouwer, 1927.
●Figgis, J.N. : *The political Aspects of St. Augustine's City of God*, London, Longmans/Green, 1921.
●Hoffmann, E. : "Platonism in Augustine's Philosophy of History," in : *Philosophy and History*, Oxford 1936, 173~190.
●Hoffmann, F. : *Der Kirchenbegriff des hl. Augustinus in seinen Grundlagen und in seiner Entwicklung*, München 1933.
●Kamlah, G. : *Christentum und Geschichtlichkeit. Untersuchungen zur Entstehung des Christentums und zu Augustins "Bürgerschaft Gottes"*, Stuttgart [2]1951.
●Löwith, K. : *Weltgeschichte und Heilsgeschichte*, Stuttgart 1953.
●Maier, H. : "Augustinus", in : *Klassiker des politischen Denkens*, München 1968.

8 알기 위해 믿는다

캔터베리의 안셀무스(1033~1109)

"우리는 실로 하느님이야말로 그보다 더 큰 것이라고는
아무것도 생각할 수 없는 어떤 것이라는 사실을 믿습니다."
●안셀무스

캔터베리의 안셀무스(Anselmus)를 과연 철학사상의 거장으로 손꼽을 수 있는가 하는 문제는 비단 거장이란 말의 뜻을 어떻게 이해하는가에만 달려 있는 것은 아니다. 그것은 안셀무스 사상의 핵심인 크리스트교의 진리를 '철학적'으로 인정할 것인가에도 달려 있다. 안셀무스에게는 중세 후기에 이르러 비로소 형성되었던 각종 교리들의 구별 작업이 요구되지 않았다.

한 가지 분명한 사실은 안셀무스가 중세철학의 창시자는 아니었지만, 중세철학이 결정적으로 꽃피기 시작한 11세기 후반기에 상당한 영향을 미쳤다는 점이다. 따라서 개별 사상가들의 저작을 통해 중세철학을 모범적으로 연구하려는 사람들에게 안셀무스 연구를 추천하는 것은 당연한 일이라 할 수 있다. 14세기 초의 철학적 저작들, 예를 들어 오컴이나 에크하르트의 저작들을 잠시나마 일별하기 위해 먼저 1100년부터 1300년까지 왕성하게 전개된 지적 발전을 살펴야 할 경우, 결코 안셀무스를 빼놓을 수 없다.

거장이란 명예로운 타이틀을 숭고한 고독 속에 사유하는 천재라는 표상과 연관시킨다면 흔히 베토벤이나 미켈란젤로를 연상하게 되지만, 안셀무스의 경우에는 이러한 도식을 역사적으로 수정할 필요가 있다. 즉, 안셀무스의 저작은 새로운 시작이며, 그 자신도 이같은 사실을 깨닫고 있었다. 그는 자기 나름대로 신의 존재를 증명하기 위해 경험상 고통스러운 질문과 극단적인 요구를 마다하지 않았다. 그리고 자신의 저작을 읽는 독자들에게 이 점을 알리는 것이 중요하다고 생각했다. 동시에 그는 자신의 정신 상태를 '절망적'(desperans)이라고 불렀는데, 이는 11세기 라틴어에서 중요한 표현이었다.

그러나 전체적으로 안셀무스를 살피기 위해서는 그의 제자들을 함께 염두에 두어야 한다. 그의 두서너 저작에서 보여주는 대화 형식은 실제 유쾌한 대담에 기인하고 있기 때문이다. 뿐만 아니라 안셀무스는 키케로와 아우구스티누스의 문학적 모범에도 익숙했던 것으로 알려지고 있다. 또 안셀무스의 서간문들 가운데 초기 및 중기의 글들을 보면 그가 소속된 베네딕트회의 중요성을 강조한 내용을 발견할 수 있다. 그는 자신보다 어린 친구들과의 교류를 늘 유지했을 뿐만 아니라, 11세기 후반기의 전반적인 지적 운동에도 참여하고 있었던 것이다.

지금까지 살펴본 것처럼 우리는 안셀무스가 대화와 맺고 있는 관련성을 떼어놓아서는 안 된다. 그는 이같은 맥락에서 자신의 가치를 유일무이하게 드높일 수 있었다. 특히 그는 첫째, 지식과 신앙에 대한 새로운 관계를 설정했고, 둘째, 하느님의 존재에 대한 새로운 논증을 제시했으며, 셋째, 지금까지의 '구원'에 대한 개념을 명확하게 바로잡아놓았다. 안셀무스는 이를 위해 분명한 방법론에 기반을 두고 비교적 일관성 있게 연구를 추진했을 뿐만 아니라, 크리스트교 신앙의 주요 내용과 11세기 아리스토텔레스-보에티우스 학파의 학교논리학적 문제점들을 검토하였다.

안셀무스는 중세철학이 결정적으로 꽃피기 시작한 11세기 후반기에 상당한 영향을 끼쳤다.

생애

안셀무스는 1033년 아오스타(이탈리아 북서부의 피에몬테 지방의 도시—옮긴이)에서 태어났다. 우리는 그의 제자인 에아드머(Eadmer)가 저술한 안셀무스의 전기 덕분에 그의 생애에 대해서 비교적 소상히 알고 있다. 일찍이 어머니와 사별한 그는 1056년 프랑스에서 고전 교육을 받기 위해 고향을 떠나면서 아버지와도 헤어졌다. 이후 3년 동안 프랑스 이곳저곳을 떠돌아다닌 뒤에, 26세 때 노르망디 지방의 베크(Bec) 수도원에 들어갔다. 그가 이 수도원에 들어가게 된 것은 신부가 되고 싶었다기보다는 우선 당시 이 수도원의 저명한 부원장 랜프랑크(Lanfrank) 아래에서 공부하고 싶었기 때문이었다. 그러나 안셀무스는 곧 신부가 되었으며, 1063년에는 베크 수도원의 원장이 되었다.

이후 30년 동안 그는 저술가로서 전성기를 맞았다. 1093년에는 랜프랑크의 뒤를 이어 영국 교회의 장상인 캔터베리의 대주교로 부임했다. 그러나 타협을 모르는 꼿꼿한 성품 때문에 두 차례나 유럽 대륙으로 망명하여 프랑스와 이탈리아에 머물기도 했다. 1109년 그는 임종을 맞아 정신에 관한 저술 계획을 완성시키지 못한 것을 아쉬워하며 숨을 거두었다.

우리는 안셀무스가 아오스타를 떠나 베크 수도원에 들어가기 전까지의 행적에 대해서는 정확히 알지 못한다. 에아드머는 이와 관련하여, "그의 마음의 배는 닻을 잃어버린 것처럼 세상이라는 격랑 속에 거의 완전히 가라앉아 버렸다"[1)]고 적고 있다. 한 가지 확실한 점은 안셀무스가 랜프랑크의 학문적 명성을 알고 있었다는 것이다. 이는 당시로서는 거의 당연한 일이었다고 할 수 있다. 투르의 베렌가리우스와 랜프랑크 사이에 격렬한 논쟁이 있었기 때문이다. 랜프랑크는 안셀무스와 마찬가지로 이탈리아 사람으로 파비아에서 법학 교육을 받은 후 아브랑슈에서 학교를 설립했다. 그는 이곳에서 법학과 변증론, 그리고 아리스토텔레스-보에티우스 학파의 논리학을 가르쳤다.

따라서 우리는 아브랑슈와 투르, 두 학교간의 경쟁이 '성찬논쟁'(Abend-mahlstreit)으로 불리는 격론을 유발시켰음을 짐작할 수 있다. 이 논쟁의 핵심은 그리스도의 생애에서 제기되는 근본문제를 '이성'(Vernunft)의 도움으로 해결할 수 있느냐 하는 것이었다. 여기서 이성은 구체적으로 아리스토텔레스의 논리학 저술, 특히 『범주론』과 『명제론』에 포함되어 있는 개념과 추론을 이용하는 것을 말한다. 이 저술들은 보에티우스가 아리스토텔레스를 라틴어로 번역하고 주석한 것으로 카롤링거 왕조의 교육개혁 이후 고등교육의 기초가 되었다. 이후 수세기 동안 사람들은 고대로부터 전승된 이 전통을 습득하는 데 충실했다.

그러나 11세기 중엽에 이르러 이 전통은 충돌의 위기를 맞았다. 이는 베렌가리우스가 한편으로는 교회의 생활지도와 경건한 성서적 명상 및 전례적 실천을, 또 다른 한편으로는 논리학 강의를 애매하게 병행하도록 내버려두지 않았던 점과 관련되어 있다. 베렌가리우스는 어떻게 해서든지 이들을 하나로 통합하기 위해 노력했으며, 결국 논리학의 힘을 빌려 통합했다. 즉, 그는 일반적으로 지시대명사 '이것'이 개별적인 실체(Substanz)를 표시한다는 점을 가정하는 문법이론을 '이 빵은 나의 몸이니라'는 문장에 적용시켰다.

이에 따르면 빵의 개별적 실체는 비록 빵이 성찬식에서 그리스도의 몸으로 변용될 경우에도 무너질 수 없다는 것이다. 왜냐하면 이는 어떤 문장의 주어가 무너질 경우 문장 전체의 논리적 형식도 무너지게 된다는 점을 암시하기 때문이다. 베렌가리우스는 반대파와의 논쟁에도 불구하고 성찬식에서 그리스도의 현재함을 굳게 믿었지만, 이는 어디까지나 영성적으로 해석되어야만 한다고 보았다. 결국 개별적인 빵의 실체가 그리스도의 몸이라는 실체로 전환되었다고 볼 수 없다는 것이다.

그러나 이때 그리스도의 몸이 '실체적'(substantiell)인 의미를 갖고 있지 않다면, '실재적'(real)이란 무엇을 말하는가? 그리고 그리스도의 몸이 '참으로'(wahrhaft) 실재적인 의미를 갖고 있지 않다면, '실체적'

이란 무엇을 말하는가? 또 '참으로'는 '물체적'(körperhaft) 현존을 의미하는 것이나 다름없다는 것이다.

이처럼 11세기 성찬논쟁에서는 지금까지 평화적으로 공존해온 두 가지 삶의 전통만이 충돌한 것이 아니었다. 즉, 실재에 대한 상이한 개념도 충돌하고 있었던 것이다. 따라서 일상적인 세계관, 바꿔 말해 학교에서 읽히는 저술을 통해 접근 가능한 스토아 학파의 실재론을 고수할 것인지(스토아 학파의 실재론에 따르면 현실적인 모든 것은 물질적이어야만 한다), 성서적 자구(字句)를 고수할 것인지, 아니면 심도 깊은 연구가 이루어지지 못해 문맥상 알려지지 않은 상태로 지속되어온 아리스토텔레스의 실체론을 고수할 것인지, 아니면 아우구스티누스와 암브로시우스의 저술 중 플로티노스 및 오리게네스의 영감을 받은 것처럼 보이는 영성주의와 상징주의를 고수할 것인지 결정해야만 했다.

이같은 논쟁은 동로마 교회와 서로마 교회의 종교회의에서 주된 관심사가 되었다. 이 때문에 베렌가리우스는 죽음의 위협을 받으면서 두 차례에 걸쳐 자신의 주장을 부정해야만 했다. 그러나 그는 투르로 돌아온 후 또 다시 자신의 이론을 가르치는 데 주저하지 않았다. 이같은 베렌가리우스의 최대 논적은 랜프랑크였다. 랜프랑크 자신도 스스로 시인하는 바와 같이 처음에는 베렌가리우스의 지지자로 의심을 받았다. 이로 인해 랜프랑크는 자신을 강력하게 변호하기 위해 베렌가리우스를 비판하면서 자신의 입장을 바꾸게 되었다. 유명한 변증론 교사였던 랜프랑크는 변증론을 신앙의 문제에 적용하는 데 제한을 둘 것을 원했다. 즉, 성서를 해석할 때 논리적 기교보다는 성서 인용과 교부들의 문헌을 논쟁의 근거로 삼고자 했던 것이다.

랜프랑크가 이같은 논란에 말려들고 있을 때, 안셀무스는 앞서 말한 것처럼 우선 공부하기 위해 베크 수도원에 들어갔다. 랜프랑크는 상당히 많은 학생들을 가르쳤지만, 그 중에서도 안셀무스를 가장 총애했다. "안셀무스는 불철주야로 학문연구에 몰두했다. 그는 랜프랑크의 지도 아래 자신이 원하는 대로 마음껏 공부할 수 있었을 뿐만 아니라, 스승을 대신해 동료들이 궁금해하는 것들을 꼼꼼히 가르쳐 주기도 했다."[2]

그렇다면 안셀무스는 과연 무엇을 읽고 배웠을까? 겨우 수십 년밖에 되지 않은 이 수도원의 도서관은 1040년 무렵 랜프랑크에 의해 설립되었다. 당시 이 도서관이 소장하고 있었던 장서 수는 성서와 교회법 관련 문헌을 제외하면 50여 권에 이르렀던 것으로 추정된다. 물론 여기에는 아우구스티누스를 비롯한 라틴 교부들의 저술도 포함되어 있었다.[3] 지금까지 전해지는 이 도서관의 목록은 12세기 후반부터 유래된 것으로 알려지고 있다. 그러나 이 목록에는 세네카, 오비디우스, 수에토니우스 등도 포함되어 있어, 이들의 저술은 이미 안셀무스 시대에 베크 수도원에서 읽혔던 것으로 짐작된다.

필자가 이같은 사실을 구체적으로 언급하는 것은, 안셀무스가 갑자기 자신만의 새로운 사상을 가지고 등장했으며 기껏해야 700년이란 간격을 뛰어넘어 아우구스티누스와 관련시킬 수 있을 뿐이라는 생각에 반대하기 때문이다. 이같은 생각은 성인전의 모범과 역사주의에 대한 개인적 성향을 절충하고 있기 때문에, 개별적으로 반박할 필요가 있다.

안셀무스 사상은 카롤링거 왕조 이후 수도원에서 전개되었던 학교(Schola)문화에 기반을 두고 있으며 아우구스티누스와 보에티우스의 지지를 받았고, 베렌가리우스와 랜프랑크의 논쟁에 의해 자극을 받았다. 이같은 학교문화는 1세기에 걸쳐 진행되었는데, 이것은 게르만 민족이동 이후 비로소 외형적인 생활양식이 정착되고 이 결과 집단과 개인이 자기이해를 위해 지금까지 유례가 없을 정도로 맹렬히 고심하던 때였다. 민족이동의 시대가 끝나면서 카롤링거 왕조의 개막을 오랫동안 위협해 왔던 바이킹과 헝가리 민족의 침입도 동시에 끝나던 시기였기 때문이다.

농업경제도 비약적인 발전을 거두고 있었다. 기근현상은 줄어들었으며, 도시는 단순히 주교가 머무는 장소가 아니었다. 자의식을 가진 도시의 시민계급이 대두하여, 교황과 황제 사이의 권력투쟁에 정치적 중요성을 더하게 되었다. 랜프랑크와 안셀무스의 전기에서도 언급되고 있는 것처럼 지역간 교류는 대외무역 분야에서뿐만 아니라 문화적 분야에서도 활발하게 전개되었다. 새로운 시대가 열리고 있다는 것이 분명히 드러나고 있었던 것이다. 건축활동도 활발히 이뤄졌다. 생활양식도 변화하여 이전보다 공간이동이 용이하게 되었다. 그 결과 농업사회에서 탈피하는 추세가 나타나게 되었다.

그러나 한편으로는 사회가 점점 더 복잡해지고 갈등이 늘어남에 따라 정당성을 상실하는 경우도 증가하게 되었다. 교회에서는 더 이상 비참하고 재앙이 없는 세상의 경계선을 새롭게 긋기 위해 노력하고 있었다. 즉, 수도원 개혁운동은 세속과 성(聖), 교회와 국가의 엄격한 구별을 요구했다. 성직임명권을 둘러싼 황제와 교황간의 서임(敍任)논쟁과 관련된 출판활동은 단순히 형식적 논증능력을 가르치는 것이 아니었다. 이는 권위를 다양한 방법으로, 심지어 상반되게 해석할 수도 있음을 보여주었다. 그 결과 불확실성이 대두하여 일반적인 지적 충돌 현상이 나타나게 되었다. 즉, 이단(異端)에 대한 혐의와 박해가 증가하게 되었다.

이같은 사회적 불안은 유태인으로부터도 유래되었다. 대외무역의 거래량이 증가하면서 유태인들의 경제적 중요성도 성장하게 되었기 때문이다. 이들의 문명과 지적 수준은 크리스트교 국가들보다 월등히 높았다. 따라서 11세기부터 크리스트교인들은 이같은 현상에 대해 점점 더 불안감을 느끼게 되었다.

가령 경제적으로 유력할 뿐만 아니라 생기가 넘치는 정신을 가지고 있었던 유태인 집단과 일체감을 느낄 수 없었던 크리스트교인들은 자신의 신앙을 확신할 수 있었을까? 종교에서 다원성의 문제가 제기되는 것도 이 때문이었다. 이로써 사람들은 유태인들의 일신교뿐만 아니라, 하느님의 육화(肉化) 현상, 즉 사람이 되신 그리스도와 관련해서도 그 주장의 진리를 증명해야만 했다. 이슬람교 역시 남부 유럽에서는 무시할 수 없을 만큼 뿌리를 내리고 있어서, 안셀무스는 이탈리아 남부 지방을 여행하면서 강한 인상을 받았다.

안셀무스의 웨스트민스터 수도원장 친구인 길버트 크리스핀(Gilbert Crispin)은 안셀무스의 말년에 유태인들과의 대화를 공개적으로, 그것도 출판형태로 진행했을 정도였다. 아벨라르두스, 라이문두스 룰루스(Raimundus Lullus), 쿠자누스도 이교인들과의 이같은 대화를 받아들였으며(*De pace fidei*), 레싱(Lessing)은 이 전통을 『현자 나탄』(*Der Weise Nathan*)에서 의식적으로 이어나갔다.

지적 자극은 동로마 제국의 수도였던 콘스탄티노플로부터도 왔다. 중세 서유럽의 크리스트교 사회는 감탄과 경이의 감정을 갖고 이 도시를 바라보았던 것이다. 에아드머의 『안셀무스 전기』(*Vita Anselmi*)에 따르면 이같은 현상은 안셀무스 당시의 사회풍조와도 무관하지 않았다. 부와 권력을 가진 도시라는 언급이 나오면, 이는 반드시 콘스탄티노플을 의미하였던 것이다. 그러나 11세기 중반에 이르러 로마와 콘스탄티노플 간의 교류에 결정적인 단절이 일어났다. 따라서 안셀무스는 남부 이탈리아에서 자신의 주관적 관념을 통해 그리스 정교를 알게 되었다.

두 교회간에 논쟁이 되었던 문제, 즉 삼위일체론의 셋째 위격의 출현 방식은 11세기에 이르러 아우구스티누스에 의해 정립된 서구의 삼위일체론을 재고하도록 했다. 프랑스에서의 지적 발전 역시 이를 재촉하는 계기가 되었다. 아리스토텔레스의 논리학이 집중적으로 연구될수록 "이 빵은 내 몸이니라"와 같은, 귀에 익숙한 문장들이 점점 더 문제시 되었던 것이다.

이와 관련하여, 베크 수도원의 원장이었던 안셀무스는 프랑스의 성직자로서 콩피뉴의 카노니크 회원이었던 로셀리누스가 다음과 같이 주장했다고 보고하고 있다. "3위의 신적 인격들이 오직 하나의 본질이라면(una tantum res), 인간이 된 것은 하느님의 아들이 아니라 삼위일체 그 자체이다."[4] 실제로 안셀무스는 크리스트교 신앙이야말로 오류가 없기 때문에 변호할 필요성이 있다는 발언은 불손한 행위라고 확신했다.

그럼에도 그는 그리스도의 육화와 삼위일체론을 변호하면서, 자신의 동시대인들이 제기한 절박한 질문에 대해 과거의 '수많은 성인과 현자들' 이 해답을 내놓지 않았다는 점을 시인했다. 이어 안셀무스는 이와 같은 문제로 개개인은 물론 수많은 사람들이 애를 태웠음을 알고 있다고 밝히고 있다(Sentio plures in eadem laborare quaestione).[5] 이처럼 동요하고 있는 동시대인들에게 안셀무스는 이들이 '우리 시대의 변증론자 및 변증론적 이단자들' 에게 무방비 상태로 대처해서는 안 된다고 덧붙였다.[6]

저작

오직 이성만으로의 기획

안셀무스는 명확한 기획을 갖고 자신이 살던 시대의 불확실성에 대항했다. 우선 그는 『모놀로기온』(*Monologion*)에서 처음으로 이같은 기획을 발전시켰다. 이 신학논문은 그가 베크 수도원에 들어간 지 약 17년 뒤인 1076년 말경에 간행된 것으로 추정된다. 그의 첫 저작이기도 한 『모놀로기온』은 깊은 성찰과 방대한 대화 끝에 나온 대작이었다. 그의 기획은 크리스트교의 기본진리 중 하느님의 본질과 관련된 자신의 진술을 증명하려는 데 있었다. 여기서 그는 결코 권위에 의존해 논증하려 하지 않고, 명쾌한 문체와 단순한 추론에 의존해 이성 그 자체가 필연적으로 하느님의 본질에 대한 크리스트교의 진리를 이끌어준다는 점을 보여주려 했다고 분명히 밝혔다.[7]

안셀무스는 이같은 방법론적 개념을 '이성만으로'(sola ratione) 수행할 것이라고 규정했다.[8] 1093년경 최종 텍스트가 나온 『말씀의 육화에 대한 서한』(*Epistola de incarnatione verbi*)에서 그는 자신의 기획을 뒤돌아보고 다시 한 번 이를 확인했다. "나의 자그마한 두 저작인 『모놀로기온』과 『프로슬로기온』(*Proslogion*)은 그리스도의 육화를 제외한 채, 하느님의 본성과 그 현존에 대해 우리가 굳게 믿고 있는 바를 권위에 호소하지 않고 오직 필연적 근거에 의존하여(necessariis rationibus) 증명할 수 있다는 것을 보여주기 위해 씌어졌다."[9]

여기서 안셀무스가 하느님의 본성과 현존에 관한 논증이 그리스도의 육화와 무관하다고 덧붙인 것은 원칙상 자신의 기획을 제한하기 위해 그런 것이 아니었다. 이 문장은 단지 안셀무스가 나중에 『왜 신은 인간이 되었는가』(*Cur Deus homo?*)라는 제목의 다른 저술에서 이 문제를 다루기 위해, 일단 위의 두 저서에서는 접어두려 했다는 점을 확인시켜 주고 있다.

이 기획을 과소평가해서는 안 된다. 그럼에도 바로 이같은 일이 수차례에 걸쳐 이뤄졌다. 사람에 따라서는 안셀무스의 현란한 수사학을 지적하면서 이 저서를 깎아내리는 경우도 있었지만, 그의 화술은 오히려 경제적이고 명쾌한 편이다. '이성의 필연성' 역시 토마스 아퀴나스의 상호일치(Konvenienzgründe)를 뜻하는 것이라고 폄하할 수도 있지만, 안셀무스는 믿지 않는 자를 설득시키기 위한 목적으로 '증명'이라는 말을 사용했다. 『프로슬로기온』의 증명 끝부분에서 안셀무스는 이 점을 강조했는데, 안셀무스 해석에서는 이 대목[10]이야말로 신앙과 지식 간의 관계설정을 명확하게 묘사했는지 여부를 가리는 시금석으로 간주되었다.

그러나 안셀무스는 동시에 "믿지 않으면 이해할 수 없다"(nisi credideritis, non intelligetis)[11]고 가르쳤다. 이는 믿음이 깊은 신앙인들의 심리적이고 윤리적인 성향과 관련이 있는 것으로 보인다. 즉 인간은 주어진 상태에서 감각에 사로잡혀 있는 경우가 보통인데, 이는 자신의 관념이 불러일으키는 표상으로 인해 혼란 속에 빠져 있기 때문이다.

따라서 인간은 이같은 속박에서 벗어나기 위해 자신의 '마음을 정화(淨化)하도록' 노력해야만 한다. 이를 가능케 해주는 것이 신앙이라는 것이다. 안셀무스에 따르면 무엇보다 신앙이란, 인간이 순결무구한 사고의 힘을 빌려 순수한 정신인 신에게 가까이 접근할 수 있도록 자신의 마음을 보이지 않는 영원한 것에다 전념하는 일이다. 그는 또 인간은 자신의 불완전성을 깨닫고 이를 인정한 후, 자발적으로 아우구스티누스가 말하는 신적 조명(Erleuchtung)인 통찰을 얻도록 노력해야 한다고 말했다.

이같은 조명은 사고하는 모든 인간에게 공평하게 분배되어 있어 은총을 입은 자, 즉 신앙을 가진 자들만이 누릴 수 있는 특권은 아니다. 이는 안셀무스가 지적한 이성의 필연성을 약화시키기보다는 강화시킨다. 조명은 또 이성으로 하여금 이성적 사고, 즉 공허한 표상과 구별되는 심오한 사고야말로 하느님의 사고라는 점을 깨닫게 해준다. 이해하기 위해 믿어야 한다는 필연성은 신과 우리 자신의 인식이 순전한 이론이 아니라, 능동적으로 무지몽매함에서 벗어나 원래의 상태로 되돌아온 결과라는 것이다.

빛과 같은 이성이 '통찰'(intellectus)에 도달했을 때, 이성은 믿지 않으려는 사람들도 그 빛을 이해할 수 있도록 할 일반적 의무가 있다는 것을 깨닫게 된다. 이를 요즘 말로 표현하면 발견에 이르는 길에 해당되는 것은 발견대상의 논리적 구조에도 똑같이 적용되는 것은 아니라는 것이다. 이같은 차이를 이용하지 않았던 안셀무스는 겸손에 대해 언급하면서 겸손은 자기 양심이 흔들리게 될 때 시작된다고 아우구스티누스를 연상시키는 말을 했다. 그는 또 통찰과 관련해 통찰은 신앙보다 훨씬 높은 인식단계이며, 통찰 고유의 내적 특성상 일반적 구속력과 정당성의 확보 및 필연성을 갖고 있다고 말했다.

이처럼 신앙과 지식에 대한 안셀무스의 진술은 다양한 면모를 포함하고 있지만, 이들 간에는 상호 모순점이 발견되지 않는다. 우선 '신앙'은 오직 자기부정과 복종을 통해서 발을 들여놓을 수 있는 정신적 세계의 경험을 가리키는 것으로 해석되는데, 그 내적 운동의 목적은 신의 사고를 사후에 능동적으로 실행하는 것이다. 이 결과 통찰은 단순한 신앙과 행복을 가져다주는 신의 관조 사이에서 중재자의 역할을 하고 있다.[12] 안셀무스는 크리스트교인들을 향해 이같은 경험을 전제로 내세웠다. 통찰, 즉 이성적 필연성이 내포하고 있는 엄격함이 논의될 경우 개인적인 출발점에 대한 기억은 결루(缺漏)될 수 있다는 것이다.

이로써 안셀무스의 기획에 포함되어 있는 모든 불균형이 극복된 것은 아니다. 단지 신앙의 진리를 증명할 필요가 없는 사람들에게 그것을 증명하려는 부조리를 초래하지 않았을 뿐이다. 신앙의 '진리'는 신경(Credo)의 문장을 단순히 반복하는 것이 아니다. 그것은 진리의 본질적 구조, 정당성(rectitudo) 및 내적 근거를 대상으로 사고를 철저히 관철하는 것이다.

안셀무스의 저술에서 나타나는 강조점의 이동은 발생학적으로 이해될 수 있다. 『모놀로기온』(1086)은 단계적으로 정신적 동요를 촉발시킨 것으로 여겨지는 '안셀무스의 논증'을 위한 싸움에 뒤이어 이성에 대한 강한 신뢰를 보여주고 있다. 그러나 『프로슬로기온』의 첫 장에서는 이성의 위력이 한풀 꺾이게 된다. 하지만 이로써 안셀무스의 기획이 1094년 초 무렵에 완성된 『말씀의 육화에 대한 서한』의 최종 판본에서 확인되고 있는 것처럼 변화된 것은 아니다.[13] 이 저작은 로셀리누스와 '당대의 변증론적 이단자들'에 대한 논쟁서로 이성의 당위성보다 권위와 전통에 대한 종속에 더 많은 관심을 기울였다.

이보다 더 중요한 사실은 안셀무스가 1098년 남부 이탈리아에 망명해 있던 중에 완성한 『왜 신은 인간이 되었는가』라는 대작에서 자신의 방법론적 기획을 확고하게 견지하고 있었다는 점이다. 이 저서는 그리스도에 대해서는 일언반구도 없이 오로지 이성을 근거로 인간의 구원이 필연적이란 사실을 증명하고 있다(remoto Christo quasi nunquam aliquid fuerit de illo, probat rationibus necessariis).[14]

실제 안셀무스는 이 책에서 우리가 더 이상 가혹하게 표현할 수 없을 만큼 냉정하게 논증을 펼치고 있다. 경험주의와 칸트 철학 이후 형이상학적 기반이 차츰 사라지고 있는 현상을 목격하고 자기보존의 이익을 지키기 위해 반(反)지성적 경향으로 몰려간 신학들은 이같은 '합리주의'(Rationalismus)와 멀어지고 있다. 이에 반해 안셀무스는 『모놀로기온』에서 그랬던 것처럼 합리주의에 의존해 삼위일체론과 그리스도의 육화를 필연적 이성의 기반 아래 증명해보려고 했다.

하지만 합리주의란 표현을 사용하는 것은 시대착오적이라고 할 수 있다. 안셀무스는 만일 신앙과 지식이 대결할 경우 신앙의 편에 서리라는 점을 확고하게 강조했기 때문이다. 그러나 이는 안셀무스에게는 가설적인 사고에 지나지 않았다. 그의 생각으로는 신앙과 이성의 대결은 단지 표면적인 것에 불과했다.

신의 존재와 본성, 삼위일체 및 치밀한 전제 아래[15] 신의 육화를 증명하려는 안셀무스의 요구는 자신의 개인적 확신에서 나왔다. 그는 우리가 사고를 하면서 신을 인식하게 될 때, 신이 살아 있다는 것을 믿으며 신과 인간과의 관계 속에서 신을 사유해야 한다고 확신했던 것이다. 안셀무스에게는 신성(神聖) 속에 들어 있는 초자연적인 부가물에 대한 생각이라고는 조금도 없었다. 그의 의도는 아우구스티누스의 초기 저작과 보에티우스의 이른바 『신학논고』에서 엿볼 수 있는 전통적 모범을 따르는 것이었다.

토마스 아퀴나스는 이 때문에 안셀무스를 비판했지만 에크하르트, 라이문두스 룰루스, 쿠사누스, 헤겔 역시 삼위일체론을 철학적 주제로 삼았다. 따라서 안셀무스의 기획은 전체적으로 볼 때 고립적인 것이 아니었다. 오히려 그의 입장은 함께 삶을 나누었던 주변인물들과 비교할 때 눈에 띄게 구별되는 것이었다고 볼 수 있다. 예를 들어 안셀무스의 이성에 대한 신뢰는 랜프랑크의 학설과 일치하지 않았던 것이다.

랜프랑크는 1062년 안셀무스가 베크 수도원에서 공부를 시작하던 해에 펴낸 『주님의 몸과 피에 대해서』(*De corporte et sanguine Domini*)란 저술에서 신학적 논쟁은 하느님의 권위와 명확한 이성의 기반 아래 해결되어야 한다고 주장했다.[16] 즉, 신학적 논쟁의 해결은 우선적으로 권위 있는 문헌에 의존해야 된다는 것이다. 이로써 랜프랑크의 동시대인들은 그가 교부들의 연구에 몰두하기 위해 변증론을 포기했다고 격찬했다.[17] 아마도 이같은 랜프랑크의 발전은 베렌가리우스 사건과 관련이 있는 것으로 보인다. 랜프랑크 스스로도 말했듯이,[18] 사람들은 한때 변증론가로 명성이 높았던 그가 베렌가리우스에게 동조한 것이 아니냐는 의혹을 품었던 것이다.

안셀무스는 이처럼 변증론가들과 멀어지게 된 랜프랑크를 베크 수도원에서 만나게 되었다. 이런 이유로 안셀무스의 저서에는 일련의 반(反)변증론적 비난과 방법론적 가르침이 포함되어 있다. 랜프랑크는 베렌가리우스를 비난하면서 권위를 버리고 변증론으로 도피한 것이야말로 베렌가리우스의 실수라고 지적했다.[19]

이같은 비난은 적절했다고 볼 수 없다. 그 이유는 베렌가리우스 역시 성서와 전승을 철저히 연구했기 때문이었다. 하지만 베렌가리우스가 아우구스티누스를 드러내놓고 인용하면서 이성의 기반을 권위보다 더 높이 평가했다는 랜프랑크의 비판은 맞는 말이다. 랜프랑크에게는 이러한 가치평가가 거슬렸던 것이다. 그리스도의 사도들은 인간의 지혜로 하느님의 업적을 철저하게 탐구하려는 행위를 금기시했기 때문이라는 것이다.[20] 이같은 정황을 배경으로 안셀무스가 『모놀로기온』에서 "결코 성서의 권위에 호소하지 않고" 논증하겠다는 진술은 구체적인 역사의 단면을 그리고 있다. 따라서 안셀무스는 자신의 스승이었던 랜프랑크보다 그가 싸워 이기려 했던 이단자 쪽에 훨씬 더 가깝게 서 있었다.

안셀무스가 자신의 철학적 사고를 발전시키고 그 효용성을 확인하려 했던 경험적 영역은 크리스트교의 신앙이었다. 이를 충실히 이행하는 것은 철학적 사고에서 우연히 발생하는 부가적 상황이나 신학의 역사 속으로 떠나는 여행과 같은 그런 것이 아니다. 철학자들은 원천적으로 철학을 갖고 있는 것이 아니라 근거 없이 주어진 문제로부터 출발하는 것이다. 11세기의 진정한 역사적 기본문제는 크리스트교 신앙의 해석으로부터 벗어나는 일이 아니었다.

세속적 학문이 성직자 교육에서 어떤 역할을 수행해야 하는지, 신앙의 문제에 변증론을 이용하는 데 과연 어느 정도의 정당성이 요구되는지와 같은 문제는 11세기의 정치 및 사회 역사적 발전과 직접적인 관련성을 갖고 있는 것이다. 즉, 수도생활과 변해버린 '세상'의 경계선을 어떻게 다시 그어야만 하는지, 수도자들이 자신의 정당성과 교육적 임무를 어떻게 새롭게 규정해야 하는지, 로마의 교황은 수많은 주교들과 황제를 상대로 어떤 역할을 수행해야 하는지가 문제인 것이다.

구전(口傳)으로 전해져 오는 교회의 사상이 불안정한 탐구를 계속하고 있는 새로운 정신을 수용해야 하는지, 혹은 도시의 발전이 장려하고 있는 새로운 자아의식을 지금까지 유일한 문화적 제도로 인정받아 온 수도원과 교회의 학교시설 바깥에서만 발전할 수 있도록 내버려두어야만 하는지도 문제였다. '신앙의 합리성'(ratio fidei)에 관한 탐구야말로 11세기 철학적 사고를 단련시키는 시금석 역할을 했다. 이는 마치 18세기의 철학자들에게 뉴턴의 물리학이, 19세기의 경우 산업 프롤레타리아의 생성이, 20세기 철학자들에게는 세계대전과 원자탄, 그리고 파괴되어버린 자연과의 관계가 시금석이 되었던 것과 마찬가지다.

크리스트교 사상의 새로운 구축－『모놀로기온』

안셀무스는 성서나 교부들의 문헌을 한 군데도 인용하지 않고서 크리스트교 신앙의 근본문제를 논하려는 자신의 새로운 시도를 보여주기 위해 『모놀로기온』을 세상에 내놓았다. 안셀무스는 이 책을 자신의 스승이었던 랜프랑크에게 보냈는데 랜프랑크는 이같은 방법에 동의할 수 없었다. 그는 이 책이 지닌 권위를 이해하지 못했기 때문이다.[21] 그럼에도 안셀무스는 자신의 기획을 바꾸려고 하지 않았고 이를 위해 타협하지도 않았다. 다만 그는 예외적으로 『모놀로기온』 앞부분에서 자신의 책이 독자들이 기대하는 권위에 미치지 못할 경우 자신의 '필연적 증명' 을 단지 '필연성을 가장한' (quasi-notwendig) 것으로 간주해줄 것을 당부했다.[22)]

더욱이 그는 크리스트교 의식에 형식을 부여하려는 자신의 계획에서, 특히 이 형식을 통해 독자적으로 사유하는 모든 사람들이 크리스트교 의식을 스스로 발전시킬 수 있도록 허용하는 데 전혀 개의치 않았다.[23)] 하느님의 계시에 대한 크리스트교의 가르침은 사유하는 모든 사람들이 스스로 논증을 통해, 하느님의 계시를 더 이상 자신의 정당성과 떼어놓을 수 없도록 해야 한다는 것이다. 이것은 구체적으로 말해 크리스트교에서 하느님의 개념이 인간의 자기인식을 함축적으로 증거해준다는 의미이다.

안셀무스는 크리스트교적 하느님의 개념을 아우구스티누스의 삼위일체론적 의미에서 선천적으로(a priori) 이해하려 했다. 안셀무스는 탈권위적인 방법과 관련하여 자신을 옹호해야만 할 경우 아우구스티누스와 자신이 일치하고 있는 점을 지적하기도 했다. 동시에 그는 자신이 근본적으로 새로운 것을 창조했다는 점을 알고 있었다. 결론적으로 말해 아우구스티누스와 내용상 일치하고 있는 부분에서도 안셀무스의 방법론적 개념과 이를 수행하는 데 그가 보여주었던 치밀함은 전혀 새로운 것이었다.

안셀무스는 이를 위해 우선 모든 사유자들이 자신 속에서 발견하는, 반박할 수 없는 출발점을 찾아내야만 했다. 안셀무스에 따르면 이 출발점은 사유하는 존재가 선(善)하다고 판단되는 것을 얻고자 하는 능력 속에 있었다. 이러한 경험 속에서 어떤 일이 일어나고 있는지를 생각해보면 누구나 하느님의 인식에 도달하는 것을 피할 수 없다는 것이다.[24)] 이는 사유하는 존재들이 무수하게 많은 선을 원할 뿐만 아니라, 이 갖가지 다양한 개별적 선들에 공통된 점이 무엇인지 묻고 있다는 것을 알고 있기 때문이라는 것이다.

최소한 안셀무스에게는 이들 개별적 선들의 공통점이 무엇인지 확실했다. 또 누구나 그것이 무엇인지 주의를 기울인다면 다음과 같은 사실을 발견할 수 있다고 보았다. 즉, 어떤 것들을 동일하거나 최소한 유사하다고 지칭한다면 우리는 수많은 개별적 사례에서 동일한 것(idem)을 찾아낼 때에만 그렇게 지칭할 수 있다는 것이다. 예를 들어 수많은 공정한 행위들이 있다고 할 때 우리는 이들 행위 속에 내재하는 공통성, 즉 정의를 근거로 이들 행위들을 '공정한' 것이라고 부를 수 있다.

모든 선한 것 역시 공통된 것으로 인해서, 즉 다른 어떤 것으로 인해서가 아니라 그 자체의 선함으로 인해서 선한 것이다(bonum per se ipsum). 모든 선한 것의 원인이 되는 이 선은 그 자체로 선한 것이 될 수밖에 없는 유일선이라고 할 수 있다. 다른 어떤 것으로 인하여 선한 것도 이 선과 비교될 수는 없기 때문에, 이 선은 최고선(summum bonum)이라고 할 수 있다. 이 최고선은 우리가 찾고자 하는 유일무이한 선으로 모든 개별적 선의 원인이다.[25] '존재하는 것'(seiend)을 결정하는 것도 이와 마찬가지 이치라고 생각된다. 따라서 존재하는 모든 것은 그 자체로 존재할 뿐만 아니라, 개별적 존재와 구별되는 유일무이한 존재로 인해 존재한다고 할 수 있는 것이다.[26]

이것이 바로 하느님의 존재를 증명하려는 안셀무스의 첫번째 근본적인 논증방법이다. 이 논증방법은 방법론적 기획의 예로서 고안되었는데 다시 한 번 안셀무스의 의도가 무엇인지 분명하게 보여주고 있다. 이는 크리스트교 신앙에 대해 아무것도 모르거나 알려고 하지 않는 사람들에게도 분명히 이해될 수 있을 것이다.[27] 『모놀로기온』에서 강조하고 있는 것처럼[28] '모든 사람들은'(Alle) 선을 얻고자 하는 조건을 먼저 충족시킨 다음 오로지 이성에 의존해(ratione ducente)—다시 말해 종교적 확신에 안주하지 않고—모든 개별적 존재의 원인인 유일무이한 존재가 반드시 존재한다는 것을 인식한다. 안셀무스가 자신의 논증에 엄격했다는 것은 의심의 여지가 없다. 수없이 믿음이 약해질 때마다 이에 맞서 엄격한 논증에 꽉 매달렸던 것이다.

이와 관련하여 특이한 것은 안셀무스가 '제1의 선'을 '신'으로 지칭하는 것을 일관성 있게 피했다는 점이다. 『모놀로기온』의 마지막 장 마지막 구절에 가서야 이 표현이 등장하면서 철학적 이론과 크리스트교의 일상적 의식을 결부시키고 있다. 안셀무스는 하느님의 존재증명에 관한 자신의 성과에 대해 의심을 품는 일은 오류일 뿐만 아니라, 존재하는 것은 아무것도 없다는 주장과 마찬가지로 터무니없는 것이라는 점을 강조했다.[29] 안셀무스는 이미 여기서 사실상(de facto) 진리일 뿐만 아니라 합리적인 논증방법을 찾아냈다. 따라서 안셀무스는 이에 대해 이론(異論)을 제기하는 것은 오류일 뿐만 아니라 자체모순이라고 생각했다. 왜냐하면 이 유일한 최고선은 모든 존재의 근거이자 모든 존재의 선을 설명해주며, 그 자체 외의 어떤 것을 전제로 존재를 성립시키는 것이 아니기 때문이다.

안셀무스는 어떤 근거로 유일선이 다른 모든 개별적 존재에 '영향'을 미치는지를 조사했다. 이에 따르면 유일선은 모든 개별적 존재에 영향을 미치는 원인, 질료 및 수단이 아니라 내재적인 동시에 초월적인 존재성으로 인해 개별적 존재의 선을 성립시키는 데 영향을 미치고 있다.[30] 유일선은 형식적이고 직관적인 방식으로 세계의 존재이유를 설명해주고 있는 것이다. 여기에다 유일선은 무수한 개별적 선을 자신 안에 가지고 있다. 이것은 또 우리가 모든 것의 원인으로 알고 있는 통일성(Einheit)을 상실함이 없이 다수성(Vielheit)을 그 자신 안에 간직하고 있다. 이것은 단지 우리의 사유로서만 가능하다. 즉 제1의 선은 '정신'인 것이다. 하나의 선이 자신이나 모든 다른 선을 생각할 경우 이 선 안에는 하느님의 말과 완전히 동일한 정신적 표상이 생겨난다. 그리고 이 정신적 행위는 순수이론적 사건이 아니라 '사랑'이라고 부를 수 있는 자기헌신에 가깝다.

따라서 안셀무스의 『모놀로기온』은 삼위일체설에 관한 연구서라고 할 수 있다. 그러나 안셀무스는 이로써 자신의 논증을 약화시키는 일은 결코 하지 않았다. 오히려 그는 다음과 같은 결론을 유도하는 사유의 필연성을 강조했다. 즉, '제1의 선'이 정신적 실체, 인식행위 및 의지의 지향성을 하나로 묶어준다는 것이 증명되었다는 것이다. 제1의 선은 또 우리가 알고 있는 인간의 정신과 정신의 자립, 직관 및 사랑의 삼위일체 구조를 보여주고 있다. 따라서 인간의 정신은 제1존재의 그림인 것이다. 정신의 본질과 그 운명은 선과 악을 구별하고 보다 나은 선을 선호하기 때문에[31] 정신은 오직 그 자체로 인해 선한 제1의 선을 얻고자 한다. 이처럼 선을 인식하고 사랑할 때 인간의 정신은 스스로를 실현시킨다.

인간의 정신은 자신 속에서 행복을 발견하는 것이다. 이는 인간의 영혼이 영원불멸일 경우에만 가능하기 때문에 삶의 의미가 죽음으로 인해 파괴된다는 것은 부적절하다.[32] 세속적인 삶의 기간 동안 인간은 이성적인 존재로서 신을 사랑하고, 신에 대한 기대를 버리지 않고 그를 믿고 있다는 사실을 보여주고 있다. 이와 관련해 안셀무스는 신앙의 개념에 대해 '신앙'은 '최고의 존재를 지향하는 것'을 의미한다고 강조한다.[33]

지금까지 언급한 안셀무스의 철학적 시도에는 일련의 전제가 포함되어 있지만, 그는 이를 심사숙고의 대상으로 삼지 않았다. 다만 아우구스티누스와 보에티우스의 전통에 따라 자명한 것으로 받아들였을 뿐이었다. 이같은 사실을 언급하는 것은 안셀무스의 업적을 깎아내리려는 것이 결코 아니다. 왜냐하면 안셀무스는 자신이 구축한 시스템 안에서 이 전통을 철저하게 논의의 대상으로 삼았기 때문이었다. 게다가 그는 이를 11세기 이후 사회역사적으로 그 가능성의 지평이 확대되었던 자립에 대한 탐구와 결부시켰다.

그러나 우리의 눈길을 끄는 것은 안셀무스가 모든 공통된 지칭을 위해 불가결한 통일성을 '실재적'(realistisch)으로 설정했다는 점이다. 그는 '정의'(Gerechtigkeit)를 모든 공정한 것 속에 깃들여 있는 실제적 숙명으로, 그리고 선을 모든 선한 것의 존재근거로 생각했다. 안셀무스는 이처럼 모든 선한 것 속에 들어 있는 선함을 선함 그 자체인 제

1의 선으로 보았는데, 이에 대해 '범신론'(Pantheismus)에 가깝다는 비판을 개의치 않았다. 이렇게 함으로써 안셀무스는 우주적 개념을 전제로 하지 않은 철학적 신학을 발전시킬 수 있었는데, 이는 13세기 당시 아리스토텔레스 수용 이후 '자연신학'에서 관례가 되었던 개념과 대조를 이루었다. 무한소급(regressus in infinitum)에 대한 논의를 금기시한 것조차 논증의 진행을 위해 필수불가결한 것이었다.

우리는 철학적 신학의 문법적 개념에 관해 다음과 같이 말할 수 있다. 개별적 선은 선함 그 자체로 인해 선한 것이기 때문에 일상언어에서 '신'으로 지칭되는 것은 바로 '선함 그 자체'로 존재하는 것이 틀림없다는 것이다. 안셀무스는 이 사실을 알고 있었으며, 로셀리누스에 반대하여 이같은 개념이 유명론적 가정 아래에서는 유지될 수 없다고 천명했다. 즉, 언어적 통일성은 존재론적 통일성임에 틀림없는데, 이는 모든 동일한 명칭에는 이같은 통일성에 대한 실제적 근거가 전제되야 하기 때문이라는 것이다.

이같은 안셀무스의 주장은 아우구스티누스의 사상, 특히 그의 『삼위일체론』(*De trinitate*) 제8권 제3장에서 아무런 문제가 없는 것으로 인정받아온 참여(Teilhabe)의 도식에 기초하고 있다. 물론 안셀무스는 여기서 이같은 용어를 사용하지는 않았다. 효율적 혹은 질료적인 인과성에 대한 저항에는 플라톤주의와 동일한 지향이 엿보이기도 한다. 물론 세 위격이 언급될 때 삼위일체의 개념이 무엇을 의미하고 있는지를 스스로 알고 있다는 안셀무스의 고백은 아우구스티누스적이었다.

우리는 '선'한 것으로 간주되는 것을 추구한다는 출발점도 아우구스티누스적이었다. 존재보다 선과 유일성이 우위를 차지한다는 생각, 개별적 선의 근거로서의 '선 그 자체', 하느님의 본질인 삼위일체성과 삼위일체적인 인간정신의 유비, 안셀무스가 아우구스티누스의 인간학적 이원주의(二元主義)의 의미에서 제1의 선에 의한 피안적(彼岸的) 성취라고 불렀던, 행복에 대한 인간의 종속, 이 모든 것은 아우구스티누스

로부터 유래한다는 것이다.[34)]

관념과 신의 말씀에 관한 가르침 역시 아우구스티누스로부터 유래했다. 또 안셀무스는 아우구스티누스로부터 자극을 받아 정신적 인식의 개념을 근본적으로 감각적 인식으로부터 도출될 수 없는, 하느님과 인간의 사고를 하나로 묶어주는 내적 정당성(rectitudo)으로 규정했다.

이처럼 『모놀로기온』에서 취급되고 있는 거의 모든 자료, 특히 신의 인식과 행복을 추구하는 인간의 자기인식을 하나로 결합시킨 것은 아우구스티누스적이었지만, 안셀무스는 모든 전통적 동기에 대해서도 새로운 방법론적 형식을 부여했다. 이 결과 수세기 동안 내려온 형식적 규율은 갖가지 착상과 아우구스티누스 문헌해석의 혼란으로부터 새로운 조망적 구조를 발전시키기 위한 목적 아래 영향을 발휘하기 시작했다. 이 구조는 크리스트교적 사고와 새롭게 전개되고 있는 합리성을 결합할 수 있다는 기대를 갖게 해주었다.

하나의 논증

안셀무스는 새로운 방법을 보여주는 예로 생각했던 자신의 첫 저작을 1076년 말이나 늦어도 1077년에 끝내면서, 스스로 지적 모험의 순례(intellektuelle Odyssee)라고 불렀던 불안정한 탐구를 시작했다. 안셀무스의 전기를 쓴 에아드머는 수도원적 취향에 따라 이를 기적의 역사와 악마의 유혹으로 설명하고 있다. 안셀무스는 하느님이 존재한다는 것, 그것도 크리스트교 신앙에서 이해하는 방식으로 존재한다는 것을 증명하기 위해 새로우면서도 단순한 논증방식을 찾았던 것이다.[35)]

여기서 '논증'(Argumemnt)이란 말은 명백히 방법론적 규칙의 의미를 갖고 있다. 이는 단순히 하느님의 존재에 대한 『프로슬로기온』 증명을 의미하는 것이 아니었다. 칸트는 이같은 논증을 수정한 형식을 '존재론적 논증'(ontologische Argument)라고 불렀다. 안셀무스가 자포자기할 정도로 자신을 끝까지 밀어붙이면서까지 찾고자 한 '논증'은 다음과 같은 것이었다. 첫째, 단순할 것, 즉 다항적(多項的)이 아니며, 둘째, 논리적으로 자족적일 것, 즉 그 자체로 다시 증명할 필요가 없어야 하며, 셋째, 하느님의 존재는 물론 크리스트교 신앙이 하느님에게 부여한 모든 기타 규정을 증명해야 할 것이었다.

안셀무스는 이와 같은 사고를 마침내 찾았다고 확신했을 때, 넘쳐 흐르는 기쁨 속에서 1077~1078년에 걸쳐 『프로슬로기온』을 쓰게 되었다고 밝혔다. 이 책이 안셀무스의 다른 저작으로부터 독자들의 주의를 돌리도록 한다면 유감스러운 일이다. 그럼에도 이 책은 안셀무스 저작 중 가장 개인적일 뿐만 아니라 독창적인 것으로 평가된다.

여기서 안셀무스는 자신이 물려받은 전통으로부터 가장 멀리 나아갔다. 여기서 그는 고대철학에서 그 모범을 찾아볼 수 없거나, 최소한 고대철학에서 자극받지 않은 사유를 전개시켰다. 여기서 안셀무스는 자신의 사유에 형식을 부여하고, 논리적 엄격함을 종교적 열정과 결부시켰다. 이 소책자는 기도 형식으로 씌어졌지만, 그가 '신학적' 이거나 현재적 의미로 '신비주의적' 인 책을 쓰려고 한 것은 아니었다. 이 책에서 기도 부분을 생략하더라도 논증의 구축은 그대로 유지되고 있다는 것을 보여주고 있기 때문이다. 후자는 전자와는 다른 양식으로 나중에 덧붙여진 것으로 추정된다.[36)]

안셀무스는 여기서 또다시 의식적으로 모든 권위를 괄호 속에 넣어버리고 논증을 전개시키면서 자신의 기획을 일관성 있게 펼치고 있다. 이 점은 안셀무스가 1093년 자신의 저작인 『모놀로기온』과 『프로슬로기온』을 회고하고 있는 데서도 분명히 드러난다.[37)]

그렇다면 어떤 것이 하느님의 존재와 본질에 대한 지식을 뒷받침하는 통일적 · 자체적인 증거라고 할 수 있을까? 이른바 안셀무스의 존재론적 증명으로 유명한 『프로슬로기온』 중 제2~4장 부분은 아니다. 왜냐하면 이 부분은 신의 속성이 아니라 신의 존재를 논증하고 있기 때문이다. 이 부분은 근본적으로 매우 훌륭하지만 그의 사유 주제를 특별히 적용했을 뿐이다. 이 점을 우리는 『프로슬로기온』 제5장에서 직접 확인할 수 있다.[38] 이곳에서 안셀무스는 자신의 일반적 규칙을 정형화해 놓았던 것이다. 즉, '최고선' 이란 더 좋은 것을 규정해줄 수 있는 모든 것을 말한다.

예를 들어 "하느님은 참되고 복된 존재인가" 라는 물음에 우리는 단지 참되고 복된 속성과 이와 반대되는 속성 중 어느 쪽을 소유하는 것이 더 좋은가를 조사할 필요가 있다. 물론 여기서 안셀무스는 어느 한쪽만이 자신의 논증을 충족시켜 준다고 보았다. 즉 신의 실존 및 속성에 대한 논증이야말로 권위와 결부되지 않은 결정을 허용해준다는 것이다.

제5장에서 언급된 이 규칙은 또 논리적 자족성과 무전제성을 보여주고 있지 않다. 이 규칙은 '최고선' 이 의미가 있고 존재한다는 것을 전제하고 있다. 안셀무스는 이 점을 확실히 하기 위해 『모놀로기온』의 앞부분에서 제시한 증명으로 되돌아가는 것을 원하지 않았다. 신의 실존에 대한 논증에서 어려운 점은 첫째, 이 논증이 제5장의 가치론적 질문도식의 특수한 경우로 보이며, 둘째, 이 도식에서 이미 전제된 '최고선' 을 『모놀로기온』에서처럼 많은 개별적 선을 분석하지도 않고서 정당화했다는 것이다. 안셀무스의 천재적인 동시에 단순한 해결방법은 이같은 어려움을 두 가지 전제 아래 해결해낸 통찰력에 기인한다.

첫째, '신' 혹은 '최고선' 이란 표현을 '그보다 더 큰(완전한) 것이라고는 아무것도 생각될 수 없는 존재' 라는 정의로 대체한다. 이같은 정의에 대해서는 유신론자도 무신론자와 마찬가지로 동의할 것이다. 신이 존재한다는 주장에 대해 이의를 제기하는 사람들도 신의 존재를 문제로 삼고 있다는 점은 알고 있어야 한다는 것이다. '그보다 더 큰(완전한) 것이라고는 아무것도 생각될 수 없는 존재' 라는 표현은 존재의 유무에 상관없이 중립적으로 사용될 수 있다.

여기서 '가장 큰(완전한) 존재' 라는 말을 논증의 대상으로 삼지 않고 있다는 것은 대단히 중요한 사실이다. 이 점을 불분명하게 내버려둔다면 『프로슬로기온』의 논증에 대한 모든 설명은 핵심을 벗어나게 된다. 안셀무스를 논증하면서 그가 분명하게 표현한 것을 무시한다면, 최소한도로 필요한 역사적 정확성을 파괴하게 되는 것이다. 안셀무스에 따르면 그의 논증은 신의 존재를 믿지 않으려는 사람들에게도 적용된다는 것이다.[39)]

그리고 '그보다 더 큰(완전한) 것이라고는 아무것도 생각될 수 없는 존재' 라는 안셀무스의 첫번째 정의를 '가장 큰(완전한) 존재' 라는 표현으로 대체할 경우 안셀무스의 논의는 적절하지 못하게 된다는 것이다.[40)]

안셀무스가 이렇게 강조한 대목을 다른 곳에서는 찾아볼 수 없다(nusquam in omnibus dictis meis invenitur talis probatio). 이를 무시하는 사람은 『프로슬로기온』의 내적 논증구조는 물론 그가 고뇌에 사로잡힌 채 모색했던 해결책이 무엇이었는지 이해하지 못할 것이다. 이 대목에 이르러(!) 사상사적 측면에서 플라톤적 전통을 지적하거나, 이 전통에 따라 참된 존재와 완전성을 동일시하는 것은 오류를 범하는 것이다. 안셀무스가 여기서 『모놀로기온』에서와 마찬가지로 그렇게 주장했더라면 그의 논의는 쓸모없는 것이 되었을 것이다.

위에서 언급한 난점의 두번째 해결조건은 유신론자와 무신론자 간의 서로 상반된 주장이 가치론적 문제도식에 따르면 해결가능하다는 것이다. '그보다 더 큰(완전한) 것이라고는 아무것도 생각될 수 없는 존재' 가 존재할 경우, 존재하지 않을 때보다 더 큰가를 물을 필요가 있다면, 이같은 질문에 대한 해답을 찾을 수 있다는 것이다. 이와 관련하여 '그보다 더 큰(완전한) 것이라고는 아무것도 생각될 수 없는 존재' 라는 정의는 존재 여부에 상관없이 중립적으로 사용될 수 없다는 것을 보여주고 있다. 이는 존재중립이 무엇을 함축하고 있는지에 대해 우리가 분명하게 이해하지 못하고 있는 한 가능했다는 것이다.

이같은 문제해결에 대해 안셀무스는 다시 한 번 가장 단순한 형식으로 설명해주었다. 즉, 우리가 '신' 을 '그보다 더 큰(완전한) 것이라고는 아무것도 생각될 수 없는 존재'로 규정할 수 있다고 동의할 경우, 그리고 신의 존재에 대해 논쟁을 제기하는 사람들도 이같은 규정에 대해 똑같이 동의해준다면, 또 '그보다 더 큰(완전한) 것이라고는 아무것도 생각될 수 없는 존재'가 실제로 존재할 경우 단순히 상상 속에서만 존재할 때보다 더 크다면 '그보다 더 큰(완전한) 것이라고는 아무것도 생각될 수 없는 존재'가 실제로 존재하지 않는다고 주장하는 것은 자기모순이라는 것이다.

이것은 『프로슬로기온』 제2장에 나오는 논증의 논리적 구조이다. 이는 안셀무스가 독창적인 방식으로 신의 존재문제를 설정할 수 있도록 해주었기 때문에 가치론적 문제도식을 기반으로 문제를 해결할 수 있게 했을 뿐만 아니라, 신의 속성에 대한 논의도 가능하게 해주었다. 『프로슬로기온』 제3장 역시 이같은 모범을 따라 진행되었다. 필연적으로 존재하는 것은 우연히 존재하는 것보다, 즉 존재하지 않을 수 있는 것보다 더 완전하다는 것이다. 이는 우연히 존재하는 것보다 더 큰 존재, 즉 필연적 존재가 있다는 것을 상상할 수 있다는 것이다. 따라서 그보다 더 큰(완전한) 것이라고는 아무것도 생각될 수 없는 존재는 필연적(우연적이 아닌 것)으로 존재할 수 있다는 것이다.

하지만 『프로슬로기온』의 제3장은 제2장의 논증을 완전히 마무리지은 것은 아니었다. 이와 반대로 제3장에서는 제2장에서 증명된 존재가 더 이상 단순히 사실상의 존재(De facto Existenz)로 오해될 수 없다는 점을 확실히 한 결과, 제2장의 논증을 계속 이어나가고 있다. 즉 제3장에서는 필연적으로 존재하는 것은 실제로 존재하며, 역(逆)으로 실제로 존재하는 것이 반드시 필연적 존재는 아니라는 것을 포괄적으로 논증하고 있다는 것이다.

필자에게는 『프로슬로기온』 제3장이 제2장에서 다루어진 논증의 기반을 구축하는 데 성공한 결과로 안셀무스의 존재론적 논증을 형성했다는 가정은 옳지 못한 것으로 보인다. 『프로슬로기온』의 제2장이 독자적으로 타당한 논증을 갖고 있지 않다면 제3장에 의해 지지를 받을 수도 없었을 것이며, 제3장은 존재에 대한 논증이 제시된 다음 이 존재의 양상이 필연적 방법이라는 것을 증명하는 경우에만 제2장과 밀접하게 연관되어 있다고 볼 수 있기 때문이었다.

안셀무스의 논증은 11세기 이후 항상 재검토되었기 때문에 이에 자극을 받은 무수한 이론들이 잇달아 제기되었다. 따라서 이 논증을 간단하게 평가한다는 것은 쉬운 일이 아니다. '사유', '실재성', '완전성', '필연성' 등 중요한 철학적 개념들이 여기서 논의의 대상으로 다루어졌기 때문이다. 안셀무스의 논증은 한마디로 형이상학과 관련된 문제의 패러다임이었다. 형이상학은 고유의 특성을 갖고 있어 이를 주제별로 다룬 전제를 논제로 삼지 않을 경우, 자세하게 언급하는 일은 복잡한 작업이다. 따라서 이를 명제의 형식으로 다룬다는 것은 적합하지 않다. 그럼에도 필자는 여기서 안셀무스의 논증을 6개의 명제로 분류해서 평가해 보았다.

첫째, 토마스 아퀴나스[41]는 하느님의 현존이 명백한 것이라고 보았기 때문에 안셀무스가 하느님의 존재증명 가능성과 필연성에 대해 이론(異論)을 제기한 것으로 보았다. 그럼으로써 그는 안셀무스의 논증을 올바르게 이해하지 못했던 것이다. 안셀무스가 하느님의 존재를 논증하려 했던 것은 『모놀로기온』은 물론 『프로슬로기온』에서도 확실하다. 토마스는 다만 인과(ex effectibus)에 따른 증명만을 인정하고 감각적인 사물만을 고려의 대상으로 삼은 반면, 안셀무스는 사고 속에 함축되어 있는 것을 드러내는 논증을 생각하였다. 이후 철학적 발전이 지속되면서 토마스는 '감각적 사물'을 항상 형식을 갖춘 것, 이념과 연관성을 맺고 있는 것으로 보았으며, 결코 단순히 우연하게 존재하는 것으로는 생각하지 않았다는 사실이 밝혀졌다. 흄이 우연하게 주어진 경험적 자료로부터는 필연적 인식이나 형이상학적 통찰을 획득할 수 없다는 점을 보여준 이후, 안셀무스의 작업은 아리스토텔레스 수용에 절대적 영향을 받았던 13세기의 철학자(토마스)가 생각했던 것보다 더 가망이 없는 것으로 비쳐지기 시작했다. 따라서 안셀무스를 따라 형이상학의 존재를 인정하거나 형이상학의 존재를 아예 부정할 수밖에 없게 된 것이다.

둘째, 안셀무스는 자신의 말처럼 더 이상의 근거가 필요없는 논증을 찾으려 했다. 그는 이 목적을 달성하지는 못했다. 그는 자신의 제1차적 논증을 이해하기 위해서는 사유에 대한 최소한의 플라톤적 규율이 전제된다는 점을 깨닫지 못했다. 역사적 상대성에 대해 주목할 만한 관심을 갖고 있었던 토마스는 모든 사람들이 '그보다 더 큰(완전한) 아무것도 생각될 수 없는 존재'를 '신'으로 이해할 수는 없다고 언급했다.[42] 여기서 그는 고대의 사람들이 물질주의적 우주를 '신'과 동일시한 점을 염두에 두고 있었다.

이에 반해 안셀무스는 비록 무신론자일지라도 자신이 '절대적' 의미에서 규정한 '신'이란 말의 의미를 이해할 수 있는 사람을 대화의 파트너로 상대하고 있다고 응수할 수 있을 것이다. 이로써 안셀무스는 그의 논증이 정당하다는 전제로 유럽적 의식의 형성과정을 인정하고 있다고 볼 수 있다. 안셀무스에게 이것은 전혀 문제가 되지 않았던 것이다.

자체증명을 필요로 하지 않는 논증을 제시하려는 안셀무스의 이상이 언어 및 사유적 설정과 관련해 서로 모순된다면, 플라톤이 생애 후반기에 인식한 바와 같은 순수한 출발은 인간의 사고 속에서 발견될 수 없을 것이다. 그렇다면 안셀무스의 논증은 그 전제에서 아리스토텔레스의 『자연학』 제8권보다 빈약하고, 『모놀로기온』은 아우구스티누스가 신플라톤주의의 유산으로부터 빌려온 신존재증명보다 훨씬 빈약하다. 『모놀로기온』의 제1장에 나오는 신의 존재증명에는 일련의 사실적 전제가 가정되어 있다. 즉, 인간은 존재한다, 인간은 무엇인가를 추구한다, 인간은 다양성을 추구한다, 인간은 자신의 행복을 바라는 통일적 관점에서 다양성을 추구한다, 그리고 이같은 관점은 단순히 인간의 주관적 견해가 아니라 모든 것을 포용하는, 지금까지의 경험을 포괄할 뿐만 아니라 그것을 뛰어넘는 실재라는 것이다.

또 우리 인간은 확실한 모든 것을 알고 있다는 것, 따라서 신의 인식에 대한 확실성의 근거를 이 사실에 둘 수 있다고 전제한다. 이는 다시 불확실한 것, 즉 세상의 근거에 대한 인식은 무수히 많은 세계 내적 대상을 전제하고 있다는 것, 그리고 영지주의적(gnoseologisch) 신(神)은 존재론적으로나 도덕적으로나 우월한 지위를 차지하고 있지 않다는 것을 전제하고 있다.

안셀무스는 제1의 선(善)에 대한 인식을 이같은 종류의 종속성과 이에 상응하는 불확실성으로부터 해방시켰다. 안셀무스가 이처럼 모든 실재의 근본을 논증의 맨 첫머리에 내세운 것은 단순히 논증기술 때문만은 아니었다. 세계와 논증의 근거가 서로 동일한 형식을 포기할 경우(토마스는 이것을 거부했다), 어떻게 형이상학적 인식이 가능한지를 파악하는 것은 어렵기 때문이다.

셋째, 토마스 아퀴나스는 '그보다 더 큰 것을 상상할 수 없는 것'이 이성 속에 존재하는 어떤 것이라고 해서 이로부터 그것이 현실 속에도 현존한다는 결론이 나오는 것은 아니라는 안셀무스의 논증을 비판했다. 즉, 토마스는 '현실'을 스토아적 유물론자들의 용어로 '자연 사물'(rerum natura)이라고 표현한다. 토마스의 뒤를 이어 사람들은 또 안셀무스가 '논리적 차원'에서 '존재론적 차원'으로 '비약'했다고 과장된 비판을 퍼부었다. 그러나 공간적 은유법을 이용한 이 비판은 안셀무스의 『프로슬로기온』 논증과는 관계가 없다. 왜냐하면 안셀무스는 모든 사유에는 아무리 깊은 의미가 있다 하더라도, 아니 바로 그러하기 때문에 모든 사유가 실재적 대상의 근거가 될 수 없다고 가정했기 때문이다. 이는 프레게의 '의미'(Sinn)와 '지시'(Bedeutung)의 구별을 앞서는 것으로 칭찬을 받아 마땅하다.[43]

어쨌든 이성 속에만 존재하는 모든 것이 그 자체로(eo ipso) 현실 속

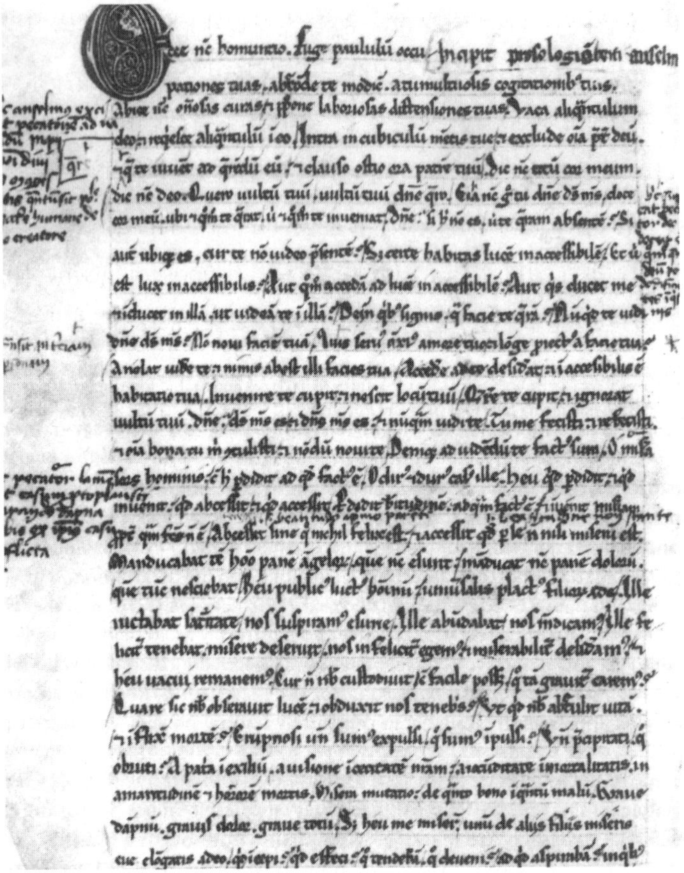

안셀무스의 『프로슬로기온』 12세기 원고 필사본.
이 책은 칸트, 피히테, 헤겔 그리고 셸링에 걸쳐 '절대자'(das Absolute)란 철학개념이 등장하는 모든 곳에서 언급되고 있다.

에도 존재한다고 가정했더라면, 그의 논증은 모든 의미를 상실했을 것이다. 그는 이와 정반대되는 것을 다음과 같이 분명하게 표현했다. "어떤 것이 이성 속에 존재함과 현실 속에 존재함을 이해하는 것은 별개의 문제이다."[44] '그보다 더 큰(완전한) 것이라고는 아무것도 생각될 수 없는 존재'라는 정의 속에 담긴 사유의 내용은 그 내용적 유일무이성에 근거해서, 그리고 이 유일한 내용 속에 주어진 모든 것을 뛰어넘는 사유의 선재개념(先在槪念)이 포함되어 있기 때문에, 단순히 사유된 것과 현실 속에서도 존재하는 것 사이의 차이를 구별하도록 해준다는 것이다. 따라서 안셀무스가 어떤 종류의 본연성에 의해 임의의 사고와 실재를, 그리고 명칭과 사물을 '아직까지' 구별할 줄 몰랐다고 하는 것은 무의미하다.

그의 논증은 분명히 이같은 구별을 전제로 해서 유효하다. 그는 '그보다 더 큰(완전한) 것이라고는 아무것도 생각될 수 없는 존재' 라는 사유의 내용을 임의적으로 떠오르는 생각과 혼돈해서는 안 된다는 점을 보여주고자 했다. 안셀무스는 이런 식으로 하느님을 얘기할 수 있다는 것, 즉 단순히 사유의 빈약성을 드러낸다고는 볼 수 없는 무신론을 실제적인 지적 대안으로 인정할 수 있음을 설명하기 위해 노력했다.

안셀무스는 이미 생존시에 주목할 만한 지적 적수인 프랑스인 수사 가우닐로(Gaunilo)를 만났다. 그는 안셀무스를 비판하면서 그의 신에 대한 논증은 모든 최상급의 사유 대상, 예를 들어 풍요로운 황금의 섬 같은 것에도 적용될 수 있다고 지적했다. 이에 대해 안셀무스는 다음과 같이 응수했다. "당신이 만일 잃어버린 섬을 나의 논증이 가지는 논리적 결론(conexio)에 적용시킬 수 있다면, 나도 사라진 섬을 찾아내어 더 이상 사라질 수 없도록 당신에게 선물할 것이다."[45] 이로써 안셀무스는 자신이 단순히 사유된 것과 현실성 사이의 차이에 강했다는 것만을 분명히 하는 것이 아니다. 그는 또한 자신의 사고작업을 명백히 드러나게 했다. 이제 신은 더 이상 사실적으로 현전하는 최고 지배자로 고찰되어서는 안 된다. 신의 지배는 모든 사유하는 존재들이 그에 대해 생각하기만 해도 자기 자신 안에서 확실하게 신을 발견한다는 사실에서 증명되어야 한다는 것이다.

넷째, 안셀무스 논증의 독창성은 논증상의 취약점을 스스로 제시한다는 사실에서도 드러난다. 이는 두 가지이며, 안셀무스 문헌의 명백한 구조 덕택에 우리는 그것이 단지 두 가지뿐이라고 말할 수 있다. 첫번째 구절은 '그보다 더(그것을 넘어서는)' 라는 관용적 용법을 통한 '신' 이란 단어에 대한 표현이다. 이미 말한 바와 같이, 안셀무스는 이 용법이 오직 전체 역사적 맥락의 한도 내에서만 '신' 에 대한 등가적 표현으로 인정된다는 것을 간과했다.

그는 또 무엇보다도 어떻게 이 용법을 쓰게 되었는지, 이 용법이 의미 있는지, 모순이 없는지를 보여주지 않았다. '크다' (완전하다)라는 단어가 세계 외적 최대치로 상승하는 경우 어떤 정확한 의미를 가질 것인가? 이것이 밝혀지지 않는 한, 안셀무스의 논증은 공격대상으로 남는다. 이런 의미에서 둔스 스코투스, 데카르트 그리고 라이프니츠는 이 논증을 수정한다.

이 논증의 두번째로 취약한 구절은 가장 민감한 부분이다. 이 약점은 단순히 사유된 것과 현실적인 '그보다 더……' 사이의 비교에서 비롯된다. 이 비교는 안셀무스 논증에 결정적인 것이면서도, 안셀무스가 예측하지 못한 방식으로 논란의 대상이 될 수 있는 것이다. 어떻게 단순히 사유된 것의 완전성이 현실 속에 현존하는 것의 완전성과 동일한 눈금으로 기록될 수 있는가? 안셀무스는 자신의 가치론적 문제구조가 경험의 한계를 넘어서도 적용될 수 있으며, 이는 단순히 표상된 것과 현실적인 것의 비교를 허락한다는 가정에서 출발한다. 형이상학의 위대성과 한계는 모든 것이 거부되는 곳에서보다 이러한 신뢰 속에서 더 잘 표현되지만, 이는 결코 경험에 근접하지는 않는다. 왜냐하면 안셀무스의 입장은 다음과 같은 사실에 주의를 기울이도록 하는 장점을 가지고 있기 때문이다. 즉 이른바 현실성마저도 오직 사유 속에서만 그리고 사유를 통해서만 그 자체를 가지므로, 결국 단순히 생각한 것과 외연적 현실성 사이의 비교에 대해서는 거의 언급할 수 없다는 것이다.

이런 의미에서 셸링과 헤겔은 칸트와 대립하는 안셀무스의 논증을 칸트 후기적 수준으로 부활시킨다. 그렇지만 이러한 부활의 시도가 있는 그대로의 안셀무스 논증이 제기하는 문제에 대해 스스로 대답하는 것은 아니다.

다섯째, 이렇게 해결되지 않은 문제를 안셀무스가 이 논증을 신앙적인 명상[46]이나 '신비적' 경험에 대한 재연[47]으로 이해한다는 지적을 통해 구제하고자 해서는 안 된다. 주지하다시피, 안셀무스는 순수의미론적 근거에서 신존재에 대한 논쟁이 주어진 조건 아래서는 모순된다는 것을 보여주고자 했다. 오늘에 이르러 이런 조건들이 더 이상 이성적으로 이행될 수 없다면, 사람들도 그 성과에 집착하려 할 수 없을 것이며, 안셀무스가 제시한 길을 바꾸고자 할 것이다. 안셀무스 자신이 신앙과 신의 감성적 관계에서 출발했다는 것에는 의심의 여지가 없다. 그러나 안셀무스가 비크리스트교도나 비신비적인 사람들에게도 유효한 증명을 통하여 신앙하는 것을 모든 의식적 사유의 소유물로 증명하고자 하는 목적을 가졌다는 사실 또한 의심의 여지가 없다.

나는 다시 한 번 『프로슬로기온』 제4장을 상기해본다. 안셀무스는 가우닐로를 상대할 때 자신이 교의신학이나 신비신학을 한다는 데 대해서는 방어하지 않았다. 그는 단 한 번 가우닐로를 상대로 그의 신앙에 호소하기는 하지만, 그것도 단지 자신이 '그보다 더……'의 규정을 자신의 신앙 의식에 현전하는 것으로 증명할 수 있었다는 것을 보여주기 위해서였다.[48] 자주 신앙주의적으로 오용되고 있는 이 구절은 단지 안셀무스가 크리스트교 신자에게 자신의 의식 속에서는 '그보다 더……'가 자신의 신앙 내용으로 현전하기를 기대한다고 말하는 것뿐이다. 이것은 그가 주장하다시피 마치 무신론자의 의식 속에 신의 비존재가 현전하는 것과 같다.

안셀무스는 여전히 성직자의 승리감에 찬 의식을 가지고 있었으며, 진리를 소유하는 가운데 인식하고 또 이 진리가 모든 사람에게, 심지어 신을 믿지 않는 사람에게도 증명되기를 요구했던 것이다. 그는 자신을 논박하는 상대 가우닐로에게나 그 자신에게나 신앙에 대한 주관적 성향이 있다는 것을 간과하지 않았지만, 사실적으로(de facto) 현전하는 것은 사유하는 모든 사람에게 결코 잃어버릴 수 없는 것으로 주어진다고 믿었다.

여섯째, 안셀무스를 역사적으로 구별짓는 철학적 이해에 따르면 그의 계획이 실패했다고 확정할 수는 없다. 적어도 안셀무스는 보에티우스와 고립되어 있었던 요한네스 에리우게나 이래 처음으로 크리스트교적 의식을 재구성하고자 시도했다. 안셀무스는 자신의 논증기술적 엄밀성에서 그 이전의 모든 선현들을 넘어선다. 즉 그는 교회적 · 세속적 위계질서에 의지하지 않고 바로 이 엄밀성으로 인간적 자아의식을 크리스트교적 신의 증명 가능한 현재의식과 결합시키고자 한다.

역사적 · 철학적 관점에서 보면, 논증기술적 독창성이나 부정할 수 없는 약점을 가진 증명 자체보다 더 중요한 것은 안셀무스가 당대에 발전하던 자아의식을 견고하게 했다는 사실이다. 즉 안셀무스는 결과적으로 자기 자신에 대해 사유하는 인식이 그 자신에 머무르는 것일지라도, 신의 의식은 그 자신의 방식으로 존재했으며, 신은 그 자신에게 존재한다는 것을 보여주었기 때문이다.

이는 '개종해' 왔던 랜프랑크, 베렌가리우스적 의미에서 반변증법적으로 열을 올리던 페트루스 다미아니(Damiani), 그리고 초기 아우구스티누스의 항의를 물리치도록 고무했을 뿐만 아니라, 처음부터 보존해왔던 신학적 내용을 넘어서 열린 미래로 나아가도록 고무했다. 수도자이자 주교인 안셀무스는 신의 자기전달이라는 합리성을 검증하는 일을 자청하는 가운데, 이제부터 인간 사이의 권력을 주장하는 위계질서와 외적 강압은 더 이상 인정될 수 없을 것이라는 것을 보여주었다.

영향

안셀무스를 그 자신의 세기에서 격리시켜 고찰하는 한, 사람들은 다음 세대에 대한 그의 직접적인 영향력을 과대평가하게 되거나, 아니면 그의 영향력을 증명할 수 없는 것을 안타까워하게 된다. 그의 영향력은 크리스핀 및 유태인들과의 대결에 달려 있다. 호노리우스(Honorius Augustodunensis)는 캔터베리에서 안셀무스를 알게 되었지만,[49] 안셀무스의 대중적 보급인이었던 그는 안셀무스 사상의 외적 체계만을 넘겨받았다. 호노리우스는 『프로슬로기온』 증명이 가지는 사변적 의미를 알지 못했다. 1110년경 가장 이론적인 영국의 두뇌들은 크리스트교 교의에 대한 논리적 작업과는 다른 관심을 가지고 있었다. 그들은 경험과학을 추구하고 있었기 때문에 프랑스의 사르트르 지방과 스페인의 아라비아인들을 찾아나섰다.

프랑스에서는 캔터베리의 안셀무스가 아니라 라온(Laon) 학파와 아벨라르두스 학파에서 계속적인 발전이 이루어지고 있었다. 요한네스 브리다누스(Johannes Bridanus)와 같은 저술가가 안셀무스를 알고 있었다 하더라도, 지금 우리에게 가치 있는 안셀무스의 『프로슬로기온』 사상에 대해서 그가 침묵하고 있다는 것은 놀라운 사실이다.[50] 마찬가지로 철학적 논증으로 삼위일체설을 증명하는 안셀무스의 견해도 후대의 추종자를 거의 얻지 못했다. 아벨라르두스는 이에 저항했으며, 페트루스 롬바르두스는 이를 다음 시대의 강단신학을 위해 공고히 했을 뿐, 철학은 삼위일체에 대한 어떤 충분한 인식(sufficiens notitia)도 성취하지 못했다.

그렇지만 13세기에 이르면 안셀무스에 대한, 무엇보다도 『프로슬로기온』 증명에 대한 작업이 이루어진다. 알베르투스는 조심스럽게 관심을 표명했으며,[51] 토마스 아퀴나스는 비록 오해한 것이기는 하지만 상세한 비판을 전하고 있다.[52] 그러나 보나벤투라는 안셀무스의 설득과 서술에 고무되고 있음을 보여준다. 물론 그는 '이성만으로'라는 안셀무스의 기획을 따라가고자 하지는 않았지만, 토마스주의자들보다는 둔스 스코투스와 같은 프란체스코 회원들이 안셀무스의 증명을 보다 합리적으로 판단하고자 했다는 전제를 만들어냈다.

그후 라이문두스 룰루스는 다시 안셀무스 식으로 삼위일체성의 이성적 증명을 시도한다. 자분트의 라이문트(Laimund von Sabund)와 쿠사누스 또한 이런 시도를 한다. 이미 데카르트에 대한 당시의 비판가들마저도 데카르트가 안셀무스의 신존재증명에 다시 착수했다는 것을 지적했기 때문에, 근세철학의 문제제기에 근본적인 이 '존재론적' 논증을 위한 문제는 의식적으로 안셀무스의 관점에서 해설되었다.

그리하여 라이프니츠는 안셀무스를 개선하겠다는 의도를 표명했던 것이다. 데카르트, 스피노자, 라이프니츠 그리고 볼프의 강단철학은 안셀무스의 논증을 변형시키면서 계속 전달했기 때문에, 안셀무스의 『프로슬로기온』은 칸트, 피히테, 헤겔 그리고 셸링에 걸쳐 '절대자'(das Absolute)란 철학개념이 개발되었던 모든 곳에서 이름이 빠지는 일 없이 현재화하고 있다.

| 쿠르트 플라시 · 신창석 옮김 |

쿠르트 플라시(Kurt Flasch)
1930년 출생. 1970년부터 독일 보훔(Bochum)의 루르(Ruhr) 대학 철학과 정교수로 있다. 주요 저서 : *Die Metaphysik des Einen bei Nikolaus von Kues*(1972), *Augustin. Einführung in sein Denken*(1980), *Das philosophische Denken im Mittelalter*(1986). 안셀무스와 디트리히, 쿠사누스에 관한 다수의 논문들. 주요 편찬서 : *Parusia. Studien zur Philosophie Platons und zur Problemgeschichte des Platonismus*(1965), *Opera Omnia Dietrichs von Freiberg*(1977년 이후).

주

1) *Vita Anselmi*, I, 4.
2) 같은 책, I, 5.
3) J.W. Tompson, *The Medieval Library*, Chicago 1939, 239쪽 참조.
4) *Epistola de incarnatione verbi* 1, II, 4, 6. 이하에서 안셀무스 저서는 대체로 슈미트(F.S. Schmitt) 판에 따라 인용될 것이다.
5) 같은 책, 6쪽.
6) 같은 책, 9쪽.
7) *Monologion*, Prolog.
8) 같은 책 1, I, 13, 11.
9) *Epistola de incarnatione verbi* 6, II, 20, 15~19.
10) *Proslogion* 4, I, 104, 6~7.
11) *Epistola de incarnatione* Aei 1, II, 7, 10.
12) *Epistola de incarnatione Verbi* 1, II 8~9 ; *Cur Deus homo* ; *Commendatio operis ad Urbanum Papam II*, II, 40~41 u. 48 참조. 여기에 헤겔이 신교 신학에 반대하여 들추어내는 문장이 들어 있는데, 다음과 같다. "우리가 크리스트교 신앙을 감히 이성으로 해명하기 이전에 먼저 크리스트교 신앙의 깊이를 믿는 것이야말로 합당한 도리인 것과 같이, 우리가 만약 신앙으로 강해진 다음에도 믿는 바를 정신적으로 이해하지 않는다면, 이 역시 나에게는 소홀한 태도로 보인다"(Sicut rectus ordo exigit ut profunda Christianae fidei prius credamus, quam ea praesumamus ratione discutere, ita negligentia mihi videtur, sic postquam firmati sumus in fide, non studemus quod credimus intelligere).
13) Schmitt, 37~63 참조.
14) *Cur Deus homo*, Praefatio, II, 42, 12 참조. 이 책은 그리스도에 대해서는 어떤 이야기도 들어보지 못했다는 식으로, 필연적인 증명을 근거로 논증을 전개하고 있다. F. S. Schmitt, "Die Wissenschaftliche Methode in Anselms *Cur Deus homo*," in : *Spicilegium Beccense I.*, Paris/Le Bec 1959, 349~370.
15) Schmitt, *Die Wissenschaftliche Methode*, 356 참조.
16) Lanfrank, *De corpore et sanguine Domini*, 4 PL 150, 414 B.
17) J.W. Thompson, *The Medieval Library*, Chicago 1939, 239.

18) Lanfrank, 앞의 책, 4 PL 150, 413 A : putantibus multis me fovere ac favere quae a te dicerentur(많은 사람들은 내가 당신의 학설을 지지하고 옹호한다고 믿었다).

19) 같은 책, 7 PL 150, 416 D : Relictis sacris autoritatibus, ad dialecticam confugium facis(너는 거룩한 권위를 버리고 변증론으로 도망했다).

20) 같은 책, 21 PL, 150, 439.

21) 랜프랑크의 편지는 보전되지 않고 있다. 그의 비판이 가지는 경향은 안셀무스의 답장(*Epistola* 77)에 의해 알 수 있다(III, 199~200).

22) *Monologion*, 1, I, 14, 1~4.

23) 같은 책, I, 13, 11 : potest ipse sibi saltem sola ratione persuadere.

24) 같은 책, 1, I, 13, 12~16.

25)같은 책, 1.

26) 같은 책, 3.

27) 같은 책, 1, I, 13, 9.

28) 같은 책, 1, I, 13, 13.

29) 같은 책, 6, I, 19, 21~22.

30) 같은 책, 6.

31) 같은 책, 68, I, 78~79.

32) 같은 책, 69, I, 79, 20~21 : inconveniens nimis

33) 같은 책, 86, I, 83, 22.

34) 플라시의 구체적 증거로는 K. Flasch, "Der philosophische Ansatz des Anselm von Canterbury im Monologion und sein Verhältnis zum augustinischen Neuplatonismus," in : *Analecta Aselmiana* 2(1970) 1~43 참조.

35) *Proslogion*, Prooemium I, 93, 1~10.

36) F.S. Schmitt, *S. Anselmo d'Aosta. Il Proslogion, le Orazioni e le Meditazioni*, Padua 1959, 32~52 ; ders., Anselm von Canterbury, *Proslogion*, lat.-dt., Stuttgart 1962, 13~34.

37) *De incarnatione verbi* 6, II, 20, 16~19.

38) *Proslogion* I, 101, 15~16.

39) 같은 책, 4, I, 104, 5~7.

40) *Responsio Editoris* 5, I, 134, 24~28.

41) 토마스 아퀴나스, 『철학대전』(*Summa contra gentiles*) I, 10~11 ; 『신학대전』(*Summa theologica*) I, 2, 1

42) 토마스 아퀴나스, 『철학대전』, I, 11.

43) J. Pinborg, *Logik und Semantik im Mittelalter*, Stuttgart 1972, 41.

44) *Proslogion* 2, I, 101, 9~10.

45) *Responsio Editoris* III, I, 133, 6~9.

46) 예를 들어 K. Barth, *Fides quaerens intellectum. Anselms Beweis der Existenz Gottes*, Zollikon 21958.

47) 예를 들어 A. Stolz, *Anselm von Canterbury*, München 1937.

48) *Responsio Editoris* 1, I, 130, 15~19.

49) R.W. Southern, *St. Anselm and his biographer*, Cambridge 1966, 209~217 ; R.D. Crouse, "Honorius Augustodunensis : Disciple of Anselm," in : *Analecta Anselmiana* IV 2, Frankfurt 1975, 131~139.

50) C.E. Viola, "L'influence de la méthode anselmienne : La méthode de S. Anselme jugée par les historiens de son temps," in : *Analecta Anselmiana* IV 2, Frankfurt 1975, 27.

51) A. Hufnagel, "Anselm-Albert. Anselms Proslogion-Argument bei Albert dem Großen," in : *Analecta Anselmiana* IV 1, Frankfurt 1975, 105~110.

52) K. Flasch, *Die Beurteilung des Anselmianischen Arguments bei Thomas von Aquin*, ebda., 111~125.

참고문헌

원전

출판 작품

●*Die ältere Ausgabe von Gerberon*, Paris 1675 u. ö., 미녜의 *Patrologia latina*에도 게재되어 있으며 다음을 통해 검사받았다.

●Schmitt, F. S. : *S. Anselmi Opera Omnia*, Bd. 1, Seckau 1938, Bde. 2~6, Edinburgh 1946~1961, jetzt in 2 Bänden, Stuttgart-Bad Cannstatt 1968.

〈가장 오래된 부분적 목록은 슈미트의 전집출판에서 빠져 있다. 전집에 포함되지 않은 것은 다음과 같다〉

●*De potestate et impotentia, possibilitate, neccessitate et libertate*, hrsg. v. Schmitt, F. S. : *Ein neues unvollendetes Werk des hl. Anselm von Canterbury*, Münster 1936(Baeumkers Beiträge 33).

〈중요한 것은 슈미트의 번역된 단행본들이며 보다 정확히는 다음과 같다〉

●*Cur deus homo*, lat.-dt., Darmstadt [3]1970 ; *Monologion*, lat.-dt., Stuttgart/Bad Cannstatt 1964 ; *Proslogion*, lat.-dt., Stuttgart/Bad Cannstatt 1962 ; *De veritate. Über die Wahrheit*, lat.-dt., Stuttgart/Bad Cannstatt 1966.

〈가우닐로의 비판과 안셀무스의 답변에 대한 믿을 만한 최초의 독일어 번역〉

●Mojsisch, B.(Hrsg.) : *Kann Gottes Nicht-Sein gedacht werden? Die Kontroverse Anselm von Canterbury und Gaunilo von Marmoutiers*, Mainz 1989.

〈귀중한 주석이 포함된 새로운 영어 전집판〉

●Hopkins, J., Richardson, H. : *Anselm of Canterbury*, 4 Bde., Toronto/New York, E. Mellen, 1974~1976.

●*Cur Deus Homo* mit Einleitung von R. Roques, lat.-frz. Paris, Cerf, 1963(Sources Chrétiennes 91).

〈필수적인 전기〉
•Eadmer : *Vita Sancti Anselmi*, hrsg. v. R. W. Southern, Oxford, Clarendon, 1972.

2차 문헌

서지목록

〈출발점을 이루는 문헌〉
•Totok, W. : *Handbuch der Geschichte der Philosophie*, Bd. 2 : Mittelalter, Frankfurt 1973, 183~190.

〈오래된 문헌들을 싣고 있는 책〉
•Roques, R. : *Ausgabe von Cur Deus Homo*, frz.-lat. Paris, Cerf, 1963, 463~500.
•Hicks, H. : s. v. "Ontological Argument," in : *The Encyclopedia of Philosophy*, Bd. 5(1967) 541~542.

〈가장 새로운 현황이 담겨 있는 책〉
•Gombocz, W. L. : "Anselm von Canterbury. Ein Forschungsbericht über die Anselm-Renaissance seit 1960," in : *Philosophisches Jahrbuch 87*(1980) 109~134.
•Hödl, L. : *s. v.*, "Anselm von Canterbury," in : *Theologische Realenzyklopädie*, Bd. 2, 759~778.

인격과 생애

•Southern, R. W. : *Saint Anselm and his Biographer*, Cambridge, Cambridge Univ. Press, 1966.

단행본 연구서

•Barth, K. : *Fides quaernes intellectum. Anselms Beweis der Existenz Gottes*, Zollikon ²1958.
•Evans, G. R. : *Anselm and talking about God*, Oxford, Clarendon, 1978.
•_______ : *Anselm and a New Generation*, Oxford, Clarendon, 1980.

•Hammer, F. : *Genugtuung und Heil. Absicht, Sinn und Grenzen der Erlösungslehre Anselms von Canterbury*, Wien 1967.
•Hartshorne, Ch. : *Anselm's Discovery. A Reexamination of the Ontological Proof for the Existence of God*, La Salle, Open Court, 1965.
•Hasse, F. R. : *Anselm von Canterbury*, 2 Bde., Leipzig 1843~1852(재판 : Frankfurt/M. 1966).
•Henrich, D. : *Der ontologische Gottesbeweis. Sein Problem und seine Geschichte in der Neuzeit*, Tübingen [2]1967.
•Henry, D. P. : *The Logic of St. Anselm*, Oxford, Clarendon, 1967.
•_______ : *Commentary on De Grammatico. The Historico-Logical Dimensions of a Dialogue of St. Anselm*, Dordrecht, Reidel, 1974.
•Hopkins, J. : *A Companion to the study of St. Anselm*, Minneapolis, Univ. of Minnesota Press, 1972.
•Kopper, J. : *Reflexion und Raisonnement im ontologischen Gottesbeweis*, Köln 1962.
•Röd, W. : *Der Gott der reinen Vernunft*, München 1991.
•Rohls, J. : *Theologie und Metaphysik. Der Ontologische Beweis und seine Kritiker*, Gütersloh 1987.
•Schmitt, F. S. : Die Wissenschaftliche Methode in Anselms "Cur Deus Homo," in : *Spicilegium Beccense* I, Paris, Le Bec, 1959, 349~370.
•Schurr, A. : *Die Begründung der Philosophie durch Anselm von Canterbury*, Stuttgart 1966.
•Shofner, R. D. : *Anselm Revisited. A Study of the Role of the Ontological Argument*, Leiden, Brill, 1974.
•Vuillemin, J. : *Le Dieu d'Anselme et les apparences de la raison*, Paris, Aubier/Montaigne, 1971.

전집, 시리즈

•*Spicilegium Beccense I. Congrès internat. du IXe centenaire de l'arrivée d'Anselme au Bec*, Paris, Le Bec, 1959.
•*Analecta Anselmiana. Untersuchungen über Person und Werk Anselms von Canterbury*, begründet von F. S. Schmitt, 5 Bde., Frankfurt/M. 1969~1976.

9 신앙과 이성의 조화

토마스 아퀴나스(1224/1225~1274)

"마치 은총이 자연을, 완성이 완성될 수 있는 것을 전제하는 것처럼,
신앙은 자연적 인식을 전제한다."
●토마스 아퀴나스

파리 대학교의 문서 가운데 리옹에 있는 도미니쿠스 수도회 원장에게 보내는 1274년 5월 2일자 편지가 있다. 이 편지는 토마스 아퀴나스(Thomas Aquinas) 수사가 파리를 마지막 안식처로 삼아야 한다는 원의와 청원을 담고 있다.[1] 이 추도문은 파리 대학 전직 동료의 죽음에 대한 깊은 조의, 진심어린 연민과 함께 토마스가 학문적 세계에서 누렸던 명망을 진술하고 있다.

이미 동시대의 인물들이 토마스의 탁월한 재능을 인정했다는 것을 증명하는 이 문서에서도 한 가지 이상하고 주의할 만한 사항이 발견된다. 파리 대학 총장과 나란히 철학부의 모든 교수들이 발신인으로 거명되고 있지만, 신학자들은 전혀 거명되지 않는다. 토마스가 두 번에 걸쳐 도합 10여 년 동안 봉직했던 신학부는 그의 죽음에 대해 침묵한 것이다.

토마스가 무엇보다도 신학자였고 또 늘 신학자로 남았다는 것은 의심의 여지가 없다. 그러나 토마스는 최고의 철학자이기도 했다. 토마스가 고전적 신학자뿐만 아니라 철학자의 반열에도 서 있다는 것은 충분

한 근거를 가지고 있다. 이 고찰이 진행되는 가운데, 교회의 단죄로까지 이어지는 신학자들의 침묵과 철학자들의 이러한 특별한 존경이 가지는 원인에 대해서 세심한 주의를 기울여야 할 것이다. 이에 대한 근거는 바로 그 전환기적 사유의 혁명에서 찾아야 할 것이다. 사유의 혁신이야말로 토마스의 영향력과 저작을 통해 실현되었으며, 그 시대의 긴장과 위기뿐만 아니라 13세기의 위대성까지도 결정했다.

정신사적 전제

이른바 정신사적 변천은 양자택일이라는 철학적 단초와 고대철학의 기본 태도에 뿌리박고 있으며, 이는 플라톤과 아리스토텔레스를 통하여 재연된다. 서양 크리스트교의 첫 1200년대는 신플라톤주의에 의해 해석된 플라톤 사상과의 만남을 통해 각인되었으며, 무엇보다도 아우구스티누스에 의해 소개되었다. 이 사상의 중심에는 이데아(idea)가 자리잡고 있다. 이데아는 본래적 현실성이며, 생성과 소멸을 벗어나 있는 실재적 존재이다. 이데아는 절대적 상존자로서 자체 동일성을 지니고 있기 때문에, 구체적 · 경험적으로 지각할 수 있는 현실성이나 다양성으로부터 분리되어 있다.

이데아에 비하면 우리의 경험세계는 현실적 존재라기보다는 오히려 비존재이다. 이 세계는 본질적 사멸성 속에 던져져 있으며, 본래부터 불변적 현실성이 결핍되어 있는 방식이다. 따라서 차안(次岸)의 세계는 피안(彼岸)의 세계를 지향하고 있다. 차안 그 자체는 모형이요 상징이며, 본래적인 것을 잠정적으로 지시하는 것에 지나지 않는다.

이렇게 이원론은 우리의 경험세계와 이데아의 세계를 갈라놓고 있다. 결국 이 이원론은 마지막까지도 연결될 수 없을 뿐만 아니라, 곧장 가치와 결합된다. 비존재 및 다수성의 원리로서의 질료는 동시에 악(惡)의 원리이기도 하다. 이러한 형이상학적 이원론은 인간학에 오면

“철학적 노력의 본래 목적은 다른 사람이 생각한 것 속에서 아는 것이 아니라
무엇이 어떻게 진리와 직결되는가를 아는 것이다.” —토마스 아퀴나스

서 영혼-육체라는 극단적 이원론과 부합하게 된다. 즉 선재하는 영혼이야말로 본래적 인간이다. 감각을 통한 이 세계와의 결합과 마찬가지로 사멸에 처해진 육체와의 결합은 상기(Anamnesis), 즉 진정한 인식으로서 이데아의 직관을 다시 기억해내는 것을 방해할 뿐이다.

피안으로의 정향 때문에 이러한 사상이 크리스트교에 특별한 매력을 풍기는 것은 사실이다. 이데아론이 크리스트교와 만나면서 신학적 반성에 깊은 흔적을 남겨두었고 또 일반 종교의식에 결정적 영향을 미쳤다는 것은 쉬이 이해가 간다.

이러한 영성주의적 상징주의는 마니교적 영향과 이에 상응하는 원죄에 대한 이해 내지는 오해와 융합되어 현실, 즉 자연적인 것을 과소평가하도록 했을 뿐만 아니라 심지어 현실을 무시하도록 했다. 이런 관점에서는 아우스티누스 역시 중요하면서도 불길한 의미로 접근한다. 게다가 아우구스티누스는 12세기에서 13세기로 넘어가는 전환기에 이르기까지 유력한 권위로 통했다. 세계는 절대자로부터 세계의 고유한 현실성과 가치를 받았으며, 인간은 다소나마 정신적 차원으로서의 영혼으로 환원되었다. 아우구스티누스적 초자연주의의 영향으로 하느님의 전지전능이 편파적으로 강조되는 가운데, 인간의 독립성, 자유, 고유한 동기 그리고 자체 가치에 필요한 신학적 척도는 끊임없는 위협을 받게 되었다. 그러나 동시에 바로 여기에 절대자의 초월성 자체에 대한 범신론적이고 일원론적인 파괴의 위험성이 도사리고 있었다.

플라톤과 아우구스티누스적인 신플라톤주의의 건너편에는, 영향력은 없었지만 아리스토텔레스의 정초가 실질적으로 가장 가까이에 머물고 있었다. 그렇지만 형식적 관점에서 보면, 아리스토텔레스는 자신의 논리학을 통하여 서양 크리스트교 사상의 전개에 지속적인 영향력을 발휘했다. 즉 그의 논리학은 보에티우스의 중개로 특히 그때부터 전환기 전체에 명성을 떨치게 되는 스콜라 철학적 방법을 키워내는 데 일역을 담당했다.

토마스 아퀴나스에 와서 절정에 이르는 이러한 전환기와 사유형식의 대표로서의 스콜라 철학적 방법이라는 전문용어는 어떤 평가로부터도, 특히 부정적 의미를 갖는 어떤 잡음으로부터도 자유롭지 않으면 안 된다. 스콜라 철학적 방법이라는 개념은 스콜라(schola, 학교)와 거기에서 단련된 방법으로부터 나왔으며, 철학과 신학에만 국한되는 것이 아니라 그 시대의 학문적 형성을 전체적으로 표시하는 데 사용되었다.

스콜라 철학에서 구체적 형태를 갖추고 있는 관심사에는 세 가지가 있다. 첫째로 전통과 권위에 대한 존중이다. 학문을 하고자 하는 사람은 지식을 습득해야 하며 또한 배우지 않으면 안 된다. 당시 이것은 문헌(textus)에 몰두하는 것이었다. 이러한 수용적 태도는 교부학(Patristik)과 스콜라 철학(Scholastik) 초기의 수백 년에 걸쳐 거의 예외 없이 계속되었다. 무수한 명제집들과 초록은 이러한 편찬작업을 증거하고 있다.

그런데 여기다 새로운 것, 즉 스콜라 철학 가운데서 특수한 성격을 띠는 두번째 관심사가 등장한다. 이는 진정한 지식의 습득은 오직 정신적 대결을 통해서 이루어진다는 통찰과 의식이다. 라티오(ratio, 이성), 즉 비판적이고 구분적이며 결정적인 최종심급으로서의 이성(Vernunft)은 바로 이 때문에 점점 더 큰 의미를 얻게 된다.

그리고 세번째 관심사로서의 중개(仲介), 즉 지식의 지속적 전수는 이러한 수용 및 비판적 대결과 결합한다. 그 밑바탕에는 신비적 일치나 주관적 완성이 아니라 객관적 지식의 전수라는 관념이 자리하고 있다. 과거의 지식을 배우면서 획득하는 것, 조직적인 작업과 함께 하는 비판적 대결과 가르쳐나가는 전수작업, 이런 것이야말로 중세 스콜라 철학의 근본요소요, 관심사이다. 이러한 노력은 토마스에 의해서 완성된 '토론식 질문'(quaestio disputata)의 고전적 형식에서 그 문학적 양식을 발견하기에 이르렀다.

중세의 정신적 삶에 익숙하지 못한 독자들은 어찌 보면 '퀘스티오'

(quaestio, 질문)의 전형적인 도식 속에서 아무런 삶도 발견하지 못하고 무미건조한 비생산성을 볼 수 있을 뿐이리라. 그러나 이 형식은 현실적으로 방법적 노력의 심화와 직결되며, 학문적 교육방법과 집중 그리고 정신적 원칙의 최고수준과 직결되는 것이다.

가장 작은 문학적 통일체인 아르티쿨루스(articulus), 즉 '논항'(중세의 토론집 및 신학대전 등의 기본적 구성요소로서 물음, 대론, 반론, 본론, 대답의 차례로 이어지는 학술양식의 정형이다. 현대 학술논문〔article〕의 기본 형식이기도 하다—옮긴이)은 논제가 아니라 '토론식 질문'이요, 연구하면서 진리를 추구하는 정신의 결실이다. 의심(dubitatio)의 양상을 띤——토마스는 의심에 진리 발견의 수단이라는 깊은 의미를 부여한다[2]——주제의 해설(expositio)에 따라 찬론과 반론이라는 통일적 논증을 통해 과거의 지식을 수용함과 동시에 문제점을 날카롭게 부각시켜낸다.

본론(corpus articuli, respondeo dicendum)에서는 석사가 당면문제를 심화시키고 자신의 해결을 위한 근거를 마련한다. 그럼으로써 석사는 결론, 즉 데테르미나티오(determinatio)를 내리게 된다. 이어 석사는 각각의 대론(對論)에 대한 입장을 밝힌다. 그러나 여기서 토마스는 특히 반대론자의 견해를 일괄적으로 뿌리치고 비난하는 것이 아니라, 오히려 반론자가 거부한 견해에 대해서도 진리의 관점을 세밀하게 드러내고자 한다.

이러한 사유는 권위(auctoritas)와 이성(ratio), 신앙과 지식, 신학과 철학의 양극을 넘나든다. 이러한 발전의 초기, 이른바 초기 스콜라 철학에서의 철학이란 논리학이나 변증론과 같은 것이다. 철학은 방법적 도구를 제공하며, 이러한 작업을 위한 기술이 된다. 신학을 전공하기 위한 이 새로운 길은 결코 전초적으로 새로운 것만이 아니라, 신플라톤주의적이고 아우구스티누스적인 사상에 대한 전이해를 문제로 삼은 결과였다.

스콜라 철학의 학문적 노력은 신플라톤주의나 아우구스티누스적 세계관과는 뿌리 깊은 상이성을 자체 내에 지니고 있다. 이것은 변증론 반대자들을 계획 속에 끌어들였던 변증론 초월자들의 극단적 관점만은 아니었으며, 결국 염세주의적, 구원사적 설득이었다. 즉 11세기에 페트루스 다미아니가 순수철학은 악마가 발명한 것이요, 논리의 법칙은 하느님 앞에서 어떤 타당성도 얻지 못한다고 확신하던 가운데 만들어낸 설득이었다.[3)]

이러한 대결양상에서 위대한 베네딕트회 신학자, 캔터베리의 안셀무스가 중요한 의미를 띠고 등장한다. 그는 양극단을 피하면서 지식과 학문에 대한 새로운 관계규정을 통하여 신앙과 신학의 영역에 이성의 확고한 지위를 부여했기 때문이다. 안셀무스 역시 아우구스티누스주의의 정신적 근본태도를 드러나게 고집한다. 그는 아우구스티누스로부터 물려받은 '통찰을 추구하는 신앙' (Fides quaerens intellectum)이라는 표어와 더불어 신앙에 거론의 여지가 없는 우위성을 부여한다. 물질적으로나 형상적으로나 신앙이 이성보다 우위를 차지한다. 이성은 신앙으로부터 대상을 받아들일 뿐만 아니라 자신의 힘까지도 받아들이며, 신앙행위에 의한 정화를 필요로 한다.

안셀무스는 신학적 사유의 고전적 대가로서 그의 기획은 본질적으로 최종적 해결이 될 수 없었다. 그 때문에 12세기까지 이러한 대결양상이 지속되며, 아리스토텔레스의 증명에 대한 가르침인 이른바 '신논리학' (Logica nova)의 영향 아래서도 끝나지 않았다. 이러한 대결양상의 한편은 아벨라르두스와 포이티어스의 길베르투스(Gilbertus)가 대변하고 있으며, 다른 한편은 클레르보의 베른하르트가 대변하고 있다. 이런 와중에 12세기에서 13세기로 넘어가는 전환기를 맞아 아리스토텔레스의 『형이상학』이 알려지자 새로운 획이 그어지는 동시에 결코 과장될 수 없는 자극제의 의미를 띠게 된다. 이와 함께 폭넓은 아리스토텔레스 수용이 시작된다.

아리스토텔레스는 플라톤주의나 아우구스티누스주의와는 반대로 아무런 선입관 없이 바로 이 세계 및 이 세계의 현실성과 마주한다. 아리스토텔레스는 인식의 측면에서도 구체적 개체로부터, 바로 이 세계로부터 출발한다. 감각적으로 경험할 수 있는 사물의 현실성은 지시, 징표, 기호, 은유일 뿐만 아니라 고유한 존엄성과 고유한 가치의 현실성이다. 당시의 억압된 정신적 상황에서는 아리스토텔레스의 사유가 비할 바 없는 매력을 발휘했음에 틀림없으며, 그럴 만한 바탕은 궁정문화와 기사도문화를 통해 이미 준비되어 있었다.

그러나 교회는 이러한 변혁 속에서 그때까지 종교적으로 폭넓게 결정된 세계와 문화의 세속화를 신앙과 크리스트교에 대한 위협으로 보았다. 기구로서의 교회는 자신을 12세기까지 스스로 표명해오던 전통과 동일시하지 않을 수 없었으며, 따라서 결국 불필요한 것이 되어버릴 의문스러운 수단으로 저항하게 된다. 즉 교회는 아리스토텔레스의 형이상학적 저술에 대한 강의를 금지했던 것이다.

첫번째의 아리스토텔레스 금지령은 1210년에, 마지막 금지령은 1263년에 나온다. 토마스가 작품을 저술하던 정신사적 상황을 이해하려면 그 세기의 또 다른 현상에 대해 주의를 기울이지 않으면 안 된다. 12세기에서 13세기로 넘어가던 당시의 교회는 권력의 절정에 있었으므로, 교회의 본래적 임무를 충실하게 수행하지 못할 위험을 안고 있었다. 이에 대한 반작용으로 개혁의 목소리와 복음에 대한 요청이 점점 더 강해지고 있었다.

예를 들면 발데스파(Waldenser)나 순결교파와 같은 과격한 이단 형태나 운동과 똑같은 동기에서 프란체스코회나 도미니쿠스회와 같은 탁발수도회가 발생하고 있었다. 이들 수도회는 지금까지의 수도원과는 전혀 새롭고 다른 목적을 설정하고 있었다.

이로써 토마스가 성장하게 되는 시대의 정신적 흐름이 드러난 셈이다. 이제 더 이상 아리스토텔레스 철학적 형태의 변증론 이상이 아니었

토마스가 무엇보다도 신학자였고
또 늘 신학자로 남았다는 것은 의심의 여지가 없다.
그러나 토마스는 최고의 철학자이기도 했다.

던 이성(ratio)과, 의식적으로 복음(Evangelium)으로 되돌아가던 신앙(fides)은 토마스가 종합해야 할 것이 되었고, 그의 사상과 작품의 내적 역동성을 결정할 양극단이 되었다.

생애와 저작

토마스 아퀴나스는 1225년 초에 나폴리 근처의 로카세카 성에서 귀족 가문의 막내아들로 태어난 것으로 추정된다. 아버지 란돌프는 롬바르두스 가문 출신이며, 어머니 테오도라는 나폴리의 귀족이었다. 토마스가 다섯 살이 되자 부모는 그의 삼촌이 수도원장으로 있는 몬테 카시노의 베네딕트 수도원으로 그를 데려갔다. 그러나 여기에 종교적 이유가 전제된 것은 아닌 것 같다. 여기서 토마스는 과거의 유산을 보존하는 데 주력하던 대수도원의 전통적 정신 속에서 교육되었다. 그러나 황제와 교황 사이의 정치적 싸움으로 인하여 토마스는 1239년 몬테 카시노를 떠나지 않으면 안 되었으며, 14살이 되자 나폴리의 왕립대학에 들어가 7과목의 자유기예학 공부를 시작했다.

여기서는 파리 대학과는 반대로 교회의 금지령에도 불구하고 아리스토텔레스를 연구할 수 있었다. 그래서 토마스는 무엇보다도 히베르니아의 페트루스(Petrus von Hibernia)로부터 아리스토텔레스 철학을 소개받게 되었다. 그러나 토마스는 여기서 30여 년 전에 창립된 도미니쿠스 수도회도 알게 되었으며, 1244년에는 이 수도회에 입회하였다. 결국 토마스는 자신을 일 년 동안이나 감금하기까지 했던 가족의 강력한 반대에도 불구하고 도미니쿠스회에 입회한 것이다.

1245년 가족으로부터 풀려난 토마스는 파리 대학으로 가서 공부를 계속했으며, 1248년에서 1252년까지는 쾰른 대학의 알베르투스 마뉴스에게서 공부했다. 당시 그는 중세 대학의 가장 위대한 석학이었으며, 크리스트교적 아리스토텔레스주의의 기초를 놓는 위대한 업적을 남긴 사람으로 간주되었다. 1252년 도미니쿠스 수도회는 토마스의 스승이 제안하는 대로 그를 파리로 보냈으며, 거기서 토마스는 도미니쿠스회의 수도원 학교에서 학사(Baccalaureus)로서 교사직을 맡게 되었다.

토마스는 1년 동안 성서(이사야서)를 강독한 후, 다시 2년 동안 독창성은 없지만 조직적인 체계와 균형감으로 인해 신학 교과서로 통하던 페트루스 롬바르두스(Petrus Lombardus, 1159년 사망)의 『명제집』(*Sententiae*)을 강독하였다.

이런 교육활동을 통해 토마스의 첫번째 주저, 『명제집 주해서』가 나왔다. 이리하여 토마스는 신학석사로 인정될 수 있는 전제조건을 갖추게 되었다. 그러나 파리 대학은 탁발수도회에 어떤 교수직도 용납하지 않으려던 일반 성직자 석사들의 저항으로 인하여 1년이나 지나서야(1257) 교황의 조정을 받들어 토마스를 교수직에 받아들인다.

이러한 파리에서의 첫번째 활동에 이어 토마스는 1259년부터 교황청과 여러 수도원 학교가 있던 이탈리아에서 가르쳤다. 1268년 수도원 총장은 토마스를 다시금 파리 대학으로 보냈다. 무엇보다 파리에서는 세속적 학문을 둘러싼 논쟁적 상황이 위기로 치달았기 때문이었다. 1272년 대학이 소요에 휩싸였을 때, 토마스는 나폴리에 수도원 대학(Studium Generale)을 설립하고 가르치기 위해 다시 이탈리아로 소환되었다. 1274년 3월 7일 토마스는 리옹 공의회로 가던 중 포사노바의 시토 수도원에서 사망한다.

토마스는 13세기의 소용돌이 한가운데 있었고, 이 소용돌이의 부분적 원인이 되기도 하고 그것을 겪기도 했다. 삶의 경로는 세파와 자주 부딪혔지만 그의 내적 삶은 교수로서 활동하며 폭넓은 작품을 남긴 수사로서, 학자로서, 학문의 설립자로서의 단순하고도 중단 없는 동일성을 유지했다. 그의 다양한 주석서, 대전, 단편, 토론집들은 파리에서의 교수 생활과 더불어 시작되어 늘 일정한 규칙성을 띠고 동시적 작업으로 저술되었다. 그것이 1273년 12월 6일까지의 일이다. 바로 이때부터 토마스는 더 이상 저술하지 않았다. 세간의 해석이 그렇듯이 그는 자신의 비서 레지날드(Reginald)에게 이제 더 이상 저술작업을 할 수 없다고 선언했다. 자신이 저술한 모든 것이 지푸라기로 보이기 때문이라는 것이다. 토마스의 전 작품은 의식적으로 그리고 의도적으로 단편적으로만 전래되고 있다.

여기서 토마스의 모든 저작을 나열한다거나 심지어 평한다는 것은 불가능하다. 그의 주요 저술들을 잠깐 훑어보기만 해도 토마스의 엄청난 작업 능력뿐만 아니라 그 정신의 포괄적 넓이와 개방성을 깨닫게 된다. 토마스 저술에는 일반적으로 인정되는 사실에 입각한 어떤 고전적 구조도 존재하지 않는다. 여기서 우리는 통일성을 위해서 바이샤이플의 입문서를 근거로 할 것이다.[4]

신학적 종합 가운데 토마스의 첫번째 대작인 『명제집 주해서』(*Scriptorum super libros sententiarum*)가 있다. 이 저서는 토마스가 학사(1252~56년간)로서 행한 강의를 기록한 것이다. 그러나 엄격한 의미로 보면 이 책은 롬바르두스의 명제집에 대한 주석이 아니다. 전반적으로 이 책은 명제집에 등장하는 주제에 대한 '질문'(quaestio) 형식의 고유한 논문이다.

토마스는 또한 1264년 오르비에토에서 마치게 될 『대이교 대전』(*Summa contra gentiles*)을 파리에서 시작한다. 이 저서는 4권으로 되어 있으며, 각 권은 다시 장(capitulum)으로 분류된다. 이 작품은 도미니쿠스회의 선교사업을 위한 수도원 총장의 요청에 따라 나오게 되었다. 이러한 목적이 책의 구조를 결정한다. 제1권에서 제3권까지는 자연적 이성에 상통하는 크리스트교적 진리를 고찰하며, 제4권은 오직 계시에 의해서 제시되기 때문에 결국 신앙 없이는 받아들일 수 없는 진리들을 서술한다. 이러한 목적 설정에 따라 자연스럽게 대단히 많은 지면이 철학적 논증에 허락되고는 있지만, 그것은 신학적이고 호교론적인 관점에서 이루어진다. 자주 사용되고 있는 『철학대전』(*Summa philosophica*)이라는 명명도 이런 의미에서는 잘못된 것이리라.

가장 탁월하고 중요한 토마스의 작품은 원래 신학부의 신입생을 위해(ad eruditionem incipientium) 저술을 시작한 『신학대전』(*Summa theologica*)이다. 이 작품은 교육이라는 원래의 의도에도 불구하고 뛰어난 체계적 성과를 보여주고 있다. 해석상 논쟁이 많았던 체계의 진술방식은 중요한 의미를 띠고 있다. 1267년 이탈리아에서 시작된 『신학대전』은 3부(pars)로 되어 있으며 제2부는 또 다시 2부로 나누어져 있다. 1273년까지 토마스는 이 주요 저작도 마찬가지로 제3부, 90질문, 4논항까지만 작업하고 미완성으로 밀쳐놓는다.

최초의 편집자들은 무엇보다도 『명제집 주해서』의 4권을 조립한 '보충부'(Supplementum)를 통해 『신학대전』을 완성하고자 시도했다. 토마스 학술활동의 초기 저작에서 발췌하는 방식으로 그의 가장 완숙한 최종 작품을 구성해야 했다는 것을 기억한다면, 이런 작업이 근본적으로 성공할 수 없었으리라는 것을 충분히 알 수 있다.

이들 작품, 특히 두 개의 대전은 특정의 학문 영역을 체계적 결정 아래서 종합하고 교육적으로 전달하려는 의도를 따르고 있다. 이와는 달리 학술적 토론이라는 문학양식은 우선적으로 활발한 개별문제를 다루고 있으며, 논술이 본질적으로 지니는 보다 상세한 특징을 가지고 있다. '토론'(disputatio) 수업을 하는 것은 석사의 권한이었기 때문에, 토마스가 쓴 상당한 수의 '정규토론 질문집'(Quaestiones disputate ordinariae)이 남아 있다는 것은 놀라운 일이 아니다.

가장 중요한 토론은 일련의 『진리론』(*De veritate*, Paris 1256~59)에 요약되어 있다. 그리고 하느님의 『권능론』(*De potentia*, Roma 1265~66), 『악론』(*De malo*, Roma 1266~67), 『영혼론』(*De anima*, Paris 1269)이 있다. 석사가 자기 전공에 대한 수강생의 자유로운 질문에 대답하기 위하여 대학의 공개석상에 서는 것은 1년에 두 번 있는 학술적 관례였으며, 이것이 '임의토론'(Quodlibet)이다. 이러한 토마스의 토론을 후에 요약한 임의토론집 12권이 전해지고 있다.

토마스는 체계를 위해 노력하면서도 원전에 대한 연구를 게을리하지 않았다. 그래서 주해서들의 범주는 그의 저서 가운데서도 주요한 위치를 차지한다. 또 그는 수많은 구약성서와 신약성서에 대해 신학적으로 중요한 주석서를 저술하였다. 그 가운데서도 마태복음과 요한복음 그리고 바울 서신에 대한 주석은 더욱 중요하다.

그렇지만 철학적 맥락에서는 아리스토텔레스에 대한 주해서들이 출중한 의미를 가진다. 아리스토텔레스는 아라비아와 유태의 원전을 통해 알려졌기 때문에, 토마스는 직접, 그리고 가능한 한 정확하게 그리스어로부터 번역된 신뢰할 만한 문헌을 찾는 데 높은 가치를 두었다. 그와 같은 수도회의 수사인 빌헬름 메르베케(Wilhelm Moerbeke)가 번역 작업을 맡았다.[5] 이는 물론 문헌들을 깊이 있게 분석하고 정확하게 해설하며, 필요한 경우에는 독자적으로 계속하여 사고하기 위해서이다. 중요한 주해서들로는 아리스토텔레스의 『형이상학』, 『윤리학』, 『정치학』, 『명제론』, 『자연학』, 『영혼론』에 대한 것들이 있다. 이 주해서는 권(Libri, lib.), 강(lectiones, lect.), 번호(numeri, nr.)로 분류된다. 이 모든 주해서는 토마스가 『신학대전』을 저술하던 시기에 나왔다.

마지막으로 보에티우스의 『데 헵도마디부스』(*De Hebdomadibus*)와 『삼위일체론』(*De trinitate*)에 대한 주해서들을 거론할 수 있다. 여기에는 학문이론에 대한 중요한 서술이 들어 있다. 그리스 신학자들과의 첫번째 위대한 대결로는 위-디오니시우스 아레오파기타의 『신명론』(*De divinibus nominibus*)에 대한 주해서를 들 수 있다. 게다가 토마스는 『원인론』(*Liber de causis*)에 대해 문헌비판적 기고를 하기도 했다. 토마스는 자주 아리스토텔레스의 저작으로 불리기도 하고 익명으로도 인용되던 『원인론』을 신플라톤주의자인 프로클로스(Proklos, 485)의 작품에서 발췌한 것으로 확신했기 때문이다.

또한 『아베로에스주의에 반대하는 이성 통일론』(*De unitate*

intellectus contra Averoistas)을 포함하고 있는 다양한 논쟁적 저술 이외에도 특수한 주제에 대한 논문, 추천서, 편지, 문학적 단편, 설교집 같은 것을 언급해야 할 것이다. 이러한 단편(Opuscula) 중에는 토마스가 처음으로 저술한 유명한 논고 『존재와 본질론』(*De ente et essentia*, 1253~55)도 있다. 여기에 토마스는 자신의 철학적 사유에 대한 기초를 놓고 기획한다.

철학적 근본 사상

철학과 신학의 관계

토마스는 신학자였으며, 그의 모든 작품은 신학적으로 정향되어 있다. 아리스토텔레스 주해서나 다양한 단편들과 같은 전문적 철학저서들도 신학과 상반되는 것으로 소개될 수는 없다. 게다가 토마스 자신의 고유한 철학은 우선적으로 신학작품에서 전개된다. 토마스가 수준 높은 철학자였다는 데 대해서는 의심의 여지가 없겠지만, 이는 그의 신학에 대한 이해가 철학을 허용할 뿐만 아니라 근본적으로 내포하기도 한다는 사실에 근거하지 않으면 안 된다.

이러한 추측은 무엇보다도 다음과 같은 사실을 보면 문제시된다. 즉 토마스는 자신의 결단으로 아리스토텔레스적 입장에 찬성하였다. 그것도 전통적 관점에서 보면 세속적이고 신학과 상반되는 것으로 비칠 수밖에 없었고, 또 당대 인사들에게도 그렇게 이해되었던 철학에 찬성표를 던진 것이다. 이러한 찬성은 동시에 신학적 숙고이기도 하다. 토마스는 이런 생각을 통해 세계의 세속성과 아리스토텔레스를 받아들이기로 결심한다. 결국 세계의 피조적 존재에 대한 신앙을 결심한 것이다.

피조물의 존재론적 긍정성과 신학적 중요성은 신플라톤주의적이고 아우구스티누스적인 영향으로 인하여 점차 잊혀진 진리로 꺼져가던 중이었다. 이 때문에 토마스의 결단은 근대적이고자 하는 필요성에 의해

토마스는 아리스토텔레스의 철학을 기독교 사상에 도입한 최초의 철학자 가운데 한 명이었다.
프란체스코 트라이니가 그린 「토마스 아퀴나스의 승리」에서
토마스는 아리스토텔레스(왼쪽)와 플라톤(오른쪽) 사이에 크게 묘사되어 있다.

나온 것이 아니라—토마스야말로 신학자와 철학자로서 가장 근대적인 인물이었지만—독자성과 고유성에서 나온 신학자의 창조적 결단이었다. 이러한 신학적이고 선각자적인 결단 속에 13세기적 사유의 뿌리와 토마스의 전환기적 의미가 있다. 또한 철학자들이 우선적으로 토마스를 언급하거나 가장 큰 존경을 바치는 근거도 여기에 있으며, 동시에 토마스가 신학자들이나 공적인 교회와 갈등을 빚는 이유도 바로 이것이다.

이러한 논쟁의 이면에는 제1원리(causa prima)와 제2원리들(causae secundae) 사이의 관계규정이 깔려 있다. 항상 어느 한 극단을 강조할 위험에 처해 있는, 신의 전능과 피조물의 고유한 능력 사이의 긴장이 토마스를 통해 유지되었다. "비록 하느님이 제1의 보편적 작용인이라 할지라도, 자연 사물 속에도 고유한 작용력이 주어져 있다."[6] 신이라는 제1원인뿐만 아니라 피조물이라는 제2원인도 필요하다. "작용의 존재에는 한편의 원인뿐만 아니라 다른 편의 원인도 요청된다. 한편의 무작용뿐만 아니라 다른 한편의 무작용도 마찬가지로 작용의 결핍을 초래하기 때문이다."[7]

신학에 의한 세계는 중립적 간격을 가질 뿐만 아니라 신학적 무게를 가지고 포괄적으로 인정되며, 동시에 바로 이 때문에 신앙을 통한 모든 감독을 벗어나게 된다. 이러한 사상은 이성의 자율이라는 위대한 결과, 토마스 자신은 결코 취소하지 않았던 광범위한 결과를 낳는다. 이성적 존재로서의 인간은 세계의 일부이다. 따라서 이성은 동등한 독자성을 가지고 전체 현실성 속에 질서지어진다. 어떤 특별한 조명을 요청하지 않고서도 진리를 인식할 수 있는 능력이 바로 이성의 본성이다. 이렇게 신학자 토마스는 다름 아닌 신앙의 이름으로 자연적 이성을 편견 없이 인정하고 진정으로 받아들이지 않으면 안 되었다.

여기서 신앙과 지식은 둘 다 신으로부터 나온 것이기 때문에, 최종적으로는 모순에 빠질 수 없다. "둘 다 하느님이 우리에게 부여한 것이다."[8] 이 때문에 신앙과 지식은 마치 창조와 구원처럼 갈라져 있으면서도 최종적으로는 함께 한다. "마치 은총이 자연을, 완성이 완성될 수 있는 것을 전제하는 것처럼, 신앙은 자연적 인식을 전제한다."[9]

'자연적 인식'(cognitio naturalis)이 신학의 전제라면, 결국 신학자들은 자신의 고유한 일을 수행하기 위해 우선 신학자이자 동시에 철학자이지 않으면 안 된다. 그런데 신학자가 사용할 만한 철학이 제공되지 않는다면, 사용할 만한 철학을 스스로 만들어내지 않으면 안 된다. 토마스는 바로 이 일을 해냈으며, 이 때문에 신학자로서 철학자이기도 하다. 토마스는 크리스트교 사상의 출발점에서 한순간이나마 개개의 독자성을 유지하는 가운데 신앙과 지식의 종합을 실현한다.

여기서 철학은 미신자에 반대하여 신앙을 옹호하고 자연적 유비를 신앙 내용의 해설에 사용해야 할 과제뿐만 아니라 이른바 '신앙에 선행하고'(praeambula fidei) 신앙에 전제되는 자연적 진리를 밝혀내야 할 과제를 안고 있다.[10] 토마스는 "창조에 대해 오류를 범하는 자들은 대체로 신앙의 진리로부터도 멀어진다"는 생각을 가지고 있다.[11]

토마스는 고대하던 철학과 신학의 종합에도 불구하고 그 전제와 진행 방법에서는 철학적 · 신학적 원리의 엄밀한 구분과 분리에 큰 가치를 둔다. 신학에 의존하는 철학은 신학 자체를 위해서도 아무런 가치가 없다. 신학의 영향력은 '계시'(revelabile)의 영역에 귀속되어 있으며 종합을 위해 더 높은 의미를 지니는 문제들에 주의를 돌리도록 하는 데 한정되어 있다.[12]

신학적 인식은 신의 계시에서 출발하여 창조로 내려가는 반면에, 자연적 이성은 창조에서 출발하여 신의 인식으로 나아간다. 그래서 토마스의 철학은 상승의 철학이다. "자연적 이성은 피조물을 통하여 하느님의 인식으로 올라가지만, 신앙의 인식은 반대로 하느님으로부터 우리에게 신적인 계시를 통해 내려온다."[13]

토마스 아퀴나스의 철학적 사유는 이러한 상승에 따라서 구조적으로

3단계로 재현될 수 있다. 첫째로 세계, 즉 현실성을 언급하며, 둘째로 자신의 이성을 통하여 이러한 현실성을 만나고 파악하며 동시에 이 현실성의 일부인 인간에 대하여 언급한다. 마지막으로 이렇게 우리가 경험할 수 있는 현실성의 원인과 근거에 대한 물음과 함께 신 자체에 대한 물음이 대두된다.

세계의 문제

토마스는 아비첸나를 소환하는 가운데 두 개의 근본적인 철학논문, 즉 『존재와 본질론』 및 『진리론』에서 다음과 같은 문제를 제기하면서 포문을 연다. "이성이 제일 처음에 가장 잘 알려진 것으로 인식하고 또 그 안에서 모든 개념들을 환원시키는 바로 그것은 존재하는 것이다."[14] 인간이 자신의 사고내용을 분석하여 결국 구체적이고 특수한 것을 무시하고 보편적인 것으로, 즉 제일 처음(primo) 파악되는 것으로 환원시킨다면, 인간은 가장 잘 알려져 있는(notissimum) 것으로서, 항상 이미 알려져 있는 것으로서의 '엔스'(ens), 즉 '존재하는 것'에 직면할 것이다. 보편적 존재자(ens commune)로서의 이 엔스(존재자)는 자신의 보편성 속에서 자신의 고유하고 특수한 지위를 획득한다.

범주로 파악되는 현실성의 전 영역에는 '존재하지' 않는 것으로 지칭되어야 하는 것이라고는 아무것도 없다. 인간이 자신의 활동성 속에 드러내는 모든 것—단순히 생각된 것, '사유 속에 존재하는 것'(ens rationis)으로서의 개념과 직관내용—은 각각의 고유한 방식으로 '존재자'(ens)라는 개념 아래 귀속된다. 이런 근거로 인하여 존재개념을 정의한다는 것은 불가능하다. 어떤 '정의'(definitio)에 필요한 경계, 즉 상위의 유(genus)개념에 대한 종적 차이(diffenrentia specipica)는 결국 최상위의 유개념 자체와 마찬가지로 존재자(ens)를 의미하는 것들의 영역에 속하기 때문이다.

존재자의 보편성은 하나의 특수한 보편성이 될 수 없으며, 존재한다는 것은 일의성, 즉 정의할 수 있는 개념의 일의적 의미와 부합되지 않는다. 이와 동시에 '존재한다'란 단어는 전혀 다른 것을 지칭할 수 있을 만큼 애매하게 사용되는 단어도 아니다. '존재함'이 지니는 서로 다른 모든 의미는 원천적으로 '존재' 자체에 포위되어 있다. 그런 만큼 그 경계는 '존재함'과 '존재하지 않음' 사이에 설정되는 것이 아니라, 각각 다른 방식으로 존재하는, 그야말로 '존재하는 방식'(modus essendi)에 놓여 있다.

토마스의 견해에 따르면 존재하는 다양한 종류는 범주 속에서 창조적으로 파악된다. 그 자체로 자기 안에 존재하는 실체의 존재방식은 어떤 다른 것 속에 그것의 규정으로 존재하는 우유적(偶有的)인 것의 존재방식과는 전혀 다르다. 양자 모두 일종의 방식일 수 있으며, 결국 모든 차이에서 하나의 동일성이 보전되어 있기 때문에, 존재는 유비적이다(analog). 이와 동시에 엔스(존재자)는 모든 범주를 초월하기 때문에, 선험적 개념이다. 모든 것들이 존재의 방식들 가운데 하나로서 엔스 개념에 속한다면, 결국 일체를 파악하고자 하는 한 그 이상의 철학적 물음은 부분적 분야에 대한 모든 노력 이전에 구체적으로 존재하는 것의, '어떤 이것'(aliquid hoc)의 구조와 원리로 돌아가지 않으면 안 된다.

바로 여기서 모든 존재성(entia)을 관통하고 규정하는 가능성과 현실성 사이의 차이라는 하나의 현상이 눈에 들어온다. 현실적으로 존재하는 모든 것은 오직 현실성, 즉 현실태(actus)일 뿐만 아니라 가능성, 즉 가능태(potentia)에 의해 규정된 것이기도 하다. 현실이란 다소의 정도에 따라 실현될 수 있는 것이다. 즉 그것은 존재할 수도 있고 존재하지 않을 수도 있으며, 생성할 수도 있고 사멸할 수도 있다. 이렇게 모든 존재성은 현실태와 가능태의 경계를 통해서 표시된다. 현실적으로 존재하는 모든 것은 자체 내에 가능성을 내포하고 있다. 즉 존재하는 것은 현실성과 가능성으로부터 나온 것이다. 그렇지만 이들을 이미 독자적으로 존재하는 것이라고 생각할 필요는 없다. 그렇지 않으면 모든 존재자의 내적 통일성이 성립되지 않기 때문이다.[15)]

그러므로 여기서는 단지 비독립적인 존재원리들만 다루어질 수 있다. 절대적으로 존재를 부여하는 내적 통일성과 규정성의 원리는 실체적 형상(forma substantialis)이며, 이 형상은 각각의 존재자에 유일무이한 것일 수밖에 없다. 그런 것 자체가 가능하다거나 구체적 존재자가 더 이상의 규정 가능성을 가질 수 있기 위해서는 가능성이라는 동반원리를 필요로 한다. 이것이 바로 질료(materia)이다. 현실태는 완성의 원리가 되고, 가능태는 한정과 미완성의 원리가 된다.

이른바 제1질료(materia prima)는 그 자체로는 무규정적인 순수 가능성이요, 실체적 형상은 존재와 그러한 존재(Sosein, 본질)의 원리이다. 지정된 양(量)으로서의 질료는 개별화의 원리가 되고, 지금 여기에 있는 구체적 개별자는 보편적 형상을 실현시키는 근거가 됨으로써, 결국 다양화의 원리가 된다. 이렇게 토마스는 질료형상설(hylemorphismus)이라는 사상의 도움으로 생성과 소멸 및 변천하는 실체의 변화라는 태곳적 문제를 해결한다. 한 존재자에서 질료와 형상은 비독립적 원리로서 내적 원인이고, 작용인과 목적인은 외적 원인이다.

존재원리의 맥락에서는 '그렇게 있음'(essentia, 본질)과 '여기 있음'(existentia, 현존)에 대한 물음이 특별한 무게를 띠게 된다. 현대에 이르기까지 미치는 토마스 해석의 전통은 본질(Sosein)과 현존(Dasein) 사이의 실재적 구분을 전제함으로써 토마스 철학의 핵심적 정초를 놓쳐버린다. 존재자란 본질로서의 본질을 지칭하는 것이 아니라 현실적으로 존재하는 한에서의 본질을 지칭한다. 토마스는 구체적 존재자와 존재를 구분하며, 여기서 존재는 형상으로, 존재하게끔 하는 현실(actus essendi)로 이해된다. 개별적 존재자를 존재하게끔 하는 존재는 자립적 작용인으로 이해되는 것이 아니라 형이상학적 원리로 이해된다. 이런 의미에서 존재는 존재하는 모든 것에 부합된다. 그러나 가장 보편적인 것으로서의 존재 그 자체는 현존하는 사물들 밖에 머무는 어떤 것이 아니라, 실재적 존재자 속에 있는 것이다. "보편적 존재 그 자체는 오직 이성 속이 아니라면, 현존하는 모든 사물 밖에 있는 어떤 것이 아니다."[16)]

존재 자체는 어떤 제한성이 아니라 현실성과 충만성이다.[17)] 이와 달리 존재의 존재자로서의 실현은 본질에 의해 제한된다는 것을 의미하며, 이때 본질도 자기 편에서는 똑같이 원리로 이해될 뿐이다. 따라서 존재와 본질은 그 자체로는 존재자가 아니며, 이런 의미에서 양자 모두 존재자가 아니라 존재자를 있게끔 하는 원리들이다. 양자는 각각 '있는 그 무엇'(quod est)을 위해 구체적인 존재자를 '그 무엇으로 있게끔 하는 것'(quo est)이다. '존재하게끔 하는 현실'(actus essendi)은 하나의 존재자를 '존재하는 것'(ens)으로 만든다. 그러므로 존재는 어떤 본질의 현존일 뿐만 아니라 존재자로서의 존재자에 대한 형이상학적 근본원리이다.

그 존재자는 본질존재로부터가 아니라 존재에 의해서, 악투스 에센디로부터 사유된다. 바로 여기에 토마스를 해석하는 본질의 형이상학이나 다른 철학적 기획이 가지는 본질주의와 대립되는 토마스적 입장의 강점 및 시사성이 있다.

존재자에 대한 이러한 분석에서 '제일 처음 파악된 것'과 '가장 보편적인 것'이 엔스(존재자)로 지칭된다고 해도, '존재하게끔 하는 현실'은 모든 존재자를 위해 구성적이기 때문에, 토마스는 『진리론』에서 그 이상의 관점을 제시한다. 즉 '존재하는 것'(ens)이라는 단어 속에서는 분명히 표현되지 않지만, 그럼에도 동등한 보편성 속에 있는 존재자의 특징이며 또 그 때문에 엔스와 호환될 수 있는 양상들이다. 이것이야말로 이른바 존재의 선험적 규정이다. 그 자체로 고찰하면 엔스라는 지칭에는 레스(res, 사물)라는 지칭이 따르기 때문에, 본질로부터 언급되는 사태가 눈에 들어온다. 일자(unum)란 개개의 존재자가 내적 통일성과 비분리성을 나타낸다는 사실을 서술한다.

분리(divisio)의 관점에서 본 다른 존재자와의 관계에서 다른 어떤 것(aliquid, aliud quid)이란, 즉 자신의 동일성과 다른 존재자에 대한 차별성 속에 있는 존재자란 엔스와 상호 교환될 수 있는 단어이다. 참(verum)과 선(bonum)이라는 두 가지 선험적 규정은 특별한 의미를 띤다. 양자는 하나의 존재자와 다른 존재자의 상호일치(convenientia unius entis ad aliud)에 기초한다. 이를 위한 전제 조건은 '모든 존재자와 일치될 수 있을'(quod natum sit convenire omni ente) 정도로 원천적인 존재자가 주어져 있어야 한다는 것이다.[18]

이것이 바로 영혼(anima)이며, 이러한 능력 때문에 토마스는 아리스토텔레스와 같은 맥락에서 영혼은 어떤 식으로든 모든 것(quodammodo omnia)이라고 말한다. 존재자는 인식능력의 관점에서 참이며, 인간의 욕구능력의 관점에서는 선이다. 왜냐하면 선이란 의욕할 가치가 있는 것이기 때문이다.

인간의 문제

영혼은 어떤 방식으로든 모든 것이다. 왜냐하면 영혼은 무엇인 바의 모든 것을 인식할 수 있고, 반대로 모든 존재자는 '인식될 수 있는 것'이기 때문이다.[19] 이러한 영혼에 대한 지적과 함께 인간과 인간의 고유한 존재방식은 존재자의 분석과 연관되지 않으면 안 된다.

인간의 본질에 대한 물음은 육체와 영혼의 관계규정에서 결정된다. 이와 함께 인간적 인식의 본질에 대한 결정이 먼저 이루어진다. 토마스는 엔스에 대한 선험적 규정의 하나로서 일자(unum)에 대해 작업한다. 모든 것은 하나의 내적 통일성에 의해 서술될 수 있는 그만큼 존재적이다. 그렇지만 두 개의 구체적 존재자는 결코 순수한 일자(unum simpliciter)로 결합될 수 없다. 이러한 형이상학적 전제조건으로부터 육체와 영혼의 관계규정 및 그 통일성의 방식으로 들어갈 수 있다.

토마스는 근본적으로 아리스토텔레스를 넘어서서 질료형상주의를 엄격하게 형이상학적으로 파악한다. 그래서 인간의 통일성을 고려할 때 이성 자체의 진행과정은 자신의 육체와 분리되어서는 안 된다. 정신적으로 존재하는 것이나 육체의 형상(forma corporis)으로 존재하는 것 모두 영혼에게 똑같이 본질적이기 때문이다. 즉 "(영혼은) 자신의 본질상 정신이며, 자신의 본질상 육체의 형상이다."[20]

토마스는 여기서 전통적인 해결에 대한 변호까지도 장황하고 상세하게 해설한 뒤에 다음과 같은 결론을 맺는다. 즉 육체와 영혼의 마지막 내적 통일성을 위한 전제조건은 오직 정신적 영혼이 인간 안에 있는 유일무이한 실체적 형상일 경우에만 인간에게 주어진다는 것이다. 그렇지만 이러한 실체적 통일성(unio substantialis)은 오직 이성적 영혼(anima intellectiva)이 제1질료(materia prima)의 형상으로서 순수능력으로 이해될 때에만 가능하다.

인간은 이러한 본질 형상을 통하여 그 자신인 바의 인간이요, 육체요, 생물이요, 감각적 존재이며 정신적 존재이다. 인간인 바의 모든 것은 그의 정신적 영혼에 달려 있다. 그 이외의 모든 실체적 형상은 인간의 통일성과 함께 인간의 본질을 파괴하기 때문에 결국 처음부터 배제된다. 그러나 육체와 영혼의 결합은 육체로 인하여 이루어지는 것이 아니라 영혼으로 인하여 이루어진다.[21]

영혼이란 그 영혼에 고유한 육체의 실현을 필요로 하는 종류의 것이다. 따라서 육체는 오직 영혼에 기초하여 이해되지 않으면 안 된다. 비록 영혼이 자신의 사유성으로 인해 정신적인 것, 육체에 독립된 형상으로 존속하고 또 영혼의 실체성으로 인하여 (죽은 다음에도 육체로부터 분리되는) 분리된 영혼(anima separata)으로 존속할 수 있을지라도, 인간적 혼으로서의 영혼은 바로 이 세계에 지시되어 있기 때문에 인식이라는 자신의 탁월한 활동을 위해서도 자신에게 본질적인 감각적 힘을 필요로 한다. "그래도 영혼은 인식하기 위해 육체와 하나가 된다."[22]

그러므로 영혼은 자기 자신의 고유한 실체성에도 불구하고 오직 육체 속에서만 온전히 실현된다. 영혼은 인간적 이성으로서 감각기관에 기여해야 하기 때문이다.

육체와 결합되어 있다는 사실은 영혼에 자연스런 것이다. 이성적 영혼(anima intellectualis)은 이성적 실체들 가운데서도 가장 하위이다. 이성적 영혼은 천사와 같이 진리에 대해 본성적으로 전수된 인식을 가지는 것이 아니다. 영혼은 감각의 도움을 받아 현실성으로부터 진리인식을 파악하지 않으면 안 된다. 이 때문에 이성적 영혼은 인식력뿐만 아니라 육체적 기관에 결합되어 있는 감각적 무장까지도 다루어야 할 필요가 있다. 이 때문에 영혼은 이러한 도구들을 처리하는 육체와 결합되어 있지 않으면 안 된다.[23] 결국 육체와 영혼은 존재적으로 구체적 인간과 동일하다. 영혼은 육체의 현실성이며, 육체는 영혼의 발현방식이다.

이들은 인간에게 함께 결합되어 있는 두 가지의 존재자가 아니라, 인격적 존재로서의 인간을 구성하는 존재원리이다. 그러므로 그 차이는 존재론적인 영역에 놓여 있다. 이런 생각은 인간의 이해와 지적 인식의 외연이 어떻게 상호 파악하고 상대적으로 조건짓고 서로를 밝히는지를 보여준다. 이 하나의 영혼은 인간을 통일화하는 중심이며 정신과 물질의 원천이다. 감각들은 이성에도 불구하고 존재하며 어떤 의미로는 이성에 기인하여 존재한다.[24]

인간은 이성성과 감각성으로 분열되어 있는 것이 아니라 감각적 이성성을 지니는 존재이다. 감각능력은 인식을 위해 영혼에 필연적이며, 그것도 우유적으로나 우연적으로가 아니라 영혼의 고유한 대상(proprium obiectum)을 제공하기 위해 필연적이다.[25] 인간에게는 사유도, 감각성도 독자적으로 존재하는 것이 아니라, 오직 통일성을 통해 존재한다. "인간이 가진 감각적 영혼은 그 자체로 이성적이다."[26]

이러한 인간학적 정초의 결과 (죽은 뒤에도 육체와 분리되어 있는)

분리 영혼(anima separata)의 불멸성 · 확고부동성에 대한 이론이 고도의 아포리아가 되어버린다는 것은 분명하다. 그러나 이 이론은 일반적으로 말하는 영혼의 불멸성과 동일시되어서는 안 되며 여기서는 더 이상 추적될 수 없다.[27] 인간은 자신의 인식능력 속에서 바로 구체적 세계와 밀착되어 있으며 또 이 때문에 인간의 위치는 바로 이 세계이다. 따라서 토마스는 일체의 천부적 이데아를 거부한다. 영혼의 제1능력으로서의 인간적 이성은 타불라 라사(Tabula rasa, 순수 백지)이다.

모든 인간적 인식은 구체적 사물에 대한 감각적 지각에서 시작되어—그런 만큼 인식은 수용적이다—능동이성의 즉각성을 통한 추상적 진행방식을 통해 개별적이고 구체적인 존재자에 대한, 즉 감각적으로 인식될 수 있는 것(intelligibile in sensibili)에 대한 '무엇'이나 본질의 인식에 이른다. 토마스는 인식행위를 인식주체가 대상으로 넘어가는 것으로 그리고 인식원리가 자기 자신으로 회귀하는 반작용으로 이해한다. 즉 '자신으로의 충분한 회귀'(reditio completa in seipsum)로 이해한다.[28]

여기서 이성은 인식할 뿐만 아니라 동시에 이성 자신과 자신의 인식을 반성하며, 이 인식을 통하여 비로소 진리는 '이성과 사물의 상호 부합'(adaequatio rei et intellectus)으로서 인식된다. 이러한 전 과정에 선천적인 것(Apriori)이 루멘 멘티스(lumen mentis, 정신의 빛)이다. 이 정신의 빛은 인식되는 그 무엇과 같이 이성에 관계하는 것이 아니라, '인식되도록 하는 그 무엇처럼'(sicut quo intelligitur) 이성에 관계한다.[29] 마치 빛 자신은 무엇을 보지 않지만 보는 것을 가능하게 하는 것처럼, 이 자연적 빛(lumen naturalis)은 존재자가 자신의 존재 속에서, 자신의 본질 속에서 파악되는 것을 가능케 한다. 왜냐하면 존재는 항상 이미 먼저 이해되어 있기 때문이다.[30]

그러므로 존재는 결코 인간에 의해 그려진 개념이 아니라 모든 개념행위의 전제조건이다. 토마스에 의하면 사유법칙은 존재법칙에 기초하며 존재법칙과 일치한다. 토마스의 이성주의(Intellectualismus)에 의하면 인간은 이성의 직접적 직관이 아니라 이성적 추상화의 길을 통해 감각성을 파악한다. 이러한 이성주의는 인간의 특수한 존재에 상응하며, 여기서 인간은 육체 속에 있는 순수한 정신도 아니요, 순수 감각적 존재와 같은 비정신적 존재도 아니요, 오직 정신원리와 물질원리에 의한 본질적 통일성일 뿐이다.

참(verum)의 선험적 규정이 인식하는 정신에 속하는 모든 존재자들의 질서로부터 획득되는 것처럼, 선(bonum)으로서의 존재자(ens)는 인간의 욕구능력(vis appetitiva)과의 관계로부터 획득된다. 한 존재자는 다른 어떤 것을 위한 특정의 완성을 나타낸다는 관점에서 선(bonum)하다고 불린다.[31] 인간의 자연적이고 궁극적인 목적은 결국 행복(beatitudo)이다.[32]

인간은 이 궁극목적을 원하지 않을 수 없다. 인간은 행복하지 않으려고 할 수 없다.[33] 인간적 이성이 인식하고 그의 의지가 의욕할 수 있는 보편적 선(bonum universale)은 신이다. 그러므로 오직 신만이 인간을 현실적으로 행복하게 만들 수 있다.[34] 인간은 이러한 궁극목적을 향해 결정되어 있다. 그러므로 인간은 궁극목적에 자유로이 마주 서 있는 것이 아니다. 바로 여기에 이 세계 내에 있는 개별적 선에 대한 인간의 자유가 자리잡고 있다. 동시에 이러한 자유 속에 인간의 윤리적 의무가 뿌리박고 있다.

인간적 행위의 규범과 법칙 그리고 척도는 결국 이성이다. "법은 행위의 규범이요, 척도이다."[35] 이성은 목적을 향해 인간에게 질서를 부여하는 것을 과제로 삼는다. 그러나 목적인(causa finalis)이야말로 인간 행위를 위한 제1의 존재근거이다.

모든 법칙은 애초에 그 법칙을 부여하는 이성을 필요로 한다. 이런 의미에서 신이야말로 세계 일체의 입법자이다. 신의 이성은 우주를 다스리며, 이 우주는 영원한 법칙(lex aeterna)이요, "신적 지혜가 모든 행위와 변화를 운전하는 한 우주는 다름 아닌 그의 계획이다."[36]

윤리적 질서와 같이 우주의 전 질서, 즉 자연질서는 신에게 파악되어 있다. 영원법(lex aeterna)은 전반적으로 목적론적인 이 근본구조 속에서 표현된다. 존재하는 모든 것은 각각 고유한 행위를 하기 위한 원리를 자체 내에 보존하고 있으며, 객관적 방식으로 자신의 목적을 향해 정향되어 있다. 영원법은 창조를 통하여 공포된다. 토마스는 그렇게 이해된 영원법으로부터 자연법(lex naturalis)에 대한 물음으로 접근한다.[37] 창조된 현실성이 정리되고 측정되며 각인(ex impressione)을 통하여 영원법에 한몫을 차지하는 정도는 신이 부여한 척도에 비례한다.[38] 그렇지만 이성적 피조물은 특수한 지위를 차지한다. 이성적 피조물은 탁월한 방식으로(exellentiori modo) 신적 예지 속에 놓여 있다. "이성적 피조물은 자기 자신과 다른 것을 위하여 예견할 수 있기 때문에, 능동적 의미로 신적 예지에 참여한다."[39]

이성적 피조물이 영원법에 참여하는 방식은 자연법이라 불린다. 비록 인간에게 자신에게 통일되어 있는 존재계층에 대한 자연적 욕구와 성향의 다양성이 주어져 있을지라도, 이성적 영혼(anima rationalis)은 모든 인간이 이성에 적합하게 행위할 수 있는 자연적 성향을 가질 정도로 유일무이한 본질 형상을 가지고 있다. "자연적 성향은 모든 사람이 이성에 따라 행위하도록 그렇게 주어져 있다."[40] 다른 모든 욕구는 바로 이 목적 아래에 있고 이 목적을 향해 있다.

토마스는 이론이성과 실천이성의 평행구조에서 어떻게 실천이성이 자기행위의 규준에 도달하는가를 보여준다. "자연법의 계명과 행위를 지향하는 이성의 관계는 마치 엄격한 논증의 근본법칙과 직관을 지향하는 이성의 관계와 같다. 물론 양자 모두 그 자체로 명백한 근본법칙, 즉 그 자체로 알려진 법칙(principia per se nota)이다."[41] '존재하는 것'(ens)이야말로 이론이성에 의해 절대적으로 제일 먼저 파악되는 근본법칙인 것처럼, '선하다는 것'(bonum)도 실천이성이 제1의 것으로 파악하는 것이다. 물론 행위하는 모든 것은 그 자체로 '선한 의미'(ratio boni)를 가지는 목적을 위하여 행위한다. 이로부터 실천이성의 근본법칙이 초래된다. 즉 선(善)이란 모든 것이 욕구하는 것이다. 따라서 자연법의 제1계명은 선을 추구하고 행하되 악을 피하라는 것이다.

다른 모든 자연법적 계명은 여기서 도출된다. 자연적 빛(lumen naturale)이 이론이성의 형상적 선험성으로서 제1진리의 일부(participatio primae veritatis)를 나타내는 것과 같이 자연적 빛은 또한 실천이성의 형상적 선험성으로서 영원법의 일부(participatio legis aeternae)이다. 이러한 이성의 빛에 의해 자연법이 구성된다. 즉 자연법은 이성을 통해 구성된 것이다.[42)]

이는 이론이성의 법칙에 비교될 수 있다. 이 때문에 이성에 따라 행위하는 것(ut secundum rationem operetur)이야말로 인간의 법칙이요, 자기본성의 법칙이다. 그러나 이는 곧 도덕적으로 행위하는 것을 말한다.[43)] 이러한 모든 세부적 관점이 전제하고 있는, 선을 행하고 악을 피하라는 실천이성의 명백성으로부터 실천이성의 계속적인 판단이 도출될 수 있다.

그러나 이 모든 판단들은 엄격한 의미에서 보면 더 이상 자연법에 속하지 않는다. 자연법에 대한 직접적 통찰의 가능성은 1차적 규정에 한정되어 있다. 결론부에는 대체로 과실의 가능성이 주어져 있다.[44)] 이러한 이성법으로서의 자연법의 기초에 토마스의 양심에 대한 이해가 놓여 있다.[45)]

이런 이해 속에서 토마스는 잘못된 양심의 의무적 특성에 대해서도 아주 예리한 표현을 찾아낸다.[46)] 이와 함께 토마스는 실천철학의 영역을 위해서도 인간적 자율에 대한 새로운 전망을 개방한다. 특히 여기서는 토마스의 도덕론을 지적할 수 있을 것이다.[47)]

신의 문제

자연적 이성이 신을 향해 올라가는 바탕으로서의 경험할 수 있는 세계는 근본적으로 우연성이라 불린다. 가능성과 현실성 사이의 경계는 존재자를 분석하는 지점에서 결정되었다. 모든 존재자는 여기서 하나의 구체적인 것으로 증명되었으며 존재원리로부터 함께 자라나는 것이었다. 존재하는 것과 존재하게끔 하는 것, 즉 존재 사이의 존재론적 경계는 항존적인 특징이었다. 그러나 토마스는 바로 이 공통적 존재(esse commune)야말로 없는 것이라고 명시적으로 말한다.[48] 토마스는 이제 세계 현실성의 분석이라는 이 점에서, 신이나 인간에 대한 문제에서가 아니라 구체적이고 우연적인 존재자와 그 가능성의 조건에 대한 문제에서 '신의 존재증명'에 착수한다. 물론 우연적 존재자란 존재할 수도 있지만 존재해야만 하는 것은 아니다.

토마스는 저 유명한 다섯 가지 길(quinque viae)[49]에서 전통적 사상을 수용하면서도, 구조적으로는 자신이 이미 『존재와 본질론』(*De ente et essentia*)에서 몇 안 되는 문장으로 요약했던 유일한 근본사상으로 되돌아가는 다양한 길을 걸어간다. "따라서 그 자신의 존재가 자신의 본성과는 다른 어떤 것인 모든 사물은 자신의 존재를 다른 어떤 것으로부터 받아들였어야만 한다.

다른 어떤 것에서 비롯되는 모든 것은 최종적으로 그 자체로 존재하는 것으로, 즉 제1원인으로 되돌아간다. 그러므로 그 자체로 존재일 뿐이라는 사실을 통하여 다른 모든 사물들을 위한 제1원인이 되는 어떤 것이 존재하지 않으면 안 된다. 그렇지 않다면 원인들의 행렬은 무한대로 순환한다. 이미 말한 바와 같이, 오직 존재일 뿐인 것이 아닌 개개의 사물은 자신의 존재를 위한 어떤 원인을 가졌어야 하기 때문이다."[50]

이 사상의 출발점은 레스(res, 사물), 즉 구체적 존재자이다. 존재자의 내적 차이와 형이상학적 결합은 존재와 본질의 상이성에 대한 지적을 통하여 직접적으로 함께 언급된다. 이와 동시에 오직 존재일 뿐인

(esse tantum) 존재자의 경계에 대해 주의를 환기시킨다. 그럼으로써 논증의 기초가 다시 한 번 엄밀하게 된다. 이 논증은 사물의 본질이 아니라 사물의 존재로부터 나아갈 것이기 때문이다. 결국 존재하게끔 하는 현실(actus essendi), 즉 존재자가 존재한다는 사실이 문제시된다. 그런데 존재하게끔 하는 현실이 존재자의 본질과 동일하지 않다면, 결국에는 이것이나 저것이 아니라 순수현실성(actus purus)이요, 토마스가 말하는 바와 같이 존재 그 자체(ipsum esse), 즉 존재일 뿐인 것(esse tantum), 근저하는 존재 그 자체(ipsum esse subsistens)인 바의 원인으로 돌아가지 않으면 안 된다.

이로써 그 이상의 경계, 그것도 공통적 존재(esse commune)[51]와 근저하는 존재(esse subsistens) 사이의 경계, 이른바 신학적 경계에 대한 시야가 개방된다. 어떤 것이 존재한다는 것은—토마스는 '감각을 통해 확고히 있는'(sensu constat)이라고 말한다—저 다른 것(aliud) 없이는 이해될 수 없다. 이 사상의 근거는 구체적인 것의 현실적 존재에 놓여 있으며, 이 근거는 형이상학적 인과율을 넘어서서[52] 근저하는 존재 그 자체(ipsum esse subsistens)로 이끌어간다.

여기서는 모든 경계가 지양되기 때문에, 이 근거는 심지어 토마스가 순수정신적 존재까지도 규정되도록 하는 본질과 현존 사이의 경계까지도 지양되는 순수현실성으로 나아간다. 순수현실(actus purus)은 '그렇게 있음'(Sosein)과 '여기 있음'(Dasein), 즉 본질(essentia)과 현존(existentia)의 동일성이다. 이 때문에 존재하는 모든 것은 이러한 제1원인(causa prima)에 중재적으로 참여(participatio)하는 가운데 자신의 존재를 가진다.

그러나 신은 같은 차원에 있는 원인들의 반열 가운데 제1의 것으로 간주되어서는 안 된다. 신은 세계에 대해서 사물이 다양한 종류에 관계하는 것처럼 관계하지 않으며, 오히려 모든 종(種)을 벗어나 존재하는 식으로 있다.[53] 신은 여기서 마치 모든 존재방식의 원리로 존재하는 것처럼 관계한다.[54] 이리하여 이 사상은 부정철학(philosophia negativa)에 접근한다. "신은 존재한다"(Gott ist)라는 문장에서 "존재한다"(ist)라는 단어는 세밀하게 해석되지 않으면 안 된다. 존재는 다양하게 언표되기 때문이다(esse multipuliciter dicitur). 존재는 존재하게끔 하는 현실(actus essendi)을 지칭할 수도 있다.

우리는 이런 의미로 신의 존재를 인식할 수는 없다. 존재(esse)는 또한 계사(copula)를 의미할 수도 있다. 분리되지 않는 이성이 연계사를 만들어내며, 이 속에 이 문장의 진리가 들어 있다. 또한 이와 함께—신은 …라는 사실에서—신에 대한 사실(daß)은 비록 우리에게 생각될 수 있을지라도 신의 현실 속에서 개념되지는 않는다는 사실도 함께 언급된다.[55] 인간의 신 인식은 신이야말로 개념될 수 없는 것이라는 사실을 파악하는 데서 절정에 달한다. "자신이 신을 인식하지 못한다는 사실을 아는 것이야말로 신에 대한 인간 인식의 극한이다."[56]

크리스트교적 인간중심주의

토마스 아퀴나스의 사유와 작품은 초반부에 묘사했던 정신사적 상황의 배경에서 탁월한 업적을 분명하게 드러낸다. 의심할 여지 없이 토마스는 자신의 태도와는 무관하게 사실상 가장 새로운 사상가 중의 한 사람이었다. 토마스는 어느 편에서 공격을 받든 용기와 개성을 가지고 진리와 양심에 충실하였으며, 일종의 권위자로서 자신의 철학적 · 신학적 종합을 기획했다. 물론 그는 아리스토텔레스로부터 자극을 받아 출발했지만, 많은 문제에서, 심지어 형이상학에서는 플라톤의 인도를 받기도 했다.

그러나 토마스는 절충론자와는 전혀 다르다. 그는 모든 핵심적 주제에 접근하여 독자적 초안을 사고해 나갔으며, 여기서 자신의 고유하고 자립적인 철학을 전개했다. 이러한 고찰에서 밝혀지는 형이상학적 근본사상으로부터 모든 철학적 개별분야가 밀접하게 연관되어 언급된다.

그러므로 토마스가 자신의 철학적 반대파에 대해서도 주의를 기울였다는 것은 놀라운 일이 아니다.

비록 전통적 사상보다 특별히 크리스트교적 서술에 고도로 일치하고 또 알맞는 어떤 방식으로 세계, 인간 그리고 신이라는 핵심적 주제를 사유하는 데 성공했다 할지라도, 토마스는 신학자들에게 거부당했으며 교회의 금지선고도 여러 번 받았다. 금지선고를 받은 것은 개별적 주제들이었지만 선고의 이유는 이러저러한 문제에 일차적으로 있었던 것이 아니라, 토마스의 출발점에서 초래된 이성(ratio)의 기능에 있었다.

일반적으로 토마스는 중세의 가장 위대한 체계가로 인정된다. 이러한 주장은 착오이며, 종종 오해를 불러일으켰다. 그의 위대성은 그 자신이 어떤 한정된 구조도 만들어내지 않았다는 데에 있다. 토마스의 구조를 규정하는 사람은 그 구조를 파괴하게 마련이다. 바로 여기에 신플라톤주의의 액운이 있다. 토마스는 아우구스티누스적 신플라톤주의와 파리 대학의 교양학부를 대변하던 아리스토텔레스주의라는 두 가지의 닫힌 구조를 모델로 삼는다. 토마스는 이들 양자의 구조적 기초, 즉 한편으로는 이데아의 원리를 다른 한편으로는 변화의 원리를 아주 명백하게 직시하고 있었다.

토마스는 양자 모두를 자신의 고유한 사유에 적합하지 않은 것으로 배척하면서 다른 길을 추구한다. "이 두 가지 길은 우리에게 매우 적합하지 않다. 플라톤과 함께 하면 보편적인 것의 추상을 인정하지 못하고, 아리스토텔레스와 함께 하면 변화의 영속성을 인정하지 못하기 때문이다. 따라서 우리는 다른 길을 가지 않으면 안 된다."[57] 이에 따라 각각의 정초로부터 거론한 두 가지 구조의 피할 수 없는 폐쇄성을 파괴하고 하느님의 선험성을 사유하는 것과 마찬가지로 인간을 정신과 질료의 내적 통일성으로 사유하고 세계의 독자성을 사유함으로써 토마스는 자신의 고유한 길을 가능케 한다.

토마스는 자신의 사유에서 구체적 개별자로부터만 출발하는 것이 아니라, 그 개별자 자체, 정확히 말해서 개별자들을 문제삼는다. 이와 반대로 그리스적 사유에서는 보편적인 것에 우선권을 부여한다. 이러한 전환 속에서 명시적인 크리스트교의 기본적 서술은 신에 의해 창조된 개별자, 구원된 인간의 개별자로서의 의미를 반영하게 된다. 여기서 인격 개념이 크리스트교적 원천을 가진다는 것은 시사하는 바가 매우 특별하다. 크리스트교 부흥과 그리스 철학의 만남에서 시작되어 크리스트교가 철학적 사고유형에 결정적 영향을 미치게 되는, 이러한 보편적인 것에서 개별적이고 특수한 것으로 넘어가는 전환과정에서 토마스는 중심적 지위를 차지한다. 이를 통하여 인간과 세계는 전혀 새로운 가치를 지니는 지위를 차지하게 된다. 고대의 우주중심주의는 크리스트교적 인간중심주의를 통하여 해결되었다.[58] 비록 이런 관점이 쉽게 파악될 수는 없겠지만, 토마스의 사고는 이를 통하여 서양철학의 지속적 발전에 영향력을 발휘하게 되었다.

영향의 역사

교회의 강력한 원천적 거부와 금지 판결에도 불구하고 토마스는 죽자마자 먼저 자신의 수도회에서, 그 다음에는 교회 전체에서 위대한 영향력을 발휘한다. 그래서 토마스의 영향사는 좁은 의미의 역사에서 무엇보다 교회 내부적으로 다양하게 부각되는 토마스주의를 형성하는 가운데 성립된다. 토마스에 의해 실현된 신학과 철학의 종합이 토마스 자신에 의해 직접적으로 파괴된 다음에, 철학은 신학과 독립하여 지속적으로 발전한다. 토마스 자신도 여기에 본질적으로 기여했다. 스콜라 철학, 즉 지금은 대체로 부정적 의미를 띠고 있는 학교철학의 명성은 더욱더 줄어들고 있다. 칸트 역시 헤겔과 마찬가지로 토마스를 잘 알지 못했다. 19세기 중반에 경험론과 관념론을 견제하는 가운데 이른바 신(新)스콜라 철학이 탄생한다. 가톨릭 교회는 이 운동을 크게 강조하면서 후원하였다.

그렇지만 이러한 토마스 정신을 가진 스콜라 철학을 육성하고자 했던 이들은 토마스의 정신을 근본적으로 놓치고 말았다.[59] 오늘에 이르러 사람들은 토마스적인 것(Thomistisch)과 토마스주의적인 것(Thomasisch, Thomanisch)을 구분할 줄 안다. 플라톤이 플라톤주의자가 아니었던 것처럼 토마스도 거의 토마스주의자가 아니다. 그렇지만 이러한 운동은 긍정적인 부대효과로서 집중적인 토마스 연구를 불러일으켰다. 이렇게 우리의 세기에 이르러 토마스 자신에게 되돌아감으로써 비로소 신스콜라 철학이 극복된다. 즉 토마스를 신학자로서 새로이 발견하면서도 동시에 철학의 가장 위대한 고전가의 한 사람으로 발견한 것이다.

토마스에게는 자연철학과 같이 역사적 의의만을 가진 것과 함께 초시대적 차원을 가진 사상도 있다. 따라서 이제는 비록 토마스의 방법적 원칙을 알고 있더라도, 토마스 자신과 대결하지 않으면 안 된다. "철학적 노력의 본래적 목적은 다른 사람이 생각한 것 속에서 아는 것이 아니라 무엇이 어떻게 진리와 직결되는가를 아는 것이다."[60]

| **리하르트 하인츠만 · 신창석 옮김** |

리하르트 하인츠만(Richard Heinzmann)
1933년 출생. 독일 프라이부르크와 뮌헨에서 철학, 신학, 중세 언어학을 전공했다. 1962년 뮌헨에서 신학박사 학위를 받고 1973년 신학사와 철학사로 교수자격 논문을 썼다. 1962년부터 뮌헨 대학의 그라프만 연구소의 연구원으로 있으며 나중에는 학술위원 겸 교수가 되었다. 1977년 크리스트교 철학과 신학, 교육학 정

교수가 되었고 그라프만 연구소의 중세신학과 중세철학 연구이사로 있다. 주요 저서 : *Die Unsterblichkeit der Seele und die Auferstehung des Leibes. Eine problemgeschichtliche Untersuchung der frühscholastischen Sentenzen-und Summenliteratur von Anselm von Laon bis Wilhelm von Auxerre*(1965), *Die Summe "Colligite fragmenta" des Magister Hubertus. Ein Beitrag zur theologischen Systembildung in der Scholastik*(1974), *Philosophie des Mittelalters*(1992), *Thomas von Aquin. Eine Einführung in sein Denken.* Mit ausgewählten lateinisch-deutschen Texten(1993), 중세 신학과 철학에 관한 다수의 기고문들. 주요 편찬서 : *Veröffentlichungen des Grabmann-Institutes zur Erforschung der mittelalterlichen Theologie und Philosophie*, Neue Folge, München/Paderborn/Wien 1967ff., zusammen mit M. Schmaus, W. Dettloff und U. Horst. 37권이 편찬되었다.

주

1) *Chartularium Universitatis Parisiensis*, hrsg. v. H. Denifle, Bd. I, Paris, 1889, Nr. 447.
2) *In met.* III lect. 1, nr. 338~344를 보라.
3) Petrus Damiani, *De sancta simplicitate*, Patrologia Latina 145, 695.
4) J.A. Weisheipl, *Friar Thomas d'Aquino*, 1974, 321~351쪽(이재룡 옮김, 『토마스 아퀴나스 수사』, 성바오로, 1998 참조).
5) 메르베케에 대해서는 신창석, 「메르베케, 빌헬름 폰」, 『한국 가톨릭 대사전』 제5권, 한국교회사연구소 1998, 1584쪽 참조(옮긴이).
6) *De anima*, a. 4, ad 7.
7) *De veritate*, q. 2, a. 14 ad 5.
8) *In. Boeth. de Trin.* II, 3 : Utrumque sit nobis a deo.
9) *S.th.* I, q. 2, a. 2 ad 1 : Sic enim fides praesupponit cognitionem naturalem, sicut gratia naturam, et ut perfectio perfectibile.
10) *In Boeth. de Trin.* II, 3.
11) *S.c.g.* II, 3.
12) 같은 책, 같은 곳.
13) 같은 책, IV, 1 : Naturalis ratio per creaturas in dei cognitionem ascendit, fidei vero cognitio a deo in nos e converso divina revelatione descendit.
14) *De veritate*, q. 1, a. 1 : illud autem quod primo intellectus concipit quasi notissimum, et in quo omnes conceptiones resolvit, est ens.
15) *De anima*, a. 11 : Ex pluribus actu existentibus non fit unum simpliciter.
16) *S.c.g.* I, 26 : Ipsum esse commune non est aliquid praeter omnes res existentes, nisi in intellectu solum.
17) *De potentia*, q. 7, a. 2 ad 9 : esse est perfectio omnium perfectionem.
18) *De ver.*, q. 1, a. 1.
19) *S.th.* I, q. 78, a. 1 : quia res......nata est animae coniungi et in animae esse.
20) *De veritate*, q. 16, a. 1 ad 13 : per essentiam suam spiritus est et per essentiam suam forma corporis est.

21) *S.th*. I, q. 70, a. 3.

22) *De anima*, a. 8 ad 15 : sed anima unitur corpori propter intelligere.

23) *S.th*. I, q. 76, a. 5.

24) 같은 책, I, q. 77 ; *De anima*, a. 15.

25) *De anima*, a. 15.

26) 같은 책, a. 11 ad 19.

(Ipsa anima sensibilis in himine est rationalis)

27) *S.th*. II~II, q. 83, a. 11 ad 5.

28) *De veritate*, q. 1, a. 9.

29) *S.th*. I q. 88, a. 3 ad 1.

30) *In de anima*, lib. III, lect. 7, nr. 680.

31) *De veritate*, q. 21, a. 1.

32) *S.th*. I, q. 60, a. 2.

33) *De potentia*, q. 2, a. 3.

34) De regimine principum : Nihil ergo est quod possit hominem beatum facere, eius implendo desiderium, nisi deus.

35) *S.th*. I~II, q. 90, a. 1. : lex est quaedam regula et mensura actuum.

36) 같은 책, 같은 곳.

37) 같은 책, I~II, q. 91, a. 2.

38) 같은 책, 같은 곳.

39) 같은 책, 같은 곳 : rationalis creatura fit providentiae particeps, sibi ipsi et aliis providens.

40) 같은 책, I~II, q. 94, a. 3. : naturalis inclinatio inest cuilibet homini ad hoc quod agat secundum rationem.

41) 같은 책, I~II, q. 94, a. 2.

42) 같은 책, I~II, q. 94, a. 1 : aliquid per rationem constitutum.

43) 같은 책, I~II, q. 91, a. 6 : hoc est agere secundum virtutem.

44) 같은 책, I~II, q. 94, a. 6 참조.

45) 같은 책, I, q. 79, a. 12, 13.

46) *De veritate*, q. 17, a. 4.

47) W. Kluxen, *Philosophische Ethik* ; O. Pesch, *Dt. Thomas-Ausgabe*, Bd. 13 참조.

48) *De potentia*, q. 1, a. 1 ; *De hebdomadibus* 2.

49) *S.th*. I, q. 2, a. 3 ; *S.c.g*. I, 13.

50) *De ente et essentia*, cap. 5 : Ergo oportet quod omnis talis res, cuius esse est aliud quam sunatura, habeat esse ab alio. Et quia omne, quod

est per aliud, reducitur adid quod est per se sicut ad causam primam, oportet quod sit aliqua res, quae sit causa essendi omnibus rebus, eo quod ipsa est esse tantum ; alias iretur in infinitum in causis, cum omnis res, quae non est esse tantum, habeat causam sui esse, ut dictum est.

51) *S.th*. I, q. 45, a. 4 ad 1 : prima rerum creatarum est esse commune.

52) *S.c.g*. II, 15를 보라.

53) *S.th*. I, q. 3, a. 5 : Deus non est in genere.

54) 같은 책, I, q. 4, a. 3 : sicut principium omnium generum.

55) 같은 책, I, q. 3, a. 4 ad 2.

56) *De potentia*, q. 7, a. 5. : Illud est ultimum cognitionis humanae de deo quod sciat se deum nescire.

57) *De spir. crear*., q. unica, a. 5 : Sed ista vitae non sunt nobis multum accommodac ; quia neque ponimus abstractionem universalium cum Platone, neque perpetuitatem motus cum Aristotele. Unde oportet nos aliis viis procedere.

58) Metz 참조.

59) Leo XIII., *Enzyklika Aeterni Patris*, 1879. F. Ehrle, *Zur Enzyklika "Aeternis Patris"*. Text und Kommentar, hrsg. v. F. Pelster, Rom 1954 참조.

60) *De caelo et mundo*, lib. I, lect. 22, nr. 228 : Quia studium philosophiae non est ad hoc quod sciatur quid homines senserint, sed qualiter se habeat veritas rerum.

참고문헌

원전

● *Opera Omnia*(Iussu St. Pii V, Editio Piana). Ed. : Vincentius Justinianus, T. Manriquez. Vol. 1~18, Rom 1570~1571(최초의 전집).

● *Opera omnia iussu Leonis XIII edita cura et studio Fratrum Praedicatorum*(Editio Leonina). Vol. 1 ff., Rom 1882 ff.(역사적 · 비평적 판본. 아직 완성되지 않은 전집).

● *Ausgabe der Werke Thomas v. Aquins bei Marietti*, Turin-Rom. 1948년부터 개정판이 나오고 있다. 33 Bände(Editio Leonina판에 의거하고 있다).

● *Sancti Thomae de Aquino Expositio super Librum Boethii de Trinitate*, Rec. Bruno Decker, Bill, Leiden 1965.

현대어 번역

● *Die deutsche Thomasausgabe*. 독일과 오스트리아의 도미니쿠스회와 베네딕트회에 의해 번역된 『신학대전』의 독일어-라틴어 완역본. hrsg. v. Kath. Akademikerverband. Salzburg 1933 ff.(36권으로 계획되었으며 현재까지 29권과 2권의 부록이 나왔다. 매권 상세한 주석이 포함되어 있다).

● *St. Thomas Aquinas. Summa Theologiae*. Latin text and English translation, Introductions, Notes, Appendices and Glossaries. Blackfriars, Cambridge in conjunction with Eyre and Spottiswoode, McGraw-Hill, New York und London, 1964 ff.

● *Summa contra Gentiles oder die Verteilung der höchsten Wahrheiten*. H. Fahsel이 라틴어에서 독일어로 번역하고 개관과 주해, 아리스토텔레스의 텍스트를 첨가했다. 6 Bde., Zürich 1942~1960.

● *Summe gegen die Heiden*. Hrsg. u. übers. v. K. Albert und P. Engelhardt unter Mitarbeit von L. Dümpelmann. Erster Band, Buch I, Darmstadt 1974 ; Zweiter Band, Buch II, 1982.

● *Des hl. Thomas von Aquino Untersuchungen über die Wahrheit* (Quaestiones disqutatae de veritate). 독일어 번역자는 E. Stein. Bd. I(qu. 1~13), Bd. II(qu. 14~29). Löwen/Freiburg 1952/1955.

• *Compendium theologiae*, deutsch-lat., übers. v. H. L. Fäh, Heidelberg 1963.
• *Über das Sein und das Wesen. De ente et essentia.* Deutsch-lat. Ausgabe, übers. und erläutert v. R. Allers, Köln ²1953. Reprograf. Nachdruck, Darmstadt 1980.
• *De ente et essentia. Das Seiende und das Wesen.* Lateinisch/Deutsch. Übers. und hrsg. v. F. L. Beeretz, Stuttgart 1979.
• *Die Philosophie des Thomas von Aquin.* E. Rolfes가 발췌 · 편집하고 주해를 달았으며 K. Bormann이 서문과 서지를 작성했다. Philos. Bibl. Bd. 100, Hamburg ²1977.
• *Thomas von Aquin, Gott und seine Schöpfung. Texte*, übers. v. P. Engelhardt und D. Eickenschulte, mit einer Einleitung v. M. Müller, Freiburg 1963.
• *Thomas von Aquin. Die menschliche Willensfreiheit.* 토마스 아퀴나스의 자유론에 관한 텍스트. G. Siewerth가 편집하고 서문을 썼다. übers. v. P. Wehbrink, Düsseldorf 1954.
• *Thomas von Aquin, Von der Wahrheit. De veritate(Quaestio I)*, ansgew., übers. u. hrsg. v. A. Zimmermann, Hamburg 1986.
• *Thomas von Aquin, Über den Lehrer. De magistro. Quaestiones disputatae de veritate, Quaestio XI*, hrsg., übers. u. komment. v. G. Jüssen, G. Krieger, J. H. J. Schneider, mit einer Einl. v. H. Pauli, Hamburg 1988.
• *Thomas von Aquin, Prologe zu den Aristoteles-Kommentaren*, hrsg., übers. u. eingel. v. F. Cheneval u. R. Imbach, Frankfurt a. M. 1993.

참고서적

• *Index thomisticus. Sancti Thomae Aquinatis operum omnium indices et concordantiae*, hrsg. v. R. Busa, 49 Bde., Stuttgart-Bad Cannstatt 1974 ff.
• *A Lexicon of St. Thomas Aquinas based on The Summa Theologica and selected passages of his other works*, hrsg. v. R. J. Defferrari, M. J. Barry und J. McQuiness, Baltimore, M., Johns Hopkins Press, 1948.
• Schütz, L. : *Thomas-Lexikon. Sammlung*, 토마스 아퀴나스의 전집 가운데 문학적 표현들과 학문적 성구들에 관한 주해와 번역. 매우 강화된 증보판이다. Paderborn 1895 ; Reprogr. Nachdruck : Stuttgart 1958.
• Grabmann, M. : *Die Werke des hl. Thomas v. Aquin.* 문학사적 연구와 입문. 사진 제판법에 의한 1949년의 재판은 강화된 증보판이다. Richard

Heinzmann이 문헌 보유 작업을 했다. Münster/W. 1967.

해설서

●*Thomas von Aquin*. Hrsg. v. K. Bernath. Erster Band : Chronologie und Werkanalyse, (Wege der Forschung Bd. 188) Darmstadt 1978. Zweiter Band : Philosophische Fragen, (Wege der Forschung Bd. 538), Darmstadt 1981.

●Chenu, M. D. : *Das Werk des hl. Thomas von Aquin*. 저자가 독일어판을 교열 · 수정하고 O. M. Pesch가 번역했다. 독일어판에는 2권의 부록이 포함되어 있다. Heidelberg/Köln 1960, ²1982.

●Gilson, E. : *Le Thomisme. Introduction à la philosophie de Saint Thomas d'Aquin*, Paris, Vrin, ⁶1965.

●Heinzmann, R. : "Anima unica forma corporis. Thomas von Aquin als Überwinder des platonisch-neuplatonischen Dualismus," in : *Phil. Jahrbuch 93*(1986) 236~259.

●______ : *Thomas von Aquin. Eine Einführung in sein Denken*. Mit ausgewählten lateinisch-deutschen Texten, Stuttgart 1993.

●Kluxen, W. : *Philosophische Ethik bei Thomas von Aquin*, Mainz 1964.

●______ : "Thomas von Aquin : Das Seiende und seine Prinzipien," in : *Grundprobleme der großen Philosophien. Philosophie des Altertums und des Mittelalters*, hrsg. v. J. Speck, (UTB 146), Göttingen 1972, 177~220.

●Metz, Joh. B. : *Christliche Anthropozentrik. Über die Denkform des Thomas v. Aquin*, München 1962.

●Meyer, H. : *Thomas v. Aquin. Sein System und seine geistesgeschichtliche Stellung*, Paderborn ²1961.

●Rahner, K. : *Geist in Welt. Zur Metaphysik der endlichen Erkenntnis bei Thomas von Aquin*, München ²1957.

●Siewerth, G. : *Der Thomismus als Identitätssystem*, Frankfurt a. M. ²1961.

●van Steenberghen, F. : *Le problème de l'existence de dieu dans les écrits de S. Thomas d'Aquin. Éditions de l'institut supérieur de Philosophie*, Louvain-la-Neuve 1980.

●Weisheipl, J. A. : *Thomas von Aquin. Sein Leben und seine Theologie*, übers. aus d. Amerikan. v. G. Kirstein, Graz/Wien/Köln 1980 ; 원제 : *Friar Thomas d'Aquino. His Life, Thought, and Work*, Garden City, N. Y., Doubleday, 1974.

10 신앙과 이성의 분리

윌리엄 오컴(1285?~1349?)

"나는 영혼의 외부에 실존하는 어떤 보편자가 있는 것이 아니라, 오히려 보편적이고 다수의 것에 언급될 수 있는 모든 것은 정신 속에 실존한다는 것을 확신한다."

●윌리엄 오컴

토마스 아퀴나스에 의해 가장 효과적으로 추구되었던 아리스토텔레스 철학과 크리스트교 사상의 스콜라 철학적 종합은 중세 후기에 이르러 위기에 처한다. 윌리엄 오컴(William Ockham)은 바로 이 위기의 가장 유명한 대변자이다. 그러나 그의 의미는 자신의 시대를 대변하는 것으로 끝나지 않는다. 오컴은 보다 중대한 이유로 인하여 철학의 거장에 속한다. 즉 그는 신앙과 지식을 명백하게 상호 분리시키는 가운데, 신학적 우위로부터 철학을 해방시키기 위해 노력했던 것이다.

크리스트교 신자들이 믿는 것과 인간이 알 수 있는 것 사이의 예리한 경계에도 불구하고, 신앙은 오컴에게 철학에 대한 가혹한 비판적 초안을 제공했다. 오컴의 흔들리지 않는 신앙은 철학적 정초의 잠정성에 대한 시야를 날카롭게 하고 인간이 알 수 있는 것에 대한 한계를 엄밀하게 규정하도록 유도했다. 이 때문에 오컴의 사유는 광범위한 형이상학 비판이다. 오컴이 무엇보다도 언어를 과도한 형이상학적 영향에 대한 비판의 실마리로 선택함으로써 그의 단초는 특별한 활성을 부여받았다.

오컴의 철학사적 지위는 경계선상에 있다. 전통에 대한 그의 비판은 새로운 지평을 위한 시야를 개방한다. 그는 근세철학을 선취한 것은 아니지만 준비했던 인물이다. 오컴은 각별한 보수적 동기에도 불구하고 스콜라 철학의 좌익에 속한다. 왜냐하면 그가 던진 물음의 폭발력은 정치학 · 존재론 · 철학에서 지속되던 결론들을 추정적 타당성으로부터 구해냈기 때문이다.

사람들은 오컴의 사상을 개인주의 · 유명론 · 주체주의 · 의지주의라는 표어로 나타내는 데 익숙해져 있다. 대체로 이러한 단어들은 오컴을 평가절하하기 위해 사용되고 있으며, 수백 년 동안 배척되어온 한 인물의 교설을 편파적 사유체계 속에 한정시켜버리고 있다. 이하에서는 이런 단어들을 조심스럽게 피해나갈 것이다. 이들은 오컴의 철학이 가지고 있는 특수성과 고유성을 드러내기보다는 오히려 감추기 때문이다.

생애와 저작

우리는 오컴의 출생일과 사망일에 대해 확실히 알지 못한다. 오컴은 1285년경 영국 런던 남부에 위치한 서리 주의 오컴이라는 마을에서 태어나 1346년에서 1349년 사이에 뮌헨에서 죽은 것으로 추측된다. 약 70년에 이르는 이 시기는 그의 파란만장한 생애가 펼쳐졌던 기간이었을 뿐 아니라 무르익어가면서도 혼란스럽던 역사적 시대이기도 한다.

중세의 가을?

아마도 오컴 자신마저 희생시켰을 것이라 생각되는 1348년의 대흑사병은 유럽사의 위기상황에 대한 정점이나 표식으로 보아도 좋을 것이다. 이 위기의 두번째 징표는 오컴의 탄생 시기에서 찾을 수 있다. 즉 1284년 보베 대성당의 아치형 천장이 붕괴된다. 이 재난은 단순한 건축 구조의 결함 이상을 의미한다. 이 재난은 모든 이념의 괴멸과 동시에 새로운 가치의 탄생을 체험하게 하는 시대적 징표이다.

케임브리지 카이우스 대학에 소장되어 있는 오컴의 원고 마지막 낱장에 그려진 스케치.
라틴어로 'Frater Ockham iste' 라고 적혀 있다.

13세기 말은 인구 감소를 가져온 경제적 불황의 시작이었다. 1315년에서 1317년까지는 유럽의 일부에 끔찍한 기아가 엄습해왔으며, 이 기아는 불행의 전조처럼 유럽 전인구의 3분의 1을 쓸어버린 1348년의 검은 죽음(흑사병)을 예고했다. 이보다 11년 전에는 영국과 프랑스 사이에 백년전쟁이 시작되었다.

경제적 위축을 말하는 징후는 14세기 전반기에 걸쳐 피렌체의 금융기관에 연이어 밀어닥친 엄청난 파산이다. 다른 한편에서는 금융경제와 신용기관의 빠른 성장이 새로운 사회계급의 등장을 북돋운다. 그들은 귀족처럼 부동산과 영지의 소유에 권력의 기반을 둔 것이 아니라, 투기와 금전의 소유를 통하여 사회적 우위를 얻고자 노력했다. 그 결과 사회적 구성원의 변혁뿐만 아니라 가치의 척도와 삶의 목적에서 변화가 일어났다. 유럽 대부분의 경제적 무풍상태는 사회적 긴장을 조건으로 삼고 있었으며, 이러한 긴장은 지방뿐만 아니라 도시에 이르기까지 수많은 반란과 봉기를 야기했다.

1323년에서 1328년까지 일어난 서부 플랑드르(현재 벨기에에 속하는 지방)의 소요는 특기할 만하다. 폭동에 가담한 농부들은 카셀(Cassel)의 피로 물든 전투로 번진 반란에서 이퍼른(Ypern)과 브뤼게(Brügge) 출신의 수공업자 프롤레타리아의 지원을 받았다. 거대한 수공업 중심지인 플랑드르 지방—브뤼게, 겐트, 이퍼른—에서는 13세기 말부터 수탈당한 노동자들의 데모와 폭동이 매일 일어났다.

교회정책 분야에서는 교황청의 놀랄 만한 약화를 인지해야 한다. 사실 교황파는 이른바 교황칙서 「우남 상탐」(Unam Sanctam, 1302)에서 다시 한 번 교회의 전권(plenitudo potestatis)을 관철시키고자 하지만, 이러한 싸움은 아냐니(Anagni)에서의 굴욕적인 교황의 감금(1303)과 함께 끝난다. 다른 한편 교황청과 세속권력 사이의 싸움은 국가의 자율성을 정초하기 위한 이론적 노력을 뒷받침하게 된다. 세속국가 측의 위대한 이론가이던 파도바의 마르실리우스(Marsilius)는 『평화의 수호자』

(*Defensor pacis*)라는 저서로 반교황파의 승리에 학문적 기념비를 세워준다. 기준 없는 교황권 옹호가 특이한 정치적 쟁투를 초래했다는 것과 어떻게 그것이 박멸되어야 하는가를 마르실리우스가 보여주고자 했다면, 이러한 국가의 독립설, 즉 교회에 대한 국가권력의 우위는 변천하던 시대정신을 표현한 것이다.

그러나 탈교회화의 경향은 비단 정치 분야에서만 느낄 수 있는 것이 아니라, 모든 삶의 분야를 휘어잡고 있었다. 예를 들면 시에나와 같은 이탈리아 도시국가들의 지리적 · 사회적 중심지는 이제 더 이상 대성당이 아니라 시청 광장, 즉 피아차 델 캄포(piazza del campo)이다. 로렌체티(A. Lorenzetti)가 1337~1339년에 이 도시의 궁정강당에 그렸던 훌륭한 정치에 대한 거대한 그림에서도 성직자들은 더 이상 나타나지 않는다. 그뿐만 아니라 대학공동체가 가진 자아의식의 분명하고 확고한 변천이 증명하는 바와 같이, 대학에서도 성직자들의 권력은 사라져간다. 자유기예학부(교양학부)도 점차 신학적 감독으로부터 해방된다.

1277년 파리의 주교가 "철학하는 것이야말로 인간의 가장 훌륭한 활동"이라는 명제를 심판하지 않으면 안 되었던 사실은 결국 후대 철학부의 석사들(magistri)이 자신들의 연구를 단순히 신학을 위한 예비교육으로 이해하는 것을 원하지 않았다는 것을 밝혀준다.

중세의 세계상에 대한 시적인 절정을 구가하는 이탈리아의 시인 단테의 『신곡』도 성직자가 아니라 평신도를 위하여 저술되었다. 그는 자신의 『제정론』(*Monarchia*)에서 이미 세속권력이 가진 자율성의 법칙뿐만 아니라 세속적 인식의 자율성까지 명백하게 서술한다. 근세적 회화의 시조인 조토(Giotto)가 은행가 스크로베니의 파도바 성당묘지에 인간 예수의 다양한 삶의 여정을 묘사하는 동안(1304~1306), 알프스의 저편에서는 마이스터 에크하르트가 자신의 강론에서 모든 인간이 하느님의 아들이라는 것을 지방어로 선언하고 있었다(그 이전에 교회에서 행해진 모든 성서 낭독과 강론은 물론 라틴어로 거행되었다—옮긴이). 이러한 육화

(incarnatio : 순수 정신적 존재인 신이 그리스도라는 인간으로 태어난 종교적 사건—옮긴이) 사건에 대한 역해석으로부터 인간의 새로운 의식이 입을 열기 시작한다. 즉 이 해석은 제도로부터 해방된 신심(信心)의 길을 개방했다.

사람들은 오컴의 시대를 기꺼이 중세의 가을(호이징가〔Huizinga〕의 용어)이라고 부른다. 이러한 은유는 문화의 쇠퇴라는 데카당스적 의미를 배제하고, 위협과 현존의 위기에 대한 경험을 통하여 가능해진 이념의 해방적 폭발력을 간과하지 않을 경우에만 이해될 수 있다. 새로운 것은 항상 새로운 위험을 초래하게 마련이다. 이에 대한 상징도 있다. 즉 마르코 폴로가 자신의 『기적의 저서』에서 보고했던 바로 그 길을 통하여 서양에 흑사병이 몰려왔던 것이다. 흑사병은 보카치오가 『데카메론』(1348~1353)을 저술하는 공포스러운 계기가 된다.

아비뇽 재판까지의 오컴의 생애

오컴의 생애와 영향에는 그 시대의 고투와 공포 그리고 갈등이 반영되어 있다. 철학은 그 시대를 사상 속에 담은 것이라는 헤겔의 말은 특별히 오컴에게 적중한다. 오컴은 아주 일찍이 프란체스코 수도회에 들어갔다. 오컴이 언제 옥스퍼드에 입학했는지 정확하게 알 수는 없지만, 그는 거기서 신학 공부 전체를 마쳤다. 옥스퍼드에서 약 9년을 보낸 후 오컴은 학사로서 페트루스 롬바르두스의 『명제집』을 강의했으며, 이로부터 그의 방대한 주저 『명제집 주해서』(*Sentenzenkommentar*)가 탄생했다. 대학 여건으로 보면 명제집 강의를 하고 나서 석사학위 취득까지는 2년 정도 걸린다. 오컴은 이 기간을 옥스퍼드에서 보냈지만, 1321년경에 수도원학교에서 철학을 강의하도록 런던으로 초빙되어 갔다.

오컴의 존칭, '존경하올 입학자'(venerabilis inceptor)는 그가 신학 석사학위 청원을 위한 조건을 모두 갖추었지만 학위는 받지 못했다는 것을 암시한다(대체로 중세의 석학들은 어떠어떠한 '박사'〔doctor〕라는 존칭을 받았다—옮긴이). 왜냐하면 그는 이른바 '인켑시오'(inceptio, 학위논문발표), 즉 정규 석사의 반열에 들기 위한 장엄한 학위논문 발표와 선서를 하지 않았기 때문이다.

이 런던 시기에 아리스토텔레스 저서에 대한 일련의 주석서들, 말하자면 범주론에 대한 주해서, 명제론, 그리고 포르피리우스의 『이사고게』(*Isagoge*)에 대한 주해도 있는 소피스트 반론에 대한 주해서, 그러나 무엇보다도 『자연학 주해서』(*Expositio super libros Physicorum*)가 나온 것으로 추정된다. 『자연학 질문집』(*Quaestiones super libros Physicorum*)에서는 『자연학 주해서』에서와는 달리 아리스토텔레스 문헌과 같은 맥락에 있는 152개의 질문이 임의의 순서에 따라 토론된다. 다양한 주제에 대한 질문들을 폭넓게 수집한 『임의토론집』(*Quodlibeta*)도 프란체스코회 수도원학교에서 토론된 것으로 추정된다. 대학에서 시행되는 임의토론(수강생들이 제기하는 임의의 주제에 대한 토론수업)의 지도는 해당 학부의 석사들에게 맡겨져 있었기 때문이다.

오컴은 두 개의 방대한 『개론』(*Kompendien*) 역시 런던에서 시작했다. 『자연학 개요』(*Summulae in libros physicorum*)에는 자연학의 문제영역 전체에 대한 해설이 계획되어 있었다. 그러나 이 책은 미완성으로 남아 있다. 『자연학』의 처음 네 권에 따른 주제와 구조에 상응하는 것으로는 단지 네 부만 보전되어 있다.

"자연학이든 윤리학이든 또 다른 어떤 학문이든 논리학에 대한 인식 없이 그것을 완전히 통달한다는 것은 불가능하다." 신학을 배제하지 않는 오컴의 이 문장은 논리학에 대한 책을 저술하는 것이 그에게 쉽지 않았다는 것을 설명하고 있는지도 모른다. 『논리학 대전』(*Summa logicae*, 1323)은 그의 서언이 밝히는 바와 같이 한 학생의 갈망에 따라 저술되었다. 그 학생은 "모든 학문에 가장 적합한 도구"가 소개되기를 바랐던 것이다. 『제대 성사론』(*De sacramento altaris*)의 저술 시기를 규정하는 것은 어렵다. 제목에서 추측되는 것과는 반대로 2개의 독립적 논고로 되어 있는 이 책에는 특히 아리스토텔레스의 범주론과 연관된 철학적 핵심문제가 던져져 있다. 이 중 첫째 논고는 순수한 철학적 내용으로 되어 있으며, 양(量)의 본질에 대한 엄밀한 규정이 시도되어 있다.

1324년은 오컴의 생애에서 중요한 시점이다. 이 시기에 그의 학문적 경력도 끝나고, 고대하던 석사학위도 다시는 획득하지 못하게 된다. 교황 요한네스 22세(1316~1334)가 오컴을 아비뇽으로 소환하여 그의 학설의 정통성을 따지도록 한다. 시기적으로 도미니쿠스회의 에크하르트에 대한 종교재판과 일치하는 이 심문의 시작과 원인은 옥스퍼드에서 찾을 수 있다.

오컴이 명제집 강의를 할 때, 거기에는 옥스퍼드 대학의 총장인 요한네스 루테렐(J. Lutterell)도 있었다. 토마스주의자인 루테렐은 학문적 평화에 분란을 일으키는 자들—학생과 석사들—을 강력한 원칙적 조처로 정리하고자 했다. 교수들은 이를 교육의 자유에 대한 심각한 위협으로 보았다. 1322년 여름에 총장이 해임된다.

나아가 에드워드 2세가 1323년 여름에 다소간 주저하며 루테렐에게 해외여행 가결을 통보하자, 루테렐은 아비뇽으로 가서—그 자신이 고백하는 바와 같이 떨리는 손으로—오컴에 대한 세밀한 고소문(Libellus contra doctrinam Guillelmi Occam)을 교황에게 올린다. 이에 교황은 고발인에게 귀를 기울여, 그 즉시 6명으로 된 조사위원회를 소집했다. 이 위원회는 최종 조사문에서 51개의 고발 쟁점을 확정한다. 그러나 어떤 이유에서인지는 모르지만 공식적인 선고는 내리지 않았다.

오컴은 프랑스 남부의 도시에 유배되어 있는 동안 영국에서 처음 시작했던 저술의 나머지를 작업했다. 그러나 1328년 3월 26일 밤, 그는 케세나 출신의 미카엘과 자신이 머물고 있던 수도원의 원장, 그리고 몇몇 동료 수사들과 함께 도망치듯 교황청이 있는 도시를 떠나버린다. 이와 함께 오컴의 아주 새로운 업적이 시작될 뿐만 아니라 무엇보다도 아비뇽 교황청과의 격렬한 논쟁이 시작된다. 오컴은 죽을 때까지 지치지 않는 열정으로 논쟁적 저술을 연속하여 쏟아낸다. 이는 도망자 오컴을 보호하던 바이에른의 루트비히 황제(1282~1347)의 명에 따라 이루어진다. 이들은 피사에서 루트비히와 합류하여 1330년 뮌헨에 도착한다. 마르실리우스도 이미 2년 전부터 루트비히의 궁정에 머무르고 있었으므로, 이 궁정은 향후 20년 동안 정치적 · 철학적 출판의 중심지가 되었다.

영국인 프란체스코 회원 오컴만큼 정치적 일상사에 직접적으로 입장을 밝혔던 사상가도 드물다. 그가 죽기 전까지 대결하던 문제는 이전의 사변적 작업과 무관한 것처럼 보인다. 그의 급격한 관점의 변화는 해석자에게 수많은 물음을 남겼으며, 몇몇 이들로 하여금 오컴의 생애와 사상의 단절을 설파하도록 유인했다. 그럼에도 철학적 · 신학적 가르침과 정치적 가르침 사이의 상관관계는 단순히 전기적 성격만을 가진 것이 아니다. 정치적 저술가로서의 오컴 역시 철학자요 신학자로 남는다.

역사적 맥락에서의 정치적 저술

> 내가 아비뇽을 지배하는 자가 이단적인 오류에 빠져 있었다는 것을 인식하기 이전에, 거의 만 4년을 거기에 있었다는 사실을 너희들은 분명히 알 것이다. 나는 그의 이단적 공고를 읽거나 소장하는 것에 대해 염려하지 않았다. 나는 그렇게 고귀한 인격이 사람들로 하여금 오류를 믿지 않으면 안 되도록 공포하리라는 것을 쉽사리 받아들이고 싶지 않았기 때문이다. 나는 재판관의 명령에 따라 기회가 주어진 이후에야 비로소 (교황의) 3교령을……주의 깊게 읽고 연구했다.

이 구절은 오컴이 1334년 자신의 동료 수사들 앞에서 교황과의 단절이 정당함을 주장하는 편지에서 인용한 것이다. 이 구절들은 오컴의 관심사가 변천해온 과정을 이해하는 데 도움을 줄 수 있다. 오컴은 그런 것이 있었는지도 뒤늦게 알았지만, 이 오류는 직접적으로 프란체스코회의 청

빈 이념과 직결된다.

교황 요한네스 22세는 수십 년 전부터 지속되던 급진적인 (교회의) 재산 포기에 관한 논쟁을 종결짓기 위하여 1322년에서 1324년 사이 공포한 수많은 칙령에서 '청빈'의 의미를 최종적으로 확정하고자 했다. 미노릿(Minorit : 소수파라는 뜻으로 당시 청빈운동을 벌이던 프란체스코회 수도자들을 지칭하는 말—옮긴이)들은 그들의 청빈서약을 통하여 사유재산뿐만 아니라 공동소유의 재산까지도 포기하고자 했다. 이러한 극단적 무소유에 대해 교황이 비로소 의문을 제기한다.

즉 교황은 어떤 물건의 사용과 물건의 소유를 구분할 수 없을 것이라고 주장한 것이다. 이러한 완고한 주제는 프란체스코회의 자체 당위성에 대한 가장 민감한 곳을 겨냥할 뿐만 아니라, 그리스도와 그의 사도들의 가난(Armut Christi)과 함께 교회의 위상 자체를 건드리게 된다.

수도회 편의 반응도 잠잠할 수 없었다. 케세나의 미카엘은 교황의 교서에 반항한 탓에 아비뇽으로 소환되었으며 거기서 오컴을 스캔들에 연루시켰다. 그가 속했던 단체와 1324년 황제에 대한 교황의 지배권을 거부했기 때문에 교회에서 파문된 바이에른의 루트비히 황제와의 연합은 이른바 청빈논쟁을 정치적으로 증폭시켰다.

1332~1334년 사이의 3개월 동안 쓰여졌기 때문에 『90일 작품』(*Opus XC dierum*)이라는 제목을 가진 오컴의 정치적 저서는 교황청측 저술인 1329년의 『퀴아 비르 레프로부스』(*Quia vir reprobus*)에 대한 대답이다. 이 책에서 교황은 자신의 주제를 상술했던 것이다. 이 교황칙서는 해당자와 변호인들이 무엇에 대해 말해야 하는지를——서언에 제시되는 방법적 원칙에 따라——단락단락 지적한다. 이 비판적 논저는 '사유재산'(dominum, proprietas) 개념에 대한 토론을 촉구한다. 오컴은 재산규정이 인간에 대한 적극적이고 정당한 법령으로 되돌아가야 한다는 것, 즉 자연법적으로 직접 정립되어서는 안 된다는 것을 증명하고자 한다.

이러한 증명의 목적은 극단적인 양측 입장 사이의 토론을 필요로 한다. 한편은 사유재산을 직접적으로 자연권에 속하는 것으로 설정하며(토마스 아퀴나스), 다른 한편은 사유재산을 원죄의 단순한 부정적 결과로 고찰한다(둔스 스코투스). 오컴에 의하면 원래는 사유재산도 공동재산도 없었다는 것이다. (원죄에 의한) 순수성의 상실은 새로운 조건을 만들어 내지만—오컴과 스코투스도 이를 인정한다—재산의 분배는 이른바 원죄의 직접적 결과가 아니라는 것이다. 인간은 자연적으로 세계 내의 물건에 대한 욕구와 분배의 원리를 가지고 있다. 이러한 권리 내지는 자격—사유화의 권리(potestas appropriandi)—은 최고의 합리적 재산 분배를 발견하고 그것을 적극적으로 정당하게 지켜야 한다는 과제를 인간에게 부여한다.[1)]

재산규정을 인간적 확정으로 환원시키는 것은 사유재산에 대한 의미심장한 상대화를 초래한다. 그러나 스코투스와는 반대로 인간적 재산규정은 단순히 부정적으로 평가되지는 않는다. 인간적 재산규정이 강조되는 특수한 경우는 다음과 같이 대변되는 주제를 간접적으로 증거한다. 예를 들어 굶주리는 자는 법적으로 확립된 소유질서를 절도를 통해 파괴할 권리를 가지고 있다.[2)] 오컴은 자신의 소유론을 가지고 우선적으로 사유재산에 대한 극단적 포기 가능성의 근거를 마련하고자 하지만, 동시에 그의 이론은 상징적 방식으로 인간적 세계형성의 공간을 확장시킨다.

오컴은 몇 번이나 고백하기를, 1331년 이래로 사후의 '복된 관조'(visio beatifica)라는 주제를 관철시키고자 시도했던 이 이단적인 가짜 교황(Pseudo Papst)과의 논쟁을 종이와 잉크, 필기도구가 있는 한 계속하고자 한다는 것이다. 이 논쟁으로부터 무엇보다도 상대편의 이단성을 드러내려는 데 제한된 한 아름의 논고가 나온다. 『대화록』(*Dialogus*, 1334년경)의 제1부에는 오류에 빠진 교황의 사태가 초래할 결과들이 근본적으로 해명된다.

이 대화편의 해석에 따르는 커다란 어려움에도 불구하고 오컴의 원천적 의도는 명백하다. 교회적 위계질서의 실패 가능성이나 실제 실패에 직면하여 평신도들은 자신들의 의무를 인식해야 한다. "신앙의 원인(사태)은 평신도와 직결된다."[3] 교황의 교리성청적 권위는 제한되지 않으면 안 된다. 무류성(無謬性)에 대해서는 더 이상 거론될 수도 없으며, 교회의 위계질서를 지키는 것은 오히려 평신도의 의무요, 특히 해당 정치가와 지식인들의 의무이다. 교회의 지배구조에 대한 날카로운 비판과 교권주의에 대한 공개적 거부는 무엇보다도 신학적인 이 작품에 유일무이한 정신사적 의미를 부여한다. 이 저서의 실마리 중 하나는 이렇게 말한다. "하느님은 성직자들의 하느님일 뿐만 아니라 평신도들의 하느님이기도 하다."[4] 교회에 충실한 해석이 오늘까지도 이를 무정부주의적 운동이라고 부르며, 여기서 전통적 기구의 바탕이 흔들릴 것을 두려워하는 것은 놀랄 일이 아니다. 교황 요한네스가 죽은(1334) 다음에도 논쟁은 지속된다.

어쨌든 지금은 주제가 변천하고 있다. 즉 『대화록』의 제3부에서뿐만 아니라 『8질문 논고』와 『폭군의 지배에 관한 소고』(*Breviloquium de principatu tyrannico*, 1342년 이전)에도 마찬가지로 세속권력을 종교적 권력으로부터 완전히 독립시키고 방어하려는 시도가 깔려 있다. 또한 오컴은 자신의 마지막 저술 가운데 하나인 『황제와 교황의 권력론』(*De imperatorum et pontificum potestate*, 1347)에서 격렬하게 아비뇽 교회에 반대하는 고발점을 다시 한 번 요약한다.

즉 크리스트교에 현존하는 모든 나쁜 상황의 뿌리는 교황의 지배욕과 소유욕이다. 교황의 충족을 모르는 욕망은 신법(神法)과 자연법을 해치지 않는 한 모든 것이 교황의 전권에 속한다고 주장하도록 했다.[5] 이것이 진실이라면, 결국 이로부터 모든 제후들과 황제들의 예속뿐만 아니라 모든 크리스트교 신자들의 노예화가 초래되며, 이는 복음이 선언하는 자유에 정면으로 위배될 것이리라.

그러므로 이 작품의 목적은 이중적이다. 그것은 첫째, 세속적 권력의 독립성을 확립하고, 둘째, 교회권력의 한계를 보여주는 것이다.

역사적 관점에서 보더라도 모든 세속적 권위가 교황에게 부속한다

(imperium est a papa)는 교황의 주장은 불합리함에 틀림없다. 이성적 고찰은 교황의 허위성을 증명한다. 교권주의파는 모든 권력이 신으로부터 유래하며, 교황이야말로 지상에 있는 신의 대변자라는 주장을 불러온다. 반대로 단테와 특히 바이에른의 루트비히 황제는 모든 권력의 신적 원천을 확신하면서도 교회적 중재의 필연성을 거부한다. 결론적으로 마르실리우스에 의하면 국민이야말로 합법적 지배권의 유일한 원천이다.

오컴은 여기서 자신의 고유한 길을 간다. 즉 세속적 권력의 자율성을 확립하고자 한다면, 과연 무엇이 지배권을 합법화하는가를 먼저 물어보지 않으면 안 될 것이다. 이 물음에 대한 오컴의 대답은 재산규정에 대한 대답과 평행한다. 인간은 천부적으로—하느님으로부터—세계 내의 사물을 취할 권리를 받은 것과 마찬가지로, 또한 인간으로서 법적으로 유효한 통치자(rectores)를 선정할 권리를 가지고 있다.[6] 모든 인간은 이 권리를 동일한 방식으로 소유한다. 이로써 교권주의자들의 반론은 힘을 잃는다.

오컴의 대답은 다음과 같은 점에서 주목을 끈다. 즉 어떤 정치적 질서의 기구를 향해 자연법적으로 확립된 자격을 형성하는 일은 전적으로 인간의 의무에 일임되어 있다는 것이다. 즉 인간법으로부터(ex juro humano) 나온다는 것이다. 이 때문에 오컴은 비록 군주제가 이미 역사적 우위를 차지하고 있음에도 불구하고, 모든 인간적 지배형식의 상대화를 인정하기도 한다. 권위 선정과 마찬가지로 그 선정을 발휘하는 방식의 규정까지도 인간의 일이다. 교회의 무력화와 불필요한 신학적 · 형이상학적 상부구조로부터 정치를 해방시키는 것은 같은 일에 속한다. 교회와 세속의 분야에서는 인간의 제도와 신의 분부를 동일화시키는 것을 피하지 않으면 안 될 것이다.

오컴의 견해는 많은 점에서 마르실리우스의 견해와 만난다. 이들 양자는 신정주의와 교권주의에 함께 대항하며, 성직자들의 지배로부터 해방된 국가를 방어하는 데 의기투합한다. 그러나 이들의 동기는 서로 다르다. 오캄의 급진성은 철학적 동기가 아니라 종교적 동기를 가지고 있다. 즉 그는 복음적 교회를 위해 고투한다. 그는 정신적 교회를 위해 싸우기 때문에 세속적 정치의 길을 개방했다. "현세적인 일에 대한 관리는 평신도의 과제이다."[7]

1332년부터 클레멘스 6세가 수장으로 있던 교황파가 1346년에 메렌 출신의 카를을 독일 왕으로 옹립하는 데 성공한 지 1년 후인 1347년 10월 11일 오캄의 후원자인 바이에른의 루트비히 황제는 갑자기 죽는다. 이제 반대파들의 승리가 유력해 보였고, 오캄은 그들의 정체를 폭로하기 위하여 마지막으로 펜을 잡는다(*De electione Caroli IV*). 몇몇 역사가들이 짐작하는 바와 같이, 죽기 직전 오캄이 20여 년에 걸친 교회와의 논쟁 끝에 화해할 준비가 되어 있었는지는 불확실하다. 교회에 대한 그의 이해에 의하면 그런 화해는 전혀 불필요했다.

오캄 철학의 기본 특성

오캄 사상의 전제

모든 철학은 전제를 가진다. 원리라는 개념을 원천적 의미로 이해하여 사상의 출발점으로 본다면, 이 전제를 원리라 부를 수도 있다. 오캄 사상에 근본적인 것을 종교적 신앙에서는 신의 전지전능에 뿌리박고 있는 전능의 원리라고 부를 수도 있다. "나는 전지전능하신 아버지 하느님을 믿나이다."[8] 다음 명제의 진리는 순수철학에 숨겨져 있다. "나는 선언한다. 하느님이 전능하다는 것을 증명할 수는 없다. 사람들은 이를 믿을 수 있을 뿐이다."[9] 자유롭고 독립적이며 전제조건도 없는 신의 창조권에 대한 신앙은 오캄의 세계상을 결정한다. 신이야말로 철학적 전개가 최우선적으로 기초하는 바탕이다.

신의 자유를 이렇게 강력하게 고양시키는 신관(神觀)은 어떤 체계를 통해서든 신의 주권을 제한하는 모든 시도를 반대하는 크리스트교적 저항이며, 이는 1277년 이단 선고를 받은 '모든 것은 필연성에서 일어난다' 는 아리스토텔레스와 아베로에스의 주제와도 대립된다.

창조와 구원은 신의 자유로운 행위이다. 이러한 창조행위의 이유를 묻는 질문에 대한 대답은 인간에게 거부되어 있다. "하느님은 모든 피조물을 만들어낸 것과 마찬가지로 또한 자신의 의지를 통하여 그 피조물을 무엇이도록 만들 수도 있다……하느님은 아무에게도 빚진 게 없다는 것이 그 근거이다."[10] 신은 자신이 행한 것을 그 자신이 원했기 때문에 행했을 뿐이다. 또 그것을 원했기 때문에 좋으며(선하며) 정의롭다.[11]

오컴은 또한 전능을 무엇으로 이해하고자 하는지를 해명한다. "아무런 명백한 모순도 내포하지 않는 모든 것은 하느님의 전능으로 인정되지 않으면 안된다."[12] 이것이야말로 신의 절대적 권능(potentia absoluta)이다. 질서지어진 권능(potentia ordinata)은 절대적 권능이 보이도록 드러난 측면이다. 즉 질서지어진 권능은 자연과 구원의 역사 속에 공포된 법칙이다. 오컴이 둔스 스코투스로부터 넘겨받은 신의 이중적 전능에 대한 가르침은 법학적 원천을 가지고 있다. 입법자는 자신이 공포한 법률의 구속을 받지 않으며, 그 법률을 개정할 수도 있다. 이것이 바로 오컴의 전능하신 하느님이다.

사실 신의 권능만이 있을 뿐이지만,[13] 인간이 특정한 규칙성을 인식해 낼 수도 있는, 눈에 보이는 구원의 질서와 세계의 질서는 결코 신의 권능을 창조하지 않는다. 신은 달리 행할 수도 있었을 것이다. 이는 모순율의 한계 속에 있는 모든 것이 달리 존재할 수 있었으리라는 것뿐만 아니라 달리 존재할 수 있다는 것을 말한다. 존재하는 모든 것, 즉 세계는 임의의 우연적인 것으로서, 불가능하지도 않고 필연적이지도 않은 신의 설정으로서 직접적으로 신에게 의존하고 있다. 모든 것은 오직 철회하는 의구심 하에서만 유효하다.

신의 전지전능, 세계의 우연성, 모든 존재자의 신에 대한 의존성이라는 주제의 절정은 무(無)로부터의 창조라는 전통적 가르침을 극단화하기에 이른다. 신은 이 세계를 영원한 이념에 적합하게 창조한 것이 아니다. 그러므로 존재자들이 본질 질서에 대한 단순한 모형이라기보다는, 오히려 신이 개개의 존재자를 그 특수성과 개별성에 따라 직접적으로 창조한다. 이 때문에 개개의 존재자는 개별적 사물(res singularis)이며, 개별자의 본질은 자기 자신과 그 자체로 일치한다. 토마스와 둔스 스코투스에 의해 훨씬 진전된 개별화의 원리에 대한 추구는 약화된다. 현실성과 개별성은 상호교환적이다. 이것이야말로 전능사상이 초래한 존재론적 결론이다. 즉 현실성은 이제 소여성(所與性)이 된다.

세계 속에서 인간의 지위는 바로 이런 조건 하에서 유전한다. 토마스 아퀴나스에 의하면 창조란 신의 이념(idea)에 따라 이루어지는 신의 자기 중재요, 절대적 정신과 유한한 정신 사이에 던져져 있는 신의 모방이며 표현이다. 인간적 정신은 세계의 질서를 통찰하도록 허락되어 있다. 존재자로서의 존재자는 인식될 수 있기(verum, 참) 때문이다. 세계에 대한 토마스의 신뢰는 본질적으로 세계의 이성적 구조에 대한 가능한 통찰을 통하여 조건지어져 있다.

오컴에게도 세계는 신의 선물이지만, 신의 사물은 존재자의 지성(知性)에 우선적으로 계시되는 것이 아니다. 사실적이거나 가능한 현실성은 인간에게 통용되는 어떤 논리학으로도 환원되지 않는다. 이로부터 초래되는, 세계의 합리성에 대한 의심은 이단자까지도 구원할 수 있는 무구한 신의 은총에 대한 보다 큰 신뢰와 비례한다.

오컴의 이러한 신관(神觀)과 결론이 철학적으로 중요하다면, 이는 '절대적 신학주의'[14]라 불러도 좋을 신앙하는 태도가, 스스로를 아리스토텔레스의 형이상학적 유형 및 이 유형과 크리스트교의 연합에 대한 변형적 · 비판적 심급임을 증명하고, 최종적인 것처럼 보이는 것이 이런 심급에 비추어 다시 한 번 시험되기 때문이다. 전능에 대한 신앙은 형이상학 비판을 이끌어가는 요인이 된다. 여기서 결정적인 것은 물론 신의 전능(Omnipotenz)보다는 전능에 대한 계측이 오컴의 경우 방법적 반성이 된다는 사실이다. 이 반성은 확실한 기초를 가졌다고 믿는다면 항상 주의할 만한 것이 된다.

이는 특히 오컴이 『임의 토론집』[15]에서 신의 전능으로부터 도출해내는 두 가지 원리에서 더욱 분명해진다. 즉 "하느님은 자신이 제2원인을 수단으로 만들어내는 모든 것을 직접적으로 그리고 그것들 없이도 만들어낼 수 있다." 사람들은 신의 직접적 개입 가능성을 공고히 하는 이 명제를 직접성의 원리라 칭할 수 있다. 여기에 사람들이 독자성의 원리라 부르는 두번째 원리가 마주하고 있다. "시공적으로 다른 독자적인 대상과 달리하는 개개의 독자적 대상(res absoluta)은 (오직) 신적 전능을 통해서만 현존한다. 이는 비록 다른 독자적 대상이 파괴되더라도 독자적으로 현존한다."

이 두 가지 원리는 전통적인 것이다. 여기에서 중요한 것은 원리에 내포된 신의 주권에 대한 강조가 아니라 이 원리의 비판적 능력이다. 이들 원리는 인간을 불안하게 하지만, 동시에 새로운 사유 가능성을 개방한다. "나는 하느님이 지금과는 종적으로 상이한, 하나의 다르고 특별한 세계를 만들어낼 수도 있었으리라는 것을 그럴 듯하다고 간주한다."[16] 사람들은 아리스토텔레스적 세계구조를 이제 더 이상 극단적으로 문제시할 수 없다.

하느님의 전능에 대한 계측은 신학적 동기를 가지고 있었다. 오컴의 그 다음 근본원리는 원천적으로 철학적 혐의를 가지고 있다. 이 원리를 사람들은 경제원리라고도 부르며 전통적으로는 오컴의 면도칼이라 부른다. 그 명제는 다음과 같다. "다수성은 필연성 없이 설정되지 않는다" (pluralitas non est ponenda sine necessitate).[17] 이 명제는 아리스토텔레스까지 소급될 수 있으며,[18] 예를 들면 단테의 『제정론』에서처럼 동시대인들에게서도 발견된다. 그럼에도 이 명제는 오컴에게서 유일무이한 방법적 가치를 가진다. 즉 이 명제는 어떤 것에 관한 해명으로 안내하는 개념들의 실체화에 상대적 작용을 한다는 것이다.

물론 이 원리는 일차적으로 언어비판적 의미를 가진다. 이 원리는 모든 언어적 표현에는 하나의 현실적 사물이 일치한다는 미신을 타파하는 데 기여한다. 오캄은 우리의 인식이 가지고 있는 언어적 중개의 필연성뿐만 아니라 언어에 의한 오류의 위험성까지도 의식하고 있었다. "너는 내가 표현에 대해서가 아니라 사물에 대해서 말하고자 한다고 말한다. 그러나 나는 이렇게 말한다. 비록 네가 사물에 대해서만 말하고자 원하더라도 표현이나 개념, 그리고 다른 기호에 의한 중개 없이는 이것마저도 불가능하다."[19)]

따라서 언어분석, 즉 하나의 표현이 무엇을 의미하는지, 한 문장이 어떤 사실에 관련되는지 탐구하는 것은 단순한 입문적 작업에 속하는 것이 아니다. 언어분석 역시 "존재자들을 표현의 다양성에 따라 다수화하는 것"[20)]을 금지하는 형이상학이며, 언어와 현실에 대한 성급한 동일화의 위험성에 대한 통찰에 기인하는 형이상학이다.

오캄의 철학은 이러한 전제를 철학의 전통적 물음과 대답에 적용하는 가운데 결실을 맺는다. 이러한 적용에 어떤 인위적 재구성도 관계되지 않는다는 것은 1350년 이전에 씌어진 『신학 원리론』이 '오캄의 원리'로 소개되는 전능의 원리와 경제원리로부터 243개의 주제로 된 신학과 철학 전체를 도출하고자 시도한다는 사실로 드러난다. 물론 『신학 원리론』은 오캄 자신의 것이 아닐 가능성이 높지만, 그의 정신으로 쓰여졌다.

인식론적 주제

인간적 인식의 조건, 한계 그리고 가능성은 모든 철학에서 문제시된다. 어쨌든 오캄에게 이러한 물음은 신학적 종합 속에 있다. 『명제집 주해서』의 아주 폭넓은 서언은 신학적 서술과 신학의 학문성 일체에 대한 명백성에 관한 물음을 포괄적으로 다루겠다는 저자의 야심을 엿보게 한다. 이러한 계획은 학문을 무엇으로 이해하는지가 이미 해명되었다는 전제를 필요로 한다. 그러나 학문이 무엇인지 알고자 한다면, 인간의 인식행위에 대한 명백성을 구축하지 않으면 안 된다. 그래서 저 유명한 서언(prologus)은 인식론적이고 학문론적인 논고가 되었으며, 사람들은 이 논고로부터 관련된 기본 주제를 뽑아낼 수 있다.

한 명제의 명백성은 언제 보장되는가, 즉 어떤 때에 하나의 판단이 의심의 여지 없이 직접적으로 자명해지는가? 오컴에 의하면 인식은 판단의 구성용어(termini)로부터 인식이 직접적으로나 간접적으로 전개될 때 비로소 명백하다. 예를 들어 "전체는 부분보다 크다"는 명제는 명백하다. 여기서 파악된 개념 '전체'와 '부분'은 이 문장이 참이라는 것을 알아보기에 충분하기 때문이다. 필연적 사태뿐만 아니라 우연적 사태와 관련해서도 똑같이 명백한 판단들이 있다. 내가 만약 나의 책상 위에 있는 책과 그 책의 녹색을 보고, "이 책은 녹색이다"라고 말한다면, 이 문장은 내가 이 책을 눈앞에 보고 있는 한 명백하다. 그러나 내가 반 시간 뒤에 산보하면서 이 문장을 내 친구 앞에서 반복한다면 그것은 명백성을 상실한다.

그러면 무엇이 사태판단의 명백성을 정당화하는가? 우리가 어떤 사태에 대하여 판단을 내린다면, 이 판단은 우리가 판단되는 것을 우선 파악했다는 것을 전제한다. 파악(apprehensio)의 행위와 판단(iudicatio)의 행위는 동일한 것이 아니다. 다른 한편 내가 개개의 판단요소를 파악했다면, 나는 단지 하나의 판단을 내릴 수 있을 뿐이다. 따라서 하나의 판단이 가지는 확실성의 정도는 판단의 구성용어 각각에 대한 인식의 확실성에 달려 있다.

오컴에 의하면 이 단순한 인식(notitia incomplexa)은 추상적 인식과 직관적 인식으로 구분이 되지 않으면 안 된다. "직관적 인식(notitia intuitiva)이란 그 힘을 통해 그 대상이 존재하는지 아닌지를 사람들이 알 수 있는 그런 인식이다."[21] 따라서 직관이란 인식되는 것과의 관계이며, 이 관계는 인식되는 것의 실존이나 비실존에 대한 아무런 의심도 허락하지 않는다. 결국 직관이란 직접적으로 자기-앞에-가지는(Vor-sich-

만약 언어가 유니콘과 같은 존재하지 않는 사물을 지칭한다면, 우리의 언어는 어떤 의미를 가질 수 있는가? 이러한 예는 존재와 본질에 관한 근본적인 질문이다.
중세말의 보편자를 둘러싼 철학논쟁에서 나타난 유명론은 일반적 단어의 사용이 그 단어가 가리키는 일반적 사물의 존재를 함축하지는 않는다는 이유에서 보편자의 실재성을 부정했다.

Haben) 것이다. 어떤 것에 대한 이러한 직관적 인식은 우연적 사태와 연관하여 명백한 문장의 근거를 제공한다.

이와는 반대로 추상적 인식은 실존판단을 할 수 없는 어떤 인식으로 규정된다. "추상적 인식(notitia abstractiva)이란 그 힘을 통해 어떤 우연적 사실과의 관계에서 그것이 존재하는지 어떤지가 명백하게 알려지지 않는 인식이다."[22] 예를 들어 내가 소크라테스가 없는데도 "소크라테스는 백인이다"라는 문장을 말한다면, 추상적 인식이 이루어진 셈이다. 추상적 인식은 추상한다. 즉 그 대상이 실재하는지 그렇지 않은지를 도외시한다.

이 때문에 직관적 인식과 추상적 인식은 대상을 가지는 두 가지의 다른 방식이요, 두 가지의 다른 인식행위이다. 이 다른 인식행위들은 그들의 대상 때문에 다른 것도 아니요, 그들의 인식을 가능하게 하는 원인 때문에 다른 것도 아니다. 이 두 가지 인식은 필연적으로 인식 방식 그 자체로 구분된다. 직관적 인식은 우연적 사태의 영역에 있는 모든 명백성의 출발점이요 근거이다. 모든 경험적 인식(notitia experimentalis)은 이 직관적 인식에 기초한다. 직관적 인식은 모든 추상적 인식의 전제이다.[23] 직관적 인식은 항상 개별적(singulare)인 것에 대한 인식이며, 이 개별자는 발생의 관점에서는 바로 그 인식되는 것이요,[24] 이성의 동기적 대상(obiectum motivum)으로서, 즉 정신적 인식을 유발하는 대상으로서 언급될 수 있다.[25]

감각적으로 지각할 수 있는 사물을 지향하는 인식뿐만 아니라 사유하고 의욕하는 존재라는 자아경험의 영역에도 직관적 인식이 주어져 있다. "나는 인식한다"(ego intelligo)와 "나는 사랑한다"는 문장들은 내가 인식하거나 사랑하고 있는 동안에는 가장 확실한 문장이다. 왜냐하면 경험은, 모든 우연적 진리 가운데서도 우리의 정신적 행위와 직결되는 그런 진리야말로 무전제적이고 의심할 수 없으며 또한 다른 모든 것보다도 더 확고한 확실성(certius)과 명백성(evidentius)을 가지고 인식될 수 있다는 것을 증명하기 때문이다.

오컴이 이렇게 인식유형을 두 가지로 구분하는 것은 여러 관점에서 중요성을 가진다. 첫째로, 명백성에 대한 필요성이 눈에 들어온다. 결코 흔들리지 않는 출발점에 대한 욕구는 세계의 합리성에 대한 의심의 이면이다. 의심은 현실의 우연성 및 그로부터 나오는 모든 현실적인 것의 절대적 개별성에 대한 존재론적 주제와 함께 결합되어 있다. 둘째로, 이 인식론의 주요한 특성은 (정신적인) 개별인식[26]과 경험인식의 우위성에 있다. 개별자로 이루어진 세계는 우선적으로 경험을 통해 인간적 인식에 개방된다. 이는 아리스토텔레스가 말하는 것처럼[27] 단순히 고유한 것들, 즉 보편적 지식의 불완전한 전단계가 아니라, 하나의 고유한, 결코 대신할 수 없는 지위적 가치를 가지고 있다. 경험에 대한 가치 부여는 특히 자연철학에서 충분한 결실을 맺는다.

셋째, 이미 그 확실성이 최우선적이라고 언급한 자아경험의 우월성도 결코 덜 중요한 것은 아니다. 특히 이런 관점은 근세철학을 암시한다. 오컴의 철학은 사실 근세철학이 아니다. 그러나 그의 사유는 경계를 파괴하였고, 그 저편에서 근세철학이 전개될 수 있었다. 우리가 이어지는 문제들을 고려해 본다면, 바로 이 전진적 관점이 무엇보다도 정당화된다.

마지막으로 오컴은 주장하기를, 동일한 대상과 연관해서도 두 가지의 종적으로 상이한 인식의 방식이 주어져 있다는 것이다. 이 두 가지 인식(notitia)의 상이성은 객관적 근거를 가지고 있지 않다. 인식의 작용인(즉 스스로 드러나는 대상)도 인식되는 개개의 것(즉 감각적으로 인식될 수 있는 것이나 정신적으로 파악될 수 있는 것)도 서로 다른 인식방식의 근거가 아니다. 상이성은 인식방식 그 자체에(in se) 놓여 있다.

그러나 이는 인식행위가 인식대상과 맺는 관계에서 떨어져 나간 것으로 규정되고 이해될 수 있다는 것을 의미한다. 인식하는 주체와 인식될 수 있는 대상의 자연적 귀속성에 대한 지양은 특히 오컴에 의해 늘 거듭하여 대변되는 주제에서 스스로 드러난다. 즉 하나의 실존하지 않는 대

상에 대한 감각적이고 이성적인 직관인식이 있을 수 있다는 것이다.[28)]

오컴은 둔스 스코투스와의 토론이라는 맥락에서 이 사상을 구성해낸다. 그밖에도 오컴은 스코투스 덕택에 두 가지 인식유형의 차이를 밝혀낸다. 스코투스에 의하면 직관적 인식은 대상의 현재성을 전제로 한다. 오컴은 자신의 고유한 주제, 즉 직관은 대상이나 원인과는 무관하게 추상적 인식과 구분된다는 것, 따라서 실존하는 것뿐만 아니라 실존하지 않는 것에 대해서도 직관적 인식이 주어진다는 주제를 방어하기 위해 전능사상을 다시 붙잡는다. 일반적으로는, 혹은 오컴이 스스로 말하는 것처럼 자연적으로는(naturaliter) 직관에 사실상 대상의 현존이 전제되며 필연적이다. 그러나 신은—자신의 절대적 전능으로—비실존적 사물에 대한 직관을 낳을 수 있을 것이다.

첫째로 신은 일반적 사태발생에서 제2원인(바로 현재적 대상)을 통해 작용을 가할 수 있는 대상을 직접적으로도 야기할 수 있기 때문이다. 둘째로, 독자성의 원리를 적용하더라도 같은 결과가 나타나기 때문이다. 즉 직관과 대상은 신의 전능에 의해 서로 독립하여 존재한다. 이 때문에 신은 한 대상의 직관을, 비록 이 대상이 없거나 더 이상 없을지라도 유지하거나 야기할 수 있다.[29)]

이 논증에 대해서는 많은 논쟁이 있었다. 특히 이 한계적 고찰을 데카르트의 '속이는 신'(dieu-trompeur)이라는 가정과 비교해도 좋은가에 대해서 논란이 있었다. 한 가지는 확실하다. 신이 인식사태에 침범한다는 오컴의 이론적 가정은 주체에 대한 대상의 자연적 귀속성을 지양해버린다. 바로 여기서 선포되는 결렬은 인식주체에 대한 새로운 평가의 시작이다. 인식에서 이성은 대상을 통하여 측정된다는 토마스의 기본 주제가 이제 흔들리게 되었다.

오컴은 지속적으로 주장하기를, 직관적 인식은 대상 그 자체를 통하여 자연적으로(naturaliter) 함께 야기된다고 했기 때문이다. 이 말은 또한 "나는 생각한다"는 명백성이 가진 우월성이 새롭게 드러나도록 한다. 사유하는 자와 인식된 것은 이런 경우 주체에 따라 달라지는 것이 아니다. 이 때문에 독자성의 원리를 적용하는 것은 불가능하다. "나는 생각한다"는 명백성은 하느님의 전능에 의존하는 것이 아니다.

보편론

오컴의 존재론적 기본 주제는 단순하고 명백하다. 현실적이고 참된 모든 존재자는 개별적인 것이다. 비뇨(P. Vignaux)가 이것을 개별자의 형이상학이라 말한 것은 합당하다. 인식하는 인간은 직관적 인식을 통하여 개별자들의 세계와 관계를 맺고 있다. 그러나 우리의 말과 사유는 문장에서 완결되며, 문장의 개념들은 보편적이다. 즉 개념들은 바로 개별적인 것들로부터 추상된다. 이를 사람들은 중세철학의 전문용어로 개념의 보편성이라 부른다. 보편적인 것(universale)이란 수많은 것에 대해 서술되는 것이다.[30] 우리가 세계를 서술하는 수단으로 삼는 이러한 개념의 보편성은 일련의 어려운 문제를 불러일으킨다. 이 개념들은 무엇을 내용으로 삼고 있는가, 이들은 개별자들의 세계와 어떤 관계를 맺고 있는가, 이들은 어떻게 생기며, 이들의 본질은 무엇인가?

이들 물음에 대해 대답하고자 한다면, 오컴이 논리학에서 다루고 있는 몇몇 구분을 인식하고 있지 않으면 안 된다.[31] 그는 여기서 삼중의 언어(oratio), 즉 말한 것, 씌어진 것, 그리고 생각한 것에 대한 전통적 가르침을 주지시킨다. 문장은 세 가지 모두의 경우에 근본적인 통일성을 보이지 않으면 안 되기 때문에, 판단의 구성용어(Termini)가 가지는 세 가지 종류, 즉 말한 언어, 씌어진 문자, 그리고 개념(conceptus, intentio animae)을 구분할 수 있다. 이들 세 구성용어는 한 문장 속에서 의미를 가진다. 여기서 개념들은 자신들이 의미하는 바를 자연적으로 의미하는 반면에, 문자와 언어는 그들의 의미기능을 인간적 협약에 근거하여 얻는다. 오직 개념의 자연적 보편성만이 문제시되는 것이다.[32]

오컴은 자신의 모든 동시대인들과 선인들에게서 공통적인 오류를 발견한다. 즉 그들은 보편적인 것이 어떤 방식으로든 영혼 이외의 개별 사물 속에 실존한다고 주장했다는 것이다.[33] 사실 보편자의 실존방식은 서로 다른 반대파들에 의해 각각 달리 규정되지만, 모든 사람들은 보편자의 실재성을 믿는다. 이는 결국 인식하는 영혼에 대한 보편자의 독립성을 의미한다.

오컴은 무엇보다도 그런 실재주의의 불합리성을 벗기고자 노력했다. "나는 늘 그랬듯이 영혼의 외부에 실존하는 어떤 보편자가 있는 것이 아니라, 오히려 보편적이고 다수의 것에 언급될 수 있는 모든 것은 정신 속에(in mente) 실존한다는 것을 확신한다."[34] 어떤 꼼꼼한 이론도 이렇게 명백한 것, 즉 현실적인 것의 기본구조, 개별성과 보편적인 것의 본질, 수많은 다수에 대한 언급 가능성이 모순된다고[35] 곡해할 수는 없다. 그러므로 다음 사실은 확실하다. 즉 어떤 대상도 보편적인 것이 아니다—어떤 보편적인 것도 대상이 아니다.[36]

이러한 명백성도 여전히 다음과 같은 물음을 해결하지는 못한다. 첫째, 보편개념은 어떻게 생기는가? 둘째, 보편개념의 유효성은 어떤 것이며, 셋째, 주장되는 '존재'(Sein)는 어떻게 영혼에 해명되는가? 첫번째와 세번째에 대한 대답에서 오컴의 분명한 발전을 확인할 수 있다. 첫째 단계에서 오컴은 보편적인 것이란 정신이 정신 외적 현실성과의 만남에서 생산해내는(fingere) 대상적 존재(esse obiectivum)라는 견해를 가지고 있었다.[37] 존재와 인식된 존재는 동일하다(esse=cognosci).

둘째 단계에서 제시된 해결도 다음과 같이 진행된다. 즉 개념이란 심리적 현상, 즉 정신적 성질(qualitas animae)이요, 인식행위 그 자체와는 구별되는 영혼의 현실적으로 실존하는 우유성이라는 것이다. 이러한 '존재자'의 발생은 이런 류의 인간 혹은 동물의 소리와 비교되어도 좋다.[38] 최종단계에서 오컴은 보편자를 인식행위 그 자체(intellectio)와 동일시하는 쪽으로 기운다.[39] 결국 보편자는 내가 다른 것과 관계하는 수단으로 삼는 정신적 행위이다.

수많은 해석들[40]은 보편자가 이성의 어떤 영향도 받지 않고서 생긴다고 말하는 문헌에서 출발하면서 인식주체의 수동성을 강조하고 보편개념의 발생을 오직 인과적 연결로 해명하고자 한다. 오컴이 여러 번에 걸쳐 이성의 수동성을 강조한다면, 그것은 능동이성의 실존과 영향을 배제하고자 하기 때문이다. 능동이성의 과업은 이성 외적인 대상과 지각영상에 포함된 보편적 본질을 추상하는 것이리라.[41] 사실 보편적인 것은 '자연적으로' 발생하지만, 이는 물론 사물세계가 보편자의 원인이라는 뜻은 아닐 것이다. 이는 오히려 사물세계와의 만남이 개념을 형성하는 정신의 활동을 생산한다는 것을 뜻한다.

그러나 오컴은 보편개념의 발생에 대한 물음으로 특별히 동요하는 것 같지는 않다. 그에게 더욱 중요한 것은 개념의 본질작용에 대한 적절한 이해였다. 즉 그 의미는 "(다른) 어떤 것을 의미하는 기능을 가진 정신 속에 있는 어떤 것이다." 이 때문에 개념은 '대상의 기호'(signum rei)이며, 사유된 문장의 구성요소이다.[42] 개념을 현실성의 기호로서 해석하는 것은 결국 결정적 중요성을 띤다. 왜냐하면 이는 인식의 모방론(Abbildtheorie)에 대한 명백한 거부를 내포하기 때문이다. 오컴은 사유와 현실의 관계를 더이상 그림 모델로 이해하는 것이 아니라 개념과 현실의 연관성을 기호관계로 해설하는 가운데 실재주의(realismus)를 극복한다. 개념은 기호이며, 우리는 기호를 수단으로 정신 외적 세계와 관계한다.

오컴은 자신의 『논리학 대전』[43] 시작에서 용어의 기호 기능이 어떻게 이해되어야 하는지를 해명한다. 기호의 과제는 지시(指示)이다. 기호는 다른 어떤 것을 위해 있으며, 이 다른 것의 인식이 기호를 불러일으킨다. 그런데 그 기능이 그 이전의 인식에 대한 기억인 기호도 있다. 이런 종류의 기호는 흔적(vestigium)이요 모상(imago)이다.[44]

내가 서술된 것을 이미 알고 있고 그것을 모상에서 다시 인식한다면, 그 모상은 자신의 기능, 즉 모사된 것과의 유사성을 충족시키는 데 지나지 않는다. 어떤 사람에 대한 모상이 모사된 것과의 유사성을 작성하는 반면에, 흔적은 흔적을 만드는 것, 자신이 남기는 기호이다. 내가 어떤 식으로든 그 흔적의 원형을 인식하고 있다면, 나는 그 흔적을 재인식할 수 있을 뿐이다.

그렇지만 어떤 것을 기억나게 하는 것이 아니라 단지 지시할 뿐인 기호도 있다. 개념이 바로 여기에 속한다. 왜냐하면 개념은 의미하는 것의 재-현(Re-präsentation)이 아니라, 문장 속에서 사물의 자리를 대신함으로써 자신의 기호 기능을 완수하기 때문이다.[45] 오컴은 이러한 기호의 생성과 과제를 위해 『논리학 대전』[46]에서 세 가지 보기를 든다. 즉 마치 연기가 불을, 신음이 고통을, 웃음이 기쁨을 의미하는 것과 같이, 보편적인 것은 하나의 기호이다. 이러한 보기들은 실재주의가 유사성이라고 부르는 개념과 대상 사이의 모든 존재론적 관계를 단념하지 않으면 안 된다는 것을 밝혀낸다.

오컴은 개념이란 현실성의 모방이라는 상상을 없애고자 한다. 첫눈에 보아도 이렇게 발생하는 현실과 사유 사이의 간격은 사유를 파기시킨다. 사람들이 인식행위는 현실성을 모방하는 것이라는 상상으로부터 해방된다면, 사유의 자율성과 고유성은 전면으로 부상될 것이다. 인식의 수용성에 대한 부정을 통하여 인식행위를 해명하는 고유한 길이 열리게 되며, 이 해명은 우선 인식행위를 활동으로 파악한다.

개념형성에서 자발성이 암시될 뿐이라면, 결국 자발성은 반대로 오컴의 판단론에서 온전한 정당성을 찾게 된다. 판단 형성, 내용의 파악, 그리고 찬성, 거부 또는 의심은 오컴에 의하면 구분되지 않으면 안 된다. 의지의 개입 없이는 단 하나의 문장도 성립되지 않으므로, 오히려 의지야말로 문장의 작용인이다.[47]

한 문장을 이해한 사람은 그 문장에 찬성하거나 그것을 거부할 수 있으며, 또는 의심할 수도 있다. 본래 사법적인 이러한 행위는 명백한 원칙과 관련되지 않는 한, 권위가 아니면 나의 의지작용을 원인으로 삼는다.[48] 이러한 판단행위에서는 실재주의에 대한 비판이 인식을 행위로 설명하는 방향으로 이어진다는 사실이 다시 한 번 드러난다.

개념, 진리, 학문

개념이란 다른 것에 대한 기호이다. 개개의 개념에 어떤 다른 사물이 상응한다는 것을 믿고자 했던 시도는 위대하다. 오컴은 전통과 달리 그저 단순한 정범주적(kategorematisch) 표현과 합범주적(symkategorematisch) 표현을 구분하지 않는다. 즉 그는 하나의 특정한 의미를 가지는 표현과 오직 다른 어떤 표현과 결합해서만 어떤 것을 의미하는 표현—이들 양자는 발화된 언어와 사유된 언어로서 존재한다—을 구분하지 않는다.[49] 오히려 그는 몇몇 관점에서는 효과적인 그 이상의 구분을 시도한다. 즉 절대적(absolutum) 명칭과 함축적(connotativum) 명칭을 구분한다.[50]

오컴은 후자를 그 의미가 종합된 용어로 이해한다. "함축적 명칭이란 어떤 것을 첫째 관점과 둘째 관점에 따라 의미하는 것이다." 이러한 표현은 하나의 의미와 함께 또 하나의 병행의미를 가진다. 이 때문에 제목이 코노타티붐(connotativum, 함축적)이다. 이와는 반대로 절대적 개념이나 표현은 독자적이고 직접적이며 직선적인 용어이다. 절대적 개념과 함축적 개념 사이의 의미론적 구분을 적절하게 파악하기 위해서는 오컴의 존재론적 주제를 파악하지 않으면 안 된다. 본격적 의미에서 '존재하는'(seiend) 것이란 개별적인 것뿐만 아니라 자립적으로 실존할 수 있는 것이다. 즉 적어도 신의 전능을 통하여 다른 모든 것과 독립하여 있을 수 있는 절대적 사물(res absoluta)이다. 이러한 요청에 상응하는 것은 오직 실체와 질(質)뿐이다.

바로 여기서 아리스토텔레스의 범주론이 중요한 변천을 맞이한다. 10범주 가운데 오직 두 가지, 바로 실체와 질만이 직접적으로 정신 외적 현실성과 관계한다. 다른 모든 범주들은 함축적 개념들이요, 자기 안에서 다양한 것을 함께 보여주는 한 사유하는 자의 정리하는 활동을 전제한다.

양(量)의 보기가 이를 설명할지도 모른다. 연장이라는 의미로 이해되는 양은 결코 실체와 상이한 것이 아니다. '양'의 개념은 일차적으로 실체 자체를 의미하며, 이차적으로 부분들의 규합을 의미한다.

세계, 인간, 하느님

지금까지 거론해온 것은 주로 형이상학 비판이었다. 그렇다고 해서 오컴이 형이상학의 가능성 일체를 비난한다는 뜻은 아니었다. 오컴의 수많은 저술에서 형이상학에 고유한 장이 헌정되었다는 것은 옳다. 그러나 오컴은 특정의 형이상학적 변론을 비판했다. 그 자신의 고유한 형이상학이 아니라 형이상학의 과도한 형태와의 대결이 오컴에게 역사 속에서 유일한 지위를 부여한다. 따라서 여기서는 오컴이 비판하는 몇 가지 관점을 밝히고자 한다.

첫째, 인과론은 중세의 아리스토텔레스적 형이상학 가운데서 중요한 기능을 계승했다. 오컴은 단 한 번도 세계 속에 있는 인과적 관계의 현실성을 의심한 적이 없지만, 어떤 원인과 결과의 직접적 관계가 주어져 있는 것처럼 보이는 바로 그곳에서 그런 관계의 증명 가능성을 의심했다. 나무를 불에 가까이 댈 때 항상 연소작용이 뒤따르더라도, 우리는 결코 불이 이 진행과정의 원인이라는 것을 증명할 수 없다.[51] 목적인이 문제시되면—아리스토텔레스에 의하면 이는 모든 원인 중에 가장 중요한 것이다—결국 모든 존재자가 하나의 목적을 뒤따라간다는 것[52]을 결론적으로 보여줄 수는 없다. 통용되고 있는 세계사의 목적론도 신이 모든 존재자의 목적이라는 주제와 마찬가지로 증명할 수 없는 것이다.[53] 예를 들면 세계들의 다양성을 가정하는 것은 대체로 불합리하다는 주제와 마찬가지로,[54] 자연의 목적론적 구조에 대한 증명 가능성을 부정하는 것도 아리스텔레스 형이상학을 반대하는 결정적 공격이다.

둘째, 철학의 핵심에서 나오는 목적론에 대한 오컴의 부정은 인간학에서도 결실을 맺는다. 토마스에 의하면 인간은 본성적으로—그 존재에서—행복을, 결국 신을 인간적 존재의 궁극목적으로 추구한다. 그러나 경험은 많은 사람들이 진정한 행복의 가능성을 전혀 믿지 않기 때문에 행복을 추구하지도 않는다는 것을 충분히 보여준다. 오컴에 따르면 인간은 행복을 원할 수 없다.[55] 신앙하는 이들에게는 궁극적인 것인 어떤 목적을 우리가 원하지 않을 수도 있다는 가능성은 오컴이 인간의 자유를 급진적 자아규정으로 이해하고자 했다는 것을 보여준다.

합리적으로 증명할 수는 없지만 그 실존이 우리 자신의 경험을 통해 증거되는 자유는 다양한 사물 사이의 선택 가능성만을 내포하는 것이 아니라, 어떤 행위를 원할 것인가 원하지 않을 것인가 하는 선택 가능성을 의미하기도 한다. 의지는 오직 자기 자신에 의해 결정될 수 있다.[56] 어쨌든 의지는 자신의 고유한 행위에 대한 원인이다.[57]

셋째, 인간은 살아 있는 정신적 존재이다. 불사하는 영혼의 실존은 증명될 수 없다. 경험뿐 아니라 이성적 증명까지도 우리로 하여금 사유와 의욕의 경험으로써 우리 안의 비물질적이고 불멸하는 영혼의 현존을 채우도록 허락하지 않는다.[58] 이 모든 것은 신앙의 문제이다. 사람들이 이런 의심을 넘어서서 영혼의 실존을 전제할지라도, 전통에 의해 제시된 영혼과 영혼의 능력(의지와 이성) 사이의 구분은 무의미하다. 영혼이란 의지와 이성이다. 둘 다 영혼 그 자체와 동일하다.[59] 이성과 의지는 영혼 그 자체와 영혼의 활동을 의미하는 함축적 개념이다.

넷째, 인간에 대한 오컴의 이해와, 인간은 본성적으로 궁극목적을 추구하지 않는다는 주제로부터 초래되는 존재(Sein)와 당위(Sollen)의 수렴에 대한 오컴의 의심은 그의 윤리학을 자유와 복종의 윤리학으로 규정한다. 의지행위 이외의 어떤 행위도 도덕(vrtuosus) 행위가 아니다. 의지야말로 우선적으로 행위에 의도(intentio)를 줄 수 있는 한편, 오직 의지의 활동만이 인간의 능력과 의무 안에 있기 때문이다. "왜냐하면 의지와 달리하는 모든 행위는 오직 하느님으로부터만 야기되기 때문이다."[60]

주어진 질서에서 도덕적 행위의 척도는 하느님에 대한 사랑이다.[61] 정도의 측정에서 올바른 도리(recta ratio)는 선을 실현하는 데서 인간을 돕는다.[62] 어쨌든 오컴은 윤리성을 무엇보다도 인간의 자유로운 행위로 파악한다. 선의 인식도, 선을 향한 존재적 성향도 윤리적 행위를 위한 충분한 근거가 되지 못한다. 이 때문에 윤리성 역시 오직 의지적 행위 그 자체에서 발견될 수 있을 뿐이다.

오컴은 이러한 자유로운 복종의 예를 든다. 이 예는 자유로운 결단의 대체 불가능성보다 그의 윤리학적 실증주의를 근거짓는 것이어서는 안 된다. 즉 신은 우리가 자신을 증오하도록 예정할 수도 있다.[63] 그러므로 윤리학이란 존재론의 연장이 아니다. 윤리성은 오직 인간적 · 신적인 자유의 자발성에 기초할 뿐이기 때문이다. 즉 윤리성은 자유의 영토에 기초하며, 인간은 이 속에서 자유로이 복종하기로 결단한다.

다섯째, 형이상학은 항상 신에 대한 물음을 내포하고 있다. 따라서 신의 증명 가능성에 대한 오컴의 입장은 중요한 위치를 차지하게 된다. 즉 제1작용인(prima efficiens)이 실존한다는 것은 증명될 수 있다. 적어도 사물의 생성(productio)을 근거로 삼기보다 사물의 보존(conservatio)에서 출발한다면, 이 증명이 보다 쉽게 진행될 것이다.

이런 류의 신존재증명에서 출발점이 되고 있는, 원인들의 무한한 순환은 생성에서는 생각될 수 없다. 이 때문에 존재 내의 보존은 유리한 출발점이 된다. 존재 내의 보존은 원인과 작용의 동시성을 내포하기 때문이다. 보존되어 있는 원인들에게 무한대로의 역행을 인정한다면 결국 현실적으로 실존하는 무한성을 허락하지 않으면 안 되는데, 이는 불가능하다. 그러나 현실성을 보존하고 있는 원인의 실존에서 작용인을 추론해낼 수 있다. 존재에 보존된 어떤 것은 동시에 그것의 작용인이기 때문이다.[64]

이로써 무엇을 얻었는가? "그와 비교할 때 더 좋고 큰(완전한) 것이라고는 아무것도 없는 어떤 것이 주어져 있다"는 것은 증명되었다.[65] 이는

"신은 자신 이외의 모든 것보다 탁월하고 더 좋다"라고 말하는 것과 동일한 것이 아니다.[66] 그렇게 이해된 신은 물론 증명될 수 없다. 왜냐하면 이러한 신에 대한 설명은 신의 유일무이성을 내포하기 때문이다. 그러나 단 하나뿐인 신이 존재한다는 것은 엄밀하게 증명될 수 없다.[67]

오컴은 고도의 증명 과정을 요구한다. 따라서 그는 전래되던 신존재증명, 무엇보다도 둔스 스코투스의 신존재증명을 비판해야 했다. 이런 근거에서는 철학적으로, 즉 오직 이성을 통해 신에 대해 언급될 수 있는 것은 매우 빈약해진다. 철학자의 신은 순수 우주론적으로 파악된 세계원인이다. 신의 자유와 전능 그리고 무한성은 오직 신앙으로 파악될 뿐이다. 이렇게 철학적으로 증명 가능한 신과 크리스트교의 전통적 신을 동일시하는 것에는 문제가 있다. 그리고 어떻게 오컴의 자연적 신론(神論) 속에 크리스트교 신학의 신이 등장한다고 주장할 수 있겠는가 하는 것은 불분명하다.[68]

바로 여기서 오컴은 철학자들도 전제하는 신과 신앙의 대상으로서의 신 사이의 경계를 강조하고자 하는 것은 아닌가? 따라서 사람들이 "신앙에 자리를 마련하기 위하여 인식을 지양할 수밖에 없었다"는 칸트의 유명한 문장을 오컴의 가르침과 연결한 것도 전혀 일리 없는 것은 아니다. 인식할 수 있는 것의 경계를 드러내는 것이야말로 오컴의 의도가 아니었겠는가?

오컴의 엄밀한 학문 개념과 철학 개념은 적어도 자신의 비판적 태도에 대한 동기를 제시한다. 오컴이 신앙과 지식의 관계를 새로이 규정하고자 한다는 것은 분명하다. 그러나 이렇게 하는 근거가 철학적이거나 신학적 본질을 가지고 있는가라고 묻지 않을 수 없다. 많은 사람들은 이렇게 말할 것이다. 인식할 수 있는 것에 대한 오컴의 경계설정은 오직 강도 높은 신앙적 태도에서 기인한다는 것에 대해서는 어떤 의심도 있을 수 없다고. 그러나 진정한 사태는 복합적인 것으로 보인다.

여섯째, 중세의 사유는 신앙의 합리성을 증명하려는 스코투스 에리우게나와 안셀무스의 시도와 대결한다. 이는 크리스트교의 보편성과 직결된다. 이런 계획은 13세기에 특히 포괄적인 아리스토텔레스 수용으로 인하여 안셀무스의 시대와는 다른 조건을 발견한다. 이제 '그 철학자'(Philosophus)로 불리는 아리스토텔레스는 많은 사람들에게 합리성의 척도가 되고, 그의 철학은 이성(ratio)이 그 스스로 도달할 수 있는 것에 대한 모범이 된다. 아베로에스주의자라고 불리던 일련의 급진적 아리스토텔레스주의 사상가들은 아리스토텔레스 철학을 마치 크리스트교에는 없는 것처럼 재구성하고자 시도한다. 반면 토마스 아퀴나스와 같은 다른 사상가들에게는 모종의 중재가 가능한 것처럼 보였다.

오컴은 양편 모두를 동시에 상대하여 투쟁한다. 오컴은 아리스토텔레스주의자를 상대로 하여 최소한 그들 주제의 유효성이 의문스럽다는 것을 증명하는 가운데 신학적으로 논증한다. 또 그는 신앙과 지식의 중재를 추구하는 이들을 상대로 하여 인식할 수 있는 것의 경계를 드러냄으로써 철학적으로 논증한다. 신학적 절대주의와 철학적 비판주의는 하나의 통일을 이룩한다.

따라서 오컴의 사유는 독특한 이중성에 사로잡혀 있는 것처럼 보인다. 오컴은 반동적 혁명가인가? 아니면 이 두 가지 성향이 결국에는 하나의 유일한 원천으로부터, 그 자발성을 아리스토텔레스적 이성의 형태로는 더 이상 근거지을 수 없는 유일무이한 경험의 자유로부터 비롯되는가? 이러한 가정에 의하면 신의 전능과 강력한 신앙 그리고 똑같이 강력한 의심은 동일한 어떤 것의 외연일 것이다. 오컴의 철학과 신학에서 그렇게 명백하게 서술되는 존재와 사유 사이의 분열은 역시 자유로부터 이해되는 이성 개념을 통해서만 화해시킬 수 있을 것이다. 어쨌든 오컴은 이러한 종합을 더 이상 이끌어갈 수 없었다. 왜냐하면 그 자신도 여전히 그와 상통하는 아리스토텔레스적 이성(ratio)의 역사적 형태에 사로잡혀 있었기 때문이다.

영향

오컴과 그 제자들의 가르침이 14세기와 15세기의 대학을 지배했다는 주장은 전혀 과장이 아니다. 이 방향은 점차적으로 모든 교육도시에서 근세적 길(via moderna)을 닦아가고 있었다. 이에 대한 반대 운동으로는 고대적 길(via antiqua)이 있다. 이 길은 알베르투스 마뉴스와 토마스 아퀴나스 그리고 요한네스 둔스 스코투스의 실재론적 경향에 의해서 방어되었다. 이에 따라 15세기에 거의 모든 독일의 대학에서 이른바 길 싸움(Wegestreit)이 발발한다.

근세적 길의 가장 유명한 대변자는 프랑스의 요한네스 브리다누스(Johannes Bridanus, 1358년 사망)와 리미니의 그레고르(Gregor von Rimini, 1358년 사망), 영국의 아담 우드햄(Adam Woodham)과 로버트 홀콧(Robert Holkot)이다. 또 작센의 알베르트(Abert von Sachsen, 1390년 사망)와 잉헨의 마르실리우스(Marsilius von Inghen, 1396년 사망)는 독일 언어권에 대학을 세워나갔다. 에르푸르트 대학, 하이델베르크 대학, 라이프치히 대학 그리고 크라카우 대학은 14세기 말경에 '근세적 길'의 대학도시가 되는 반면에, 쾰른 대학과 로이벤 대학에서는 고대적 길을 위한 투쟁이 벌어진다.

근세적 길의 학파에서는 아리스토텔레스주의에서 해방되어 자연관찰을 위한 새로운 방법을 발명한 새로운 자연과학이 발생한다. 이런 자연관찰은 17세기의 고전물리학을 앞당기지는 않았다 해도 준비하고 있었다. 예를 들어 오레스메의 니콜라우스(Nikolaus von Oresme, 1382년 사망)는 물리학적 과정을 도표로 서술하고자 시도하는 한편, 브리다누스는 물리학적 세계사로부터 목적인을 완전히 몰아내고 실험을 바탕으로 하는 귀납법을 학술적 인식방법으로 개발한다.

새로운 방향의 물결에 대한 파리 대학의 반응은 시사하는 바가 크다. 1339년 9월 25일 이곳의 자유기예학부는 오컴의 가르침에 반대하는 조례를 공포한다.

우리의 선현이 결코 부조리하지 않은 근거에서 우리에게 공개적으로나 비밀리에 읽혀지던 책들에 대해 특정의 명령을 내렸으며 우리는 그에게 복종을 맹세하였으므로, 또 그런 연후에 우리가 그 가운데 허용되지 않은 책이나 통속적인 책들을 읽어서는 안 되기 때문에, 그런데 오늘날 몇몇 사람들이 오컴이라 불리는 윌리엄의 교설을……공개적으로나……사적인 장소에서 비밀리에 가르쳐도 된다고 믿고 있기 때문에, 우리는 다음과 같이 규정한다. 즉 앞으로는 그 누구도 위에 언급한 교설을 청강자로서나 또는 자신의 강의에서 공개적으로나 비밀리에 변호해서는 안 된다.

1340년 9월 29일 그 학부는 오컴의 잘못된 교설을 내용적으로 정확하게 설명하고 있는 새로운 조례를 공포한다. 또한 엄격한 의미로 보면 오컴주의자는 아니지만 오컴의 비판적 성향을 극단적으로 밀고 나갔던 오트르쿠르의 니콜라우스(Nikolaus von Autrecourt)와 미르쿠르의 요한네스(Johannes von Mirecourt)를 반대하여 1340년대의 파리에서 예리한 징계조치가 취해졌다. 100년 뒤에 오컴주의가 더욱 위험한 철학으로 받아들여졌다는 사실은 1474년 3월 1일에 발표된 그 유명한 루트비히 11세의 훈령에서 드러난다.

황제는 여기서 청소년들의 교육에 실재주의 박사(doctores reales)들의 주제들이 유명론자(doctores nominales)들, 즉 오컴주의자들의 것보다 더 적합하기 때문에 실재주의 박사들을 충실하게 추종할 것을 촉구한다. 유명론 저자들의 모든 저서들은 몰수되기에 이른다.

이러한 엄격한 검열에도 불구하고 근세적 길의 업적은 멈추지 않았다. 오컴주의의 발전에 특별한 의미를 띠는 것은 가브리엘 빌(Gabriel Biel, 1495년 사망)임에 틀림없다. 루터는 『반스콜라 신학 토론』(1517)에서 롬바르두스 명제집에 대해 오캄의 정신으로 쓰인 『콜렉토리움』(*Collectorium*)에 몰두한다. 빌의 제자인 플란치(Martin Plantsch, 1533년 사망)는 근세적 길의 정신으로 1505년에 마녀사냥을 반대하는 순회강론을 갖는다. 즉 여기서 전능원리(Omnipotenzprinzip)는 악마와 마녀에게 속한다고 믿어졌던 권력을 탈신비화하는 결과를 낳는다.[69]

반개혁운동의 행렬이 지속되는 가운데 중세상은 점점 더 고전적 길로 압축된다. 이들 고전적 길의 저자들만이 새로운 출판을 하게 된다. 그럼에도 오캄의 유산은 생명을 유지했다. 예를 들면 오캄의 가르침을 비난하기 위해 늘 거듭하여 논평을 발표하곤 했던 수아레즈(Franz Suarez)의 『형이상학 토론집』(1597)이 이에 공헌했다. 수아레즈 다음에는 라이프니츠가 오캄의 몇몇 가르침을 받아들인 것으로 알려져 있다.

라이프니츠는 자신의 초기 저술 『니촐리우스의 철학적 문체론』(*Vom philosophischen Still des Nizolius*, 1670)에서 오캄을 기억하고 경제원리(Ökonomieprinzip)를 이 철학의 근본원리라고 부른다. 데카르트가 둘째 대론에서 신은—절대적 권능으로(absoluta potestate)—사람을 속일 수도 있다는 학설의 증인으로 리미니의 그레고르와 가브리엘 빌을 거명한다면, 대체로 오캄주의적 전통이 살아있는 것이라고 말해도 좋을 것이다. 또 그가 『부르만과의 대화』에서 신은 우리로 하여금 신을 미워하도록 예정할 수 있는가라는 물음을 해설하는 경우도 마찬가지다. 신의 전능과, 바로 이 전능에서 그 한계를 발견하는 '사유하는 자아'(cogito)의 발견에 대한 데카르트의 고집은 근세철학이 중세 후기의 철학적 전통의 연장일 뿐만 아니라 이 전통에 대한 반향으로 이루어져 있다는 것을 보여준다.

| 루에디 임바흐 · 신창석 옮김 |

루에디 임바흐(Ruedi Imbachr)
1946년 출생. 보훔, 독일 프라이부르크와 스위스 프라이부르크 대학에서 철학을 전공했다. 1979년부터 스위스 프라이부르크 대학의 중세철학과 존재론 교수로 있다. 1982, 1983년에 제네바 대학 객원교수를 지냈다. 주요 저서 : *Deus est intelligere*(1976), *Jean Duns Scot, Le traité du premier principe*(1983), *Wilhelm von Ockham, Texte zur Theorie der Erkenntnis und Wissenschaft*(1984), *Laien in der Philosophie des Mittelalter*(1989), *Dante Alighieri, Monasdua*(1989), *Thomas von Aquin, Prologe zu den Aristoteleskommentaren*(1993). 편찬서 : *Freiburger Zeitschrift für Philosophie und Theologie, der Philosophischen Werke von Dante Alighieri.* 아베로에스주의, 단테, 프라이베르크의 디트리히, 마이스터 에크하르트, 헤이메리쿠스 데 캄포, 스트라스부르크의 니콜라우스, 몽테뉴와 토마스 아퀴나스에 관한 수많은 논문들. 공동편찬서 : *Corpus Philosophorum Teutonicorum Medii Aevi, der Opera selecta Heymerici de Campo.*

주

1) Wilhelm von Ockham, *Opus XC dierum*, Kap. 13, 26~28, 88 참조.
2) 같은 책, Kap. 65.
3) *Dialogus*, I, Kap. 31 : causa fidei pertinet ad laicos.
4) 같은 책, I, Kap. 100 : Deus non solum est deus clericorum, sed etiam laicorum.
5) 같은 책, Kap. 1.
6) *Breviloquium de principatu tyrannico*, II, 7~8.
7) *De imperatorum et pontificum potestate*, Kap. 9 : Dispositio temporalium ad laicos spectat.
8) *Quodlibeta*, VI, q. 6.
9) 같은 책, I, 1.
10) *I Sentenzenkommentar*. q. 3.
11) 같은 책, d. 17, q. 3 : eo ipso quod ipse vult, bene et iuste factum est.
12) *Quodlibeta*, VI, 6.
13) 같은 책, VI, 1.
14) H. Blumenberg 참조.
15) *Quodlibeta*, VI, 6.
16) *I Sentenzenkommentar*, d. 44, q. 1
17) 예를 들면 *II Sentenzenkommentar*, qq. 13, 18, 19, 20.
18) 아리스토텔레스, 『자연학』, I 4, I 6.
19) *I Sentenzenkommentar*, d. 2, q. 1.
20) *Summa logicae*. I, 51.
21) *Sentenzenkommentar*, Prologus, q. 1.
22) 같은 책, 같은 곳.
23) 같은 책, Prologus, q. 1, dub. 10.
24) *I Sentenzenkommentar*, d. 3, q. 6.
25) 같은 책, d. 3, q. 8.
26) 같은 책, d. 3, q. 5~8 참조.
27) 아리스토텔레스, 『형이상학』, I, 1.
28) *Sentenzenkommentar*, Prologus, q.1 ; *II Sentenzenkommentar*, q. 12~13 ; *Quodlibeta*, V, 5 ; VI, 6.

29) *Sentenzenkommentar*, Prologus, q. 1.

30) *Summa logicae*, I, 14.

31) 같은 책, I, 1.

32) 같은 책, I, 14.

33) *I Sentenzenkommentar*, d. 2, qq. 4~7.

34) 같은 책, d. 2, qq. 4~7.

35) 같은 책, d. 2, q. 8.

36) *Summa logicae*, I, 14 참조.

37) *I Sentenzenkommentar*, d. 2, q. 8.

38) 같은 책, 같은 곳.

39) 무엇보다도 *Quodlibeta*, IV, 35 ; *Summa logicae*, I, 12에서.

40) Boehner, Hochstetter 참조.

41) de Andrés 참조.

42) *Summa logicae*, I, 12.

43) 같은 책, I, 1.

44) *I Sentenzenkommentar*, d. 3, q. 9, 10.

45) *Summa logicae*, I, 1 : natum est pro illo supponere......in propositiones.

46) 같은 책, I, 14.

47) *I Sentenzenkommentar*, d. 3, q. 4.

48) *II Sentenzenkommentar*, q. 25 : 리옹(Lyon)판(1494~1495)의 계산법을 따른다. 검증판에서 *opera theologica*(신학전집) 제8권의 의문스러운 질문(quaestio)이 등장한다.

49) *Summa logicae*, I, 4.

50) 같은 책, I, 10.

51) *II Sentenzenkommentar*, q. 3과 4.

52) *Quodlibeta*, IV, 1.

53) 같은 책, IV, 2.

54) *I Sentenzenkommentar*, d. 44, q. 1.

55) 같은 책, d. 1, q. 6.

56) *IV Sentenzenkommentar*, q. 14 : quod determinatur voluntas nisi a se ipsa.

57) *Quodlibeta*, I, 16.

58) 같은 책, I, 10.

59) *II Sentenzenkommentar*, q. 20.

60) *Quodlibeta*, III, 14.

61) 같은 곳.

62) *III Sentenzenkommentar*, qq. 11~12 참조.
63) *IV Sentenzenkommentar*, q. 14.
64) *Quaestiones super libros Physicorum*, q. 136.
65) *Quodlibeta*, I, 1.
66) 같은 책, 같은 곳.
67) 같은 책, 같은 곳.
68) Boehner 참조.
69) H. A. Obermann 참조.

참고문헌

철학 및 신학적 저술

〈Franciscan Institute와 St. Bonaventure, N. Y.의 주도로 1967년부터 비판본이 출간되고 있다. 지금까지 17권이 나왔으며 다음과 같다〉

- *Scriptum in I Sent.*, Prol. et dist. 1, hrsg. v. G. Gál und S. Brown, 1967.
- *Scriptum in I Sent.*, dist. 2~3, hrsg. v. S. Brown und G. Gál, 1970.
- *Scriptum in I Sent.*, dist. 4~18, hrsg. v. G. Etzkorn, 1977.
- *Scriptum in I Sent.*, dist. 19~48, hrsg. v. G. Etzkorn und F. E. Kelley, 1979.
- *Quaestiones in secundum librum Sent.*, hrsg. v. G. Gál und R. Wood, 1981.
- *Quaestiones in tertium librum Sent.*, hrsg. v. F. E. Kelley und G. Etzkorn, 1982.
- *Quaestiones in quartum librum Sent.*, hrsg. v. R. Wood und G. Gál, 1984.
- *Quaestiones variae*, hrsg. von G. Etzkorn, F. E. Kelley, J. Wey, 1984.
- *Tractatus de quantitate et Tractatus de corpore Christi*, hrsg. von C. A. Grassi, 1986.
- *Quodlibeta septem*, hrsg. v. J. Wey, 1980.
- *Summa logicae*, hrsg. v. Ph. Boehner, G. Gál und S. Brown, 1974.
- *Expositio in librum Porphyrii, in librum Praedicamentorum Aristotelis, in librum Perihermeneias*, hrsg. v. E. A. Moody, G. Gál, A. Gambatese, Ph. Boehner und S. Brown, 1978.
- *Expositio in libros Elenchorum Aristotelis*, hrsg. v. F. del Punta, 1979.
- *Brevis Summa libri Physicorum, Summula philosophiae naturalis, Quaestiones in libros Physicorum*, hrsg. von St. F. Brown, 1984.
- *Expositio in libros Physicorum Aristotelis*(Prologus et libri I~III), hrsg. von V. Richter, G. Leibold, 1985.
- *Expositio in libros Physicorum*(IV~VIII), hrsg. von R. Wood, R. Green, G. Gál u. a., 1985.

정치학적 저술

- *Guillelmi de Ockham Opera politica*, I~III, hrsg. v. R. F. Bennett, H. S.

Offler, J. G. Sikes, Manchester, Manchester University Press, [2]1974(I), 1963(II), 1956(III)(이 판본은 비교적 불완전하지만 『90일 작품』과 『8질문 논고』 등이 포함되어 있다).

• *Breviloquium de principatu tyrannico oder Breviloquium de potestate papae*, hrsg. v. R. Scholz, in : Wilhelm von Ockham als politischer Denker und Sein Breviloquium de principatu tyrannico, Leipzig 1944(재판 : 1952).

• *Dialogus I~III*, in : Opera plurima, Lyon 1494~1496(재판 : London, Gregg, 1962).

• *De imperatorum et pontificum potestate*, hrsg. v. C. K. Brampton, Oxford, Clarendon, 1927.

현대어 번역

• Wilhelm von Ockham, *Texte zur Theorie der Erkenntnis und der Wissenschaft*, lat.-dt., hrsg., R. Imbach의 번역과 주해, Stuttgart 1984.

• Wilhelm von Ockham, *Summe der Logik : Über die Termini*, P. Kunze가 선정, 번역하고 서문과 주해를 씀. Hamburg 1984(추천할 만한 저술).

• Wilhelm von Ockham, *Kurze Zusammenfassung zu Aristoteles' Büchern über Naturphilosophie(Summulae in libros Physicorum)*, H.-U. Wöhler가 라틴어판에서 편집 ; 번역하고 후기를 씀. Leipzig 1983.

• Wilhelm von Ockham, *Dialogus. Auszüge zur politischen Theorie*, J. Miethke가 선정 ; 번역하고 후기를 씀. Darmstadt 1992.

문헌목록 및 전문사전

• Baudry, L. : *Lexique philosophique d'Ockham. Etudes et notions fondamentales*, Paris, Lethielleux, 1958(필수적인 사전).

• J. P. Beckmann(Hrsg.) : *Ockham-Bibliographie 1900~1990*, Hamburg 1992.

2차 문헌

• Adams, M. McCord : *William Ockham*, 2 Bde., Notre Dame, Ind., Univ. Notre Dame Press, 1987.

• Alféri, P. : *Guillaume d'Ockham. Le singulier*, Paris, Ed. de Minuit, 1989.

• De Andrés, T. : *El nominalismo de Guillermo de Ockham como Filosofia del*

lenguaje, Madrid, Gredos, 1969(언어철학에 기여하는 탁월한 연구서).
●Bannach, K. : *Die Lehre von der doppelten Macht Gottes bei Wilhelm von Ockham*, Wiesbaden 1975.
●Baudry, L. : *Guillaume d'Occam. Sa vie, ses œuvres, ses idées sociales et politiques*, I : L'homme et les œuvres, Paris, Vrin, 1950(권위 있는 전기).
●Beckmann, J. P. : "Wilhelm von Ockham," in : *Contemporary Philosophy. A new survey*, hrsg. von G. Floistad, Band 6, 441~446(탁월한 문학적 개관).
●Boehner, Ph. : *Collected Articles Ockham*, St. Bonaventure, N. Y., The Franciscan Institute, 1958.
●Courtenay, W. : *Schools and Scholars in Fourteenth-Century England*, Princeton, N. J., Princeton Univ. Press, 1987(중요한 배경지식을 제공하는 책).
●Day, S. J. : *Intuitive Cognition, a Key of the Significance of the Later Scholastics*, St. Bonaventure, N. Y., The Franciscan Institute, 1947.
●Ghisalberti, A. : *Guglielmo di Ockham*, Mailand, Vita e pensiero, 1972.
●_______ : *Introduzione a Ockham*, Bari, Laterza, 1976(탁월한 입문서).
●Guelluy, R. : *Philosophie et théologie chez Guillaume d'Ockham*, Löwen/Paris, Nauwelaerts-Vrin, 1947(에 대한 주석서).
●Hochstetter, E. : *Studien zur Metaphysik und Erkenntnislehre Wilhelms von Ockham*, Berlin 1927.
●De Lagarde, G. : *La naissance de l'esprit laîque*, IV : Guillaume d'Ockham. Défense de l'empire ; V : Guillaume d'Ockham. Critique des structures ecclésiales, Löwen/Paris, E. Nauwelaerts/Béatrice-Nauwelaerts, ²1962~1963(정치철학 방면의 주요서).
●Leff, G. : *William of Ockham. The Metamorphosis of Scholastic Discourse*, Manchester, Manchester University Press, 1975(완벽한 전반적 서술서).
●Martin, G. : *Wilhelm von Ockham. Untersuchungen zur Ontologie der Ordnungen*, Berlin ²1949(라이프니츠와 칸트에 대한 탁월한 해석서).
●McGrade, A. S. : *The Political Thought of William Ockham. Personal and Institutional Principles*, London/New York, Cambridge Univ. Press, 1974(중요도에서 정평 있는 저술).
●Miethke, J. : *Ockhams Weg zur Sozialphilosophie*, Berlin 1969(이론철학에 대한 주목할 만한 기술을 담고 있는 저술).
●Moody, E. A. : *The Logic of William of Ockham*, London, Sheed and Ward, 1935.
●Vignaux, P. : "Nominalisme" 항목, in : *Dict. théol. cath.*, t. XI, Paris 1931, 717~784.

•______ : "Occam" 항목(E. Ammann과 공동저술), in : *Dict. théol. cath.*, t. XI, Paris 1931, 864~904(오컴에 대한 저술들 가운데 비뇨의 이 두 논문은 아직도 최상급의 업적에 속한다).
•Vossenkuhl, W., Schönberger, R.(Hrsg.) : *Die Gegenwart Ockhams*, Weinheim 1990.

11 박학한 무지

니콜라우스 쿠자누스(1401~1464)

"인식되는 모든 것은 보다 더 완전하게 인식될 수 있기 때문에,
인식될 수 있는 것만큼 그대로 인식되는 것은 아무것도 없다."

●쿠자누스

"인식되는 모든 것은 보다 더 완전하게 인식될 수 있기 때문에, 인식될 수 있는 것만큼 그대로 인식되는 것은 아무것도 없다."[1] 일단은 피상적으로 들릴지도 모르지만, 1463년의 저술 『지혜의 사냥』(*Die Jagd nach der Weisheit*)의 결론에 이르러서도 여전히 독자를 혼란스럽게 하는 이 문장은 사상사에서 가장 매혹적이고 가장 의혹적인 인물 가운데 한 사람인 니콜라우스 쿠자누스(Nicolaus Cusanus)에게 특징적인 빛을 던진다. 이 문장은 쿠자누스 사상의 핵심, 즉 '박학한 무지'(docta ignorantia)에 관한 가르침을 목적으로 삼고 있다.

이 철학자는 지식이 양적 · 질적인 상승 가능성을 가지고 있다고 말할 뿐만 아니라, 나아가 어떤 주관적 인식도 한 사태의 객관적 인식 가능성과 합동을 이룰 수 없다고도 말한다. 어떤 인식일지라도 다른 어떤 것의 인식 가능성 뒤편에 남아 있으며, 그 인식 가능성은—비록 인식의 근거일지라도—어떤 인식에 의해서도 도달되지 않는다. 쿠자누스는 근세적 진리관을 정초하기 위하여 이러한 인식의 무지에 대한 통찰을 가지고 중세 황금시대에 존재론적으로 조건지어진 인식의 형이상학과 거리를 둔다.

'독타 이그노란티아'(docta ignorantia), 즉 '박학한 무지'에 대한 가르침이 무엇을 의미하는지는 이에 대립되는 토마스 아퀴나스, 즉 아리스토텔레스에 정향된 스콜라 철학의 진리관과 학문론을 재연하는 대변자의 인식론을 통해 가장 참되이 밝혀진다. 토마스에 의하면 진정한 인식은 이성이 그 존재구조를 알 수 있는 존재자와 동화하는 데서 비롯된다. 토마스는 아리스토텔레스의 『형이상학』을 주석하는 가운데 '제1철학'은 '존재자를 오직 존재자로서', 나아가 존재자에 내적으로 그리고 본질적으로 부여된 모든 것을 알 수 있는 것이라고 해명한다.[2] 결국 존재자란 '주체' 또는 제1철학에 '근본적인' 것이요, 이는 그 존재자의 형성에서 온전히 통찰되는 것일 뿐만 아니라 그 존재자의 인식 가능성에서 인식이란 마치 존재자의 구조를 재연하는 것과 같은 방식으로 인식 자체에 전제되어 있다는 것이다.

그러나 존재자를 인식하는 근본인식의 '주체'로서의 존재자의 규정은 인식능력의 '대상'으로서의 존재자의 위상을 결코 지양하지 않는다. 인식력의 실재적 실행에서 인식능력은 모든 인식을 결정하는 대상으로서의 존재자를 지향한다.[3] 인식의 실행에서 사유와 사유에 의해 개념된 것은 '하나'가 될 수 있다. "왜냐하면 통찰과 통찰된 것은 필연적으로 비례의 관계에 있기 때문이다."[4]

인식행위와 대상의 차이는 정신이 존재자에 '부합함'으로써 극복된다. 이러한 '사물과 이성의 상호부합'(adaequatio rei et intellectus) 속에 우리가 형식적 의미로 진리라 부르는 것이 들어 있다. 따라서 이러한 진리는 주관적으로 생산된 것이 아니라 인식이 그저 뒤따를 뿐인 사물의 진리이다. 이는 마치 인식된 사물의 언어적 전(前)질서가 인식능력 이전에 이미 드러나는 바와 같다. 그래서 토마스는 『진리론』에서 다음과 같이 말할 수 있는 것이다. 존재자의 인식 가능한 본질은 진리의 형상적 개념에 전제되어 있다.[5] 토마스 아퀴나스에 의하면 모든 진정한 인식은 존재론적으로 참된 존재자, 즉 인식될 수 있는 존재자에 달려 있다.

근세철학이 데카르트와 함께 시작된다는 것은 하나의 신화이다.
데카르트보다 훨씬 이전에 쿠자누스는
인간적 정신을 세계의 아르키메데스적 점으로 만들었다.

이와는 반대로 쿠자누스는 간단명료하게 다음과 같이 말한다.

> 우리의 정신은 개념적 힘이다. 정신은 이 힘에 비례하여 모든 사물을 개념적 존재로 전이시킨다. 따라서 정신의 대상은 진리이며, 정신이 자신의 개념형성을 이러한 진리에 동화시키면, 정신은 모든 사물을 개념 속에 소유하게 되고 사물은 결국 사유된 사물이라 불린다. 그러므로 정신의 개념 속에 있는 돌은 현실적인 것이 아니라 사유적 존재자이다.[6]

쿠자누스에 의하면 인식과 사유는 더 이상 존재자의 인식가능성을 통해 존재론적으로 계측되는 것이 아니라 인식과 사유 스스로 계측하는 규범이 되며, 이 규범에 존재자가 설정된다. 이제 인식은 더 이상 인식될 수 있는 것을 지향하는 것이 아니라, 사유가 사물에 대한 것을 알아내도록 사물을 사유지향적 방향으로 놓는다.

그런데 지향된 것으로서의 존재자는 이제 더 이상 자신의 자체 존재 속에서 알려질 수 있는 그 자체로서의 존재자가 아니라, 알려진 것으로서 이제 더 이상 그 자체 존재 속에서 알려질 수 있는 것처럼 알려지지는 않는 '인식된 존재자' 이다.

쿠자누스는 이렇게 사유하고 계측하는 주관성으로 돌아가면서 중세와 근세 사이의 전환기에 결정적인 선을 긋는다. 이 선이야말로 직접적으로 데카르트와 칸트로 이어지면서 가설을 설정하는 계측방법을 가진 근세적 자연과학을 위한 길과 개념을 이끌어낸다. 그러나 박학한 무지에 대한 쿠자누스의 가르침을 단순히 근세적 '인식론' 의 전조로만 해석하고자 한다면, 이는 그의 철학을 축소시킬 뿐이다. 즉 쿠자누스는 고대철학, 특히 플라톤과 신플라톤주의라는 사상적 전통에 아주 깊이 천착하고 있다. 쿠자누스는 철학사의 전환기들 사이에 다리를 놓고 있으며, 단지 근래에 이르러 그의 작품이 점점 더 주의를 끌고 있다는 것만으로 연구 대상으로 부상한 것은 아니다.

생애

니콜라우스 쿠자누스는 수사들에게서 초등교육을 받으며—데펜터(Deventer)에서 받은 것 같다—이 수사들에 의해서 15세기에 일어난 유럽의 가장 큰 종교적 개혁운동인 '근세 신심운동'(devotio moderna)을 접하게 되었다. 1416년에서 1417년까지 쿠자누스는 하이델베르크 대학의 철학부 학생이었으며, 거기서 유명론의 영향을 받는다.

다음에 그는 1423년까지 파도바 대학에 머문다. 여기서 그는 교회법 박사학위를 받았으며, 동시에 이탈리아 인본주의의 지도적 대변자들과 접촉하게 된다. 쿠자누스는 프란체스코 자바렐라(Francesco Zabarella)의 학생 서클에 속하게 되며, 수사학 교수인 비토리노 다 펠트레(Vittorino da Feltre)와도 관계를 맺고, 후에 자신의 작품『기하학적 변형론』을 헌정하게 되는 수학자 토스카넬리(Paolo del Pazzo Toscanelli)와 친구가 된다.

1425년 쿠자누스는 법학박사로서 쾰른에서 강의한다. 여기서 그는 알베르투스 마뉴스의 추종자인 헤이메리쿠스 데 캄포(Heymericus de Campo)를 만나게 되며, 그는 쿠자누스에게 라이문두스 룰루스의『추정술』(*ars coniectualis*)을 소개해준다. 이때에 쿠자누스는—당시의 로렌초 발라(Lorenzo Valla)와 같이—'콘스탄티누스의 증여법'을 가짜라고 폭로함으로써 법역사학자로서의 위대한 명성을 얻게 된다.

쿠자누스는 교회 행정가로서는 바젤 공의회에서 승리하고, 정치 이론가로서는 자신의 저서『가톨릭 일치론』(*De concordantia catholica*)을 통하여 위디오니시우스 아레오파기타의 위계질서론에 정향된 사회론을 강연하는 경력을 얻게 된다. 1448년 추기경으로 승격되기까지 쿠자누스는 광범위한 자신의 철학적, 학문적 연구를 등한시하지 않으면서도, 부단히 교회행정과 교회개혁의 직무에 열중한다. 1450년 그는 브릭센의 주교좌를 위임받고서는 교회의 개혁을 진전시키기 위해 유럽의 교황사절로서 하를렘에서 빈까지 여행한다. 1458년부터 그는 로마 교황청 추기경으로 있다가 1464년 8월 11일 교황청의 직무를 수행하던 중에 이탈리아의 작은 산림도시 토디에서 죽는다.

쿠자누스는 전 생애에 걸쳐서 교회정치적으로는 풍요했고 개인적으로 적잖은 적들을 가졌음에도 불구하고 자신의 철학적 소명에는 충실했다. 그의 사상 전체는 박학한 무지의 학설 주위를 맴돌고 있다. 그는 이에 대해 다음과 같이 말한다.

> 박학한 무지는 내 이성이 열렬히 추구하는 양식이다. 무엇보다도 나는 박학한 무지를 나의 경작지 가운데서 내 자신의 것으로 생각하기 때문이다.[7]

저작

> 내가 그리스로부터 돌아오고 있었을 때, 나는 먼 바다에서 이런 계시를 경험했다—저 위로부터, 빛의 아버지로부터, 모든 은사를 주시는 분으로부터의 선물이라고 믿는다—즉 내가 파악할 수 없는 것을 파악할 수 없는 방식으로 박학한 무지 속에서 파악했다는 계시를 경험했다. 이 깊은 심연에서 우리 인간의 정신적 노력은 모든 대립자들이 종합되는 통일성으로 상승하도록 나아가지 않으면 안 된다.[8]

쿠자누스는 1437~1438년 겨울 비잔티움에서 이탈리아로 돌아오던 뱃길에서 자신의 철학적 해명을 이렇게 진술했다. 그는 교회의 통일을 논의하고자 그리스 정교측에 파견된 교황청 사절단과 동행하여 비잔티움에 갔던 것이다.

'위로부터의 계시'가 가지는 특성을 오해하지 않기 위해서는 데카르트의 경우를 염두에 두어야 할 것이다. 데카르트 역시 자신의 『방법서설』 제2장 서두에서 '자기 방에서의 하루'를 기억해내며, 거기서 '사상이 전도

되었다'가 갑자기 자신의 방법적 근본법칙을 얻었던 것이다. 데카르트와 쿠자누스는 고대 발견자들의 토픽[9]에 탐닉하던 중 오랫동안 명상하던 문제를 예기치 않게 해결한 것에 대해 말하는 것이다. 어쨌든 그가 경험한 '계시'는 무조건적 '신비의 조명'이 아니라, 문제의 고리에 대한 갑작스런 파악이다.

이러한 사실은 이미 쿠자누스의 정신철학이 연역적 라티오(ratio, 오성)의 철학이 아니라, 종합을 직시하는 인텔렉투스(intellectus, 이성)의 철학이요, 오성(Verstand)의 철학이 아니라 이성(Vernunft)의 철학이라는 것을 가리킨다. 그의 철학에는 어떤 종합이 인식되고 있는가? 그것은 통일성의 이념이요, 대립자들의 종합이라는 이념이요, 결국 박학한 무지의 이념이다. 단순한 합리성의 반성적 수준은 이미 여기서 초월되어버렸다. 오성에게는 모순율이 유효하다. 즉 오성에게는 모순이 지양되어 버리는 통일성의 사고란 원칙적으로 인식될 수 있는 것의 이면에 머무르는 지식의 이념과 마찬가지로 성취될 수 없는 것이다.

쿠자누스는 늘 거듭하여 오성과 이성의 차이를 강조한다. "나는 인간적 정신이 이성이라는 것을 주장한다."[10]

그의 철학함 전체는 이제 더 이상 단순한 합리적 개념들의 결합을 반성하지 않는다. 즉 신플라톤주의적 통일성의 이념, 합일원리 그리고 박학한 무지의 결합을 반성하지 않는다. 여기서는 하나가 다른 하나로부터 초래될 뿐이지만, 하나가 다른 것과 맺는 연관성은 단순히 연역하고 작업하는 합리성의 파악 능력을 초월한다. 바로 이 때문에 쿠자누스 철학에 대한 어떤 해석도 그의 철학적 사상이 학문적으로 고립되어 있는 유일한 근본주제에 정초한다는 가정에서 출발할 수 없다.

즉 쿠자누스 해석의 모호한 복잡성은 바로 그의 철학이 어떤 통일적 해석의 기반도 허락하지 않는다는 데에 원인이 있다. 박학한 무지라는 문제의 지평도 건드리는 즉시 직접적으로 통할 수 있는 것이 아니다. 이 문제의 지평에는 변증론의 노선과 쿠자누스의 통일적 사변이 교차하기 때문이다.

그러나 무엇보다도 그의 작품에 대한 이해가 어려운 것은 이 철학자의 언어 때문이다. 쿠자누스는 그 자신의 시대를 훨씬 앞질러가는 사상을 어울리지 않는 스콜라 철학적 용어로 서술하는 것이 필요하다고 보았거나, 아니면 놀라운 어원론적 도출을 선호했을 것이다. 한 예를 들자면 그는 '정신'에 대한 저술에서 멘스(mens, 정신)라는 단어를 동사인 멘수라레(mensurare, 측정하다, 재다)에서 도출해낸다.[11] 그럼으로써 그는 모든 인식이 인식하는 주체에 의해 지도되는, 인식능력에 의한 현실의 '측정'에서 비롯된다는 것을 분명히 하고자 한 것이다. 이는 쿠자누스가 언어란 단순한 지칭 기능이 아니라 상징화하는 표현 기능을 가져야 한다고 보았다는 것을 의미한다. 그러므로 쿠자누스 철학에 대한 모든 해석은 이러한 언어적 문제를 우선적으로 고찰하지 않으면 안 된다.

대립되는 것들의 합일

박학한 무지와 절대적 통일성, 그리고 대립자들의 종합에 대한 가르침을 번갈아가며 옹호하는 것이 쿠자누스 철학의 구조이다. 무엇보다도 합일론은 경탄과 모순을 자아낸다. 합일론은 "동일한 것이, 하나이고 동일한 관계에서 동일한 것에 적용되면서 동시에 적용되지 않는 것은 불가능하다"[12]는 아리스토텔레스 모순율의 보편타당성을 겨냥하고 있다. 이 모순율 또는 하나이고 동일한 것에 대한 일의적 규정의 법칙은 스콜라 철학의 아리스토텔레스주의, 심지어 중세 학문 전체를 형성하고 있었다.

그래서 하이델베르크 대학의 철학교수, 헤렌베르크 출신의 요한네스 벵크(Johannes Wenck)는 그의 유명한 논쟁적 저서 『무지의 문법론』(*De ignota litteratura*)에서 다음과 같이 말할 수 있었다.[13] 즉 쿠자누스는 자신의 합일론을 가지고 '모든 학문의 뿌리'를 잘라버린다는 것이다.

이 논쟁에서 벵크는 옳기도 하지만 동시에 그르기도 하다. 쿠자누스가 사실상 학문의 최종근거에서 모순율을 가지고 작업해 나가는 추론적 오성의 능력을 문제삼는 한에서는 벵크가 옳다. 그러나 쿠자누스는 당연히

'직관적 이성' 만을 이 모순율의 지배영역에서 벗어나게 하는 가운데[14] 합리적 인식의 영역을 위해 모순율의 유효성을 직접적으로 논증하기 때문에, 벵크의 말은 옳지 않다.

그러므로 이성의 박학한 무지는 합리적 학문을 어떻게든 무력하게 하려는 것이 아니라, 원리를 추구하는 이성적 통찰의 척도에 되묶으려는 것이다. 오직 직관적 이성만이 모든 인식의 최종적 결합근거에 접근하며, "비접촉적 방식으로 접촉할 수 없는 것과 접촉한다."[15] 이성은 물론 모든 다수(多數), 그리고 항상 다수를 다루는 학문에 근저하는 일자(一者)에 접촉한다. 심지어 아리스토텔레스도 이런 식의 '최상의 것과 최고선의 접촉'에 대해서 언급했다.[16] 헤겔도 이러한 아리스토텔레스 사상을 지적하며 그의 『철학 백과사전』을 끝맺는다.

그렇지만 벵크로 인한 쿠자누스의 합일론에 대한 오해는 그에게 범신론의 혐의를 부여하는 결과를—그것도 최근에 이르기까지—초래했다. 모순율과 함께 신과 세계 사이의 모순도 부정되는 것처럼 보였던 것이다. 그러나 쿠자누스에게 범신론이라는 비난은 적합하지 않다. 그는 신이나 일자와 대립되는 것들의 종합을 가르치는 것이 아니라 신이나 일자 속에서 대립되는 것들의 종합을 가르친다.[17]

이러한 종합에서는 다름 아닌 이 합일의 방식(modus)에 주의를 기울여야 한다. 근본이 되는 일자는 말하자면 '접음' (Einfaltung)의 방식을 통해 '펼쳐진' (ausgefaltete) 모든 것이나 근거지어진 다수의 것을 포괄한다. 근본적으로는 일자와 다수의 변증법이며 플라톤적으로 말하자면 '일자와 타자' 의 변증법을 나타내는 이러한 '접음' (complicatio)과 '펼침' (explicatio)의 이론을 근거로 쿠자누스는 범신론이라는 혐의를 벗어난다. 왜냐하면 '펼침' 이란 '접음' 의 동일성을 향한 차이의 설정을 의미하기 때문이다.

동시에 쿠자누스의 접음(접철〔摺綴〕)과 펼침(전개)에 대한 이성론은 인과적 목적성의 묘사 속에서 원인과 결과를 구분하는 오성 개념을 심화시킨다. 즉 결과가 자신의 원인 속에 있는 것처럼 일자 속에는 펼쳐진 다

쿠자누스의 사유는 중세와 근대 사이의 전환기에 다리를 놓고
있으며 데카르트와 칸트로 이어지는 근대 자연과학의 길과 개념을 이끌어낸다.

수가 있다. 그러므로 원인은 작용적일 뿐만 아니라 형성적인 것으로 간주된다.

즉 원인은 결과의 원천적 형식이요 형상(forma exemplaris)이며, 결과는 자신의 원인 속에 자기 원형(exemplar)을 가지고 있다. 따라서 목적적 원인성(causalitas finalis)의 편에 원형적 원인성(causalitas exemplaris)이 등장한다. 이 때문에 쿠자누스는 전적으로 유신론적 입장에서 기록하고 있다. "모든 사물은 신 안에 있지만, 그들은 사물의 원형으로서 신 안에 있다."[18]

따라서 모든 펼쳐진 대립자들이 근저하는 일자의 통일성 속에 접혀 있는 것으로 간주될 수 있는 한에서, 원인적 목적성과 원형적 목적성의 결합은 이제 합일사상 속에서 밝혀진다. "제일의 것은 복잡한 방식으로 존재할 수 있는 모든 것이다."[19] 오직 접음을 전제한 후에야 펼침과 다양성, 상이성과 대립성 일체가 생각될 수 있다. 이런 의미에서 접혀 있는 일자에는 '할 수 있음'(능력)이 부합된다. 즉 일자는 다수를 근거지을 수 있는 힘이라고 지칭되어도 좋을 것이다. 즉 다수의 것을 근거짓는 것이야말로 바로 그 하나(일자)이며, 하나는 다수의 것을 근거짓는다. 쿠자누스는 새로운 단어를 만들어 이러한 사태를 표현한다. 즉 신 또는 일자는 "할-수-있음"(possets, Können-Ist). 다시 말해서 신은 존재하며 할 수 있다. 즉 신은 가능성과 현실성의 합일이다.[20]

이와는 달리 세계는 스스로 될 수 있는 그 무엇이 아니다.[21] 세계가 될 수 있는 모든 것은 신 안에 접혀 있거나, 아니면 가능성과 현실성의 합일로서 일자 안에 있다. 추론적 오성은 이러한 합일을 더 이상 사유할 수 없다. 오성 자신이야말로 항상 알 수 있는 것에 대한 가능한 인식에 지나지 않기 때문이다. 또 이 때문에 "이성 자체에 숨겨져 있는 제1원천을 있는 그대로 파악할 수 없는 이성은 그 자신이 인식한 것에서 유출되는 것으로부터 제1원천을 본다"[22]는 결론이 필연적이다.

대립자들의 합일로서의 신이나 일자는 결국 단 한 번도 추론적 오성인식의 대상이 되지 못한다. 신이나 일자는 결국 이성 그 자체를 넘어서는 직관적 이성의 대상이다. 여기서 쿠자누스는 절대적 차이의 사상을 생각하고 있으며, 이 절대적 차이에서의 신은 모든 세계에 대해서도 그리고 인간적 이성인식에 대해서도 대상이 되기 때문이다.

따라서 쿠자누스는 그의 저서 『신의 관조』에서 절대자 또는 신을 "대립자들로 구성되는 합일의 피안"이라고 부른다.[23] 이는 또한 접음과 펼침의 피안이기도 하다. 그러나 여기에는 어떤 모순도 들어 있지 않다. 왜냐하면 신은 단 한 번도 대립자들의 합일인 적이 없으므로 합일에서는 대립자들에 전제되는 피안이기 때문이다. 신은 오히려 모순을 포괄하는 일자이다. 그러나 신 안에서는 모순도 모순으로 지속되지 않기 때문에, 신을 합일의 피안으로 자리매김하는 반성이 남을 뿐이다.

다른 말로 하자면, 신은 세계와 절대적 차이를 드러낸다. 우리가 절대적 차이를 차이로 생각한다면, 결국 절대적 차이는 세계에서 모순되는 대리자들의 종합이지 않으면 안 될 것이다. 우리가 절대적 차이를 절대적으로 생각한다면, 그것은 무한성의 이념을 강요하는 절대적 차이이며, 이 합일이 규정가능성을 가지고 있는 한 절대적 차이는 모든 합일의 피안에 존재한다.

모든 규정은 가능성의 피안에 있기 때문에 박학한 무지의 목적이 되는 절대적인 것은 쿠자누스에게 모든 것 중에서 가장 규정된 것인 동시에 수학적으로 엄밀한 진리(praecisa veritas)로 남는다.[24] 이는 결코 '신비적 역설'이 아니라 쿠자누스의 무한성의 사변에 따른 논리적 결론이다.

무한성에 대한 사변

니콜라우스 쿠자누스의 무한성(無限性)에 대한 사변은 그의 철학이 지닌 혁명적 특성과 근세 학문사를 위한 의미를 증거한다. 절정기의 스콜라 철학이 무한존재를 절대적 신과 유한하고 우연적인 세계 사이를 표시하는 신적 수식어로 생각했다면, 결국 쿠자누스는 세계의 무한성 그 자체를 개념화할 수 있었으며, 그것도 기능적 무한성을 개념화할 수 있었다. 무한성의 존재는 어떤 절대적 확정이나 측정도 아니요, 어떤 한계나 종국도 허용하지 않기 때문에, 세계는 무한하며, 그것도 어떤 척도도 주어질 수 없는 관계의 무한성 또는 한정의 무한성이라는 방식 속에 있지만, 논리적이고 존재론적 필연성을 위한 어떤 절대적인 것이 척도로 설정되지 않으면 안 되는 방식으로 무한하다.

쿠자누스는 '유한한 무한성'(finita infinitas)[25]의 개념에서 세계의 사실적이고 우연적인 유한성을 세계의 구조적 기능의 유한성과 함께 묶어 생각한다. 세계 속에는 작은 것(minus)에서 보다 큰 것(maius)으로 나아가거나 그 반대로 나아가는, 항상 양적으로 측정할 수 있는 질서가 주어져 있을 뿐이다.[26] 따라서 세계의 존재는 존재론적으로 '항상 달리하는 존재'(aliud esse)로 선언될 수 있다.[27] 이러한 양적인 관계의 질서야말로 유일무이하게 '달리하지 않는 것'(non aliud)에 의해, 즉 그 스스로는 측정될 수 없지만 측정의 규범적 역할을 하는 절대적인 것에 의해 양적으로 측정될 수 있다.[28] 이 절대적인 것은 결국 자신의 비차이성이나 절대적 동일성에서 세계와 다르기 때문이다. 이 '달리하지 않는 것'—쿠자누스에게는 신을 지칭할 뿐만 아니라 그 스스로 비기능적이지만 모든 세계적 기능관계를 측정하는 규범이기도 한—이야말로 질서의 구조 속에서 비한정적이며 무한한 세계를 한정한다.

그럼으로써 쿠자누스는 수학의 극한치(Limes) 개념을 그 자체로 절대적 주체로서 동일하게 머무르는 일자에 관한 자신의 사변 속으로 가져온다. 이 사유는 '무한한 것으로의 전유'(transsumptio ad infinitum)를 통하여 '달리하지 않는 것'의 극한개념에 도달한다.[29] 즉 사유는 늘 더 큰 것에서 가장 큰 것(maximum)으로, 더 작은 것에서 가장 작은 것(minimum)으로 추론해 나간다. 이러한 초월(transcensus)에 대한 초월적 방법과 함께 이 '달리하지 않는 것'은 가장 큰 것과 가장 작은 것의 합일점으로서 파악될 수 있다.

즉 그것은 기능상 무한한 방식으로 늘 더 큰 것이나 더 작은 것만을 한정하는 최고치와 최소치의 합치로서 파악될 수 있지만, 그 자체로는 최고치이자 동시에 최저치로서 현실적으로 무한하다. 이렇게 '달리하지 않는 것'은 항상 가능성의 양상 속에 머물러 있는 세계로부터, "유한한 것과 무한한 것 사이에는 어떤 비례도 성립되지 않는다"[30]라는 법칙이 타당할 만큼 지양되어버린다.

흔히 오해되고 있는 이 공리는 다음과 같은 사실을 말한다. 사실상 유한하지만 기능적으로 무한한 세계와 다른 한편 현실적으로 무한한 일자요 동일자 사이에는 대체로 대립의 관계는 성립될지언정 비례의 관계는 결코 성립되지 않는다. 쿠자누스는 이러한 고찰과 함께 그 자체로는 무한히 움직여지지만 그 자신으로부터 해명될 수 있는 한 곧장 신학적 해명을 필요로 하지 않는 세계라는 개념의 윤곽을 그려낸다.

쿠자누스의 무한성에 대한 사변은 여기서 세계를 양적으로 실험하고 측정할 수 있으며 그 표출의 다양성에서 무한한 연구영역을 관찰하는 근세의 자연과학적 사고유형의 기초를 놓는다. 쿠자누스는 이러한 방식을 통해 아직 중세에는 알려지지 않았던, '무제한적 실험'의 도입에서 비롯되는 학문적 탐구실습을 철학적으로 규범화한다. 훗날 갈릴레이와 르네상스 시대의 자연과학자들은 이러한 탐구 실습을 고도로 구사하게 된다.[31] 그러나 쿠자누스는 이와 동시에 모든 실험적이고 양적인 탐구를 위하여 논리적으로 필연적이고 철학적인 척도의 규범, 즉 엄밀한 진리(veritas praecisa)의 개념에 확고하게 머무른다.

여기서 쿠자누스의 학문적 당위성은—그 스스로 철학적 · 수학적 · 기하학적 연구에 참여하던—세계의 기능적 다양성에 대한 이성적 탐구가 학문을 정초하는 철학적 규범 속에 있는 이성적 통찰을 필요로 한다는 이해에 기초한다.

쿠자누스의 베릴륨(녹주석)에 관한 저술은 그가 이러한 통찰에 이르게 되는 길을 보여준다. 여기서 언급되는 바와 같이, 한 존재자의 형태는 사물을 형성하는 물질 속에서보다 우리의 사유 속에서 '더욱 참되다.' 그러나 그가 말하는 가장 참된 존재는 창조자인 신 안에 모든 사물을 소유한다. 그렇지만 쿠자누스는 이러한 창조론적 사고에 확고히 자리잡은 신에게 있는 '세계의 진리' 라는 개념에 머무르지 않는다. 즉 그는 즉시 '원천적 진리' 와 순전히 세계 내적인 '기능적 진리' 의 구분으로 자신의 생각을 돌린다.

비록 어떤 존재자가 오직 자신의 창시자에게서만 자신에게 '적합한' 진리를 가진다 하더라도(이것은 세계 전체의 관점에서는 신에게 해당되며, 수학적 · 기하학적 관점에서는 인간의 정신에 해당된다), 결국 그 자신의 순수 세계적 존재로서는 "보다 미약한 진리가 아니다." 그 존재자의 해명

가능하고 감각적이며 세계적인 진리는 다른 세계의 존재자를 향한 무한하고 결코 마모되지 않는 지시적 존재 가운데에 있다. 즉 그 존재자의 세계적 진리는 기능적 존재 자체의 양상에서, '어떤 관점에서의 존재'(esse respectu ad) 속에서 비롯된다.

다른 물질을 태우는 기능은 불이 가지는 감각적인 세계적 존재에 속한다. 사실 세계적 사물의 기능적 진리는 결코 자신의 원천적 진리의 심연을 측정하지 못한다. 이는 마치 다른 사물들을 불태우고 파괴시키지 않을 수 없는 것이 불의 원천적 본질에 속하지 않는 것과 같다. 그렇다고 해도 세계적 진리는 그 자체로 세계적 진리이며 결코 '덜한 진리'는 아니다. 물론 세계적 진리는 기능적 종합으로서 규정된 세계 속에서 항상 기능적 진리일 수 있지만, 더 이상 기능적 진리로서 존재해서는 안 되기 때문이다.[32]

이는 물론 다음과 같다. 세계의 모든 진리는 관계의 진리로서는 더 이상 단순한 관계적인 진리가 아니라, 자체동일성을 가진 진리로 환원되지 않으면 안 된다. 즉 그 속에서 모든 대립적인 것들이 접혀져 고찰될 수 있고 또 그 때문에 진리의 규범으로 파악되지 않으면 안 되는 절대적 일자의 '베리타스 프래치사'(veritas praecisa, 엄밀한 진리)로 환원되지 않으면 안 된다.

이러한 반성을 통하여 쿠자누스는 학문의 진리와 '원천적 진리'의 결합점을 잃어버리지 않고서도, 형이상학적 최종의식 속에서 발견될 수 있는 진리로부터 학문적 진리를 해방시키는 데 성공한다. 수학적 · 기하학적으로 표현하면 다음과 같다. 즉 선(線)이 점(点)에 결합되어 있는 것처럼, '기능'은 '엄밀성'에 결합되어 있으며, 여기서 기능적 상관관계들의 '기능함'은 학문적 실험의 대상으로 개방되어 있다.

가정법

쿠자누스의 무한성의 철학이 가지는 방법론적 중점은 수학적 가정법이라는 대전제들에 놓여 있다. 모든 수학적 · 기하학적 종합구조는 의식적으로 가정해놓은 전제에서 출발한다. 이는 이러한 대전제를 근거로 작업에 착수하기 위해서다. 예를 들어 삼각형의 법칙이 증명되어야 한다면, 이 증명은 도형화되어 결국 감각적으로 지각할 수 있는 도형을 통해 진행된다. 그러나 그 증명에서 기초적으로 가정되어 있거나 모든 제도된 삼각형에 동일한 것으로 관철되는 것, 즉 '삼각형 일체'의 자체동일성이라든가 삼각형의 이데아는 거론되지 않는 대전제이다. 이런 의미에서 수학과 기하학은 항상 학문적 공식에 기초의 역할을 하는 대전제와 함께 진행된다. 이러한 기초 자체가 반성될 때 비로소 수학은 철학으로 승화한다. 쿠자누스에게 수학적 · 기하학적 구조의 전제 조건은 철학적 무한성의 이념이 가지는 내연(內延)이 된다.

> 하나의 무한한 선(線)이 존재한다면, 이 선은 직선일 뿐만 아니라 삼각형도 되고 원형도 되고 구형(球形)도 될 것이다. 이와 동시에, 무한한 구형이 존재한다면, 이 구형은 원형이나 삼각형뿐만 아니라 선도 될 것이다.[33]

무한한 것을 향해 추론된 모든 유한한 대립자들은 무한한 것 속에 종합되지 않으면 안 된다. 왜냐하면 이들은 무한한 형태들로서 모든 유한한 한정 기간을 상실하기 때문이다.

그러나 이러한 사상은 가정적 대전제의 기능을 하는 조건 아래 놓여 있다. 여기에는 더 이상 기호로 서술될 수 없는 어떤 이념이 전제되어 있다. 이것이야말로 무한한 경악이다. 그리스인들이 말하는 바와 같이 '경악 일체라고 알고 있는 것'(mathēma)이다. 기하학적 공식에 대한 선험적 조건의 근거는 이러한 '경악 일체'의 이념 속에 놓여 있지만, 동시에 무한성의 이념은 그 핵심에 한정되어 있다. 이 때문에 쿠자누스는 대립자들의 합일에 대한 자신의 가르침을 수학적 기호의 도움으로 전유(轉喩, transsumptive)하고자 할 뿐만 아니라, 즉 수학에서 형이상학으로의 전유 속에서뿐만 아니라, 자신의 마지막 수학적 저술인 『수학 완성론』(De mathematica perfectione)에서 합일론을 가지고 수학을 철학적으로 완성시키고자 하기에 이른다.

유한한 것으로부터 무한한 것으로의 상승이라는 전유적 방법은 결국 수학적 · 기하학적 공식 속에서 모방에 이르는 무한성의 개념이 가지는 가정적 대전제 위에 기초한다. 그리고 여기서 수학적 학문은 두 가지의 수행 규칙에 따라 진행된다. 첫째, 하나이고 동일한 차원에 있는 기하학적 도형들이 커지면 커질수록 그 차이는 작아진다. 예를 들어 한 원의 둘레가 커지면 커질수록, 그 원의 굴곡률이 탄젠트(tansent)와 가까워지고 또 그 굴곡과 직선 사이의 차이가 작아지지 않으면 안 될 만큼 굴곡률이 작아진다. 둘째, 어떤 도형의 운동을 통하여 그 다음으로 높은 차원의 도형이 생산된다. 한 각을 이루는 선의 운동은 평면을 만들어내고, 한 각을 이루는 평면의 운동은 입체를 만들어낸다. 예를 들어 지름을 중심으로 하는 원의 회전은 구형(球形)을 만들어낸다.

이 두 가지의 수행 규칙은 수학적으로 정확한 방식에 따라 비교급으로의 상승을 드러내며, 모방적 방식으로는 최상급으로의 상승을 드러낸다. 무한히 큰 원의 둘레는 물론 무한히 직진하는 직선과 합치하며, 2차원에서 3차원으로의 상승은 유한성의 차원으로부터 무한성의 차원으로 넘어가는 상승의 모방으로 이해될 수 있다. 따라서 쿠자누스에게 수학은 일종의 불가해한(모방적이고 지시적인) 학문이다. 즉 수학은 전유적 방법의 도움으로 형이상학으로 인도되지만, 결국은 자신의 엄밀한 학문적 진행방식에서 무한한 것의 철학적 가정을 기초로 하기 때문에 형이상학으로 넘어갈 수 있는 것이다.

이러한 모든 고찰은 신이 모든 것을 척도와 수(數), 그리고 무게에 따라 질서지었다는, 아우구스티누스가 받아들인 성서적 토포스(topos, 동기)에 바탕을 두고 있다. 그러나 쿠자누스는 이러한 동기를 적용하면서 근세적이고 철학에 정향된 자연과학의 사고유형을 기획하기 위해 수학적 신비주의를 남겨둔다. 엄밀한 학문은 형이상학과 신학이 내포하고 있는 알려지지 않은 것에 대한 인식으로 인도한다.

> 어떤 연구가 성서에서 출발한다면, 이러한 세계상의 관점에서는—알려지지 않은 것이 해결되어야 하고 해결될 수 있는 세계상에서는—어떤 의심도 생기지 않는다는 것이 필연적이다. 왜냐하면 불확실한 것으로의 길이야말로 유일무이하게 전제된 확실성으로 인도하기 때문이다.[34)]

쿠자누스는 위디오니시우스의 신비신학과 에크하르트의 신비적 사변에 가까이 접근한다. 에크하르트는 신을 "그 중심과 둘레가 어디에나 존재하는" "무한한 정신적 구형"이라 부른다.[35)] 그러나 결정적인 것은 쿠자누스가 수학적 신비주의의 문장을 엄밀하게 기하학적으로 해석하여, '중심'을 동등한 거리, 즉 원둘레에 대해 항상 동등한 거리로 정의하는 데 있다.[36)] 그 다음 구절에서 쿠자누스는 위디오니시우스의 제자로 남는다. 즉 "상징 이외에 신을 향한 길은 열려 있지 않기 때문에, 우리는 수학의 기호가 가지는 파괴될 수 없는 확실성으로 인하여 수학적 기호를 통하여 신에게로 나아간다."[37)]

다음과 같이 덧붙임으로써 쿠자누스는 근세적 사상가로 대두된다. "올바로 숙고해보자, 그러면 우리는 우리의 인식에서 수학 이외에는 어떤 확실성도 발견하지 못할 것이다"라고 그는 『당위적 존재론』에서 말했던 것이다. 그러나 쿠자누스는 다음과 같이 계속한다. "우리에게 수학은 신의 작품을 사냥하기 위한 우화이다."[38)] 바로 여기에서 학문적 '탐구'(Forschung)와 철학적 '사변'(speculatio)을 결합시키려는 쿠자누스의 의도가 드러난다.

이러한 의도를 무시하게 되면, 쿠자누스를 단순한 신비가로 해석하거나 단지 근대에 가까운 사상가로 간주하는 위험에 빠지게 된다. 왜냐하면 모든 형이상학적 동기에 가치를 부여하는 데서 학문적으로 보편타당한 첫번째 것이야말로 '근세적 학문'이 될 수 있기 때문이다.[39]

탐구와 사변이 합치되는 전유적 방법의 진행양상은 3단계로 완결된다.[40] 첫째로 지각에 기초하는 유한한 기하학적 도형에 대한 감각적 표상(imaginatio) 속에서, 둘째로 추론적 이성(ratio)으로부터 지도적 보외법(補外法, extrapolieren)으로, 무한한 것으로 넘어가는 유한한 기하학적 차원들 가운데 하나에서, 셋째로 합리적으로 무한대를 향해 지속적으로 생각되는 무한한 크기의 관계로부터 이제 더 이상 차원적 고정을 허용하지 않는 현실적으로 무한한 것으로의 상승 속에서 이루어진다.

전유의 길을 향한 첫 두 단계는 한편으로 서로 종속되는 바와 같이 다른 한편으로는 둘째 단계와 셋째 단계에도 종속된다. 전유법이 가지고 있는 개별적 단계의 상호제한적인 상관관계는 쿠자누스의 정신철학에서 그 근거를 발견한다. 그의 정신철학은 오성과 이성을 구분하면서도 이들이 상호보완적이도록 한다. 지각과 오성은 직관적인 수(數)의 관계와 크기의 관계를 확정할 때와 마찬가지로 이들을 순수한 수와 순수한 도형으로 환원시킬 때 함께 작용한다.

그러나 수학이 이른바 두 가지의 수행 규칙을 가지고 계속 전진한다면, 즉 수학이 합리적으로 측정할 수 있는 상관관계들을 무한대로 추론해 나아간다면, 사유는 직관성과의 역관계를 상실하고 추론적 오성은 스스로 자신의 한계에 빠진다. 왜냐하면 무한한 것은 감각적으로 지각될 수 없고 합리적으로 파악될 수도 없기 때문이다. 이는 오직 이성에 의해서만 통찰되기 때문이다.

그러므로 유한한 도형을 보외법적으로 추론하고(extrapolieren) '무한대로 설정'하는 데서 추론적 오성의 사유가 자신의 한계를 발견하고 이성의 통찰이 무한한 것으로 나아가기를 강요하는 한 전유법의 둘째와 셋째 단계는 같은 것에 속한다. 수학은 비록 파악할 수 있는 것에 대한 학문이지만, 결국에는 정신에게 파악할 수 없는 것에 대한 통찰을 안내한다.

오성과 이성 사이의 차이와 영속성에 대한 쿠자누스의 이론은 전유법에서 증명된다. 무한대 속에서 대립자들의 합일을 통찰할 수 있는 유일한 이성이 모순율과 함께 작업하는 오성적 인식을 무력화하는 것이 아니라, 오히려 유한한 세계의 인식이라는 관점에서 자신의 권리를 가지는 것과 마찬가지로, 박학한 무지는 수학적 합리성을 단순한 전주곡으로 삼는 것이 아니다. 오히려 수학적이고 학문적인 오성은 무한대로 무한한 것에 직면하여 자신의 변형 가능성을 개방하지 않으면 안 되기 때문에, 이제는 스스로 '직관적 이성'을 규범화할 수 있다.

추정술

쿠자누스는 세계를 기능적으로 무한한 '지시구조'로 규정하는 가운데 자신의 추정술(ars coniectualis)을 도출해내며, 이 기술을 스스로 "새롭고 여전히 탐구해야 할 기술"이라 부른다.[41] 만약 세계가 항상-다른-존재(Immer-Anders-sein)의 방식으로 있다면, 결국 세계 속에는 어떤 확고한 척도도 존재하지 않을 것이다. 이 때문에 인간의 정신은 '추정의 논리학'을 세계 파악을 위한 특수한 논리로, 즉 세계의 상대성에서 세계의 기능성에 상응하는 통일적 척도의 그물로 입안할 것을 강요한다.

쿠자누스의 추정술은 데카르트가 '정신 지도를 위한 제2규칙'에서 의혹을 가지고 말하는 '무모한 추측'과는 아무런 상관도 없다. 쿠자누스의 추정술은 진보와 엄밀성의 결합이라는 구조적 법칙을 향한 늘 정확한 인식 과정의 경험에 대한 측정 방법이다. 여기서 절대적 일자의—아무런 차이도 없는 동일성의 '장소'로서—엄밀한 진리에서 진리 인식의 진보는 자신의 마지막 한계와 근거를 경험한다.

쿠자누스에 의하면 모든 진리 인식은 '유사 진리적인 것'(verisimilis)에 대한 추정이나 추측으로 남을 수밖에 없다.[42] 왜냐하면 엄밀한 진리로서의 진리는 인간적 인식으로 도달할 수 없기 때문이다. 그러나 인식의 한계로서의 엄밀한 진리(veritas praecisa)는 쿠자누스가 추정에서 어떤 "진리의 적용은 참여적이라는 상이성 속에서의 적극적인 주장" (positiva assertio in alteritate, veritatem uti est participans)임을 통찰하고자 했던 만큼 알려질 수 있는 것이다.[43] 즉 엄밀한 진리는 항상 상이한 유한성의 영역 속에 있으면서도, 존재하는 바 그대로 무한하고 절대적인 진리에 참여하는 적극적인 진리 주장이다. 모든 인식은 바로 이러한 자신의 제한된 존재에 기초하여 인식의 절대적 한계에 참여한다.

그러나 이와 동일한 사상을 헤겔의 말로 나타낸다면, 이 '한계' 란 절대적 진리로의 '차단' (Schranke)이기 때문에, 유사 진리성의 적극성은 제한된 추정적 인식과 일치한다. 추정적 인식의 진보는 유사 진리적 인식에 대한 측정적인 한계로서의 절대적 진리의 엄밀성에 단계적으로 참여한다. 유한한 무한성의 상이성은 절대적 무한성의 동일성에 따라 측정되며, 이 동일성은 제한되고 유한한 무한성의 절대적이고 측정적인 '주체' 또는 척도로서의 기능을 한다.[44] 이에 상응하여 기능적으로 무한한 유한성에 대한 추정적 인식은 자신의 동일성 속에 있는 엄밀하고 절대적인 진리의 박학한 무지를 예견하며, 절대적 엄밀성의 내연에 참여하는 것을 근거로 그 스스로 엄밀한 특성을 소유한다.

여기서 경계짓는 엄밀성과 경계지어진 추정적 진보성의 관계에는 통일성과 상이성의 관계 또는 동일성과 차이성의 관계가 비례한다. 쿠자누스는 물론 이성을 현실적으로 무한한 통일성의 상이성으로 이해한다. 무한한 통일성은 대립자들의 합일로서 모든 이성적 인식의 한계이기 때문이다. 말하자면 이미 살펴본 바와 같이 모순들의 종합은 여전히 이성의 '피안' 으로 설정되지 않으면 안 되기 때문이다.

쿠자누스는 오성(Verstand)을 이성적 통일성의 상이성으로 파악한다. 이성이 '대립자들의 합일' (coincidentia oppositorum)을 보는 한, 이성은 추론적 오성을 위한 경계가 된다. 이 때문에 쿠자누스는 오성을 이성의 별개성이라 지칭하며, 여기서 이성은 통일성을 일구어내는 인식능력이다. 또한 쿠자누스는 감각적 지각을 오성적 통일성의 별개성이라 부른다.

오성은 감각적 지각의 다양성으로부터 통일적인 크기를 추상할 수 있는 상태에 이르기 때문이다.[45] 절대적 통일성을 통해 규정되고 한정되는 통일성과 별개성은 결국 세계를 포괄하는 추정적 논리학을 가능케 한다. 그러나 추정적 논리학은 무한한 것들의 형이상학에 종속된 채로 남는다. 감각적이고 합리적이며 이성적인 세계의 제한된 무한성은 절대적 일자와 동일자 속에 그들의 근거와 한계를 가지기 때문이다.

쿠자누스는 이러한 방식으로 르네상스의 원근법적 세계관을 정초하며, 이 세계관은 르네상스 시대의 문화이론에서 표현된다. 사람들은 레오나르도 다 빈치만을 염두에 두지만 말이다. 추정적 사고는 어떤 절대적 '시점'의 관점에서 나오는, 세계에 대한 기능적으로 무한한 전망성의 사고이다. 추정의 길을 걷는 인간적 정신은 이러한 절대적 관점에 접근한다. 이 때문에 쿠자누스는 신의 정신을 '현실적 세계의 형상' 으로 정의하는 한편, 인간적 정신을 '추정적 세계의 형상' 이라고 정의한다.[46]

또는 이와 달리, 인간을 '두번째의 신' 이라 한다. 인간은 추정적 추측의 원근법적 진보를 수단으로 신의 엄밀한 진리에 접근할 수 있다는 것이다. 감각성, 오성, 이성, 무한한 통일성이라는 진보에 비례하는 1(+2+3+4+=) : 10 : 100 : 1000이라는 네 그룹의 산술적 진보에서 쿠자누스는 유한한 수의 상관관계로부터 무한성으로 상승하는 사유의 성립을 위한 하나의 수학적 표상을 발견한다.[47] 수학은 여전히 불가해한 학문이다. 무한성의 엄밀한 진리는 수학에서도 달성되지 않기 때문이다.

영향

니콜라우스 쿠자누스 철학의 의미와 근세사에 미친 그의 영향력은, 이러한 문제를 부분적으로 편애하는 수많은 무게 있는 연구에도 불구하고 결론적으로 충분히 탐구되지는 않았지만, 오늘에 이르기까지 지속되고 있다. 우리가 쿠자누스를 '르네상스와 인본주의의 최초의 철학자' 라고 지칭하는 것도 문헌을 통해 증명하려고 하는 한 거의 입증될 수 없는 사실이다. 사실 피치노(1433~1499), 미란돌라(1463~1494) 또는 브루노(Giordano Bruno, 1548~1600)와 같은—브루노의 경우 바로 무한한 우주라는 철학적 관점에서—르네상스 철학자들은 쿠자누스적 사유의 지평에서만 이해될 수 있다.

브루노는 쿠자누스를 자신의 스승이라고 드러내놓고 말한다. 그러나 자신의 저서에서 인본주의의 핵심적인 주제를 다시 한 번 뜨거운 감자로 대두시켰던 비코(Giambattista Vico, 1668~1744)에서만 하더라도 쿠자누스는 겨우 해석될 정도다. 근본적으로 헤겔의 변증법이 대립자들의 합일이라는 쿠자누스의 가르침에 대한 관심을 불러일으킬 만한 철학적 분위기를 만들어낸 19세기까지 쿠자누스는 잊혀진 자였다. 헤겔의 저서 어디에도 쿠자누스의 이름은 등장하지 않지만, 헤겔은 하만(Johann Georg Hamann)의 소개로 쿠자누스의 합일론을 접하게 된다. 그리고 1828년에 헤겔은 심지어 '합일의 이념'이 본래적 '철학의 내용'이라고 진술한다.[48)]

쿠자누스 사상이 가지는 본래적 영향사의 진행과정은 현대의 쿠자누스 연구가 가지는 근본적인 어려움을 설명한다. 이러한 어려움은 현대 철학의 너무나 가벼운 해석이 쿠자누스를—그의 직접적인 철학사적 환경에서는 그의 위치를 정하기가 힘들다—압박하는 데서 비롯된다. 사실 쿠자누스는 자신의 무한성의 개념 및 철학적 사변과 엄밀한 탐구를 조화시키려는 의도와 절대적 척도로서의 주체라는 선험적 이념으로써 중세에서 근세로 넘어가는 전환기를 대표한다. 그렇지만 쿠자누스 사유의 현실적인 영향력은 사고유형들에 대한 다소의 임의적인 비교가 아니라 그의 철학이 가지는 구조분석에서 나타난다. 그러한 구조분석은 지금까지의 어떤 철학사적 입장으로도 충족시킬 수 없었던 결락사항이었다.

따라서 비록 몇몇 석학들이 근세 철학을 그의 저서 『박학한 무지』와 함께 출발시키거나, '신비가'라는 쿠자누스의 호칭으로 만족하거나, 또는 그의 철학을 후기 스콜라 철학의 유명론적 시기로 규정하는 것으로 만족한다면, 이는 불충분한 것이다. 쿠자누스의 작품은 역사적 분류나 방법론적 분류로는 올바로 판단되지 않으며, 학문적 분류로는 더더욱 올바로 판단되지 않는다. 쿠자누스가 신비적 인식의 이론가이기도 했다는 사실에는 논쟁의 여지가 없다. 더 자세히 말해서 그는 (점진적 신〔神〕인식을 부정한다는 점에서) 역설적 신인식주의자이다. 쿠자누스 사상의 많은 부분들은 의심의 여지 없이 유명론적이라고 특징지을 수 있다. 그러나 쿠자누스는 바로 이 때문에 신비주의자요, 유명론자요, 또한 수학자일 뿐만 아니라 말 그대로 신학자요, 철학자이다.

쿠자누스는 보편적 사상가이며, 이런 점에서는 라이프니츠와 다르지 않다. 이 사실이야말로 그의 저술이 가지는 영향력의 역사를 이해하게 해준다. 비록 쿠자누스는 단 한 번도 신학자로서 하나의 학파나 경향의 기초를 놓은 적이 없지만, 다음과 같은 사실에서 그에 대한 해명을 찾아도 좋을 것이다. 즉 그는 자신의 신학 동료들에게 엄청난 무엇으로 보여졌음에 틀림없는 방법을 사용하여 철학과 신학을 결합시킨 것이다. 물론 여기서 그 시대의 신학자들이 쿠자누스를 이해했는가 하는 물음은 배제된다. 쿠자누스는 감히 신의 육화를 신적 무한성과 인간적 유한성의 합병(contractio)으로 생각하고자 했다.[49] 또 그가 삼위일체성을 통일성(unitas)과 동등성(aequalitas) 그리고 결합(connexio)의 순간 속에 있는 절대적 자아의식의 한 형상으로 파악했을 때, 그는 시대를 앞질러 갔다.[50]

이 모든 가르침들을 하나의 기획적 해석의 지평에 집어넣고자 한다 하더라도, 쿠자누스 사상 전체를 도출하게끔 하는 어떤 유일무이한 공식과 직면하지는 않을 것임에 틀림없다. 그러나 사람들은 구조적 분석 속에서 기능적 세계개념과 그 개념에 상응하는 인간적 정신에 대한 이해를 쿠자누스 철학의 핵심구조로 드러낼 수 있을 것이다. 이러한 핵심구조—세계개념과 이에 상응하는 정신이념—야말로 쿠자누스를 르네상스의 정초자로 보도록 허락한다. 근세에 대한 최초의 전환기적 표현으로서의 르네상스와 인본주의는 바로 세계와 인간에 대한 새로운 이해를 위해 고심했기 때문이다.

근세적 세계개념에 직결되는 것으로는 세 가지 사태를 들 수 있다. 첫째, 쿠자누스는 지구가 우주의 중심이 아니라는 코페르니쿠스의 인식을 선취한다. 즉 쿠자누스는 기능적 크기로서의 지구에 대해 우주의 '중심'이라는 표현은 부적합하다고 서술했기 때문이다.[51] 둘째, 쿠자누스는 세계 속에 있는 사물들이 기능적으로 지시된 존재라는 가르침을 가지고 아리스토텔레스의 실체적 존재론을 파괴한다. 이 실체적 존재론은 결국 모든 상관관계를 단지 실체의 우유적 규정으로 생각할 수 있기 위하여 자립적으로 존재하는 실체로서의 사물에서 출발한다. 쿠자누스는 실체적 존재론의 자리에 기능의 존재론을 정초함으로써 고중세적 세계관을 무력하게 만든다. 셋째로 쿠자누스는 선험적 세계개념을 개발한다. 그는 사물의 지시적 관계로서의 세계를 이러한 관계 내에서는 사물들에 앞서는 것으로 생각하기 때문이다. 이는 다음과 같은 서술에서 명백히 드러난다. "최고 완성체로서의 우주는 자연의 질서에 상응하여 모든 것에 앞서 있다."[52]

'사물의 지평으로서의 세계'라는 선험적 개념에 세계를 파악하는 인간적 정신이라는 선험적 개념도 정향되어 있다는 사실은 결코 놀라운 일이 아니다. 쿠자누스에게 스스로 사물을 가늠하는 인식능력으로서의 정신(mens)은 대체로 선험적 특성을 가지고 있다. 사물 인식이란 오직 이러한 사물 인식에 조건지어진 정신의 척도적 능력을 바탕으로 해서만 가능하다. 인식한다는 것은 단순히 사물을 모방하는 것이 아니라, 조회 척도로서의 인식 자체를 향해 사물들을 질서지음으로써 인식 가능한 것으로 드러나게 한다.

이러한 쿠자누스의 선험주의는 선험적 가정에 근거한다. 즉 "정신은 그 스스로 모든 것을 포괄하고, 탐구하고, 파악할 수 있다는 것을 전제한다(supponit)."[53] 인식이 세계를 거울처럼 반사하는 것이 아니라, 인식하는 자에 의해 설정된 상관관계 속에 세계사물이 출현(Erscheinung)하는 것이다. 그런데 한정적이고 유한한 정신은 절대적으로 무한한 정신 속에 자신의 한계를 가지기 때문에 절대적 정신은 이제 모든 인식에 대한 절대적이고 선험적인 대전제이지 않으면 안 된다. 쿠자누스는 이러한 사태를 명백하게 서술한다. 즉 "신은 모든 것들의 절대적 전제이다."[54]

따라서 누가 쿠자누스의 선험주의(Transzendentalimus)를 거론한다면, 이는 사고유형들에 대한 단순한 사상사적 비교가 아니라 구조분석의 결실이다. 절대적이고 선험적인 가정에 대한 쿠자누스의 언급은 칸트가 순수이성비판의 선험적 변증법에서 '우리 이성 속에 있는 일반적 규정성'에 대해 말한 것을 충족시킨다. 즉 칸트가 "이성에는 근본적으로 선험적 기체(Substratum)가 놓여 있으며, 이 기체는 동시에 질료 일체의 비축을, 그래서 사물에 대해 가능한 모든 술어를 취할 수 있는 비축을 포괄하며", 이 기체는 "다름 아닌 실재성 일체(omnitudo realitatis)의 이념"이라고 말하는 것을 만족시킨다.[55] 쿠자누스의 선험적으로 파악된 정신으로 인하여 인간은 세계의 중심에 서게 되었다. 바로 이 통찰을 통해 쿠자누스는 르네상스, 인본주의, 그리고 근세 초기에 하나의 근본유형을 부여했던 것이다.

인간의 위상에 대한 르네상스 인본주의자들의 수많은 논고는 늘 거듭하여 이 근본유형을 다양화하고 있다. 미란돌라는 『인간 존엄성에 관한 연설』(*Oratio de hominis dignitate*)에서 신을 시켜 아담에게 말하게 한다.

> 나는 너를 세상의 중심에 세웠노라. 거기서 네가 이 세상에 있는 모든 것을 좀더 쉽게 보도록 하기 위해서이니라. 나는 너를 하늘의 것도 아니고 땅의 것도 아니도록 만들었으며, 사멸하지도 불멸하지도 않도록 만들었느니라. 그렇게 함으로써 네 자신을 실현하고 창안하는 자로서 네 자유의 존엄성으로부터 너의 의지가 바라는 모습을 형성하도록 하기 위해서이니라. 너는 짐승과 같이 너보다 낮은 것으로 타락할 수도 있다. 너는 너의 고유한 정신의 의지를 통해 신적인 것과 같이 너보다 높은 것으로 다시 올라갈 수도 있다.[56]

근세철학이 데카르트와 함께 시작된다는 것은 어쨌든 하나의 신화이다. 데카르트보다 훨씬 이전에 쿠자누스는 인간적 정신을 세계의 아르키메데스적 점으로 만들었던 것이다.

| 슈테판 오토 · 신창석 옮김 |

슈테판 오토(Stephan Otto)

1931년 출생. 프랑크푸르트, 로마 그리고 뮌헨에서 철학과 신학을 전공하였다. 뮌헨에서 1959년 신학박사, 1962년 신학교수 자격 논문. 1963년 밤베르크(Bamberg) 대학의 기초신학과 종교철학 수석교수, 1966년 뮌헨 대학에서 정신사 전공으로 교수자격을 취득하였다. 1973년 이래로 뮌헨 대학의 철학부, 특히 인본주의 정신사 분야의 정교수로 있다. 저서 : *Natura und dispositio. Untersuchung zum Naturbegriff und zur Denkform Tertullians*(1960), *Die Funktion des Bildbegriffs in der Theologie des 12. Jhdts.*(1963), *Person und Subsistenz*(1968), *Materialien zur Theorie der Geistesgeschichte*(1979), *Liber metaphysicus/Risposte*, Stephan Otto와 Helmut Viechtbauer가 라틴어와 이탈리아어에서 독일어로 번역했고, Otto가 해설했다(1979), *Rekonstruktion der Geschichte. Zur Kritik der historischen Vernunft*, Erster Teil : Historisch-kritische Bestandsaufnahme(1982), *Renaissance und frühe Neuzeit*(1984), *Giambattista Vico*(1989) 〔italien. : *Giambattista Vico. Lineamenti della sua filosofia*, Neapel 1992〕, *Das Wissen des Ähnlichen. Michel Foucault und die Renaissance*(1992), *Rekonstruktion der Geschichte. Zur Kritik der historischen Vernunft*, Zweiter Teil : Systematische Ausarbeitung(1992).

주

1) 쿠자누스, *De venatione sapientiae*, cap. 12 ; I 50 이하. [;] 다음에 오는 숫자는 각각 가브리엘(L. Gabriel)이 1964~1967년에 편집한 니콜라우스 쿠자누스의 철학 및 신학 저술의 권과 쪽수를 말한다.
2) 아퀴나스, *In duodecim libros metaphysicorum Aristotelis expositio* IV, 1.
3) 아퀴나스, *Summa theologiae*, I, 1, 7.
4) 아퀴나스, *In duodecim libros metaphysicorum Aristotelis expositio*, IV, 1.
5) 아퀴나스, *De veritate* , I, 1.
6) 쿠자누스, *De ludo globi*, lib. II ; III, 308 이하.
7) 쿠자누스, *De visione Dei*, cap. 16 ; III, 164 이하.
8) 쿠자누스, *De docta ignorantia*, epistola auctoris(hrsg. v. E. Hoffmann u. R. Klibansky, 1932, 163).
9) E. R. Curitus, *Europäische Literatur u. Lateinisches Mittelalter*, [6]1967, 530 이하 참조.
10) 쿠자누스, *Idiota de mente*, cap. 12 ; III, 584 이하.
11) 같은 책, cap. 2 ; III, 488 이하.
12) 아리스토텔레스, 『형이상학』, IV, 3 ; 1005b 19 이하.
13) E. Vansteenberghe(Hrsg.), *Le "De ignota litteratura,"* 1910.
14) 쿠자누스, *Apologia doctae ignorantiae* I, 548 이하.
15) 쿠자누스, *Idiota de sapientia*, lib. I ; III, 426 이하.
16) 아리스토텔레스, 『형이상학』, XII, 7 ; 1072b 18.
17) 쿠자누스, *Apologia doctae ignorantiae* ; I, 550 이하.
18) 쿠자누스, *Idiota de mente*, cap. 3 ; III, 504 이하.
19) 쿠자누스, *De beryllo*, cap. 11 ; III, 14 이하.
20) 쿠자누스, *Trialogus de possest* ; II, 276 이하.
21) 같은 책, II, 284 이하.
22) 같은 책, II, 330 이하.
23) 쿠자누스, *De visione Dei*, cap. II ; III, 140 이하.
24) 쿠자누스, *Idiota de sapientia*, lib. II ; III, 466 이하.
25) 아퀴나스, *In duodecim libros metaphysicorum Aristotelis expositio* IV, 1.
26) 쿠자누스, *De docta ignorantia*, lib. III, cap. 1 ; I, 422.
27) 쿠자누스, *De non aliud*, cap. 6 ; II, 464 이하.

28) 같은 책, cap. 12 ; II 490 이하.

29) 쿠자누스, *De docta ignorantia*, lib. 1, cap. 12 ; I, 232.

30) 같은 책, lib. II, cap. 2 ; I, 326 : inter finitum er infinitum nulla est proportio.

31) A. C. Crombie, *Von Augustinus bis Galilei. Die Emanzipation der Naturwissenschaft*, 1959 참조.

32) 쿠자누스, *De beryllo*, cap. 32 ; III, 66 이하.

33) 쿠자누스, *De docta ignorantia*, lib. I, cap. 13 ; I, 234 이하.

34) 같은 책, lib. I, cap. 11 ; I, 228 이하.

35) D. Mahnke, *Unendliche Sphäre und Allmittelpunkt*, 21966, 78 참조.

36) 쿠자누스, *De docta igorantia*, lib. II, cap. 11 ; I, 392 이하.

37) 같은 책, lib. I, cap. 11 ; I, 228 이하.

38) 쿠자누스, *Trialogus de possest* ; II, 320 이하.

39) K. Jaspers, *Nikolaus Kusanus*, 1964. 150.

40) 쿠자누스, *De docta ignorantia*, lib. I, cap. 12 ; I, 232 이하.

41) 쿠자누스, *De coniecturis*, pars I, cap. 1 ; II, 2 이하.

42) 같은 책, pars II, cap.16 ; II, 178 이하.

43) 같은 책, pars I, cap.13 ; II, 60 이하.

44) 쿠자누스, *De docta ignorantia*, lib. II, cap. 4 ; I, 342 이하 : infinitates contractae.

45) 쿠자누스, *De coniecturis*, pars II, cap. 16 ; II, 174 이하.

46) 같은 책, pars I ; cap. 3 ; II, 6 이하.

47) 같은 책, pars I, cap. 6 ; II, 16 이하.

48) Rezension der Schriften Hamanns, in : *Jahrbücher für wissenschaftliche Kritik*, 1828, Nr. 77~80, 109~114.

49) 쿠자누스, *De docta ignorantia*, lib. III(III권 전체는 그리스도론을 다룬다).

50) 같은 책, lib. I, cap. 7~10 ; I, 214 이하~226 이하.

51) 같은 책, lib. II, cap. 11 ; I, 390 이하.

52) 같은 책, lib. II, cap. 5 ; I, 344 이하.

53) 쿠자누스, *De coniecturis*, pars I, cap. 6 ; II, 14 이하.

54) 쿠자누스, *Idiota de sapientia*, lib. II ; III, 456 이하 : ipsa absoluta praesuppositio omnium.

55) Kant, *Kritik der reinen Vernunft*, B 603.

56) E. Garin(Hrsg), *G. Pico della Mirandola, De hominis dignitate*, 1942.

참고문헌

원전

●쿠자누스의 저작은 1488, 1514 그리고 1565년에 처음으로 출판되었다. 1514년의 파리판은 1962년 독일 프랑크푸르트에서 Nicolai Cusae Cardinalis Opera로 재판되었다. 1932년부터 하이델베르크 학술원과의 계약에 따라 20권에 이르는 비판적 총판이 나왔다.

●*Nicolai de Cusa opera omnia* : Bd. I : De docta ignorantia, 1932 ; Bd. II : Apologia doctae ignorantiae, 1932 ; Bd. III : De coniecturis, 1972 ; Bd. IV : Opuscula I. De deo abscondito ; De quaerendo deum ; De filiatione dei ; De dato patris luminum ; Coniectura de ultimis diebus ; De genesi, 1959 ; Bd. V : Idiota de sapientia ; De mente ; De staticis experimentis, [2]1983 ; Bd. VII : De pace fidei, [2]1959 ; Bd. XI/1 : De beryllo, 1940 ; Bd. XI/2 : Trialogus de possest, 1973 ; Bd. XI/3 : Compendium, 1964, Bd. XII : De venatione sapientiae ; De apice theoriae, 1982 ; Bd. XIII : Directio speculantis seu de non-aliud, 1944 ; Bd. XIV : De concordantia catholica, [2]1965 ; Bd. XVI/1~4 : Sermones I, 1970~1977 ; Bd. XVII/1 : Sermones II, 1983.

●쿠자누스의 저서에 대한 독일어 번역판은 하이델베르크 학술원(Akademie)과의 계약으로 "Philosophischen Bibliothek"(Verlag Meiner, Hamburg)에서 나왔다. 가브리엘(L. Gabriel)은 쿠자누스의 철학 및 신학 저술 라틴어-독일어 대역판을 3권으로 빈(Wien 1964~1967)에서 출판했다.

2차 문헌

보조 자료

●『쿠자누스 학회의 연구와 보고』(*Mitteilungen und Forschungen der Cusanus-Gesellschaft=MFCG*)가 1961년부터 출판되고 있다. 오래된 쿠자누스 문헌 목록은 Vansteenberghe, E : *Le Cardinal Nicolas de Cues*, Paris, 1920에 있다. 새로운 연구는 H. Kleinen u. R. Danzer, in : *MFCG/1*(1961) 95~126의 문헌 목록에 기록되어 있다. 주로 신학적 문헌 목록으로는 E. Zellinger, *Cusanus-Konkordanz* (München 1960)이 있다.

일반 및 특수 연구

•Apel, K.-O. : "Die Idee der Sprache bei Nicolaus von Cues," in : *Archiv für Begriffsgeschichte 1*(1955) 200~221.

•Beierwaltes, W. : *Identität und Differenz, Vorträge der Rheinisch-Westfälischen Akademie der Wissenschaften*, Opladen 1977.

•Blumenberg, H. : *Die Legitimität der Neuzeit*, Frankfurt 1966.

•Dupré, W. : "Die Idee einer neuen Logik bei Nikolaus von Kues," in : *MFCG 4*(1964) 357~374.

•Flasch, K. : *Die Metaphysik des Einen bei Nikolaus von Kues*, Leiden, Brill, 1973.

•Fräntzki, E. : *Nikolaus von Kues und das Problem der absoluten Subjektivität*, Meisenheim 1972.

•Gandillac, M. de : *Nikolaus von Cues. Studien zu seiner Philosophie und philosophischen Weltanschauung*, Düsseldorf 1953.

•――――― : "Nikolaus von Cues zwischen Platon und Hegel," in : *MFCG 11*(1975) 21~38.

•Hoffmann, E. : *Nikolaus von Cues. Zwei Vorträge*, Heidelberg 1947.

•Jacobi, K. : *Die Methode der kusanischen philosophie*, Freiburg/München 1969.

•Kremer, K. : "Erkennen bei Nikolaus von Kues : Apriorismus-Assimilation-Abstraktion," in : *MFCG 13*(1978) 23~57.

•Mahnke, D. : *Unendliche Sphäre und Allmittelpunkt*, Stuttgart ^{2}1966.

•Meier-Oeser, St. : *Die Präsenz des Vergessenen. Zur Rezeption der Philosophie des Nicolaus Cusanus vom 15. bis zum 18. Jahrhundert*, Münster/W. 1989.

•Metzke, E. : "Nikolaus von Cues und Hegel," in : *Kant-Studien 48* (1956/7) 216~234.

•Meuthen, E. : *Nikolaus von Kues, Skizze einer Biographie*, Münster ^{2}1964.

•Otto, S. : "Langage dialectique et silence hiérophanique. L'horizon de la métaphysique chez Proclus, Cusanus et Hegel," in : ders. : *Materialien zur Theorie der Geistesgeschichte*, München 1979, 226~235.

•Peukert, K. W. : "Die Entsprachlichung der Metaphysik durch den Unendlichkeitsbegriff des Cusanus," in : *Philos. Jahrbuch 72*(1964/5) 49~65.

•Ritter, J. : "Die Stellung des Nikolaus von Kues in der Philosophiegeschichte," in : *Blätter für deutsche Philosophie 13*(1939) 111~155.

•Schulz, W. : *Der Gott der neuzeitlichen Metaphysik*, Pfullingen 1957.
•Schwarz, W. : *Das Problem der Seinsvermittlung bei Nikolaus von Cues*, Leiden, Brill, 1970.
•Stadler, M. : *Rekonstruktion einer Philosophie der Ungegenständlichkeit. Zur Struktur des Cusanischen Denkens*, München 1983.
•Stallmach, J. : "Zusammenfall der Gegensätze. Das Prinzip der Dialektik bei Nikolaus von Kues," in : *MFCG 1*(1961) 52~75.
•______ : "Ansätze neuzeitlichen Philosophierens bei Cusanus," in : *MFCG 4*(1964) 339~356.
•______ : "Das Absolute und die Dialektik bei Cusanus im Vergleich zu Hegel," in : *Scholastik 39*(1964) 495~509.
•Velthoven, Th. van : *Gottesschau und menschliche Kreativität. Studien zur Erkenntnislehre bei Nikolaus von Kues*, Leiden, Brill, 1977.
•Volkmann-Schluck, K. H. : *Nicolaus Cusanus. Die Philosophie im Übergang vom Mittelalter zur Neuzeit*, Frankfurt 1957.

찾아보기

■ ㅎ

철학의 거장들 1

고대·중세편_고대 철학자에서 쿠자누스까지

엮은이 · 오트프리트 회페
옮긴이 · 이강서 • 한석환 • 김태경 • 신창석
펴낸이 · 김언호
펴낸곳 · ㈜도서출판 한길사

등록 · 1976년 12월 24일 제74호
주소 · 413-756 경기도 파주시 광인사길 37
www.hangilsa.co.kr E-mail: hangilsa@hangilsa.co.kr
전화 · 031-955-2000~3 팩스 · 031-955-2005

인쇄 · 오색프린팅 | 제본 · 한영제책사

제1판 제1쇄 2006년 1월 5일
제1판 제4쇄 2014년 3월 25일

값 20,000원
ISBN 978-89-356-5364-5 94100
ISBN 978-89-356-5368-3 (전4권)
• 잘못 만들어진 책은 구입하신 서점에서 바꿔드립니다.

• 이 도서의 국립중앙도서관 출판시도서목록(CIP)은
e-CIP 홈페이지(http://www.nl.go.kr/ecip)에서 이용하실 수 있습니다.
(CIP제어번호: CIP2014008479)